Prüfungstraining für Bankkaufleute

Wolfgang Grundmann • Rudolf Rathner

Abschlussprüfungen

Bankwirtschaft, Rechnungswesen und Steuerung, Wirtschafts- und Sozialkunde

8. Auflage

Springer Gabler

Wolfgang Grundmann
Handelsschule Weidenstieg
Hamburg, Deutschland

Rudolf Rathner
Berufskolleg am Wasserturm
Bocholt, Deutschland

ISBN 978-3-658-02185-6
DOI 10.1007/978-3-658-02186-3

ISBN 978-3-658-02186-3 (eBook)

Die Deutsche Nationalbibliothek verzeichnet diese Publikation in der Deutschen Nationalbibliografie; detaillierte bibliografische Daten sind im Internet über http://dnb.d-nb.de abrufbar.

Springer Gabler

Gedruckt auf säurefreiem und chlorfrei gebleichtem Papier

Springer Gabler ist eine Marke von Springer DE.
Springer DE ist Teil der Fachverlagsgruppe Springer Science+Business Media.
www.springer-gabler.de

Vorwort

Die beste Prüfungsvorbereitung ist ... *... die Prüfung*

Unter diesem Motto steht das vorliegende Buch. Es enthält Prüfungsaufgaben, wie sie in jeder Abschlussprüfung für Bankkaufleute vorkommen. Um für Sie einen größtmöglichen Lerneffekt zu erzielen, haben wir dazu speziell Originalprüfungsaufgaben zugrunde gelegt, umgearbeitet und der aktuellen Rechtslage angepasst. Denn zum erfolgreichen Bestehen der Prüfung gehört nicht „nur" das Lernen des umfangreichen und schwierigen Lernstoffes – ebenso wichtig ist, in der konkreten Prüfungssituation mit der vorgegebenen Zeit und den Aufgabenstellungen zurechtzukommen. Daher empfiehlt es sich, die Prüfungsaufgaben unter Prüfungsbedingungen zu lösen!

Der Prüfungsteil des vorliegenden Buches enthält jeweils 6 Prüfungssätze zu den Fächern:

- *Bankwirtschaft Teil A* – Fälle,
Bearbeitungszeit 90 Minuten
- *Bankwirtschaft Teil B – programmierte Aufgaben*
Bearbeitungszeit 60 Minuten
- *Rechnungswesen und Steuerung Teil C – programmierte Aufgaben*
Bearbeitungszeit 60 Minuten
- *Wirtschafts- und Sozialkunde Teil D – programmierte Aufgaben*
Bearbeitungszeit 60 Minuten

Der 7. Prüfungssatz enthält:

- *Bankwirtschaft Teil A – Fälle,*
Bearbeitungszeit 90 Minuten

Hinter dem Prüfungsteil sind ausführliche Musterlösungen zu allen 25 Prüfungen abgedruckt. So kann man bei einer selbstständigen Bearbeitung der Prüfungsaufgaben (in der vorgesehenen Zeit und nur mit dem erlaubten Hilfsmittel Formelsammlung, nicht schummeln!) in der Musterlösung mit ihren ausführlichen Kommentierungen, Übersichten und Erläuterungen zu den einzelnen Lösungen nachschauen und sich mit Hilfe der Punkteverteilung selbst benoten.

Jeder der vier Prüfungsteile eines Prüfungssatzes bringt bis zu 100 Punkte. Die Punkte in Bankwirtschaft Teil A (Fälle) sind angegeben.

In den programmierten Prüfungsteilen (Bankwirtschaft Teil B, Rechnungswesen und Steuerung, Wirtschafts- und Sozialkunde) ist die Punktvergabe so geregelt: Jede Aufgabe hat in einem Prüfungsteil ab der Sommerprüfung 2012 die gleiche Punktzahl.

Beispiel: Gibt es im Prüfungsteil Wirtschafts- und Sozialkunde 40 Ergebnisantworten, so bekommt jede Antwort 2,5 Punkte (100 Gesamtpunkte geteilt durch 40 Antworten).

Rechenwege werden in der Prüfung nicht bewertet, relevant ist nur das Endergebnis einer (Teil-)Aufgabe. Muss mit dem Ergebnis einer Teilaufgabe weitergerechnet werden, wird mit dem (eventuell falschen) eingetragenen Ergebnis weitergerechnet (Folgefehler), um die Richtigkeit der weiteren Berechnungen zu überprüfen.

Eine Übersicht im Infopool informiert Sie über wichtige aktuelle Freigrenzen, Freibeträge, Beitragssätze und Beitragsbemessungsgrenzen und unterstützt Sie damit bei der Bearbeitung der vorliegenden Prüfungssätze.

In der Abschlussprüfung bekommen Sie eine Formelsammlung, die ebenfalls im Infopool abgedruckt ist. Nutzen Sie bei der Bearbeitung der Aufgaben unserer Prüfungssätze diese Formelsammlung, damit Sie sie in der Prüfung sinnvoll und sicher einsetzen können.

In der 7. Auflage wurden in die bankwirtschaftlichen Aufgaben die Änderungen des Verbraucherkreditgesetzes eingearbeitet. Im inländischen Zahlungsverkehr wurden die Aufgaben auf das SEPA-System umgestellt und die Neuregelungen zum Pfändungsschutzkonto 2012 in den Aufgaben berücksichtigt. Im Auslandszahlungsverkehr wurden die aktuellen Incoterms in die Aufgaben eingearbeitet.

In der 8., umfassend überarbeiteten Auflage wurden die Prüfungssätze auf den aktuellen rechtlichen Stand gebracht. Darüber hinaus sind die Prüfungssätze der neuen Gliederungssystematik der IHK-Abschlussprüfungen angepasst worden. Da ein großer Teil der bisherigen Bundeswertpapiere nicht mehr emittiert wird, wurden die Aufgaben zu den Bundeswertpapieren aus den Prüfungssätzen genommen und durch neue aktuelle Aufgaben aus dem Wertpapiergeschäft ersetzt. Die Sozialversicherungsbeiträge und Beitragsbemessungsgrenzen sind auf den Stand 2013 gebracht worden und in den entsprechenden Aufgaben berücksichtigt. Zusätzlich enthält das Buch drei offene Bankfälle, die mit den programmierten Aufgabensätzen zur Bankwirtschaft, Rechnungswesen und Wirtschafts- und Sozialkunde der 6 originalen Prüfungssätze zu einem neuen Prüfungssatz 7 kombiniert werden können.

Sollten weitere Änderungen in Kraft treten, die zum Zeitpunkt der Neuauflage nicht absehbar waren, beachten Sie bitte die Aktualisierungen auf der Homepage www.bankazubi.info oder www.grundmann-norderstedt.de unter dem Link „Buchservice“.

Fragen zu den Aufgaben und kommentierten Lösungen beantworten Ihnen gerne die Autoren unter den unten angegebenen E-Mail-Adressen. Trotz größtmöglicher Sorgfalt können wir Fehler nicht ausschließen. Für Hinweise darauf sowie Anregungen und Tipps sind wir sehr dankbar. Sie finden Aktualisierungen sowie Korrekturen auf der Homepage unter dem Link „Buchservice“.

Autoren und Verlag wünschen viel Erfolg beim Bearbeiten der Aufgaben und vor allem viel Power für die Prüfung.

Hamburg und Münster, im Oktober 2013

Wolfgang Grundmann — wolfgang@grundmann-norderstedt.de

Rudolf Rathner — R@thner.de

Inhaltsverzeichnis

	Aufgaben	Lösungen
Prüfungssatz I		
Bankwirtschaft Fälle	3	251
Bankwirtschaft programmierte Aufgaben	9	254
Rechnungswesen und Steuerung	19	262
Wirtschafts- und Sozialkunde	27	266
Prüfungssatz II		
Bankwirtschaft Fälle	39	273
Bankwirtschaft programmierte Aufgaben	45	277
Rechnungswesen und Steuerung	57	284
Wirtschafts- und Sozialkunde	65	288
Prüfungssatz III		
Bankwirtschaft Fälle	77	294
Bankwirtschaft programmierte Aufgaben	81	299
Rechnungswesen und Steuerung	93	309
Wirtschafts- und Sozialkunde	101	312
Prüfungssatz IV		
Bankwirtschaft Fälle	115	317
Bankwirtschaft programmierte Aufgaben	121	322
Rechnungswesen und Steuerung	133	330
Wirtschafts- und Sozialkunde	141	333
Prüfungssatz V		
Bankwirtschaft Fälle	153	338
Bankwirtschaft programmierte Aufgaben	159	342
Rechnungswesen und Steuerung	169	349
Wirtschafts- und Sozialkunde	177	352
Prüfungssatz VI		
Bankwirtschaft Fälle	191	360
Bankwirtschaft programmierte Aufgaben	195	366
Rechnungswesen und Steuerung	207	377
Wirtschafts- und Sozialkunde	215	380
Prüfungssatz VII		
Bankwirtschaft Fälle	231	389
Info-Pool		
Formelsammlung	239	
Kontenplan der *Nordbank AG*	244	
Aktuelle Eurobeträge, Freigrenzen und Freibeträge	245	

PRÜFUNGSSATZ I

A Bankwirtschaft Fälle

Bearbeitungszeit: 90 Minuten, 100 Punkte

Lösungen ab Seite 251

Fall 1: Gemeinschaftskonto *(37 Punkte)* 16

Sie sind Kundenberater/in bei der *Nordbank AG* in Hamburg und haben mit Sonja Peters und Gabriel Wirth (33 Jahre) einen Beratungstermin vereinbart. Herr Gabriel Wirth beantragt die Eröffnung eines Girokontos. Im Beratungsgespräch erhalten Sie folgende Informationen: Herr Wirth arbeitet für ein halbes Jahr als Monteur im Ausland. Deshalb möchte er seine Bankgeschäfte für diese Zeit seiner 27-jährigen Lebensgefährtin Sonja Peters übertragen. Herr Wirth und Frau Peters leben in einer gemeinsamen Wohnung, führen jedoch ihre Vermögenswerte getrennt und möchten aber in Zukunft gemeinsam über Einkommen und Vermögenswerte des anderen verfügen können.

Frau Peters ist bereits seit einigen Jahren Kundin Ihrer Bank und unterhält neben anderen Konten auch ein Girokonto.

a) Beraten Sie das Paar über die Gestaltungsmöglichkeiten bei der Kontenwahl unter den Aspekten:
   - Verfügungsmöglichkeiten
   - Vereinbarung eines Dispositionskredits
   - Haftung für Kontoverbindlichkeiten
   - Kosten der Kontoführung *(12 Punkte)*

Herr Wirth und Frau Peters entscheiden sich für ein Gemeinschaftskonto mit Einzelverfügungsberechtigung.

b) Herr Wirth und Frau Peters möchten gerne mit einer eigenen Girocard über das Gemeinschaftskonto verfügen. Prüfen Sie, ob jeder der Partner eine eigene Girocard erhalten kann. *(2 Punkte)*

c) Frau Peters möchte von Ihnen wissen, ob sich die Verfügungsmöglichkeiten bei dem Gemeinschaftskonto im Falle des Todes eines Lebensgefährten ändern. *(4 Punkte)*

Beide Partner unterschreiben den Kontoeröffnungsantrag und legitimieren sich durch die Vorlage gültiger Personalausweise.

d) Welche Erklärungen müssen beide Lebenspartner abgeben, damit die Kontoverbindung eingerichtet werden kann? *(3 Punkte)*

e) Zum Schluss des Beratungsgesprächs möchte Frau Peters sich noch über die Einlagensicherung der *Nordbank AG* informieren. Die *Nordbank AG* gehört dem Bundesverband deutscher Banken an. Informieren Sie Frau Peters über die wesentlichen Sicherheitsmerkmale der Einlagensicherung im privaten Bankgewerbe. *(3 Punkte)*

Auszug aus § 4 des Einlagenentschädigungsgesetzes

(1) Der Entschädigungsanspruch des Gläubigers des Instituts richtet sich nach Höhe und Umfang der Einlagen des Gläubigers oder der ihm gegenüber bestehenden Verbindlichkeiten aus Wertpapiergeschäften unter Berücksichtigung etwaiger Aufrechnungs- und Zurückbehaltungsrechte des Instituts. Ein Entschädigungsanspruch besteht nicht, soweit Einlagen oder Gelder nicht auf die Währung eines EU-Mitgliedstaates oder auf Euro lauten.

(2) Der Entschädigungsanspruch ist der Höhe nach begrenzt auf
   1. den Gegenwert von 100.000,00 Euro der Einlagen sowie
   2. 90 vom Hundert der Verbindlichkeiten aus Wertpapiergeschäften und den Gegenwert von 20.000,00 Euro.

Verbindlichkeiten aus Wertpapiergeschäften eines Instituts im Sinne des § 1 Abs. 1 Nr. 1 mit der Erlaubnis zum Betreiben von Bankgeschäften oder zur Erbringung von Finanzdienstleistungen im Sinne des § 1 Abs. 1 Satz 2 Nr. 4 oder 10 oder Abs. 1a Satz 2 Nr. 1 bis 4 des Gesetzes über das Kreditwesen gelten als Einlagen, sofern sich die Verbindlichkeiten auf die Verpflichtung des Instituts beziehen, den Kunden Besitz oder Eigentum an Geldern zu verschaffen. ...

(4) Die Obergrenze nach Absatz 2 bezieht sich auf die Gesamtforderung des Gläubigers gegen das Institut, unabhängig von der Zahl der Konten, der Währung und dem Ort, an dem die Konten geführt oder die Finanzinstrumente verwahrt werden. Die Entschädigung kann in Euro geleistet werden.

(5) Bei Gemeinschaftskonten ist für die Obergrenze nach Absatz 2 der jeweilige Anteil des einzelnen Kontoinhabers maßgeblich. Fehlen besondere Bestimmungen, so werden die Einlagen, Gelder oder Finanzinstrumente zu gleichen Anteilen den Kontoinhabern zugerechnet.

Das Gemeinschaftskonto wird eingerichtet. Am 20.04.20.. (Mittwoch) erscheint Frau Peters an Ihrem Beratungstisch mit einem Kontoauszug, den sie sich soeben aus dem Kontoauszugsdrucker gezogen hat. Zwei Buchungen kann sie sich nicht erklären.

Erste Buchung: Sie wundert sich darüber, dass das Konto per 12.04.20.. eine Gutschrift über 3.200,00 EUR erhielt, die am 15.04.20.. mit Wertstellung 12.04.20.. wieder belastet wurde. Obwohl Sie ihr erklären, dass die Gutschrift über 3.200,00 EUR irrtümlich erfolgte, verlangt Frau Peters die Stornierung der Belastungsbuchung, da weder sie noch ihr Lebensgefährte eine Zustimmung zu der Belastungsbuchung erteilt habe.

Zweite Buchung: Dem Kontoauszug entnimmt sie eine Belastungsbuchung über 324,50 EUR. In den Buchungserläuterungen findet sie folgende Eintragungen: *Kaufhof* Hamburger Str., ELV 54264051 15.04 15.49 ME3, Wert 18.04.20...

f) Beurteilen Sie, ob die erste Belastungsbuchung vom 15.04.20.. zu Recht erfolgte. *(2 Punkte)*

Sie ist sicher, dass ihr Lebensgefährte Herr Wirth am 15.04.20.. nicht beim *Kaufhof* einkaufen konnte, da er zu dieser Zeit im Ausland auf Montage war.

g) Erläutern Sie Frau Peters zwei denkbare Anlässe, die zur zweiten Belastungsbuchung führen konnten. Empfehlen Sie Frau Peters zu dem jeweiligen Anlass die entsprechende mögliche Verhaltensweise. *(4 Punkte)*

Frau Peters kommt zu Ihnen an den Beratungspoint. Sie teilt Ihnen mit, dass sie vergessen hat, an den irischen Vermieter eines Ferienhauses die Miete zu überweisen. Sie möchte von Ihnen wissen, wie sie den Geldbetrag schnellstmöglich dem Vermieter in Irland überweisen kann. Sie informieren Frau Peters über die Möglichkeit der SEPA-Überweisung.

h1) Nennen Sie Frau Peters vier Pflichtangaben einer SEPA-Überweisung. *(2 Punkte)*

h2) Erklären Sie Frau Peters, was unter dem BIC zu verstehen ist. *(1 Punkt)*

Am 30.09. des nächsten Jahres erklärt Frau Peters gegenüber der *Nordbank AG*, dass sie das Konto auflösen möchte, da sie sich von ihrem Lebensgefährten Herrn Wirth getrennt habe. Der Kontostand per 30.09. ist 4.500,00 EUR im Haben.

i) Kann die *Nordbank AG* dem Wunsch von Frau Peters entsprechen? Begründen Sie Ihre Antwort. *(4 Punkte)*

Fall 2: Geld- und Vermögensanlage *(40 Punkte)*

Sie sind Kundenberater/in der *Nordbank AG* und haben mit Ihrem Depotkunden Hans-Herbert Schmitt (ledig, 45 Jahre alt, Geschäftsführer der *DIPS GmbH*) ein Beratungsgespräch für den 03.03.2014 vereinbart. Herr Schmitt interessiert sich für eine Wandelanleihe, die von der *Pfeiffer Vacuum Technology AG* emittiert wird. In seinem Depot befinden sich u. a. 2.500 Stück *Pfeiffer Vacuum Technology AG*-Aktien. Im Zusammenhang mit der Emission der Wandelanleihe ergeben sich verschiedene Fragen. Bei allen Rechnungen ist der Rechenweg anzugeben.

Bezugsangebot Wandelschuldverschreibung der *Pfeiffer Vacuum Technology AG* Die Aktionäre können die Wandelschuldverschreibungen im nachstehenden Verhältnis beziehen: auf je 500 Stückaktien entfällt eine Wandelschuldverschreibung über nominal 1.000,00 EUR zum Ausgabekurs von 120 %.	
Emissionsbetrag	550.000.000,00 EUR
Stückelung	1.000,00 EUR
Verzinsung	1,75 % p. a. ab dem 24.03.2014
Zinszahlungstermine	1. Zinszahlung 24.03.2015 Letzte Zinszahlung 24.03.2019 Im Falle der Wandlung stehen dem Inhaber der Wandelanleihe Zinsen von dem der Wandlung unmittelbar vorausgehenden Zinszahlungstermin bis zum Tag der Wandlung zu.
Tilgung	Die am 24.03.2019 noch umlaufenden Wandelanleihen werden an diesem Tag zum Nennbetrag zurückgezahlt.
Kündigung	In der Zeit vom 24.03.2017 bis zum 20.12.2018 kann die *Pfeiffer Vacuum Technology AG* die gesamten ausstehenden Wandelanleihen zum Nennwert plus aufgelaufene Zinsen zurückzahlen, wenn der Aktienkurs über einen bestimmten Zeitpunkt hinweg 130 % über dem Wandlungspreis liegt.
Wandelrecht	Umtausch der Wandelanleihen in Aktien der *Pfeiffer Vacuum Technology AG* vom 01.04.2014 bis 21.12.2018 (Wandlungsfrist)
Wandlungsverhältnis	Nominal 1.000,00 EUR Wandelanleihen können in 15,9128 Stückaktien der Gesellschaft gewandelt werden. Der Wandlungspreis pro Aktie beträgt 91,59 EUR. Ein Bruchteil in Höhe von 0,... Aktien ist als Differenzbetrag in bar auszugleichen.
Dividendenberechtigung	Aktien, die aufgrund einer Wandlung hervorgegangen sind, sind für das gesamte Geschäftsjahr, in dem die Wandlungserklärung wirksam ist, dividendenberechtigt.
Bezugsfrist	06.03.2014 – 17.03.2014
Bezugsrechtshandel	07.03.2014 – 13.03.2014
Bisheriges Grundkapital	177,65 Millionen EUR
Emissionskurs	120 %

a) Erklären Sie zwei Motive, die die *Pfeiffer Vacuum Technology AG* veranlasst haben könnten, eine Wandelanleihe aufzulegen und zurzeit keine Aktienemission durchzuführen. *(6 Punkte)*

b) Mit welchen drei Argumenten könnten Sie als Kundenberater/in Herrn Schmitt den Bezug der Wandelanleihe empfehlen? *(6 Punkte)*

c) Herr Schmitt hat ein gesetzliches Bezugsrecht. Erklären Sie zwei Gründe für die Einräumung des Bezugsrechts im deutschen Aktienrecht. *(6 Punkte)*

Herr Schmitt entschließt sich, seine Bezugsrechte auf die Wandelanleihe und später sein Umtauschrecht in Aktien der *Pfeiffer Vacuum Technology AG* voll auszunutzen.

da) Ermitteln Sie, welchen Nominalbetrag der Wandelanleihe er bei seinem derzeitigen Depotbestand beziehen kann. *(4 Punkte)*

db) Welchen Betrag muss Herr Schmitt für seinen Bezug der Wandelanleihen bezahlen? *(4 Punkte)*

dc) Wie viele Aktien kann Herr Schmitt innerhalb der Wandlungsfrist beziehen? Berechnen Sie in diesem Zusammenhang auch den Differenzbetrag, der in bar ausgeglichen wird. *(6 Punkte)*

Am 03. März 2014 schüttet die *Pfeiffer Vacuum Technology AG* 0,50 EUR Dividende pro Aktie aus. Aus dem vorliegenden Freistellungsauftrag stehen 500,00 EUR für diese Dividendenzahlung zur Verfügung.

e) Ermitteln Sie die Gutschrift für Herrn Schmitt. Herr Schmitt gehört keiner Religionsgemeinschaft an. *(8 Punkte)*

Fall 3: Baufinanzierung *(23 Punkte)*

Das Ehepaar Peter und Yvonne Leidig ist Girokunde der *Nordbank AG*. Kundenberater des Ehepaares ist Herr Joachim Zwickel. Das Ehepaar Leidig (2 Kinder: 6 und 9 Jahre alt) planen den Erwerb eines Einfamilienhauses zur Selbstnutzung. Das Objekt, das dem Ehepaar zusagt, wird von dem derzeitigen Eigentümer Herrn Gerhard Rosenau privat zum Preis von 320.000,00 EUR angeboten. Das Objekt wurde 2003 vollständig renoviert und modernisiert.

a) Herr Zwickel weist das Ehepaar Leidig darauf hin, dass beim Erwerb des Objekts zusätzlich zum Kaufpreis weitere Kosten entstehen. Nennen Sie drei weitere Kosten beim Erwerb dieses Objekts. *(3 Punkte)*

Es liegt Ihnen folgender Auszug aus dem Grundbuch vor:

Abteilung I

Lfd. Nr. 1	Gerhard Rosenau, geb. am 31.05.1959. Aufgelassen am 14.05.2002, eingetragen am 23.08.2002

Abteilung II

Lfd. Nr. 1	Vorkaufsrecht zugunsten von Maria Rosenau, geb. am 25.06.1936. Eingetragen auf Grund der Bewilligung vom 14.06.2002.
Lfd. Nr. 2	Reallast, bestehend aus der Zahlung einer lebenslangen Rente von 400,00 EUR (vierhundert) monatlich für Maria Rosenau, geb. 25.06.1936. Löschbar mit Todesnachweis. Eingetragen auf Grund der Bewilligung vom 16.05.2002 am 23.08.2002.

Abteilung III

Lfd. Nr. 1	20.000,00 EUR Grundschuld brieflos mit 18 % jährlich zu verzinsen für die Hamburger Sparkasse, sofort vollstreckbar. Unter Bezugnahme auf die Bewilligung vom 28.01.2002 eingetragen am 13.02.2002.
Lfd. Nr. 2	50.000,00 EUR Grundschuld zugunsten Gerhard Rosenau, zu verzinsen mit 18 % jährlich, sofort vollstreckbar. Unter Bezugnahme auf die Bewilligung vom 06.01.2003 eingetragen am 25.01.2003.

b) Das Ehepaar Leidig möchte nähere Informationen zu den Eintragungen in Abteilung II des Grundbuchs. Erläutern Sie diese Belastungen. *(4 Punkte)*

Die Eheleute Leidig möchten das Objekt frei von der Grundschuld zu Gunsten der *Hamburger Sparkasse* erwerben. Das mit der Grundschuld besicherte Darlehen valutiert noch mit 19.500,00 EUR.

c) Erklären Sie den Eheleuten Leidig, was dafür zu veranlassen ist. *(2 Punkte)*

Sie empfehlen den Eheleuten Leidig, die eingetragene Eigentümergrundschuld zu übernehmen.

d) Begründen Sie diese Empfehlung anhand von zwei Argumenten. *(4 Punkte)*

e) Erläutern Sie die für eine Übertragung der Eigentümergrundschuld notwendigen Rechtshandlungen. *(2 Punkte)*

Die Eheleute Leidig und Gerhard Rosenau haben sich über den Erwerb des Hauses geeinigt. Die *Nordbank AG* hat folgende Daten ermittelt:

Voraussichtlicher Gesamtaufwand	345.000,00 EUR
Frei verfügbare Eigenmittel	110.000,00 EUR
Zugeteilter Bausparvertrag (zu 40 % angespart) über	40.000,00 EUR

Der weitere Finanzierungsbedarf soll durch Darlehen der *Nordbank AG* geschlossen werden.

f) Ermitteln Sie die Darlehenssumme der *Nordbank AG*. *(2 Punkte)*

Die *Nordbank AG* hat einen Beleihungswert von 285.000,00 EUR ermittelt. Die Haushaltsrechnung für die Familie Leidig hat ein frei verfügbares Resteinkommen von 1.790,00 EUR für die Finanzierung ergeben.

Darlehen	Konditionen
Annuitätendarlehen der *Nordbank AG*	Darlehen bis 60 % des Beleihungswertes: - 4,5 % p. a. Zinsen - 2,0 % p. a. anfängliche Tilgung - 10 Jahre Zinsfestschreibung Darlehen bis 80 % des Beleihungswertes: - 4,85 % p. a. Zinsen - 2,0 % p. a. anfängliche Tilgung - 10 Jahre Zinsfestschreibung
Bauspardarlehen	- 4,25 % p. a. Zinsen - 6 ‰ monatliche Gesamtleistung von der Bausparsumme

g) Entscheiden und begründen Sie unter Angabe des Rechenweges, ob die monatliche Gesamtbelastung tragbar ist. *(6 Punkte)*

B Bankwirtschaft programmierte Aufgaben

Bearbeitungszeit: 60 Minuten

Lösungen ab Seite 254

Situation zu den Aufgaben 1 bis 10

Die *Kora GmbH* ist ein mittelständisches Unternehmen, das Solaranlagen in Deutschland und im europäischen Ausland vertreibt.
Herr Harms, Geschäftsführer der *Kora GmbH*, möchte für die Gesellschaft bei der *Nordbank AG* ein neues Firmenkonto eröffnen lassen. Gleichzeitig wird ein Kontokorrentkredit über 250.000,00 EUR beantragt. Als Legitimationsnachweis liegen der Personalausweis von Bernd Harms und der nachstehende Handelsregisterauszug der *Kora GmbH* vor. Zusätzlich reicht Herr Harms die Bilanzen der letzten 3 Geschäftsjahre ein, die von der Partnerschaftsgesellschaft *Klaus Steinbock, Wilhelm Möller & Partner Wirtschaftsprüfer und Steuerberater* aufgestellt wurden.

Angaben zum Handelsregister
Firma: *Kora* Gesellschaft mit beschränkter Haftung, Sitz: Hamburg
Gegenstand des Unternehmens: Vertrieb von Solaranlagen
Grund- oder Stammkapital: 50.000,00 EUR
Geschäftsführer: Bernd Harms, Kaufmann, 08. April 1949, Schwenckestr. 91-93 in 20255 Hamburg
Prokura: Regina Schmieding, 15. August 1962, in Norderstedt
Rechtsverhältnisse: Gesellschaft mit beschränkter Haftung. Der Gesellschaftsvertrag ist am 16.06.1999 geschlossen worden. Die Gesellschaft hat einen oder mehrere Geschäftsführer. Sind mehrere Geschäftsführer bestellt, so wird die Gesellschaft durch zwei Geschäftsführer gemeinsam vertreten. Herr Bernd Harms ist als Geschäftsführer allein vertretungsberechtigt.
Tag der Eintragung: 29. Juli 1999

Aufgabe 1

Zu welchem Datum (TT.MM.JJJJ) hat die *Kora GmbH* ihre Rechtsfähigkeit erlangt?

☐☐.☐☐.☐☐☐☐

Aufgabe 2

Wer kann die Bilanz der *Kora GmbH* rechtsverbindlich unterschreiben?

1 Herr Bernd Harms allein
2 Frau Regina Schmieding allein
3 Herr Bernd Harms und Regina Schmieding gemeinsam
4 Klaus Steinbock, Wirtschaftsprüfer und Gesellschafter der Partnerschaftsgesellschaft

☐

Aufgabe 3

Wer kann den Antrag auf Kontoeröffnung stellen?

1 Herr Bernd Harms oder Frau Regina Schmieding jeweils allein
2 Herr Bernd Harms und Frau Regina Schmieding gemeinsam
3 Der Wirtschaftsprüfer Klaus Steinbock

☐

Aufgabe 4

Welche der folgenden Legitimationsunterlagen müssen aufgrund der Abgabenordnung für den Abschluss des Kontovertrages vorgelegt werden? Bei der Vertretung gelten die gesetzlichen Regelungen.

A Nur amtlicher Lichtbildausweis des Antragstellers
B Nur amtliche Lichtbildausweise der Antragsteller
C Auszug aus dem Handelsregister (beglaubigt und neuesten Datums) und amtlicher Lichtbildausweis des Antragstellers
D Auszug aus dem Handelsregister (beglaubigt und neuesten Datums) und amtliche Lichtbildausweise der Antragsteller
E Beglaubigter Auszug aus dem Handelsregister neuesten Datums reicht als Legitimationsunterlage aus.

Aufgabe 5

Auf das neu eröffnete Geschäftskonto der *Kora GmbH* erfolgen häufig Bareinzahlungen. Herr Harms wird als Geschäftsführer in diesem Zusammenhang von Ihnen über das Geldwäschegesetz informiert. Welche der nachstehenden Aussagen zum Geldwäschegesetz sind richtig?

A Die Identifizierung des Einzahlers kann durch Personalausweis oder Reisepass erfolgen.
B Sofern der Kunde nicht identifiziert werden kann, erfolgt eine Einzahlung auf ein Sonderkonto. Eine Verfügung ist erst dann möglich, wenn sich der Einzahlende legitimiert hat.
C Das Geldwäschegesetz ist geschaffen worden, um Steuerhinterziehungen auszuschließen.
D Bei Verdacht auf Geldwäsche muss unabhängig vom Betrag immer eine Identifizierung des Einzahlenden erfolgen.
E Bareinzahlungen von Firmenkunden unterliegen unabhängig von der Betragshöhe nicht dem Geldwäschegesetz.
F Bei Annahme oder Abgabe von Bargeld, Wertpapieren oder Edelmetallen im Wert von insgesamt 15.000,00 EUR oder mehr muss eine Meldung an die Strafverfolgungsbehörde erfolgen.

Aufgabe 6

Die *Kora GmbH* möchte ihre Forderungen gegenüber ihren Kunden mittels SEPA-Lastschriften einziehen. Herr Michels, der Firmenkundenberater der *Nordbank AG*, erläutert Herrn Harms das SEPA-Basis-Lastschriftverfahren und das SEPA-Firmen-Lastschriftverfahren. Welche der Aussagen zum SEPA-Lastschriftverfahren beziehen sich

1. nur auf das SEPA-Firmen-Lastschriftverfahren?
2. nur auf das SEPA-Basis-Lastschriftverfahren?
3. sowohl auf das SEPA-Basis-Lastschriftverfahren als auch auf das SEPA-Firmen-Lastschriftverfahren?

Aussagen:

A Nach Einlösung der SEPA-Lastschrift zum Fälligkeitstag ist kein Erstattungsanspruch bzw. keine Rückgabe der SEPA-Lastschrift wegen Widerspruchs mehr möglich.
B Die SEPA-Lastschrift muss spätestens einen Geschäftstag vor Fälligkeit bei der Zahlstelle vorliegen.
C Die *Nordbank AG* schließt einen Vertrag zum Einzug der Forderungen mit dem Zahlungsempfänger.
D Ohne Mandatsbestätigung durch den Zahlungspflichtigen werden keine Lastschriften eingelöst.
E Die *Nordbank AG* zieht die Forderungen beleglos ein.

A	B	C	D	E

Aufgabe 7

Im Zusammenhang mit den Verfügungsmöglichkeiten über das Firmenkonto bittet Sie Herr Harms, ihn über die Verwendungsmöglichkeiten der Girocard als Debitkarte und der Kreditkarte zu informieren. Welche der folgenden Aussagen treffen

1 nur auf die Girocard
2 nur auf die Kreditkarte
3 sowohl auf Girocard als auch auf die Kreditkarte zu?

Aussagen:

A Barverfügungen am Geldausgabeautomaten mit PIN sind möglich.
B Die Hotelrechnung kann im POS-Verfahren bezahlt werden.
C Der Kartenprozessor schreibt dem Hotel den Gegenwert der angefallenen Kartenumsätze unter Abzug eines Disagios auf dem Konto bei der Bank des Hotels gut.
D Mit dieser Karte kann der Karteninhaber am Kontoauszugsdrucker Kontoauszüge ziehen.
E Bei Verlust der Karte und sofortiger Verlustmeldung hat der Karteneigentümer keinen Schaden.

A	B	C	D	E

Aufgabe 8

Im Rahmen der Beantragung des o. a. Kontokorrentkredits über 250.000,00 EUR informieren Sie Herrn Harms über die von der *Nordbank AG* verlangten möglichen Firmensicherheiten. Welche der nachfolgenden Merkmale treffen auf die unten stehenden Firmensicherheiten zu?

Sicherheiten:

A Sicherungsübereignung
B Abtretung von Forderungen
C Selbstschuldnerische Bürgschaft

Merkmale:

1 Die Vereinbarung der Sicherheit muss dem Drittschuldner nicht angezeigt werden.
2 Die Übergabe kann durch die Einigung über die Entstehung der Sicherheit ersetzt werden.
3 Die Sicherheit ist akzessorisch.
4 Die Sicherheit ist gesetzlich nicht geregelt.
5 Der Sicherungsgeber hat das Recht, vor der Inanspruchnahme die Zwangsvollstreckung in das Vermögen des Kreditnehmers zu verlangen.
6 Die Vereinbarung der Sicherheit muss dem Drittschuldner angezeigt werden.

A	B	C

Aufgabe 9

Zur Absicherung des Kontokorrentkredits über 250.000,00 EUR schlägt Herr Michels Herrn Harms eine Globalzession von Kundenforderungen der *Kora GmbH* vor. Welche Aussage über die Globalzession ist richtig?

A Die Abtretung erfolgt durch Einigung und Besitzkonstitut.
B Bei der Globalzession gehen die abgetretenen Forderungen erst mit Übergabe der Debitorenliste auf die *Nordbank AG* über.
C Die Globalzession muss als stille Zession vereinbart werden.
D Bei der Globalzession wird ein Rahmenvertrag abgeschlossen, in dem nur alle bestehenden Forderungen abgetreten werden.
E Um die Bestimmbarkeit der Forderungen in dem Rahmenvertrag zu gewährleisten, werden z. B. die Anfangsbuchstaben möglicher Drittschuldner festgehalten.

Aufgabe 10

Die Globalzession von Kundenforderungen bringt für die *Nordbank AG* Vorteile aber auch Risiken mit sich. Welche Aussage hinsichtlich dieser Vorteile und Risiken ist richtig?

A Bei einer Globalzession kann der Drittschuldner nicht zahlungsunfähig werden.
B Erfolgt die Globalzession in stiller Form, können die entsprechenden Forderungen noch Dritten zustehen.
C Der Drittschuldner einer abgetretenen Forderung kann keine Einreden (z. B. wegen mangelhafter Lieferung) gegen die *Nordbank AG* geltend machen.
D Bei einer stillen Abtretung zahlt der Zedent mit schuldbefreiender Wirkung nur an die *Nordbank AG*.
E Eine Globalzession wird nichtig, wenn sie nicht schriftlich erfolgt. Ausnahme ist eine Abtretung durch einen Vollkaufmann im Rahmen seines Handelsgeschäfts.

☐

Situation zu den Aufgaben 11 bis 14

Sie sind Kundenberater/in der *Nordbank AG* in Hamburg. Am heutigen Tag, den 04.05.2012, haben Sie aufgrund des Todes von zwei Privatkunden u. a. zwei Beratungsgespräche mit Angehörigen der Verstorbenen zu führen.

Herr Bernd Schürmann (35 Jahre alt) legt Ihnen die Sterbeurkunde seines Vaters Ernst Schürmann vor. Er möchte von dessen Sparkonto 20.000,00 EUR abheben. Der Verstorbene unterhielt folgendes Gesamtengagement bei der *Nordbank AG*, Kontostände jeweils am Todestag 00:00 Uhr:

Girokonto	Haben 2.450,00 EUR
Sparkonto einschließlich Zinsen	37.005,00 EUR
Wertpapierdepot Tageswert	145.400,00 EUR
Kredit	2.980,00 EUR

Der Verstorbene hatte ein Schließfach angemietet.

Aufgabe 11

Welcher Betrag ist dem Finanzamt zu melden?

☐☐☐☐☐☐ , ☐☐ EUR

Aufgabe 12

Bis zu welchem Datum (TT.MM.JJJJ) hat die Meldung an das zuständige Finanzamt zu erfolgen, wenn der Todestag der 29.04.2012 ist?

☐☐ . ☐☐ . ☐☐☐☐

Aufgabe 13

Kann Herr Schürmann über den Betrag von 20.000,00 EUR verfügen?

A Ja, da er sich durch die Sterbeurkunde als Erbe seines Vaters legitimiert.
B Ja, sofern er das handschriftliche Originaltestament seines Vaters vorlegt.
C Ja, sofern er für dieses Konto eine Vollmacht über den Tod hinaus hat.
D Nein, da er nur gemeinsam mit einem amtlich bestellten Testamentsvollstrecker über das Guthaben verfügen kann.
E Ja, da die gesetzliche Erbfolge gilt.

☐

Aufgabe 14

Frau Sandra Behrmann (41 Jahre alt) teilt Ihnen mit, dass ihr Vater, der Privatkunde Herr Arno Winkels, verstorben ist. Als Nachweis des Todes legt sie Ihnen die Sterbeurkunde vor. Herr Winkels unterhielt bei der *Nordbank AG* ein Sparguthaben mit einer Kündigungsfrist von drei Monaten. Das ungekündigte Guthaben beträgt 17.174,00 EUR, die bis zum Todestag angefallenen Zinsen betragen 585,72 EUR. Der Vater hat ein Darlehnskonto mit einer Restschuld von 14.651,36 EUR; Die Sollzinsen betragen bis zum Todestag 1.086,44 EUR. Frau Behrmann legt Ihnen ein Testament mit Eröffnungsprotokoll vor, in dem sie als alleinige Erbin genannt ist. Die Kundin hat mehrere Fragen zur Abwicklung dieses Kontos. Welche der nachstehenden Auskünfte ist zutreffend?

A Sofern ein Freistellungsauftrag in ausreichender Höhe vorliegt, werden die Zinsen sofort ohne Abzug von Steuern an Frau Behrmann ausgezahlt.
B Frau Behrmann ist als Erbin berechtigt, die sofortige Auszahlung des Gesamtbetrags ohne Abzug von Vorschusszinsen zu verlangen.
C Die Meldung an das für Erbschaftssteuer zuständige Finanzamt kann unterbleiben, da der Saldo der Forderungen und Verbindlichkeiten unter 2.500,00 EUR liegt.
D Das Sparkonto kann sofort auf Frau Behrmann umgeschrieben werden.
E Das Sparguthaben darf erst nach Ablauf der Kündigungsfrist zum Kauf von festverzinslichen Wertpapieren verwendet werden.

Situation zu den Aufgaben 15 bis 17

Oliver Bochold (32 Jahre alt) aus Pinneberg ist Depotkunde der *Nordbank AG* in Pinneberg. Sein Kundenberater ist Herr Deppe.

Aufgabe 15

Herr Bochold will im Mai 2013 25.000,00 EUR langfristig in Anleihen anlegen. Er bittet Herrn Deppe um Beratung. Aus seinen Beratungsunterlagen weiß Herr Deppe, dass Herr Bochold seinen steuerlichen Freibetrag aus Kapitaleinkünften bereits voll ausgeschöpft hat. Der Zins am Kapitalmarkt zeigt seit etwa 6 Monaten eine kontinuierlich steigende Tendenz. Herr Deppe hat die nachstehenden Neuemissionen im Angebot. Alle angebotenen Anleihen sind für den Emittenten und die Gläubiger unkündbar. Die Tilgung erfolgt jeweils zum Nennwert. Herr Bochold möchte wissen, bei welcher/n der angebotenen Anleihen er sicher sein kann, dass die versprochene Nominalverzinsung – außer im Fall der Insolvenz des Emittenten – während der gesamten Laufzeit erzielt werden kann.

	Lfd. Nr. 1	Lfd. Nr. 2	Lfd. Nr. 3
Währung	EUR	EUR	USD
Nominalzins (v. H.)	4,00	5,00	8,875
Schuldner	*NordHypo*, Inhaberschuldverschreibungen, Serie 392	*Bank AG* Berlin, Inhaberschuldverschreibungen	*Kimberly-Clark*
ISIN	309921	273370	-
Laufzeit/ Endfälligkeit	20.11.2017	20.07.2017	04.08.2017
Preis in v. H.	96,70	94,00	99,68
Rendite in v. H.	4,68	5,81	8,92

Welche der folgenden Auskünfte an Herrn Bochold ist zutreffend?

A Nur bei lfd. Nr. 1
B Nur bei lfd. Nr. 2
C Nur bei lfd. Nr. 3
D Bei sämtlichen der angebotenen lfd. Nummern
E Bei keiner der angebotenen lfd. Nummern

Aufgabe 16

Im Rahmen dieses Beratungsgesprächs hat Herr Deppe Herrn Bochold auch Investmentzertifikate angeboten. Herr Bochold bittet um nähere Erläuterungen zu diesem Produkt. Welche Auskunft ist richtig?

A Der Preis von Investmentzertifikaten bildet sich direkt durch Angebot und Nachfrage, da alle Fondsanteile an den jeweiligen Börsen gehandelt werden.

B Rentenfonds beinhalten kein Kursrisiko, da sie laufend Zinszahlungen aus den enthaltenen Rentenpapieren beziehen.

C Bei der Veräußerung von Fondsanteilen eines Investmentfonds kann der Anleger eventuelle Veräußerungsgewinne abgeltungsteuerfrei vereinnahmen.

D Gewinne durch die Veräußerung von Anteilen an offenen Immobilienfonds sind abgeltungsteuerpflichtig.

E Grundlage für die Ermittlung des Anteilwerts ist die Ermittlung des Inventarwerts, geteilt durch die Anzahl der umlaufenden Anteile.

Aufgabe 17

Herr Deppe hat Herrn Bochold für eine Anlage in Investmentzertifikaten gewinnen können. Herr Bochold möchte nun regelmäßig monatlich 5 Anteile kaufen. Welcher Hinweis zur regelmäßigen Anlage in Investmentzertifikaten ist richtig?

A Auf Grund der geringen Preisschwankungen bietet es sich an, regelmäßig eine bestimmte Anzahl von Anteilen zu kaufen, um den Cost-Average-Effekt zu nutzen.

B Die regelmäßige Anlage eines gleichbleibenden Betrags ergibt einen niedrigeren durchschnittlichen Einstandspreis gegenüber dem regelmäßigen Kauf einer bestimmten Anzahl an Anteilen (Cost-Average-Effekt).

C Der Cost-Average-Effekt ergibt sich nur bei fallenden Kursen.

D Der Cost-Average-Effekt ergibt sich nur bei steigenden Kursen.

E Cost-Average-Effekt bedeutet, dass weniger Depotgebühren zu bezahlen sind.

Situation zu den Aufgaben 18 und 19

Herr Gerber ist Depotkunde der Nordbank AG. Im Rahmen eines Anlagegesprächs mit Ihnen als Kundenberater/in der Nordbank AG interessiert er sich für ein Verkaufsangebot von Inhaber-Stammaktien der Wind AG.

Auszug aus dem Verkaufsangebot der *Wind-AG*

Verkaufsangebot über bis zu EUR 525.000,00 Inhaber-Stammaktien im Nennbetrag von je EUR 1,00 der *Wind-AG* Bonn, jeweils mit voller Gewinnanteilberechtigung für das Geschäftsjahr 2012/2013, d. h. ab 1. Januar 2012 ISIN 800062310001. Interessierte Anleger haben die Möglichkeit, in der Zeit vom 21. Mai bis 23. Mai 2012 – vorbehaltlich einer Verkürzung der Angebotsfrist – Kaufangebote abzugeben bei der Alphabank AG. Kaufangebote werden freibleibend entgegengenommen und können mit einem Preislimit versehen werden. Die Festsetzung des Kaufpreises erfolgt voraussichtlich am 23. Mai 2012. Die Aktien sind zum regulierten Markt an der Frankfurter Wertpapierbörse zugelassen.

Aufgabe 18

Herr Gerber möchte von Ihnen wissen, ob er fest mit der Zuteilung der gewünschten Stückzahl von Aktien rechnen kann und wieviel EUR der Kaufpreis betragen wird. Welche der Auskünfte ist zutreffend?

A Die gewünschte Stückzahl kann zugesagt werden, der Preis bleibt aber noch offen.

B Sowohl die Menge als auch der Preis sind noch völlig offen.

C Falls Herr Gerber den Auftrag „billigst“ erteilt, erhält er die gewünschten 100 Aktien auf jeden Fall zum Preis von 1,00 EUR je Stück.

D Die Frage lässt sich erst nach der Aufnahme des Handels der neuen Aktien im regulierten Markt beantworten.

E Da Herr Gerber Aktionär dieser Gesellschaft ist, muss das Bankenkonsortium ihm die Wertpapiere gegen Vorlage der entsprechenden Bezugsrechte zum festgelegten Emissionspreis anbieten. ☐

Aufgabe 19

Dem Kunden Gerber wurden 100 Aktien der *Wind-AG* zugeteilt. Die *Wind-AG* schüttet eine Dividende von 0,60 EUR je Aktie aus. Herr Gerber hat seinen Freistellungsauftrag bereits ausgeschöpft. Herr Gerber hat die *Nordbank AG* beauftragt, 9 % Kirchensteuer an das Finanzamt abzuführen. Ermitteln Sie den Betrag, den Herr Gerber für die 100 Aktien unter Berücksichtigung der Abgeltungsteuer, der Kirchensteuer und des Solidaritätszuschlags gutgeschrieben bekommt.

☐☐ , ☐☐ EUR

Situation zu den Aufgaben 20 bis 25

Herr Bernhard Kremer (45 Jahre alt) ist noch nicht Kunde der *Nordbank AG*. Herr Kremer beabsichtigt den Kauf eines Pkw. Er benötigt dafür einen Kredit von 20.000,00 EUR. In einem Beratungsgespräch erklärt Herr Kremer, dass er auf Grund seiner Einkommenssituation eine monatliche Rate von höchstens 570,00 EUR tragen könne.

Aufgabe 20

Ermitteln Sie für Herrn Kremer anhand der nachstehenden Tabellen die Laufzeit des Darlehens in Monaten.

☐☐ Monate

Aufgabe 21

Ermitteln Sie für Herrn Kremer anhand der nachstehenden Tabellen die Gesamtzinsen für das Darlehen.

☐☐☐☐ , ☐☐ EUR

Aufgabe 22

Ermitteln Sie für Herrn Kremer anhand der nachstehenden Tabellen die Bearbeitungskosten des Darlehens.

☐☐☐ , ☐☐ EUR

Aufgabe 23

Ermitteln Sie für Herrn Kremer anhand der nachstehenden Tabellen die Effektivverzinsung des Darlehens in Prozent.

☐☐ , ☐☐ %

Raten für Darlehen von 7.500 bis 25.000 EUR - Zinssatz 8,75 % p. a.				
Darlehen	30 Monate	36 Monate	42 Monate	47 Monate
in EUR	Rate in EUR	Rate in EUR	Rate in EUR	Rate in EUR
10.000,00	380,00	324,00	283,00	258,00
12.500,00	475,00	404,00	354,00	322,00
15.000,00	570,00	485,00	425,00	386,00
20.000,00	760,00	647,00	566,00	515,00
25.000,00	950,00	808,00	708,00	643,00

Gesamtzinsen und Bearbeitungskosten, die in den monatlichen Raten enthalten sind					
Darlehen	Bearbeitungskosten	30 Monate	36 Monate	42 Monate	47 Monate
in EUR	in EUR	Rate in EUR	Rate in EUR	Rate in EUR	Rate in EUR
10.000,00	200,00	1.193,00	1.431,00	1.678,00	1.877,00
12.500,00	250,00	1.491,00	1.793,00	2.095,00	2.350,00
15.000,00	300,00	1.789,00	2.151,00	2.513,00	2.824,00
20.000,00	400,00	2.385,00	2.866,00	3.355,00	3.762,00
25.000,00	500,00	2.982,00	3.586,00	4.190,00	4.709,00

Aufgabe 24

Die *Nordbank AG* unterbreitet Herrn Kremer ein schriftliches Kreditangebot. Welche der folgenden Angaben sind als Mindestangaben gemäß Artikel 247 §§ 3 und 4 Einführungsgesetz zum BGB als vorvertragliche Informationen anzugeben?

A Das von der *Nordbank AG* ermittelte frei verfügbare Einkommen von Herrn Kremer
B Die Einwilligung von Herrn Kremer zur Schufa-Klausel
C Die Höhe der Zinsen und Rechtsverfolgungskosten bei Fälligstellung des Kredits aufgrund von Schuldnerverzug
D Der Gesamtbetrag aller Zahlungen von Herrn Kremer
E Der Verwendungszweck des Darlehens an Herrn Kremer
F Die Art und Weise der Rückzahlung des Kredits durch Herrn Kremer

☐ ☐

Aufgabe 25

Zwei Monate nach Abschluss des Kreditvertrags mit der *Nordbank AG* stellt Herr Kremer fest, dass die *Alphabank AG* dieses Darlehen mit einem Zinssatz von 8,5 % p. a. anbietet. Herr Kremer möchte nun das Darlehen mit der *Nordbank AG* sofort ablösen. Welche der Aussagen zur Kündigung des Darlehens ist in diesem Fall richtig?

A Eine vorzeitige Rückzahlung des Kreditbetrages durch Herrn Kremer ist nicht zulässig.
B Eine vorzeitige Rückzahlung des Kreditbetrages ist nur zulässig, wenn im Kreditvertrag eine variable Verzinsung vereinbart wurde.
C Der Kreditbetrag kann erst nach Ablauf von einem Jahr unter Einhaltung einer Kündigungsfrist von sechs Monaten gekündigt werden.
D Herr Kremer hat das Recht, den Kreditbetrag jederzeit ganz oder teilweise ohne Einhaltung einer Kündigungsfrist zu tilgen. Die *Nordbank AG* kann im Falle einer vorzeitigen Rückzahlung eine angemessene Vorfälligkeitsentschädigung verlangen.
E Herr Kremer hat bei einem Verbraucherdarlehen nur ein außerordentliches Kündigungsrecht, wenn sich seine Vermögensverhältnisse wesentlich verschlechtert haben.

☐

Situation zu den Aufgaben 26 und 27

Die Eheleute Klaus und Gertrud Schüttel beabsichtigen, ein Grundstück in Harckesheyde zu erwerben. Die *Nordbank AG* soll als Hausbank des Ehepaares die Finanzierung des Bauvorhabens übernehmen. Ein Beratungsgespräch wird mit der *Nordbank AG* vereinbart. U. a. legt Herr Schüttel der *Nordbank AG* einen Grundbuchauszug vor.

Aufgabe 26

Im Grundbuch von Harkesheyde sind in Abteilung II die folgenden Eintragungen zu finden:

Lfd. Nr.	Lasten und Beschränkungen
1	Der jeweilige Eigentümer des im Grundbuch von Harckesheyde Band 15 Blatt 1775 eingetragenen Grundstücks hat das Recht, das Grundstück zu überqueren. Gemäß Bewilligung vom 23.01.2001 eingetragen am 16.04.2001.
2	Uwe Lippold und Irmgard Lippold, geb. Hanke, erhalten monatlich 200,00 EUR. Gemäß Bewil-

Lfd. Nr.	Lasten und Beschränkungen
	ligung vom 16.04.2004 eingetragen am 19.05.2004.
3	Vormerkung zur Sicherung des Anspruchs auf Eigentumsübertragung für Klaus Schüttel und Gertrud Schüttel, geb. Moosbach. Gemäß Bewilligung vom 16.08.2004 eingetragen am 20.09.2004.

Um welche der nachstehenden Lasten und Beschränkungen handelt es sich bei den Eintragungen

A lfd. Nr. 1
B lfd. Nr. 2
C lfd. Nr. 3

in Abteilung II?
Lasten/Beschränkungen:

1. Nießbrauch
2. Reallast
3. Grunddienstbarkeit
4. Auflassungsvormerkung
5. Vorkaufsrecht

A	B	C

Aufgabe 27

Sie teilen dem Ehepaar Schüttel mit, dass die *Nordbank AG* das Baudarlehen erst gewährt, wenn das Ehepaar Eigentümer des Grundstücks ist und zu Gunsten der *Nordbank AG* eine Grundschuld in das Grundbuch eingetragen ist. Das Ehepaar Schüttel fragt Sie als Kundenberater/in der *Nordbank AG*, ab wann es Eigentümer des Grundstücks ist.

Die Eheleute Schüttel werden Eigentümer des Grundstücks mit ...

A Beurkundung des unterschriebenen Kaufvertrags durch den Notar.
B Einzug in das neue Heim.
C Eintragung der Auflassungsvormerkung in das Grundbuch.
D fristgerechte Zahlung des Kaufpreises.
E Eintragung der Eheleute in Abteilung I des Grundbuches.

Situation zu den Aufgaben 28 und 29

Aufgrund eines Exportgeschäfts erwartet die *Metallbau GmbH* in drei Monaten einen Betrag von 450.000,00 USD. Die *Nordbank AG* bietet der *Metallbau GmbH* den Abschluss eines Termingeschäfts als Möglichkeit zur Kurssicherung zu folgenden Konditionen an:

Devisenkurs für 1,00 EUR	Kassakurse		Terminkurse 3 Monate	
	Geld	Brief	Geld	Brief
USD	1,2782	1,2842	1,2820	1,2880

Aufgabe 28

Ermitteln Sie den Gutschriftsbetrag für die *Metallbau GmbH* bei Fälligkeit des Termingeschäfts, wenn die *Nordbank AG* eine Provision von 80,00 EUR in Rechnung stellt.

						,			EUR

Aufgabe 29

Der Prokurist der *Metallbau GmbH* möchte wissen, warum die Terminkurse über den Kassakursen liegen. Welche der folgenden Begründungen trifft zu?

A Der Kursaufschlag dient der Deckung der bei Termingeschäften entstehenden Kosten.
B Die Marktteilnehmer rechnen in den nächsten Monaten mit einem stärkeren Euro.
C Die Marktteilnehmer rechnen in den nächsten Monaten mit einem schwächeren Euro.
D Die Zinsen für 3-Monatsgelder sind in den USA niedriger als im Euro-Raum.
E Die Zinsen für 3-Monatsgelder sind in den USA höher als im Euro-Raum.

☐

Aufgabe 30

Ordnen Sie die nachfolgenden Fachbegriffe den entsprechenden Definitionen zu.

Fachbegriffe:

1	Euribor	4	Target
2	S.W.I.F.T.	5	BIC
3	IBAN	6	SEPA

Definitionen:

A Es handelt sich um eine Gesellschaft, die ein internationales Datentransfersystem für Zahlungsnachrichten zwischen Kreditinstituten betreibt.
B Es handelt sich um ein Überweisungsverfahren der 15 EU-Zentralbanken, das die rasche und effiziente Abwicklung von grenzüberschreitenden Großbetragszahlungen ermöglicht.
C Es handelt sich um eine elfstellige internationale Bankleitzahl, mit der jedes Kreditinstitut weltweit eindeutig identifiziert werden kann.
D Es handelt sich um maximal 34 alphanumerische Zeichen, die eine standardisierte internationale Bankkontonummer für grenzüberschreitende Zahlungen definieren.
E Es handelt sich um einen internationalen Zinssatz, der auf Grund von Meldungen von Briefsätzen für 1- bis 12-Monatsgelder von 57 Referenzbanken von einem Bildschirmdienst ermittelt wird. Die Meldungen erfolgen geschäftstäglich um 11 Uhr MEZ, aus denen ein Durchschnittszinssatz errechnet wird.
F Es handelt sich um einen einheitlichen Euro-Zahlungsverkehrsraum, in dem alle Zahlungen wie inländische Zahlungen behandelt werden.

A	B	C	D	E	F

C Rechnungswesen und Steuerung

Bearbeitungszeit: 60 Minuten

Lösungen ab Seite 262

Die Aufgaben 1 bis 8 beziehen sich auf die folgende Ausgangssituation:

A Für einen Kreditor wird eine Lastschrift über die Deutsche Bundesbank vorgelegt. Der Kreditor wird mit der Einlösung zum Debitor.

B Für einen Debitor wird ein Dauerauftrag über eine Korrespondenzbank ausgeführt. Die *Nordbank AG* hat bei der Korrespondenzbank ein Guthaben.

C Sparer legen ein Teil Ihres Sparguthabens als Festgeld an.

D Auf den Kreditorenkonten werden die Zinsen für ihre kreditorischen Kontostände gebucht. Freistellungsaufträge in ausreichender Höhe liegen vor.

Bilden Sie unter Verwendung der Konten aus dem Kontenplan in der Formelsammlung die entsprechenden Buchungssätze.

Tragen Sie die Ziffern vor den jeweils zutreffenden Konten in die Kästchen ein.

Wenn sich zu einem Geschäftsfall kein Buchungssatz ergibt, verwenden Sie im Soll und im Haben jeweils die Kennziffer 08.

Aufgabe 1

Bilden Sie den Buchungssatz zu Geschäftsfall A. ☐☐ an ☐☐

Aufgabe 2

Bilden Sie den Buchungssatz zu Geschäftsfall B. ☐☐ an ☐☐

Aufgabe 3

Bilden Sie den Buchungssatz zu Geschäftsfall C. ☐☐ an ☐☐

Aufgabe 4

Bilden Sie den Buchungssatz zu Geschäftsfall D. ☐☐ an ☐☐

Die Geschäftsfälle verändern die Bilanz. Entscheiden Sie, um welche Art der Änderung es sich handelt.

1 Aktivtausch	4 Aktiv-Mehrung-Passiv-Minderung
2 Passivtausch	5 Aktiv-Passiv-Mehrung
3 Aktiv-Passiv-Minderung	6 Aktiv-Minderung-Passiv-Mehrung

Aufgabe 5

Um welche Bilanzänderung handelt es sich bei Geschäftsfall A? ☐

Aufgabe 6

Um welche Bilanzänderung handelt es sich bei Geschäftsfall B? ☐

Aufgabe 7

Um welche Bilanzänderung handelt es sich bei Geschäftsfall C? ☐

Aufgabe 8

Um welche Bilanzänderung handelt es sich bei Geschäftsfall D? ☐

Aufgabe 9

Die *Nordbank AG* muss jährlich den Jahresabschluss erstellen und veröffentlichen. In welchem Teil des Jahresabschlusses muss sie Aussagen zu folgenden Sachverhalten tätigen:

A Begründung für Änderungen von Bewertungsmethoden
B Darstellung des Geschäftsverlaufs
C Risikovorsorge nach § 340 f HGB
D Einschätzung der zukünftigen Entwicklung
E Höhe der Aufwendungen für die Mitarbeiter
F Aktueller Wert des Pkws des Vorstandsvorsitzenden

Quellen des Jahresabschlusses:

1 Bilanz
2 Gewinn- und Verlustrechnung
3 Anhang zur Bilanz und zur GuV-Rechnung
4 Lagebericht
5 keine der vorgenannten Quellen

A	B	C	D	E	F

Die Aufgaben 10 bis 11 beziehen sich auf die folgende Ausgangssituation:

Das Bankenkontokorrentkonto der *Nordbank AG* zeigt zusammengefasst kurz vor dem Monatsende folgende Eintragungen:

S	Bankenkontokorrent		H
Anfangsbestand und Umsätze	5.450.000,00	Anfangsbestand und Umsätze	5.320.000,00

Vor Abschluss sind noch folgende Geschäftsfälle zu berücksichtigen:

1 Die *Ostbank eG* weist die *Nordbank AG* an, 300.000,00 EUR auf das Deutschen Bundesbank-Konto der *Ostbank eG* zu überweisen.
2 Das Tagesgeld in Höhe von 100.000,00 EUR bei einer Korrespondenzbank wird aufgelöst und für die Mindestreserve-Haltung verwendet.
3 Die *Nordbank AG* überträgt 200.000,00 EUR vom ihrem Konto bei der Deutschen Bundesbank auf ihr Nostrokonto bei der *Westbank eG*.
4 Kunden haben Schecks über 40.000,00 EUR zur Gutschrift E. v. eingereicht, die die *Nordbank AG* an die *Südbank AG* weiterreicht, da sie von deren Kunden ausgestellt wurden. Die Verrechnung erfolgt auf dem Lorokonto.

Aufgabe 10

Wie hoch waren die noch zu berücksichtigenden Belastungen auf dem Bankenkontokorrent? ☐☐☐☐☐☐ , ☐☐ EUR

Aufgabe 11

Berechnen Sie den Monatsschlussbestand an Forderungen an Kreditinstitute, wenn die Inventur für die Verbindlichkeiten gegenüber Kreditinstituten einen Schlussbestand von 360.000,00 EUR ergeben hat.

☐☐☐☐☐☐ , ☐☐ EUR

Aufgabe 12

Ein für die Kreditabteilung angeschaffter Geschäfts-Pkw wird im Anlagenverzeichnis der *Nordbank AG* per 31. Dezember 2011 mit einem Restbuchwert von 10.660,00 EUR ausgewiesen. Die *Nordbank AG* ging von einer betriebsgewöhnlichen Nutzungsdauer von 5 Jahren aus. Sie wollen den Abschreibungsplan überprüfen. Hierfür benötigen Sie den Kaufpreis des Pkws. Die *Nordbank AG* wählte die lineare Abschreibung. Ermitteln Sie die Anschaffungskosten (einschl. Umsatzsteuer) für den am 5. März 2009 gekauften Pkw.

☐☐☐☐☐ , ☐☐ EUR

Aufgabe 13

Die *Nordbank AG* muss den Jahreserfolg periodengerecht abgrenzen. Stellen Sie fest, ob es sich beim Jahresabschluss bei den untenstehenden Sachverhalten um:

1 transitorische Aktiva,
2 transitorische Passiva,
3 antizipativen Aufwand
4 antizipativen Ertrag oder
5 keines der genannten handelt.

Sachverhalte:

A Es sind noch Aufwendungen zu buchen, die dem abgelaufenen Geschäftsjahr zuzuordnen sind und deren Bezahlung erst im folgenden Geschäftsjahr erfolgen wird.
B Es liegen Zahlungseingänge für Erträge vor, die das folgende Geschäftsjahr betreffen.
C Zinsen für Festgelder, die dieses Jahr angelegt wurden, werden erst am Ende der Festlegung im nächsten Jahr gezahlt.
D Die Januarmiete für gemietete Bankräume im neuen Einkaufszentrum wird im Januar gezahlt.
E Die Umsatzsteuerzahllast vom Dezember wird im Januar überwiesen.
F Die festverzinslichen Wertpapiere des Anlagevermögens haben den jährlichen Zinstermin im Juli.

A	B	C	D	E	F

Aufgabe 14

Welche Aussagen im Zusammenhang mit Wertpapieren und deren Bilanzierung sind falsch?

1) Bei Wertpapieren kann es realisierte Gewinne und realisierte Verluste geben.
2) Wertpapiere stehen in der Bilanz unter diversen Positionen wie „Schuldverschreibungen und andere festverzinsliche Wertpapiere", „Aktien und andere nicht festverzinsliche Wertpapiere", „Beteiligungen".
3) Kundenwertpapiere gehören nicht zum Vermögen der Banken und werden daher nicht bilanziert.
4) Aktien und Schuldverschreibungen des Anlagevermögens stehen auf der Aktivseite unter der Position Beteiligungen.
5) Von der *Nordbank AG* ausgegebene *Nordbank AG*-Schuldverschreibungen stehen auf der Passivseite der Bilanz unter der Position „Verbriefte Verbindlichkeiten".
6) Festverzinsliche Wertpapiere sind ohne aufgelaufene, noch nicht vereinnahmte Zinsen zu bilanzieren.

☐ ☐

Die Aufgaben 15 bis 18 beziehen sich auf die folgende Ausgangssituation:

Bei der *Nordbank AG* wies per 31.12. der Forderungsbestand die folgenden Werte aus:

Forderungen an Kreditinstitute	267.000 Tsd. EUR
Forderungen an Privatkunden	63.000 Tsd. EUR
Forderungen an Firmenkunden	154.000 Tsd. EUR
Forderungen an öffentlich-rechtliche Körperschaften	23.200 Tsd. EUR

darunter:

Forderung an die *Berg KG*, noch nicht abgeschrieben, nach Abschluss des Insolvenzverfahrens zu 95 % uneinbringlich	32 Tsd. EUR
einzelwertberichtigte Kundenforderungen - darauf gebildete Einzelwertberichtigungen	10.500 Tsd. EUR 3.150 Tsd. EUR

Aufgabe 15

Ermitteln Sie: Wie hoch ist die durchschnittlich geschätzte Ausfallquote bei den Kundenforderungen mit akutem Ausfallrisiko?

☐☐,☐ %

Aufgabe 16

Errechnen Sie den Betrag für die unversteuerte Pauschalwertberichtigung zum 31.12.. Der aufgrund des Ausfalls der letzten fünf Jahre ermittelte Pauschalwertberichtigungssatz beträgt 0,5 %.

☐☐☐☐☐☐☐ EUR

Aufgabe 17

Wie hoch sind die Forderungen an Kunden nach Abschreibung?

☐☐☐☐☐☐☐☐☐ EUR

Aufgabe 18

Mit welchem Betrag werden die Kundenforderungen bilanziert?

☐☐☐☐☐☐☐☐☐ EUR

Aufgabe 19

Die *Export AG* entscheidet nach Abschluss eines recht erfolgreichen Geschäftsjahres über die Gewinnverwendung. Es wird beschlossen, den überwiegenden Teil des Jahresüberschusses einzubehalten und in die Gewinnrücklagen einzustellen. Die auszuschüttende Dividende wird sich gegenüber dem Vorjahr nicht verändern. Welche der folgenden Auswirkungen hat dieser Beschluss?

1 Die in die Gewinnrücklagen eingestellten Mittel stehen der *Export AG* langfristig und zinslos zur Verfügung. Sie eignen sich daher gut für die Finanzierung des Anlagevermögens.

2 Die Bildung von Gewinnrücklagen mindert den zu versteuernden Gewinn der *Export AG*.

3 Steigende Gewinnrücklagen sehen die Gläubiger der *Export AG* mit sehr kritischen Augen, da in Zukunft mit höherer Dividendenbelastung zu rechnen ist. Dadurch wird die zukünftige Beschaffung von Fremdkapital erschwert.

4 Für die Aktionäre ist die getroffene Entscheidung ohne finanzielle Auswirkungen, da die Dividende in Zukunft steigen wird.

5 Rücklagenbildung ist eine günstige Form der Fremdfinanzierung.

☐

Aufgabe 20

Im Hause der *Nordbank AG* verursachen Geschäftsvorgänge Kosten und führen zu Erlösen. Sie sollen für die Controlling-Abteilung die nachstehenden Vorgänge den folgenden Fachbegriffen zuordnen.

Kosten- und Erlösarten:

1 Betriebskosten
2 Betriebserlöse
3 Wertkosten
4 Werterlöse
5 Neutrale Aufwendungen
6 Neutrale Erträge
7 Keine Zuordnung möglich

Vorgänge:

A Die *Nordbank AG* belastet Gehaltskonten mit Kontoführungsgebühren.
B Bei der *Nordbank AG* geht eine Überweisung zugunsten einer bereits direkt abgeschriebenen Forderung ein.
C Die *Nordbank AG* überweist der Schufa Gebühren für erteilte Auskünfte.
D Kunden überweisen Tilgungsraten für aufgenommene Kredite.
E Die *Nordbank AG* stellt einen Kassenüberschuss fest, dessen Ursache auch nach Tagen nicht zu klären ist.
F Die *Nordbank AG* kauft einen Kontoauszugsdrucker.

A	B	C	D	E	F

Aufgabe 21

Die langjährige Kreditnehmerin Christine Schmidt hat sich bei Ihnen in der *Nordbank AG* zum Gespräch angemeldet. Sie benötigt eine Zwischenfinanzierung in Form eines Festdarlehens über 100.000,00 EUR für 2 Jahre. Frau Schmidt hatte bei der Gesprächsterminierung auf ein Konkurrenzangebot zu einem Zinssatz von 7,9 % hingewiesen. Der bisher gezahlte Zinssatz betrug 8,3 %. Auf Anfrage liefert Ihnen die Controlling-Abteilung folgende Daten:

Geld- und Kapitalmarktsätze	
* Tagesgeld	1,7 %
* 1-Monatsgeld	2,0 %
* 2-Jahresgeld	2,5 %
* 4-Jahresgeld	3,5 %

Bearbeitungskosten für Festdarlehen	900,00 EUR
Eigenkapitalkostensatz	0,90 %
Risikokostensatz	0,65 %
Gewinnmarge	3,50 %

Ermitteln Sie als Grundlage für das Kreditgespräch die Preisuntergrenze.

☐ , ☐ %

Aufgabe 22

Welche der Aussagen über die Marktzinsmethode sind richtig?

1 Um die Konditionsbeiträge zu ermitteln, werden die Erfolge von Aktiv- und Passivgeschäften an den jeweiligen Vergleichszinssätzen alternativer Geschäfte mit gleicher Fristigkeit am Geld- und Kapitalmarkt gemessen.
2 Bei der Ermittlung der Preisgrenzen im Aktivgeschäft ist der Zinssatz, der den Kunden im Passivgeschäft gewährt wird, eine wichtige Bezugsgröße.
3 Die Marktzinsmethode ist eine Kalkulationsmethode zur Ermittlung von Preisuntergrenzen im Passivgeschäft.
4 Zinserlöse im Aktivgeschäft und Zinskosten der Passivseite werden bei der Marktzinsmethode verglichen.

5 Die Konditionen- und Strukturbeiträge werden jeweils der Geschäftsleitung als Erfolgsbeitrag angerechnet.
6 Der Strukturbeitrag ergibt sich aus der Fristentransformation, das heißt, die Fristen zwischen Mittelbeschaffung und Mittelverwendung sind nicht mehr identisch. ☐ ☐

Die Aufgaben 23 bis 26 beziehen sich auf die folgende Ausgangssituation:

Die *Nordbank AG* gewährt einem Kunden einen Kredit in Höhe von 23.000,00 EUR, Laufzeit 3 Jahre, Zinssatz 7,99 %. Sie nimmt von einem anderen Kunden eine Termineinlage in Höhe von 23.000,00 EUR an, Laufzeit 1 Jahr, Zinssatz 2,35 %.

Konditionen am Geld- und Kapitalmarkt:

Alternative Kapitalanlage (3-Jahresanlage)	3,75 %
Alternative Kapitalbeschaffung (1-Jahresgeld)	2,50 %
Tagesgeld	1,75 %

Aufgabe 23

Ermitteln Sie nach der Marktzinsmethode den Konditionenbeitrag Aktiva. ☐,☐☐ %

Aufgabe 24

Ermitteln Sie nach der Marktzinsmethode den gesamten Konditionenbeitrag. ☐,☐☐ %

Aufgabe 25

Ermitteln Sie nach der Marktzinsmethode den Strukturbeitrag (Fristentransformationsbeitrag) Aktiva. ☐,☐☐ %

Aufgabe 26

Ermitteln Sie nach der Marktzinsmethode den gesamten Strukturbeitrag. ☐,☐☐ %

Die Aufgaben 27 bis 30 beziehen sich auf die folgende Ausgangssituation:

Bilanz der *Profil AG* im Berichtsjahr

Aktiva	**Tsd. EUR**
A. Anlagevermögen	
I. Sachanlagen	
1. Grundstücke und Bauten	7.114
2. Technische Anlagen, Büroausstattung	8.034
II. Finanzanlagen	3.241
Summe Anlagevermögen	18.389
B. Umlaufvermögen	
I. Vorräte	17.190
II. Forderungen aus Lieferungen und Leistungen	10.738
III. Schecks, Kasse, Guthaben bei Kreditinstituten	4.788
Summe Umlaufvermögen	32.716
Summe Aktiva	51.105

Passiva	
A. Eigenkapital	
I. Gezeichnetes Kapital	4.200
II. Kapitalrücklage	680
III. Gewinnrücklagen	8.690
Summe Eigenkapital	13.570
B. Rückstellungen	
I. Pensionsrückstellungen	6.097
II. Steuerrückstellungen (kurzfr.)	2.613
Summe Rückstellungen	8.710
C. Verbindlichkeiten	
1. Verbindlichkeiten gegenüber Kreditinstituten	23.164
2. Verbindlichkeiten aus Lieferungen und Leistungen	5.661
Summe Verbindlichkeiten	28.825
Summe Passiva	51.105

Erläuterungen zur Bilanz:
- Die Forderungen sind kurzfristig.
- 60 % der Verbindlichkeiten sind kurzfristig.

Werte aus der Erfolgsrechnung der *Profil AG*	**EUR**
Umsatzerlöse	108.144.870
Materialaufwand	67.816.500
Personalaufwand	34.828.500
Abschreibungen auf Sachanlagen	2.272.500
Zinsen und ähnliche Aufwendungen	1.599.000
Jahresüberschuss	1.628.370

Aufgabe 27

Ermitteln Sie für das Berichtsjahr der *Profil AG* den Anlagendeckungsgrad I. ☐☐,☐ %

Aufgabe 28

Ermitteln Sie für das Berichtsjahr der *Profil AG* den Anlagendeckungsgrad II. ☐☐☐,☐ %

Aufgabe 29

Ermitteln Sie für das Berichtsjahr der *Profil AG* die Eigenkapitalquote. ☐☐,☐☐ %

Aufgabe 30

Ermitteln Sie für das Berichtsjahr der *Profil AG* die Eigenkapitalrentabilität. ☐☐,☐ %

Aufgabe 31

Welche der nachstehenden Aussagen zur Eigenkapitalrentabilität ist zutreffend?

1 Die Differenz zwischen der Eigenkapitalrentabilität und dem Kapitalmarktzins ist die Risikoprämie für die Eigentümer des Unternehmens.

2 Die Eigenkapitalrentabilität zeigt die Selbstfinanzierungskraft des Unternehmens, unabhängig von Abschreibungen und Zuführungen zu den langfristigen Rückstellungen.

3 Die Eigenkapitalrentabilität zeigt, wie viel Gewinn pro EUR Umsatz verdient wurde.

4 Die Eigenkapitalrentabilität zeigt die Bindungsdauer des Kapitals: je niedriger die Kennzahl, desto häufiger wird das Kapital umgesetzt.

5 Die Eigenkapitalrentabilität zeigt den Eigenkapitalanteil des insgesamt im Unternehmen eingesetzten Kapitals.

☐

D Wirtschafts- und Sozialkunde

Bearbeitungszeit: 60 Minuten

Lösungen ab Seite 266

Aufgabe 1

In welcher der folgenden Situationen erhalten die Mitarbeiter der *Nordbank AG* Leistungen

1 von der Berufsgenossenschaft?
2 von der Deutsche Rentenversicherung Bund?
3 von einem anderen Leistungsträger?

Situationen:

A Der 48-jährige Bankangestellte Walter Bürger nimmt an einer Gesundheitsuntersuchung zur Krebsvorsorge teil.

B Frau Sophie Schmidt (19 Jahre alt) ist Auszubildende der *Nordbank AG*. Sie zieht sich im Skiurlaub einen Oberschenkelhalsbruch zu. Da es sich um einen komplizierten Bruch handelt, erhält sie eine dreiwöchige Nachbehandlung in einer Kurklinik.

C Die Firmenkundenberaterin der *Nordbank AG*, Frau Martina Schön erleidet auf dem Weg zu einem von ihrer Bank betreuten Firmenkunden einen Verkehrsunfall, der eine einwöchige Krankenhausbehandlung zur Folge hat.

D Die Bankkauffrau Ramona Preuß nimmt an einer Fortbildung zur Bankfachwirtin an der Bankakademie teil.

E Der Hausmeister der *Nordbank AG*, Herr Johannes Pohl, geht mit Ablauf des 65. Lebensjahres in den Ruhestand.

A	B	C	D	E

Aufgabe 2

In der *Nordbank AG* existiert seit dem Jahr 2001 ein Betriebsrat. In welchem Beispiel ist die Mitbestimmung des Betriebsrats zutreffend beschrieben?

A Drei kleinere Geschäftsstellen der *Nordbank AG*, die bisher durchgehend geöffnet hatten, sollen zukünftig für den Kundenverkehr zwischen 13:00 Uhr und 14:30 Uhr geschlossen werden. Der Betriebsrat der *Nordbank AG* hat bei der Änderung der Geschäftszeiten für den Kundenverkehr ein Mitbestimmungsrecht.

B Bei der Festlegung der Pausenzeiten für die Mitarbeiter im Betrieb hat der Betriebsrat nur ein Informationsrecht.

C Über die Inhalte des Arbeits- und Ausbildungsvertrages kann der Betriebsrat mitbestimmen.

D Alle betrieblichen Entscheidungen, welche die Arbeitnehmer betreffen, bedürfen der Zustimmung des Betriebsrats.

E In bestimmten sozialen Angelegenheiten, z. B. die tägliche Arbeitszeitregelung, werden betriebliche Maßnahmen nur mit Zustimmung des Betriebsrats wirksam.

F In personellen Angelegenheiten, z. B. bei Kündigungen bzw. Einstellungen von Mitarbeitern, hat der Betriebsrat ein Informations- und Widerspruchs- bzw. Einstellungsverweigerungsrecht.

☐ ☐

Aufgabe 3

Die Auszubildenden der *Nordbank AG*, Sabine Schröder (20 Jahre alt) und Frank Schuster (21 Jahre alt) wollen eine Jugendvertreterwahl in der *Nordbank AG* organisieren. Derzeit gibt es nur einen Betriebsrat. Bringen Sie die folgenden notwendigen Schritte für eine Jugendvertreterwahl in die richtige Reihenfolge.

A Auszählung der abgegebenen Stimmen
B Wahlvorschläge werden entgegen genommen und geprüft
C Wahlvorschläge werden veröffentlicht
D Wahlvorstand wird durch den Betriebsrat bestellt
E Geheime, unmittelbare und gemeinsame Wahl

1	2	3	4	5

Aufgabe 4

In der *Nordbank AG* werden zurzeit 3 Auszubildende zum Bankkaufmann ausgebildet, die noch nicht 18 Jahre alt sind. Im Rahmen ihrer Ausbildung muss die *Nordbank AG* die Vorschriften des Jugendarbeitsschutzgesetzes beachten. Welche der folgenden Vorschriften entspricht den Vorschriften des Jugendarbeitsschutzgesetzes?

A Die jugendlichen Auszubildenden müssen zwischen dem Arbeitsende und dem Arbeitsbeginn am nächsten Tag eine ununterbrochene Ruhezeit von mindestens 15 Stunden einhalten.
B Die jugendlichen Auszubildenden dürfen in der Woche nur an fünf Tagen beschäftigt werden.
C Die jugendlichen Auszubildenden müssen eine Ruhepause von mindestens 30 Minuten einhalten, wenn sie mehr als vier und weniger als sieben Stunden beschäftigt werden.
D Die jugendlichen Auszubildenden dürfen täglich nicht länger als acht Stunden ununterbrochen ohne Ruhepause beschäftigt werden.
E Die jugendlichen Auszubildenden müssen jeweils am letzten Arbeitstag vor der schriftlichen Abschlussprüfung und der mündlichen Abschlussprüfung freigestellt werden.

Aufgabe 5

Die 20-jährige Angestellte Monika Bender kauft in einem Kaufhaus eine Digitalkamera von *Olympus* für 398,00 EUR. Allgemeine Geschäftsbedingungen werden nicht vereinbart. Nach mehrmaligem Benutzen stellt sie vier Wochen nach dem Kauf fest, dass die Fotos nicht mehr auf den PC geladen werden können. Da Frau Bender am nächsten Tag für sechs Wochen verreist, reklamiert sie am selben Tag die Funktionsstörung. Welche der folgenden Aussagen zu diesem Sachverhalt sind richtig?

A Die Gewährleistungsfrist bei mangelhafter Warenlieferung beträgt gemäß BGB zwei Jahre.
B Frau Bender kann lediglich das Recht auf Minderung geltend machen.
C Sollte das Kaufhaus keine gleichartige Digitalkamera mehr vorrätig haben, hat Frau Bender auf jeden Fall einen Schadensersatzanspruch.
D Eine mangelhafte Ware, die zu einer Gewährleistung nach BGB führen kann, liegt bereits vor, wenn sich an der Digitalkamera ein unerheblicher Fehler befindet.
E Der Verkäufer kann nach dem BGB verlangen, dass Frau Bender die Digitalkamera zunächst zur Nachbesserung dem Kaufhaus zur Verfügung stellt, da der Verkäufer zwischen der Nachbesserung und Neulieferung wählen kann.
F Frau Bender kann das Recht auf Ersatzlieferung geltend machen.

Aufgabe 6

In welchen der nachfolgenden Fälle ist das Rechtsgeschäft
1 uneingeschränkt wirksam?
2 nichtig?
3 wirksam, aber anfechtbar?
4 schwebend unwirksam?

Fälle:

A Ein 16-jähriger Bankauszubildender schließt mit der *Nordbank AG* ohne Wissen seiner Eltern einen Bausparvertrag ab. Auf diesen Vertrag sollen die vermögenswirksamen Leistungen von 40,00 EUR, die er von seinem Ausbildungsbetrieb monatlich erhält, angelegt werden.

B Familie Klein buchte einen 14-tägigen Erholungsurlaub auf der Insel Föhr irrtümlich im Hotel Seeblick in der Uferstr. 1, obwohl sie ihren Urlaub im Hotel Seeglück im Uferweg 1 verbringen wollten.

C Eine unter Betreuung stehende Rentnerin erteilt der *Nordbank AG* den Auftrag, 10.000,00 EUR in einen Investmentfonds anzulegen. Ein Einwilligungsvorbehalt besteht nicht. Im Dokumentationsbogen finden Sie den Hinweis, dass der Berater von diesem Erwerb abgeraten hat.

D Eine 15-jährige Auszubildende kauft von dem Geld, das sie von ihrer Patentante zum Geburtstag erhalten hat, einen Laptop zum Preis von 299,00 EUR.

E Ein Privatmann verkauft an einen Dritten seinen gebrauchten Pkw mit der Zusicherung, dass der Wagen in zwei Jahren nur 20.000 km gefahren ist. Kurze Zeit später stellt der Käufer des Pkw fest, dass der Tacho des Pkw manipuliert wurde.

F Ein Autohändler kauft auf einem Gebrauchtwagenmarkt einen Pkw vom Eigentümer per Handschlag.

G Aufgrund einer finanziellen Notlage schließt Herr Werner Schrader mit einem Kreditvermittler einen Kreditvertrag über 20.000,00 EUR ab, vereinbarter Zins 30 % p. a.

H Frau Petra Schön kauft in einer Buchhandlung ein wertvolles Buch mit der Absicht, es ihrer Freundin Veronika Bartels zu ihrer anstehenden Hochzeit zu schenken. Da sich Frau Bartels mit ihrem Bräutigam zerstreitet, kommt die Hochzeit nicht zustande.

A	B	C	D	E	F	G	H

Aufgabe 7

Die Gerichtsbarkeit in Deutschland gliedert sich in verschiedene Zweige. Welche der folgenden Gerichte sind den Situationen zuzuordnen?

Gerichte:

1. Amtsgericht für Zivilsachen
2. Arbeitsgericht
3. Finanzgericht
4. Sozialgericht
5. Verwaltungsgericht

Situationen:

A Frau Sophie Schneider, 38 Jahre, Kundenberaterin der *Nordbank AG*, wurde aus betriebsbedingten Gründen gekündigt. Da Frau Schneider die Kündigung für sozial ungerechtfertigt hält, will sie gerichtlich gegen die Kündigung vorgehen.

B Frau Birgit Krause, Servicekraft der *Nordbank AG*, zog sich auf dem Weg zur Arbeit eine schwere Verletzung zu. Da die Berufsgenossenschaft den Wegeunfall nicht als Arbeitsunfall anerkennt, will Frau Krause gegen die Verwaltungsberufsgenossenschaft Klage erheben.

C Die *Nordbank AG* will gegen ihren Privatkunden Paul Norden Klage erheben, da er seine Kontoüberziehung von 3.400,00 EUR trotz mehrfacher Mahnung nicht ausgleicht.

D Die *Nordbank AG* will nach erfolglosem Einspruch gegen den letzten Gewerbesteuerbescheid Klage erheben.

A	B	C	D

Aufgabe 8

In der Personalabteilung der Firma *Hertel GmbH* in Hamburg ist u. a. Jan Plate (29 Jahre alt) als Personalsachbearbeiter beschäftigt.
Welche der nachfolgenden Einnahmen von bzw. Zahlungen an Herrn Plate gehören zu seinen Einkünften aus nichtselbstständiger Arbeit?

A Zinsen aus Bankguthaben
B Einnahmen aus Vermietung
C Urlaubsgeld
D Verkaufserlöse des privaten Pkw von Herrn Plate
E Elterngeld
F Vermögenswirksame Leistungen der *Hertel GmbH*

☐ ☐

Aufgabe 9

Welche der nachfolgenden Ausgaben von Herrn Plate werden vom Finanzamt als Sonderausgaben anerkannt?

A Gewerkschaftsbeiträge von Herrn Plate
B Aufwendungen für Arbeitsmittel (z. B. Fachliteratur)
C Reinigungskosten für den Anzug, den Herr Plate an seinem Arbeitsplatz trägt.
D Spenden an das Rote Kreuz
E Aufwendungen von Herrn Plate für die Wege zwischen seiner Wohnung und der *Hertel GmbH*
F gezahlte Kirchensteuer

☐ ☐

Aufgabe 10

Herr Plate beabsichtigt, seine langjährige Freundin Ulrike Moor zu heiraten. Auch Frau Moor hat ein festes Arbeitsverhältnis. Die Gehälter von Herrn Plate und Frau Moor sind in etwa gleich hoch. Zurzeit sind beide in Steuerklasse I. Welche der folgenden Aussagen zur Wahl der Steuerklasse/n nach der Heirat ist zutreffend? Herr Plate und Frau Moor sollten

A weiterhin getrennt die Steuerklasse I beibehalten, da sich die Lohnsteuerabzüge auch nach der Heirat nicht ändern.
B die Steuerklassen III und V wählen. Somit können beide ihre Lohnsteuerabzüge künftig senken.
C beide die Steuerklasse IV wählen, da sie weiterhin Lohnsteuerabzüge in gleicher Höhe wie bisher zu leisten haben.
D die Steuerklassen III und V wählen, da die Lohnsteuerabzüge dann gleich bleiben.
E beide die Steuerklasse IV wählen, da sie ihre Lohnsteuerabzüge so künftig senken können.

☐

Situation zu den Aufgaben 11 und 12

Die *Finnberg & Co. KG* ist ein Hamburger Unternehmen, das Alarm- und Sicherheitsanlagen herstellt und bundesweit vertreibt. In der KG sind die Komplementäre, Prokuristen und Handlungsbevollmächtigten mit allgemeiner Handlungsvollmacht jeweils allein vertretungsberechtigt.

Aufgabe 11

Eintragungen in das Handelsregister erfolgen in unterschiedlichen Abteilungen und mit unterschiedlicher rechtlicher Wirkung.

Eintragungsvarianten:

1 Eintragung in Abteilung A mit konstitutiver Wirkung
2 Eintragung in Abteilung A mit deklaratorischer Wirkung
3 Eintragung in Abteilung B mit konstitutiver Wirkung
4 Eintragung in Abteilung B mit deklaratorischer Wirkung
5 Keine Eintragung in das Handelsregister

Ordnen Sie den nachfolgenden Sachverhalten die o. a. Eintragungsvarianten zu.

Sachverhalte:

A Die *Finnberg & Co. KG* nimmt einen neuen voll haftenden Gesellschafter auf.
B Die *Finnberg & Co. KG* entzieht Rudolf Biehl die Prokura.
C Die Einlage des Kommanditisten Ralf Paulsen wird von 50.000,00 EUR auf 30.000,00 EUR herabgesetzt.
D Die *Finnberg & Co. KG soll* in eine GmbH umgewandelt werden.
E Frau Birgit Rudolf wird Generalbevollmächtigte der *Finnberg & Co. KG*.

A	B	C	D	E	F

Aufgabe 12

Welche der folgenden Rechtshandlungen darf im Außenverhältnis

1 nur der Komplementär Werner Kleff rechtswirksam vornehmen?
2 neben dem Herrn Kleff auch der Prokurist Georg Bürger vornehmen?
3 sowohl der Prokurist Herr Bürger als auch der Handlungsbevollmächtigte Herr Rheinfeld alleine vornehmen?

Ordnen Sie zu!

A Vertretung der Finnberg & Co. KG in einem Zivilprozess vor dem Landgericht
B Abschluss eines Kreditvertrages über 3 Millionen EUR
C Erteilung eines Auftrags zum Umbau der Geschäftsräume
D Erteilung einer Vollmacht
E Kauf von 500.000 Blatt Kopierpapier
F Unterzeichnung des Jahresabschlusses der KG
G Veräußerung eines Firmengrundstücks

A	B	C	D	E	F	G

Aufgabe 13

Nachfrager und Anbieter können auf Preisänderungen unterschiedlich reagieren. Bei welchen der nachstehenden Situationen liegt ein/e

1 elastische Nachfrage
2 unelastische Nachfrage
3 elastisches Angebot
4 unelastisches Angebot vor?

Situationen:

A Die Aktienkurse deutscher Standardwerte an der Frankfurter Wertpapierbörse steigen, die Anleger ordern weiter auf hohem Niveau.
B Bei sinkenden langfristigen Darlehenszinsen nimmt die Nachfrage nach Baudarlehen deutlich zu.
C Wegen Erreichen der Kapazitätsgrenzen können die Anbieter von Stahlblechen trotz steigender Preise ihr Angebot nicht erhöhen.
D Die Benzinpreise steigen, die Nachfrage der Autofahrer bleibt nahezu unverändert.
E Trotz sinkender Refinanzierungskosten für die Kreditinstitute ändert sich deren Nachfrage nach Liquidität nicht.
F In Erwartung steigender Preise für Landeier steigern die Landwirte die Aufzucht von Junghühnern und erhöhen ihr Angebot.

A	B	C	D	E	F

Aufgabe 14

Im Rahmen der Produktpolitik werden Bankprodukte neu entwickelt, verändert und später wieder vom Markt genommen. Welche der folgenden Aussagen über Produktinnovationen in der *Nordbank AG* ist richtig?

A Eine erfolgreiche Produktinnovation sichert der *Nordbank AG* als innovativem Anbieter einen dauerhaften Wettbewerbsvorsprung vor seinen Konkurrenten.

B Die *Nordbank AG* muss in ihrer Produktpolitik berücksichtigen, dass im Bankbereich wegen des fehlenden rechtlichen Schutzes der innovativen Bankmarktleistungen die Nachahmungsgeschwindigkeit hoch ist.
C Bei der Produktinnovation spielt das vorgesehene Marktsegment der *Nordbank AG*, in dem das Produkt eingeführt werden soll, eine geringe Rolle.
D Die *Nordbank AG* hat beobachtet, dass freie Finanzdienstleister mit geringen Marktanteilen versuchen, ihre innovativen Produkte in Massenmärkten mit geringen Margen einzuführen.
E Produkte der *Nordbank AG* unterliegen nicht dem Produktlebenszyklus.

☐

Aufgabe 15

Bei einem Produkt ergibt sich folgende Nachfragefunktion:

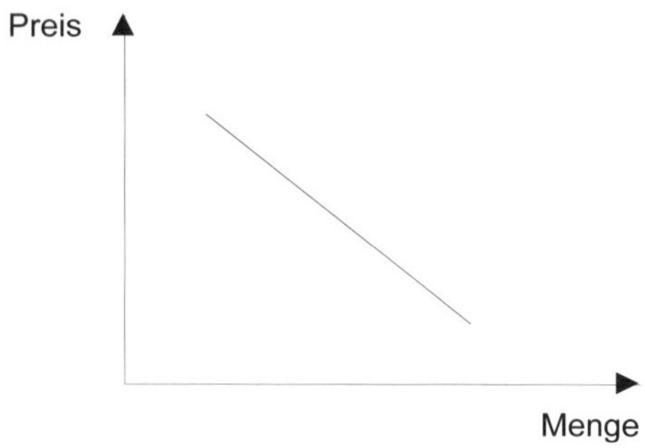

Stellen Sie in den folgenden Fällen jeweils fest, ob der geschilderte Sachverhalt zu einer Verschiebung der Nachfragekurve führt, oder ob sich eine Bewegung auf der Nachfragekurve ergibt. Die Fälle sind unabhängig voneinander zu betrachten.

1 Die Nachfragekurve verschiebt sich nach rechts.
2 Die Nachfragekurve verschiebt sich nach links.
3 Es kommt zu einer Bewegung auf der Nachfragekurve nach rechts.
4 Es kommt zu einer Bewegung auf der Nachfragekurve nach links.

Fälle:

A Durch Steuererhöhungen verringern sich die verfügbaren Einkommen der Haushalte.
B Steigende Rohstoffpreise erhöhen die Herstellungskosten für das Produkt.
C Durch eine erfolgreiche Werbeaktion können neue Käuferschichten gewonnen werden.
D Ein Konkurrenzprodukt (Substitutionsgut) kommt zu einem günstigeren Preis neu auf den Markt.
E Die Verbraucher erfahren, dass das Produkt gesundheitsschädliche Stoffe enthält.
F Durch den Wegfall von Zulassungsbeschränkungen treten neue Anbieter auf den Markt.

A	B	C	D	E	F

Situation zu den Aufgaben 16 bis 18

Die *Nordbank AG* möchte ihre Kundeneinlagen wieder ausleihen, ohne dass ihr Liquiditätsprobleme entstehen. Gehen Sie von der folgenden Situation aus:
- Ein Kunde der *Nordbank AG* zahlt auf sein laufendes Konto 4.500,00 EUR bar ein.
- Mindestreservesatz der EZB: 2,0 %
- Kassenreservesatz der Kreditinstitute: 8,0 %

Es ist davon auszugehen, dass genügend Kreditnachfrage besteht und die Kreditnehmer nur bargeldlos über die ihnen gewährten Kredite verfügen.

Aufgabe 16

Berechnen Sie die erste Überschussreserve bei der *Nordbank AG*. [ ][ ][ ][ ] , [ ][ ] EUR

Aufgabe 17

Berechnen Sie den Geldschöpfungsmultiplikator. [ ][ ]

Aufgabe 18

Berechnen Sie, welches Kreditvolumen aufgrund dieser Einzahlung in Höhe von 4.500,00 EUR im gesamten Kreditsektor maximal geschaffen werden kann. [ ][ ][ ][ ][ ] , [ ][ ] EUR

Aufgabe 19

Durch welche der folgenden staatlichen Maßnahmen ist eine
1 angebotsorientierte Wirtschaftspolitik und
2 nachfrageorientierte Wirtschaftspolitik gekennzeichnet?
3 Maßnahme ist nicht zuzuordnen.

Ordnen Sie zu.

Staatliche Maßnahmen:

A Die Bundesregierung senkt die Lohn- und Einkommensteuersätze zur Steigerung des privaten Konsums.
B Die Bundesregierung verfügt einen vorübergehenden Einstellungsstopp für ihre Bundesbehörden.
C Die Bundesregierung fördert die Vergabe zinsgünstiger Darlehen zur Erleichterung von Existenzgründungen.
D Die Bundesregierung beschließt eine Rentenerhöhung um 2,3 %.
E Die Bundesregierung senkt die Höchstsätze für die degressive Abschreibung.
F Die Bundesregierung senkt den Beitragssatz zur gesetzlichen Rentenversicherung von 19,5 % auf 17,5 %
G Die Bundesregierung senkt die Körperschaftsteuer für Unternehmen.

A	B	C	D	E	F	G

Aufgabe 20

Die folgenden Zahlen sind dem Monatsbericht Juli ... der Deutschen Bundesbank entnommen:

Wichtige Posten der Zahlungsbilanz (Auszug, alle Angaben in Mrd. EUR)

Dienstleistungen – Saldo	- 3,4
Direktinvestitionen	+ 5,7
Laufende Übertragungen – Saldo	- 2,4
Veränderung der Währungsreserven zu Transaktionswerten	- 0,9
Außenhandel – Saldo	+ 10,1
Kreditverkehr	- 14,9

Ermitteln Sie den Saldo der Leistungsbilanz. [ ] , [ ] Mrd. EUR

Aufgabe 21

Welche der unten stehenden Transaktionen …
1 vergrößern einen positiven Saldo der Leistungsbilanz?
2 verringern einen positiven Saldo der Leistungsbilanz?
3 haben keine Auswirkung auf den Saldo der Leistungsbilanz?
Ordnen Sie zu.

Transaktionen:

A Die *Thyssen-Krupp AG*, Duisburg, liefert Stahlbleche nach China.
B Familie Leonhard aus Elmshorn macht Urlaub auf Kuba.
C Die Spedition *Wieland & Bauer OHG*, Hamburg, lässt einen Seetransport von einer türkischen Reederei durchführen.
D Die Deutsche Bundesbank bewertet ihre Goldreserven neu.

A	B	C	D

Aufgabe 22

Angenommen bei gleicher Gesamtbeschäftigtenzahl sind mehr dänische Arbeitnehmer in Schleswig-Holstein als Grenzgänger beschäftigt als deutsche Arbeitnehmer im dänischen Grenzgebiet. Welche Aussagen zum Bruttonationaleinkommen (BNE) und Bruttoinlandsprodukt (BIP) in Deutschland treffen zu?

A Das BIP fällt.
B Das BIP steigt.
C Das BNE und das BIP sinken.
D Das BNE steigt und das BIP sinkt.
E Das BNE fällt.
F Das BNE steigt.
G Das BIP bleibt gleich.

Situation zu den Aufgaben 23 und 24

Übersicht „Verwendung des Inlandsprodukts (in Mrd. EUR)"

	2010	**2011**
in Preisen von 1995		
1. private Konsumausgaben	1.092	1.108
2. Konsumausgaben des Staates	375	379
3. Ausrüstungen	160	174
4. Bauten	249	243
5. Sonstige Anlagen	23	25
6. Vorratsveränderungen	- 4	3
Inländische Verwendung	1.895	1.932
Bruttoinlandsprodukt	1.911	1.968
	2010	**2011**
1. private Konsumausgaben	1.149	1.183
2. Konsumausgaben des Staates	378	385
3. Ausrüstungen	159	175
4. Bauten	245	241
5. Sonstige Anlagen	21	23
6. Vorratsveränderungen	4	12
Inländische Verwendung	1.956	2.019
Bruttoinlandsprodukt	1.974	2.025

Aufgabe 23

Berechnen Sie die Wachstumsrate des nominalen Bruttoinlandsprodukts im Jahre 2011 (auf 2 Stellen nach dem Komma runden).

☐ , ☐☐ %

Aufgabe 24

Berechnen Sie den realen Außenbeitrag für das Jahr 2011.

☐☐ Mrd. EUR

Situation zu den Aufgaben 25 bis 28

Die Mindestreserve-Basis der *Nordbank AG,* für die ein positiver Mindestreserve-Satz von 1 % gilt, beträgt am 31. Januar 2013 185 Mio. EUR.

1. Erläuterungen Mindestreserve-Basis der reservepflichtigen Kreditinstitute

Verbindlichkeiten gegenüber anderen Mindestreserve-pflichtigen Kreditinstituten, der EZB und den teilnehmenden nationalen Zentralbanken sind von der Mindestreserve-Basis ausgenommen. Sollte ein Kreditinstitut den Betrag seiner Verbindlichkeiten in Form von Schuldverschreibungen mit einer Laufzeit von bis zu 2 Jahren und Geldmarktpapieren gegenüber den zuvor erwähnten Instituten nicht nachweisen können, kann es einen bestimmten Prozentsatz dieser Verbindlichkeiten von seiner Mindestreserve-Basis in Abzug bringen. Die Erfüllungsperiode für das Reservesoll am 31. Januar 2013 beginnt am 12. März 2013 und endet am 15. April 2013.

2. Erläuterung Mindestreserve-Erfüllung

Das Mindestreserve-Soll eines jeden Kreditinstituts wird zunächst errechnet, indem auf die reservepflichtigen Verbindlichkeiten die Reservesätze der entsprechenden Verbindlichkeitenkategorien auf der Grundlage der Bilanzdaten zum Ende eines jeden Kalendermonats angewendet werden; anschließend zieht jedes Kreditinstitut von dieser Größe einen Freibetrag von 100.000,00 EUR ab. Das auf diese Weise berechnete Mindestreserve-Soll wird dann für das ganze Euro-Währungsgebiet aggregiert. Der Mindestreserve-Satz für die Basisreserve beträgt zurzeit 1 %.

Aufgabe 25

Ermitteln Sie das Mindestreserve-Soll.

☐ , ☐ Mio. EUR

Aufgabe 26

Unter Einbeziehung des 9. April 2013 wurde für den Berichtsmonat ein Mindestreserve-Ist von 1,5 Mio. EUR errechnet. Wie viele Tage hat die *Nordbank AG* in der Erfüllungsperiode noch Zeit, um das Mindestreserve-Soll zu erfüllen? Die Bundesbank hat die Erfüllungsperiode vom 12. März 2013 bis zum 15. April 2013 einschließlich festgelegt.

☐ Tage

Aufgabe 27

Ermitteln Sie den Betrag, der im Durchschnitt der restlichen Tage der Erfüllungsperiode bei der Bundesbank unterhalten werden muss, damit das Mindestreserve-Soll erfüllt ist.

☐ , ☐☐ Mio. EUR

Aufgabe 28

Das Reserve-Soll wurde von der *Nordbank AG* in der Erfüllungsperiode um 200.000,00 EUR überschritten. Welchen Zinsbetrag schreibt die Deutsche Bundesbank der *Nordbank AG* für die Erfüllungsperiode auf dem Bundesbankkonto gut (Mindestreservezinssatz 1 % p. a.; Berechnungsmethode actual/360)?

| | | | | , | | | EUR |

Aufgabe 29

In einer Finanzzeitschrift lesen Sie die folgende Meldung: Das Hamburger Immobilienunternehmen *Herold AG* erwirbt über seine 100-prozentige Tochtergesellschaft, die *Immobilien AG*, sämtliche Anteile an der *GFK Immobilien GmbH*, die anschließend im Handelsregister gelöscht wird. Verkäuferin ist die Hansestadt Lübeck.

Welche Art des Zusammenschlusses trifft auf diesen Fall zu?

A Vertikaler Konzern
B Horizontales Kartell
C Vertikales Kartell
D Fusion
E Holding

Aufgabe 30

Der erhöhte Export von Waren aus Deutschland nach den USA hat Auswirkungen auf den Wechselkurs des US-Dollar gegenüber dem EUR. Der Wechselkurs beträgt: 1 EUR / USD 1,2958. Welche der folgenden Aussagen ist zutreffend?

Der erhöhte Export von Waren aus Deutschland nach den USA führt zu einem ...

A Anstieg des Wechselkurses und einer Aufwertung des EUR gegenüber dem US-Dollar.
B Sinken des Wechselkurses und einer Aufwertung des EUR gegenüber dem US-Dollar.
C Sinken des Wechselkurses und einer Abwertung des EUR gegenüber dem US-Dollar.
D Anstieg des Wechselkurses und einer Abwertung des EUR gegenüber dem US-Dollar.
E Sinken des EUR-Außenwerts.

PRÜFUNGSSATZ II

A Bankwirtschaft Fälle

Bearbeitungszeit: 90 Minuten, 100 Punkte

Lösungen ab Seite 273

Fall 1: Anderkonto *(30 Punkte)*

Herr Jürgen Eichhorn hat in Norderstedt eine Anwaltssozietät mit Notariat. Die Anwaltssozietät unterhält bei der *Nordbank AG* in Hamburg eine Kontoverbindung. Vor dem Notar Herrn Eichhorn wird am 5. Mai 20.. ein Grundstückskaufvertrag zwischen Herrn Jens Nölle (Verkäufer) und den Eheleuten Klaus und Irmi Paulsen (Käufer) in Höhe von 150.000,00 EUR abgeschlossen. Der Vertrag enthält auch die dingliche Einigung über den Eigentumserwerb am Grundstück. Der Vertrag enthält u. a. folgende Vereinbarungen:

> Der gesamte Kaufpreis ist zinslos fällig bis zum 15. Juli 20.. und bei dem beurkundenden Notar auf dessen Anderkonto bei der *Nordbank AG*, Kontonummer 98737000, zu hinterlegen.
> Der Notar wird den hinterlegten Betrag zuzüglich Zinsen und abzüglich Bankprovision an den Verkäufer zur Auszahlung bringen, sobald die lastenfreie Eigentumsumschreibung sichergestellt ist ...
> Zugunsten des Ehepaars Paulsen soll sofort eine Auflassungsvormerkung in der II. Abteilung des Grundbuchs ... eingetragen werden.

Herr Eichhorn beantragt am Tag des Vertragsschlusses (02.05.20..) bei der *Nordbank AG* die Eröffnung eines Notar-Anderkontos. Gemäß dem Kaufvertrag muss das Ehepaar Paulsen nach Eintragung einer Auflassungsvormerkung 50.000,00 EUR auf das Notar-Anderkonto überweisen. Mit der Eintragung der Auflassung im Grundbuch ist dann die Restsumme von 100.000,00 EUR fällig.

a) Aus welchen Gründen sieht der Gesetzgeber bei Grundstückskaufverträgen eine notarielle Beurkundung vor? Führen Sie drei Gründe an. *(6 Punkte)*

b) Geben Sie zwei Gründe an, warum der Kaufpreis auf ein Notar-Anderkonto und nicht auf das laufende Geschäftsgirokonto der Kanzlei bei der *Nordbank AG* überwiesen werden soll. *(4 Punkte)*

c) Nennen Sie die Kontobezeichnung, unter der das Anderkonto geführt werden kann. *(2 Punkte)*

Vier Wochen nach Abschluss des Grundstückskaufvertrags gerät das Ehepaar Paulsen infolge der plötzlichen Arbeitslosigkeit von Herrn Paulsen in finanzielle Schwierigkeiten. Die kontoführende Bank von Herrn Paulsen ist nicht mehr bereit, die volle Finanzierung des Objekts zu übernehmen. Am 2. Juli 20.. einigen sich Herr Nölle und die Eheleute Paulsen über die Aufhebung des Grundstückskaufvertrags. Das Ehepaar Paulsen ist bereit, die im Zusammenhang mit dem Grundstückskaufvertrag entstandenen Kosten zu übernehmen.

d) Aus welchem Grund verlangt Herr Nölle vom Ehepaar Paulsen die Löschung der bereits im Grundbuch eingetragenen Auflassungsvormerkung? *(2 Punkte)*

e) Beschreiben Sie das Verfahren der Löschung der Auflassungsvormerkung im Grundbuch. *(2 Punkte)*

Am 3. Juli 20.. wenden sich Herr Nölle und das Ehepaar Paulsen gemeinsam an die *Nordbank AG* und verlangen die Auszahlung des bereits auf dem Notar-Anderkonto eingegangenen Betrages von 50.000,00 EUR. Sie weisen sich durch Vorlage des Notarvertrags sowie ihre Personalausweise aus.

f) Kann die *Nordbank AG* der Zahlungsaufforderung nachkommen? Begründen Sie Ihre Entscheidung. *(2 Punkte)*

Am 3. August 20.. beantragt Herr Eichhorn bei der *Nordbank AG* ein neues Anderkonto, auf das in Kürze zu Gunsten seiner Mandantin Frau Veronika Lampert 46.000,00 EUR überwiesen werden sollen. Als es später zu Unstimmigkeiten über die Gebührenabrechnung kommt, lässt Herr Eichhorn ohne Zustimmung seiner Mandantin 750,00 EUR von dem Anderkonto auf sein Geschäftsgirokonto übertragen. Nachdem Frau

Lampert davon erfahren hat, gibt sie der *Nordbank AG* eine schriftliche Anweisung, bis zur Klärung des Sachverhalts keine weiteren Verfügungen über das Anderkonto ohne ihre Zustimmung mehr zuzulassen.

g) Nehmen Sie begründet Stellung. *(2 Punkte)*

Da Herr Eichhorn häufig beruflich unterwegs ist, möchte er seiner langjährigen Kanzleiangestellten Frau Daniela Kreuzberg Vollmacht über das Konto erteilen.

h) Nehmen Sie Stellung zu der beabsichtigten Vollmachterteilung. *(3 Punkte)*

Am 25. November 20.. verstirbt der Notar. Die *Nordbank AG* führt zu diesem Zeitpunkt für ihn 7 Anderkonten mit Guthaben von insgesamt 675.000,00 EUR zuzüglich der bis zum Todestag aufgelaufenen Zinsen in Höhe von 1.367,00 EUR. Die Übersicht über weitere Konten weist für den Todestag folgende Werte auf:

Kontenübersicht	
Geschäftsgiro Jürgen Eichhorn	Haben 13.560,90 EUR
Privatgiro Jürgen Eichhorn	Soll 3.350,00 EUR
Sparkonto Jürgen Eichhorn	25.600,90 EUR
Sparzinsen bis zum Todestag	250,80 EUR
Depot Jürgen und Johanna Eichhorn (Aktien)	87.300,00 EUR

i) Welchen Betrag muss die *Nordbank AG* der Erbschaftsteuerstelle des Finanzamts melden? *(3 Punkte)*

j) Geben Sie Auskunft, wer nach dem Tod des Notars über die Anderkonten verfügungsberechtigt ist. *(2 Punkte)*

k) Wer muss die aus den Anderkonten erzielten Zinsen versteuern? *(2 Punkte)*

Fall 2: Geld- und Vermögensanlage *(35 Punkte)*

Die *Nordbank AG* wirbt zurzeit mit dem Slogan: Jetzt sparen, um für das Alter vorzusorgen. Sie sind Kundenberater/in der *Nordbank AG* und sprechen die Depotkundin Frau Christine Bergmann auf das Sparprogramm der *Nordbank AG* an. Da Ihre Kundin insbesondere an einer Anlage in Renten- und Aktienfonds interessiert ist, bieten Sie einen Investmentsparplan für Renten- und Aktienfonds an.

Die *Nordbank AG* hat folgende nicht börsennotierte Fonds im Angebot:

Fondsname	Fondsart	Verwaltungskosten	Fondstyp	Ausgabepreis	Rücknahmepreis
NordRenta	EUR-Rentenfonds	0,75 % p. a.	ausschüttend	74,35 EUR	72,12 EUR
WEKANord	Aktienfonds; europäische Standardwerte	1,00 % p. a.	ausschüttend	98,74 EUR	93,80 EUR
NordGlobal	Aktienfonds; europäische Standardwerte	2,25 % p. a.	thesaurierend	54,87 EUR	54,87 EUR
NordPrimus Chance	Dachfonds mit niedrigem Aktienfondsanteil	0,75 % p. a.	thesaurierend	36,43 EUR	35,34 EUR

Der *WEKANord* und der *NordGlobal* verfolgen die gleiche Anlagestrategie.

a) Frau Bergmann möchte von Ihnen die Unterschiede in den Risiken von Renten- und Aktienfonds wissen. Erläutern Sie je zwei Risiken für die Kunden bei der Anlage in Renten- und Aktienfonds. *(8 Punkte)*

b) Welche Faktoren beeinflussen jeweils den Ertrag aus Renten- und Aktienfonds? *(4 Punkte)*

c) Beschreiben Sie drei Unterschiede zwischen den Aktienfonds *WEKANord* und *NordGlobal*.*(6 Punkte)*

d) Warum müssen Sie Frau Bergmann auf das Risiko der Anlage in Investmentzertifkaten hinweisen? *(4 Punkte)*

e) Erläutern Sie die Besonderheiten des Fonds *NordPrimus Chance* im Unterschied zu Aktien- und Rentenfonds. *(3 Punkte)*

Frau Bergmann möchte einmalig für ca. 5 Jahre 20.000,00 EUR in einen der vorgestellten Aktienfonds anlegen.

f) Unterbreiten Sie Frau Bergmann einen geeigneten Vorschlag unter Berücksichtigung der Kosten und der Liquidität der Anlage. *(3 Punkte)*

In einem weiteren Beratungsgespräch am 31. März 20.. bittet Frau Bergmann Sie wegen ihrer Energie-Aktien um Informationen. Sie rufen das Depot von Frau Bergmann auf und teilen der Kundin mit, dass der Depotwert der Energie-Aktien derzeit ca. 48.000,00 EUR beträgt. Frau Bergmann stellt fest, dass der Kurswert dieser Aktien sich seit dem Kauf vor etwa einem Jahr gut entwickelt hat. Aufgrund Ihrer Informationen teilen Sie Frau Bergmann mit, dass die Kursaussichten für diesen Wert auch für die nächsten 6 Monate positiv sind. Spätestens in 6 Monaten benötigt Frau Bergmann allerdings ca. 48.000,00 EUR, da dann eine größere Investition an ihrem Hause anfällt. Bis zu diesem Zeitpunkt möchte Frau Bergmann die voraussichtlichen Kurssteigerungen der Energie-Aktie mitnehmen. Frau Bergmann wünscht von Ihnen eine Beratung über die Absicherung des gesamten Kurswertes dieser Aktie für die nächsten 6 Monate. Sie empfehlen Frau Bergmann den Abschluss eines Optionsgeschäftes.

Nutzen Sie zur Bearbeitung der folgenden Aufgaben den abgebildeten Ausschnitt der *Eurex*-Kurstabelle vom 31. März 20...

Optionsliste Optionen – *Energie AG*						
Name	Symbol	Erster	Hoch	Tief	Aktuell	Vortag
Energie AG	ENI	43,50	44,40	43,76	43,85	43,89

CALL				**PUT**	
Geld (Bid)	Brief (Ask)	Monat	Basis	Geld (Bid)	Brief (Ask)
3,55	3,75	06/2005	42,00	1,75	2,00
2,49	2,52	06/2005	44,00	2,50	2,80
1,35	1,50	06/2005	46,00	3,10	3,30
1,00	1,20	06/2005	48,00	5,05	6,05
4,20	4,54	09/2005	42,00	2,10	2,30
3,40	3,90	09/2005	44,00	3,25	3,43
1,95	2,35	09/2005	46,00	4,30	5,10
1,35	1,60	09/2005	48,00	5,40	6,40

Kontraktgröße jeweils 100 Aktien
Kosten der Eurex: 0,20 EUR pro Kontrakt

g) Benennen Sie Frau Bergmann das konkrete Geschäft, mit dem sie ihre Aktien der *Energie AG* an der Terminbörse Eurex gegen Kursverluste absichern kann, und begründen Sie den von Ihnen ausgewählten Basispreis. *(3 Punkte)*

Sie beschreiben Frau Bergmann die Strategie dieses Kurssicherungsgeschäftes.

h) Erläutern Sie Frau Bergmann, wie sich steigende Aktienkurse auf ihre Gesamtposition aus Aktien der *Energie AG* und dem entsprechenden Optionsgeschäft auswirken. *(2 Punkte)*

i) Erläutern Sie der Kundin, wie sich fallende Aktienkurse auf ihre Gesamtposition aus Aktien der *Energie AG* und dem entsprechenden Optionsgeschäft auswirken. *(2 Punkte)*

Fall 3: Firmenkredit *(35 Punkte)*

Die *Lumoprint GmbH* stellt Druckereierzeugnisse her und vertreibt sie im norddeutschen Raum. Herr Harald Buschmann ist alleiniger Gesellschafter und Geschäftsführer der GmbH. Die *Lumoprint GmbH* unterhält ihre Kontoverbindung bei der *Nordbank AG* in Hamburg. Wegen eines Finanzierungsvorhabens bittet Herr Buschmann seinen Firmenkundenberater Herrn Klaus Riek um einen Beratungstermin. Mit Herrn Riek hat Herr Buschmann bereits in einem Vorgespräch das Investitionsvolumen und dessen Finanzierungsmöglichkeiten abgesprochen.

Investition	**Kaufpreis**	**Durchschnittliche betriebliche Nutzungsdauer**	**Beleihungsgrenze in % des Marktwertes**
2 Druckmaschinen	zusammen 84.000,00 EUR	4 Jahre	45 %, auf volle TEUR abrunden
2 Gabelstapler	je 18.000,00 EUR	4 Jahre	60 %, auf volle TEUR abrunden

Ertragslage, Umsatzentwicklung und Auftragsbestand der Lumoprint GmbH sind positiv. Aufgrund der internen und externen Auskünfte liegen der *Nordbank AG* über die Unternehmung keine nachteiligen Informationen vor. Die Kreditwürdigkeitsprüfung führte zu dem Ergebnis, dass bei Stellung angemessener Sicherheiten dem Kreditantrag entsprochen werden kann. Die Sicherheiten sollen aus den zu finanzierenden Vermögenswerten gestellt werden.

a) Ermitteln Sie den erforderlichen Kapitalbedarf für die Investitionen. *(2 Punkte)*

b) Berechnen Sie die Summe, die die *Nordbank AG* aufgrund der Beleihungsgrenzen maximal als Kreditbetrag zur Verfügung stellen kann. *(4 Punkte)*

c) Beschreiben Sie zwei Möglichkeiten für Herrn Buschmann zur Beschaffung der erforderlichen Eigenmittel, um die Investition komplett zu finanzieren. *(4 Punkte)*

Herr Buschmann wundert sich darüber, dass die Druckmaschinen trotz ihrer gleichlangen Nutzungsdauer im Vergleich zu den Gabelstaplern eine geringere Beleihungsgrenze haben.

d) Erklären Sie Herrn Buschmann einen Grund für die unterschiedlichen Beleihungssätze. *(2 Punkte)*

Kreditkonditionen der *Nordbank AG*			
Kreditart	Zinssatz	Tilgung	Laufzeit
Investitionskredit (Tilgungsdarlehen)	8,0 % p. a.	25 % jährlich, eine Kreditrate pro Jahr	4 Jahr
Investitionskredit (Festdarlehen)	7,5 % p. a.	100 % am Ende der Laufzeit in einer Summe	10 Jahre
Kontokorrentkredit	10,0 %	unregelmäßig	bis auf Weiteres

e) Welches Darlehen kommt für die Finanzierung in Frage? Begründen Sie Ihre Antwort. Stellen Sie heraus, warum die abgelehnten Kreditarten nicht geeignet erscheinen. *(6 Punkte)*

f) Welche Art der Besicherung kommt für diesen Investitionskredit in Frage? Begründen Sie Ihre Antwort. *(3 Punkte)*

g) Beschreiben Sie die zur Sicherheitenbestellung erforderlichen Rechtshandlungen. *(3 Punkte)*

h) Die *Lumoprint GmbH* hat insgesamt 6 Druckmaschinen. Wie kann sichergestellt werden, dass nur die neu erworbenen Druckmaschinen als Sicherheit dienen? (2 Möglichkeiten) *(4 Punkte)*

Kreditvertrag und Kreditsicherungsvertrag werden am 15.04.20.. abgeschlossen. Die Kreditsumme kann in den nächsten 30 Tagen abgerufen werden. Am 21.04.20.. wird der Kaufvertrag über die Gabelstapler abgeschlossen, die Lieferung erfolgt am 24.04.20...

Folgender Textabschnitt ist dem Kaufvertrag entnommen:

1. Das Eigentum an den Gabelstaplern geht erst mit der vollständigen Zahlung des Kaufpreises auf den Käufer über.
2. Der Rechnungsbetrag ist fällig innerhalb von 90 Tagen nach Lieferung der Gabelstapler. Bei Zahlung innerhalb von 10 Tagen gewähren wir 3 % Skonto.

i) Wer ist Eigentümer der Gabelstapler mit Ablauf des 24.04.20..? Begründen Sie Ihre Meinung. *(2 Punkte)*

j) Wer ist Eigentümer der Gabelstapler nach Bezahlung der Rechnung? Begründen Sie Ihre Meinung. *(2 Punkte)*

k) Berechnen Sie den Vorteil der Skontoausnutzung gegenüber der Zahlung am Ende des Zahlungsszieles. Die Kreditkosten betragen 10 % p. a. (Berechnungsmethode 30/360). Die Rechnung über 36.000,00 EUR wird am letzten Tag der Skontofrist bezahlt. *(3 Punkte)*

B Bankwirtschaft programmierte Aufgaben

Bearbeitungszeit: 60 Minuten

Lösungen ab Seite 277

Situation zu den Aufgaben 1 und 2

Dr. Peter Laumen und Dr. Bernd Hagen eröffnen eine Wirtschaftsprüfungsgesellschaft und Steuerberatungsgesellschaft. Die Partnerschaftsgesellschaft ist als „Dr. Bernd Hagen und Partner – Wirtschaftsprüfungsgesellschaft und Steuerberatungsgesellschaft" im Partnerschaftsregister eingetragen. Bei der Vertretung gilt die gesetzliche Regelung. Herr Dr. Hagen möchte für diese Gesellschaft ein Konto bei der *Nordbank AG* eröffnen.

Aufgabe 1

Welche der folgenden Vorgehensweisen des Kundenbetreuers der *Nordbank AG* bei der Eröffnung des Kontos ist richtig?

Der Kundenbetreuer ...

A eröffnet das Konto unter der Bezeichnung „Dr. Hagen & Dr. Laumen".
B bittet darum, dass beide Partner zur Kontoeröffnung anwesend sind, damit der Kontovertrag rechtswirksam unterzeichnet werden kann.
C teilt Herrn Dr. Hagen mit, dass Konten von Partnerschaften auf den Namen aller Partner lauten müssen.
D benötigt zur Legitimationsprüfung neben dem Personalausweis des Antragsstellers einen beglaubigten Auszug neuesten Datums aus dem Partnerschaftsregister.
E erklärt, dass für Konten von Partnerschaften Kontovollmachten nicht erteilt werden können.

☐

Aufgabe 2

Welche der folgenden Unterlagen muss Dr. Hagen in diesem Zusammenhang dem Kundenberater zwingend vorlegen, wenn man davon ausgehen kann, dass der Partnerschaftsvertrag keine von der gesetzlichen Regelung abweichende Vereinbarung enthält?

A Aktueller (beglaubigter) Auszug aus dem Handelsregister Abteilung A
B Gültiger amtlicher Lichtbildausweis von Dr. Hagen
C Schriftliche Vollmacht von Dr. Laumen, die Dr. Hagen zu dieser Kontoeröffnung ermächtigt.
D Gültige amtliche Lichtbildausweise von Dr. Hagen und Dr. Laumen
E Notariell beurkundeter Partnerschaftsvertrag
F Aktueller (beglaubigter) Auszug aus dem Partnerschaftsregister

☐

Situation zu den Aufgaben 3 bis 11

Am 21. Januar 2013 beantragt Herr Teofilo Del Prete (20 Jahre alt) die Eröffnung eines Girokontos bei der *Nordbank AG*, auf das seine Ausbildungsvergütung überwiesen werden soll. Er beginnt am 1. Februar 2013 eine Ausbildung zum Speditionskaufmann. Herr Feldmann ist Kundenberater von Herrn Del Prete.

Aufgabe 3

Bevor das Girokonto von der *Nordbank AG* eröffnet wird, prüft Herr Feldmann die Geschäftsfähigkeit von Herrn Del Prete als Antragsteller. Welche Aussagen zur Geschäftsfähigkeit treffen zu?

A Wenn eine Person rechtswirksam Willenserklärungen jeder Art abgeben kann, ist sie geschäftsfähig.
B Bankkarten werden i. d. R. nur an Personen ausgegeben, die voll geschäftsfähig sind.
C Wenn eine Person eine Ausbildung beginnt, beweist sie damit ihre Geschäftsfähigkeit.
D Wenn eine Person bisher ihren Verpflichtungen aus einem Kreditvertrag ordnungsgemäß nachgekommen ist, ist sie geschäftsfähig.
E Wenn eine Person Rechte und Pflichten durch Rechtsgeschäfte erwerben kann, ist sie geschäftsfähig.
F Jede Person, die das 18. Lebensjahr vollendet hat, ist geschäftsfähig.

☐ ☐

Aufgabe 4

Bevor das Girokonto für Herrn Del Prete eröffnet wird, bittet Herr Feldmann Herrn Del Prete, die Schufa-Klausel zu unterschreiben. Herr Del Prete wünscht nähere Informationen zur Schufa-Klausel. Welche der nachfolgenden Daten werden der Schufa nicht übermittelt?

A Eröffnung eines Girokontos
B Übernahme einer Bürgschaft über 100.000,00 EUR
C Gerichtliche Zustellung eines Pfändungs- und Überweisungsbeschlusses zu Lasten des Kontoguthabens eines Girokontos
D Eröffnung eines Sondersparkontos, das mit einem Kennwort gesichert werden soll
E Scheckrückgabe wegen mangelnden Kontoguthabens
F Eine über den Dispositionsrahmen hinausgehende Kontoüberziehung durch den Kontoinhaber

☐ ☐

Aufgabe 5

Zu welchen Handlungen bzw. Auskünften ist die *Nordbank AG* nach Anerkennung der Schufa-Klausel durch den Kunden berechtigt?

A Um das Bankgeheimnis im Rahmen einer Schufa-Meldung nicht zu verletzen, muss die *Nordbank AG* die unterschriebene Klausel der regionalen Schufa-Gesellschaft vorlegen.
B Die *Nordbank AG* kann nach Anerkennung der Schufa-Klausel bei späterem, nicht vertragsgemäßem Verhalten von Herrn Del Prete ohne dessen weiterer Zustimmung Daten an die Schufa melden.
C Die *Nordbank AG als* Vertragspartnerin der Schufa lässt zum eigenen Schutz Negativmerkmale bei der Schufa bis zu einem Jahr nach ihrer Erledigung speichern.
D Mit Anerkennung der Schufa-Klausel darf die *Nordbank AG* bei der Schufa die Kontoeröffnung melden und gespeicherte Daten von Herrn Del Prete abrufen.
E Bei Privatkunden meldet die *Nordbank AG* die Daten automatisch an die Schufa, da diese mit Anerkennung der AGB auch der Schufa-Klausel zustimmen.
F Die *Nordbank AG* erhält von der Schufa Meldungen über Kreditkarten und Girokonten, die Herr Del Prete ggf. bei anderen Kreditinstituten hat, sowie aktuelle Kontostände seiner dort geführten Dispositionskredite.

☐ ☐

Aufgabe 6

Herr Del Prete möchte seiner Freundin Veronika Helm Kontovollmacht über sein Girokonto erteilen. Wie berät Herr Feldmann Herrn Del Prete richtig?

A Jede Vollmacht erlischt mit dem Tod des Vollmachtgebers.
B Eine Kontovollmacht kann nur innerhalb des von der *Nordbank AG* festgelegten Verfügungsrahmens ausgeübt werden.
C Rechtshandlungen durch einen Bevollmächtigten auf der Grundlage einer Kontovollmacht, z. B. Verfügungen mittels Überweisung, werden zu Lasten des Vollmachtgebers ausgeführt.
D Eine Vollmacht umfasst stets die Möglichkeit zur Eingehung von Kreditverpflichtungen zu Lasten des Vollmachtgebers und zur Erteilung von Untervollmachten im Namen des Vollmachtgebers.
E Vollmachten werden in der Bankpraxis überwiegend als „Vollmacht bis zum Tode des Kontoinhabers" erteilt.

Aufgabe 7

Das Girokonto für Herrn Del Prete wird bei der *Nordbank AG* eröffnet. In einem weiteren Beratungsgespräch teilt Herr Del Prete Herrn Feldmann mit, dass sein Ausbildungsbetrieb gemäß Tarifvertrag monatlich 40,00 EUR vermögenswirksame Leistungen (vL) zahlt. Herr Del Prete möchte dieses Geld so anlegen, dass er Anspruch auf Arbeitnehmersparzulage hat. Bei welcher der nachfolgenden Anlageformen hat Herr Del Prete Anspruch auf Arbeitnehmersparzulage?

A Bei einer Anlage in einem Tradingfonds, der überwiegend in Aktien investiert
B Bei einer Kapitallebensversicherung, wenn die vL als Versicherungsbeiträge eingezahlt werden und der Vertrag eine Laufzeit von mindestens 12 Jahren hat
C Bei einer Anlage der vL nach den Vorschriften des Wohnungsbauprämiengesetzes
D Bei einer Zahlung der vL zum Erwerb von Anteilen an einem Rentenfonds
E Bei einer Anlage auf einem Kontensparvertrag mit einer Laufzeit von 6 Jahren und einer Sperrfrist von 7 Jahren

Aufgabe 8

Herr Del Prete bittet Herrn Feldmann, ihn über die staatliche Förderung der Anlage nach dem Vermögensbildungsgesetz zu informieren. Welche der nachstehenden Darstellungen über die Förderungsmöglichkeiten nach dem Vermögensbildungsgesetz ist richtig?

A *Sparvertrag über Wertpapiere oder andere Vermögensbeteiligungen:* 18 % Arbeitnehmersparzulage, geförderter Höchstbetrag 470,00 EUR im Jahr; *Vertrag nach dem Wohnungsbauprämiengesetz (Bausparvertrag):* 10 % Arbeitnehmersparzulage, Einkommensgrenze, geförderter Höchstbetrag 400,00 EUR im Jahr.
B *Sparvertrag über Wertpapiere oder andere Vermögensbeteiligungen:* 25 % Arbeitnehmersparzulage, geförderter Höchstbetrag 470,00 EUR im Jahr; *Vertrag nach dem Wohnungsbauprämiengesetz (Bausparvertrag)*: 10 % Arbeitnehmersparzulage, Einkommensgrenze, geförderter Höchstbetrag 512,00 EUR im Jahr.
C *Sparvertrag über Wertpapiere oder andere Vermögensbeteiligungen:* 20 % Arbeitnehmersparzulage, geförderter Höchstbetrag 400,00 EUR im Jahr; *Vertrag nach dem Wohnungsbauprämiengesetz (Bausparvertrag):* 9 % Arbeitnehmersparzulage, Einkommensgrenze, geförderter Höchstbetrag 470,00 EUR im Jahr.
D *Sparvertrag über Wertpapiere oder andere Vermögensbeteiligungen:* 9 % Arbeitnehmersparzulage, geförderter Höchstbetrag 470,00 EUR im Jahr; *Vertrag nach dem Wohnungsbauprämiengesetz (Bausparvertrag):* 10 % Arbeitnehmersparzulage, Einkommensgrenze, geförderter Höchstbetrag 400,00 EUR im Jahr.
E *Sparvertrag über Wertpapiere oder andere Vermögensbeteiligungen:* 10 % Arbeitnehmersparzulage, geförderter Höchstbetrag 400,00 EUR im Jahr; *Vertrag nach dem Wohnungsbauprämiengesetz (Bausparvertrag):* 25 % Arbeitnehmersparzulage, Einkommensgrenze, geförderter Höchstbetrag 470,00 EUR im Jahr.

Aufgabe 9

Am Ende des Beratungsgesprächs interessiert sich Herr Del Prete noch für die Inanspruchnahme der Arbeitnehmersparzulage. Wie erhält Herr Del Prete die jährlich festgesetzte Arbeitnehmersparzulage? Die festgesetzte Arbeitnehmersparzulage wird ...

A nach jährlicher Beantragung in der Einkommensteuererklärung auf sein Anlagekonto von seinem Finanzamt gutgeschrieben.
B nach jährlicher Beantragung bei seinem Finanzamt und nach Ablauf der Sperrfrist auf sein Anlagekonto gutgeschrieben.
C auf Antrag jährlich von seinem Ausbildungsbetrieb auf sein Anlagekontokonto überwiesen.
D auf Antrag nach Ablauf der Sperrfrist von seinem Ausbildungsbetrieb auf sein Anlagekonto überwiesen.
E automatisch jährlich auf sein Anlagekonto von seinem Finanzamt überwiesen.

Aufgabe 10

Herr Del Prete legt am 11.06.2013 den nachstehenden Verrechnungscheck zur Einlösung bei der *Nordbank AG* vor. Der Vermerk „Nur zur Verrechnung" wurde mit einem Kugelschreiber gestrichen. Herr Del Prete möchte, dass ihm der Scheckbetrag gutgeschrieben oder bar ausgezahlt wird.

Konto Nr. 48973705 *Westbank AG* in Dortmund Zahlen Sie gegen diesen Scheck aus meinem/unserem Guthaben *Euro 550,00*	Bankleitzahl 469 430 00
Euro in Buchstaben, Cent wie nebenstehend *fünfhundertfünfzig*	
an *Simone Esch*	
oder Überbringer	
Ausstellungsort: *Dortmund* Datum: *23.06.2013* Unterschrift des Ausstellers: *Moll & Co KG ppa W. Schmalt ppa U. Heinen* Verwendungszweck:	

Scheck Nr.	*	Konto Nr.	x	Betrag	X	Bankleitzahl	x Text 1r
00008345678		48973705				469 430 00	01
Bitte dieses Feld nicht beschreiben und nicht bestempeln							

Welche der folgenden Aussagen zu diesem Scheck sind zutreffend?

Die *Nordbank AG* darf den Scheck ...

A nur bar auszahlen, wenn Simone Esch den Scheck auf der Rückseite unterschrieben (indossiert) hat.
B Herrn Del Prete nicht bar auszahlen, obwohl der Vermerk „Nur zur Verrechnung" gestrichen wurde.
C erst ab dem 23.06.2013 zur Einlösung annehmen, da das Ausstellungsdatum vordatiert ist.
D nur dem Konto von Herrn Del Prete gutschreiben, wenn Herr Del Prete der *Nordbank AG* persönlich bekannt ist oder er sich durch einen amtlichen Lichtbildausweis legitimieren kann.
E Herrn Del Prete „Eingang vorbehalten" gutschreiben.
F Herrn Del Prete nicht gutschreiben, weil Schecknehmer und Vorleger nicht identisch sind.

Aufgabe 11

Im Rahmen eines Beratungsgesprächs mit Herrn Del Prete über den Einsatz von Zahlungskarten macht Herr Feldmann folgende Aussagen. Welche der unten stehenden Aussagen beziehen sich

1. nur auf Geldkartenzahlungen?
2. nur auf Kreditkartenzahlungen?
3. nur auf Electronic-Cash-Zahlungen?
4. auf Electronic-Cash- und Geldkartenzahlungen?
5. auf Electronic-Cash- und Kreditkartenzahlungen?
6. auf alle genannten Zahlungsarten?

Aussagen:

A Herr Del Prete trägt bei einer missbräuchlichen Verwendung seiner Karte stets das vollständige Verlustrisiko.

B Bei einem Kartenmissbrauch durch Dritte beträgt das maximale Risiko für Herrn Del Prete 50,00 EUR, sofern er nicht grob fahrlässig gehandelt hat.

C Dem Vertragshändler wird bei dieser Kartenzahlung die Zahlung garantiert.

D Bei jeder Zahlung muss Herr Del Prete seine PIN eingeben.

E Bei einer Geldabhebung am Geldausgabeautomaten muss Herr Del Prete stets seine PIN eingeben.

A	B	C	D	E

Aufgabe 12

Frau Angelika Schneider ist Girokundin der *Nordbank AG*. Frau Schneider bittet um die Umwandlung ihres Girokontos in ein Pfändungsschutzkonto (P-Konto). Welche Aussagen zum P-Konto treffen zu?

A Girokunden haben keinen Rechtsanspruch auf Umwandlung eines Girokontos in ein P-Konto bei ihrem jeweiligen kontoführenden Kreditinstitut.

B Auf Antrag des Kunden müssen die Kreditinstitute für ihn alle Konten als Pfändungsschutzkonten führen.

C Der Pfändungsschutz gilt für alle Einkünfte unabhängig von der Art der Einkünfte.

D Der Pfändungsschutz gilt nur für Sozialleistungen wie Rente, Arbeitslosengeld etc., aber nicht für Arbeitseinkommen.

E Das Pfändungsschutzkonto kann auch als Gemeinschaftskonto geführt werden.

F Guthaben auf normalen Girokonten können vor Pfändungen nicht mehr geschützt werden.

☐ ☐

Situation zu den Aufgaben 13 und 14

Frank Wolf ist Depotkunde der *Nordbank AG*. Herr Wolf hat am 26.07.20.. einen DAX-Future zu folgenden Konditionen verkauft:

Basiswert:	DAX (Deutscher Aktienindex)
Kontraktwert:	25,00 EUR je DAX-Punkt
Fälligkeit:	18.09.20..
DAX-Stand am 26.07.20..:	5.950 Punkte

Aufgabe 13

Welche der folgenden Aussagen zur Beurteilung dieses Future-Geschäfts ist für Herrn Wolf zutreffend?

A Herr Wolf kann den DAX-Future verfallen lassen, wenn der DAX über 5.950 Punkte steigt.

B Herr Wolf kann theoretisch einen unbegrenzten Verlust erzielen.

C Der maximale Gewinn ist für Herrn Wolf auf die eingenommene Prämie begrenzt.

D Herr Wolf kann maximal 5.950,00 EUR verlieren.

E Steigt der DAX auf 5.975 Punkte, beträgt der Verlust für Herrn Wolf 25,00 EUR.

☐

Aufgabe 14

Bei Fälligkeit des Kontrakts am 18.09.20.. notiert der Dax mit 6.120 Punkten. Die Erfüllung des Kontrakts erfolgt durch Barausgleich (Cash Settlement).

Ermitteln Sie die Höhe des Barausgleichs in EUR. Hat Herr Wolf einen Gewinn (1) oder einen Verlust (2) erzielt?

Barausgleich	
Gewinn/Verlust	

Situation zu den Aufgaben 15 bis 20

Herr Günter Busse ist Depotkunde der *Nordbank AG*. Ihm sind vor Kurzem 20.000,00 EUR aus einer Erbschaft zugesprochen worden.

Aufgabe 15

Herr Busse kommt zu Ihnen an den Beratungspoint. Er möchte jetzt 20.000,00 EUR liquide und zugleich möglichst rentabel anlegen, um bei einer günstigen Kaufgelegenheit, z. B. in Bundeswertpapieren jederzeit das Kapital anderweitig anlegen zu können. Das investierte Kapital soll erhalten bleiben. Welche der folgenden Empfehlungen sollten Sie Herrn Busse bezüglich einer Zwischenanlage geben?

A „Belassen Sie die 20.000,00 EUR auf Ihrem zinslosen Girokonto!"
B „Legen Sie das Geld in einen Geldmarktfonds an!"
C „Investieren Sie in Optionsanleihen!"
D „Legen Sie das Geld in einen Aktienfonds ohne Ausgabeaufschlag an, weil Sie börsentäglich die Fondsanteile an die Fondsgesellschaft zurückgeben können!"
E „Erwerben Sie hochvolatile (stark kursschwankende) Werte aus dem Technologiebereich!"
F „Legen Sie den Betrag auf einem Tagesgeldkonto unserer Bank als Tagesgeld mit einem Zinssatz von 0,75 % p. a. an."

☐ ☐

Aufgabe 16

Nach einiger Zeit entscheidet sich Herr Busse, den Anlagebetrag von 20.000,00 EUR in festverzinslichen Wertpapieren anzulegen. Die Anlage soll besonders sicher und langfristig sein, aber auch jederzeit die Möglichkeit der vorzeitigen Verfügbarkeit bieten. Welche der nachfolgenden Empfehlungen sollten Herrn Busse gegeben werden?

A Bundesanleihen eignen sich für die Anlage, da sie zwar eine Laufzeit von i. d. R. 10 Jahren haben, aber jederzeit mit unterschiedlichen Restlaufzeiten an der Börse erworben und verkauft werden können.
B Bundesanleihen eignen sich nicht für die Anlage des Geldes, da sie eine feste Laufzeit von i. d. R. 10 Jahren haben und deshalb nicht jederzeit liquide sind.
C Bundesobligationen sind zu empfehlen, da sie jederzeit zum Rückkaufswert an den Bund zurückgegeben werden können.
D Bundesobligationen sind zu empfehlen, da sie zwar eine Laufzeit von 10 Jahren haben, aber jederzeit an der Börse verkauft werden können.
E Unternehmensanleihen sind nicht zu empfehlen, da ein börsenmäßiger Verkauf in voller Höhe während der gesamten Laufzeit nicht möglich ist.
F Öffentliche Pfandbriefe eignen sich, weil sie börsenmäßig veräußert werden können.

☐ ☐

Aufgabe 17

Am Donnerstag, 03. Mai 2012, führte die *Nordbank AG* im Auftrag des Depotkunden Günter Busse eine Wertpapier-Kauforder aus. Kauf 20.000,00 EUR 3,25 % Bundesobligationen Emission 2009/2014, 01. Februar gzj.

Kurs	100,500 %	Provision	0,500 %	Maklergebühr	0,075 %

Nennen Sie das Datum (TT.MM.JJJJ) für die Wertstellung der Belastung auf dem Konto von Herrn Busse.

☐☐ . ☐☐ . ☐☐☐☐

Aufgabe 18

Ermitteln Sie die Herrn Busse zu berechnenden Stückzinsen (act/act). Beachten Sie, dass 2012 ein Schaltjahr ist.

[ ][ ] , [ ][ ] EUR

Aufgabe 19

Ermitteln Sie für Herrn Busse den gutzuschreibenden Zinsbetrag, der am nächsten Zinstermin fällig wird (auf 2 Stellen nach dem Komma runden). Gehen Sie davon aus, dass Herr Busse noch einen Freistellungsbetrag von 100,00 EUR ausnutzen kann und keiner Religionsgemeinschaft angehört. Im allgemeinen Verrechnungstopf sind keine Beiträge zu berücksichtigen.

[ ][ ][ ] , [ ][ ] EUR

Aufgabe 20

Ermitteln Sie den Betrag, den Sie Herrn Busse für den Kauf der Bundesobligationen in Rechnung stellen (auf 2 Stellen nach dem Komma runden).

[ ][ ][ ][ ][ ] , [ ][ ] EUR

Aufgabe 21

Im Emissionsgeschäft ist der Kurs der Regulator, der Angebot und Nachfrage ausgleicht. Ordnen Sie die folgenden Aussagen den unten stehenden Verteilungsmechanismen zu.

Aussagen:

1 Am Ende einer Preisbietungszeit, bei der die Bieter neben der gewünschten Stückzahl ihre Kursvorstellung angeben müssen, wird aus der Gesamtzahl aller Gebote ein einheitlicher Verkaufskurs festgelegt.
2 Der Preis bildet sich auf einem organisierten Markt mit Angebot und Nachfrage in der Weise, dass der Preis einheitlich gilt, bei dem der größtmögliche Umsatz stattfindet.
3 Das angebotene Wertpapier wird während einer festgelegten Frist solange zum immer neu festgesetzten Kurs verkauft, wie der Vorrat reicht.
4 Nachdem die Nachfrager limitierte Kaufangebote abgegeben haben, wird vom höchsten gebotenen Kurs beginnend solange zum jeweils gebotenen Kurs verteilt, bis das Angebot vollständig verteilt ist.

Zuteilungsverfahren:

A Nicht zuzuordnen
B Bookbuilding-Verfahren
C Freihändiger Verkauf
D Tender – Amerikanisches Verfahren

A	B	C	D

Situation zu den Aufgaben 22 und 23

Die *Wulfmeier GmbH* kauft einen neuen Lastkraftwagen (Lkw), der von der *Nordbank AG* finanziert werden soll.

Im Rahmen der Kreditwürdigkeitsprüfung der *Wulfmeier GmbH* erstellen Sie eine Bilanzanalyse. Die von Ihnen ermittelte Gesamtkapitalrentabilität beträgt 23,5 %.

Aufgabe 22

Welche der folgenden Aussagen hinsichtlich dieser Gesamtkapitalrentabilität sind richtig?

A Diese hohe Gesamtkapitalrentabilität weist auf eine ungünstige Finanzierungsstruktur hin.
B Die Gesamtkapitalrentabilität von 23,5 % ist positiv einzuschätzen, weil sie deutlich über dem Zinssatz für Fremdkapital liegt.
C Die *Wulfmeier GmbH* erwirtschaftet 23,50 EUR Ertrag aus 100,00 EUR Umsatz.
D Der Verschuldungsgrad der *Wulfmeier GmbH* liegt bei 23,5 %
E Diese hohe Gesamtkapitalrentabilität weist darauf hin, dass Fremdfinanzierungen für die *Wulfmeier GmbH* sinnvoll sind.
F Das langfristige Anlagevermögen der *Wulfmeier GmbH* ist mit 23,5 % Stammkapital (Eigenkapital) unterlegt.

☐ ☐

Aufgabe 23

Zur Absicherung des Darlehens wird der Lkw sicherungsübereignet. Welche der folgenden Bedeutungen hat in diesem Zusammenhang die Zulassungsbescheinigung 2 des Lkw?

A Da die Zulassungsbescheinigung 2 die Daten des Fahrzeughalters wie Firma und Anschrift enthält, dient er als Beweisurkunde, wer Eigentümer des Lkw ist.
B Die *Nordbank AG* kann ohne Übergabe der Zulassungsbescheinigung 2 nicht Eigentümer des Lkw werden.
C Durch die Übernahme von Daten des Lkw aus der Zulassungsbescheinigung 2 in den Sicherungsübereignungsvertrag kann das Sicherungsgut eindeutig bestimmt werden.
D Die Hereinnahme der Zulassungsbescheinigung 2 stellt für die *Nordbank AG* keine Absicherung dar, denn die *Wulfmeier GmbH* kann den Lkw auch ohne die Zulassungsbescheinigung 2 jederzeit an einen gutgläubigen Dritten weiterverkaufen.
E Da der Fahrzeugführer die Zulassungsbescheinigung 2 ständig mit sich führen muss, wenn er mit dem Lkw unterwegs ist, kann die *Nordbank AG* nur eine beglaubigte Kopie der Zulassungsbescheinigung 2 zu den Kreditunterlagen nehmen.

☐

Situation zu den Aufgaben 24 bis 35

Die Eheleute Anne und Jürgen Leihmann wollen ein Eigenheim erwerben. Die *Nordbank AG* führt für beide Ehepartner ein Gemeinschaftskonto. Wegen der Finanzierung bittet das Ehepaar ihren Kundenberater Herrn Noll bei der *Nordbank AG* um Unterstützung.

Aufgabe 24

Da das Ehepaar Leihmann keinen aktuellen Grundbuchauszug des betreffenden Grundstücks mitgebracht hat, informieren Sie die Eheleute über den Inhalt und den Aufbau des Grundbuchs.

Teile des Grundbuches:
1 Aufschrift
2 Bestandsverzeichnis
3 Erste Abteilung
4 Zweite Abteilung
5 Dritte Abteilung
6 Keine dem Grundbuch zu entnehmende Information

Welche der nachfolgenden Informationen können Sie den genannten Teilen des Grundbuches entnehmen? Ordnen Sie zu.

Informationen:

A Eigentümer des Grundstücks
B Wegerecht zu Lasten des Nachbargrundstücks
C Grunddienstbarkeit
D Grunderwerbsteuer

E Grundschuld
F Gesetzliches Vorkaufsrecht
G Dinglicher Zinssatz
H Wirtschaftsart des Grundstücks

A	B	C	D	E	F	G	H

Aufgabe 25

Für die Finanzierung des Eigenheims wird das Ehepaar Leihmann nach seiner Planung sowohl Eigenmittel als auch Fremdmittel benötigen. Welche der nachfolgenden Aussagen ist in diesem Zusammenhang richtig?

A Die Bausparsumme, die dem Ehepaar Leihmann zur Verfügung steht, zählt zu den Eigenmitteln.
B Öffentliche Baudarlehen gelten aufgrund ihrer niedrigen Verzinsung und der geringen Tilgung als Eigenmittel.
C Bei der Vorfinanzierung eines Bausparvertrags erhöht sich nach dessen Zuteilung der Anteil der Fremdmittel.
D Eigene Arbeitsleistungen der Familie Leihmann werden grundsätzlich nicht in die Finanzierungsplanung mit einbezogen, da ihre Qualität im Voraus nicht zu bewerten ist.
E Während der Bauphase fällige festverzinsliche Wertpapiere können zum Nennwert als Eigenmittel angesetzt werden.

Aufgabe 26

Das Ehepaar möchte einen Teil der Eigenheimkosten durch ein Hypothekardarlehen finanzieren. Die Sicherheit eines Hypothekardarlehens liegt im Wert des zu beleihenden Objekts. Welche Aussage ist im Zusammenhang mit der Bewertung von Sicherheiten für Hypothekardarlehen richtig?

A Der Beleihungswert entspricht dem tatsächlichen Wert des Eigenheims am Tag der Wertermittlung.
B Die Lage des Grundstücks hat keinen Einfluss auf die Höhe des Verkehrswerts.
C Der Ertragswert ist der kapitalisierte Jahresbruttoertrag eines vermieteten Einfamilienhauses.
D Die Summe aus Bau- und Bodenwert stellt den Sachwert des Beleihungsobjekts dar.
E Förmliche Wertgutachten über Sachwert und Ertragswert von Beleihungsobjekten schließen für Realkreditinstitute Verluste bei der Verwertung dieser Objekte aus.

Aufgabe 27

Das Ehepaar Leihmann gibt Ihnen zur Ermittlung des gesamten Finanzierungsbedarfs die nachstehenden Informationen (weitere Daten bleiben unberücksichtigt).

- Das Grundstück kostet laut notariell beurkundetem Kaufvertrag 68.900,00 EUR. Der Preis beträgt 130,00 EUR pro qm.
- Die Erschließungskosten betragen 50,00 EUR pro qm.
- Grunderwerbsteuer von 3,5 % muss noch bezahlt werden.
- Die Notar- und Gerichtskosten belaufen sich auf 1.500,00 EUR.
- Die Höhe der veranschlagten Baukosten einschl. Nebenkosten betragen 200.000,00 EUR.
- Die Eheleute Leihmann verfügen über Sparguthaben in Höhe von 67.000,00 EUR; davon sollen 17.000,00 EUR als Reserve verbleiben.
- Ein Bausparvertrag wurde vor 8 Jahren abgeschlossen. Bausparsumme 60.000,00 EUR, Bausparguthaben 24.000,00 EUR, Zuteilung voraussichtlich in zwei Jahren.

Ermitteln Sie die Erschließungskosten für das gesamte Grundstück. _____ , __ EUR

Aufgabe 28

Ermitteln Sie die Grunderwerbsteuer. ____ , __ EUR

Aufgabe 29

Ermitteln Sie den Darlehensbetrag zur Zwischenfinanzierung (Festdarlehen).

☐☐☐☐☐ , ☐☐ EUR

Aufgabe 30

Ermitteln Sie den Betrag des Annuitätendarlehens für den verbleibenden Finanzierungsbedarf.

☐☐☐☐☐☐ , ☐☐ EUR

Aufgabe 31

Herr Noll bietet dem Ehepaar Leihmann im Rahmen des Beratungsgesprächs ein Annuitätendarlehen zu folgenden Konditionen an:

Darlehenssumme	190.000,00 EUR
Zinssatz	4,85 % p. a.
Anfängliche Tilgung	2,0 % p. a.
Zahlung	monatlich

Ermitteln Sie den monatlich zu zahlenden Betrag (Annuität).

☐☐☐☐ , ☐☐ EUR

Aufgabe 32

Im Rahmen der Besicherung des Eigenheims der Familie Leihmann ermittelt Herr Noll den Beleihungswert. Welche der unten stehenden Unterlagen dienen dabei der Berechnung des

A Bodenwertes?

B Bauwertes?

Ordnen Sie zu. Unterlagen:

1 Statische Berechung des Gebäudes
2 Bodenrichtwertkarte
3 Bauzeichnung einschl. Baubeschreibung
4 Fotos des unbebauten Grundstücks
5 Fotos mit Außenansichten von vergleichbaren Objekten
6 Nachweis über die Erschließungskosten durch die Gemeinde
7 Einkommensteuererklärung
8 Kalkulation der Herstellungskosten durch den Architekten

A		B	

Aufgabe 33

Grundlage der Berechnung des Beleihungswertes für die *Nordbank AG* ist der Sachwert. Risikoabschläge bleiben unberücksichtigt. Gehen Sie von einem Beleihungssatz von 65 % aus und runden Sie das Ergebnis auf volle 10.000,00 EUR ab. Ermitteln Sie für das Objekt der Familie Leihmann den Beleihungswert.

☐☐☐☐☐ , ☐☐ EUR

Aufgabe 34

Ermitteln Sie für das Objekt der Familie Leihmann die Beleihungsgrenze.

☐☐☐☐☐☐ , ☐☐ EUR

Aufgabe 35

Zur Besicherung des Hypothekardarlehens, das das Ehepaar Leihmann nun beantragt hat, soll zu Gunsten der *Nordbank AG* eine Buchgrundschuld nebst 15 % Zinsen p. a. eingetragen werden. Zusätzlich unterwirft sich das Ehepaar der sofortigen Zwangsvollstreckung. Dieser Sachverhalt wurde ebenfalls ins Grundbuch eingetragen.
Welche der folgenden Aussagen zu der für die *Nordbank AG* eingetragenen Buchgrundschuld ist zutreffend?

A Die Buchgrundschuld ist akzessorisch.
B Das Hypothekardarlehen der *Nordbank AG* wurde zu einem Zinssatz von 15 % p. a. gewährt.
C Im Falle der Verwertung muss die *Nordbank AG* die Höhe der tatsächlichen Forderungen beweisen.
D Zur Zwangsvollstreckung in das Grundstück benötigt die *Nordbank AG* keinen weiteren vollstreckbaren Titel.
E Zur Löschung der Buchgrundschuld muss der Kreditnehmer einen Nachweis über die vollständige Rückzahlung des Kredits beim Amtsgericht vorlegen.

Aufgabe 36

Die *Conergy AG* lieferte Solartechnik im Wert von 200.000,00 USD nach Australien. Der Prokurist für Finanzierungen informiert die *Nordbank AG*, dass aufgrund dieses Exportgeschäfts in 6 Monaten der Zahlungseingang in Höhe von 200.000,00 USD erwartet wird. Das daraus resultierende Kursrisiko möchte die *Conergy AG* bereits heute durch den Abschluss eines Devisentermingeschäfts ausschließen.
Gehen Sie davon aus, dass das Zinsniveau im Euroland höher ist als das Zinsniveau in den USA.
Folgende Infos zur Berechnung eines 6-Monats-Terminkurses liegen Ihnen vor:

Kassakurse EUR/USD	
Geld	Brief
1,5630	1,5690
Deport: 0,0080	

Berechnen Sie den Devisenterminkurs für dieses Kurssicherungsgeschäft. ☐,☐☐☐☐

Aufgabe 37

Bei Abgabe eines Angebots an einen australischen Importeur hatte ein Hamburger Exporteur alternativ zum CIF-Preis auch einen FOB-Preis angeboten. Aus welchem der nachfolgenden Gründe könnte sich der australische Importeur für den CIF-Preis entschieden haben?

A Der CIF-Preis ist grundsätzlich günstiger als der FOB-Preis.
B Bei CIF findet der Gefahrenübergang im Unterschied zu FOB erst im Bestimmungshafen statt.
C Der einzige Unterschied zwischen FOB und CIF besteht darin, dass bei CIF der Exporteur die Seeversicherungspolice für die Transportversicherung beschaffen muss. Evtl. kann der Hamburger Exporteur hier günstigere Konditionen bieten, sodass der CIF-Preis günstiger ist.
D Die Lieferklausel CIF beinhaltet im Unterschied zur Klausel FOB auch die Verladung im Verschiffungshafen sowie den Abschluss des Seefrachtvertrags und die Beschaffung der Seeversicherungspolice.
E Der australische Importeur hätte bei FOB Hamburg den Seefrachtvertrag und die Seeversicherungspolice selbst abschließen müssen. Evtl. kann der Hamburger Exporteur günstigere Konditionen besorgen, sodass der CIF-Preis günstiger ist.

C Rechnungswesen und Steuerung

Bearbeitungszeit: 60 Minuten

Lösungen ab Seite 284

Aufgabe 1

Welche der nachstehenden Geschäftsfälle eines Kreditinstituts führen zu einer Veränderung der Bilanzsumme?

1 Das Kreditinstitut bucht auf kreditorischen Konten Kontoführungsgebühren.
2 Zu Gunsten von Kreditoren gehen Gutschriften bei der Deutschen Bundesbank ein.
3 Das Kreditinstitut kauft Büromaterial. Lieferant ist unser Kreditor. Er bekommt eine Kontogutschrift.
4 Das Kreditinstitut führt über die Deutsche Bundesbank Überweisungsaufträge für Debitoren aus.
5 Das Kreditinstitut belastet Kreditnehmer mit Zinsen.
6 Kunden zahlen bar auf ihr Kontokorrentkonto ein, um Überziehungen teilweise zu tilgen.

☐ ☐

Aufgabe 2

Welche der unten stehenden Sachverhalte gehören in der *Nordbank AG* zum

1 Anlagevermögen
2 Umlaufvermögen
3 Eigenkapital
4 Fremdkapital?

Tragen Sie die Ziffer vor der jeweils zutreffenden Antwort in das Kästchen ein.
Falls keine der vorgegebenen Antworten zutrifft, tragen Sie die Ziffer 5 in das Kästchen ein.

Sachverhalte:

A *Computerland* Aktien im Handelsbestand der *Nordbank AG*
B Gesetzliche Rücklage
C Beteiligung der *Nordbank AG* an der *Broker AG*
D Nennwert der ausgegebenen eigenen Aktien
E Aktien im Depot des Kunden Heck

A	B	C	D	E

Aufgabe 3

Entscheiden Sie, auf welche Kontenart sich die folgenden Aussagen beziehen.
Kontenart:

1 Aktivkonto
2 Passivkonto
3 Erfolgskonto
4 gemischtes Konto
5 Aktivkonto und gemischtes Konto
6 keines der angegebenen Konten

Aussagen:

A Beim Abschluss kann der Schlussbestand durch Saldieren ermittelt werden. Er wird auf der Habenseite des Kontos eingesetzt.

B Die Eröffnung des Kontos erfolgt immer ohne Anfangsbestand.
C Die Eröffnung des Kontos erfolgt auf der Sollseite.
D Der Abschluss des Kontos kann in der Weise erfolgen, dass zunächst ein durch Inventur ermittelter Endbestand eingesetzt wird. Danach kann der andere Bestand durch Saldieren ermittelt werden.
E Der Endsaldo ist immer ein Habensaldo.
F Diese Konten sind Unterkonten des Eigenkapitalkontos.

A	B	C	D	E	F

Aufgabe 4

Die *Nordbank AG* kauft am 29. Juni
- 4 Handys für die Immobilienabteilung (Nutzungsdauer 2 Jahre) für insgesamt 690,20 EUR (einschließlich Mwst.)
- einen neuen Schreibtisch für die Anlageberatung (Nutzungsdauer 6 Jahre) für 1.190,00 EUR (einschließlich Mwst.)

Mit welchem Betrag mindern diese Anschaffungen am Jahresende den Erfolg der *Nordbank AG*, wenn sie eine größtmögliche Ertragssteuerersparnis im Anschaffungsjahr möchte?

☐☐☐ , ☐☐ EUR

Die Aufgaben 5 bis 10 beziehen sich auf die folgende Ausgangssituation:

Im Wertpapierhandelsbestand der *Nordbank AG* befinden sich 6 % Bundesobligationen, Zinstermin 15.10. ganzjährig, Zinsberechnung act/act.
Das Skontro zeigt für das abzuschließende Geschäftsjahr folgende Daten an:

Kauf	500.000 EUR	Kurs 101,5 %
Kauf	1.500.000 EUR	Kurs 100,5 %
Verkauf	800.000 EUR	Kurs 101,0 %
Bilanzstichtag		Kurs 102,5 %

Aufgabe 5

Ermitteln Sie den durchschnittlichen Anschaffungskurs für diese festverzinslichen Wertpapiere.

☐☐☐ , ☐☐ %

Aufgabe 6

Ermitteln Sie die bis zum 31.12. aufgelaufenen, noch nicht vereinnahmten Stückzinsen.

☐☐☐☐☐ , ☐☐ EUR

Aufgabe 7

Ermitteln Sie für die Bilanzierung den Kurswert der Bundesobligationen, wenn ein Risikoabschlag von 2 % vorgenommen wird.

☐☐☐☐☐☐☐ , ☐☐ EUR

Aufgabe 8

Ermitteln Sie den Betrag, mit dem die Wertpapiere am 31.12. bilanziert werden.

☐☐☐☐☐☐☐ , ☐☐ EUR

Aufgabe 9

Ermitteln Sie den Erfolg für den Verkauf dieser Wertpapiere.
Tragen Sie vor dem Betrag eine
1 ein, wenn es sich um einen realisierten Gewinn bzw. eine
2 ein, wenn es sich um einen realisierten Verlust handelt.

☐ ☐☐☐☐ , ☐☐ EUR

Aufgabe 10

Ermitteln Sie auf der Grundlage der Durchschnittsbewertung für den Ankauf und der Bewertung zum Bilanzstichtag den nicht realisierten Kurserfolg.

Tragen Sie vor den Betrag in das Kästchen eine

1 ein, wenn es sich um einen nicht realisierten Kursgewinn bzw. eine

2 ein, wenn es sich um einen nicht realisierten Kursverlust handelt.

☐ ☐☐☐☐ , ☐☐ EUR

Die Aufgaben 11 bis 15 beziehen sich auf die folgende Ausgangssituation:

Als Mitarbeiter/in der *Nordbank AG* sollen Sie aufgrund von Erfahrungswerten der letzten fünf Geschäftsjahre die unversteuerte Pauschalwertberichtigung (PWB) für das abgelaufene Geschäftsjahr bilden. Dazu liegen Ihnen die folgenden Informationen vor (in Mio. EUR):

- Durchschnittliches risikobehaftetes Kreditvolumen der letzten 5 Bilanzstichtage	434,0
- Durchschnittlicher Forderungsausfall der letzten 5 Geschäftsjahre	5,5
- Bestehende unversteuerte PWB	3,5
- Gebildete EWB zum 31.12.	5,3
- Höhe der Forderungen an Kunden zum 31.12.	457,4
davon:	
- Einzelwertberichtigte Forderungen	10,0

Aufgabe 11

Ermitteln Sie den durchschnittlichen *maßgeblichen* Forderungsausfall der letzten 5 Geschäftsjahre.

☐ , ☐ Mio. EUR

Aufgabe 12

Ermitteln Sie zum 31.12. den Prozentsatz für die Bildung der unversteuerten PWB.

☐ , ☐☐ %

Aufgabe 13

Ermitteln Sie unter Beachtung der Angaben den Betrag der Veränderung der unversteuerten PWB in Millionen EUR. Tragen Sie vor den Betrag in das Kästchen eine

1 ein, wenn es sich um eine Erhöhung bzw. eine

2 ein, wenn es sich um eine teilweise Auflösung der unversteuerten PWB handelt.

☐ ☐ , ☐ Mio. EUR

Aufgabe 14

Bilden Sie nach dem Kontenplan in der Formelsammlung den Buchungssatz für die Veränderung der unversteuerten Pauschalwertberichtigung. Tragen Sie die Ziffern vor den jeweils zutreffenden Konten in die Kästchen ein.

☐☐ an ☐☐

Aufgabe 15

Ermitteln Sie den Betrag in Millionen EUR, mit dem die *Nordbank AG* die Forderungen an Kunden in ihrer zu veröffentlichenden Bilanz ausweist.

☐☐☐ , ☐ Mio. EUR

Aufgabe 16

Die vorläufigen Zahlen zum Jahresabschluss der *Nordbank AG* zeigt folgende Übersicht in Tsd. Euro:

vorläufige Zahlen zum Jahresabschluss

Barreserve		13.700	Verbindlichkeiten gegenüber Kreditinstituten	160.000
Forderungen an Kreditinstitute		125.000	Verbindlichkeiten gegenüber Kunden	370.000
Forderungen an Kunden		290.000	Sonstige Verbindlichkeiten	2.000
Wertpapiere		120.000	Rückstellungen	5.000
darunter:			Eigenkapital	25.700
des Anlagevermögens	30.000			-
des Handelsbestandes	50.000			-
der Liquiditätsreserve	40.000			-
Beteiligungen		5.000		-
Sachanlagen		9.000		
		562.700		562.700

Die *Nordbank AG* will stille Vorsorgereserven nach § 340f HGB bilden. Bisher hat sie davon noch keinen Gebrauch gemacht. Bis zu welchem Betrag kann sie die stillen Vorsorgereserven maximal bilden?

Tsd. EUR

Die Aufgaben 17 bis 18 beziehen sich auf die folgende Ausgangssituation:

Das Rechnungswesen der *Nordbank AG* liefert folgende Zahlen:

- Zinsen für Festgeld 950 Tsd. EUR,
- Zinsen von Debitoren 100 Tsd. EUR,
- Erträge aus der Auflösung von Rückstellungen im Kreditgeschäft 110 Tsd. EUR,
- Provisionserträge 80 Tsd. EUR,
- Mietwert der eigengenutzten Bankräume 500 Tsd. EUR,
- Abschreibung auf Forderungen 120 Tsd. EUR (langjähriger Durchschnitt 90 Tsd. EUR),
- Körperschaftssteuer 20 Tsd. EUR,
- Zinsen für Kundenkredite 1.500 Tsd. EUR.

Die Bilanzsumme beträgt 5 Mio. EUR.

Aufgabe 17

Berechnen Sie den Gesamtbetrag an Kosten.

Tsd. EUR

Aufgabe 18

Berechnen Sie den Gesamtbetrag an Erlösen.

Tsd. EUR

Die Aufgaben 19 bis 24 beziehen sich auf die folgende Ausgangssituation:

Die *Nordbank AG* hat die folgende Gewinn- und Verlustrechnung aufgestellt.

Gewinn- und Verlustrechnung (in Mio. EUR)

Zinserträge	250	
Zinsaufwendungen	150	
		100
Laufende Erträge aus Aktien und Beteiligungen		30
Erträge aus Gewinngemeinschaften u.ä.		12
Provisionserträge	90	
Provisionsaufwendungen	40	
		50
Nettoertrag aus Finanzgeschäften		4
Sonstige betriebliche Erträge		15
Personalkosten		50
andere Verwaltungsaufwendungen		25
Abschreibungen auf Sachanlagen		15
Sonstige betriebliche Aufwendungen		3
Abschreibungen auf Forderungen		12
Ergebnis der normalen Geschäftstätigkeit		**106**
Außerordentliche Erträge	12	
Außerordentliche Aufwendungen	9	
Außerordentliches Ergebnis		3
Steuern vom Einkommen und vom Ertrag		25
Jahresüberschuss		**84**
Einstellungen in Gewinnrücklagen		30
Bilanzgewinn		**54**

Die durchschnittliche Bilanzsumme betrug 2 Mrd. EUR.

Aufgabe 19

Ermitteln Sie wie die Deutsche Bundesbank (Monatsbericht September 2000, siehe auch IHK-Formelsammlung auf Seite 239) die Bruttozinsspanne.

☐ , ☐ %

Aufgabe 20

Ermitteln Sie die Bruttobedarfsspanne.

☐ , ☐ %

Aufgabe 21

Ermitteln Sie das Teilbetriebsergebnis.

☐☐☐ Mio. EUR

Aufgabe 22

Ermitteln Sie das Handelsergebnis.

☐ , ☐ %

Aufgabe 23

Ermitteln Sie die Risikospanne.

☐ , ☐ %

Aufgabe 24

Ermitteln Sie die Nettogewinnspanne.

☐ , ☐ %

Aufgabe 25

Welche der folgenden Grundbegriffe des Rechnungswesens sind den untenstehenden Sachverhalten zuzuordnen?

Grundbegriffe:

1 Betriebskosten
2 Wertkosten
3 Betriebserlöse
4 Werterlöse
5 Neutrale Aufwendungen
6 Neutrale Erträge

Sachverhalte:

A erhaltene Miete für die in der oberen Etage vermieteten Räume
B realisierter Kursverlust aus dem Verkauf von Aktien aus dem Handelsbestand
C Zinsen für Sparkunden
D Kalkulatorische Zinsen für das Eigenkapital
E Überziehungsprovision bei Dispo-Krediten
F Erhaltene Inkassoprovision für fällig gewordene Schuldverschreibungen

A	B	C	D	E	F

Die Aufgaben 26 bis 27 beziehen sich auf die folgende Ausgangssituation:

Ihr Kunde Conrad Hauser will 20.000,00 EUR in einem Sparbrief anlegen. Folgende Angaben liegen Ihnen vor:

Sparbrief:

Laufzeit	5 Jahre
Zinssatz	4,5 % p. a.
Betriebskosten	300,00 EUR
Eigenkapitalkosten	1,2 % p. a.
Gewinnmarge	4,3 % p. a.
Zinssatz am Geld- und Kapitalmarkt für 5 Jahre	5,5 % p. a.

Aufgabe 26

Ermitteln Sie bei diesem Anlagebetrag die Preisobergrenze.

☐ , ☐ %

Aufgabe 27

Ermitteln Sie bei diesem Anlagebetrag den Deckungsbeitrag II (Netto-Konditionenbeitrag) pro Jahr.

☐☐☐ , ☐☐ EUR

Die Aufgaben 28 bis 32 beziehen sich auf die folgende Ausgangssituation:

Die Fahrradhandlung *Christiane Maier GmbH*, Geschäftskunde der *Nordbank AG*, hat sich auf den Verkauf von Rennrädern spezialisiert. Im Hinblick auf einen Kreditantrag hat Christiane Maier die folgende Bilanz (Kurzfassung) vorgelegt:

Aktiva	Bilanz per 31.12.20(0)		Passiva
	Tsd. EUR		Tsd. EUR
Gebäude	200	Eigenkapital	100
Betriebs- und Geschäftsausstattung	60	Langfristige Bankkredite	200
Warenbestand	100	Verbindlichkeiten aus Lieferungen und Leistungen	90
Forderungen aus Lieferungen und Leistungen	130	Kontokorrentkredit	110
Kassenbestand	10		-
	500		500

Aus der Gewinn- und Verlustrechnung liegen die folgenden Daten vor:

	Tsd. EUR
Umsatzerlöse	650
Wareneinsatz	400
Personalaufwand	120
Abschreibungen auf Sachanlagen	19
Zinsaufwendungen	20
Sonstige Aufwendungen	70

Aufgabe 28

Berechnen Sie die Eigenkapitalquote. ☐☐,☐☐ %

Aufgabe 29

Berechnen Sie die prozentuale Veränderung der Eigenkapitalquote. Im Vorjahr betrug sie 23,0 %. ☐☐,☐☐ %

Aufgabe 30

Berechnen Sie das Kreditorenziel. ☐☐ Tage

Aufgabe 31

Berechnen Sie die Eigenkapitalrentabilität. ☐☐,☐ %

Aufgabe 32

Berechnen Sie den Anlagendeckungsgrad II. ☐☐☐,☐ %

Aufgabe 33

Welche der folgenden Aussagen über die Eigenkapitalquote ist zutreffend?
Die Eigenkapitalquote ...

1 ist eine Kennziffer, mit der man Unternehmen verschiedener Branchen miteinander vergleicht.
2 weist bei sehr geringer Höhe auf ein erhebliches Insolvenzrisiko hin, weil Verluste nur im geringen Umfange aufgefangen werden können.
3 zeigt, wie viel Anlagevermögen vom Eigenkapital finanziert ist.
4 ist für die Kreditwürdigkeitsprüfung der *Nordbank AG* von sehr positiver Bedeutung, wenn sie über 100 % liegt.
5 deutet auf die Höhe der Liquidität eines Unternehmens hin.

☐

D Wirtschafts- und Sozialkunde

Bearbeitungszeit: 60 Minuten

Lösungen ab Seite 288

Aufgabe 1

Rechtsgebiete unterscheiden sich in Deutschland in öffentliches Recht und in Privatrecht (Zivilrecht). Ordnen Sie die nachstehenden Fälle den entsprechenden Rechtsgebieten zu.

Rechtsgebiete

1 Öffentliches Recht
2 Privates Recht

Fälle:

A Das Ludwig-Erhard-Gymnasium in Norderstedt kauft für den Computerraum 25 Laptops zum Gesamtpreis von 22.000,00 EUR.
B Herr Werner Brinkmann erhält aufgrund einer Geschwindigkeitsüberschreitung mit seinem Pkw einen Bußgeldbescheid.
C Ein beim Bauamt eingereichter Bauantrag von Herrn Udo Rheinfeld wird abgelehnt.
D Frau Silvia Neumann beantragt bei der zuständigen Stelle für 12 Monate Elterngeld.
E Die *Nordbank AG* kündigt dem volljährigen Auszubildenden Frank Schön während der Probezeit fristlos den Ausbildungsvertrag.
F Herr Werner Fink legt Einspruch gegen den Rentenbescheid ein, der ihm von der Deutschen Rentenversicherung Bund zugestellt wurde.

A	B	C	D	E	F

Aufgabe 2

Die 17-jährige Angestellte, Frau Juliane Nauertz, arbeitet seit kurzem mit Zustimmung ihrer gesetzlichen Vertreter bei der *Hertel GmbH*. Frau Nauertz hatte in der Personalabteilung bei ihrer Einstellung mitgeteilt, dass sie in der Allgemeinen Ortskrankenkasse Rheinland/Hamburg krankenversichert ist. Ihre Eltern hatten für Frau Nauertz aber die Barmer Ersatzkasse vorgesehen und sind nun der Meinung, dass ihre Tochter ohne die Zustimmung der Eltern nicht berechtigt war, einer gesetzlichen Krankenkasse beizutreten. Welche Aussage ist zutreffend?

A Frau Nauertz' Eltern sind im Recht, da Frau Nauertz noch nicht geschäftsfähig ist.
B Frau Nauertz' Eltern sind nicht im Recht, da Frau Nauertz zwar nur beschränkt geschäftsfähig ist, aber Rechtsgeschäfte, die im Zusammenhang mit ihrer Berufsausübung stehen, ohne Zustimmung ihrer gesetzlichen Vertreter tätigen kann.
C Frau Nauertz' Eltern sind nicht im Recht, da Frau Nauertz voll geschäftsfähig ist und somit tun und lassen kann, was sie will.
D Frau Nauertz' Eltern sind im Recht, da Frau Nauertz beschränkt geschäftsfähig ist und somit nur zum Abschluss von Rechtsgeschäften berechtigt ist, die sich im Rahmen ihres Taschengeldes bewegen.
E Frau Nauertz' Eltern sind im Recht, da alle Rechtsgeschäfte von Minderjährigen schwebend unwirksam sind, d. h. der Zustimmung des gesetzlichen Vertreters bedürfen.

Aufgabe 3

Herr Sebastian Bergmann kauft im Markt für *Küchengeräte Supernius GmbH* einen Gefrierschrank zum Preis von 800,00 EUR und bezahlt ihn sofort mit Bargeld. Er vereinbart mit dem Verkäufer, den Gefrierschrank innerhalb einer Woche selbst abzuholen. Als Herr Bergmann den Gefrierschrank am übernächsten Tag abholen will, ist das Geschäft wegen Geschäftsaufgabe geschlossen. Welche der folgenden Aussagen zu den Besitz- und Eigentumsverhältnissen am Gefrierschrank ist zutreffend?

A Herr Bergmann ist Eigentümer, aber nicht Besitzer des Gefrierschranks.
B Herr Bergmann ist Besitzer, aber nicht Eigentümer des Gefrierschranks.
C Die *Supernius GmbH* ist Besitzerin, aber nicht Eigentümerin des Gefrierschranks.
D Herr Bergmann ist Eigentümer und Besitzer des Gefrierschranks.
E Die *Supernius GmbH* ist Eigentümerin und Besitzerin des Gefrierschranks.

Aufgabe 4

Für die *Nordbank AG*, die Mitglied im Bankenverband e.V. ist, gilt der Tarifvertrag für das private Bankgewerbe. Der Vorstand der *Nordbank AG* plant nun die Gründung einer Direktbank, die nicht Mitglied im Bankenverband sein soll. Der gesamte bargeldlose Zahlungsverkehr soll von der Direktbank übernommen werden, zusätzlich sollen noch weitere Mitarbeiter/innen eingestellt werden. Welche Auswirkungen ergeben sich für die tarifrechtlichen Bedingungen in der Direktbank?

A Da ein Tarifvertrag immer Mindestnormen regelt, darf auch die Direktbank hiervon nicht abweichen.
B Die Direktbank kann nun mit einer im Betrieb vertretenen Gewerkschaft einen Haustarifvertrag abschließen.
C Wenn die Tarifvertragsparteien im Bankgewerbe den Tarifvertrag für allgemeinverbindlich erklärt haben, gilt er auch für die Direktbank.
D Die Direktbank muss bis zum frühest möglichen Kündigungszeitpunkt des laufenden Tarifvertrages den Tarifvertrag anwenden.
E Da die *Nordbank AG* als Muttergesellschaft im Bankenverband ist, gilt der Tarifvertrag auch automatisch für die Direktbank als Tochtergesellschaft.
F Die arbeitsvertraglichen Inhalte können mit neu eingestellten Mitarbeiter/innen frei ausgehandelt werden.

Aufgabe 5

Ordnen Sie die entsprechenden Gesellschaften den folgenden Aussagen zu.
Gesellschaften:

1 die Aktiengesellschaft
2 die Offene Handelsgesellschaft
3 die eingetragene Genossenschaft
4 keine der genannten Gesellschaftsformen

Aussagen:

A Die Gesellschafter haben Anspruch auf den Jahresüberschuss. Die Verteilung erfolgt nach dem Verhältnis ihrer Geschäftsanteile.
B Ein ausscheidender Gesellschafter haftet noch fünf Jahre lang für die bei seinem Ausscheiden bestehenden Verbindlichkeiten der Gesellschaft.
C Für die Gründung sind drei Personen erforderlich, die das Statut (Satzung) aufstellen.
D Beschlüsse über Satzungsänderungen der Gesellschaft müssen mit 75 % des bei der Beschlussfassung vertretenen Grundkapitals gefasst werden.
E Der Vorstand besteht aus i. d. R. mindestens zwei Mitgliedern, die von der Generalversammlung oder vom Aufsichtsrat gewählt werden und Gesamtbefugnis für Geschäftsführung und Vertretung haben.

A	B	C	D	E

Aufgabe 6

Geben Sie in den nachstehenden Fällen an,
- welche der unten stehenden Rechtspositionen (I) die unterstrichene Person bzw. Institution jeweils innehat,
- welche der unten stehenden Begründungen (II) jeweils zutrifft.

Fälle:

A Bernd Harms trainiert mit dem von seinem Freund ausgeliehenen Surfbrett im Urlaub auf dem Plöner See.

B Im Rahmen einer Kreditgewährung lässt sich die *Nordbank AG* von einem Firmenkunden einen Lkw sicherungsübereignen.

C Frau Ulrike Schramm erwirbt bei einem Galeristen ein Gemälde, das sich zurzeit noch in den Ausstellungsräumen des Galeristen befindet. Bei der Übereignung wird vereinbart, dass Frau Schramm sich das Gemälde zu einem späteren Zeitpunkt selbst dort abholt.

D Herr Noll bezahlt einen Supermarkteinkauf mit einer 100-Euro-Banknote, die er zuvor auf dem Parkplatz des Supermarkts an einem Pkw gefunden hatte.

Rechtspositionen (I):

1 Eigentümer und mittelbarer Besitzer
2 Eigentümer und unmittelbarer Besitzer
3 lediglich unmittelbarer Besitzer
4 weder Eigentümer noch Besitzer

Begründungen (II):

a) Die Eigentumsübertragung erfolgte durch Einigung und Vereinbarung eines Besitzkonstituts.
b) Die Eigentumsübertragung erfolgte durch Einigung und Abtretung des Herausgabeanspruchs.
c) Es konnte kein Eigentum übertragen werden, da die Sache abhanden gekommen war.
d) Die betreffende Person übt die tatsächliche Gewalt über die Sache aus, ohne Eigentümerin zu sein.
e) Es konnte Eigentum von einem Nichtberechtigten übertragen werden, da der Erwerber im guten Glauben handelte.

	A	B	C	D
I				
II				

Aufgabe 7

An der Bauunternehmung *Klaus Semmelhaak & Co. OHG* sind die Gesellschafter Herr Klaus Semmelhaak mit 300.000 EUR, Frau Hanna Paulsen mit 150.000,00 EUR und Rita Schmidt mit 50.000,00 EUR beteiligt. Die OHG hat eine Kontoverbindung bei der *Nordbank AG*. Ein Investitionskredit über 500.000,00 EUR wurde vor 3 Jahren bewilligt, aktueller Stand 320.000,00 EUR. Die *Klaus Semmelhaak & Co. OHG* kommt ihren Zahlungsverpflichtungen seit drei Monaten nur sehr unregelmäßig nach. Welche Möglichkeiten hat die *Nordbank AG*, ihre fällige Forderung von 320.000,00 EUR einzutreiben?

A Die *Nordbank AG* muss zuerst die *Klaus Semmelhaak & Co. OHG* auf Zahlung des Rechnungsbetrages verklagen.

B Die *Nordbank AG* kann die Gesellschafterin Frau Paulsen höchstens auf Zahlung von 150.000,00 EUR verklagen, da deren Einlage so hoch ist. Wegen des Restbetrages muss ein weiterer Gesellschafter verklagt werden.

C Die *Nordbank AG* kann nur den Gesellschafter Klaus Semmelhaak wegen Begleichung der Rechnung verklagen, da dessen Name in der Firma genannt ist.

D Die *Nordbank AG* kann die Gesellschafterin Frau Schmidt, die über ein beträchtliches Privatvermögen verfügt, verklagen und von dieser die Begleichung des gesamten Rechnungsbetrages fordern.

E Die *Nordbank AG* kann neben der *Klaus Semmelhaak & Co. OHG* auch jeden einzelnen Gesellschafter auf Zahlung des Rechnungsbetrages verklagen.

F Die *Nordbank AG* kann nur Herrn Semmelhaak auf Zahlung des Restdarlehens verklagen, da dieser allein den Kreditvertrag mit der *Nordbank AG* abgeschlossen hatte.

Situation zu den Aufgaben 8 und 9

Das gesamte Angebot und die gesamte Nachfrage für Kali an der Börse für Düngemittel stellen sich wie folgt dar:

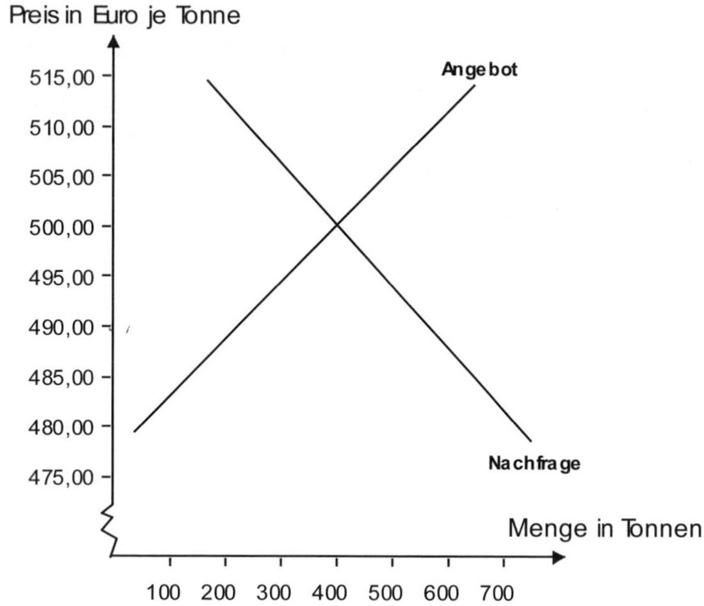

Aufgabe 8

Die *Kali und Salz AG* ist bereit, 5.000 Tonnen Kali zu 490,00 EUR je Tonne zu verkaufen. Welche der folgenden Aussagen zur Ausführung des Verkaufsauftrags ist zutreffend?

Der Verkaufsauftrag der *Kali und Salz AG* wird ...

A nicht ausgeführt, da alle über dem Gleichgewichtspreis limitierten Verkaufsaufträge unberücksichtigt bleiben.

B nicht ausgeführt, da alle unter dem Gleichgewichtspreis limitierten Verkaufsaufträge unberücksichtigt bleiben.

C teilweise ausgeführt, weil ihr Verkaufsauftrag zum Gleichgewichtspreis limitiert ist.

D vollständig ausgeführt, da alle unter dem Gleichgewichtspreis limitierten Verkaufsaufträge berücksichtigt werden.

E vollständig ausgeführt, da alle über dem Gleichgewichtspreis limitierten Verkaufsaufträge berücksichtigt werden.

Aufgabe 9

Für die Marktteilnehmer auf dem Markt für Düngemittel ergibt sich unter bestimmten Bedingungen eine Produzentenrente. Berechnen Sie bei der vorliegenden Marktsituation für den Verkaufsauftrag aus Aufgabe 8 die Produzentenrente für die *Kali und Salz AG*.

☐☐☐☐☐ , ☐☐ EUR

Aufgabe 10

Die *Nordbank AG* hat Herr Uwe Brüning im Februar als Kundenberater neu eingestellt. Vor Arbeitsbeginn besorgt sich Herr Brüning einen Lohnsteuernachweis vom zuständigen Finanzamt, den er der Personalabteilung der *Nordbank AG* rechtzeitig vor Arbeitsbeginn übergibt. Welche Angaben zum Lohnsteuernachweis treffen zu?

A Der Lohnsteuernachweis enthält den persönlichen Steuersatz von Herrn Brüning.
B Die *Nordbank AG* kann auf dem Lohnsteuernachweis Freibeträge eintragen.
C Den Lohnsteuernachweis kann Herr Brüning bei seinem Einwohnermeldeamt beantragen.
D Im Lohnsteuernachweis bescheinigt die *Nordbank AG* das Jahresbruttoeinkommen von Herrn Brüning.
E Im Lohnsteuernachweis bescheinigt die *Nordbank AG* die Arbeitnehmersparzulage von Herrn Brüning.
F Im Laufe des Kalenderjahres kann Herr Brüning seine Lohnsteuerklasse ändern lassen.

☐ ☐

Aufgabe 11

Welche der unten stehenden Aussagen kann die Personalabteilung der *Nordbank AG* einwandfrei aus dem Lohnsteuernachweis von Herrn Brüning herleiten?

A Herr Brüning ist verheiratet.
B Herr Brüning gehört keiner Religionsgemeinschaft an.
C Herr Brüning hat keine Sonderausgaben.
D Die Eintragung des Kinderfreibetrages gilt für das gesamte Steuerjahr.
E Herr Brüning hat ein minderjähriges Kind.
F Herr Brüning geht keiner Nebentätigkeit nach.

☐ ☐

Wichtige Angaben im Lohnsteuernachweis:

Steuerklasse/Faktor	vom - bis
Vier	01.01. – 31.12.
Zahl der Kinderfreibeträge	vom - bis
0,5	01.01. – 31.12.
Kirchensteuermerkmale	vom - bis
----	01.01. – 31.12.
Steuerfreier Jahresbetrag	vom - bis
3.700,00 EUR	01.01. – 31.12.
Jahreshinzurechnungsbetrag	vom - bis

Aufgabe 12

Welche der folgenden Aussagen zu dem elastischen Bereich einer normal verlaufenden Nachfragekurve ist richtig?

A Eine Preissenkung hat eine überproportionale Nachfrageerhöhung zur Folge.
B Eine Preissenkung hat keine Nachfrageerhöhung zur Folge.
C Ein Preisanstieg hat eine geringfügige Nachfrageerhöhung zur Folge.
D Ein Preisanstieg hat keinen Nachfragerückgang zur Folge.
E Eine Preiserhöhung hat keine Nachfrageerhöhung zur Folge.

☐

Situation zu den Aufgaben 13 bis 17

Beziehungen zwischen den Sektoren		
von den privaten Haushalten	zum Staat	**120**
vom Staat	zu den privaten Haushalten	**60**
vom Staat	zu den Unternehmen	**140**
von den Unternehmen	zum Staat	
von den privaten Haushalten	zu den Unternehmen	
von den Unternehmen	zu den privaten Haushalten	**700**
von den Banken	zu den Unternehmen	**120**
von den privaten Haushalten	zu den Banken	

Aufgabe 13

Ermitteln Sie aus den Zahlenwerten (Mrd. EUR) des Schemas eines geschlossenen Wirtschaftskreislaufs das verfügbare Einkommen der privaten Haushalte.

Mrd. EUR

Aufgabe 14

Ermitteln Sie aus den Zahlenwerten (Mrd. EUR) eines geschlossenen Wirtschaftskreislaufs den Sparbeitrag der privaten Haushalte.

Mrd. EUR

Aufgabe 15

Ermitteln Sie aus den Zahlenwerten (Mrd. EUR) eines geschlossenen Wirtschaftskreislaufs die Konsumausgaben der privaten Haushalte.

Mrd. EUR

Aufgabe 16

Ermitteln Sie aus den Zahlenwerten (Mrd. EUR) eines geschlossenen Wirtschaftskreislaufs das Volumen des Staatshaushalts.

Mrd. EUR

Aufgabe 17

Ermitteln Sie aus den Zahlenwerten (Mrd. EUR) eines geschlossenen Wirtschaftskreislaufs die Steuerlast der Unternehmen.

Mrd. EUR

Aufgabe 18

Angenommen, eine Rezession in Deutschland soll mit einem Konjunkturprogramm bekämpft werden. Bringen Sie die erwartete Kettenreaktion in die richtige Reihenfolge.

Phasen:

A Öffentliche Aufträge zum Bau von Straßen und Autobahnen sowie öffentlichen Gebäuden werden an regionale Bauunternehmen vergeben.

B Die Einkommen der Beschäftigten in der Investitionsgüterindustrie und im Baugewerbe steigen.

C Bestehende Kapazitäten in der Bauwirtschaft werden stärker ausgelastet.

D Die Bundesregierung beschließt, dass die Gemeinden und Landkreise Zuschüsse aus dem Bundeshaushalt für den Ausbau der Infrastruktur erhalten.

E Auf Grund weitgehender Kapazitätsauslastungen werden zusätzliche Baumaschinen bei Unternehmen der Investitionsgüterindustrie bestellt.

F Steigende Konsumausgaben tragen zusätzlich zum Wachstum des Bruttoinlandsprodukts bei.

1	2	3	4	5	6

Situation zu den Aufgaben 19 bis 21

Einkommen der privaten Haushalte – Angaben in Mrd. EUR

Bruttolöhne/-gehälter	1.565,3
Nettolöhne/-gehälter	1.030,3
Öffentliche Einkommensübertragungen	551,7
Verfügbares Einkommen	2.382,7
Private Ersparnis	287,6

Aufgabe 19

Wie viel Prozent beträgt die Abgabenquote (auf eine Stelle nach dem Komma runden)?

☐☐,☐ %

Aufgabe 20

Wie viel Prozent beträgt die Sparquote (auf eine Stelle nach dem Komma runden)?

☐☐,☐ %

Aufgabe 21

Warum ist das verfügbare Einkommen höher als die Summe aus Nettolöhnen/-gehältern und öffentlichen Einkommensübertragungen?

A Das verfügbare Einkommen basiert auf Bruttoangaben.
B Die Ermittlung des verfügbaren Einkommens erfolgt nur über die Entstehungsrechnung, nicht über die Verwendungsrechnung.
C Das verfügbare Einkommen ist höher, da das Preisniveau für die private Lebenshaltung gestiegen ist.
D Das verfügbare Einkommen enthält neben den angegebenen Einkommensarten auch die Vermögenseinkommen und die Privatentnahme Selbstständiger.
E Das verfügbare Einkommen ist gestiegen, da auf Grund von Maßnahmen der Europäischen Zentralbank das Zinsniveau gesunken ist.

☐

Aufgabe 22

Im Zusammenhang mit Beschäftigung und Arbeitslosigkeit in Deutschland werden folgende Problembereiche genannt:

Problembereiche:

1 Saisonale Arbeitslosigkeit
2 Strukturelle Arbeitslosigkeit
3 Schwarzarbeit bzw. Schattenwirtschaft
4 Diese Aussage kann den Problembereichen nicht zugeordnet werden.

Ordnen Sie diese Problembereiche den folgenden Aussagen zu.

Aussagen:

A Die Zahl der im Deutschland eingesetzten Arbeitskräfte ohne gültige Arbeitserlaubnis ist in den letzten Jahren kontinuierlich gestiegen.
B Die Reduzierung des Filialnetzes der Kreditinstitute sowie die steigende Tendenz zu Zusammenschlüssen in dieser Branche tragen zur Erhöhung der Arbeitslosigkeit bei.
C Arbeitslose erwerbsfähige Personen schlagen im Rahmen der Zumutbarkeitsverordnung finanziell nicht lukrative Beschäftigungsangebote aus und nehmen stattdessen an Qualifizierungsmaßnahmen der Arbeitsagentur teil.
D Im Januar 2013 ist die Zahl der Arbeitslosen im Bauhauptgewerbe aufgrund des starken Dauerfrostes in Deutschland im Vergleich zum Vorjahr um 30.000 Personen gestiegen.

A	B	C	D

Aufgabe 23

Ordnen Sie den folgenden Aussagen die Indikatoren für die unterschiedlichen konjunkturellen Situationen zu!

Indikatoren:

1 Frühindikatoren
2 Präsenzindikatoren
3 Spätindikatoren

Aussagen:

A Arbeitslosenquote
B Gewinnerwartungen
C Zahl der offenen Stellen
D Auftragseingänge
E Kapazitätsauslastung
F Anzahl der Insolvenzen

A	B	C	D	E	F

Aufgabe 24

Welches der folgenden Instrumente ist ein fiskalpolitisches Instrument der öffentlichen Hand zur Unterstützung des wirtschaftlichen Aufschwungs?

A Betreiben einer aktiven Arbeitsmarktpolitik durch eine Einstellungsoffensive im öffentlichen Dienst
B Senkung oder Verschiebung öffentlicher Aufträge
C Erhöhung der Einkommen- und Umsatzsteuer um 2 Prozentpunkte
D Senkung von Transferleistungen des Staates, z. B. Subventionen oder Sozialausgaben
E Senkung der Körperschaftsteuer um 5 Prozentpunkte

Aufgabe 25

Die Offenmarktpolitik des ESZB besteht aus verschiedenen Maßnahmen, um der Wirtschaft Geld zuzuführen oder zu entziehen. Welche der folgenden Aussagen sind in diesem Zusammenhang richtig?

A Die Schnelltender sind geeignet, im Rahmen der Feinsteuerung die Liquiditätssituation der Kreditinstitute bedarfsgerecht zu beeinflussen.
B Beim holländischen Mengentender legt die Zentralbank im Ausschreibungsverfahren den Zinssatz fest. Das gesamte Zuteilungsvolumen ergibt sich regelmäßig durch die von den Kreditinstituten abgegebenen Gebote.
C Beim amerikanischen Zinstenderverfahren richtet sich die Zuteilung für das einzelne Kreditinstitut auch nach dem von dem Kreditinstitut jeweils gebotenen Zinssatz.
D Bei den Standardtendern handelt es sich um Kredite gegen Verpfändung von bonitätsmäßig einwandfreien Pfandbriefen, die durch erstrangige Grundschulden abgesichert sind.
E Gebote der Kreditinstitute unter dem Einheitssatz im Zinstender nach der amerikanischen Zuteilungsmethode kommen nur teilweise zum Zug.
F Übersteigen bei einem angekündigten Mengentender die Einzelgebote der Kreditinstitute das vorgegebene Kreditvolumen, so ist die Bundesbank verpflichtet, den Mengentender neu auszuschreiben.

Aufgabe 26

Die Europäische Zentralbank führt ein Offenmarktgeschäft durch. Die Zuteilung erfolgt als Zinstender (amerikanisches Verfahren).

Mindestbietungssatz:	1 %
Umfang des Tenders:	490 Mio. EUR

Gebote von 6 Kreditinstituten:

Kreditinstitute	Mengen (Mio. EUR)	Zinssätze (%)
A	140	1,011
B	275	1,015
C	105	1,014
D	150	1,012
E	100	1,013
F	80	1,009

Ermitteln Sie jeweils in Mio. EUR die Zuteilung für die Kreditinstitute A bis F und tragen Sie hinter den Betrag den jeweiligen Zinssatz ein.

Kreditinstitut	A	B	C	D	E	F
Zuteilungsvolumen						
Zinssatz						

Aufgabe 27

Welche der folgenden Teilbilanzen des Euro-Währungsgebiets sind den nachstehenden Transaktionen, die zusätzlich in der Kapitalbilanz erfasst werden, zuzuordnen?

Teilbilanzen:
1 Warenhandel
2 Dienstleistungen
3 Erwerbs- und Vermögenseinkommen
4 Laufende Übertragungen
5 Vermögensübertragungen
6 Restposten
7 Die Transaktion wird in keiner der Teilbilanzen des Euro-Währungsgebiets erfasst.

Transaktionen:

A *Air Berlin AG* überweist die Flughafengebühren für den Monat Mai 20.. für die Nutzung des Kopenhagener Flughafens.
B Die Bundesregierung zahlt jährlich an die Vereinten Nationen (UNO) 20 Mio. USD.
C Die *Adidas AG* importiert für 2,5 Millionen EUR Textilien aus Indonesien.
D Die *Deutsche Speditions AG* zahlt Frachtgebühren an die griechische Reederei *Danaos*.
E Der Geschäftsmann Torben König kauft in Sydney (Australien) Souvenirs für seine Kinder in Höhe von 200 Austral-Dollar.
F *Microsoft* (USA) überweist an die *Messegesellschaft Hannover* Cebit-Gebühren in Höhe von 42.000,00 EUR.

A	B	C	D	E	F

Aufgabe 28

Die Deutsche Bundesbank berechnet die Arbeitslosenquote nach folgender Berechnungsmethode: Die Arbeitslosenquote ist der prozentuale Anteil der Arbeitslosen an den zivilen Erwerbspersonen. Als zivile Erwerbspersonen gelten zivile Erwerbstätige und Arbeitslose.

Folgende Zahlen wurden Ihnen für das Saarland zur Verfügung gestellt:

Erwerbsfähige Bevölkerung	706 393 Personen
Zivile Erwerbspersonen	511 865 Personen
Zivile Erwerbstätige	464 250 Personen

Berechnen Sie nach der Berechnungsmethode der Deutschen Bundesbank die Höhe der Arbeitslosenquote für das Saarland in Prozent! (Ergebnis auf eine Stelle nach dem Komma runden) ☐ , ☐ %

Aufgabe 29

In der Leistungsbilanz erfolgt die wertmäßige Erfassung und Aufzeichnung verschiedener wirtschaftlicher Transaktionen zwischen In- und Ausländern. Welcher Vorgang wird in der Teilbilanz „Laufende Übertragungen" gebucht?

A Ein amerikanischer Exporteur gewährt wegen eines Importgeschäfts einem deutschen Importeur ein Zahlungsziel von 6 Monaten.

B Ein deutscher Anleger erhält aufgrund einer festverzinslichen USD-Währungsanleihe einen Zinsbetrag in USD, der ihm auf seinem Währungskonto bei der Nordbank AG gutgeschrieben wird.

C Deutsche Unternehmen kaufen japanische Aktien.

D Ein ausländischer Arbeitnehmer mit ständigem Wohnsitz in der Bundesrepublik überweist seiner Familie in Marrakesch monatlich einen Betrag von 1.000 EUR auf ein Konto bei einer marokkanischen Bank.

E Ein ausländischer Chemiekonzern überweist für die Herstellung von Medikamenten Lizenzgebühren an ein deutsches Pharmaunternehmen.

☐

Aufgabe 30

Welche der folgenden Aussagen über den Verbraucherpreisindex für Deutschland ist zutreffend?

A Der Verbraucherpreisindex misst die durchschnittliche Preisentwicklung aller Waren und Dienstleistungen, die von privaten und öffentlichen Haushalten nachgefragt werden.

B Im zugrunde liegenden Warenkorb befinden sich die Bruttopreise aller Sachgüter und Dienstleistungen, die auf dem Markt angeboten werden.

C Dieser Index zeigt, wie sich die Lebenshaltung aller privaten Haushalte verbilligt oder verteuert hat.

D Zur Berechnung des Indexes werden für die Sachgüter und Dienstleistungen des Warenkorbs die Anschaffungspreise ohne Umsatzsteuer erhoben.

E Der Verbraucherpreisindex wird jährlich dem veränderten Konsumverhalten der Verbraucher angepasst.

☐

PRÜFUNGSSATZ III

A Bankwirtschaft Fälle

Bearbeitungszeit: 90 Minuten, 100 Punkte

Lösungen ab Seite 294

Fall 1: Nationaler Zahlungsverkehr *(34 Punkte)*

Brigitte Schäfer unterhält bei der *Nordbank AG* seit längerer Zeit ein Girokonto, auf das sie ihr Gehalt von der *Jungheinrich AG* überweisen lässt. Frau Schäfer besitzt eine Girocard der *Nordbank AG* mit EC-Zeichen, die sie bei ihren Einkäufen oft nutzt. Am 15. April 20.. spricht der Kundenberater der *Nordbank AG*, Herr Jens Dieckmann mit Frau Schäfer über die folgenden Punkte:

Im Juni 20.. möchte Frau Schäfer eine sechswöchige Rundreise durch Australien starten. Zuvor möchte sie eine Woche in New York bei einer Freundin verbringen. Sie möchte 500,00 USD in bar mitnehmen. Frau Schäfer möchte sich über mögliche Reisezahlungsmittel informieren.

a) Mit welchem Betrag wird Frau Schäfer auf ihrem Konto belastet, wenn Sie als Grundlage für die Umrechnung die Kurse der *Nordbank AG* anwenden? Weitere Kosten fallen nicht an. Ermitteln Sie den Gegenwert in EUR. *(2 Punkte)*

Devisen und Sortenkurse für 1 EUR der *Nordbank AG* – aus Sicht der *Nordbank AG*				
Land	ISO-Code	Währung	Verkauf	Ankauf
Australien	AUD	Dollar	1,5061	1,6861
Dänemark	DKK	Kronen	7,0314	7,8814
Großbritannien	GBP	Pfund	0,6692	0,7142
Japan	JPY	Yen	132,35	141,35
Schweden	SEK	Kronen	8,8983	9,8483
Schweiz	CHF	Franken	1,5245	1,5895
USA	USD	Dollar	1,4959	1,5659

Devisenkurse		
Währung	Geld	Brief
EUR – AUD	1,5951	1,6111
EUR – DKK	7,4413	7,4813
EUR – GBP	0,6896	0,6936
EUR – JPY	136,7200	137,2000
EUR – SEK	9,3473	9,3953
EUR – CHF	1,5564	1,5604
EUR – USD	1,5364	1,5424

b) Frau Schäfer fragt Herrn Dieckmann, warum die Sortenkurse von den Devisenkursen abweichen. Erklären Sie zwei Gründe, warum die Sortenkurse von den Devisenkursen abweichen. *(2 Punkte)*

c) Frau Schäfer möchte von Herrn Dieckmann wissen, wie sie ihre Girocard in New York und Australien nutzen kann. *(2 Punkte)*

d) Herr Dieckmann empfiehlt Frau Schäfer zusätzlich den Erwerb einer Kreditkarte, der *Visacard*. Erläutern Sie Frau Schäfer drei Gründe, die für den zusätzlichen Erwerb der *Visacard* sprechen. *(3 Punkte)*

e) Herr Dieckmann empfiehlt Frau Schäfer, als Ergänzung zu den Sorten und der Kreditkarte sowie Girocard Reiseschecks mitzunehmen. Erklären Sie zwei Argumente, die für die zusätzliche Mitnahme von Reiseschecks sprechen. *(2 Punkte)*

f) Nennen Sie Frau Schäfer zwei Nachteile bei der Verwendung von Fremdwährungs-Reiseschecks gegenüber der Bezahlung mit der Kreditkarte! *(3 Punkte)*

g) Erklären Sie Frau Schäfer drei Voraussetzungen, unter denen sie Ersatz verlorener Fremdwährungs-Reiseschecks erhält! *(3 Punkte)*

h) Teilen Sie Frau Schäfer mit, wie lange Fremdwährungs-Reiseschecks gültig sind! *(1 Punkt)*

Nach dem Beratungsgespräch möchte Frau Schäfer bei ihrer Tankstelle eine Tankfüllung über 80,00 EUR im Verkaufsraum der Tankstelle bezahlen. Die Tankstelle nutzt das kartengestützte Zahlungssystem mit Girocard und Kreditkarte.

i1) Beschreiben Sie zwei Vorteile, die sich für die Tankstelle aus der Bezahlung mit Kartenzahlungen gegenüber dem elektronischen Lastschriftverfahren (ELV) ergeben. *(2 Punkte)*

i2) Beschreiben Sie, wie die Tankstelle den Rechnungsbetrag mittels Girocard und mittels Kreditkarte erhält. *(2 Punkte)*

j) Frau Schäfer überlegt, ihre Bankgeschäfte in Zukunft auch über das Internet abzuwickeln. Nennen Sie vier Voraussetzungen, damit Frau Schäfer Überweisungen über das Online-Banking abwickeln kann. *(4 Punkte)*

k) Erläutern Sie Frau Schäfer zwei Vorteile des Online-Banking gegenüber der konventionellen Kontoführung. *(2 Punkte)*

Herr Dieckmann erläutert Frau Schäfer die Sicherheit des Online-Banking am HBCI-Standard, den die *Nordbank AG* für ihre Kunden anbietet.

l) Erklären Sie Frau Schäfer das HBCI-Verfahren anhand von drei Aspekten. *(3 Punkte)*

m) Erklären Sie Frau Schäfer 2 Vorteile und einen Nachteil dieses Sicherungsverfahrens gegenüber dem herkömmlichen Online-Banking mit PIN und TAN. *(3 Punkte)*

Fall 2: Anlage auf einem Bausparvertrag *(34 Punkte)*

Rüdiger Schulte (34 Jahre alt) hat von seinen Eltern einen Bausparvertrag geerbt. Auf Anfrage teilt ihm die *Bauspar AG* am 30. September 2013 folgende Daten mit:

Bausparübersicht

Bausparsumme	60.000,00 EUR
Bausparguthaben einschließlich Zinsen	23.900,00 EUR
Sparzinssatz	2,0 % p. a.
Darlehenszinssatz	4,0 % p. a.
Mindestansparsumme	40 %
Mindestlaufzeit	18 Monate
Regelsparbeitrag	3 ‰ der Bausparsumme pro Monat
Leistung nach Valutierung	6 ‰ der Bausparsumme pro Monat
Zuteilung	30. Juni 2014
Vertragsabschluss	16. Mai 2007

Da Herr Schulte die Informationen aus der Übersicht nicht richtig versteht, wendet er sich an seinen Kundenberater, Herrn Klaus Heckmann bei der *Nordbank AG*.

a) Herr Schulte möchte zunächst von Herrn Heckmann Informationen über die Vorteile eines Bausparvertrags. Erklären Sie Herrn Schulte zwei Vorteile eines Bausparvertrages. *(3 Punkte)*

b) Was bedeutet die Inanspruchnahme der „Zuteilung" des Bausparvertrags für Herrn Schulte? *(2 Punkte)*

c) Welche zusätzlichen Voraussetzungen muss Herr Schulte erfüllen, um die Zuteilung zu bekommen? Nennen Sie vier Voraussetzungen. *(2 Punkte)*

d) Prüfen Sie unter Angabe des Rechenweges, ob Herr Schulte die Regelsparbeiträge weiter leisten muss, um bis zum 30. Juni 2014 die Mindestansparsumme erreicht zu haben. Begründen Sie Ihre Entscheidung. *(4 Punkte)*

Im Februar 2014 kommt Herr Schulte zu einem weiteren Beratungsgespräch in die *Nordbank AG*. Er teilt seinem Kundenberater Herrn Heckmann mit, dass er beabsichtigt eine Eigentumswohnung zu erwerben. Die Eigentumswohnung wurde ihm von der *Nordimmobilien GmbH* aktuell angeboten. Die gesamten Erwerbskosten sollen sich auf 180.000,00 EUR belaufen. Das Angebot der *Nordimmobilien GmbH* ist auf Ende Juni 2014 befristet.

Herrn Schulte stehen keine weiteren Eigenmittel zur Verfügung.

e) Nennen Sie Herrn Schulte drei Bedingungen, unter denen eine Vollfinanzierung unter Einbeziehung der vorhandenen Bausparsumme durch die *Nordbank AG* möglich sein könnte! *(3 Punkte)*

f) Für die geplante Finanzierung benötigt Herr Heckmann weitere Unterlagen über das zu finanzierende Objekt. Nennen Sie Herrn Schulte drei weitere einzureichende Objektunterlagen und begründen Sie deren Notwendigkeit! *(3 Punkte)*

Einen Teil der Eigentumsfinanzierung möchte Herr Schulte über seinen Bausparvertrag finanzieren.

g) Berechnen Sie die monatliche Belastung für Herrn Schulte nach erfolgter Zuteilung der Bausparsumme durch die *Bauspar AG*. *(1 Punkt)*

h) Wie kann die *Nordbank AG* Herrn Schulte bei der Finanzierung der Eigentumswohnung helfen? Herr Schulte bittet Herrn Heckmann, ihm einen Finanzierungsvorschlag zum Kauf der Eigentumswohnung zu unterbreiten. Machen Sie einen Finanzierungsvorschlag. *(4 Punkte)*

i) Erläutern Sie Herrn Schulte, wie die notwendigen Baudarlehen besichert werden können. *(2 Punkte)*

Herr Schulte legt Herrn Heckmann die Teilungserklärung zur Begründung von Wohneigentum für die Immobilie vor. Herr Schulte möchte von Herrn Heckmann Informationen über den in der Teilungserklärung enthaltenen Passus:

„Mit jedem Miteigentumsanteil am Grundstück ist das Sondereigentum an einer bestimmten Wohnung – das Wohnungseigentum – oder an nicht zu Wohnzwecken bestimmten Räumen – das so genannte Miteigentum – verbunden."

j) Erklären Sie Herrn Schulte die Begriffe „Sondereigentum" und „Miteigentumsanteil"! *(4 Punkte)*

Kurz danach einigen sich Herr Schulte und die *Nordimmobilien GmbH* über die Verkaufsmodalitäten der Eigentumswohnung. Der Verkauf wird vereinbarungsgemäß abgewickelt:

05.03.2014	Abschluss eines Vorvertrags zum Kauf der Eigentumswohnung
28.03.2014	Notarieller Abschluss eines Wohneigentums-Kaufvertrages
28.03.2014	Auflassung
09.04.2014	Eintragung einer Auflassungsvormerkung zugunsten von Herrn Schulte und erste Teilzahlung des Kaufpreises
11.06.2014	Übergabe der Schlüssel zur frisch renovierten Eigentumswohnung sowie Einzug
18.06.2014	Eintragung der Eigentumsübertragung im Grundbuch und zweite Teilzahlung des Kaufpreises
26.06.2014	Eintragungsbestätigung des Notars und Aushändigung des aktuellen Grundbuchsauszugs sowie Restzahlung des Kaufpreises

k) An welchem Tag hat Herr Schulte einen schuldrechtlichen und dinglichen Anspruch auf Erwerb und Eigentumsübertrag der Eigentumswohnung erworben? *(2 Punkte)*

l) Aus welchem Grund wurde für Herrn Schulte eine Auflassungsvormerkung eingetragen? *(2 Punkte)*

m) An welchem Tag hat Herr Schulte das Eigentum an der Wohnung erworben? *(1 Punkt)*

n) Wann geht die Haftung für die Eigentumswohnung auf Herrn Schulte über? *(1 Punkt)*

Fall 3: Firmenkredit *(32 Punkte)*

Sie sind Firmenkundenberater/in der *Nordbank AG*. Ihr Firmenkunde Dirk Lehmann hat um einen Gesprächstermin gebeten. Herr Lehmann ist Glasermeister und hat Mitte letzten Jahres ein örtliches, wirtschaftlich gesundes Glasereiunternehmen übernommen, die *Glaserei Meier GmbH*. Sein Unternehmen hat insbesondere durch zwei größere Aufträge am Ende des letzten Jahres einen Umsatzzuwachs von 25,00 % verzeichnen können. Durch die Materialbestellung für diese Aufträge ist ein größerer Betrag dem Kontokorrentkonto der *Glaserei Meier GmbH* bereits belastet worden.

Folgende Daten aus der Geschäftsverbindung liegen Ihnen vor:

Kundendaten *Glaserei Meier GmbH*

Kontokorrentkonto		
eingeräumte Kreditlinie (unbesichert)	60.000,00 EUR	
aktueller Kontostand	95.280,06 EUR	Soll

Auszug aus dem Konditionentableau der *Nordbank AG*

Zinssatz für Kontokorrentkredite	9,75 % p.a.
Zinssatz für geduldete Überziehungen	13,75 % p.a.

a) Erläutern Sie anhand von 2 Aspekten, warum es für die *Glaserei Meier GmbH* zweckmäßig ist, eine Erhöhung der Kontokorrentkreditlinie zu beantragen. *(4 Punkte)*

b) Sie teilen Herrn Lehmann mit, dass eine Erhöhung der Kreditlinie gegen die Stellung von Sicherheiten möglich ist. Erläutern Sie der *Glaserei Meier GmbH*, warum die *Nordbank AG* die Stellung von Sicherheiten verlangt! *(2 Punkte)*

c) Die *Nordbank AG* schlägt als Sicherheit eine Globalzession des Forderungsbestandes vor. Erläutern Sie Herrn Lehmann diese Sicherheit anhand von drei Aspekten! *(6 Punkte)*

d) Erklären Sie Herrn Lehmann anhand von zwei Aspekten, welche Bedeutung eine stille Zession für die Drittschuldner der *Glaserei Meier GmbH* hat, die die *Nordbank AG* verlangt. *(4 Punkte)*

e) Welche Vereinbarung muss die *Nordbank AG* mit der *Glaserei Meier GmbH* im Zessionsvertrag treffen, damit sie die Sicherheit gegebenenfalls verwerten kann? *(4 Punkte)*

f) Begründen Sie anhand von 2 Aspekten, warum sich die *Nordbank AG* vierteljährlich Debitorenlisten der *Glaserei Meier GmbH* einreichen lässt! *(4 Punkte)*

g) Begründen Sie, warum sich die *Nordbank AG* regelmäßig die Jahresabschlüsse der *Glaserei Meier GmbH* einreichen lässt! *(2 Punkte)*

Die *Glaserei Meier GmbH* kann kurzfristig noch einen weiteren Auftrag bekommen, allerdings nur, wenn die *Nordbank AG* dem Investor ein Gewährleistungsaval über 22.000,00 EUR stellt.

h) Erläutern Sie, welche Verpflichtung für die *Nordbank AG* durch die Stellung eines Gewährleistungsavals entsteht! *(2 Punkte)*

i) Erläutern Sie zwei Verpflichtungen, die für die *Glaserei Meier GmbH* mit der Stellung eines Gewährleistungsavals durch die *Nordbank AG* entstehen! *(4 Punkte)*

B Bankwirtschaft programmierte Aufgaben

Bearbeitungszeit: 60 Minuten

Lösungen ab Seite 299

Situation zu den Aufgaben 1 bis 6

Die 16-jährige Ilka Zabel möchte für sich ein Girokonto bei der *Nordbank AG* in Lüneburg eröffnen lassen, auf das ihre monatliche Ausbildungsvergütung überwiesen werden soll. Die Kundenberaterin ist Frau Dörr. Frau Zabel möchte bei der *Speditions GmbH* eine Berufsausbildung zur Speditionskauffrau absolvieren.

Aufgabe 1

Wie kann sich Frau Zabel bei der Kontoeröffnung legitimieren?

A Zur Legitimation reicht der Ausbildungsvertrag aus, da dieser auch von den Eltern von Frau Zabel unterschrieben wurde.

B Zur Legitimationsprüfung ist in Ausnahmefällen auch die Geburtsurkunde von Frau Zabel zulässig.

C Aufgrund der Abgabenordnung ist die Legitimation von Frau Zabel nur mit einem amtlich gültigen Personalausweis bzw. Reisepass zulässig.

D Da Frau Zabel noch minderjährig ist, muss die Legitimationsprüfung auf der Grundlage der Personalausweise der gesetzlichen Vertreter von Frau Zabel erfolgen.

E Bei Konten von Minderjährigen ist eine Legitimationsprüfung nicht erforderlich. Eine amtliche Urkunde muss daher von Frau Zabel nicht verlangt werden.

☐

Aufgabe 2

Welche Aussage zur Kontoeröffnung bzw. zu Verfügungsmöglichkeiten über dieses Konto trifft zu?

A Zur Eröffnung des Girokontos ist neben der Zustimmung der Eltern von Frau Zabel die Zustimmung des Vormundschaftsgerichts notwendig.

B Verfügungen von Frau Zabel sind nur mit Zustimmung ihrer Eltern als gesetzliche Vertreter zulässig.

C Das Girokonto muss auf den Namen der Eltern als gesetzliche Vertreter von Frau Zabel eröffnet werden.

D Die Überziehung des Kontos durch Frau Zabel ist nur mit Zustimmung ihrer Eltern und mit Genehmigung des Vormundschaftsgerichts möglich.

E Im Falle einer Heirat benötigt Frau Zabel für die Weiterführung des Kontos die Zustimmung ihres Ehepartners.

☐

Aufgabe 3

Das Konto für Frau Zabel wird eröffnet. Frau Zabel soll alleine über ihr Kontoguthaben verfügen können. Im Rahmen eines Beratungsgesprächs bietet Frau Dörr Frau Zabel den Abschluss eines Bausparvertrages über 10.000,00 EUR an, auf den die *Speditions GmbH* die monatlichen vermögenswirksamen Leistungen in Höhe von 40,00 EUR überweisen soll. Welche Aussage trifft zu?

A Da Frau Zabel alleine über ihr Kontoguthaben verfügen kann, kann sie die im Rahmen ihrer Ausbildungsvergütung getroffenen Verpflichtungen rechtswirksam eingehen.

B Da sich Frau Zabel mit dem Abschluss des Bausparvertrages zu Einzahlungen von monatlichen Bausparleistungen verpflichtet, muss der Bausparvertrag auch von den gesetzlichen Vertretern unterschrieben werden.

C Da der Bausparvertrag für Frau Zabel nur Vorteile bringt, z. B. jährliche Zinszahlungen sowie den Anspruch auf ein zinsgünstiges Bauspardarlehen, kann ein Bausparvertrag auch von beschränkt Geschäftsfähigen ohne Zustimmung der gesetzlichen Vertreter rechtswirksam abgeschlossen werden.

D Da die gesetzlichen Vertreter von Frau Zabel den Ausbildungsvertrag unterschrieben haben, kann Frau Zabel auch ohne Zustimmung ihrer Eltern die vermögenswirksamen Leistungen rechtswirksam auf einen Bausparvertrag anlegen.

E Frau Zabel kann den Bausparvertrag rechtswirksam unterschreiben, da die vermögenswirksamen Leistungen nicht von Frau Zabel sondern vom Ausbildungsbetrieb auf den Bausparvertrag überwiesen werden. ☐

Aufgabe 4

Frau Zabel möchte ihrem volljährigen Bruder Kontovollmacht über ihr Girokonto erteilen, um z. B. auch im Krankheitsfall über ihr Konto verfügen zu können. Welche Aussage trifft zu?

A Nur die gesetzlichen Vertreter können dem volljährigen Bruder Kontovollmacht über das Konto von Frau Zabel erteilen.

B Da der Bruder von Frau Zabel volljährig ist, kann Ilka Zabel ihm eine Kontovollmacht ohne weiteres erteilen.

C Bei Konten von Minderjährigen können keine Kontovollmachten erteilt werden.

D Eine Kontovollmacht, die Frau Zabel ihrem volljährigen Bruder erteilt, ist schwebend unwirksam.

E Bei Konten, die wie im Falle von Frau Zabel nur auf Guthabenbasis geführt werden, können aus Gründen der Transparenz keine Kontovollmachten erteilt werden. ☐

Aufgabe 5

Als Frau Zabel 18 Jahre alt geworden ist, beantragt sie eine Girocard, bei der die Zusatzfunktion „Elektronische Geldbörse" aktiviert werden soll. Welche der nachfolgenden Informationen über die Geldkarte sind zutreffend?

A Die bargeldlose Zahlung mit der Geldkarte erfolgt ebenso anonym wie eine Barzahlung, weil der Kunde lediglich seine Geheimzahl ins Händlerterminal eingeben muss.

B Die einzelnen Zahlungen mit seiner Geldkarte kann der Kunde im Kontoauszug nachprüfen und unberechtigten Belastungen widersprechen.

C Gegenüber dem Händler, der die Geldkarte akzeptiert, übernimmt das kartenausgebende Kreditinstitut eine Zahlungsgarantie.

D Die Geldkarte kann jederzeit am Ladeterminal mit einem Maximalbetrag von 200,00 EUR aufgeladen werden.

E Wird die Geldkarte mit einem Betrag in ausländischer Währung geladen, so entsteht zunächst ein sog. „Schattensaldo", der dann mit Belastung des Kundenkontos abgebaut wird.

F Bei Verlust der Geldkarte werden die noch enthaltenen Beträge dem Kunden vom Kartenemittenten nicht erstattet. ☐ ☐

Aufgabe 6

Die *Nordbank AG* führt für Frau Zabel auch ein Sparkonto mit einer Kündigungsfrist von drei Monaten. Frau Zabel hatte der *Nordbank AG* bisher keinen Freistellungsauftrag erteilt.
Das Konto weist am 31.12.2012 folgende Werte auf:

Kontoguthaben vor Zinskapitalisierung	2.200,00 EUR
Habenzinsen	28,30 EUR
Vorfälligkeitsentgelt	0,82 EUR

Ermitteln Sie für den Abschluss des Kontos zum 31.12.2012 die Kapitalertragsteuer (Abgeltungsteuer); Frau Zabel gehört keiner Religionsgemeinschaft an. ☐ , ☐☐ EUR

Aufgabe 7

Ermitteln Sie für den Abschluss des Kontos zum 31.12.2012 den Solidaritätszuschlag. [ ] , [ ][ ] EUR

Aufgabe 8

Ermitteln Sie für den Abschluss des Kontos zum 31.12.2012 den neuen Kontostand. [ ][ ][ ][ ] , [ ][ ] EUR

Aufgabe 9

Die *Rölle GmbH* unterhält bei der *Nordbank AG* in Buchholz in der Nordheide ein Kontokorrentkonto. Die *Rölle GmbH* ist Eigentümerin mehrerer Wohnungen in Buchholz. Die *Rölle GmbH* möchte mit ihren Mietern das SEPA-Basis-Lastschriftverfahren vereinbaren. Dazu lässt sich der alleinige Geschäftsführer Herr Fischer von der *Nordbank AG* beraten. Mit welcher der folgenden Aussagen beraten Sie Herrn Fischer richtig?

A „Ihre Mieter können nach der Erteilung des SEPA-Lastschriftmandats der Abbuchung nicht mehr widersprechen."

B „Beim SEPA-Basis-Lastschriftverfahren können Sie den Mietzahlungszeitpunkt selbst bestimmen."

C „Ist eine Frist von sechs Wochen nach Gutschrift auf Ihrem Geschäftskonto bei der *Nordbank AG* verstrichen, können Ihre Mieter der Lastschriftabbuchung nicht mehr widersprechen, auch wenn ein Widerspruch des Mieters berechtigt ist."

D „Ihre Mieter können den SEPA-Lastschriften bei erteiltem SEPA-Lastschriftmandat jederzeit innerhalb von 13 Monaten ab Belastungsbuchung widersprechen."

E „Bei nicht ausreichender Kontodeckung Ihrer Mieter ist zumindest eine Teileinlösung der SEPA-Basislastschrift möglich." [ ]

Situation zu den Aufgaben 10 bis 13

Britta und Jürgen Sellhorn, 28 und 33 Jahre alt, wollen sich bei der *Nordbank AG* über die Riester-Rente informieren. Beide Ehepartner sind Angestellte und haben zwei Söhne im Alter von fünf und sechs Jahren. Tochter Susann wurde im September 2009 geboren. Das sozialversicherungspflichtige Einkommen von Herrn Sellhorn lag im Jahr 2012 bei 32.000,00 EUR, das von Frau Sellhorn bei 20.000,00 EUR. Beide Ehepartner planen jeweils einen „Riester-fähigen" Vertrag abzuschließen und den jeweiligen Mindesteigenbeitrag zum Erhalt der vollen staatlichen Zulage einzuzahlen. Die Kinderzulagen werden Frau Sellhorn zugeordnet.

Aufgabe 10

Ermitteln Sie mithilfe der nachstehenden Tabelle die Summe aller Zulagen, die die Eheleute Sellhorn für das Jahr 2013 erhalten. [ ][ ][ ] EUR

Aufgabe 11

Ermitteln Sie mithilfe der nachstehenden Tabelle die Mindesteigenbeiträge, die beide Ehepartner Sellhorn im Jahr 2013 einzahlen müssen.

[ ][ ][ ][ ] , [ ][ ] EUR

[ ][ ][ ][ ] , [ ][ ] EUR

	Altersvorsorgezulage	Einmalzulage (Sparer ist bei Vertragsabschluss jünger als 25 Jahre)	Sockelbetrag	Mindesteigenbeitrag für volle Zulage
Grundzulage	154,00 EUR	200,00 EUR	60,00 EUR einheitlich	4 % des sozialversicherungspflichtigen Einkommens, maximal 2.100,00 EUR, abzüglich der Summe der Zulagen
Kinderzulage (geboren bis 31.12.2007)	185,00 EUR			
Kinderzulage(geboren ab 01.01.2008)	300,00 EUR			

Aufgabe 12

Mit welcher der folgenden Aussagen zu den Vertragsbedingungen beraten Sie die Eheleute Sellhorn richtig?

A „Die staatliche Riester-Forderung steht jedem Arbeitnehmer in gleicher Höhe unabhängig von seinem Einkommen zu."

B „Der Beginn der Rentenzahlung ist bei allen Riester-Verträgen frühestens das 63. Lebensjahr bzw. der Beginn der gesetzlichen Altersrente."

C „Sie haben die Möglichkeit, zu Beginn der Auszahlphase bis zu 30 % des angesparten Altersvorsorgevermögens als Einmalzahlung zu entnehmen."

D „Die gezahlten Altersvorsorgezulagen in Ihrem bestehenden Riester-Vertrag können im Todesfall vor Renteneintritt weder vererbt noch auf einen anderen Riester-Vertrag übertragen werden."

E „Die Höhe Ihrer zukünftigen Riester-Rente richtet sich auch nach der Laufzeit, die Sie zu Beginn der Auszahlphase mit uns vereinbaren."

☐

Aufgabe 13

Frau Sellhorn möchte sich über die Folgen einer vorzeitigen Auflösung des Vertrags während der Ansparphase informieren. Welche Aussage trifft zu?

A Während der Ansparphase kann ein staatlich geförderter Altersvorsorgevertrag nicht aufgelöst werden.

B Eine vorzeitige Auflösung eines Altersvorsorgevertrags während der Ansparphase ist nur in geregelten Ausnahmefällen möglich, z. B. wenn der Begünstigte völlig erwerbsunfähig werden sollte.

C Eine vorzeitige Auflösung des Altersvorsorgevertrags ist nur unter Einhaltung einer vorher vereinbarten Kündigungsfrist möglich.

D Eine vorzeitige Kündigung des Altersvorsorgevertrags ist nur unter Verlust bereits gewährter Zulagen und Steuerersparnisse möglich.

E Eine vorzeitige Verfügung über einen Altersvorsorgevertrag ist zwar nicht möglich, es können aber jederzeit im Falle von finanziellen Engpässen bis zu 10.000,00 EUR dem Vertrag entnommen werden, die bis zum Renteneintrittsalter aber wieder eingezahlt werden müssen.

☐

Aufgabe 14

Herr Rudolf Grams ist Kundenberater der *Nordbank AG*. Am Nachmittag des 17. März 20.. teilt eine Herrn Grams unbekannte Person mit, dass der langjährige Privatkunde der *Nordbank AG* Andreas Schwarz (56 Jahre alt) am Wochenende tödlich verunglückt sei. Die Person weist sich als Michael Schwarz aus, den 46-jährigen Bruder von Andreas Schwarz. Herr Schwarz bittet um die Auszahlung von 5.000,00 EUR, um finanzielle Angelegenheiten für seinen verstorbenen Bruder zu regeln. Die Terminalabfrage liefert Herrn Grams bezüglich des Kontoguthabens auf dem Girokonto und der Verfügungsberechtigungen über die Konten von Andreas Schwarz folgende Informationen:

- Kontovollmachten: Inge Rasmussen (Lebensgefährtin) „Verfügungen über den Tod hinaus". Die Kontovollmacht betrifft alle Konten und ein Schließfach Nr. 897390007
- Kontoguthaben: Girokonto-Nr. 897390 12.349,76 EUR

Welche Aussagen über die Verfügungsberechtigung über das Girokonto treffen in diesem Fall zu?

A Wenn sich Herr Schwarz als Bruder des Verstorbenen legitimiert, kann der geforderte Betrag ausgezahlt werden.

B Nur die Lebensgefährtin Frau Rasmussen kann in diesem Fall auf Grund ihrer Kontvollmacht über das Kontoguthaben des verstorbenen Herrn Schwarz ohne Erbschein verfügen.

C Michael Schwarz kann die Auszahlung des geforderten Betrages von Herrn Grams verlangen, wenn er sich mit einem Erbschein und seinem gültigen Personalausweis als Alleinerbe ausweist.

D Eine Auszahlung zu Lasten eines Nachlasskontos ist grundsätzlich nur bei Vorlage eines Erbscheins und der persönlichen Legitimation eines Erben möglich.

E Da das Kontoguthaben ausreicht, kann Herr Grams Michael Schwarz den geforderten Betrag auszahlen, wenn er Herrn Grams eine Freihalteerklärung unterschreibt.

F Sobald ein Konto als Nachlasskonto geführt wird, erlöschen sämtliche Kontovollmachten.

☐ ☐

Situation zu den Aufgaben 15 und 16

Das Bankgeheimnis ist gesetzlich nicht geregelt. Die Kreditinstitute haben sich nach ihren Allgemeinen Geschäftsbedingungen verpflichtet, personenbezogene Daten des Kunden vertraulich zu behandeln und nicht an Dritte weiterzugeben.

Aufgabe 15

Welche der nachstehenden Informationen können nur mit Zustimmung des Kontoinhabers von der *Nordbank AG* weitergegeben werden?

A Meldung eines Antrags auf Eröffnung eines Girokontos an die örtliche *Schufa GmbH*

B Meldung der Kontostände eines verstorbenen Kontoinhabers an die zuständige Erbschaftsteuerstelle

C Auskunft über den Kontostand ihres 17-jährigen Sohnes an die Eltern

D Meldung eines erteilten Freistellungsauftrages mit vollständigem Namen und Adresse eines Privatkunden an das Bundeszentralamt für Steuern

E Auskunft über die Kontostände des unterhaltspflichtigen Jürgen Menge an das Amtsgericht im Zuge eines Scheidungsverfahrens

F Weitergabe der Daten eines Überweisungsauftrages über 35.000,00 EUR an die zuständige Staatsanwaltschaft aufgrund des Verdachts der Geldwäsche

☐ ☐

Aufgabe 16

Welche der folgenden Aussagen über die Erteilung von Bankauskünften über Firmenkonten ist richtig?

A Die *Nordbank AG* benötigt bei Firmenkonten keine weitere Einwilligung zur Erteilung von Bankauskünften.

B Die *Nordbank AG* verlangt bei Firmenkonten eine schriftliche Einwilligung eines Zeichnungsberechtigten der Unternehmung, um generell Bankauskünfte erteilen zu dürfen.

C Wegen des Bankgeheimnisses darf die *Nordbank AG* bei Firmenkonten keinerlei Auskünfte an Dritte erteilen.

D Jede einzelne Auskunftserteilung durch die *Nordbank AG* bedarf einer schriftlichen Einwilligung durch eine vertretungsberechtigte Person der Unternehmung.

E Die Geschäftsführung bzw. der Geschäftsinhaber der Unternehmung kann die Erteilung von Bankauskünften nicht verhindern.

☐

Situation zu den Aufgaben 17 und 18

Daniel Schwertfeger hat bei der *Nordbank AG* ein Darlehen zur Finanzierung eines Einfamilienhauses beantragt, das durch eine Grundschuld gesichert werden soll. Im Grundbuch sind folgende verkürzt dargestellte Eintragungen verzeichnet:

Grundbuchauszug für das Grundstück Blatt 1280

II. Abteilung	
Lasten und Beschränkungen	
1.	Der jeweilige Eigentümer des im Grundbuch von Friedrichsgabe, Blatt 1279 verzeichneten Grundstücks hat das Geh- und Fahrrecht am Grundstück Blatt 1280. Unter Bezugnahme auf die Bewilligung vom 23. März 1995 eingetragen am 10. Mai 1995
2.	Die *Mobilcom AG* hat das Recht, eine Mobilfunkantenne auf dem Grundstück zu unterhalten. Unter Bezugnahme auf die Bewilligung vom 12. August 1998 eingetragen am 20. September 1998
3.	Lebenslanges unentgeltliches Wohnrecht für Bernd Harms, geb. 12. August 1948. Zur Löschung des Rechts genügt der Nachweis des Todes. Unter Bezugnahme auf die Bewilligung vom 6. Februar 1999 eingetragen am 15. April 1999
4.	Bernd Harms, geb. 12. August 1948, hat das Recht auf eine lebenslängliche monatliche Geldzahlung von 1.200,00 EUR. Zur Löschung des Rechts genügt der Nachweis des Todes. Vorbehalten bleibt der Vorrang für ein noch einzutragendes Grundpfandrecht von einhundertsechzigtausend Euro nebst 15 % p. a. Zinsen. Unter Bezugnahme auf die Bewilligung vom 18. Juni 2001 eingetragen am 5. August 2001.
5.	Vormerkung zur Sicherung des Rechts auf Eigentumsübertragung zu Gunsten von Daniel Schwertfeger, geb. 27. Oktober 1962. Unter Bezugnahme auf die Bewilligung vom 20. März 2008 eingetragen am 08. April 2008.
III. Abteilung	
Grundpfandrechte	
6.	Fünfundsiebzigtausend Euro Grundschuld mit 15 % p. a. Zinsen für die *Kreditbank AG*. Nach § 800 ZPO ist der jeweilige Eigentümer der sofortigen Zwangsvollstreckung unterworfen. Gemäß Bewilligung vom 17. September 2001 unter Ausnutzung des Rangvorbehalts mit dem Rang vor den Rechten Abteilung II Nr. 3 und Nr. 4 eingetragen am 30. Oktober 2001.

Aufgabe 17

Welche der o. a. Grundbucheintragungen in Abteilung II ist eine

A Auflassungsvormerkung?
B Grunddienstbarkeit?
C Reallast?

A	B	C

Aufgabe 18

Sie sollen die Rangfolge aller im Grundbuch eingetragenen Belastungen ermitteln. Bringen Sie die o.a. Belastungen Nr. 1 bis 6 in die richtige Rangfolge.

1. Rang	2. Rang	3. Rang	4. Rang	5. Rang	6. Rang

Situation zu den Aufgaben 19 und 20

Ihr Kunde Carsten Lücke hat an der EUREX einen Kontrakt Put-Optionen auf *Energie AG*-Aktien erworben:

Termin	Basispreis	Optionspreis
12/20..	65,00 EUR	6,00 EUR

Aufgabe 19

Welche Erwartungshaltung bezüglich der Kursentwicklung der *Energie AG*-Aktien hat Herr Lücke?

Herr Lücke erwartet ...

A konstante Kurse.
B konstante oder minimal steigende Kurse.
C fallende Kurse.
D steigende Kurse.
E konstante oder leicht fallende Kurse.

Aufgabe 20

Zwei Börsentage vor dem Verfallsdatum der Optionen notiert die *Energie AG*-Aktie bei 70,00 EUR. Welche der folgenden Handlungen empfehlen Sie Herr Lücke? Entgelte bleiben unberücksichtigt.

A „Sie sollten die Optionen verfallen lassen."
B „Sie sollten die Optionen ausüben und die Aktien gleichzeitig an der Börse verkaufen, um das Optionsgeschäft mit 5,00 EUR Gewinn je Aktie zu beenden."
C „Sie sollten die Optionen ausüben und die Aktien gleichzeitig an der Börse verkaufen, um Ihren Verlust auf 1,00 EUR pro Aktie zu minimieren."
D „Da die Gewinnschwelle noch nicht erreicht ist, sollten Sie die Optionen verfallen lassen und weitere Optionen kaufen."
E „Da es sich um ein unbedingtes Termingeschäft handelt, müssen Sie die Optionen in jedem Fall ausüben."

Situation zu den Aufgaben 21 und 22

Zur Sicherung eines Ratenkredits bietet der Kunde Rüdiger Paulsen (34 Jahre alt) der *Nordbank AG* die Verpfändung von Wertpapieren an, die sich im offenen Depot des Kunden bei der *Nordbank AG* befinden.

Aufgabe 21

Welche der folgenden Aussagen ist in diesem Zusammenhang richtig?

A Nach Rückführung des Ratenkredits durch Herrn Paulsen muss keine besondere Vereinbarung über das Erlöschen des Pfandrechts getroffen werden.
B Die *Nordbank AG* wird Eigentümerin der Wertpapiere.
C Zwischen der *Nordbank AG* und Herrn Paulsen wird ein Besitzkonstitut vereinbart.
D Die *Nordbank* erwirbt das Pfandrecht bereits mit der Einigung über die Bestellung des Pfandrechts.
E Bei starken Kursverlusten ist die *Nordbank AG* sofort berechtigt, die Wertpapiere „bestens" über die Börse zu verkaufen.

Aufgabe 22

Unter welcher Voraussetzung darf die *Nordbank AG* ihr Pfandrecht an dem Depot verwerten?

A Die Pfandverwertung muss angedroht und eine Wartefrist von acht Wochen seit der letzten Ratenfälligkeit verstrichen sein.
B Gemäß BGB ist eine Verwertung des Ratenkredits bei Fälligkeit des Darlehens ohne weitere Voraussetzungen möglich.

C Nach der Fälligkeit des Ratenkredits muss nach BGB eine Verwertung angedroht worden und eine Nachfrist abgelaufen sein.
D Gemäß BGB ist eine Befriedigung aus dem Pfand nur möglich, wenn zuvor alle anderen Sicherungsmöglichkeiten ausgeschöpft wurden.
E Das verpfändete Depot muss vor der Verwertung durch den Gerichtsvollzieher freigegeben worden sein.

☐

Situation zu den Aufgaben 23 bis 29

Die *Draegerwerke Aktiengesellschaft* ist ein mittelständisches Unternehmen mit 1500 Beschäftigten in Deutschland. Die AG beliefert inländische und ausländische Krankenhäuser mit hochwertigen medizinischen Geräten. Herr Frank Michaelis ist Vorstandsmitglied der *Draegerwerke AG* und für das Finanzwesen der AG zuständig. Herr Michaelis plant den Erwerb einer neuen Fertigungsanlage im Wert von 950.000,00 EUR. Der Kaufpreis muss in voller Höhe finanziert werden. Bisher ist die AG noch nicht Kunde der *Nordbank AG.* Als Herr Michaelis den Termin für das Beratungsgespräch vereinbart, bitten Sie als Kundenberater/in der *Nordbank AG* ihn, die Jahresabschlüsse der letzten drei Jahre mitzubringen.

Aufgabe 23

Zunächst soll das neue Firmenkonto eröffnet werden. Welche der nachfolgenden Arbeiten zur Firmenkontoeröffnung ist richtig?

A Sie bereiten den Kontoeröffnungsantrag vor, den Herr Michaelis als Vorstandsmitglied unterschreiben muss.
B Sie bereiten den Kontoeröffnungsantrag vor, der von allen Vorstandsmitgliedern unterzeichnet werden muss.
C Sie lehnen die Kontoeröffnung ab, da nach § 154 der AO Konten nur auf den eigenen Namen des Vorstandsmitglieds Michaelis eröffnet werden dürfen.
D Sie bitten Herrn Michaelis vor Unterzeichnung des Kontovertrages um die Vorlage eines aktuellen, beglaubigten Handelsregisterauszugs Abteilung B der *Draegerwerke AG* und seines Personalausweises zur Legitimation.
E Sie bitten Herrn Michaelis um die Satzung der AG und um eine schriftliche Bestätigung seines Arbeitsvertrages mit der *Draegerwerke AG.*

☐

Aufgabe 24

Im Rahmen der Kreditvergabe prüft die *Nordbank AG* die Kreditwürdigkeit der *Draegerwerke AG*. Welche der unten stehenden Aussagen sind in diesem Zusammenhang richtig?

A Zur Beurteilung der Kreditwürdigkeit ist die Höhe des Grundkapitals der *Draegerwerke AG* von entscheidender Bedeutung, da die AG mit ihrem Grundkapital haftet.
B Die *Nordbank AG* ist gesetzlich dazu verpflichtet, sich Einblick in die wirtschaftlichen Verhältnisse der AG zu verschaffen.
C Die aus den drei letzten Jahresabschlüssen ermittelten Kennziffern sind für die Beurteilung der Kreditwürdigkeit von entscheidender Bedeutung, da sie Auskunft über die zukünftige Unternehmensentwicklung geben.
D Die Satzung der AG wird eingesehen, um sich Klarheit über die Haftungsverhältnisse zu verschaffen.
E Da die AG als juristische Person den Kredit beantragt, ist das Vermögen und die Berufserfahrung der Vorstandsmitglieder bei der Beurteilung der Kreditwürdigkeit ohne Bedeutung.
F Bei einer Kreditwürdigkeitsprüfung beurteilt die *Nordbank AG* u. a. die Beschäftigungssituation der *Draegerwerke AG* sowie die Markt- und Konkurrenzverhältnisse.

☐ ☐

Aufgabe 25

In welcher der folgenden Rechtsgrundlagen ist geregelt, dass bei dieser Kreditgewährung die *Draegerwerke AG* die wirtschaftlichen Verhältnisse offen legen muss?

A Handelsgesetzbuch (HGB). Die *Nordbank AG* ist nach § 1 HGB ein Handelsunternehmen und hat daher die Pflicht, sich bei Kreditgewährungen die wirtschaftlichen Verhältnisse der Vertragspartner offen legen zu lassen.
B Allgemeine Geschäftsbedingungen (AGB), die eine Rahmenvereinbarung zwischen der *Nordbank AG* und der *Draegerwerke AG* darstellen.
C Bürgerliches Gesetzbuch (BGB). Als Grundlage der Vertragsbeziehung entsteht ein Darlehensvertrag zwischen der *Nordbank AG* und den *Draegerwerken AG*.
D In keiner gesetzlichen Vorschrift. Die *Nordbank AG* verlangt die Offenlegung nur auf Grund der eigenen Sorgfaltspflicht.
E Kreditwesengesetz (KWG). Das KWG soll riskante Geschäfte der Kreditinstitute zum Schutz der Gläubiger einschränken.

☐

Aufgabe 26

Ermitteln Sie anhand der nachstehenden Zahlen die Eigenkapitalquote (gerundet auf zwei Stellen nach dem Komma) der *Draegerwerke AG* für die Jahre 2010 bis 2012.

Jahr	2010	2011	2012
Gesamtkapital	57,0 Mio. EUR	61,5 Mio. EUR	63,75 Mio. EUR
Haftendes Eigenkapital	15,872 Mio. EUR	20,515 Mio. EUR	23,397 Mio. EUR
Eigenkapitalquoten			

Aufgabe 27

Welche Aussage zu den in der vorherigen Aufgabe errechneten Werten ist richtig?
Die Entwicklung der Eigenkapitalquote ist ...

A positiv, weil sich das Eigenkapital und die langfristigen Verbindlichkeiten im Verhältnis zum Anlagevermögen vergrößert haben.
B positiv, weil sich das Eigenkapital im Verhältnis zur Bilanzsumme stärker vergrößert hat.
C negativ, weil sich das Eigenkapital und die langfristigen Verbindlichkeiten im Verhältnis zum Anlagevermögen vergrößert haben.
D negativ, weil sich das Eigenkapital im Verhältnis zur Bilanzsumme vergrößert hat.
E positiv, weil sich der Jahresüberschuss im Verhältnis zur Bilanzsumme vergrößert hat.
F negativ, weil sich der Jahresüberschuss im Verhältnis zur Bilanzsumme vergrößert hat.

☐

Aufgabe 28

Als Sicherheit für den Investitionskredit soll die Sicherungsübereignung der Fertigungsanlage dienen. Die *Nordbank AG* bewertet die Anlage, die sicherungsübereignet werden soll, nur mit 60 % des Anschaffungswertes. Welche Aussage trifft für den Sicherheitsabschlag zu?

A Bei der Sicherungsübereignung bleiben die *Draegerwerke AG* Eigentümerin der Fertigungsanlage. Dies erschwert im Verwertungsfall den Zugriff für die *Nordbank AG* und bringt erhöhte Kosten mit sich.
B Auf Grund der Bonität der *Draegerwerke AG* geht die *Nordbank AG* davon aus, dass in den ersten zwei Jahren der Kreditlaufzeit keine Risiken auftauchen werden. Danach ist die Fertigungsanlage höchstens nur noch ca. 60 % des Kaufpreises wert.
C Da die Fertigungsanlage wesentlicher Bestandteil des Firmengrundstücks werden wird, benötigt die *Nordbank AG* nur noch 60 % des Wertes der Fertigungsanlage als Sicherheit.
D Die Lieferbedingungen beinhalten einen verlängerten Eigentumsvorbehalt an der Fertigungsanlage. Deshalb kann die *Nordbank AG* die Fertigungsanlage nicht mit dem vollen Kaufpreis bewerten.

E Die *Nordbank AG* hat im Verwertungsfall einen erheblichen Ausfall, einen Käufer für diese spezielle Fertigungsanlage zu finden. Hierfür und für die Wertminderung durch die Nutzung der Fertigungsanlage wird ein Sicherheitsabschlag vorgenommen. ☐

Aufgabe 29

Herr Wilhelm Draeger ist Großaktionär der *Draegerwerke AG*. Herr Draeger soll zur weiteren Absicherung des Investitionskredits eine selbstschuldnerische Bürgschaft unterschreiben. Sondervereinbarungen sollen nicht getroffen werden. Herr Draeger möchte über die Bürgschaft informiert werden. Welche der folgenden Informationen über die selbstschuldnerische Bürgschaft sind zutreffend?

A Die Bürgschaft muss schriftlich erfolgen, obwohl Herr Draeger die Bürgschaft für eine im Handelsregister eingetragene Aktiengesellschaft übernimmt.

B Wird Herr Draeger als Bürge in Anspruch genommen, steht ihm das Recht der Einrede der Vorausklage zu.

C Herr Draeger muss die Bürgschaft in unbegrenzter Höhe übernehmen, weil die *Nordbank AG* dies bei Bürgschaften für Firmenkredite immer verlangt.

D Die *Nordbank AG* kann Herrn Draeger aus der Bürgschaft erst dann in Anspruch nehmen, wenn eine Zwangsvollstreckung in das bewegliche und unbewegliche Vermögen der *Draegerwerke AG* erfolglos war.

E Der Bürgschaftsvertrag endet mit dem Tod von Herrn Draeger.

F Wird Herr Draeger als Bürge in Anspruch genommen, geht die Forderung der *Nordbank AG* gegenüber den *Draegerwerken AG* gemäß BGB auf Herrn Draeger über. ☐ ☐

Situation zu den Aufgaben 30 und 31

Frau Sabine Paul ist Depotkundin der *Nordbank AG*. Frau Paul hat in der Zeitschrift „Börse und Finanzen" gelesen, dass deutsche Aktien zurzeit ein niedriges Kurs-Gewinn-Verhältnis aufweisen und eine relativ hohe Dividendenrendite erzielen. Frau Paul erwägt den Erwerb von Aktien entweder der *Finanz AG* oder der *Energie AG*.

Auszug aus der Zeitschrift „Börse und Finanzen":

	Finanz AG	*Energie AG*
Kurs der Aktie	61,80 EUR	41,80 EUR
Erwartete Dividendenzahlung für 2012	1,40 EUR	1,00 EUR
Erwarteter Gewinn je Aktie für 2012	5,13 EUR	3,19 EUR

Aufgabe 30

Ermitteln Sie das Kurs-Gewinn-Verhältnis für 2012 jeweils für die Aktie der *Finanz AG* **(A)** und der *Energie AG*. **(B)**

A ☐☐ , ☐☐ **B** ☐☐ , ☐☐

Aufgabe 31

Welche der beiden Aktien sollte Frau Paul auf Grund Ihrer Ergebnisse unter Frage 30 erwerben? ☐

A Aktien der Finanz AG

B Aktien der Energie AG

Situation zu den Aufgaben 32 und 33

Jürgen Baum ist Depotkunde der *Nordbank AG*. Herr Baum möchte für sein Depot Aktien erwerben. Da ihm die Unterscheidung der verschiedenen Aktienarten noch nicht so geläufig ist, bittet er Sie um Auskunft.

Aufgabe 32

Auf welche Aktienarten treffen die nachfolgenden Aussagen zu?

A Der Inhaber dieser Aktie wird im Aktienbuch der Unternehmung eingetragen. Der Vorstand der AG muss einem Aktionärswechsel nicht zustimmen.
B Diese Aktien haben i. d. R. kein Stimmrecht in der Hauptversammlung. Als Ausgleich kann den Aktionären eine höhere Dividende bezahlt werden.
C Die Aktien werden ausgegeben, wenn die AG Gewinnrücklagen in gezeichnetes Kapital umwandelt.
D Die Aktie verbrieft ohne Einschränkung alle Aktionärsrechte.
E Die Aktiengesellschaft erhöht das gezeichnete Kapital gegen Bareinlagen.
F Bei dieser Aktie muss der Vorstand der AG dem Aktionärswechsel ausdrücklich zustimmen.

Aktienarten
1. Stammaktien sowie Namensaktie
2. Vorzugsaktien
3. Junge Aktien
4. Namensaktien
5. Berichtigungsaktien
6. Vinkulierte Namensaktien

A	B	C	D	E	F

Aufgabe 33

Herr Baum möchte von Ihnen im Rahmen dieses Beratungsgesprächs noch wissen, wo das Aktienregister geführt wird.

Bei welcher der folgenden Stellen wird das Aktienregister geführt?

A Zuständiges Handelsregister
B Hauptsitz der Gesellschaft
C Hausbank der Gesellschaft
D Bundesaufsichtsamt für den Wertpapierhandel
E Bundesschuldenverwaltung

Aufgabe 34

Herr Schuster ist Depotkunde der *Nordbank AG*. Er interessiert sich einem Beratungsgespräch für die Versicherungsaktie *Nordleben AG*, die er am selben Tag erwerben möchte. Welches der untenstehenden Rechte erwirbt Herr Schuster mit dem Kauf dieser *Nordleben AG*-Aktien?

A Anspruch auf Rabatte, sofern er Dienstleistungen der *Nordleben AG* in Anspruch nimmt.
B Stimmrecht in der Hauptversammlung
C Uneingeschränktes Auskunftsrecht gegenüber dem Vorstand
D Stimmrecht im Aufsichtsrat
E Anspruch auf private Veräußerungsgewinne

Aufgabe 35

Aktiengesellschaften haben verschiedene Möglichkeiten, ihr Kapital zu erhöhen. In welchem der folgenden Fälle muss die Hauptversammlung einer Aktiengesellschaft eine bedingte Kapitalerhöhung beschließen?

Eine bedingte Kapitalerhöhung ist erforderlich bei der Emission von ...

A Stammaktien.
B vinkulierten Namensaktien.
C Vorzugsaktien.
D Berichtigungsaktien.
E Optionsschuldverschreibungen.
F Wandelschuldverschreibungen.

Aufgabe 36

Im Rahmen einer Exportfinanzierung erläutern Sie dem Prokuristen der *Funkwerk AG*, Herrn Simon Pech die unterschiedlichen Regelungen bei den dokumentären Zahlungen Dokumenten-Inkasso und Dokumenten-Akkreditiv. Welche der nachstehenden Sachverhalte treffen

1 nur auf das Dokumenten-Inkasso
2 nur auf das Dokumenten-Akkreditiv
3 auf beide Zahlungsformen zu?

Sachverhalte

A Die eröffnende Bank gibt ein abstraktes Schuldversprechen ab.
B Der Exporteur trägt das Risiko, dass der Importeur die Dokumente nicht aufnimmt.
C Der Importeur trägt das Risiko, nicht vertragsgemäße Waren geliefert zu bekommen.
D Mit der dokumentären Zahlung wird ein Zug-um-Zug-Geschäft ermöglicht.
E Die Bank des Exporteurs muss die eingereichten Dokumente auf Vollständigkeit prüfen.
F Die Bank des Importeurs führt das Geschäft nur mit Kunden von einwandfreier Bonität oder gegen Sicherheitenstellung durch.

A	B	C	D	E	F

C Rechnungswesen und Steuerung

Bearbeitungszeit: 60 Minuten

Lösungen ab Seite 309

Die Aufgaben 1 bis 4 beziehen sich auf die folgende Ausgangssituation:

In der Finanzbuchhaltung der *Nordbank AG* müssen unten stehende Geschäftsfälle grundbuchmäßig erfasst werden. Bilden Sie unter Verwendung der Konten in der Formelsammlung auf Seite 244 die entsprechenden Buchungssätze. Tragen Sie die Ziffern vor den jeweils zutreffenden Konten in die Kästchen ein.

Aufgabe 1

Eine Rechnung über gekauftes Fotokopierpapier für die Anlageberatung in Höhe von 1.500,00 EUR inkl. 19 % Umsatzsteuer wird durch Überweisung zu Lasten des Bundesbank-Kontos bezahlt.

		an		

Aufgabe 2

Der Gegenwert aus dem Verkauf eines gebrauchten Firmenwagens der Anlageberatung geht auf dem Bundesbank-Konto ein. Das Fahrzeug war zum Buchwert von 5.000,00 EUR verkauft worden.

		an		

Aufgabe 3

Eingang von 1.000,00 EUR Miete für vermietete Geschäftsräume für den Monat August 20.. auf dem Konto einer Korrespondenzbank.

		an		

Aufgabe 4

Ein Kontokorrentkunde hebt am Geldautomaten 700,00 EUR ab.

		an		

Aufgabe 5

Stellen Sie fest, ob durch die nachstehenden Geschäftsfälle der Verlust eines Kreditinstituts

1 erhöht
2 gemindert
3 nicht verändert wird.

Geschäftsfälle:

A Provisionen für in Anspruch genommene Dienstleistungen werden gebucht, die eine befreundete Bank für uns ausgeführt hat.
B Zinsen für Sparkonten werden gebucht.
C Von diesen Sparzinsen werden Abgeltungsteuer und Solidaritätszuschlag einbehalten.
D Auf den Kreditorenkonten werden Zinsen gebucht.
E Ein neuer Geldausgabeautomat wird gekauft.

A	B	C	D	E

Aufgabe 6

Im Rechnungswesen der Unternehmen wird unterschieden in

1 Inventar
2 Grundbuch
3 Hauptbuch
4 Nebenbuch (Skontro)
5 Bilanzenbuch

Stellen Sie bei folgenden Beschreibungen jeweils fest, auf welches Buch die Beschreibung jeweils zutrifft. Trifft eine Beschreibung auf kein Buch zu, schreiben Sie bitte eine 9 auf.

A Geschäftsbuch zur Erfassung der Geschäftsfälle in chronologischer Reihenfolge.
B Bestandsverzeichnis des gesamten Vermögens und der Schulden nach Art, Menge und Wert.
C Alle Umsätze und Bestände in Wertpapieren werden getrennt nach Wertpapiername, Nennwert bzw. Stück, Kursen und Kurswerten aufgezeichnet.
D Aufnahme aller Vermögenswerte und Schulden eines Unternehmens.
E Veröffentlichte Gegenüberstellung von Mittelherkunft und -verwendung.
F Hierin sind unter anderem alle einzelnen Debitoren nur mit ihrem Kontostand am Ende des Geschäftsjahres aufgelistet.

A	B	C	D	E	F

Aufgabe 7

Das Hauptbuchkonto Kunden-Kontokorrent der *Nordbank AG* zeigt am 30.12. folgende Umsätze (einschließlich Anfangsbestände): Soll 1.739.530,00 EUR Haben 1.675.300,00 EUR

Am 31.12. sind noch die folgenden Vorgänge zu berücksichtigen:

- KK-Kunden reichen Scheck zur Gutschrift E.v. ein, davon von Kunden der *Nordbank AG* ausgestellte Schecks 15.430,00 EUR, die weiteren Schecks über 11.500,00 EUR werden über den vereinfachten Scheck- und Lastschrifteneinzug der Deutschen Bundesbank eingezogen.
- KK-Kunden erhalten Überweisungseingänge in Höhe von 20.750,00 EUR über die Deutsche Bundesbank.

Welcher Schlussbestand ergibt sich für die Verbindlichkeiten gegenüber Kunden, wenn die Inventur am Geschäftsjahresende einen Schlussbestand der Forderungen an Kunden in Höhe von 200.570,00 EUR ergibt?

☐☐☐☐☐☐ , ☐☐ EUR

Die Aufgaben 8 bis 10 beziehen sich auf die folgende Ausgangssituation:

Die *Nordbank AG* erweitert den Kundenbereich um weitere Schließfächer. Am 24.08. werden sie für 140.000,00 EUR plus Mwst. gekauft, kurz darauf unter Ausnutzung von 2 % Skonto bezahlt. Die Schließfächer sollen über 16 Jahre linear abgeschrieben werden.

Aufgabe 8

Wie hoch ist der Abschreibungsprozentsatz bei linearer Abschreibung?

☐ , ☐☐ %

Aufgabe 9

Von welchem Anschaffungswert ist abzuschreiben?

☐☐☐☐☐☐ , ☐☐ EUR

Aufgabe 10

Ermitteln Sie den kumulierten Abschreibungsbetrag zum Ende des dritten Jahres nach der Anschaffung.

☐☐☐☐☐ , ☐☐ EUR

Die Aufgaben 11 bis 14 beziehen sich auf die folgende Ausgangssituation:

Vor den vorbereitenden Abschlussbuchungen weist das KK-Konto folgende Umsatzzahlen (inkl. Anfangsbestände) aus: S 18.700.000,00 EUR, H 18.400.000,00 EUR, der Debitorenbestand vor Abschreibung beträgt 775.000,00 EUR. Darunter befindet sich

- eine Forderung gegen Firma *Fertigbau KG* über 30.000,00 EUR, Konkurs ist abgeschlossen: Insolvenzquote 5 %, die Überweisung des Insolvenzverwalters steht noch aus.
- eine überfällige Forderung gegen Kunden Beyer über 20.000,00 EUR. Seine Wertpapiere in seinem gesperrten Depot werden ca. 18.000,00 EUR erbringen. Wir erwarten, dass die gerichtlichen Maßnahmen gegen Kunden Beyer nichts erbringen werden.
- eine Forderung gegen Debitor Schneider über 4.000,00 EUR, die im vergangenen Jahr mit 1.000,00 EUR wertberichtigt wurde.

Die Pauschalwertberichtigung ist auf 1 % des restlichen Debitorenbestandes aufzufüllen. Der bisherige Bestand an Pauschalwertberichtigungen beträgt 7.000,00 EUR.

Aufgabe 11

Welcher Betrag wird als Abschreibung auf Forderungen noch als Aufwand erfasst?

☐☐☐☐☐ , ☐☐ EUR

Aufgabe 12

Wie hoch sind die neu gebildeten Einzelwertberichtigungen?

☐☐☐☐ , ☐☐ EUR

Aufgabe 13

Wie hoch ist die Pauschalwertberichtigung in diesem Jahresabschluss?

☐☐☐☐ , ☐☐ EUR

Aufgabe 14

Wie hoch sind die Verbindlichkeiten gegenüber Kunden?

☐☐☐☐☐☐ , ☐☐ EUR

Aufgabe 15

Die *Nordbank AG* bildet zum Bilanzstichtag Sammelwertberichtigungen auf Forderungen. Begründen Sie anhand der folgenden Argumente die Bildung von Sammelwertberichtigungen (Pauschalwertberichtigungen) auf Forderungen.

Die Bildung von Sammelwertberichtigungen auf Forderungen ist notwendig, weil ...

1 alle Forderungen an Kunden immer mit einem latenten Ausfallrisiko behaftet sind.

2 das Kreditinstitut Risikovorsorge für beanspruchte Kredite mit erkennbarem Ausfallrisiko betreiben muss.

3 für die Bewertung der Forderungen an einzelne Kunden eine Abschreibung auf den wahrscheinlichen Wert vorzunehmen ist, wenn Zweifel an deren vollen Rückzahlung bestehen.

4 die *Nordbank AG* für das latente Ausfallrisiko des risikobehafteten Kreditvolumens Vorsorge treffen muss.

5 zum Bilanzausweis der Forderungen an Kunden auf der Aktivseite ein Gegenposten auf der Passivseite der Bilanz gebildet werden muss.

6 in dem Forderungsbestand der *Nordbank AG* auch unsichere Forderungen enthalten sind, von deren Existenz noch nichts bekannt ist.

☐ ☐

Die Aufgaben 16 bis 18 beziehen sich auf die folgende Ausgangssituation:

Das Geschäftsjahr begann bei der *Freizeitsport AG* mit folgenden Eigenkapitalwerten in Mio. EUR:

Gezeichnetes Kapital	150,0
Kapitalrücklage	6,0
Gewinnrücklagen:	
- Gesetzliche Rücklage	6,3
- Andere Gewinnrücklagen	30,0

Der Jahresüberschuss am Ende des Geschäftsjahres beträgt nach Steuern 21,4 Mio. EUR.
Das gezeichnete Kapital ist in 30 Mio. Aktien aufgeteilt. Vom Vorstand und Aufsichtsrat der AG wird der Hauptversammlung ein Bilanzgewinn von 11,0 Mio. EUR zur Ausschüttung vorgeschlagen und von der Hauptversammlung beschlossen.

Aufgabe 16

Mit welchem Wert ist die gesetzliche Rücklage in der Bilanz für das Geschäftsjahr auszuweisen?

☐ , ☐☐ Mio. EUR

Aufgabe 17

Um welchen Betrag wachsen die anderen Gewinnrücklagen?

☐ , ☐☐ Mio. EUR

Aufgabe 18

Wie hoch war der Jahresüberschuss vor Steuern (ohne Berücksichtigung des Solidaritätszuschlags)?

☐☐ , ☐☐ Mio. EUR

Aufgabe 19

Welche der folgenden Aussagen zur Rücklagen- und Ausschüttungspolitik sind richtig?

1 Die Bildung hoher Gewinnrücklagen steht dem Interesse des Aktionärs auf hohe Dividende entgegen.
2 Andere Gewinnrücklagen dürfen maximal in Höhe von 50 % des Jahresüberschusses gebildet werden.
3 Ist die im Aktiengesetz geforderte Höhe der gesetzlichen Gewinnrücklage erreicht, kann der Jahresüberschuss nach Steuern als Bilanzgewinn ausgewiesen werden, wenn kein Verlustvortrag auszugleichen ist und keine Rücklage für eigene Anteile gebildet werden muss.
4 Steckt ein Unternehmen viel Geld in die Gewinnrücklagen, steht das Geld nicht mehr für Investitionen zur Verfügung.
5 In ergebnisstarken Jahren kann die Kapitalrücklage aufgestockt werden, damit die AG eine gleich bleibende Dividende ausschütten kann.
6 Die Erhöhung stiller Rücklagen verändert nicht die Ertragssteuern.

☐ ☐

Aufgabe 20

Welche der nachfolgenden Aufgaben hat die Kosten- und Erlösrechnung in der *Nordbank AG*?
Die Kosten- und Erlösrechnung ...

1 soll den Gläubigern einen genaueren Einblick in die Wirtschaftlichkeit des Unternehmens geben.
2 hat die Aufgabe, die Preisuntergrenzen für Termineinlagen zu ermitteln.
3 gibt Auskunft über die Höhe der entstandenen Kosten und Erträge.
4 hat die Aufgabe, die Basis für die Kalkulationen sowie für Wirtschaftlichkeits- und Erfolgskontrollen der Bank zu sein.
5 gibt Informationen über Kosten und Erlöse von Bankleistungen.
6 hat die Aufgabe, genauere Informationen über außergewöhnliche Erfolge zu geben.

☐ ☐

Aufgabe 21

Sie ermitteln als Mitarbeiter/in der *Nordbank AG* durch Anwendung der Marktzinsmethode den Konditionenbeitrag.
In welcher der folgenden Aussagen ist der Konditionenbeitrag richtig beschrieben?

Der Konditionenbeitrag...

1 ermittelt den Teil des Ergebnisses, der sich daraus ergibt, dass im Kundengeschäft andere Zinssätze angewandt werden als im Interbankengeschäft.
2 ist die Differenz der Zinskosten des Passivgeschäftes zu den Zinserlösen des Aktivgeschäftes.
3 ist vom Kundenberater durch kein Verhandlungsgeschick mit dem Kunden beeinflussbar.
4 ist die Differenz zwischen dem Tagesgeldsatz und dem Geld- und Kapitalmarktzinssatz der Fristigkeit des Kundengeschäfts.
5 ist durch Fristentransformation im Bankengeschäft zu erzielen.

☐

Die Aufgaben 22 bis 26 beziehen sich auf die folgende Ausgangssituation:

Die *Nordbank AG* führt für *Björn Richter* ein Gehaltskonto. Im 1. Quartal 20(0) ergeben sich folgende Werte:

Durchschnittlicher Habensaldo	1.200,00 EUR
Habenzinssatz	0,0 % p. a.
Durchschnittlicher Sollsaldo	1.000,00 EUR
Sollzinssatz	7,0 % p. a.
Kontoführungsgebühr pro Quartal pauschal	22,50 EUR

Die *Nordbank AG* legt bei der Kontenkalkulation folgende Daten zugrunde:

Alternativer Geld- und Kapitalmarktsatz	1,5 % p. a.
Standardrisikokosten für Kontokorrentkredite	0,7 % p. a.
Eigenkapitalkosten für Kontokorrentkredite	0,4 % p. a.
Durchschnittliche Betriebskosten pro Halbjahr	60,00 EUR

Berechnen Sie die bei der Kontoführung im ersten Quartal entstandenen Erfolge:

Aufgabe 22

Berechnen Sie den Konditionsbeitrag des Kontokorrentkredits im ersten Quartal. ☐,☐☐ EUR

Aufgabe 23

Berechnen Sie den Konditionsbeitrag der Sichteinlagen im ersten Quartal. ☐,☐☐ EUR

Aufgabe 24

Berechnen Sie den Deckungsbeitrag I im ersten Quartal. ☐☐,☐☐ EUR

Aufgabe 25

Ermitteln Sie den Deckungsbeitrag II für das erste Quartal. ☐☐,☐☐ EUR

Aufgabe 26

Ermitteln Sie den Erfolg des Kontos für das erste Quartal (Deckungsbeitrag III). ☐,☐☐ EUR

Aufgabe 27

Im Hause der *Nordbank AG* verursachen Geschäftsvorgänge Kosten und führen zu Erlösen. Sie sollen für dieses Jahr die nachstehenden Vorgänge den Kosten- und Erlösarten zuordnen.

Kosten- und Erlösarten

1 Betriebskosten
2 Betriebserlöse
3 Wertkosten
4 Werterlöse
5 Neutrale Aufwendungen
6 Neutrale Erträge
7 Keine Zuordnung möglich

Vorgänge

A Belastung von Depotgebühren
B Berechnung des Mietwertes der firmeneigenen Bürogebäude
C Spenden für gemeinnützige Zwecke
D Zinsen für Hypothekendarlehen
E Miete für vermietete Geschäftsräume im Bankgebäude
F Belastung der Schrankfachmieten

A	B	C	D	E	F

Die Aufgaben 28 bis 32 beziehen sich auf die folgende Ausgangssituation:

Die *Profil AG* ist Kreditnehmerin der *Nordbank AG*. Im Rahmen der Kreditüberwachung hat diese Gesellschaft regelmäßig ihren Jahresabschluss einzureichen. Für das Geschäftsjahr 20(0) wurden die (verkürzte) Bilanz und GuV-Rechnung vorgelegt. Sie sollen die Bilanz und die Erfolgsrechnung auswerten.

Aktiva	Bilanz per 31.12.20(0)		Passiva
	Mio. EUR		Mio. EUR
Immaterielles Vermögen	50	Gezeichnetes Kapital	130
Sachanlagen	120	Kapitalrücklagen	300
Finanzanlagen	900	Gewinnrücklagen	400
Summe Anlagevermögen	**1.070**	Bilanzgewinn	50
		Summe Eigenkapital	**880**
Vorräte	2	Pensionsrückstellungen	50
Forderungen aus Lieferungen und Leistungen	50	Rückstellungen (kurz)	60
		Bankverbindlichkeiten (kurzfr.)	100
Sonstige Forderungen	200	Verbindlichkeiten aus Lieferungen und Leistungen	
Liquide Mittel	20		252
Summe Umlaufvermögen	**272**	**Summe Fremdkapital**	**462**
Bilanzsumme	**1.342**	**Bilanzsumme**	**1.342**

Die Pensionsrückstellungen sind gegenüber dem Vorjahr unverändert.

Angaben aus der Erfolgsrechnung	Mio. EUR
Umsatzerlöse	430
Bestandsveränderungen	- 40
Gesamtleistung	**390**
Materialaufwand	- 190
Rohertrag	**200**
Personalaufwand	- 50
Abschreibungen auf Sachanlagen	- 40
Sonstige ordentliche Erträge	+ 250
Sonstige ordentliche Aufwendungen	- 150
Teilbetriebsergebnis	**210**
Zinsaufwendungen	- 10
Zinserträge aus Beteiligungen	+ 90
Betriebsergebnis	**290**
Steuern vom Einkommen und Ertrag	- 90
Jahresüberschuss	**200**

Aufgabe 28

Ermitteln Sie den Cash-flow des abgelaufenen Geschäftsjahres. ☐☐☐ Mio. EUR

Aufgabe 29

Ermitteln Sie die Cash-flow-Rate bei der *Profil AG*. ☐☐,☐ %

Aufgabe 30

Vergleichbare Unternehmen haben eine Cash-flow-Rate von 65 %.
Wie schneidet die *Profil AG* im Vergleich zur Branche ab?

1 hervorragend
2 miserabel
3 lässt sich nicht eindeutig beantworten. ☐

Aufgabe 31

Bei der Beurteilung der Bilanzstruktur wird häufig der Anlagendeckungsgrad II betrachtet. Ermitteln Sie diesen Anlagedeckungsgrad II bei der *Profil AG.*

☐☐ , ☐ %

Aufgabe 32

Entspricht der ermittelte Deckungsgrad den Anforderungen an eine optimale Finanzierung?

1 Er entspricht in vollem Umfang den Anforderungen.
2 Er übertrifft die Anforderungen in erheblichem Umfang.
3 Er erfüllt nicht die Anforderungen.

☐

D Wirtschafts- und Sozialkunde

Bearbeitungszeit: 60 Minuten

Lösungen ab Seite 312

Situation zu den Aufgaben 1 bis 3

In der *Verbraucherbank AG* wird die Jugend- und Auszubildendenvertretung am 9. November 2012 neu gewählt. In der *Verbraucherbank AG* sind beschäftigt:

Anzahl der Angestellten	Alter	Anzahl der Auszubildenden
4	unter 18 Jahre	8
214	18 bis einschließlich 24 Jahre	103
2.574	25 Jahre und älter	3

Unter anderem wollen sich Kristin Bergmeier (17 Jahre alt, seit 1. August 2012 Auszubildende), Gabriel Wirth (24 Jahre alt, seit dem 1. Oktober 2012 Angestellter) und Michael Huber (24 Jahre alt, seit 1. August 2012 Auszubildender) als Kandidaten aufstellen lassen. Sie haben sich dazu den abgebildeten Gesetzesauszug herausgesucht.

Auszug aus dem Betriebsverfassungsgesetz

Betriebliche Jugend- und Auszubildendenvertretung

§ 60 (Errichtung und Aufgaben)

(1) In Betrieben mit in der Regel mindestens 5 Arbeitnehmern, die das 18. Lebensjahr noch nicht vollendet haben (jugendliche Arbeitnehmer) oder die zu ihrer Berufsausbildung beschäftigt sind und das 25. Lebensjahr noch nicht vollendet haben, werden Jugend- und Auszubildendenvertretungen gewählt.

§ 61 (Wahlberechtigung und Wählbarkeit)

(1) Wahlberechtigt sind alle in § 60 Abs. 1 genannten Arbeitnehmer des Betriebs.

(2) Wählbar sind alle Arbeitnehmer des Betriebs, die das 25. Lebensjahr noch nicht vollendet haben; § 8 Abs. 1 Satz 3 findet Anwendung. Mitglieder des Betriebsrats können nicht zur Jugend- und Auszubildendenvertretern gewählt werden.

§ 62 (Zahl der Jugend- und Auszubildendenvertreter, Zusammensetzung der Jugend- und Auszubildendenvertretung)

(1) Die Jugend- und Auszubildendenvertretung besteht in Betrieben mit in der Regel
5 bis 20 der in § 60 Abs. 1 genannten Arbeitnehmer aus einer Person,
21 bis 50 ... 3 Mitgliedern,
51 bis 150 ... aus 5 Mitgliedern,
151 bis 300 ... aus 7 Mitgliedern,
301 bis 500 ... aus 9 Mitgliedern ...

(2) Die Jugend- und Auszubildendenvertretung soll sich möglichst aus Vertretern der verschiedenen Beschäftigungsarten und Ausbildungsberufe der im Betrieb tätigen in § 60 Abs. 1 genannten Arbeitnehmer zusammensetzen.

(3) Die Geschlechter sollen entsprechend ihrem zahlenmäßigen Verhältnis vertreten sein.

Aufgabe 1

Ermitteln Sie, aus wie viel Mitgliedern die Jugend- und Auszubildendenvertretung der *Verbraucherbank AG* laut Betriebsverfassungsgesetz maximal besteht!

Aufgabe 2

In welcher Zeile sind die Personen dem aktiven und passiven Wahlrecht zur Jugend- und Auszubildendenvertretung richtig zugeordnet?

	Aktives Wahlrecht	**Passives Wahlrecht**
A	Nur Kristin Bergmeier	Kristin Bergmeier, Gabriel Wirth
B	Kristin Bergmeier, Michael Huber	Nur Kristin Bergmeier, Michael Huber
C	Kristin Bergmeier, Michael Huber	Kristin Bergmeier, Gabriel Wirth, Michael Huber
D	Kristin Bergmeier, Gabriel Wirth	Kristin Bergmeier, Gabriel Wirth
E	Kristin Bergmeier, Gabriel Wirth, Michael Huber	Kristin Bergmeier, Michael Huber

Aufgabe 3

Welche Rechte bzw. Pflichten ergeben sich für die gewählte Jugend- und Auszubildendenvertretung?

A Die Jugend- und Auszubildendenvertretung verhandelt selbstständig mit dem Vorstand der *Verbraucherbank AG*.

B Für die jüngeren Mitarbeiter der *Verbraucherbank AG* gibt es durch die Jugend- und Auszubildendenvertretung Ansprechpartner in ihrem Alter, die ihre Anliegen über den Betriebsrat beim Vorstand der *Verbraucherbank AG* vortragen können und durchzusetzen versuchen.

C Mitglieder der Jugend- und Auszubildendenvertretung müssen an allen Sitzungen des Betriebsrates teilnehmen und aktuelle Informationen an die jungen Mitarbeiter in der *Verbraucherbank AG* weitergeben.

D Wenn es in einer Betriebsratssitzung um Angelegenheiten der Jugendlichen und Auszubildenden der *Verbraucherbank AG* geht, kann die gesamte Jugend- und Auszubildendenvertretung an der Betriebsratssitzung teilnehmen.

E Die Jugend- und Auszubildendenvertretung kann beispielsweise der Kündigung eines Mitauszubildenden während der Probezeit, die sozial ungerechtfertigt erscheint, über den Betriebsrat widersprechen.

Situation zu den Aufgaben 4 und 5

Herr Jürgen Betrand hat sich nach dem erfolgreichen Abschluss der Meisterprüfung in Norderstedt selbstständig gemacht und einen Meisterbetrieb für Sanitär- und Heizungsbautechnik eröffnet. Aufgrund der guten Auftragslage hat Herr Betrand bereits 5 Mitarbeiter eingestellt. Herr Betrand wählt die Rechtsform des Einzelkaufmanns nach den Vorschriften des Handelsgesetzbuchs (HGB). Seiner Frau Gisela Betrand hatte Herr Betrand Prokura mit der Einschränkung erteilt, dass sie keine Kredite für die Firma aufnehmen darf. Frau Betrand soll mit einer Sekretärin die Büroarbeiten erledigen. Herr Betrand beantragt nun die Eintragung seines Unternehmens sowie die Eintragung der Prokura in das Handelsregister in Kiel.

Aufgabe 4

Welche der folgenden Sachverhalte können Sie einem Handelsregisterauszug der Sanitär- und Heizungsbau Jürgen Betrand entnehmen?

A Die Höhe des haftenden Eigenkapitals der Unternehmung von Herrn Betrand.
B Die Höhe der Einlage, die Herr Betrand in das Unternehmen eingebracht hat.
C Die Einschränkung der Vertretungsbefugnis von Frau Betrand, dass sie für die Firma keine Kredite aufnehmen darf.
D Das Datum der Eintragung in das Handelsregister der Sanitär- und Heizungsbautechnik Jürgen Betrand e.K.
E Die Anzahl der Mitarbeiter der Sanitär- und Heizungsbautechnik.

Aufgabe 5

Was muss Herr Betrand bei der Wahl der Rechtsform „eingetragener Kaufmann" beachten?

A Herr Betrand haftet mit der Eintragung ins Handelsregister nur noch beschränkt mit seinem Privatvermögen.
B Herr Betrand kann als eingetragener Kaufmann die Vertretung seiner Unternehmung nicht auf einen Mitarbeiter übertragen.
C Die Eintragung des Unternehmens von Herrn Betrand als e.K. hat nur rechtsbekundende Wirkung.
D Vor der Eintragung in das Handelsregister als eingetragener Kaufmann muss Herr Betrand 25.000,00 EUR als Geschäftseinlage in das Unternehmen einbringen.
E Herr Betrand kann als eingetragener Kaufmann die Vertretung des Unternehmens auf Mitarbeiter seines Unternehmens übertragen.
F Erteilt Herr Betrand einem Mitarbeiter Prokura, können er und der Prokurist nur gemeinsam das Unternehmen gerichtlich und außergerichtlich vertreten.

Aufgabe 6

Stellen Sie bei den nachstehenden Sachverhalten fest, ob eine Eintragung in das Handelsregister (Abteilung A oder B) vorzunehmen ist und ob die Eintragung ggf. konstitutiven oder deklaratorischen Charakter hat. Eintragungen in das Handelsregister:

1 Eintragung in Abteilung A mit konstitutiver Wirkung
2 Eintragung in Abteilung B mit konstitutiver Wirkung
3 Eintragung in Abteilung A mit deklaratorischer Wirkung
4 Eintragung in Abteilung B mit deklaratorischer Wirkung
5 Es findet keine Eintragung ins Handelsregister statt.

Sachverhalte:

A Die *Sanitärtechnik und Heizungsinstallation Gerd Haustein e.K* wird eingetragen.
B Die *Finanzberatung Harald Rölle GmbH* wird eingetragen.
C Die *Steuerberatungsgesellschaft Uwe Hansen & Partner* wird eingetragen.
D Der neue Prokurist Sebastian Edelmann der *Finnberg & Co. KG* wird eingetragen.
E Der neue Prokurist der *Nordbank AG* Udo Paulsen wird eingetragen.

A	B	C	D	E

Aufgabe 7

Der bei der *Nordbank AG* seit 10 Jahren beschäftigte Rainer Maschner, 35 Jahre alt, möchte am 16.07.20.. bei der *Vermögensberatung AG* eine neue Arbeitsstelle antreten. bis zu dem seinem alten Arbeitgeber die Kündigung von Herrn Maschner unter Beachtung der gesetzlichen Kündigungsfrist zugegangen sein muss.

Ermitteln Sie das Datum (TT.MM.JJJJ), bis zu dem seinem alten Arbeitgeber die Kündigung von Herrn Maschner unter Beachtung der gesetzlichen Kündigungsfrist zugegangen sein muss.

☐☐ . ☐☐ . ☐☐☐☐

Auszug aus dem BGB
§ 622 (Kündigungsfristen bei Arbeitsverhältnissen)

(1) Das Arbeitsverhältnis eines Arbeiters oder eines Angestellten (Arbeitnehmers) kann mit einer Frist von vier Wochen zum 15. oder zum Ende eines Kalendermonats gekündigt werden.

(2) Für eine Kündigung durch den Arbeitgeber beträgt die Kündigungsfrist, wenn das Arbeitsverhältnis in dem Betrieb oder Unternehmen

1. zwei Jahre bestanden hat, einen Monat zum Ende eines Kalendermonats,
2. fünf Jahre bestanden hat, zwei Monate zum Ende eines Kalendermonats,
3. acht Jahre bestanden hat, drei Monate zum Ende eines Kalendermonats,
4. zehn Jahre bestanden hat, vier Monate zum Ende eines Kalendermonats,
5. zwölf Jahre bestanden hat, fünf Monate eines Kalendermonats,
6. fünfzehn Jahre bestanden hat, sechs Monate zum Ende eines Kalendermonats,
7. zwanzig Jahre bestanden hat, sieben Monate zum Ende eines Kalendermonats.

Bei der Berechnung der Beschäftigungsdauer werden Zeiten, die vor der Vollendung des 25. Lebensjahres des Arbeitnehmers liegen, nicht berücksichtigt.

(3) Während einer vereinbarten Probezeit, längstens für die Dauer von sechs Monaten, kann das Arbeitsverhältnis mit einer Frist von zwei Wochen gekündigt werden.

(4) Von den Absätzen 1 bis 3 abweichende Regelungen können durch Tarifvertrag vereinbart werden. Im Geltungsbereich eines solchen Tarifvertrages gelten die abweichenden tarifvertraglichen Bestimmungen zwischen nichttarifgebundenen Arbeitgebern und Arbeitnehmern, wenn ihre Anwendung zwischen ihnen vereinbart ist.

(5) Einzelvertraglich kann eine kürzere als die in Absatz 1 genannte Kündigungsfrist nur vereinbart werden,

1. wenn ein Arbeitnehmer zur vorübergehenden Aushilfe eingestellt ist; dies gilt nicht, wenn das Arbeitsverhältnis über die Zeit von drei Monaten hinaus fortgesetzt wird;
2. wenn der Arbeitgeber in der Regel nicht mehr als zwanzig Arbeitnehmer ausschließlich der zu ihrer Berufsbildung Beschäftigten beschäftigt und die Kündigungsfrist vier Wochen nicht unterschreitet. ...

(6) Für die Kündigung des Arbeitsverhältnisses durch den Arbeitnehmer darf keine längere Frist vereinbart werden als für die Kündigung durch den Arbeitgeber.

Aufgabe 8

Beim Ausfüllen des Berufsausbildungsvertrags sind der *Nordbank AG* Fehler unterlaufen. Bei welchen der nachfolgenden Positionen widerspricht die Eintragung den Bestimmungen des Berufsbildungsgesetzes?

Auszug aus dem Berufsausbildungsvertrag

§ 1 Die Ausbildungszeit beträgt nach der Ausbildungsordnung 36 Monate. Die vorausgegangene Vorbildung Abitur wird mit sechs Monaten angerechnet, bzw. es wird eine entsprechende Verkürzung beantragt. Das Berufsausbildungsverhältnis beginnt am 01.08.2012 und endet am 31.01.2014.

§ 2 Die Probezeit beträgt 14 Tage.

§ 3 Die Ausbildung findet vorbehaltlich der Regelungen nach § 4 in Hamburg und den mit dem Betriebssitz für die Ausbildung üblicherweise zusammenhängenden Zweigstellen statt.

§ 4 Der Ausbildende zahlt dem Auszubildenden eine angemessene Vergütung. Diese beträgt zurzeit monatlich brutto

EUR	672,00	726,00	726,00	
im	ersten	zweiten	dritten	Ausbildungsjahr.

§ 5 Die regelmäßige tägliche Ausbildungszeit beträgt 8 Stunden.

§ 6 Der Ausbildende gewährt dem Auszubildenden Urlaub nach den geltenden tariflichen Bestimmungen. Es besteht ein Urlaubsanspruch

im Jahr	2012	2013	2014	2015
Arbeitstage	13	30	30	3

§ 7 Hinweis auf anzuwendende Tarifverträge und/oder Tarifvereinbarungen/sonstige Vereinbarungen: Tarifvertrag für das private Bankgewerbe

A § 1
B § 2
C § 3
D § 4
E § 5
F § 6
G § 7

Aufgabe 9

Die Fernabsatzverträge sind in § 312b BGB geregelt. Auf welche der nachstehenden Geschäfte findet diese Vorschrift Anwendung?

Auszug aus dem BGB
§ 312b Fernabsatzverträge

(1) Fernabsatzverträge sind Verträge über die Lieferung von Waren oder über die Erbringung von Dienstleistungen, die zwischen einem Unternehmer und einem Verbraucher unter ausschließlicher Verwendung von Fernkommunikationsmitteln abgeschlossen werden, es sei denn, dass der Vertragsschluss nicht im Rahmen eines für den Fernabsatz organisierten Vertriebs- oder Dienstleistungssystems erfolgt.

(2) Fernkommunikationsmittel sind Kommunikationsmittel, die zur Anbahnung oder zum Abschluss eines Vertrags zwischen einem Verbraucher und einem Unternehmer ohne gleichzeitige körperliche Anwesenheit der Vertragsparteien eingesetzt werden können, insbesondere Briefe, Kataloge, Telefonanrufe, Telekopien, E-Mails sowie Rundfunk, Tele- und Mediendienste.

(3) Die Vorschriften über Fernabsatzverträge finden keine Anwendung auf Verträge

1. über Fernunterricht (§ 1 des Fernunterrichtsschutzgesetzes),
2. über die Teilzeitnutzung von Wohngebäuden (§ 481),
3. über Finanzgeschäfte, insbesondere Bankgeschäfte, Finanz- und Wertpapierdienstleistungen und Versicherungen sowie deren Vermittlung, ausgenommen Darlehensvermittlungsverträge,
4. über die Veräußerung von Grundstücken und grundstücksgleichen Rechten, die Begründung, Veräußerung und Aufhebung von dinglichen Rechten an Grundstücken und grundstücksgleichen Rechten sowie über die Errichtung von Bauwerken,
5. über die Lieferung von Lebensmitteln, Getränken oder sonstigen Haushaltsgegenständen des täglichen Bedarfs, die am Wohnsitz, am Aufenthaltsort oder am Arbeitsplatz eines Verbrauchers von Unternehmern im Rahmen häufiger und regelmäßiger Fahrten geliefert werden,
6. über die Erbringung von Dienstleistungen in den Bereichen Unterbringung, Beförderung, Lieferung von Speisen und Getränken sowie Freizeitgestaltung, wenn sich der Unternehmer bei Vertragsschluss verpflichtet, die Dienstleistungen zu einem bestimmten Zeitpunkt oder innerhalb eines genau angegebenen Zeitraums zu erbringen,
7. die geschlossen werden
   a) unter Verwendung von Warenautomaten oder automatisierten Geschäftsräumen oder
   b) mit Betreibern von Telekommunikationsmitteln auf Grund der Benutzung von öffentlichen Fernsprechern, soweit sie deren Benutzung zum Gegenstand haben.

A Herr Sebastian Schulz erteilt der *Nordbank AG* den telefonischen Auftrag, für ihn 50 *SAP*-Aktien zu erwerben. Der Auftrag wird brieflich bestätigt.

B Frau Marga Frenzel meldet sich per E-Mail bei der Fernuniversität Hagen zu einem Sprachunterricht an. Die Anmeldung wird ebenfalls per E-Mail bestätigt.

C Über das Internet bestellt Hanna Glohr bei einem Versandhaus eine Lederjacke. Sie erhält eine schriftliche Auftragsbestätigung, der die Zahlungs- und Lieferbedingungen beigefügt sind.

D Manfred Bittner erhält eine Postwurfsendung der *Direktversicherung AG* zum Abschluss einer Unfallversicherung und sendet den ausgefüllten Antrag per Post zurück. Die Versicherung nimmt den Antrag an und sendet die Police ebenfalls per Post an Manfred Bittner.

E Daniela Zander bestellt ihre Lebensmittel regelmäßig per Fax bei einem Dienstleister, der einen Einkaufsservice anbietet. Die Waren werden von ihr abends mittels Chipkarte an einem Warenautomaten entnommen.

F Herr Volker Bremer schließt im Internet mit einem privaten Kreditvermittler einen Darlehensvertrag über 10.000,00 EUR, Zinssatz 13 % p. a., Laufzeit 5 Jahre ab.

G Herr Brede bucht per Telefon eine 14-tägige Reise für zwei Personen nach Mallorca. Das Reisebüro schickt Herrn Brede eine Bestätigung der Buchung per Fax zu.

Aufgabe 10

Welche Formen der Eigentumsübertragungen kommen in den nachstehenden Fällen zur Anwendung? Ordnen Sie zu!

Formen der Eigentumsübertragung

1 Einigung und Übergabe
2 Bloße Einigung
3 Einigung und Vereinbarung eines konkreten Besitzkonstituts
4 Einigung und Abtretung des Herausgabeanspruchs

Fälle

A Verkauf von Waren, die bei einem Lagerhalter eingelagert sind.
B Verkauf von Waren, die der Verkäufer dem Käufer zur Ansicht überlassen hatte.
C Verkauf einer Goldmünze am Bankschalter.
D Verkauf des geleasten Pkw an den Leasingnehmer nach Ablauf der Grundmietzeit, den der Leasingnehmer (Käufer) bereits in Besitz hat.

A	B	C	D

Aufgabe 11

Je nach Ausgestaltung der Kooperation und Konzentration von Unternehmen werden die Unternehmenszusammenschlüsse in Kartelle, Konzerne und Fusionen unterschieden. Ordnen Sie den Aussagen die entsprechenden Formen der Unternehmenszusammenschlüsse zu.

Formen der Unternehmenszusammenschlüsse

1 Kartell
2 Konzern
3 Fusion

Aussagen

A Zwei Reifenproduzenten vereinbaren, dass sie künftig einen bestimmten Reifen nicht mehr unter einem bestimmten Mindestpreis anbieten werden.
B Das Vermögen der *Solartec GmbH* wird in das Vermögen der *Phönix Solar AG* eingegliedert.
C Fünf Produzenten von Fertighäusern teilen sich Deutschland in fünf Verkaufsgebiete auf und verpflichten sich, diese Verkaufsgebiete der jeweils anderen vier Wettbewerber nicht zu beliefern.
D Die unter einer einheitlichen Leitung stehenden beteiligten Unternehmen bleiben rechtlich selbstständig, geben aber ihre wirtschaftliche Selbstständigkeit auf.
E Sechs Bauunternehmen sprechen ihre Angebote bei der öffentlichen Ausschreibung einer Flughafenerweiterung ab.
F Drei Unternehmen übertragen ihr gesamtes Vermögen auf eine gemeinsam von ihnen gegründete neue Gesellschaft.

A	B	C	D	E	F

Aufgabe 12

Bei welchem der folgenden Rechtsgeschäfte ist eine notarielle Beglaubigung gesetzlich vorgeschrieben?

A Kündigung eines Ausbildungsverhältnisses
B Anmeldung einer Prokuraerteilung zur Eintragung in das Handelsregister
C Bürgschaftsversprechen eines in das Handelsregister eingetragenen Kaufmanns
D Gesellschaftsvertrag zur Gründung einer Aktiengesellschaft
E Gesellschaftsvertrag zur Gründung einer BGB-Gesellschaft

Situation zu den Aufgaben 13 bis 15

Die *Fahrrad Hertel GmbH* produziert Tourenfahrräder für das In- und Ausland. Die Firma *Fahrräder Hans Sachs GmbH* bestellt bei der *Fahrrad Hertel GmbH* 60 Tourenräder zum Preis von 450,00 EUR Stück.

Angebotsabgabe der Fahrrad Hertel GmbH	22. März 2013
Bestellung durch Harald Blume, Geschäftsführer der *Fahrräder Hans Sachs GmbH*	26. März 2013
Bestellmenge	60 Tourenräder
Preis je Stück	450,00 EUR
Versandfertige Verpackung der Tourenräder	5. April 2013
Abholung im Auftrag der Hans Sachs GmbH durch ABX-Logistik GmbH	09. April 2013
Übergabe der Tourenräder an die Wareneingangsabteilung der *Fahrräder Hans Sachs GmbH*	10. April 2013
Zahlung der Rechnung in einer Summe	10. Mai 2013

Aufgabe 13

Die Bestellung ist von Herrn Blume unterschrieben. Prüfen Sie, ob Herr Blume einen Auftrag erteilen kann, durch den die *Fahrräder Hans Sachs GmbH* gebunden ist.

A Ja, da Herr Blume Gesellschafter der GmbH ist, kann er unbeschränkt handeln.
B Nein. Herr Blume benötigt die Zustimmung von mindestens einem Gesellschafter der GmbH.
C Ja, da Herr Blume Geschäftsführer der GmbH ist, kann er rechtsverbindlich Aufträge erteilen.
D Nein. da Herr Blume gemäß HGB Gesamtvollmacht hat, ist bei einem Auftrag eine zweite Unterschrift nötig.
E Nur wenn Herr Blume gleichzeitig Geschäftsführer und Gesellschafter der GmbH ist, darf er alleine handeln.

☐

Aufgabe 14

Stellen Sie fest, an welchem Tag die Fahrräder Hans Sachs GmbH Eigentümerin der Fahrräder geworden ist.

☐☐ . ☐☐ . ☐☐☐☐

Aufgabe 15

Am 13. April 2013 erhält die *Fahrrad Hertel GmbH* folgendes Schreiben von der *Fahrräder Hans Sachs GmbH*, das vom 11. April 2013 datiert ist:

Mängelrüge

Sehr geehrter Herr Bürger,

wir bestellten am 26. März 2013 60 Tourenräder zur Lieferung im April 2013. Die Lieferung erfolgte am 10. April 2013. Bei der unverzüglich vorgenommenen Prüfung haben wir Folgendes festgestellt:
5 Tourenräder sind durch Verschulden der ABX Logistik GmbH total zerstört.
Wir fordern Sie daher auf, innerhalb von acht Tagen 5 neue Tourenfahrräder an uns zu liefern.

Mit freundlichen Grüßen

Harald Blume

Prüfen Sie anhand der Bestellung, ob die in der Mängelrüge genannte Forderung berechtigt ist.

A Nein, da der gesetzliche Erfüllungsort gilt, trägt der Käufer das volle Transportrisiko ab der Übergabe an den Frachtführer *ABX Logistik GmbH*. Der Schaden muss gegenüber der *ABX Logistik GmbH* geltend gemacht werden.

B Ja, das Risiko von Transportschäden trägt stets der Versender.

C Ja, da der gesetzliche Erfüllungsort der Wohnsitz bzw. die Niederlassung des Käufers ist, muss die *Fahrrad Hertel GmbH* nochmals liefern.

D Ja, nach dem Produkthaftungsgesetz trägt der Verkäufer alle Risiken, die mit der Ware und dem Transport verbunden sind.

E Nein, der Frachtführer *ABX Logistik GmbH* muss die Ware neu liefern.

Situation zu den Aufgaben 16 bis 19

Im nachstehenden Wirtschaftskreislauf wird angenommen, dass alle Wirtschaftssektoren die eingenommenen Geldeinheiten dem Kreislauf wieder zuführen.

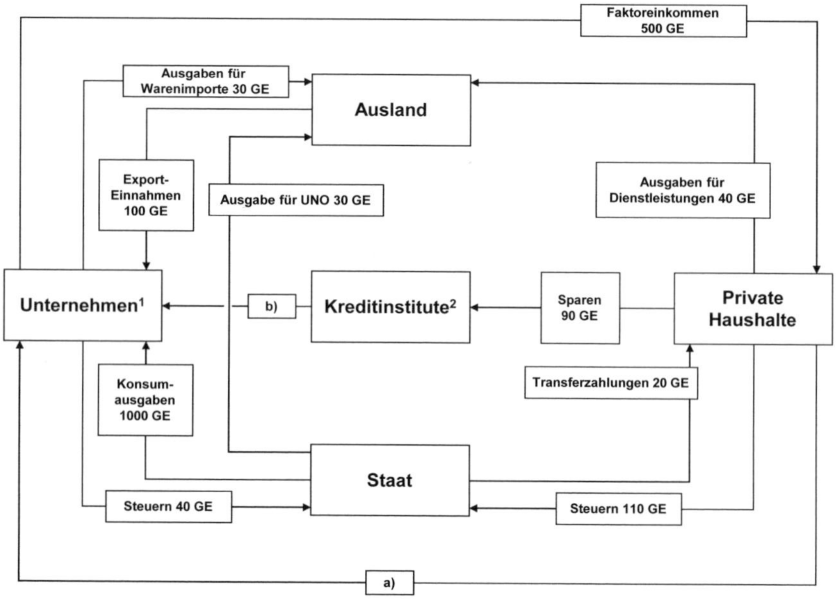

Aufgabe 16

Ermitteln Sie in Geldeinheiten die Investitionen der Unternehmen.

Aufgabe 17

Ermitteln Sie in Geldeinheiten den inländischen Konsum der privaten Haushalte.

Aufgabe 18

Ermitteln Sie den Saldo der Handelsbilanz.

Aufgabe 19

Ermitteln Sie den Saldo der Kapitalbilanz.

Aufgabe 20

Gehen Sie von folgenden Nachfragefunktionen aus:

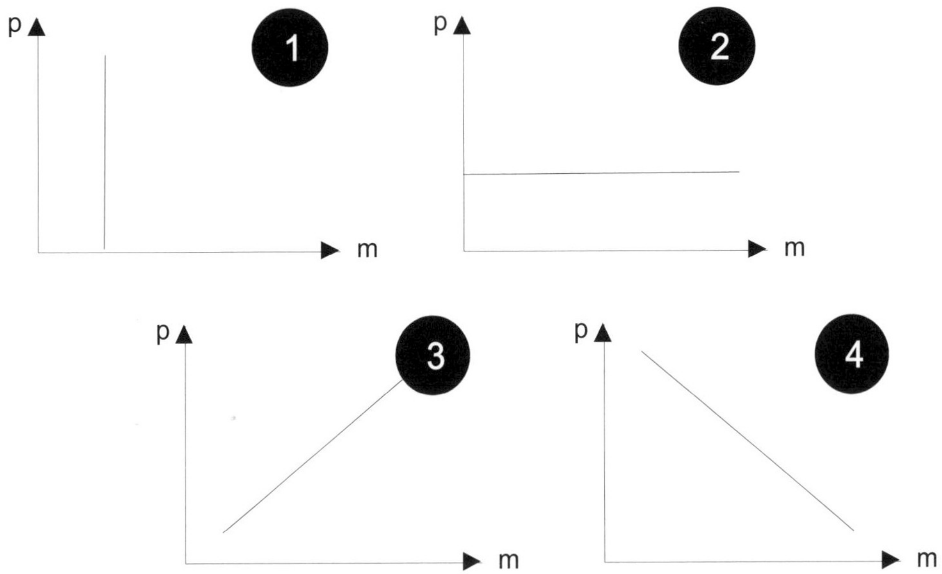

Ordnen Sie die Funktionen den nachfolgenden Begriffen zu:

A völlig unelastische Nachfrage
B völlig elastische Nachfrage
C normales Nachfrageverhalten
D anomales Nachfrageverhalten

A	B	C	D

Situation zu den Aufgaben 21 bis 24

Die Kapazität eines Herstellers von Taschenrechnern beträgt 20.000 Taschenrechner monatlich. Die Gesamtkosten betragen bei einer Produktion von 16.000 Taschenrechnern 985.000,00 EUR und bei einer Produktion von 17.500 Taschenrechnern 1.063.000,00 EUR. Der Verkaufspreis beträgt 70,00 EUR je Taschenrechner.

Aufgabe 21

Wie hoch sind die variablen Kosten pro Taschenrechner?

| | | , | | | EUR

Aufgabe 22

Errechnen Sie die monatlichen Fixkosten.

| | | | | | | , | | | EUR

Aufgabe 23

Wie viele Taschenrechner müssen produziert werden, um die Gewinnschwelle zu erreichen?

| | | | |

Aufgabe 24

Errechnen Sie das Betriebsergebnis bei einer Produktions- und Absatzmenge von 15.000 Taschenrechnern!

						,			EUR

Aufgabe 25

Die Bundesregierung beabsichtigt, den Bundeshaushalt durch die Erhöhung von indirekten Steuern bzw. Abbau von Transferzahlungen bzw. Subventionen zu konsolidieren. Bei welchen der nachstehenden Maßnahmen handelt es sich um

1 indirekte Steuern?
2 Transferzahlungen?
3 direkte Steuern?
4 Keine Zuordnung möglich

Maßnahmen:

A Die Bundesregierung erhöht die Tabaksteuer um 0,20 EUR pro Packung sowie die Mineralölsteuer um 2 Cent pro Liter.
B Die Pendlerpauschale wird vollständig abgeschafft.
C Geringwertige Wirtschaftsgüter können nicht mehr vollständig im Jahr der Anschaffung abgeschrieben werden.
D Das Erziehungsgeld wird durch das neue Elterngeld ersetzt.
E Die Einkommen- und Körperschaftsteuer werden gesenkt.
F Die Arbeitnehmersparzulage wird von 18 % auf 20 % erhöht.

A	B	C	D	E	F

Aufgabe 26

Entscheiden Sie, welche der folgenden Aussagen zutreffend für

1 das Angebotsmonopol
2 das Angebotsoligopol
3 das Angebotspolypol

sind.

Aussagen:

A Der Anbieter setzt den Preis so fest, dass die Differenz zwischen Gesamterlösen und Gesamtkosten am größten ist.
B Der Anbieter muss sowohl mit Reaktionen der Nachfrager als auch der Konkurrenten rechnen.
C Der relativ scharfe Wettbewerb zwischen Anbietern führt häufig dazu, dass Preisabsprachen vorgenommen werden bzw. das Marktverhalten aufeinander abgestimmt wird.
D Der einzelne Anbieter hat kaum Möglichkeiten, die Preisgestaltung zu beeinflussen. Er wird deshalb versuchen, die von ihm angebotene Menge so zu variieren, dass der größtmögliche Gewinn entsteht.
E Der Anbieter muss, obwohl er in seiner Preisgestaltung völlig frei ist, die Reaktionen der Nachfrager beachten, wenn er einen möglichst hohen Gewinn erzielen will.

A	B	C	D	E

Aufgabe 27

Im letzten Quartal ist in unserer Volkswirtschaft das Preisniveau stärker gestiegen als die Nettolöhne. Welche der nachstehenden Folgen hat diese Veränderung für die Arbeitnehmer?

A Der Reallohn ist gestiegen.
B Die Kaufkraft des Lohnes ist gestiegen.
C Die Kaufkraft des Geldes ist gestiegen.
D Die Kaufkraft des Geldes ist gesunken.
E Der Reallohn ist gleich geblieben.
F Der Reallohn ist gesunken.

Situation zu den Aufgaben 28 und 29

	Mrd. EUR für 2011	Mrd. EUR für 2012
Arbeitnehmerentgelte	1970,2	1999,8
Unternehmens- und Vermögenseinkommen	795,8	848,5
Volkseinkommen	2766,0	2848,3
Bruttosozialprodukt	3658,6	3768,6
Bruttoinlandsprodukt	3675,8	3799,4

Aufgabe 28

Ermitteln Sie die Lohnquote für 2012 (auf 2 Stellen nach dem Komma runden)!

☐☐ , ☐☐ %

Aufgabe 29

Wie hat sich die Lohnquote im Vergleich zu 2011 verändert?

☐☐ , ☐☐ %

Aufgabe 30

Die Geldpolitik des Europäischen Systems der Zentralbanken (ESZB) ist ein wichtiges Instrument zur Beeinflussung der Geldmenge. Welche der folgenden Aussagen ist in diesem Zusammenhang richtig?

A Eine Senkung des Refinanzierungssatzes durch die Europäische Zentralbank führt tendenziell zu einer Senkung der inländischen Geldmenge.

B Wenn die Nachfrage der Nichtbanken nach Krediten zinselastisch ist, kann die Europäische Zentralbank über den Refinanzierungssatz die Entwicklung der Geldmenge tendenziell beeinflussen.

C Wenn das Angebot an Bankkrediten über die Verminderung des Refinanzierungssatzes ausgeweitet wird, resultiert daraus kurzfristig stets eine höhere Geld- und Kreditmenge.

D Die Europäische Zentralbank besitzt mit dem Instrument der Mindestreserve eine direkte Steuerungsgewalt über die Geldmenge und übt so einen starken Einfluss auf die gesamtwirtschaftliche Entwicklung aus.

E Die Geldmenge ist kurzfristig beeinflussbar, weil bei einer Erhöhung des Refinanzierungssatzes die Kreditinstitute ihr Kreditangebot sofort taggenau anpassen können.

☐

Aufgabe 31

Von welchen der folgenden Sachverhalte gehen in einer Volkswirtschaft tendenzielle Veränderungen des Geldwertes aus? Ordnen Sie zu.

Auswirkungen auf das Preisniveau:

1 inflationäre Wirkung
2 deflationäre Wirkung
3 keine der beiden vorgenannten Wirkungen

Sachverhalte:

A Die Tarifpartner handeln Lohnerhöhungen aus, die dem Produktivitätszuwachs entsprechen.

B Infolge einer Senkung der Lohn- und Einkommensteuersätze steigt die Nachfrage am Konsumgütermarkt. Alle Produktionskapazitäten für die Herstellung dieser Güter sind ausgelastet.

C Inländische Haushalte erhöhen ihre Sparquote erheblich. Gleichzeitig geht die Auslandsnachfrage zurück.

D Die inländische Geldmenge steigt kontinuierlich parallel zum nominalen Bruttoinlandsprodukt.

A	B	C	D

Situation zu den Aufgaben 32 bis 35

Geldpolitische Geschäfte des Eurosystems (Tenderverfahren)						
Datum der Gutschrift	Gebote Betrag	Zuteilung Betrag	Festsatz	Marginaler Zuteilungssatz	Gewichteter Durchschnittssatz	Laufzeit
	Mio. EUR		% p. a.			Tage
Hauptrefinanzierungsgeschäfte						
12.03.2013	300.000	54.000	1,12			7
19.03.2013	1.505.405	92.000	1,12			7
26.03.2013	485.825	90.000	1,12			7
Längerfristige Refinanzierungsgeschäfte						
28.12.2012	41.443	15.000		1,46	1,47	88
30.01.2013	74.430	25.000		1,39	1,42	91
27.02.2013	74.988	25.000		1,28	1,27	98
26.03.2013	91.088	25.000		1,56	1,49	98

Aufgabe 32

Welche der nachstehenden Tenderverfahren kamen bei den

A Hauptrefinanzierungsgeschäften
B längerfristigen Refinanzierungsgeschäften

zur Anwendung?

Tenderverfahren
1 Mengentender
2 Zinstender (holländisches Verfahren)
3 Zinstender (amerikanisches Verfahren)
4 keines der o.a. Verfahren

A	B

Aufgabe 33

Berechnen Sie die Repartierungsquote (Zuteilungsquote) des Tenderverfahrens vom 12.03.2013 in %.

[ ][ ] %

Aufgabe 34

Berechnen Sie die Gutschrift für die *Nordbank AG*, die am 12.03.2013 ein Gebot von 25 Mio. EUR abgegeben hat.

[ ] , [ ] Mio. EUR

Aufgabe 35

Berechnen Sie den Saldo der Hauptrefinanzierungsgeschäfte (Saldo aus neu abgeschlossenen und auslaufenden Geschäften) vom 19.03.2013.

[ ][ ] Mrd. EUR

PRÜFUNGSSATZ IV

A Bankwirtschaft Fälle

Bearbeitungszeit: 90 Minuten, 100 Punkte

Lösungen ab Seite 317

Fall 1: Firmenkonto *(33 Punkte)*

Claudia Weber möchte bei der *Nordbank AG* ein Kontokorrentkonto auf den Namen der *Kora GmbH* eröffnen. Diese importiert Spielwaren und elektronische Geräte aus Indonesien und vertreibt sie an deutsche Einzelhandelsgeschäfte. Die Rechtsverhältnisse der GmbH sind dem nachfolgenden Handelsregisterauszug zu entnehmen.

Auszug aus dem Handelsregister Amtsgericht Pinneberg
Firma: *Kora GmbH*
Ort der Niederlassung: Pinneberg
Gegenstand des Unternehmens: Großhandel mit Spielwaren und elektronischen Geräten
Stammkapital: 50.000,00 EUR
Geschäftsführer:
Claudia Weber, Kauffrau, Pinneberg, geb. 06.09.1967
Nadine Nassar, Kauffrau, Hamburg, geb. 25.02.1962
Florian Brinkhaus, Kaufmann, Pinneberg, geb. 19.11.1958
Gesamtprokurist: Klaus Harke, Norderstedt, geb. 04.05.1971
Rechtsverhältnisse: Gesellschaft mit beschränkter Haftung. Gesellschaftsvertrag vom 14. August 2002. Ist ein Geschäftsführer bestellt, vertritt er die Gesellschaft allein; sind mehrere bestellt, sind zwei Geschäftsführer gemeinsam oder ein Geschäftsführer gemeinsam mit einem Prokuristen vertretungsberechtigt. Einzelnen Geschäftsführern kann Alleinvertretungsberechtigung verliehen werden. Claudia Weber ist alleinvertretungsberechtigt.
Tag der Eintragung: 17. September 2002

Neben den im Handelsregister aufgeführten Personen soll auch der Handlungsbevollmächtigte Rainer Bittermann eine Kontovollmacht erhalten. Herr Bittermann darf nur in Gemeinschaft mit einem Geschäftsführer oder einem Prokuristen handeln. Sie weisen Frau Weber darauf hin, dass die *Nordbank AG* bei der Kontoeröffnung eine Legitimationsprüfung durchführt.

a) Erläutern Sie drei Gründe für die Legitimationsprüfung. *(6 Punkte)*

Sie erkundigen sich bei Frau Weber, ob das Konto für eigene oder für fremde Rechnung genutzt werden soll.

b) Begründen Sie, warum diese Frage gestellt werden muss. *(2 Punkte)*

c) Nennen Sie jeweils einen Grund, warum Sie Frau Weber um die folgenden Angaben bitten: *(3 Punkte)*

c1) genaue Anschrift der GmbH

c2) Größe des Unternehmens (z. B. Anzahl der Mitarbeiter, Jahresumsatz etc.)

c3) weitere Bankverbindungen

Frau Weber ist bereits seit einigen Jahren Privatkundin der *Nordbank AG*. Deshalb fragt sie vor der Unterzeichnung des Kontoeröffnungsantrages nach, warum sie die AGB-Klausel erneut unterschreiben muss.

d) Erklären Sie Frau Weber diese Notwendigkeit. *(1 Punkt)*

e) Erläutern Sie Frau Weber den Unterschied zwischen dem Handeln für eigene bzw. dem Handeln für fremde Rechnung. *(3 Punkte)*

In den Kontounterlagen ist die Art der Vertretungsberechtigung festzuhalten.

f) Tragen Sie in die nachstehende Kontounterlage bei den genannten Personen ein *(5 Punkte)*
„**E**“ ein, wenn eine Einzelverfügungsberechtigung besteht.
„**G**“ ein, wenn eine gemeinschaftliche Verfügungsberechtigung vorliegt.
Gehen Sie dabei von den oben beschriebenen Rechtsverhältnissen sowie den Rechtsverhältnissen gemäß Handelsregisterauszug aus.

Vertretungsberechtigter	Vertretungsberechtigung „**E**“ bei Einzelvertretungsberechtigung „**G**“ bei gemeinschaftlicher Vertretungsberechtigung mit einer anderen Person
Claudia Weber	
Nadine Nassar	
Florian Brinkhaus	
Klaus Harke	
Rainer Bittermann	

Frau Weber teilt Ihnen mit, dass Herr Harke und Herr Bittermann Vertretungsbefugnisse im gesetzlichen Umfang (ohne Sondervollmachten) besitzen.

g) Erläutern Sie Frau Weber, welche Art von Geschäften die beiden Herrn in der Geschäftsverbindung mit der *Nordbank AG* tätigen dürfen, und nennen Sie je ein Beispiel. *(5 Punkte)*

Nach einiger Zeit spricht Frau Weber in der Geschäftsstelle vor und legt Ihnen die nachstehend in Auszügen wiedergegebene Eingangsrechnung vor:

> Huan Sitan Ltd.
> Mainstreet 40
> Djarkarta
>
> *Kora GmbH*
> Pinneberger Landstr. 40
> D 23018 Pinneberg
>
> ...
> Wir bitten Sie, den Rechnungsbetrag von 45.800,00 USD auf folgendes Konto zu überweisen:
> Citibank New York
> Kto.-Nr. 7856428
> ...

Die Bezahlung soll zu Lasten des EUR-Kontokorrentkontos der *Kora GmbH* ausgeführt werden.

h) Beschreiben Sie die Abwicklung der Zahlung bei der *Nordbank AG.* *(4 Punkte)*
Der USD notiert am Tag der Ausführung des Zahlungsauftrags wie folgt:

	Geld	Brief
1 EUR	1,4520 USD	1,4580 USD

Die *Nordbank AG* stellt eine Grundprovision von 20,00 EUR zuzüglich 0,6 ‰ vom EUR-Gegenwert in Rechnung.

i) Ermitteln Sie die Belastung auf dem Kundenkonto. *(4 Punkte)*

Fall 2: Geld- und Vermögensanlage *(32 Punkte)*

Michaela Haag, 32 Jahre alt, ledig, unterhält ein Aktiendepot mit Standardwerten bei der *Nordbank AG* in Hamburg. Eine gültige Stimmrechtsvollmacht liegt der *Nordbank AG* vor. Am 20.01.2012 bittet sie um eine Beratung. Im Rahmen des Beratungsgesprächs äußert Frau Haag den Wunsch, die nächste Hauptversammlung der *Aurubis AG* in Hamburg, die am 30.03.2012 stattfinden soll, zu besuchen. Frau Haag möchte das Stimmrecht für ihre 200 Inhaber-Stammaktien dieser AG selbst ausüben.

a) Erläutern Sie die in diesem Zusammenhang von der *Nordbank AG* zu erledigenden Formalitäten. *(2 Punkte)*

Aus der Tagesordnung der *Aurubis AG* ist zu entnehmen, dass Vorstand und Aufsichtsrat die Hälfte des Jahresüberschusses in die „anderen Gewinnrücklagen" eingestellt haben.

b) Nennen Sie drei Argumente, warum Vorstand und Aufsichtsrat so gehandelt haben. *(3 Punkte)*

c) Erläutern Sie einen Vorteil und einen Nachteil der Rücklagenbildung der AG aus der Sicht der Depotkundin Frau Haag. *(3 Punkte)*

d) Aus der Tagesordnung der Hauptversammlung ist weiterhin zu entnehmen, dass der Vorstand von der Hauptversammlung die Zustimmung zum Erwerb von eigenen Aktien bis zu 10 % des Grundkapitals erbittet. Erläutern Sie Frau Haag anhand von zwei Argumenten, dass diese Aktion für sie mit Vorteilen verbunden sein kann. *(4 Punkte)*

Im weiteren Verlauf des Beratungsgesprächs bittet Sie Frau Haag um eine Entscheidungshilfe über ihren Besitz an 500 Stück *Touristik AG* Aktien. Die Aktien wurden vor einem Jahr zum Kurs von 15,40 EUR erworben und werden zurzeit zwischen 32,00 EUR und 38,00 EUR gehandelt. Frau Haag ist unsicher, ob sie die Aktien weiter halten soll.

e) Erläutern Sie anhand des Auszuges aus der aktuellen Empfehlung Gründe für einen Verkauf oder für ein Halten der Position. *(4 Punkte)*

Aktuelle Empfehlung			
ISIN DE0006952001			
Pluto-Börsenbrief: *Touristik AG*			
Branche	Touristik		
Kurs am 20.01.	35,40 EUR		
Hoch/Tief seit 01.01.	41,22/29,71 EUR		
	Vorjahr	lfd. Jahr(e)	nächst. Jahr(e)
Ergebnis je Aktie	3,47	0,80	2,80
KGV	15,37	66,7	19
Dividende (Dividendenrendite)			2,10 EUR (4,4 %)
Marktkapitalisierung/Free Float			48,6 Mrd. EUR/79,6 %
Branchenkennzahlen		Vorjahr	lfd. Jahr(e)
Buchungen (in Mio.)		5,13	5,00
Verkaufte Flugtickets (in Mio.)		3,38	3,40
Index	Xetra-Dax		
Handelbarkeit	sehr gut handelbar		

f) Frau Haag bittet zum besseren Verständnis der Empfehlung um Erklärung folgender Begriffe:
   1. KGV
   2. Free Float
   3. Dividendenrendite *(3 Punkte)*

Am 30.03.2012 kommt Frau Haag zu einem weiteren Anlagegespräch zu Ihnen an den Beratungspoint. Sie bittet wegen einer längerfristigen Anlage von 20.000,00 EUR in festverzinslichen Wertpapieren um eine Beratung. Sie stellen Frau Haag die folgenden 10-jährigen Anleihen vor:

	Bundesanleihe	Unternehmensanleihe
Emittent	Bundesrepublik Deutschland	*Energie AG*

Nominalzins	2,75 % p. a.	7,00 % p. a.
Fälligkeit	01.04.2022	01.04.2022
Zinstermin	01.04. gzj.	01.04. gzj.
Währung	EUR	EUR
Aktueller Kurs	101,0 %	104,8 %
Rendite	2,62 % p. a.	6,22 % p. a.
Rating	AAA	BBB+

Im Rahmen des Beratungsgesprächs fragt Sie Frau Haag nach dem Unterschied zwischen der Nominalverzinsung und der Rendite der beiden Anlagen.

g) Erklären Sie Frau Haag die Begriffe Nominalverzinsung und Rendite von Anleihen. *(2 Punkte)*

h) Frau Haag wundert sich, dass die Nominalverzinsung der Bundesanleihe geringer ist als die der Unternehmensanleihe. Erklären Sie Frau Haag, warum die Nominalverzinsung der Unternehmensanleihe über der Nominalverzinsung der Bundesanleihe liegt. *(2 Punkte)*

i) Beschreiben Sie Frau Haag das Emittentenrisiko von Anleihen und das Kursrisiko von Anleihen bei Änderung des Kapitalmarktzinsniveaus. *(4 Punkte)*

Im Laufe des Beratungsgesprächs stellen Sie Frau Haag noch einen variablen öffentlichen Pfandbrief der *Eurohypo AG* mit den folgenden Konditionen vor:

Zinstermine	vierteljährlich 15.03./15.06./15.09/15.12.
Zinsmethode	actual/actual
Zinssatz	3-Monats-Euribor am 15. des Monats der Zinszahlung + 0,5 Prozentpunkte

j) Beurteilen Sie das Emittentenrisiko und das Kursrisiko dieses Wertpapiers bei Änderung des Kapitalmarktzinsniveaus. *(3 Punkte)*

k) Frau Haag entscheidet sich, für 20.000,00 EUR nominal öffentliche Pfandbriefe zu erwerben. Ermitteln Sie die Höhe der Zinsen für nominal 20.000,00 EUR des o. a. Pfandbriefs für den nächsten Zinszahlungstermin. Legen Sie dabei den aktuellen Euribor-Satz von 1,16 % p. a. zugrunde. 2012 ist ein Schaltjahr. *(2 Punkte)*

Fall 3: Anschaffungsdarlehen *(35 Punkte)*

Herr Sebastian Schramm (ledig, 32 Jahre, kaufmännischer Angestellter bei der *Jungheinrich AG*) ist Girokunde der *Nordbank AG* in Norderstedt. Herr Schramm benötigt zur Finanzierung einer neuen Wohnungseinrichtung einen Kredit in Höhe von 15.000,00 EUR. Im *Norderstedter Anzeiger* liest er folgendes Zeitungsinserat:

> ***Nordbank AG* Norderstedt**
> Worauf warten? Erfüllen Sie sich jetzt Ihre Wünsche!
> Wir machen Ihnen den Weg frei für Privatdarlehen bis zu 25.000,00 EUR, Laufzeit bis 47 Monate, Zinssatz 8,75 % per annum, einmalige Bearbeitungsgebühr 2 % vom Nettokreditbetrag. Wenden Sie sich an unsere Kundenberater.

Herr Schramm unterhält bei der *Nordbank AG* ein Privatgirokonto. Wegen seines Kreditwunsches wendet sich Herr Schramm an seinen Kundenberater Herrn Schön bei der *Nordbank AG* in Norderstedt und erhält folgende Informationen zum Kreditangebot.

Raten für Darlehen von 7.500 bis 25.000 EUR - Zinssatz 8,75 % p. a.

Darlehen in EUR	30 Monate	36 Monate	42 Monate	47 Monate
	Rate in EUR	Rate in EUR	Rate in EUR	Rate in EUR
10.000,00	380,00	324,00	283,00	258,00
12.500,00	475,00	404,00	354,00	322,00
15.000,00	570,00	485,00	425,00	386,00
20.000,00	760,00	647,00	566,00	515,00
25.000,00	950,00	808,00	708,00	643,00

Gesamtzinsen und Bearbeitungskosten, die in den monatlichen Raten enthalten sind

Darlehen in EUR	Bearbeitungs-kosten in EUR	30 Monate	36 Monate	42 Monate	47 Monate
		Gesamtzinsen in EUR	Gesamtzinsen in EUR	Gesamtzinsen in EUR	Gesamtzinsen in EUR
10.000,00	200,00	1.200,00	1.464,00	1.686,00	1.926,00
12.500,00	250,00	1.500,00	1.794,00	2.118,00	2.384,00
15.000,00	300,00	1.800,00	2.160,00	2.550,00	2.842,00
20.000,00	400,00	2.400,00	2.892,00	3.372,00	3.805,00
25.000,00	500,00	3.000,00	3.588,00	4.236,00	4.721,00

Herr Schön möchte sich erst einmal ein Bild von der Kreditwürdigkeit von Herrn Schramm machen.

a) Nennen Sie drei geeignete Quellen bzw. Unterlagen, die Auskünfte über die Kreditwürdigkeit von Herrn Schramm geben können. *(3 Punkte)*

Herr Schön empfiehlt den Abschluss einer Restschuldversicherung.

b) Erläutern Sie Herrn Schramm diese Art der Versicherung. *(2 Punkte)*

c) Mit wem kann Herr Schramm eine Restschuldversicherung abschließen? *(2 Punkte)*

Herr Schramm verzichtet auf den Abschluss der Risikolebensversicherung. Außerdem erklärt er, dass er für die Bedienung des Kredits monatlich nicht mehr als etwa 500,00 EUR aufbringen möchte.

d) Ermitteln Sie die kürzestmögliche Laufzeit dieses Kredits, die dem Kundenwunsch entspricht. *(2 Punkte)*

e) Berechnen Sie den Effektivzinssatz nach der Uniformmethode (auf 2 Stellen nach dem Komma runden!) *(3 Punkte)*

f) Um die Kapitaldienstfähigkeit von Herrn Schramm beurteilen zu können, benötigt Herr Schön eine Aufstellung über die Haushaltsrechnung. Berechnen Sie unter Berücksichtigung der nachstehenden Informationen das monatlich frei verfügbare Einkommen von Herrn Schramm. *(4 Punkte)*

Selbstauskunft von Herrn Schramm	
Sebastian Schramm	32 Jahre alt ledig
Beruf	Kaufmännischer Angestellter
Monatliches Nettogehalt	1.943,65 EUR
Girokonto	Saldo H 1.110,45 EUR
Sparkonto	dreimonatige Kündigungsfrist Saldo 550,00 EUR
Miete (Wohnung 50 qm) monatlich kalt	480,00 EUR
Monatliche Kraftfahrzeugkosten	200,00 EUR

Tabelle der Haushaltspauschalen der *Nordbank AG* (Auszug) Die Pauschalen sind Mindestbeträge.		
Monatliches Haushaltsnettoeinkommen des Antragstellers in EUR	1 Person EUR	2 Personen EUR
ab 1.250,00	400,00	620,00
ab 1.500,00	460,00	680,00
ab 1.750,00	520,00	740,00
ab 2.000,00	580,00	800,00
ab 2.250,00	690,00	910,00

Folgende Positionen sind in den Haushaltspauschalen nicht inbegriffen:
Miete, Nebenkosten (Gas, Strom, Wasser, Grundabgaben etc.; mindestens 2,50 EUR je Monat je qm Wohnfläche)

g) Entscheiden Sie, ob Herr Schramm den Kredit von der *Nordbank AG* erhalten kann, und begründen Sie Ihre Entscheidung. *(2 Punkte)*

Die *Nordbank AG* ist nach Prüfung der persönlichen und materiellen Kreditwürdigkeit bereit, den Kredit zu gewähren. Sie verlangt jedoch eine werthaltige Besicherung.

h) Welche Sicherheiten kommen im vorliegenden Fall in Betracht? Stellen Sie drei geeignete Sicherheiten vor. Ordnen Sie jeder Sicherheit ein denkbares Risiko zu. Erläutern Sie kurz, was die *Nordbank AG* unternehmen kann, um das Risiko zu mindern. *(8 Punkte)*

i) Vor Abschluss des Kreditvertrages müssen Sie Herrn Schramm über sein Widerrufsrecht informieren. Erläutern Sie Herrn Schramm den Sachverhalt. *(2 Punkte)*

j) Welche Rechtsfolgen ergeben sich für die *Nordbank AG*, wenn die nachstehenden Angaben im Kreditvertrag fehlen: *(3 Punkte)*
   1. Die Angabe des Effektivzinssatzes fehlt.
   2. Im Kreditvertrag fehlt die Angabe einer Bearbeitungsgebühr.
   3. Als Herr Schramm nach 24 Monaten arbeitslos wird, verlangt die *Nordbank AG* von Herrn Schramm erstmalig die Stellung von werthaltigen Sicherheiten.

Nach zwei Jahren wird Herr Schramm arbeitslos. Er kann seinen laufenden Ratenzahlungen nicht mehr nachkommen und stellt die Zahlungen ein. Zu einem von der *Nordbank AG* vorgeschlagenen Gesprächstermin erscheint Herr Schramm nicht. Auch telefonisch ist Herr Schramm nicht erreichbar.

k) Beschreiben Sie vier gesetzliche Voraussetzungen für die Gesamtfälligstellung des Darlehens. *(2 Punkte)*

Nach Fälligstellung des Darlehens entschließt sich die *Nordbank AG*, das gerichtliche Mahnverfahren einzuleiten.

l) Beschreiben Sie den Ablauf des gerichtlichen Mahnverfahrens, wenn Herr Schramm weder Zahlung leistet noch Widerspruch bzw. Einspruch einlegt. *(2 Punkte)*

B Bankwirtschaft programmierte Aufgaben

Bearbeitungszeit: 60 Minuten

Lösungen ab Seite 322

Aufgabe 1

Bei der *Nordbank AG* beantragen die unten genannten Personen die Eröffnung eines Kontokorrentkontos. Welche der folgenden Legitimationsunterlagen müssen für den rechtswirksamen Abschluss eines Kontovertrages vorgelegt werden? Bei der Vertretung gelten die gesetzlichen Regelungen.

Legitimationsunterlagen:

1 Nur amtlicher Lichtbildausweis des Antragstellers
2 Nur amtliche Lichtbildausweise der Antragsteller
3 Auszug aus dem Handelsregister (beglaubigt und neuesten Datums) und amtlicher Lichtbildausweis des Antragstellers
4 Auszug aus dem Handelsregister (beglaubigt und neuesten Datums) und amtliche Lichtbildausweise der Antragsteller

Antragsteller:

A Frank Kapellan als einer der beiden Gesellschafter für die Firma *Finnberg & Co. OHG*
B Heinz Rheinfeld, Sanitärtechnik
C *Cepaco GmbH*, Geschäftsführer Klaus-Heinrich Plambeck (Kaufmann aus Hamburg) und Geschäftsführerin Liese Kelle (Kauffrau aus Hamburg)
D Die Steuerberater Klaus Hansen, Uwe Blecher und Hans Kiefer für ihre *Steuerberatersozietät Hansen, Blecher und Kiefer GbR*
E Jürgen Wincek e.K.

A	B	C	D	E

Situation zu den Aufgaben 2 bis 11

Sebastian Leopold ist Prokurist der Fa. *Meyers Mühle KG*. Er kommt am 04.11.2012 zu Ihnen in die *Nordbank AG*. Herr Leopold möchte ein Kontokorrentkonto für die *Meyers Mühle KG* eröffnen lassen.

Aufgabe 2

Welche der folgenden Aussagen im Zusammenhang mit der Kontoeröffnung ist richtig?

A Herr Leopold hat als Prokurist das Recht, im Rahmen seiner Vertretungsmacht ein Konto für die *Meyers Mühle KG* zu eröffnen.
B Zur Legitimation der Gesellschaft ist ein notariell beurkundeter Handelsregisterauszug neueren Datums erforderlich.
C Die AGB müssen Herrn Leopold ausgehändigt werden, damit diese für den Kontovertrag gelten.
D Die *Nordbank AG* ist der Schufa angeschlossen. Sobald die Schufa-Klausel unterschrieben ist, muss die *Nordbank AG* die Eröffnung dieses Firmenkontos an die Schufa melden.
E Eine Kontoeröffnung für die *Meyers Mühle KG* gehört nach dem HGB nicht zum Aufgabenkreis eines Prokuristen. Da es sich um ein neues Firmenkonto handelt, kann die Kontoeröffnung nur von den vollhaftenden Gesellschaftern veranlasst werden.

Aufgabe 3

Herr Leopold teilt der *Nordbank AG* mit, dass auf das neu eröffnete Geschäftskonto der *Meyers Mühle KG* häufig Bareinzahlungen von der KG erfolgen werden, da eine Vielzahl von Kunden der *Meyers Mühle KG* ihre Käufe in bar bezahlen. Die *Nordbank AG* informiert Herrn Leopold über das Geldwäschegesetz. Welche Aussagen zum Geldwäschegesetz sind richtig?

A Wenn der Bevollmächtigte der *Meyers Mühle KG* im Rahmen einer Bareinzahlung auf das Firmenkonto nicht identifiziert werden kann, erfolgt die Einzahlung auf ein Sonderkonto der *Nordbank AG*. Der eingezahlte Betrag kann dann erst nach Legitimation des Bevollmächtigten auf das Firmenkonto überwiesen werden.

B Die Identifizierung von Herrn Leopold bzw. seines Bevollmächtigten Einzahlers kann durch Personalausweis oder Reisepass erfolgen.

C Bei Verdacht auf Geldwäsche muss unabhängig vom Betrag immer eine Identifizierung des Einzahlenden erfolgen.

D Die Auskunft darf erteilt werden, jedoch darf sie zum Schutz der *Meyers Mühle KG* nicht beinhalten, seit wann die Geschäftsbeziehung zwischen der *Alphabank AG* und der *Meyers Mühle KG* besteht.

E Bareinzahlungen von Personenhandelsgesellschaften unterliegen unabhängig von der Betragshöhe nicht dem Geldwäschegesetz.

F Bei Annahme oder Abgabe von Bargeld, Wertpapieren oder Edelmetallen im Wert von insgesamt 15.000,00 EUR oder mehr muss eine Meldung an die Strafverfolgungsbehörde erfolgen.

☐ ☐

Aufgabe 4

Das Konto für die *Meyers Mühle KG* wird von der *Nordbank AG* eröffnet. Die Unterschriftsproben der beiden voll haftenden Gesellschafter Friedhelm Wandschneider und Carsten Glohr wurden eingeholt. Gleichzeitig beantragt die KG wegen der Geschäftserweiterung einen Investitionskredit über 120.000,00 EUR. Die *Nordbank AG* prüft im Rahmen der Bearbeitung des Kreditantrags zunächst die Kreditfähigkeit und die Kreditwürdigkeit der KG. Welche der folgenden Aussagen zur Prüfung der Kreditfähigkeit und Kreditwürdigkeit ist zutreffend?

A Zur Feststellung der Kreditfähigkeit lässt sich *Nordbank AG* die Bilanzen und Gewinn- und Verlustrechnungen der KG der letzten drei Jahre geben.

B Zur Feststellung der persönlichen Kreditwürdigkeit prüft die *Nordbank AG*, ob die KG voll geschäftsfähig ist.

C Zur Beurteilung der Kreditfähigkeit lässt sich die *Nordbank AG* von der *Meyers Mühle KG* einen aktuellen Handelsregisterauszug A und den Gesellschaftsvertrag übergeben.

D Zur Beurteilung der persönlichen Kreditfähigkeit benötigt die *Nordbank AG* das polizeiliche Führungszeugnis von Herrn Leopold.

E Zur Beurteilung der persönlichen Kreditwürdigkeit zieht die *Nordbank AG* unter anderem die Selbstauskunft von Herrn Leopold heran.

☐

Aufgabe 5

Wegen des Kreditantrags bittet die *Nordbank AG* die *Unionbank AG* als bisherige Hausbank der *Meyers Mühle KG* um eine Bankauskunft. Inwieweit ist eine Auskunft an die *Nordbank AG* gemäß AGB zulässig?

A Aufgrund des Bankgeheimnisses ist die *Unionbank AG* zur Verschwiegenheit verpflichtet und darf daher keine Informationen über die *Meyers Mühle KG* an die *Nordbank AG* weitergeben.

B Nach den AGB kann die Auskunft nur erteilt werden, wenn die *Meyers Mühle KG* dem Auskunftsersuchen ausdrücklich zustimmt.

C Die Auskunft kann erteilt werden und darf neben allgemeinen Angaben auch aktuelle Kontostände beinhalten.

D Die Auskunft wird erteilt, wenn die *Nordbank AG* durch die Angabe des Anfragegrundes ihr berechtigtes Interesse glaubhaft darlegt.

E Die Auskunft darf erteilt werden, jedoch darf sie zum Schutz der *Meyers Mühle KG* nicht beinhalten, seit wann die Geschäftsbeziehung zwischen der *Unionbank AG* und der *Meyers Mühle KG* besteht.

Aufgabe 6

Der Prokurist Sebastian Leopold möchte mit einigen der Kunden der *Meyers Mühle KG* das Lastschriftverfahren vereinbaren. Sie informieren Herrn Leopold sowohl über das SEPA-Basis-Lastschriftverfahren als auch über das SEPA-Firmen-Lastschriftverfahren.

Wie informieren Sie Herrn Leopold über das SEPA-Firmen-Lastschriftverfahren richtig?

A Bei diesem Verfahren ist ein Widerspruch gegen eine erfolgte Belastung möglich.
B Bei diesem Verfahren liegt der KG ein SEPA-Firmen-Lastschriftmandat des Zahlungspflichtigen (Kunden) vor.
C Bei diesem Verfahren erteilt der Zahlungspflichtige der 1. Inkassostelle den SEPA-Lastschrifteinzug.
D Bei diesem Verfahren kann der Kunde nach der Erteilung des SEPA-Firmen-Lastschriftmandats der erfolgten Abbuchung nicht mehr widersprechen.
E Im Unterschied zum SEPA-Basis-Lastschriftverfahren sind beim SEPA-Firmen-Lastschriftverfahren Teileinlösungen zulässig.
F Bei diesem Verfahren löst die Zahlstelle SEPA-Firmen-Lastschriften in jedem Fall ein, auch wenn nicht genügend Deckung auf dem Konto des Kunden vorhanden ist.

Aufgabe 7

Wie informieren Sie Herrn Leopold über das SEPA-Basis-Lastschriftverfahren richtig?

A Bei diesem Verfahren gibt Ihnen Ihr Kunde ein schriftliches SEPA-Basis-Lastschriftmandat.
B Ihr Kunde kann nach seiner Erteilung des SEPA-Basis-Lastschriftmandats einer Abbuchung nicht mehr widersprechen.
C Die Zahlstelle löst Lastschriften im SEPA-Basis-Lastschriftverfahren in jedem Fall ein, auch wenn nicht genügend auf dem Konto des Kunden vorhanden ist.
D Voraussetzung für die Teilnahme der KG am SEPA-Basis-Lastschriftverfahren ist eine schriftliche Inkassovereinbarung mit der *Nordbank AG*.
E In der Inkassovereinbarung mit der *Nordbank AG* kann die KG Fristen und Termine für Fälligkeiten von SEPA-Lastschriften angeben.
F Bei einer nicht autorisierten SEPA-Basis-Lastschrift können Schadensersatzansprüche nur gegen die Zahlstelle erhoben werden.

Aufgabe 8

Herr Leopold hat einen Verrechnungsscheck über 1.320,00 EUR von einer Kundin erhalten. Wann endet die Vorlegungsfrist bei einem Scheck, der die nachstehenden Daten aufweist:

- Betrag 1.320,00 EUR
- Ausstellungsort Hamburg
- Ausstellungsdatum 15.03.2013 (Freitag)
- Unterschrift Beate Paulsen

Der Scheck wurde am 13.03.2013 unter Beachtung des Scheckgesetzes vorgelegt. Tragen Sie das Datum (TT.MM.JJJJ) ein!

☐☐.☐☐.☐☐☐☐

Aufgabe 9

Herr Leopold möchte für die *Meyers Mühle KG* einen neuen Pkw erwerben. Er möchte den Pkw mit einem bestätigten Bundesbank-Scheck bezahlen. Welche der nachstehenden Aussagen beschreibt den bestätigten Bundesbank-Scheck richtig?

A „Wenn Sie einen Verrechnungsscheck ordnungsgemäß ausfüllen, unterschreiben und der zuständigen Filiale der Deutschen Bundesbank vorlegen, erhalten Sie auf der Rückseite des Schecks den erforderlichen Bestätigungsvermerk."

B „Da die *Nordbank AG* die Auftraggeberin der Scheckbestätigung ist, verpflichtet sich auch diese, den Scheck binnen acht Tagen nach Ausstellung bar auszuzahlen."

C „Die Bundesbank bestätigt den Scheck und belastet Ihr Konto mit dem Scheckbetrag zuzüglich einer Bearbeitungsgebühr."

D „Durch den Bestätigungsvermerk ist die Deutsche Bundesbank zur Bareinlösung des Schecks innerhalb von acht Tagen – vom Datum der Scheckausstellung an gerechnet – verpflichtet."

E „Die *Nordbank AG* erteilt der zuständigen Filiale der Deutschen Bundesbank in Hamburg unter Beifügung des ordnungsgemäß ausgefüllten Verrechnungsschecks den Auftrag zur Bestätigung dieses Schecks."

F „Sollte der bestätigte Bundesbank-Scheck nicht innerhalb der Garantiefrist zur Einlösung vorgelegt werden, bleibt die Deutsche Bundesbank noch weitere 15 Tage zur Einlösung aus der Scheckbestätigung im Wege der Kontogutschrift verpflichtet."

☐ ☐

Aufgabe 10

Die *Meyers Mühle KG* möchte bei der *Nordbank AG* 20.000,00 EUR kurzfristig anlegen. Herr Leopold kommt zu Ihnen an den Beratungstisch. Er wünscht von Ihnen Auskunft über eine Festgeldanlage. Welche der folgenden Aussagen über das Festgeld ist richtig?

A Die Konditionen für Festgelder sind an den Kapitalmarktzins gebunden.

B Mit Anlage des Festgeldes wird ein vorläufiger Zinssatz vereinbart, der von der *Nordbank AG* während der Festlegungsdauer entsprechend der jeweiligen Lage am Geldmarkt angepasst werden kann.

C Gemäß den Vorschriften der RechKredV sind bei vorzeitiger Verfügung über Festgelder Vorschusszinsen zu berechnen.

D Der Kunde ist berechtigt, jederzeit über die Geldanlage zu verfügen.

E Je nach Geldmarktlage können für Festgelder mit kürzerer Laufzeit höhere Zinssätze vereinbart werden als für längerfristige Anlagen.

☐

Aufgabe 11

Die *Meyers Mühle KG* entscheidet sich zur Anlage von 20.000,00 EUR auf einem Festgeldkonto mit einer vereinbarten Fälligkeit in 90 Tagen. Ihr Zinstableau zeigt die nachfolgenden Konditionen:

Festgelder Mindestanlage 2.500,00 EUR	bis unter 10.000,00 EUR	bis unter 20.000,00 EUR	bis unter 50.000,00 EUR
30 Tage	1,45 %	1,50 %	1,60 %
60 Tage	1,50 %	1,60 %	1,70 %
90 Tage	1,60 %	1,70 %	1,80 %
180 Tage	1,70 %	1,75 %	1,85 %

Welchen Zinsertrag erzielt die *Meyers Mühle KG* bei Fälligkeit ihrer Festgeldanlage (Zinsmethode 30/360)?

☐☐☐ , ☐☐ EUR

Situation für die Aufgaben 12 bis 16

Herr Walter Eschbauer ist Girokunde der *Nordbank AG*. Am 02. Mai (Freitag) kommt Frau Hiltrud Eschbauer um 11:30 Uhr zu Ihnen an den Beratungspoint und informiert Sie über den Tod ihres Mannes. Der Verstorbene hinterlässt eine volljährige Tochter. Sie sind Kundenberater/in und für die Abwicklung von Nachlasskonten zuständig.

Aus der Sterbeurkunde, die Frau Eschbauer vorlegt, ersehen Sie, dass Herr Eschbauer am 29. April um 04:00 Uhr verstorben ist. Ein Testament oder Erbvertrag liegen nicht vor. Daraufhin nehmen Sie eine Kundenabfrage vor und erhalten folgende Angaben:

Gesamtengagement Walter Eschbauer Schwenckestr. 91, 20255 Hamburg	Kontostände in EUR zum Buchungsschluss			
	28.04.	29.04.	30.04.	02.05.
Girokonto Walter Eschbauer Dispositionskredit: 8.000,00 EUR Vollmacht über den Tod hinaus: Hiltrud Eschbauer	H 3.767,24	H 2.100,85	H 1.860,32	H 1.760,18
Girocard ausgehändigt:				
an Walter Eschbauer				
an Hiltrud Eschbauer				
Sparkonto Eheleute Walter Eschbauer und Hiltrud Eschbauer (Einzelverfügungsberechtigung)	15.748,56	15.748,56	15.748,56	15.748,56

Anerkennung der AGB: **ja**
Für das Kalenderjahr erteilter Freistellungsauftrag: **801,00 EUR**
Kurse je Wertpapier zum Buchungsschluss in EUR/Stück bzw. in %

	28.04.	29.04.	30.04.	02.05.
Depotkonto Walter Eschbauer				
Vollmacht über den Tod hinaus:				
Hiltrud Eschbauer				
110 Stück United Internet AG	17,14	17,56	17,78	17,84
200 Stück Singulus AG	16,12	16,29	16,62	16,91
50.000,00 EUR NW 4,175 % Pfandbriefe Eurohypo AG 1.09 gzj. act./act.	99,80	99,50	99,10	98,70

Aufgabe 12

Frau Eschbauer möchte von Ihnen wissen, wie sie über die Konten verfügen kann. Welche der folgenden Aussagen zur Verfügung über die Konten ist richtig?

A Da Frau Eschbauer mit ihrem Ehegatten im gesetzlichen Güterstand zusammengelebt hat, kann sie über alle Konten verfügen. Zur Umschreibung sämtlicher Konten auf ihren Namen genügt die bereits vorgelegte Sterbeurkunde.

B Da Frau Eschbauer kein Testament vorlegen kann, tritt in diesem Falle die gesetzliche Erbfolge ein, d. h. sie bildet mit ihrer Tochter eine Erbengemeinschaft und kann deshalb nur gemeinsam mit ihrer Tochter über sämtliche Nachlasskonten verfügen.

C Da Frau Eschbauer und ihre Tochter je zur Hälfte erbberechtigt sind, kann jeder von ihnen allein über die Hälfte des jeweiligen Kontoguthabens verfügen.

D Über das Giro- und das Depotkonto kann Frau Eschbauer wie bisher verfügen, wenn ihre Tochter die seinerzeit vom Ehemann erteilte Vollmacht nicht widerruft.

E Für Verfügungen über das Spar- und Girokonto genügt die Vorlage der Sterbeurkunde. Für Verfügungen über das Depot benötigt die *Nordbank AG* die Vorlage des vom Nachlassgericht ausgestellten Erbscheins.

Aufgabe 13

Sie fertigen die Meldung an die zuständige Erbschaftsteuerstelle gemäß Erbschaftsteuergesetz aus.

Ermitteln Sie die Summe der Guthaben des Girokontos und des Sparkontos ohne Zinsen. (Ergebnis auf volle Euro abrunden)

Aufgabe 14

Ermitteln Sie den Betrag, der sich aus der Summe der Pfandbriefe zuzüglich der aufgelaufenen Zinsen ergibt. (Ergebnis auf volle Euro abrunden, das Sterbejahr ist ein Schaltjahr)

Aufgabe 15

Ermitteln Sie den Betrag, der sich aus der Summe der Aktien ergibt. (Ergebnis auf volle Euro abrunden)

Aufgabe 16

Bis zu welchem Kalendertag (TT.MM.) müssen Sie die Erbschaftsteuermeldung an das zuständige Finanzamt weitergeleitet haben?

Aufgabe 17

Für die Rentnerin Gerda Marten ist altersbedingt ein Betreuer für den Bereich Vermögenssorge bestellt worden. Ein Einwilligungsvorbehalt wurde angeordnet. Welche der unten stehenden Aussagen sind in diesem Zusammenhang zutreffend?

A Der Betreuer ist berechtigt, auf den Namen von Frau Marten Konten eröffnen zu lassen, da er die Stellung eines gesetzlichen Vertreters hat.

B Willenserklärungen von Frau Marten sind schwebend unwirksam, da die Rentnerin durch die Anordnung der Betreuung einer beschränkt geschäftsfähigen Person gleich gestellt wurde.

C Willenserklärungen von Frau Marten sind zunächst wirksam, können aber durch den Betreuer angefochten werden, wenn die Rentnerin offenkundig zu ihrem Schaden gehandelt hat.

D Der Betreuer benötigt zur Eröffnung von Konten auf den Namen von Frau Marten die Zustimmung der Betreuten, da es sich hierbei um ein außergewöhnliches Rechtsgeschäft handelt.

E Geldanlagen des Betreuers im Namen von Frau Marten müssen verzinslich und mündelsicher sein.

F Legt der Betreuer im Namen von Frau Marten Geld an, so darf die Anlage ausschließlich in Bundeswertpapieren erfolgen.

Situation zu den Aufgaben 18 bis 26

Das Ehepaar Jürgen und Christa Tigges aus Norderstedt (erst kürzlich aus Bielefeld nach Norderstedt zugezogen, da Herr Tigges von seinem Arbeitgeber versetzt wurde) hat am 11.01.2012 bei der *Nordbank AG* in Norderstedt einen Kreditantrag über 20.000,00 EUR zur Finanzierung einer Wohnungseinrichtung (Wohnzimmer, Schlafzimmer, Küche) im Gesamtwert von 33.000,00 EUR gestellt. Der Restkaufpreis wird aus der Rückzahlungssumme fälliger Pfandbriefe (Serie 115 v. 2007/2012) bezahlt. Die Antragsteller möchten den Kredit innerhalb von 3 Jahren zurückzahlen. Das Ehepaar hat einen Sohn (10 Jahre alt) und eine 5-jährige Tochter. Jürgen Tigges (41 Jahre alt) ist Speditionskaufmann, Frau Tigges (36 Jahre alt) ist Zahnarzthelferin. Das monatliche Nettoeinkommen der Familie beträgt 3.500,00 EUR.

Zur Sicherstellung des Kredits bietet das Ehepaar Tigges folgende Sicherheiten an:
- das Wertpapierdepot bei der *Nordbank AG*
- den Lebensversicherungsvertrag
- ein Nord-Investmentdepot
- die neue Wohnungseinrichtung

Engagementabfrage am 11.01.2012, Kontoinhaber Jürgen Tigges
1. Kontoverbindung seit 12.10.2011
2. Girokontonummer: 897370100; Sollsaldo 150,00 EUR; Limit 5.000,00 EUR
3. Depotkonto Nr. 897370200
- 5 % Bundesanleihe 2005/2015; Nennwert 20.000,00 EUR; Kurs 103,55 %
- 3,875 % Pfandbriefe Serie 115 v. 07(12), fällig am 11.01.2012; Nennwert 13.000,00 EUR, Kurs 100 %
- 100 Stück *Chemie-AG*-Aktien, Kurs 66,50 EUR
- 50 Stück *Touristik-AG*-Aktien, Kurs 89,00 EUR

Engagementabfrage am 11.01.2012, Kontoinhaberin Christa Tigges
1. Kontoverbindung seit 12.10.2011
2. Girokontonummer: 897371100; Guthaben 500,45 EUR; Limit 1.000,00 EUR

Richtlinie der *Nordbank AG* für Privatkredite/Konsumentenkredite (Auszug)
1. Die Ermittlung des frei verfügbaren Einkommens und der zumutbaren monatlichen Belastung erfolgt unter Berücksichtigung folgender Mindestbedarfssätze:
   a) Lebenshaltungskosten von 400,00 EUR für jeden Erwachsenen und 100,00 EUR für jedes Kind
   b) Kosten je Pkw 200,00 EUR
   c) Für unvorhergesehene Ausgaben werden 30 % vom frei verfügbaren Einkommen angesetzt.
2. Beleihungsgrundsätze:
   a) Für Wertpapiere inländischer Emittenten:
      - Gläubigerpapiere der öffentlichen Hand: 90 % des Kurswertes, maximal der Nennwert
      - Aktien: 60 % des Kurswertes
      - Investmentanteile: 70 % des Anteilwertes

Selbstauskunft des Ehepaares Jürgen und Christa Tigges
1. Durchschnittliche monatliche Ausgaben

Gesamtmiete (einschl. Nebenkosten)	1.000,00 EUR
Gesamtkosten für 2 Pkw (Benzin, Steuer, Versicherung)	450,00 EUR
Geschätzte Lebenshaltungskosten	600,00 EUR
Prämie Kapitallebensversicherung	250,00 EUR
Bausparen	100,00 EUR
Leasingrate für einen Pkw (Restlaufzeit 2 Jahre)	225,00 EUR

Keine weiteren Kreditverpflichtungen

2. Vermögensverhältnisse
- Depotkonto bei der *Nordbank AG* Nr. 897370300
- Sparkonto bei der *Nordbank AG* Nr. 897370500
- Investmentdepot bei der *Nord-Investment GmbH*, 50 Anteile am *WEKANORD*, Rücknahmepreis 129,20 EUR, Ausgabepreis 132,43 EUR (Angabe per 11.01.2012)
- Kapitalversicherungsvertrag mit der *NordLeben Versicherungs AG* vom 01.11.2006, Versicherungssumme 100.000,00 EUR, monatliche Prämie 250,00 EUR

Aufgabe 18

Ermitteln Sie für die Antragsprüfung und das Kreditangebot der *Nordbank AG* die für die Bank maßgebliche Höhe der monatlichen Lebenshaltungskosten von Familie Tigges.

☐☐☐☐ , ☐☐ EUR

Aufgabe 19

Ermitteln Sie die Summe der monatlichen Verpflichtungen der Familie Tigges einschließlich der von Ihnen ermittelten Lebenshaltungskosten.

☐☐☐☐ , ☐☐ EUR

Aufgabe 20

Ermitteln Sie das frei verfügbare Einkommen unter Berücksichtigung des 30 %igen Sicherheitsabschlags für unvorhergesehene Ausgaben der Familie Tigges.

☐☐☐ , ☐☐ EUR

Aufgabe 21

Im Kreditgespräch mit der Familie Tiggges informieren Sie auch über den Sinn und Zweck einer Restschuldversicherung. Bei Ratenkrediten werden häufig Restschuldversicherungen abgeschlossen, die den Todesfall und die Arbeitsunfähigkeit absichern sollen. Wie informieren Sie das Ehepaar Tigges über die Restschuldversicherung richtig?

A Die Versicherungsprämie ist während der gesamten Kreditlaufzeit monatlich zu zahlen.
B Versicherungsleistungen aufgrund von Arbeitsunfähigkeit erfolgen nur, wenn die Arbeitsunfähigkeit ärztlich nachgewiesen wurde.
C Der Versicherungsschutz beginnt mit Abschluss des Ratenkredits unabhängig von der Auszahlung Darlehens.
D Während der Laufzeit des Ratenkredits bleibt das Garantiekapital in voller Höhe bestehen.
E Herr Tigges ist sowohl versicherte Person als auch gleichzeitig Versicherungsnehmer.
F Die Versicherungsleistung in Höhe des Restkredits wird im Todesfall in einer Summe ausgezahlt, bei Arbeitsunfähigkeit in Raten.

☐ ☐

Aufgabe 22

Mit Abschluss des Kreditvertrages informieren Sie die Eheleute Tigges über ihr Widerrufsrecht gemäß BGB. Welche der folgenden Aussagen sind in diesem Zusammenhang zutreffend?

A Die Eheleute Tigges können nach erfolgter Auszahlung des Darlehens den Vertrag nur rückgängig machen, wenn sie binnen zwei Wochen den Kreditbetrag zurückzahlen.
B Die Widerrufsbelehrung darf mündlich erfolgen. Nur aus Beweisgründen belehrt die *Nordbank AG* ihre Kunden schriftlich.
C Die Widerrufsbelehrung kann schriftlich erfolgen und ist Bestandteil des Kreditvertrages. Mit der Unterzeichnung des Kreditvertrages bestätigt das Ehepaar Tigges gleichzeitig die Widerrufsbelehrung.
D Sollte das Ehepaar Tigges den Kredit doch nicht aufnehmen wollen, kann es nach Abschluss des Kreditvertrages noch eine Woche schriftlich widerrufen.
E Das Ehepaar Tigges kann innerhalb einer Frist von zwei Wochen nach rechtswirksamer Widerrufsbelehrung den Kreditvertrag z. B. durch eine entsprechende E-Mail an die *Nordbank AG* widerrufen.
F Der Kreditbetrag muss vier Wochen nach rechtswirksamer Widerrufsbelehrung zurückgezahlt sein, sonst gilt der Widerruf als nicht erfolgt.

☐ ☐

Aufgabe 23

Die *Nordbank AG* möchte auf eine Sicherung des Darlehens nicht verzichten. Am 11.01.2012 ermitteln Sie als Privatkundenbetreuer den Beleihungswert der angebotenen Kreditsicherheiten (abgerundet auf 1.000,00 EUR). Welche Aussage zum Beleihungswert ist zutreffend?

Der Beleihungswert ...

A des Lebensversicherungsvertrags beträgt 100.000,00 EUR.
B der Lohn- und Gehaltsabtretungen des Ehepaares Tigges beträgt 3.500,00 EUR.
C der *WEKANORD*-Anteile beträgt 5.000,00 EUR.
D des Wertpapierbestands im Depot bei der *Nordbank AG* beträgt 25.000,00 EUR.
E der Wohnungseinrichtung beträgt 33.000,00 EUR.

☐

Aufgabe 24

Zur Absicherung des Kredits zieht die *Nordbank AG* auch die Gehaltsabtretung von Herrn Tigges in Betracht. Wie ist diese Sicherheit zu beurteilen?

A Gehaltsansprüche können grundsätzlich nicht abgetreten werden.
B Wechselt Herr Tigges seinen Arbeitgeber während der Kreditlaufzeit, gilt die Gehaltsabtretung nicht für die Gehaltsansprüche gegen den neuen Arbeitgeber.
C Es kann nur der pfändbare Teil der Gehaltsforderungen abgetreten werden.
D Mangels Bestimmbarkeit ist diese Gehaltsabtretung nichtig.
E Von einer Sicherungsabtretung ist abzusehen, da sie hinter eine spätere Pfändung der Gehaltsansprüche zurücktreten muss.

☐

Aufgabe 25

Nach zwei Jahren kommt das Ehepaar Tigges seinen Zahlungsverpflichtungen nicht mehr nach. Nachdem die *Nordbank AG* ohne Ergebnis die gesetzlich vorgesehenen Schritte durchgeführt hat, sollen die zur Sicherung des Darlehens verpfändeten Wertpapiere des Ehepaars Tigges verwertet werden. Was muss die *Nordbank AG* hinsichtlich der Verwertung beachten?

A Die Verwertung der Wertpapiere kann durch einen börsenmäßigen Verkauf an der Frankfurter Wertpapierbörse bzw. im Xetra-Handel erfolgen.
B Eine Verwertung ist nur möglich, wenn die *Nordbank AG* einen vollstreckbaren Titel erlangt hat.
C Eine Verwertung kann erst erfolgen, wenn in mindestens einer Tageszeitung die Pfandverwertung angezeigt worden ist.
D Der Verwertungserlös muss mindestens 80 % des Beleihungswertes der Wertpapiere betragen.
E Ein Mehrerlös über die Forderungen der *Nordbank AG* steht dem Sicherungsnehmer zu.

☐

Aufgabe 26

Der Erlös aus der Verwertung der vom Ehepaar Tigges gestellten Sicherheiten reicht nicht aus, um die Forderungen der *Nordbank AG* zu decken. Die *Nordbank AG* beantragt daraufhin einen Mahnbescheid und anschließend einen Vollstreckungsbescheid. Welche der folgenden Aussagen sind in diesem Zusammenhang richtig?

A Unabhängig von der Forderungshöhe ist der Mahn- und Vollstreckungsbescheid bei dem Amtsgericht, in dessen Bezirk der Antragsteller seinen Sitz hat, zu beantragen.
B Erhebt das Ehepaar Tigges gegen den Mahnbescheid Widerspruch, so kann die *Nordbank AG* einen Vollstreckungsbescheid beantragen.
C Die *Nordbank AG* erlangt mit Antragstellung des Vollstreckungsbescheids einen vollstreckbaren Titel.
D Mit Beantragung eines Vollstreckungsbescheids wird ein Gerichtsvollzieher beauftragt, dem Arbeitgeber von Herrn Tigges einen Pfändungs- und Überweisungsbeschluss zuzusenden.
E Durch Beantragung eines Vollstreckungsbescheids wird das Ehepaar Tigges verpflichtet, eine eidesstattliche Versicherung abzugeben.
F Wenn das Ehepaar Tigges einen fristgerechten Widerspruch gegen den Mahnbescheid erhebt, kann kein Vollstreckungsbescheid mehr ergehen. Die *Nordbank AG* muss dann einen Antrag auf Durchführung eines streitigen Verfahrens vor dem zuständigen Gericht stellen.

☐ ☐

Situation zu den Aufgaben 27 und 28

Ihr Kunde Friedhelm Saxinger kommt am 10. Mai 2012 zu Ihnen, um sich über Wertpapiere beraten zu lassen. Herr Saxinger besitzt bei der *Nordbank AG* ein Depot. Darin befinden sich unter anderem 400 Chemieaktien, die er am 12. April des Vorjahres zum Börsenpreis von 24,48 EUR gekauft hat. Herr Saxinger verkauft am 10. Mai 2012 seine gesamten Chemieaktien zum Börsenpreis von 30,70 EUR.

Aufgabe 27

Ermitteln Sie den Kursgewinn unter Berücksichtigung der Abgeltungsteuer. Herr Saxinger ist nicht kirchensteuerpflichtig. Ein Verlustverrechnungskonto wurde bisher nicht für ihn geführt. Provision und Courtage bleiben unberücksichtigt.

☐☐☐ , ☐☐ EUR

Aufgabe 28

Herr Saxinger möchte von Ihnen die Bedeutung des Kurshinweises „B“ erklärt haben. Welche der folgenden Auskünfte zum Kurshinweis „B“ ist richtig?

A Umsätze fanden statt, ein Teil der Nachfrage konnte nicht befriedigt werden.
B Es wurden keine Umsätze getätigt, da zu diesem Preis nur Nachfrage vorlag.
C Umsätze fanden statt, Angebot und Nachfrage glichen sich aus.
D Umsätze fanden statt, allerdings konnte ein Teil der Verkaufsaufträge, die zu diesem Preis limitiert waren, nicht ausgeführt werden.
E Es wurden keine Umsätze getätigt, zu diesem Preis bestand nur Angebot.

☐

Situation zu den Aufgaben 29 bis 33

Die Hauptversammlung der *Fernheizwerke Neukölln AG (FHW AG)* hat im laufenden Geschäftsjahr am 9. April 2012 beschlossen, das Grundkapital der Gesellschaft durch die Ausgabe von Stückaktien mit einem rechnerischen Anteil am Grundkapital von jeweils 1,00 EUR um 13 Mio. EUR auf 65 Mio. EUR zu erhöhen. Diese Aktien werden den Aktionären zum Preis von 20,00 EUR angeboten. Die jungen Aktien sind gegenüber den Altaktien für das laufende Geschäftsjahr nur zu einem Drittel dividendenberechtigt. Die voraussichtliche Dividende wurde vom Vorstand der *FHW AG* für das laufende Geschäftsjahr mit 0,90 EUR pro Aktie angekündigt. Die Bezugsrechte auf diese Aktien werden in der Zeit vom 07. Mai 2012 (Montag) bis zum 14. Mai 2012 (Montag) einschließlich an der Frankfurter Wertpapierbörse gehandelt. Die alten Aktien werden vor Beginn der Bezugsfrist an der Börse mit 23,00 EUR notiert.

Aufgabe 29

Welche der folgenden Aussagen zur Kapitalerhöhung sind zutreffend?

A Beschließt die Hauptversammlung ein „genehmigtes Kapital“, so muss die Kapitalerhöhung in den nächsten sieben Jahren durchgeführt werden.
B Werden Aktien zu einem Ausgabepreis über dem rechnerischen Nennwert emittiert, entsteht eine Gewinnrücklage.
C Die Emission von Wandelanleihen, bei denen der Gläubiger das Umtauschrecht in Aktien der *Fernheizwerke Neukölln AG* hat, führt zu einer bedingten Kapitalerhöhung.
D Durch die Ausgabe von Berichtigungsaktien fließt zusätzliches Kapital in das Unternehmen.
E Bei einer bedingten Kapitalerhöhung darf der Vorstand das festgelegte Emissionsvolumen um 10 % erhöhen.
F Bei Ausgabe neuer Aktien bestimmt die Hauptversammlung gemäß Aktiengesetz über einen möglichen Ausschluss des Bezugsrechtes.

☐ ☐

Aufgabe 30

Um welche Art der Kapitalerhöhung handelt es sich im vorliegenden Fall?

A Kapitalerhöhung gegen Bareinlagen
B Genehmigtes Kapital
C Kapitalerhöhung aus Gesellschaftsmitteln
D Kapitalerhöhung gegen Sacheinlagen
E Bedingte Kapitalerhöhung

☐

Aufgabe 31

Berechnen Sie das Bezugsverhältnis. ☐ : ☐

Aufgabe 32

Berechnen Sie den rechnerischen Wert des Bezugsrechts. ☐ , ☐☐ EUR

Aufgabe 33

An welchem Tag wird die FHW-Aktie mit dem Kurszusatz „ex BR“ notiert? Nennen Sie das Datum (TT.MM.JJJJ). ☐☐ . ☐☐ . ☐☐☐☐

Aufgabe 34

Die *Draegerwerke AG* haben einen Kontrakt mit einem neuseeländischen Importeur aus Auckland über die Lieferung von medizinischen speziellen Instrumenten im Wert von 150.000,00 USD geschlossen. Welche der folgenden Zahlungsbedingungen sollten die *Draegerwerke AG* mit ihrem Geschäftspartner aus Auckland vereinbaren, wenn das Zahlungsrisiko für die *Draegerwerke AG* besonders gering gehalten werden soll?

A Zahlung gegen Rechnung nach Erhalt der Ware
B Dokumente gegen Zahlung (d/p)
C Zahlung bei Lieferung (cash on delivery)
D Dokumente gegen Akzeptierung eines Wechsels (d/a)
E Unwiderrufliches Dokumenten-Akkreditiv

☐

C Rechnungswesen und Steuerung

Bearbeitungszeit: 60 Minuten

Lösungen ab Seite 330

Aufgabe 1

Ein KK-Kunde der *Nordbank AG*, derzeitige Kreditinanspruchnahme 4.500,00 EUR, gibt einen Überweisungsauftrag in Höhe von 7.000,00 EUR zur Ausführung über die Deutsche Bundesbank herein. Außerdem überträgt er von seinem Sparkonto 15.000,00 EUR auf sein KK-Konto.

Welche Bilanzveränderung liegt vor?

1 Aktivtausch
2 Passivtausch
3 Aktiv-Passiv-Minderung
4 Aktiv-Passiv-Mehrung

☐

Ermitteln Sie den Betrag der Bilanzveränderung. ☐☐☐☐☐,☐☐ EUR

Aufgabe 2

Kaufleute im Sinne des HGB müssen für ihre Unterlagen gesetzlich vorgeschriebene Aufbewahrungsfristen einhalten. Ermitteln Sie, wie lange folgende Unterlagen der *Handels-AG* aufzubewahren sind. Das Geschäftsjahr der *Handels-AG* endet jeweils am 30. Juni. Geben Sie bitte das genaue Datum ein (Format: TT.MM.JJJJ) der Gewinn- und Verlustrechnung des Geschäftsjahres, das am 30. Juni 2013 endete.

☐☐.☐☐.☐☐☐☐

Aufgabe 3

Während des Geschäftsjahres fallen unterschiedliche Arten von Buchungen an. Ordnen Sie nachfolgend aufgeführte Buchungsarten den Buchungsanlässen zu.

0 keine Buchung
1 laufende Buchung
2 vorbereitende Abschlussbuchung
3 Abschlussbuchung

Anlässe

A Das Kreditinstitut zahlt an Kunden den Gegenwert vorgelegter, fälliger Zinsscheine unter Einbehaltung der Steuern bar aus.
B Bei der Insolvenz eines Kreditkunden geht das Kreditinstitut von einem Totalverlust aus.
C Mit einem Kunden wird gebührenfrei ein Kennwort fürs Sparkonto vereinbart.
D Das Gewinn- und Verlustkonto wird über das Eigenkapitalkonto abgeschlossen.
E Aufgelaufene, noch nicht vereinnahmte Stückzinsen werden dem Bestand an Anleihen und Schuldverschreibungen zugebucht.
F Für eine im alten Jahr notwendig gewordene Reparatur, zu der ein Kostenvoranschlag vorliegt, wird Vorsorge getroffen.

A	B	C	D	E	F

Aufgabe 4

In einigen Bilanzpositionen von Unternehmen sind stille Reserven enthalten. Welche Aussagen über stille Reserven sind richtig?

Stille Reserven ...

1 entstehen durch die Unterbewertung von Verbindlichkeiten.
2 entstehen durch die Neuemission von Aktien über Nennwert.
3 entstehen, wenn Einzelwertberichtigungen auf Forderungen zu hoch angesetzt werden.
4 sind nicht in der Bilanz, sondern nur in der Gewinn- und Verlustrechnung zu erkennen.
5 entstehen durch Verschweigen von Verbindlichkeiten in der Bilanz.
6 können durch die Bildung von Rückstellungen entstehen.

☐ ☐

Aufgabe 5

Die *Nordbank AG* führt Abschreibungen auf Sachanlagen durch. Welche der Aussagen über Abschreibungsverfahren sind sachlich richtig?

1 Bestimmte Anlagegegenstände können unabhängig von der betriebsgewöhnlichen Nutzungsdauer über 5 Jahre abgeschrieben werden.
2 Bei der Abschreibung ist stets monatsgenau abzuschreiben, d. h. der Kaufmonat wird voll in die Abschreibungsdauer einbezogen, auch wenn der Kauf erst Ende des Monats erfolgt.
3 Bei der linearen Abschreibung darf höchstens ein Abschreibungssatz von 20 % gewählt werden.
4 Anlagegegenstände, die 178,50 Euro inkl. USt. kosten, können sofort als Aufwand gebucht werden.
5 Die Höhe der Abschreibung hängt stets von der Nutzungsdauer der Anlagegegenstände ab.
6 Die lineare Abschreibung bewirkt, dass am Beginn der Nutzungszeit die Abschreibung am höchsten ist, da neue Güter am meisten an Wert verlieren.

☐ ☐

Die Aufgaben 6 bis 10 beziehen sich auf die folgende Ausgangssituation:

Die *Nordbank AG* erstellt den Jahresabschluss nach den Vorschriften des HGB und muss dazu folgende Wertpapiere der Liquiditätsreserve bewerten:

7,25 % Industrieanleihe mit Zinstermin 1.07. (act/act)

	Nennwert EUR	Kurswert EUR
Anfangsbestand	600.000,00	630.000,00
Kauf 01.02.	300.000,00	297.000,00
Verkauf 10.07.	400.000,00	424.200,00
Verkauf 22.11.	200.000,00	208.000,00

Börsenkurs der Industrieanleihe am 31.12.: 102,3 %

Aufgabe 6

Berechnen Sie zum Geschäftsjahresende den durchschnittlichen Anschaffungskurs.

☐☐☐ , ☐ %

Aufgabe 7

Ermitteln Sie den realisierten Erfolg aus den beiden Verkäufen. Tragen Sie vor dem Betrag eine 1 ein, wenn insgesamt ein realisierter Gewinn, eine 2, wenn insgesamt ein realisierter Verlust vorliegt.

☐ ☐☐☐☐☐ , ☐☐ EUR

Aufgabe 8

Berechnen Sie die aufgelaufenen, aber noch nicht vereinnahmten Stückzinsen.

☐☐☐☐☐ , ☐☐ EUR

Aufgabe 9

Ermitteln Sie für den Jahresabschluss den Bilanzwert der Wertpapiere. ☐☐☐☐☐☐ , ☐☐ EUR

Aufgabe 10

Berechnen Sie den nicht realisierten Erfolg aus der Bewertung zum Bilanzstichtag. Tragen Sie eine **1** ein, wenn ein nicht realisierter Gewinn, eine **2**, wenn ein nicht realisierter Verlust vorliegt. ☐ ☐☐☐☐ , ☐☐ EUR

Die Aufgaben 11 bis 16 beziehen sich auf die folgende Ausgangssituation:

Zu den Jahresabschlussarbeiten der *Nordbank AG* gehört die Bewertung des Forderungsbestandes. Das Rechnungswesen meldet:

Inventurbestand der Forderungen an Kunden vor Abschreibung: 270 Mio. EUR

Bei einigen Schuldnern haben sich im Laufe des Geschäftsjahres Veränderungen in der Bonität ergeben.

Kunde	Kredithöhe	Aus dem Vorjahr vorhandene Einzelwertberichtigung	Aktuelle Einschätzung des Risikos
Aust	150.000,00 EUR	50.000,00 EUR	Es muss mit einem Ausfall von 60 % gerechnet werden.
Beyer	200.000,00 EUR	———	Eröffnung des Insolvenzverfahrens, erwartete Insolvenzquote 5 %.
Cast	250.000,00 EUR	150.000,00 EUR	Herr *Cast* tritt eine werthaltige Eigentümergrundschuld in ausreichender Höhe an die *Nordbank AG* ab.
Drost	350.000,00 EUR	350.000,00 EUR	Am 31.12. werden 1.000,00 EUR überwiesen, verbunden mit der Nachricht, dass das gerichtliche Mahnverfahren endgültig abgeschlossen ist.

Aufgabe 11

Mit welchem Betrag werden die Forderungen an die Kunden *Aust* und *Beyer* am Jahresende insgesamt bewertet? ☐☐☐☐☐ , ☐☐ EUR

Aufgabe 12

Welcher Betrag ist am Jahresende direkt abzuschreiben? ☐☐☐☐☐ , ☐☐ EUR

Aufgabe 13

Welcher Betrag ist am Jahresende indirekt abzuschreiben? ☐☐☐☐☐☐ , ☐☐ EUR

Aufgabe 14

Über welchen Betrag müssen Zuschreibungen zu Forderungen erfolgen? ☐☐☐☐☐☐ , ☐☐ EUR

Aufgabe 15

In welcher Höhe werden am Jahresende Einzelwertberichtigungen gebildet sein? ☐☐☐☐☐☐ , ☐☐ EUR

Aufgabe 16

Über welchen Betrag lautet der Debitorenbestand nach Abschreibung? [ ][ ][ ][ ][ ][ ] Tsd. EUR

Aufgabe 17

Entscheiden Sie, ob es in folgenden Sachverhalten zu einer
1 Verminderung der stillen Rücklagen
2 Erhöhung der stillen Rücklagen
3 Verminderung der offenen Rücklagen
4 Erhöhung der offenen Rücklagen
5 Verminderung der Rückstellungen
6 Erhöhung der Rückstellungen kommt oder
7 ob nichts von dem zutrifft.

Sachverhalte:

A Die *Nordbank AG* trägt der möglichen höheren Inanspruchnahme durch die Zunahme der Bürgschaftsverpflichtungen Rechnung.
B Verkauf einer Unternehmensbeteiligung über Buchwert.
C Für die Altersversorgung der Mitarbeiter werden Geldbeträge im Unternehmen gebunden.
D Ein Teil des Jahresüberschusses wird zur Erhöhung des Eigenkapitals genutzt.
E Abschreibungen sind höher als die tatsächliche Wertminderung.
F Überweisung der Steuernachzahlung, mit der die *Nordbank AG* im vergangenen Jahr gerechnet hatte.

A	B	C	D	E	F

Aufgabe 18

In der Kostenrechnung werden fixe und variable Kosten unterschieden.

Welche der nebenstehenden Aussagen treffen auf fixe bzw. variable Kosten zu?

1 Variable Kosten können proportional mit der Erhöhung des Beschäftigungsgrades steigen und bleiben dann pro Leistungseinheit konstant.
2 Fixe Gesamtkosten bleiben pro Stückeinheit konstant.
3 Je kleiner der Anteil der variablen Kosten an den Gesamtkosten ist, desto kleiner ist das Betriebsergebnis.
4 Variable Kosten können nie Gemeinkosten sein.
5 Außerplanmäßige Abschreibungen auf Betriebs-Pkws zählen zu den variablen Kosten.
6 Variable Kosten schwanken mit der Menge der erbrachten Leistung.

[ ] [ ]

Die Aufgaben 19 bis 21 beziehen sich auf die folgende Ausgangssituation:

Entscheiden Sie, in welcher Höhe
1 neutrale Aufwendungen,
2 neutrale Erträge,
3 Grundkosten,
4 Grunderlöse,
5 Zusatzkosten bzw.
6 Zusatzerlöse anfallen

Aufgabe 19

Verkauf des alten Pkws der Immobilienabteilung für 900,00 EUR (einschl. USt.), Restbuchwert 1,00 EUR. [ ] [ ][ ][ ] , [ ][ ] EUR

Aufgabe 20

Ein im Vorjahr für 174,00 EUR (einschl. USt.) gekaufter Fotokopierer für die Abteilung Hypothekenkredite mit einer geschätzten Nutzungsdauer von 3 Jahren. [ ] [ ][ ] , [ ][ ] EUR

Aufgabe 21

Dividendengutschrift über 29.450,00 EUR für eigene Aktien. EUR

Aufgabe 22

Die *Nordbank AG* weist für das Geschäftsjahr die folgenden durchschnittlichen Bestände und Zinssätze aus:

Überziehungskredite an Kunden	30 Mio. EUR	9 %
Spareinlagen von Kunden	20 Mio. EUR	1 %
Darlehen an Kunden	40 Mio. EUR	6 %
Sichteinlagen auf Gehaltskonten	10 Mio. EUR	0 %
Tagesgelder an Korrespondenzbanken	10 Mio. EUR	3 %
Termingelder von Kunden	50 Mio. EUR	2 %

Andere Aktiv- und Passivposten sind nicht vorhanden.

Ermitteln Sie die Bruttozinsspanne. %

Die Aufgaben 23 bis 25 beziehen sich auf die folgende Ausgangssituation:

Der Bankkunde *Christian Bollig* möchte bei der *Nordbank AG* ein Festdarlehen in Höhe von 250.000,00 EUR aufnehmen, um ein Ferienhaus zu finanzieren. Die Kreditlaufzeit soll 8 Jahre betragen. Um den Zinssatz zu ermitteln, mit dem das Darlehen dem Kunden im günstigsten Falle angeboten werden kann, berechnet die *Nordbank AG* zuerst den Eigenkapitalkostensatz. Hierbei ist zu berücksichtigen, dass das Darlehen mit 8 % Eigenkapital zu unterlegen ist, das sich mit 10 % verzinsen soll. Gleichzeitig möchte die Bankkundin *Sabrina Demming* ein Festgeld in Höhe von 40.000,00 EUR für ein Jahr anlegen.

Zinssatz für alternative Kapitalanlagen am Geld- und Kapitalmarkt	6,5 %
Zinssatz für alternative Kapitalbeschaffung am Geld- und Kapitalmarkt	3,5 %
Bearbeitungskostensatz für Festgelder	0,3 %
Bearbeitungskosten für das Festdarlehen	1.400,00 EUR
Risikokostensatz	0,4 %

Aufgabe 23

Berechnen Sie unter Berücksichtigung der oben stehenden Angaben den Eigenkapitalkostensatz. %

Aufgabe 24

Ermitteln Sie den Zinssatz, den die *Nordbank AG* für das Darlehen mindestens verlangen muss. %

Aufgabe 25

Ermitteln Sie den Zinssatz, zu dem die *Nordbank AG* das Festgeld höchstens hereinnehmen kann. %

Die Aufgaben 26 bis 31 beziehen sich auf die folgende Ausgangssituation:

Bilanz der *Beckmann AG*:

Aktiva	Bilanz per 31.12.20(0)		Passiva
	Mio. EUR		Mio. EUR
Sachanlagen	3.900,0	Gezeichnetes Kapital	2.900,0
Finanzanlagen	800,5	Rücklagen	700,0
Vorräte	2.000,5	Bilanzgewinn	250,0
Forderungen aus L. u. L.	3.800,0	Pensionsrückstellungen	1.450,0
Liquide Mittel	95,4	Langfr. Verbindlichkeiten	2.900,0
	--	Verbindlichkeiten aus L. u. L.	2.396,4
	10.596,4		**10.596,4**

Erfolgsrechnung der *Beckmann AG*

	Tsd. EUR
Umsatzerlöse	15.740
Bestandserhöhungen	190
Materialaufwand	13.100
Personalaufwand	1.530
Abschreibungen auf Sachanlagen	400
Zinsen und ähnliche Aufwendungen	330
Zuführung zu Pensionsrückstellungen	5
Jahresüberschuss	**565**

Die *Nordbank AG* ist Hausbank der *Beckmann AG*. Sie hat der Maschinenfabrik ein langfristiges Darlehen in Höhe von 2.900.000,00 EUR gewährt. Die Firmenleitung hat kürzlich darum gebeten, darüber hinaus eine kurzfristig benutzbare Kreditlinie von 150.000,00 EUR zu erhalten.

Aufgabe 26

In Vorbereitung einer Vorlage für den Kreditausschuss ermitteln Sie anhand der vorgelegten Bilanz und Gewinn- und Verlustrechnung den Anlagendeckungsgrad II.

☐☐☐ , ☐ %

Aufgabe 27

Ermitteln Sie den Cash-Flow.

☐☐☐ Tsd. EUR

Aufgabe 28

Ermitteln Sie das Debitorenziel.

☐☐ Tage

Aufgabe 29

Ermitteln Sie die Eigenkapitalquote.

☐☐ , ☐ %

Aufgabe 30

Ermitteln Sie die Gesamtkapitalrentabilität.

☐ , ☐ %

Aufgabe 31

Ermitteln Sie die Umsatzrentabilität.

☐ , ☐ %

Aufgabe 32

Welche der folgenden Aussagen trifft auf die Kennzahl „Umsatzrentabilität“ zu?
Die Umsatzrentabilität zeigt, ...

1 wie viel EUR Umsatz für 100,00 EUR Gewinn erforderlich sind.
2 wie viel EUR Gewinn das Unternehmen mit 100,00 EUR Umsatz erwirtschaftet hat.
3 die durch die unternehmerische Tätigkeit erzielte Rentabilität des eingesetzten Kapitals.
4 mit wie viel Prozent sich das in Waren angelegte Kapital verzinst.
5 wie viel Prozent der Umsatz bezogen auf die Bilanzsumme beträgt.

☐

D Wirtschafts- und Sozialkunde

Bearbeitungszeit: 60 Minuten

Lösungen ab Seite 333

Situation zu den Aufgaben 1 bis 6

Gehen Sie von folgenden Gesamtbeitragssätzen und Beitragsbemessungsgrenzen in der gesetzlichen Renten- und Arbeitslosenversicherung aus:

Aktuelle Beitragssätze und Beitragsbemessungsgrenzen sowie Versicherungspflichtgrenze 2012

	Gesetzliche Krankenversicherung	**Pflegeversicherung**	**Rentenversicherung**	**Arbeitslosenversicherung**
Beitragsbemessungsgrenzen (West) monatlich/jährlich	3.937,50 EUR 47.250,00 EUR	3.937,50 EUR 47.250,00 EUR	5.800,00 EUR 69.600,00 EUR	5.800,00 EUR 69.600,00 EUR
Beitragsbemessungsgrenzen (Ost) monatlich/jährlich	3.937,50 EUR 47.250,00 EUR	3.937,50 EUR 47.250,00 EUR	4.900,00 EUR 58.800,00 EUR	4.900,00 EUR 58.800,00 EUR
Versicherungspflichtgrenzen monatlich/jährlich	4.350,00 EUR 52.200,00 EUR	4.350,00 EUR 52.200,00 EUR	-	-
Beitragssätze	15,5 % einschl. 0,9 % für Arbeitnehmer allein	2,05 % + 0,25 % für Arbeitnehmer über 23 Jahre und kinderlos Arbeitnehmeranteil: 1,025 % oder 1,275 %	18,9 %	3,0 %

Bei der *Nordimmobilien GmbH* in Schwerin werden die Beiträge für den Arbeitgeberanteil zur Sozialversicherung im Monat Juli 2013 ermittelt. Hierbei sind u. a. 23 Angestellte zu berücksichtigen, deren monatliches Bruttogehalt über der Beitragsbemessungsgrenze in der Rentenversicherung liegt.

Aufgabe 1

Ermitteln Sie für diese 23 Angestellten die Gesamtsumme des Arbeitgeberbeitrags zur Rentenversicherung im Monat Juli.

☐☐☐☐☐ , ☐☐ EUR

Aufgabe 2

Einer dieser Angestellten ist in einer Ersatzkasse krankenversichert, deren Gesamtbeitragssatz 15,5 % einschließlich 0,9 % beträgt. Wie hoch ist der von diesem Angestellten monatlich zu tragende Arbeitnehmerbeitrag zur Krankenversicherung?

☐☐☐ , ☐☐ EUR

Aufgabe 3

An welchen Sozialversicherungsträger überweist die *Immobilien GmbH* die Sozialversicherungsbeiträge für diese Mitarbeiter?

A Die Sozialversicherungsbeiträge werden im Rahmen des Lohnsteuerabzugs vom Arbeitgeber an das zuständige Finanzamt überwiesen. Das Finanzamt leitet die Sozialversicherungbeträge an die unterschiedlichen Sozialversicherungsträger weiter.

B Der Arbeitgeber und die einzelnen Arbeitnehmer müssen getrennt voneinander ihre jeweils zu entrichtenden Sozialversicherungsbeiträge an die zuständigen Sozialversicherungsträger überweisen.

C Die Sozialversicherungsbeiträge werden direkt von der *Immobilien GmbH* an die jeweiligen Krankenkassen der Mitarbeiter überwiesen. Diese leiten die Beträge gleichtägig an den Gesundheitsfonds weiter.

D Die Sozialversicherungsbeiträge werden vom Arbeitgeber gesondert an die verschiedenen Sozialversicherungsträger überwiesen, z. B. der Arbeitgeberanteil an die zuständige Verwaltungsberufsgenossenschaft.

E Die Sozialversicherungsbeiträge werden vom Arbeitgeber an die jeweiligen Sozialversicherungsträger direkt überwiesen.

☐

Aufgabe 4

Frau Simon ist Prokuristin der *Nordimmobilien GmbH*. Ihr monatliches Bruttoeinkommen beträgt 4.800,00 EUR. Ermitteln Sie die monatliche prozentuale Belastung, die Frau Simon als freiwillig Versicherte in der gesetzlichen Krankenversicherung zu tragen hat (Ergebnis auf zwei Stellen nach dem Komma runden).

☐ , ☐☐ %

Aufgabe 5

Welche der folgenden Aussagen zur Berechnung der Sozialversicherungsbeiträge sind zutreffend?

A Die Belastung der *Nordimmobilien GmbH* mit Lohnnebenkosten steigt, wenn die Beitragsbemessungsgrenzen erhöht werden.

B Bei Überschreiten der Beitragsbemessungsgrenzen ist Frau Simon von der Versicherungspflicht in der Renten- und Arbeitslosenversicherung befreit.

C Die Belastung der 23 Mitarbeiter mit Sozialversicherungsbeiträgen sinkt, wenn die Beitragsbemessungsgrenzen jeweils um 100,00 EUR erhöht werden.

D Die Belastung von Frau Simon mit Sozialversicherungsbeiträgen bleibt bei konstanten Versicherungsbeitragssätzen gleich, wenn die Beitragsbemessungsgrenzen steigen.

E Wenn ein Mitarbeiter der *Nordimmobilien GmbH* mit seinem Gehalt die Beitragsbemessungsgrenzen in der Kranken- und Pflegeversicherung überschreitet, kann er sich für diese beiden Versicherungen von der gesetzlichen Versicherungspflicht befreien lassen.

F Die finanzielle Belastung von Frau Simon durch die Senkung des Beitragssatzes zur Arbeitslosenversicherung um 0,4 Prozentpunkte bleibt unverändert, wenn gleichzeitig der Beitragssatz zur Rentenversicherung um 0,4 Prozentpunkte angehoben wird.

☐ ☐

Aufgabe 6

Die Versicherungspflichtgrenze von derzeit 52.200,00 EUR bedeutet,

A dass das Bruttoeinkommen eines Arbeitnehmers bis zu dieser Grenze sozialversicherungspflichtig ist.

B dass ein Arbeitnehmer ab dieser Grenze sein Wahlrecht innerhalb der gesetzlichen Krankenkassen ausüben kann.

C dass der Arbeitnehmer ab dieser Einkommensgrenze die Beiträge zur gesetzlichen Krankenkasse alleine tragen muss.

D dass ein Arbeitnehmer, der mit seinem Bruttoeinkommen diese Grenze dauerhaft 1 Jahr überschreitet, aus der Pflicht zur Mitgliedschaft in einer gesetzlichen Krankenversicherung entbunden wird.

E dass ein Arbeitnehmer, der diese Grenze mit seinem Bruttoeinkommen dauerhaft 1 Jahr lang überschreitet, aus der Solidargemeinschaft der gesetzlichen Sozialversicherung ausscheidet.

☐

Aufgabe 7

Welche der untenstehenden Sachverhalte sind

1 im Manteltarifvertrag

2 im Lohn- und Gehaltstarifvertrag

3 weder im Mantel- noch im Lohn- und Gehaltstarifvertrag

des privaten Bankgewerbes und der öffentlichen Banken geregelt?

Sachverhalte:

A Kündigungsfristen von Angestellten und gewerblichen Arbeitnehmern im Bankgewerbe durch den Arbeitgeber
B Anlagemöglichkeiten der vermögenswirksamen Leistungen
C Beschreibung und Zuweisung der verschiedenen Qualifikationen zu einzelnen Tarifgruppen
D Höhe des Urlaubsgeldes (Betriebliche Sonderzahlungen)
E Höhe der monatlichen Ausbildungsvergütung

A	B	C	D	E

Aufgabe 8

Die Beteiligungsrechte des Betriebsrates unterteilen sich wesentlich in Mitbestimmungsrechte bzw. lediglich Mitwirkungsrechte. Bei welchem der nachfolgenden Fälle bleibt ein Widerspruch des Betriebsrates ohne rechtliche Wirkung?

A Die Urlaubsgrundsätze sollen geändert werden: Die Unternehmensleitung möchte Werksferien einführen, die in den August eines jeden Jahres gelegt werden sollen.
B Die Betriebsordnung soll geändert werden: In allen Gebäuden des Unternehmens soll ein Rauchverbot erlassen werden.
C Die Position des Geschäftsführers bei der *Finanzberatungs GmbH* soll neu besetzt werden, da der bisherige Geschäftsführer aus Altersgründen ausscheidet.
D Die Beurteilungsgrundsätze für Mitarbeiter sollen verändert werden.
E Einem nach Meinung der Personalentwicklung ungeeigneter Ausbilder soll aus verhaltensbedingten Gründen gekündigt werden.

☐

Situation zu den Aufgaben 9 und 10

Tobias Runde ist alleinvertretungsberechtigter Geschäftsführer der *Runde GmbH & Co. KG* in Celle. Walter Kuhlen und Klaus Hagedorn sind ebenfalls Geschäftsführer der *Runde GmbH & Co. KG*, können die Unternehmung aber nur gemeinschaftlich vertreten. Der Mitarbeiter Hans-Peter Klimke hat allgemeine Handlungsvollmacht und leitet die Finanzabteilung der Gesellschaft.

Aufgabe 9

Herr Runde erteilt Herrn Klimke Einzelprokura. Ermitteln Sie das Datum, an dem die Prokura an Herrn Klimke rechtswirksam erteilt wurde.

A Am 06. Mai beschließt die Geschäftsführung, Herrn Klimke zum Prokuristen der Gesellschaft zu ernennen.
B Am 07. Mai teilt Herr Runde Herrn Klimke die Prokuraerteilung ausdrücklich mündlich mit.
C Am 09. Mai erhält Herr Klimke die schriftliche Bestätigung der Prokuraerteilung.
D Am 13. Mai wird die Erteilung der Prokura beim zuständigen Handelsregister in Hannover angemeldet.
E Am 27. Mai erfolgt die Eintragung im Handelsregister Hannover.
F Am 06. Juni erfolgt die Veröffentlichung in den amtlichen Mitteilungen.

☐

Aufgabe 10

Zu welchen Handlungen ist Herr Klimke nur mit einer besonderen Befugnis ermächtigt?

A Kauf eines bebauten Grundstücks für die *Runde GmbH & Co. KG*
B Aufnahme eines Hypothekarkredits über 1,5 Millionen EUR für die Gesellschaft bei gleichzeitiger Eintragung einer Grundschuld zu Lasten der Gesellschaft in der 3. Abteilung des Grundbuchs
C Die Vertretung der *Runde GmbH & Co. KG* vor dem Landgericht in Hannover
D Die Erteilung einer Gesamtprokura an den Mitarbeiter Jürgen Vossen
E Die Unterzeichnung der Jahresbilanz für das Geschäftsjahr 2012/2013
F Die Veräußerung eines unbebauten Firmengrundstücks in Höhe von 870.000,00 EUR

☐ ☐

Aufgabe 11

Auf welche dieser Unternehmen treffen die unten stehenden Aussagen zu? Ordnen Sie zu.
Unternehmen:

1 *Gärtnerei „Blütenzauber" Olaf Lange & Co. OHG*
2 *Trachtendiele GmbH & Co. KG*
3 *Rölle Finanzberatung GmbH*

Aussagen:

A Die Eintragung in das Handelsregister ist immer konstitutiv.
B Jeder Gesellschafter haftet persönlich für Verbindlichkeiten der Unternehmung.
C Jeder Gesellschafter ist gesetzlich zur Geschäftsführung befugt.
D Jeder Gesellschafter ist gesetzlich zur Vertretung befugt.
E Die Eintragung der Gesellschaft in das Handelsregister hat nur deklaratorische Wirkung.

A	B	C	D	E	

Aufgabe 12

Herr Rudolf Grell ist an der *Rölle Finanzberatung GmbH* als Gesellschafter mit 25.000,00 EUR und an der *CompTech KG* als Kommanditist mit einer Einlage von 50.000,00 EUR beteiligt. Welche der folgenden Aussagen zur Haftung des Gesellschafters bzw. Kommanditisten Rudolf Grell sind richtig?

A Rudolf Grell haftet bei der GmbH Dritten gegenüber unmittelbar, sofern er seine Einlage nicht vollständig erbracht hat.
B Rudolf Grell haftet bei der KG Dritten gegenüber unmittelbar bis zur vereinbarten Einlagenhöhe, sofern er seine Einlage nicht vollständig erbracht hat.
C Rudolf Grell haftet bei der KG Dritten gegenüber unmittelbar, unabhängig davon, ob er seine Einlage erbracht hat oder nicht.
D Rudolf Grell haftet bei der KG Dritten gegenüber nicht mehr unmittelbar, wenn er seine Einlage vollständig erbracht hat.
E Rudolf Grell haftet bei der KG Dritten gegenüber unmittelbar, auch wenn er seine Einlage vollständig erbracht hat.
F Rudolf Grell haftet bei der GmbH Dritten gegenüber unmittelbar, auch wenn er seine Einlage vollständig erbracht hat.

Aufgabe 13

Der *Saturnusmarkt* vertreibt Küchen- und Haushaltsgeräte zum Selbstabholen zu günstigen Preisen. Der Markt beabsichtigt, ab dem kommenden Monat neue Allgemeine Geschäftsbedingungen (AGB) einzuführen. Welche der folgenden Aussagen zu den Allgemeinen Geschäftsbedingungen sind zutreffend?

A Sind einzelne Regelungen in den neuen Allgemeinen Geschäftsbedingungen unwirksam, werden Kaufverträge mit den Kunden insgesamt unwirksam.
B Die Vorschriften zur inhaltlichen Ausgestaltung der Allgemeinen Geschäftsbedingungen sind im Bürgerlichen Gesetzbuch (BGB) geregelt.
C Regelungen in den Allgemeinen Geschäftsbedingungen sind auch dann unwirksam, wenn sie den Kunden nur unwesentlich benachteiligen.
D Der Kunde muss auf die Existenz von Allgemeinen Geschäftsbedingungen nicht ausdrücklich hingewiesen werden. Eine Niederschrift der wichtigen Regelungen z. B. auf der Rückseite einer Rechnung reicht zur Wirksamkeit der AGB aus.
E Die Allgemeinen Geschäftsbedingungen müssen von den Verbraucherschutzverbänden nicht genehmigt werden.
F Die Bestimmungen der Allgemeinen Geschäftsbedingungen können nicht durch einzelvertragliche Vereinbarungen ersetzt werden.

Aufgabe 14

Frau Bergmann ist auf einem Wochenmarkt in Hamburg ihr Fahrrad abhanden gekommen. Einen Monat später wird dieses Fahrrad in der „Anzeigenzeitung" in der Rubrik „Freizeitartikel" für 200 EUR zum Kauf angeboten. Welche der nachstehenden Aussagen ist richtig?

A Wenn sich Käufer und Verkäufer des Fahrrads über den Eigentumsübergang einig sind, geht mit Übergabe des Fahrrads das Eigentum an den Käufer über.
B Wenn der Käufer glaubt, dass der Verkäufer auch Eigentümer des Fahrrades ist, ist der Kaufvertrag rechtswirksam zuständе gekommen, da er im guten Glauben handelt.
C Der Käufer kann in diesem Fall kein Eigentum an dem Fahrrad erwerben.
D Wenn der Käufer das Fahrrad gutgläubig erwirbt, ist dem ursprünglichen Eigentümer das Eigentum an dem Fahrrad verloren gegangen.
E Eigentümer ist immer derjenige, der im unmittelbaren Besitz der Sache ist.

Aufgabe 15

Ordnen Sie den Marketinginstrumenten die entsprechenden Maßnahmen zu.
Marketingmaßnahmen:

A Zwei Kundenberater der *Nordbank AG* nehmen an einem bankinternen Seminar zur Verkaufsförderung im Wertpapiergeschäft teil.
B Die *Nordbank AG* bietet ihren vermögenden Kunden die Möglichkeit, sich auch zu Hause, außerhalb der Geschäftszeiten, von speziellen Bankmitarbeitern über die Vermögensanlage- und -verwaltung beraten zu lassen.
C Die *Nordbank AG* senkt die Kontoführungsgebühren von monatlich 20 EUR auf 10,00 EUR und erhöht die freien Buchungsposten im Monat für Girokonten von 10 auf 20 Freiposten.
D Im Passivgeschäft legt die *Nordbank AG* wieder Inhabersparbriefe als normalverzinsliche Sparbriefe, sowie als Auf- und Abzinsungspapiere mit unterschiedlichen Zinssätzen und Laufzeiten auf.
E Um die Kreditkarte für Kunden attraktiver zu machen, wird die Jahresgebühr von 60,00 EUR auf 30,00 EUR halbiert.
F Die *Nordbank AG* erhöht die Buchungsentgelte für beleghaft eingereichte Überweisungsaufträge.
G Die *Nordbank* stellt die Homebanking-Software um auf ein benutzerfreundliches Betriebssystem.

Marketinginstrumente:
1 Produktpolitik
2 Preis- und Konditionenpolitik
3 Sortimentspolitik
4 Distributionspolitik
5 Kommunikationspolitik

A	B	C	D	E	F	G

Situation zu den Aufgaben 16 bis 18

Die *Nordbank AG* verkauft in einem Geschäftsjahr private Altersvorsorgeverträge im Volumen von 75 Mio. EUR. Der tatsächliche Umsatz aller Kreditinstitute des Geschäftsgebiets beträgt 362 Mio. EUR bei einem geschätzten Marktpotenzial von 530 Mio. EUR.

Aufgabe 16

Berechnen Sie den Marktanteil der *Nordbank AG.* Runden Sie die Ergebnisse auf jeweils eine Stelle nach dem Komma.

__ __ , __ %

Aufgabe 17

Berechnen Sie die Marktdurchdringung (Grad der Marktsättigung) für dieses Produkt. Runden Sie die Ergebnisse auf jeweils eine Stelle nach dem Komma.

__ __ , __ %

Aufgabe 18

Die *Nordbank AG* möchte im dritten Quartal dieses Jahres die aktuelle Konkurrenzsituation bei der Anlage von bei Altervorsorgeprodukten unter den Kreditinstituten in ihrem Geschäftsbereich ermitteln. Die *Nordbank AG* beauftragt ein Marktforschungsunternehmen, dazu eine Marktanalyse durchzuführen. Welche der folgenden Aussagen über die Marktanalyse ist zutreffend?

Die *Nordbank AG* erhält durch die Marktanalyse ...

A Daten über ihren Marktanteil in diesem Marktsegment zu einem bestimmten Zeitpunkt.
B Informationen über die Entwicklung der Neuabschlüsse in Altersvorsorgeprodukten im vierten Quartal dieses Jahres.
C eine laufende Kontrolle über die Veränderung ihres Marktanteils bei Altersvorsorgeprodukten.
D Informationen über die Verschiebung der Marktanteile der Konkurrenz in diesem Marktsegment für das vierte Quartal dieses Jahres.
E Prognosen über das Ertragspotential der Altersvorsorgeprodukte während des Untersuchungszeitraums.

Aufgabe 19

Real existierende Märkte sind meistens unvollkommene Märkte, während der vollkommene Markt ein theoretisches Modell ist, das nicht die Realität widerspiegelt.

Welche der folgenden Aussagen über unvollkommene Märkte sind richtig?

A Für Anbieter und Nachfrager besteht vollständige Markttransparenz.
B Ein Anbieter kann für sein Produkt regional unterschiedliche Preise fordern und erhalten.
C Ein Anbieter kann seinen Kunden keine Mengenrabatte gewähren.
D Die Nachfrager lassen sich durch Werbung in ihren Kaufentscheidungen beeinflussen.
E Die von den Anbietern angebotenen Produkte sind homogen.
F Alle Marktteilnehmer handeln bei ihren Entscheidungen ausschließlich nach rationalen Überlegungen.

Situation zu den Aufgaben 20 und 21

Die *ComTech GmbH* ist ein mittelständisches Unternehmen in Norderstedt, das Alarm- und Sicherheitstechnik produziert und vertreibt. Die Unternehmung kann zurzeit 10 Alarmanlagen alternativ mit folgenden Mengenkombinationen Arbeit und Kapital herstellen:

Kombination	A	B	C	D	E
Arbeit (in Einheiten)	8	7	6	5	4
Kapital (in Einheiten)	3	9	12	15	21

Die Kosten für eine Einheit des Faktors Arbeit belaufen sich auf 50,00 EUR pro Einheit. Eine Einheit des Faktors Kapital kostet 10,00 EUR

Aufgabe 20

Ermitteln Sie die kostengünstigste Faktorkombination.

Aufgabe 21

Aufgrund neuer technischer Entwicklungen kann die gleiche Menge nunmehr jeweils mit einem Viertel des Kapitaleinsatzes produziert werden. Ermitteln Sie unter dieser Voraussetzung die kostengünstigste Faktorkombination.

Situation zu den Aufgabe 22 und 23

In einem Monatsbericht der Deutschen Bundesbank ist die folgende Statistik abgebildet. Das nachfolgende Zahlenmaterial zum Bruttoinlandsprodukt bezieht sich auf die Perioden I bis V einer Volkswirtschaft.

Position (in Preisen von 1995)	Vorjahr - Mrd. EUR	Folgejahr - Mrd. EUR
I. Entstehung des Inlandsprodukts		
Produzierendes Gewerbe (ohne Baugewerbe)	451,5	455,8
Baugewerbe	102,6	101,5
Handel, Gastgewerbe und Verkehr	318,7	327,7
Finanzierung, Vermietung, Unternehmensdienstleister	526,7	545,5
Öffentliche und private Dienstleister	369,6	370,1
Alle Wirtschaftsbereiche	1792,7	1824,8
Nachr.: Unternehmenssektor	1565,2	1598,3
Wirtschaftsbereiche bereinigt	1702,2	1726,1
Bruttoinlandsprodukt	1880,8	1908,3
II. Verwendung des Inlandsprodukts		
Private Konsumausgaben	1062,9	1085,3
Konsumausgaben des Staates	362,0	362,7
Ausrüstungen	148,4	156,0
Bauten	238,1	238,1
Sonstige Anlagen	20,8	22,8
Vorratsveränderungen	17,7	26,2
Inländische Verwendung	1849,9	1891,0
Außenbeitrag	30,9	17,2
Exporte	549,9	573,2
Importe	519,0	556,0
Bruttoinlandsprodukt	1880,8	1908,3

Aufgabe 22

Ermitteln Sie die Wachstumsrate des realen Bruttoinlandsprodukts in %
für das Folgejahr gegenüber dem Vorjahr (auf 2 Stellen nach dem Komma runden). ☐ , ☐☐ %

Aufgabe 23

Welche der folgenden konjunkturellen Phasen ist aus den Perioden I bis V abzuleiten?

A Stagnation
B Talsohle
C Konjunkturgipfel
D Abschwung
E Aufschwung

☐

	Periode I	Periode II	Periode III	Periode IV	Periode V
Bruttoinlandsprodukt in Preisen von 1995 in Mrd. EUR	1801,3	1.814,9	1.841,2	1880,8	1908,3

Aufgabe 24

Welche der folgenden Aussagen zu den Folgen von Arbeitslosigkeit ist richtig?

A Steigende Arbeitslosigkeit bedeutet sinkende Beitragseinnahmen bei den Sozialversicherungsträgern, z. B. bei den gesetzlichen Krankenkassen.

B Die finanziellen Folgen der Arbeitslosigkeit sind in Deutschland vor allem von der Bundesagentur für Arbeit zu tragen, die Arbeitslosengeld I und Arbeitslosengeld II aufzuwenden hat.

C Hohe Dauerarbeitslosigkeit führt zur Entlastung des Staatshaushalts im Bund, den Ländern und in den Kommunen

D Steigende Arbeitslosigkeit führt zu sinkenden Steuereinnahmen, da von Arbeitslosen weder direkte noch indirekte Steuern gezahlt werden.

E Hohe Arbeitslosigkeit führt in der Regel zu massiven Eintritten in die jeweiligen Gewerkschaften und damit zur Stärkung gewerkschaftlicher Macht. Der Druck auf die Arbeitgeber kann erhöht werden.

☐

Aufgabe 25

Vorrangiges Ziel des Europäischen Systems der Zentralbanken (ESZB) ist es, das Preisniveau stabil zu halten. Welche Aussage trifft in diesem Zusammenhang zu?

A Der Einsatz der geldpolitischen Instrumente des ESZB wirkt sich unmittelbar auf die gesamte Güternachfrage der Volkswirtschaften des Euro-Währungsgebiets aus.

B Wesentliche Voraussetzung für einen stabilen Euro ist zum einen der effiziente Einsatz des geldpolitischen Instrumentariums und zum anderen die Konsolidierung der öffentlichen Haushalte der Länder, die den Euro als Währung eingeführt haben.

C Unabhängig von den Gewinnerwartungen der Unternehmen bewirken Kreditverbilligungen durch das ESZB ein stabiles kontinuierliches Wachstum des realen Bruttoinlandsprodukts.

D Bei ausreichender Geldversorgung der Kreditinstitute bewirkt eine restriktive Handhabung der Offenmarktgeschäfte unmittelbar eine Verschlechterung der Geldwertstabilität.

E Wenn der Europäische Zentralbankrat durch die Festlegung eines hohen Zinssatzes die Refinanzierungsgeschäfte im Euroland einengt, garantiert diese Strategie neben einem stabilen Geldwert auch einen stabilen Wechselkurs des Euro gegenüber den wichtigen Nicht-Euro-Währungen.

☐

Aufgabe 26

Welche der unten stehenden geldpolitischen Maßnahmen im Europäischen System der Zentralbanken (ESZB) könnte einen wirtschaftlichen Aufschwung unterstützen?

A Die Europäische Zentralbank (EZB) hebt die Mindestreservesätze für befristete Einlagen unter zwei Jahren um 3 % an.

B Die EZB erhöht den Reposatz für Tagesgeld am Interbankenmarkt.

C Die EZB erhöht den Zinssatz der Spitzenrefinanzierungsfazilität.

D Die EZB und die nationalen Notenbanken gewähren den nationalen Regierungen Kassenkredite, damit diese die zusätzlich erhaltenen Mittel nachfragewirksam ausgeben.

E Im Zuge der Offenmarktgeschäfte wird von der Europäischen Zentralbank zusätzliche Liquidität bereitgestellt sowie der Zinssatz reduziert.

☐

Aufgabe 27

Die Länder der Europäischen Union werden nach Teilnehmern an der gemeinsamen Währung Euro (Euro-Zone) und Nicht-Teilnehmern (Rest-EU) unterschieden. Welche der untenstehenden Länder gehören

1 zur Euro-Zone? 2 zur Rest-EU? 3 weder zur Euro-Zone noch zur Rest-EU?

Länder:

A Großbritannien
B Island
C Slowenien
D Bulgarien
E Zypern
F Norwegen

A	B	C	D	E	F

Aufgabe 28

Ordnen Sie die nachfolgenden Währungen den entsprechenden EU-Ländern zu:

EU-Länder:

A Slowakei
B Rumänien
C Lettland
D Malta
E Litauen
F Ungarn

Währungen:

1 Euro
2 Litas
3 Forint
4 Leu
5 Lats

A	B	C	D	E	F

Aufgabe 29

Der Europäischen Zentralbank stehen folgende geldpolitische Instrumente zur Verfügung: Ordnen Sie die nachstehenden Sachverhalte den Instrumenten zu.

Instrumente:

1 Einlagefazilität
2 Hauptrefinanzierungsgeschäfte
3 Spitzenrefinanzierungsfazilität
4 Der Sachverhalt ist nicht zuzuordnen.

Sachverhalte:

A Inanspruchnahme von Liquidität durch Kreditinstitute des Eurosystems bei den nationalen Zentralbanken bis zum Beginn des nächsten Geschäftstages
B Geldpolitische Geschäfte des Eurosystems als Zinstender mit einer Laufzeit von 7 Tagen
C Begebung von EZB-Schuldverschreibungen zur strukturellen Liquiditätsbeeinflussung
D Geldpolitische Geschäfte im Tenderverfahren mit einer Laufzeit von ca. 90 Tagen
E Anlagemöglichkeit von Tagesgeld der Kreditinstitute des Eurosystems bei den nationalen Zentralbanken

A	B	C	D	E

Situation zu den Aufgaben 30 und 31

Dem Geschäftsbericht der Bundesbank sind für das Berichtsjahr folgende Posten der Zahlungsbilanz für das Berichtsjahr entnommen (alle Zahlen sind Salden, gerundet und in Mio. EUR):

Direktinvestitionen	- 12.800
Außenhandel	+ 99.900
Kreditverkehr und sonstige Kapitalanlagen	- 24.300
Vermögensübertragungen	- 1.000
Erwerbs- und Vermögenseinkommen	- 12.600
Wertpapiere und Finanzderivate	- 9.100
Dienstleistungen	- 58.000
Saldo der statistisch nicht aufgliederbaren Transaktionen	- 38.400
Laufende Übertragungen	- 26.700

Aufgabe 30

Berechnen aus den Daten der Zahlungsbilanz den Saldo der Leistungsbilanz. +/-

Aufgabe 31

Berechnen aus den Daten der Zahlungsbilanz den Saldo der Kapitalbilanz. +/-

Aufgabe 32

Welche Aussagen zu Transaktionen im System der Zahlungsbilanz sind zutreffend?

A Eine passive Handelsbilanz führt bei einer ausgeglichenen Dienstleistungsbilanz zu einem positiven Saldo der Leistungsbilanz.

B Anhaltende rückläufige Exportüberschüsse können langfristig zu einer passiven Handelsbilanz führen.

C Verstärkte Mittelbereitsstellungen deutscher Unternehmen für ihre ausländischen Tochterunternehmen stellen einen Kapitalexport dar.

D Eine starke Nachfrage ausländischer Anleger nach sicheren Bundeswertpapieren führt zu einem negativen Saldo bei den Vermögensübertragungen.

E Eine Erfassung der Exporte zu CIF-Werten anstelle von FOB-Werten führt zu einer mengenmäßigen Steigerung der ausgewiesenen Exporte.

F Der Saldo der Erwerbs- und Vermögenseinkommen ist positiv, wenn die Erwerbseinkommen aus dem Ausland höher sind als die in das Ausland geflossenenen gleichartigen Transferzahlungen.

PRÜFUNGSSATZ V

A Bankwirtschaft Fälle

Bearbeitungszeit: 90 Minuten, 100 Punkte

Lösungen ab Seite 338

Fall 1: Mietkaution *(32 Punkte)*

Herr Ulrich Brandt (32 Jahre alt, ledig, kaufmännischer Angestellter) hat zum 01.04.20.. eine 2-Zimmer-Wohnung von der *Wohnungsgesellschaft Schaum mbH* gemietet. Die bei Einzug fällige Mietkaution beträgt 1.900,00 EUR. Herr Brandt unterhält bei der *Nordbank AG* ein Girokonto. Herr Brandt hat sich bei der *Nordbank AG* zu einem Beratungsgespräch angemeldet. Kundenberater ist Herr Georg Lange. Herr Brandt möchte wissen, wie er am besten die geforderte Kaution aufbringen soll. Herr Lange bietet Herrn Brandt zwei geeignete Produkte an:

1. Sparbuch mit dreimonatiger Kündigungsfrist als Mietkautionskonto auf den Namen von Herrn Brandt und Verpfändung der Einlage zugunsten der *Wohnungsgesellschaft Schaum mbH*.
2. Mietaval

Herr Brandt bittet Sie um nähere Erläuterungen zu beiden Produkten.

a) Informieren Sie Herrn Brandt über die Rechtsbeziehungen zwischen der *Nordbank AG*, der *Wohnungsgesellschaft Schaum mbH* und Herrn Brandt im Falle des Mietkautionskontos. *(6 Punkte)*

b) Beschreiben Sie Herrn Brandt, worin die Sicherungswirkung eines Mietkautionskontos für die *Wohnungsgesellschaft Schaum mbH* liegt. *(2 Punkte)*

c) Informieren Sie Herrn Brandt, wem die Zinserträge aus dem Mietkautionskonto steuerlich zugerechnet werden. *(2 Punkte)*

d) Informieren Sie Herrn Brandt über die Rechtsbeziehungen zwischen der *Nordbank AG*, der *Wohnungsgesellschaft Schaum mbH* und Herrn Brandt beim Mietaval. *(6 Punkte)*

e) Beschreiben Sie, worin die Sicherungswirkung eines Mietavals für die *Wohnungsgesellschaft Schaum mbH* liegt. *(2 Punkte)*

f) Herr Brandt möchte von Herrn Lange die Kosten des Mietavals wissen. Informieren Sie Herrn Brandt über die Kosten eines Mietavals. *(1 Punkt)*

g) Führen Sie je einen Vorteil und einen Nachteil des Mietavals aus der Sicht von Herrn Brandt an. *(4 Punkte)*

Herr Brandt entscheidet sich mit Zustimmung der *Wohnungsgesellschaft Schaum mbH* für das Mietkautionskonto. Er unterschreibt die von der *Nordbank AG* vorbereitete Verpfändungserklärung.

Im Text der Verpfändungserklärung finden Sie folgende Vereinbarung zwischen der *Nordbank AG* und Herrn Brandt:

„(...) Verpfändungserklärung: Zur Sicherung der gegenwärtigen und künftigen Ansprüche der Wohnungsgesellschaft *Schaum GmbH* (nachstehend Vermieter genannt) aus dem Mietvertrag mit Ulrich Brandt (nachstehend Mieter genannt) wird hiermit das Sparguthaben auf dem genannten Konto verpfändet. Das Pfandrecht erstreckt sich auch auf Zinsen und Zinseszinsen ohne Anrechnung auf den Höchstbetrag. Die Verpfändung ist im Sparbuch zu vermerken. Der Vermieter ist berechtigt, das Sparbuch zu kündigen. Verlangt der Vermieter Auszahlung des Guthabens, so wird die *Nordbank AG* den Verpfänder davon unterrichten. Die Auszahlung erfolgt gegen Vorlage des Sparbuches unter Beachtung der Kündigungsfrist, aber nicht vor Ablauf eines Monats nach Versand der Mitteilung an den Verpfänder. Die *Nordbank AG* ist nicht verpflichtet, die Pfandreife zu prüfen. (...)

Wir haben von der Verpfändung Kenntnis genommen und treten mit dem uns nach unseren AGB zustehenden Pfandrecht hinter das Pfandrecht des Vermieters zurück."

Herr Brandt hatte vor 3 Jahren einen Ratenkredit bei der *Nordbank AG* aufgenommen. Im Oktober 20.. gerät Herr Brandt mit den restlichen Ratenzahlungen von insgesamt 1.900,00 EUR in Rückstand. Die für diesen Fall gesetzlich vorgesehenen Maßnahmen der *Nordbank AG* sind bisher erfolglos verlaufen.

h) Kann die *Nordbank AG* den Debetsaldo zu Lasten des Sparguthabens auf dem Mietkautionskonto ausgleichen? Begründen Sie Ihre Auffassung. *(3 Punkte)*

Am Mittwoch, den 11. November 20.., erscheint der Prokurist der *Wohnungsgesellschaft Schaum mbH*, Herr Rölle. Er legt der *Nordbank AG* das Sparbuch vor und verlangt Auszahlung des Kautionsbetrages von 1.900,00 EUR zuzüglich der angefallenen Zinsen.

i) Begründen Sie, warum die *Nordbank AG* eine Auszahlung frühestens für Mittwoch, den 16. Dezember 20.., in Aussicht stellen kann. *(2 Punkte)*

j) Welchen Betrag erhält die *Wohnungsgesellschaft Schaum mbH* am 16. Dezember 20.. ausgezahlt, wenn folgende Daten der Abrechnung zugrunde liegen? *(4 Punkte)*

Einzahlung Wert 31.03.20..
Zinssatz 1,25 % p. a.; ab 16.04.20.. einschl. Zinssatz 1,50 % p. a.
Cent werden mitverzinst, deutsche kaufmännische Zinsmethode
Kontoauflösung und Auszahlung am 16.12.20..
Berücksichtigen Sie bei der Auszahlung die 25 %ige Abgeltungsteuer und den 5,5 %igen Solidaritätszuschlag. Kirchensteuer ist nicht zu berücksichtigen.

Fall 2: Riester-Rente *(44 Punkte)*

Sie sind Kundenberater/in der *Nordbank AG*. Die Eheleute Werner und Andrea Schmidt haben mit Ihnen im Juni 2013 einen Gesprächstermin vereinbart. Herr Schmidt ist 35 Jahre alt, arbeitet als Sozialversicherungsfachangestellter bei der *Barmer Ersatzkasse* und hatte im Jahr 2012 einen Bruttoarbeitslohn von 38.000,00 EUR. Seine Frau Andrea ist 35 Jahre alt, arbeitet als Angestellte im öffentlichen Dienst und hatte im Jahr 2012 einen Bruttoarbeitslohn von 25.000,00 EUR. Die zwei Kinder der Familie Schmidt sind 4 Jahre bzw. ein Jahr alt, also sind beide Kinder nach dem 01.01.2008 geboren. Die Eheleute Schmidt interessieren sich für staatlich geförderte Möglichkeiten der privaten Altersvorsorge. Im Gespräch mit dem Ehepaar gehen Sie zunächst auf die Grundlagen der Altersvorsorge und der vom Staat geförderten Möglichkeiten ein. In diesem Zusammenhang fallen die Begriffe „Versorgungslücke" und „demografischer Wandel".

a) Erklären Sie dem Ehepaar die beiden Begriffe „Versorgungslücke" und „demografischer Wandel". *(4 Punkte)*

b) Begründen Sie, warum es tendenziell immer wichtiger wird, neben der gesetzlichen Rentenversicherung auch private finanzielle Vorsorge für das Alter zu treffen. *(2 Punkte)*

c) Beschreiben Sie dem Ehepaar Schmidt das Schichtenmodell in der Altersvorsorge und führen Sie jeweils ein Beispiel aus jeder Schicht an. *(3 Punkte)*

d) Prüfen Sie, ob Herr und Frau Schmidt zum geförderten Personenkreis der staatlich geförderten privaten Altersvorsorge gehören. *(2 Punkte)*

Die Eheleute Schmidt möchten wissen, welche Beträge sie aus eigenen Mitteln aufbringen müssen, um die staatliche Förderung für die private Altersvorsorge in voller Höhe zu erhalten. Zur Berechnung legen Sie den Eheleuten Schmidt die Übersicht über die staatlichen Zulagen vor:

Staatliche Förderung	Wohnungsbauprämie auf Bausparen	Arbeitnehmersparzulage auf Bausparen	Arbeitnehmersparzulage auf Fondssparen	Altersvorsorge-Zulage („Riester-Zulage“)
Wer ist berechtigt?	Alle natürlichen Personen ab 16 Jahren, die unbeschränkt steuerpflichtig sind	Arbeitnehmer	Arbeitnehmer	**Unmittelbar:** Pflichtmitglieder der gesetzlichen Rentenversicherung, Beamte, **Angestellte im** öffentlichen Dienst, Arbeitslose, Selbstständige (pflichtversichert), Landwirte u. a. **Mittelbar:** Ehepartner
Einkommensgrenzen/zu versteuerndes Einkommen	25.600,00 EUR für Alleinstehende 51.200,00 EUR für Verheiratete	17.900,00 EUR für Alleinstehende 35.800,00 EUR für Verheiratete	20.000,00 EUR für Alleinstehende 40.000,00 EUR für Verheiratete	keine
Begünstigter Höchstbetrag p. a.	512,00 EUR für Alleinstehende 1.024,00 EUR für Verheiratete	470,00 EUR pro Arbeitnehmer	400,00 EUR pro Arbeitnehmer	seit 2008: 2.100,00 EUR (inklusive Zulagen)
Prämie/Zulage p. a.	8,80 %	9 %	20 %	Grundzulage p. a. pro Person: 154,00 EUR Kinderzulage p. a. je Kind (für das Kindergeld gezahlt wird): 185,00 EUR für ab 01.01.2008 geborene Kinder: 300,00 EUR
Welche Einzahlungen sind gefördert?	Eigene Einzahlungen (mindestens 50,00 EUR pro Jahr) Guthabenzinsen vermögenswirksame Leistungen, die nicht Arbeitnehmer-Sparzulage begünstigt sind	Vermögenswirksame Leistungen	Vermögenswirksame Leistungen	Einzahlungen auf zertifizierte Riester-Produkte ab 2008: bis zu 4 % aus beitragspflichtigem Einkommen des Vorjahres, max. 2.100,00 EUR Sockelbeitrag: 60,00 EUR pro Jahr für unmittelbar Zulageberechtigte

Für Berufseinsteiger gibt es einen einmaligen Bonus von 200,00 EUR in dem Jahr, in dem der Berufseinsteiger ein volles Jahr beschäftigt war.

e) Ermitteln Sie unter Angabe des Rechenweges, welchen Eigenbeitrag Herr und Frau Schmidt für 2013 mindestens aufbringen müssen, um Anspruch auf die staatliche Förderung in voller Höhe zu erwerben. Die Kinderzulagen sind Frau Schmidt zugeordnet. *(4 Punkte)*

Sie haben die Eheleute Schmidt von den Vorteilen der staatlich geförderten privaten Altersvorsorge überzeugt. Herr Schmidt fragt nach den hierfür bestehenden Anlagemöglichkeiten.

f) Nennen Sie zwei Beispiele für staatlich geförderte Altersvorsorgeprodukte. *(2 Punkte)*

g) Wovon sind die Erträge der von Ihnen angeführten beiden Anlageprodukte abhängig? *(4 Punkte)*

h) Nennen Sie vier Voraussetzungen, die die Eheleute Schmidt erfüllen müssen, damit sie in den Genuss der staatlichen Förderung nach dem Altersvermögensgesetz kommen können. *(4 Punkte)*

Im weiteren Verlauf des Beratungsgesprächs taucht der Begriff der „nachgelagerten Besteuerung" auf.

i) Beschreiben Sie die Auswirkungen der „nachgelagerten Besteuerung" für die Zeit der Ansparung und der Auszahlung eines geförderten Altersvorsorgevertrags. *(2 Punkte)*

Herr Schmidt teilt Ihnen mit, dass er ein Grundstück besitzt und in den nächsten sechs bis sieben Jahren bauen möchte. Aus diesem Grund möchte das Ehepaar Schmidt monatlich einen festen Betrag für den geplanten Hausbau ansparen. Sie empfehlen Ihren Kunden den Abschluss eines Bausparvertrags.

j) Beschreiben Sie anhand von drei Aspekten den Kundennutzen dieses Produkts. *(3 Punkte)*

Die Eheleute Schmidt entscheiden sich zunächst für den Abschluss eines nach Wohn-Riester-geförderten Bausparvertrags auf den Namen der Ehefrau. Die Kinder werden Frau Schmidt zugerechnet.

k) Ermitteln Sie für Frau Schmidt die Höhe der Wohn-Riester-geförderten Bausparsumme. Legen Sie für Ihre Berechnungen einen Regelsparbeitrag von 4 ‰ der Bausparsumme pro Monat zugrunde. Runden Sie das Ergebnis auf volle TEUR auf. *(4 Punkte)*

Die Eheleute Schmidt schließen zusätzlich zum Bausparvertrag der Ehefrau einen weiteren Bausparvertrag über 80.000,00 EUR Bausparsumme auf beide Namen ab, der mit weiteren 300,00 EUR pro Monat bespart werden soll.

l) Ermitteln Sie die maximale jährliche Förderung nach dem Wohnungsbauprämiengesetz für diesen Vertrag und prüfen Sie, ob das Ehepaar prämienberechtigt ist. Gehen Sie von einem zu versteuernden Einkommen von 50.400,00 EUR aus. *(2 Punkte)*

Die Eheleute entscheiden sich für zwei Riester-Verträge. Beim Abschluss der Altersvorsorgeverträge fragt Herr Schmidt Sie, auf welche Weise die Zulagen beantragt werden müssen.

m) Nennen Sie die beiden Möglichkeiten, wie der Antrag auf Zulage gestellt werden kann. *(2 Punkte)*

Zum Schluss des Beratungsgesprächs möchten die Eheleute Schmidt wissen, was unter einer „schädlichen Verwendung" des Vertrages zu verstehen ist und welche Folgen dies für sie hätte.

n) Nennen Sie zwei Beispiele für eine schädliche Verwendung des Altersvorsorgevermögens. *(2 Punkte)*

o) Beschreiben Sie zwei mögliche Folgen, die eine schädliche Verwendung für die Eheleute Schmidt hätte. *(4 Punkte)*

Fall 3: Baufinanzierung *(24 Punkte)*

Das Ehepaar Frank und Tina Neubauer möchte ein Grundstück erwerben und darauf ein Einzelhaus mit Einliegerwohnung errichten. Die Einliegerwohnung im Untergeschoss soll vermietet werden. Das Ehepaar Neubauer unterhält ein Gemeinschaftskonto bei der *Nordbank AG*. Zuständig für Baufinanzierungen ist Frau Silke Jung.

Bevor ein Beratungsgespräch zur Finanzierung des Bauvorhabens vereinbart wird, bittet Frau Jung das Ehepaar, ihr vorab eine Selbstauskunft und Daten zum Bauvorhaben zuzusenden. In der Selbstauskunft teilt das Ehepaar Neubauer die nachstehenden Daten mit:

Selbstauskunft		
	Frank Neubauer	Tina Neubauer
Geburtsdatum	12.10.1965	18.03.1971
Beruf	Speditionskaufmann	Notarfachgehilfin
Arbeitgeber	*Kühne AG*	Anwaltssozietät Schmitt Lorsbach Wischnewski & Partner
Beschäftigt seit	Februar 1993	August 1997
Nettoeinkünfte p.m.	2.300,00 EUR	1.200,00 EUR
Freie Eigenmittel	110.000,00 EUR	
Derzeitige Warmmiete	750,00 EUR	
Sonstige Haushaltsausgaben	800,00 EUR	

Über das Bauvorhaben liegen folgende Daten vor:

Objektdaten	
Grundstücksgröße	600 qm
Umbauter Raum	1.100 cbm
Grundstückspreis	150,00 EUR/qm
Baukosten	300,00 EUR/cbm
Nebenkosten (Maklergebühr, Grunderwerbsteuer von 3,5 %, Gerichtskosten usw.)	23.000,00 EUR
1. Wohnungsgröße selbstgenutzte Wohnung 2. Wohnungsgröße Einliegerwohnung	1. 136 qm 2. 55 qm
Ortsübliche Kaltmiete	6,00 EUR/qm

a) Frau Jung bittet zunächst das Ehepaar, folgende Objektunterlagen zum Beratungsgespräch mitzubringen: *(5 Punkte)*
- Grundbuchauszug
- Auszug aus der Flurkarte
- Bauzeichnung
- Baubeschreibung
- Kostenvoranschlag

Warum werden diese Objektunterlagen von der *Nordbank AG* benötigt?

b) Ermitteln Sie die gesamten Kosten für die Baumaßnahme einschließlich Grundstück. *(3 Punkte)*

Die *Nordbank AG* ist bereit, bei entsprechender Kapitaldienstfähigkeit des Ehepaars die Gesamtfinanzierung durchzuführen. Die Finanzierung soll unter Einbeziehung der vorhandenen Eigenmittel des Ehepaars in Form von zwei Annuitätendarlehen erfolgen. Ein erstrangig abgesichertes Hypothekendarlehen in maximaler Höhe soll durch ein nachrangig gesichertes Hypothekendarlehen ergänzt werden. Die *Nordbank AG* legt die Beleihungsgrenze für Hypothekendarlehen entsprechend den Bestimmungen des Hypothekenbankgesetzes fest.

c) Ermitteln Sie unter Berücksichtigung des reinen Bau- und Bodenwertes die Beleihungsgrenze für das Hypothekendarlehen. *(2 Punkte)*

d) Wie hoch ist der Eigenkapitalanteil des Ehepaars Neubauer am Objekt (auf zwei Stellen nach dem Komma runden)? *(2 Punkte)*

e) Prüfen Sie, ob das Ehepaar Neubauer in der Lage ist, die anfänglichen finanziellen Belastungen der Baumaßnahme zu tragen. Begründen Sie Ihre Entscheidung unter Berücksichtigung folgender Konditionen: *(9 Punkte)*

Sicherung	Erstrangig	Nachrangig
Zinsbindung	10 Jahre	6 Jahre
Zinssatz p. a. - nominal - anfänglich effektiv	 4,91 % 5,29 %	 6,0 % 6,29 %
Auszahlung	100 %	100 %
Tilgung	1 %	1 %

Sie legen dem Ehepaar Neubauer eine notarielle Urkunde über die Grundschuldbestellung vor. Sie enthält die nachfolgenden Textpassagen:
- Die Grundschuld ist von heute an mit 15 % jährlich zu verzinsen.
- Die Grundschuld ist fällig.
- Wegen der Grundschuldbestellung und der Zinsen unterwirft sich der Besteller der sofortigen Zwangsvollstreckung in den belasteten Grundbesitz.

f) Das Ehepaar Neubauer möchte von Ihnen wissen, welche Bedeutung die drei Textpassagen für das Ehepaar haben. *(3 Punkte)*

B Bankwirtschaft programmierte Aufgaben

Bearbeitungszeit: 60 Minuten

Lösungen ab Seite 342

Situation zu den Aufgaben 1 und 2

Dr. Hans-Uwe Ehlers und Dr. Bernd Volkmann eröffnen eine Wirtschaftsprüfungsgesellschaft und Steuerberatungsgesellschaft. Die Partnerschaftsgesellschaft ist als *Dr. Bernd Volkmann und Partner – Wirtschaftsprüfungsgesellschaft und Steuerberatungsgesellschaft* im Partnerschaftsregister eingetragen. Bei der Vertretung gilt die gesetzliche Regelung.

Aufgabe 1

Herr Dr. Volkmann möchte für diese Gesellschaft ein Konto bei der *Nordbank AG* eröffnen. Wie ist der Haftungsumfang bei einem Partnerschaftskonto geregelt?

A Die Partner der Partnerschaftsgesellschaft haften gemeinsam, d. h. je nach Anzahl der Partner zu gleichen Teilen.
B Die Partner der Partnerschaftsgesellschaft haften gesamtschuldnerisch, d. h. jeder einzeln mit seinem gesamten Vermögen.
C Die Haftung der einzelnen Partner der Partnerschaftsgesellschaft ist im Partnerschaftsregister geregelt.
D Über die Haftung der jeweiligen Partnerschaft kann keine Aussage getroffen werden, da die Haftung der Partnerschaftsgesellschaft im jeweiligen Partnerschaftsvertrag geregelt ist.
E Für die Verbindlichkeiten der Partnerschaftsgesellschaft haftet den Gläubigern das Gesellschaftsvermögen der Partnerschaftsgesellschaft.

☐

Aufgabe 2

Das Partnerschaftskonto wird eröffnet. Herr Dr. Volkmann möchte eine Mitarbeiterin der Kanzlei beauftragen, häufig anfallende Barbeträge bei der *Nordbank AG* einzuzahlen. Die Beträge liegen in der Regel zwischen 5.000,00 EUR und 7.000,00 EUR. Welcher der nachfolgenden Hinweise an Herrn Dr. Volkmann ist im Zusammenhang mit dem Geldwäschegesetz (GwG) richtig?

A Nach dem GwG können Einzahlungen nur von Partnern der Partnerschaftsgesellschaft vorgenommen werden.
B Nach dem GwG muss die Partnerschaftsgesellschaft eine Erklärung für regelmäßige Bartransaktionen abgeben. Die Mitarbeiterin wird einmalig von der Bank identifiziert.
C Nach dem GwG muss die Partnerschaftsgesellschaft eine Erklärung für regelmäßige Bartransaktionen abgeben, und die Mitarbeiterin muss bei jeder Einzahlung identifiziert werden.
D Bei Einzahlungen durch den Einwurf in den Nachttresor greifen die Regelungen des GwG nicht.
E Die Mitarbeiterin kann ohne weitere Formalitäten die Beträge in der o. a. Höhe einzahlen.

☐

Situation zu den Aufgaben 3 bis 9

Sie sind Kundenberater/in bei der *Nordbank AG*. Sie haben mit Anne und Gabriel Wirth (29 und 25 Jahre) einen Beratungstermin wegen einer Kontoeröffnung vereinbart. Die seit einem Monat verheirateten Eheleute sind vor kurzem von München nach Hamburg gezogen, da Herr Wirth in zwei Monaten eine Stelle als Programmierer bei der *Software AG* in Hamburg antreten soll. Frau Wirth hat zum gleichen Zeitpunkt in Hamburg eine Anstellung als Fachverkäuferin in einer Boutique gefunden. Ihre Arbeitgeber haben sie aufgefordert, für die Überweisung des Gehalts eine Kontoverbindung anzugeben. In München hatten die Eheleute jeweils ein eigenes Gehaltskonto.

Aufgabe 3

Sie beraten Anne und Gabriel Wirth über die Möglichkeiten der Gestaltung der Kontoverbindung bei der *Nordbank AG*. Beide Ehepartner möchten über das Einkommen des anderen verfügen dürfen. Welche der nachstehenden Aussagen über die für diesen Fall geeignete Kontoart ist richtig?

A Eröffnung eines Gemeinschaftskontos mit gemeinschaftlicher Verfügungsberechtigung
B Eröffnung eines Einzelkontos für Herrn Wirth mit Erteilung einer Handlungsvollmacht gemäß HGB für Frau Wirth
C Eröffnung eines Gemeinschaftskontos mit Einzelverfügungsberechtigung
D Eröffnung eines Einzelkontos für Herrn Wirth mit Erteilung einer Kontovollmacht für Frau Wirth
E Erteilung einer Kontovollmacht für Herrn Wirth für das bestehende Girokonto von Frau Wirth

☐

Aufgabe 4

Die Eheleute haben sich für ein Gemeinschaftskonto bei der *Nordbank AG* entschieden. Welche der nachfolgenden Aussagen im Zusammenhang mit der Legitimationsprüfung bei der Kontoeröffnung sind zutreffend?

A Eine Legitimationsprüfung erfolgt zum Schutz der Eheleute vor Steuerhinterziehung.
B Die *Nordbank AG* hat ein Eigeninteresse an einer Legitimationsprüfung, muss diese aber auch auf Grund gesetzlicher Bestimmungen durchführen.
C Zur Legitimation der Eheleute Wirth sind auch die Geburtsurkunden zulässig.
D Im Zusammenhang mit der Legitimationsprüfung müssen die Eheleute Wirth über die gesetzlichen Bestimmungen in dem § 154 AO und den §§ 1 und 2 Geldwäschegesetz aufgeklärt werden.
E Als Nachweis, dass die Legitimationsprüfung durchgeführt wurde, muss ausschließlich die Nummer des Legitimationspapiers notiert werden.
F Es muss sowohl eine Legitimationsprüfung von Frau Wirth als auch ihres Ehegatten erfolgen.

☐ ☐

Aufgabe 5

Die Gehälter der beiden Eheleute Wirth werden monatlich zusammen 4.000,00 EUR betragen. Was müssen Sie bei der Kontoeröffnung für die Eheleute nach dem Geldwäschegesetz (GwG) beachten?

A Da die Gehälter zusammen unter 15.000,00 EUR pro Monat liegen, ist weiter nichts zu beachten.
B Bei der Kontoeröffnung müssen beide Eheleute identifiziert werden.
C Bei der Kontoeröffnung genügt die Identifizierung eines Ehepartners.
D Die wirtschaftlich Berechtigten des Kontos müssen von Ihnen erfragt werden.
E Bei Girokonten, auf die das Gehalt eingeht, ist der Kontoinhaber automatisch der wirtschaftlich Berechtigte.
F Das GwG ist erst dann zu beachten, wenn Bartransaktionen über das Konto getätigt werden.

☐ ☐

Aufgabe 6

Das Gemeinschaftskonto für die Eheleute Wirth wird eröffnet. Herr Wirth teilt Ihnen mit, dass sie in der Sillemstraße in Hamburg eine für sie geeignete Wohnung gefunden haben, Mietpreis 950,00 EUR monatlich. Der Vermieter, die *Wohnungsbaugesellschaft Schaum mbH* verlangt als Sicherheit eine Mietkaution von 1.900,00 EUR. Der Vermieter habe ihnen die Art der Kautionsstellung freigestellt. Herr Wirth bittet Sie als Kundenberater/in der *Nordbank AG* um Beratung. Welche der folgenden Aussagen zur Mietkautionsstellung ist in diesem Zusammenhang zutreffend?

A Es kann ein Sparkonto mit dreimonatiger Kündigungsfrist auf den Namen des Ehepaars Wirth eröffnet werden. Die angelegte Mietkaution wird dem Vermieter, der Wohnungsgesellschaft *Schaum mbH*, verpfändet.
B Der Mietkautionsbetrag sollte auf einem Festgeldkonto angelegt werden.
C Über die Zinsen aus der angelegten Mietkaution kann das Ehepaar Wirth jährlich verfügen.
D Die Mietkaution sollte auf ein Gemeinschaftskonto, Kontobezeichnung: *Wohnungsbaugesellschaft Schaum mbH und Anne und Jürgen Wirth*, mit Einzelverfügungsberechtigung eingezahlt werden.
E Wenn eine Spareinlage als Mietkaution zu Gunsten des Vermieters verpfändet wird, ist die Erteilung eines Freistellungsauftrags nicht möglich.

☐

Aufgabe 7

Im Rahmen eines Beratungsgesprächs informieren Sie Frau Wirth über die Bankkarte mit Geldkartenfunktion. Was muss Frau Wirth bei der Nutzung dieser Kartenfunktion beachten?

A Frau Wirth kann gegen Bargeld an ungebundenen Ladeterminals oder durch Kontobelastung den Chip wieder aufladen lassen.
B Bei Zahlungen mit der Geldkarte muss Frau Wirth ihre PIN am Händlerterminal eingeben.
C Bei Zahlungen mit der Geldkarte muss Frau Wirth einen Händlerbeleg unterschreiben, damit der Kaufpreis dem Verkäufer gutgeschrieben werden kann.
D Frau Wirth sollte jeden Einkaufsbeleg aufbewahren, damit sie auf ihren Kontoauszügen die einzelnen belasteten Rechnungsbeträge überprüfen kann.
E Frau Wirth kann die Geldkarte mit einem beliebigen Geldbetrag laden.

☐

Aufgabe 8

Am 05.06. reicht Herr Wirth einen Scheck über 5.185,90 EUR bei der *Nordbank AG* zur Gutschrift auf das Gemeinschaftskonto Wirth ein. Es handelt sich um einen Inhaberscheck mit dem Zusatz „Nur zur Verrechnung". Bezogene Bank ist die *Reisebank AG* in Düsseldorf. Den Einreicherbeleg hat Herr Wirth selbst ausgefüllt. Welche der folgenden Tätigkeiten fällt beim Einzug dieses Schecks in der *Nordbank AG* an?

A Die *Nordbank AG* hat insbesondere die Unterschrift des Ausstellers zu prufen.
B Die Daten auf dem Einreicherbeleg müssen mit den Scheckdaten verglichen und auf Übereinstimmung geprüft werden.
C Der Scheck wird, da der Scheckbetrag über 5.000,00 EUR lautet, beleghaft eingezogen und mikroverfilmt.
D Neben der lückenlosen Indossamentenkette ist die Legitimation des Einreichers zu prüfen.
E Die *Nordbank AG* prüft vor Gutschrift, ob eine Schecksperre vorliegt, da es sich um einen Verrechnungsscheck handelt.

☐

Aufgabe 9

Das Ehepaar Wirth beabsichtigt dieses Jahr einen Campingurlaub in den USA zu verbringen. Sie schlagen dem Ehepaar neben einer Kreditkarte auch die Mitnahme von USD-Reiseschecks im Werte von 2.000,00 USD vor. Da dem Ehepaar der Umgang mit Reiseschecks unbekannt ist, informieren Sie das Ehepaar ausführlich über Reiseschecks. Welche Information über USD-Reiseschecks ist richtig?

A Nach der Übergabe der USD-Reiseschecks an das Ehepaar Wirth leisten beide Ehepartner eine Unterschrift in Ihrem Beisein, somit entfällt eine Unterschrift bei der Einlösung der Schecks.

B Reiseschecks werden zum Devisengeldkurs verkauft, können aber wie Sorten bei der Bezahlung eingesetzt werden.
C Reiseschecks werden von der *Nordbank AG* blanko an das Ehepaar Wirth ausgegeben. Der Scheckbetrag ist dann bei Einlösung einzutragen.
D Bei Verlust der Reiseschecks werden diese von der *Nordbank AG* ersetzt, wenn das Ehepaar Wirth die Kaufabrechnung vorlegt.
E Da Reiseschecks eine begrenzte Gültigkeitsdauer von einem Jahr besitzen, sollte das Ehepaar Wirth möglichst alle Schecks in diesem Urlaub einlösen.

Aufgabe 10

Herr Marvin Schulze ist Depotkunde der *Nordbank AG*. In seinem Depot befinden sich Pfandbriefe mit einem Kurswert von 102 %. Herr Schulze beantragt wegen einer Pkw-Finanzierung über 40.000,00 EUR ein Verbraucherdarlehen bei der *Nordbank AG*. Als Sicherheit bietet er einen Teil seiner depotverwahrten Pfandbriefe an. Die *Nordbank AG* setzt einen Beleihungssatz von 70 % vom Kurswert bei Pfandbriefen an. Ermitteln Sie den Nennwert der Pfandbriefe, die Herr Schulze zur Sicherung des Darlehens der *Nordbank AG* verpfänden muss. Runden Sie das Ergebnis auf volle 100,00 EUR auf!

☐☐☐☐☐ , ☐☐ EUR

Aufgabe 11

Das Darlehen (vgl. Aufgabe 10) von Herrn Schulze valutiert nach 2 Jahren noch mit 34.000,00 EUR. In einem Gespräch teilen Sie Herrn Schulze mit, dass durch den Kursrückgang der Pfandbriefe auf aktuell 75 % (bei Darlehensaufnahme 102 %) der noch geschuldete Darlehensbetrag nicht mehr vollständig besichert ist. Ermitteln Sie unter Beibehaltung des Beleihungssatzes von 70 % den ungesicherten Teil des noch geschuldeten Darlehensbetrags. Gehen Sie davon aus, dass Herr Schulze zu Beginn der Darlehenslaufzeit Pfandbriefe im Nennwert von 60.000,00 EUR der *Nordbank AG* verpfänden musste.

☐☐☐☐☐ , ☐☐ EUR

Situation zu den Aufgaben 12 bis 15

Ihr Kunde Christopher Born (35 Jahre alt) ist Depotkunde der *Nordbank AG*. Herr Born möchte 2.000,00 EUR in festverzinslichen Wertpapieren anlegen.

Aufgabe 12

Im Rahmen des Anlagegesprächs bittet Herr Born Sie als Anlageberater/in auch um Informationen über Optionsanleihen. Welche der folgenden Aussagen sind in diesem Zusammenhang richtig?

A Optionsanleihen sind Schuldverschreibungen, die in Aktien der ausgebenden Gesellschaft getauscht werden können.
B Bei Optionsanleihen fällt das Forderungsrecht durch die Ausübung der Option weg.
C Sind die Optionsscheine von den Optionsanleihen getrennt, handelt es sich um Null-Kupon-Anleihen.
D Bei Optionsanleihen sind die Optionsrechte in Optionsscheinen verbrieft, die von der Anleihe getrennt und dann selbstständig gehandelt werden können.
E Der Kurs des Optionsscheins orientiert sich in einem festen Verhältnis am Kurs der „Optionsanleihe ex".
F Steigt der Kurs der zugrunde liegenden Aktie, so steigt der Kurs des Optionsscheins in der Regel überproportional im Bezug zum eingesetzten Kapital.

☐ ☐

Aufgabe 13

Sie bieten Herrn Born eine Optionsanleihe an. Herr Born möchte von Ihnen eine Erläuterung über die Höhe der Effektivverzinsung (Rendite) der folgenden Optionsanleihe ex haben.

Nominalwert:	2.000,00 EUR
Zinssatz:	3,625 % p. a.
Kaufkurs:	95,65 %
Restlaufzeit:	3 ½ Jahre

Kosten und steuerliche Aspekte bleiben unberücksichtigt.

Berechnen Sie die Effektivverzinsung (Rendite) (Zwischenergebnisse mit 4 Stellen nach dem Komma berücksichtigen, das Ergebnis ist kaufmännisch auf 2 Stellen nach dem Komma zu runden). ☐ , ☐☐ %

Aufgabe 14

Sie erläutern Herrn Born den Zusammenhang zwischen dem allgemeinen Zinsniveau und dem Kurs der Optionsanleihe ex mit einer Nominalverzinsung von 3,625 % p. a. Wie wirken sich steigende Kapitalmarktzinsen auf den Kurs der Optionsanleihe aus?

A Dies hat keine Auswirkungen auf den Kurs der Optionsanleihe.
B Der Kurs der Optionsanleihe wird steigen.
C Da der Emittent den Nominalzinssatz der Optionsanleihe erhöht, ändert sich der Kurs nicht.
D Da der Emittent den Nominalzinssatz der Optionsanleihe ermäßigt, ändert sich der Kurs nicht.
E Der Kurs der Optionsanleihe wird fallen. ☐

Aufgabe 15

Zum Abschluss des Beratungsgesprächs fragt Sie Herr Born, welche steuerliche Auswirkung eine Anlage in Optionsanleihen für ihn haben könnte. Welche der nachfolgenden Aussagen dazu ist richtig?

A Da die Zinsen der Optionsanleihe aus den jährlichen Gewinnen des Emittenten zu zahlen sind, hat der Emittent die Abgeltungsteuer zu tragen. Die *Nordbank AG* kann Herrn Born die Zinsen abgeltungsteuerfrei gutschreiben.
B Da die Zinsen aus der Anlage von Optionsanleihen steuerbegünstigt sind, kann Herr Born auch ohne Freistellungsauftrag über die Erträge abzugsfrei verfügen.
C Da Herr Born Arbeitnehmersparzulagenberechtigt ist, muss er keine Abgeltungsteuer zahlen.
D Wenn Herr Born der *Nordbank AG* eine Nichtveranlagungsbescheinigung vorlegt, zahlt die *Nordbank AG* die Kapitalerträge ohne Steuerabzug aus.
E Kursgewinne, die beim Verkauf von Optionsanleihen anfallen, unterliegen nicht der Abgeltungsteuer. ☐

Situation zu den Aufgaben 16 bis 19

Herr Torben Schmitz ist Depotkunde der *Nordbank AG*. Im Rahmen des Beratungsgesprächs interessiert sich Herr Schmitz auch für Aktienfonds. Herr Schmitz teilt Ihnen mit, dass im nächsten Monat ein Betrag von 3.000,00 EUR auf seinem Sparkonto frei wird, den er in Investmentzertifikaten anlegen möchte. Herr Schmitz bittet Sie, ihm zu erklären, wie der Preis für einen Anteil zustande kommt. Am folgenden Beispiel für den *WEKANORD* Aktienfonds wollen Sie ihm das erklären. Der *WEKANORD* Aktienfonds hat folgendes Fondsvermögen:

Stück	Vermögenswerte	Preis pro Stück in EUR	Kurswert in EUR
20.000	A-Aktien	25,20	
20.000	B-Aktien	30,10	
10.000	C-Aktien	40,50	
90.000	weitere Aktien		5.841.000,00

Zum Fondsvermögen gehört ein Bankguthaben von 300.000,00 EUR. Es sind 200.000 Stück Fondsanteile im Umlauf.

Auszug aus den Fondsbedingungen:
- Ausgabeaufschlag 3 % des Anteilwertes (auf volle 0,10 EUR aufrunden)
- Rücknahme zum Anteilwert abzüglich 0,3 % Rücknahmekosten (auf volle 0,10 EUR abrunden)

Aufgabe 16

Ermitteln Sie für einen Anteil den Inventarwert. ☐☐ , ☐☐ EUR

Aufgabe 17

Ermitteln Sie für einen Anteil den Verkaufspreis. ☐☐ , ☐☐ EUR

Aufgabe 18

Ermitteln Sie für einen Anteil den Rücknahmepreis. ☐☐ , ☐☐ EUR

Aufgabe 19

Im offenen Depot von Herrn Schmitz befinden sich u. a. 1.000 Aktien der *Internet AG*. Die *Internet AG* unterbreitet ihm ein Bezugsangebot. Herr Schmitz hat keine Erfahrungen mit Kapitalerhöhungen und bittet Sie um Auskunft. Welche Informationen über Kapitalerhöhungen sind richtig?

A „Als Aktionäre sind Sie verpflichtet, an dieser Kapitalerhöhung teilzunehmen und die neuen Aktien zu beziehen."

B „Nutzen Sie Ihr Bezugsrecht aus, so müssen Sie zusätzliches Kapital investieren, wenn Sie nicht einen Teil Ihrer Bezugsrechte verkaufen."

C „Wenn Sie an der Kapitalerhöhung teilnehmen, bleibt der Wert Ihrer 1.000 *Internet AG*-Aktien unverändert."

D „Erteilen Sie uns innerhalb der Bezugsfrist keine Weisung, so werden wir am Ende der Bezugsfrist die Bezugsrechte in Ihrem Interesse ausüben."

E „Der Bezug der jungen *Internet AG*-Aktien ist empfehlenswert, da der Börsenpreis der neuen Aktien stets über dem Preis der alten Aktien notieren wird."

F „Entschließen Sie sich zum Verkauf Ihrer Bezugsrechte, so kann dieser Erlös den rechnerischen Wertverlust Ihrer *Internet AG*-Aktien ausgleichen." ☐ ☐

Situation zu den Aufgaben 20 bis 27

Die Alarm- und Sicherheitstechnik *Olaf Lange & Co. KG* ist Firmenkundin der *Nordbank AG*. Die KG hat zur Finanzierung einer neuen Fertigungsanlage bei Ihnen als Firmenkundenberater/in der *Nordbank AG* einen Investitionskredit über 60.000,00 EUR beantragt. Zusätzlich beantragt die *Olaf Lange KG* zur Finanzierung eines kurzfristigen Liquiditätsbedarfs einen Betriebsmittelkredit in Höhe von 30.000,00 EUR.

Aufgabe 20

Welche der nachfolgenden Aussagen zur Prüfung des Kreditantrags sind richtig?

A Bei der Würdigung des Kreditantrags ist zu berücksichtigen, dass der Kommanditist Gläubigern der KG gegenüber nicht persönlich haftet, wenn er seine Einlagen bereits in voller Höhe geleistet hat.

B Rechtswirksame Erklärungen für die KG können sowohl der Komplementär Olaf Lange als auch ein Kommanditist abgeben.

C Für die Prüfung der Kreditfähigkeit kommen auch Informationen der Schufa in Betracht.

D Die Höhe der Einlage des Komplementärs Olaf Lange kann aus dem Handelsregister entnommen werden.

E Bei Prüfung des Kreditantrags muss die Bonität des Komplementärs beachtet werden.

F Der Kreditantrag muss von allen Komplementären und Kommanditisten gemeinsam gestellt werden. ☐ ☐

Aufgabe 21

Die *Nordbank AG* bietet der *Olaf Lange & Co. KG* einen Investitionskredit über 60.000,00 EUR zu folgenden Konditionen an:

Zinssatz:	5,25 % p. a.
Laufzeit:	5 Jahre
Tilgung:	in konstanten Monatsbeträgen
Zinszahlung:	monatlich

Ermitteln Sie den in der ersten Monatsrate enthaltenen Tilgungsanteil. ☐☐☐☐ , ☐☐ EUR

Aufgabe 22

Ermitteln Sie den in der ersten Monatsrate enthaltenen Zinsanteil. ☐☐☐ , ☐☐ EUR

Aufgabe 23

Der Investitionskredit soll durch eine Grundschuld in Höhe von 60.000,00 EUR zu Lasten des Grundstücks des Komplementärs Jürgen Eichhorn besichert werden. Welche der folgenden Aussagen zu dieser Grundschuld sind zutreffend?

A Die Laufzeit der Grundschuld sollte mit der Laufzeit des Investitionskredits identisch sein.
B Ein Zinssatz für eine Grundschuld sollte nur vereinbart werden, wenn für den Investitionskredit ein variabler Zinssatz gelten soll.
C Die Eintragung der Grundschuld erfolgt auf Antrag und Bewilligung von Herrn Eichhorn.
D Die Grundschuld ist zur schnelleren Verwertungsmöglichkeit mit einer Zwangsvollstreckungsklausel ausgestattet.
E Bei der Finanzierung des Investitionskredits sollte grundsätzlich aus Beweissicherungsgründen eine Briefgrundschuld der Buchgrundschuld vorgezogen werden.
F Die Eintragung der Grundschuld ist von der aktuellen Höhe des Investitionskredits abhängig. ☐ ☐

Aufgabe 24

Die *Nordbank AG* gewährt der *Olaf Lange & Co. KG* den beantragten Betriebsmittelkredit in Höhe von 30.000,00 EUR. Welche der folgenden Aspekte müssen Sie als Firmenkundenberater/in der *Nordbank AG* bei der Vertragsgestaltung beachten?

A Der Vertrag kann formfrei abgeschlossen werden, wird aber zu Beweiszwecken schriftlich verfasst.
B Der Vertrag muss von allen persönlich haftenden Gesellschaftern der *Olaf Lange & Co. KG* unterschrieben werden.
C Nach dem HGB muss bei einem Betriebsmittelkredit mindestens vierteljährlich ein Rechnungsabschluss erfolgen.
D Fehlt die Angabe des effektiven Jahreszinssatzes, so gilt der Basiszinssatz der Europäischen Zentralbank.
E Fehlen Angaben über zu bestellende Sicherheiten, so können diese nicht nachverlangt werden. ☐

Situation zu den Aufgaben 25 und 26

Zur Absicherung des Betriebsmittelkredits schlägt die *Nordbank AG* eine Globalzession von Kundenforderungen oder die Verpfändung des Wertpapierdepots der *Olaf Lange & Co. KG* in entsprechender Höhe vor.

Aufgabe 25

Welche Aussage über die Globalzession ist richtig?

A Die Abtretung erfolgt durch Einigung und Besitzkonstitut.

B Bei der Globalzession gehen die abgetretenen Forderungen erst mit Übergabe der Debitorenliste auf das Kreditinstitut über.

C Die Globalzession muss als stille Zession vereinbart werden.

D Bei der Globalzession wird ein Rahmenvertrag abgeschlossen, in dem nur alle bestehenden Forderungen abgetreten werden.

E Um die Bestimmbarkeit der Forderungen in dem Rahmenvertrag zu gewährleisten, werden z. B. die Anfangsbuchstaben möglicher Drittschuldner der *Olaf Lange & Co. KG* festgehalten.

Aufgabe 26

Das Wertpapierdepot der KG befindet sich als offenes Depot bei der *Nordbank AG*. Welche Aussagen über das Zustandekommen und die Auswirkungen der Verpfändung des Wertpapierdepots sind richtig?

A Die *Nordbank AG* wird Eigentümerin der Wertpapiere, weil sich diese bereits in ihrem Besitz befinden.

B Die *Nordbank AG* trifft mit der KG eine Vereinbarung, durch die die *Nordbank AG* den Besitz an den betreffenden Wertpapieren erhält.

C Werden die verpfändeten Wertpapiere während der Laufzeit des Betriebsmittelkredits fällig, kann der Gegenwert von der KG ohne Rücksprache mit der *Nordbank AG* auch in beliebigen anderen Wertpapieren angelegt werden.

D Die *Nordbank AG* erwirbt das Pfandrecht erst, wenn der Betriebsmittelkredit von der KG in Anspruch genommen wird.

E Sollte der Preis dieser Wertpapiere deutlich sinken, so ist die *Nordbank AG* ohne jegliche vorherige Ankündigung berechtigt, die ihr verpfändeten Wertpapiere zum Tageskurs über die Börse zu verkaufen.

F Während der Laufzeit des Betriebsmittelkredits kann die *Olaf Lange & Co. KG* nicht ohne Zustimmung der *Nordbank AG* über die verpfändeten Wertpapiere verfügen.

Aufgabe 27

Die *Olaf Lange & Co. KG* ist mit der Besicherung des Betriebsmittelkredits durch eine Globalzession von Kundenforderungen einverstanden. Welche der folgenden Aussagen treffen auf eine Globalzession zu?

A Die Einreichung von Debitorenlisten der *Olaf Lange & Co. KG* hat konstitutiven Charakter.

B Die Globalzession ist ein Rahmenvertrag über die Abtretung von Forderungen gegenüber einer bestimmten Drittschuldnergruppe.

C Bei der Globalzession werden nur zukünftige, jedoch keine bestehenden Forderungen der *Olaf Lange & Co. KG* abgetreten.

D Um die Bestimmbarkeit der Forderungen zu gewährleisten, kann z. B. der Name eines bestimmten Bundeslandes, in dem mögliche zukünftige Drittschuldner ihren Sitz haben, im Rahmenvertrag festgehalten werden.

E Bei der Globalzession werden nur bestehende, jedoch keine zukünftigen Forderungen der *Großhandel GmbH* abgetreten.

F Erfolgt die Globalzession in stiller Form, wird die *Nordbank AG* nicht zum Gläubiger gegenüber dem Drittschuldner.

Aufgabe 28

Die *Draegerwerke AG* in Lübeck exportieren medizinische Instrumente und Geräte an einen Importeur in Colombo auf Sri Lanka. Die Hausbank der AG ist die *Nordbank AG* in Lübeck. Als Zahlungsbedingung wurde mit dem Importeur aus Colombo ein Dokumenten-Inkasso vereinbart. Welche der nachfolgenden Hinweise des Kundenberaters der *Nordbank AG* zum Dokumenten-Inkasso sind zutreffend?

A Sie können sich auf die inhaltliche Kontrolle der Dokumente durch die *Nordbank AG* verlassen.
B Sie sollten selbst prüfen, ob die mit dem Importeur aus Colombo im Kaufvertrag vereinbarten Dokumente vollzählig sind.
C Die *Nordbank AG* wird pflichtgemäß prüfen, ob die Dokumente den Anforderungen entsprechend indossiert sind.
D Sie müssen das Konnossement auf die Bank des Importeurs ausstellen.
E Sie haben den Importeur aus Colombo darauf hinzuweisen, dass dieser prüfen muss, ob die in Sri Lanka vorgeschriebenen Papiere beigebracht wurden.
F Sie haben zu prüfen, ob der Inkassoauftrag ordnungsgemäß unterzeichnet ist.

☐ ☐

Aufgabe 29

Der der *Nordbank AG* vorliegende Inkassoauftrag der *Draegerwerke AG* soll nun abgewickelt werden. Bringen Sie die folgenden Abwicklungsschritte in die richtige Reihenfolge.

A Gegen Vorlage der Dokumente erhält der Bezogene die Ware im Hafen von Colombo ausgeliefert.
B Der Inkassoauftrag und die Dokumente werden von der *Nordbank AG* an die Bank des Importeurs gesendet.
C Die Bank des Importeurs erhält einen Einlösungsauftrag und belastet den Bezogenen.
D Die Bank des Importeurs präsentiert dem Bezogenen die Dokumente.
E Die *Draegerwerke AG* reichen den Inkassoauftrag und die Dokumente an die *Nordbank AG*.
F Der Importeur aus Colombo prüft die Dokumente bei der vorlegenden Bank.

1	2	3	4	5	6

Aufgabe 30

Die *Draegerwerke AG* importieren für die Herstellung medizinischer Geräte auch Produktelemente aus den Vereinigten Staaten von Amerika. Neue Lieferanten verlangen die Bezahlung ihrer USD-Forderungen mittels USD-Bankenorderschecks. Der Prokurist der *Draegerwerke AG*, Herr Jürgen Schulze möchte über die Bezahlung mittels Bankenorderschecks informiert werden. Welche Aussage über Bankenorderschecks trifft zu?

A Beim Bankenorderscheck zieht die *Nordbank AG* einen Scheck auf ihre Korrespondenzbank in New York (USA). Dieser wird an die Order des amerikanischen Lieferanten ausgestellt und muss von ihm vor der Einreichung zur Einlösung indossiert werden.
B Da es sich für die Korrespondenzbank in New York um einen Scheckankauf handelt, wird dieser Vorgang der *Draegerwerke AG* gegenüber zum Devisensichtkurs von der *Nordbank AG* abgerechnet.
C Bei dieser Bank-auf-Bank-Ziehung zieht die New Yorker Korrespondenzbank einen Scheck auf die *Nordbank AG*. Ein Indossament kann entfallen, da der Scheck wie ein Inhaberscheck behandelt wird.
D Diese Scheckzahlung wird der *Draegerwerke AG* zum Devisenbriefkurs der *Nordbank AG* in Rechnung gestellt, da EUR verkauft werden um in USD zu zahlen.
E Beim Bankenorderscheck ist die New Yorker Korrespondenzbank die Schecknehmerin, da die *Draegerwerke AG* den Scheck in die USA schicken muss.

☐

C Rechnungswesen und Steuerung

Bearbeitungszeit: 60 Minuten

Lösungen ab Seite 349

Die Aufgaben 1 bis 4 beziehen sich auf folgende Ausgangssituation:

In der Finanzbuchhaltung der *Nordbank AG* müssen unten stehende Geschäftsfälle grundbuchmäßig erfasst werden. Bilden Sie zu diesen Geschäftsfällen die erforderlichen Buchungssätze. Verwenden Sie dabei die Kennziffern der Konten in der Formelsammlung.

Wenn sich zu einem Geschäftsfall kein Buchungssatz ergibt, verwenden Sie im Soll und im Haben jeweils die Kennziffer 08.

Aufgabe 1

Geschäftsfall: Ein Kunde lässt nach dem Verlust seine Schecks sperren. Die *Nordbank AG* berechnet dafür eine Gebühr.

☐☐ an ☐☐

Aufgabe 2

Geschäftsfall: Rückgabe eines Schecks wegen fehlender Kontodeckung an die Deutsche Bundesbank. Der Scheck war zunächst dem Kundenkonto belastet worden.

☐☐ an ☐☐

Aufgabe 3

Geschäftsfall: Ein Kontokorrentkunde erhält die Zusage, künftig sein Konto bis 1500,00 EUR überziehen zu dürfen.

☐☐ an ☐☐

Aufgabe 4

Geschäftsfall: Die *Nordbank AG* soll im Auftrag eines Sparkunden Aktien aus seinem Depot an der Börse verkaufen. Der Auftrag wird über eine Korrespondenzbank am Börsenplatz abgewickelt. (Gebühren bleiben unberücksichtigt)

☐☐ an ☐☐

Aufgabe 5

Welcher der nachstehenden Geschäftsfälle der *Nordbank AG* führt zu einer Vergrößerung der Bilanzsumme?

1 Für die Kopierer wird Toner gekauft, der bar bezahlt wird.
2 Für debitorische Kontostände werden 17.000,00 EUR Zinsen gebucht.
3 Die *Nordbank AG* verkauft einem Sparkunden Wertpapiere aus dem eigenen Bestand.
4 Die *Nordbank AG* kauft für das Guthaben über dem Mindestreservesoll Finanzierungsschätze.
5 Die *Nordbank AG* weist eine Korrespondenzbank an, von ihrem Nostrokonto einen Teil des Guthabens zu überweisen.

☐

Die Aufgaben 6 bis 7 beziehen sich auf die folgende Ausgangssituation:

Das Hauptbuchkonto Bankenkontokorrent der *Nordbank AG* weist am Jahresende folgende Werte auf:

Anfangsbestand Forderungen an Kreditinstitute 448.000,00 EUR
Anfangsbestand Verbindlichkeiten gegenüber Kreditinstituten 758.000,00 EUR

Soll-Umsätze 1.335.000,00 EUR
Haben-Umsätze 1.125.000,00 EUR

Die *Nordbank AG* sendet der *Westbank* eG am 31.12. einen Kontoauszug, Kontostand S 500.000,00 EUR; von der *Sparkasse Westhausen* bekommt die *Nordbank AG* einen Kontoauszug, Kontostand S 400.000,00 EUR. Der Kontoauszug von der *Westfalenbank* ist uns noch nicht mit der Post zugegangen.

Aufgabe 6

Welchen Kontostand wird er haben?
Bitte Soll/Haben *kennzeichnen*.

S/H ☐ ☐☐☐☐☐☐ , ☐☐ EUR

Aufgabe 7

Wie hoch sind die Forderungen gegenüber Korrespondenzbanken?

☐☐☐☐☐☐ , ☐☐ EUR

Aufgabe 8

Der Sachbearbeiter in der Depotabteilung macht sich über die Bewertung der Betriebs- und Geschäftsausstattung in seiner Abteilung Gedanken. Welche Aussage ist in diesem Zusammenhang falsch?

1 Die Anschaffungsnebenkosten sind zu berücksichtigen.
2 Bei gebraucht erworbenen Gegenständen muss die Abschreibung des Verkäufers nicht fortgesetzt werden.
3 Bei einer Nutzungsdauer von zehn Jahren kann im achten Jahr von der linearen zur degressiven Abschreibung gewechselt werden.
4 Beim Kauf eines Schreibtisches für die Depotabteilung darf die Umsatzsteuer nicht aktivieren werden.
5 Bei der linearen Abschreibung ist bei Anlagegütern über 1.000,00 EUR (netto) auf jeden Fall die Nutzungsdauer der angeschafften Betriebs- und Geschäftsausstattung zu beachten.

☐

Die Aufgaben 9 bis 13 beziehen sich auf die folgende Ausgangssituation:

Im Wertpapier-Handelsbestand der *Nordbank AG* befinden sich u.a. *Profil AG*-Aktien. Das Skontro zeigte im laufenden Geschäftsjahr folgende Bestände und Bestandsveränderungen:

02.01.	Anfangsbestand	1.100 Aktien	Ankaufskurs	55,30 EUR/Stück
16.07.	Kauf	500 Aktien	Ankaufskurs	51,62 EUR/Stück
23.08.	Kauf	400 Aktien	Ankaufskurs	50,90 EUR/Stück
19.11.	Verkauf	1.400 Aktien	Verkaufskurs	54,00 EUR/Stück

Der Börsenkurs am Bilanzstichtag beträgt 58,00 EUR/Stück. Es erfolgt ein Risikoabschlag von 5 %.

Aufgabe 9

Berechnen Sie den durchschnittlichen Anschaffungskurs.

☐☐ , ☐☐ EUR

Aufgabe 10

Bewerten Sie den Aktienbestand zum Bilanzstichtag.

☐☐☐☐☐ , ☐☐ EUR

Aufgabe 11

Berechnen Sie auf der Grundlage der Durchschnittsbewertung den realisierten Erfolg, der durch den Verkauf eines Teils dieser Aktien am 19.11. erzielt worden ist. Tragen Sie vor den Betrag eine

1 ein, wenn es sich um einen realisierten Gewinn bzw. eine
2 ein, wenn es sich um einen realisierten Verlust handelt.

☐ ☐☐☐ , ☐☐ EUR

Aufgabe 12

Ermitteln Sie auf der Grundlage der Durchschnittbewertung für den Ankauf und der Bewertung zum Bilanzstichtag den nicht realisierten Erfolg. Tragen Sie vor den Betrag eine

1 ein, wenn es sich um einen nicht realisierten Gewinn bzw. eine
2 ein, wenn es sich um einen nicht realisierten Verlust handelt.

☐ ☐☐☐ , ☐☐ EUR

Aufgabe 13

Ermitteln Sie den Nettoerfolg aus Finanzgeschäften für diese Aktie des Handelsbestandes. Tragen Sie vor den Betrag eine

1 ein, wenn es sich um einen Nettoertrag aus Finanzgeschäften bzw. eine
2 ein, wenn es sich um einen Nettoaufwand aus Finanzgeschäften handelt.

☐ ☐☐☐☐ , ☐☐ EUR

Aufgabe 14

Die *Nordbank AG* hat gegenüber dem Kunden *Flora KG* eine ungesicherte Forderung aus einem Dispositionskredit von 23.320,00 EUR. Gegen die *Flora KG* ist das Insolvenzverfahren eröffnet worden. Das Kreditinstitut rechnet mit einer Insolvenzquote von 4 %. Nach Abwicklung des Insolvenzverfahrens gehen über Postbank 932,80 EUR ein. Welche der nachstehenden Maßnahmen ergreift die *Nordbank AG*, um den Fall zum Geschäftsjahresende zu dokumentieren und im folgenden Geschäftsjahr abzuschließen?

1 Zum Bilanzstichtag wird eine Einzelwertberichtigung von 23.320,00 EUR gebildet.
2 Zum Bilanzstichtag wird eine Einzelwertberichtigung von 932,80 EUR in Form einer indirekten Abschreibung gebildet.
3 Es wird zum Bilanzstichtag eine Rückstellung in Höhe des drohenden Verlustes gebildet.
4 Zum Bilanzstichtag wird die Forderung direkt abgeschrieben, da die *Flora KG* nach Eröffnung des Insolvenzverfahrens nicht mehr existiert.
5 Es wird zum Bilanzstichtag eine Einzelwertberichtigung in Höhe des drohenden Verlustes gebildet.
6 Nach Eingang des Zahlungsbetrags von 932,80 EUR wird die Wertberichtigung aufgelöst und das Konto der *Flora KG* ausgeglichen und gelöscht.

☐ ☐

Die Aufgaben 15 bis 19 beziehen sich auf die folgende Ausgangssituation:

Für den Jahresabschluss der *Lux AG* liegen die nachstehenden Werte in Mio. EUR vor.

Gezeichnetes Kapital	630
Kapitalrücklage	20
Gesetzliche Rücklage	8
Rücklage für eigene Anteile	60
Andere Gewinnrücklagen	30
Verlustvortrag aus dem Vorjahr	5
Summe der Erträge	1.540
Summe der Aufwendungen	1.320

Der Nennwert der Aktien beträgt 5,00 EUR/Aktie, der Kurswert, der bei der Bildung der Rücklage für eigene Anteile berücksichtigt wurde, lag bei 10,00 EUR/Aktie und ist weiterhin aktuell.

Aufgabe 15

Wie viel *muss* die *Lux AG* der gesetzlichen Rücklage in diesem Jahr zuführen?

☐☐ , ☐☐ Mio. EUR

Aufgabe 16

Wie viel darf Vorstand und Aufsichtsrat maximal den anderen Gewinnrücklagen zuführen?

☐☐☐ , ☐☐☐ Mio. EUR

Aufgabe 17

Wie hoch ist die Bruttodividende je dividendenberechtigter Aktie, wenn das gezeichnete Kapital in Aktien von 5,00 EUR Nennwert aufgeteilt ist?

☐ , ☐☐ EUR

Aufgabe 18

Wie hoch ist dann die Nettodividende für einen Aktionär, der 4.000 Aktien besitzt, keinen Freistellungsauftrag eingereicht hat und seine Bank nicht beauftragt hat, Kirchensteuer abzuführen?

☐☐☐☐ , ☐☐ EUR

Aufgabe 19

Wie hoch ist der Gewinn- bzw. Verlustvortrag?

☐☐☐☐☐☐ , ☐☐ EUR

Die Aufgaben 20 bis 22 beziehen sich auf die folgende Ausgangssituation:

Die *Nordbank AG* erwarb im Januar 20(0) für die Depotabteilung eine Computeranlage mit einem Anschaffungswert von 21.000,00 EUR plus USt.

Nach der AfA-Tabelle beträgt die Nutzungsdauer 3 Jahre. Der Geldausgabeautomat wird bilanziell mit dem steuerlich höchsten zulässigen Satz abgeschrieben.

In der Kosten- und Erlösrechnung wird bei linearer Abschreibung eine Nutzungsdauer von 4 Jahren unterstellt. Der Wiederbeschaffungswert in 4 Jahren wird auf 23.800,00 EUR (einschl. 19 % USt.) angesetzt.

Aufgabe 20

Berechnen Sie die bei der Abschreibung im dritten Nutzungsjahr entstandenen Kosten.

☐☐☐☐ , ☐☐ EUR

Aufgabe 21

Berechnen Sie die bei der Abschreibung im dritten Nutzungsjahr entstandenen Aufwendungen.

☐☐☐☐ , ☐☐ EUR

Aufgabe 22

Stellen Sie fest, ob im vierten Jahr
1 neutrale Aufwendungen
2 Grundkosten oder
3 Zusatzkosten
vorliegen. Ermitteln Sie deren Höhe in EUR.

☐ ☐☐☐☐ , ☐☐ EUR

Aufgabe 23

Bei welchen der unten stehenden Aufwendungen und Erträgen handelt es sich um

1 Betriebskosten
2 Betriebserlöse
3 Wertkosten
4 Werterlöse
5 Neutrale Aufwendungen
6 Neutrale Erträge?

Aufwendungen und Erträge

A Gehälter für Reinigungskräfte der *Nordbank AG*
B ungeklärter Kassenfehlbetrag
C Habenzinsen für KK-Kunden
D Überziehungsprovision für KK-Überziehungen
E Zinsen für ausgegebene eigene Schuldverschreibungen

A	B	C	D	E

Die Aufgaben 24 bis 27 beziehen sich auf die folgende Ausgangssituation:

Der *Nordbank AG* liegen folgende Daten des Girokontos der *Fauna KG* zum Ende des III. Quartals vor:

Sollzinszahlen	125.000
Buchungsposten	370
Sollzinssatz	8,8 % p. a.
Postengebühr (8 Freiposten pro Monat)	0,20 EUR
Grundgebühr je Monat	7,50 EUR
Betriebskosten je Buchungsposten	0,35 EUR
durchschnittlicher Abschreibungsbedarf auf Kontokorrentkredite	0,6 % p. a.
Eigenkapitalkosten auf den durchschnittlichen Kreditbedarf	0,7 % p. a.

Die *Nordbank AG* verwendet zur Kalkulation im Wertbereich die Marktzinsmethode. Dabei legt sie für Kontokorrentkredite einen Marktzinssatz von 2,3 % p. a. zugrunde.

Aufgabe 24

Ermitteln Sie für das III. Quartal den Deckungsbeitrag I.

☐☐☐☐ , ☐☐ EUR

Aufgabe 25

Ermitteln Sie für das III. Quartal den Deckungsbeitrag II.

☐☐☐☐ , ☐☐ EUR

Aufgabe 26

Ermitteln Sie für das III. Quartal den Deckungsbeitrag III.

☐☐☐☐ , ☐☐ EUR

Aufgabe 27

Um wie viel Euro hätte der Deckungsbeitrag III niedriger ausfallen können, um einen Beitrag zur Deckung der Overheadkosten und des Gewinnes in Höhe von 4,5 % p. a. der durchschnittlichen Kontokorrentkreditinanspruchnahme zu erbringen?

☐☐☐☐ , ☐☐ EUR

Die Aufgaben 28 bis 29 beziehen sich auf die folgende Ausgangssituation:

Als Mitarbeiter der *Nordbank AG* sollen Sie anhand der folgenden Daten aus der Finanzbuchhaltung den Gesamtbetrag der Erlöse und der neutralen Erträge für dieses Jahr ermitteln.
Daten der Finanzbuchhaltung:

Kontoführungsgebühren	30,0 TEUR
Zinsen für debitorische Konten	400,0 TEUR
Zinsen für das Wertpapieranlagevermögen darunter: für das vorangegangene Geschäftsjahr	50,0 TEUR 7,0 TEUR
Eingang von im Vorjahr abgeschriebenen Krediten	0,5 TEUR
Verkauf bereits abgeschriebenen PCs	0,1 TEUR
Zinsen der ausgeliehenen Kredite	500,0 TEUR
Tilgung von Darlehen durch Kunden	300,0 TEUR

Aufgabe 28

Ermitteln Sie jeweils für dieses Jahr den Betrag der Erlöse. ☐☐☐ , ☐☐ Tsd. EUR

Aufgabe 29

Ermitteln Sie jeweils für dieses Jahr den Betrag der neutralen Erträge. ☐ , ☐☐ Tsd. EUR

Die Aufgaben 30 bis 32 beziehen sich auf die folgende Ausgangssituation:

Es gelten folgende Zinssätze:

Zinssatz für 6-Jahres-Kredit	8,0 %	GKM-Satz für Tagesgeld	3,0 %
Zinssatz für 3-Monats-Festgeld	2,8 %	GKM-Satz für 3 Monate	3,5 %
		GKM-Satz für 6 Jahre	4,8 %

A	Bilanz		P
Kundenkredite über 6 J.	1.300.000 EUR	Festgeld Laufzeit 3 Mo.	1.300.000 EUR

Aufgabe 30

Errechnen Sie die Bruttozinsspanne. ☐ , ☐ %

Aufgabe 31

Errechnen Sie den Konditionsbeitrag des Aktivgeschäftes. ☐ , ☐ %

Aufgabe 32

Errechnen Sie den Strukturbeitrag. ☐ , ☐ %

Die Aufgaben 33 bis 36 beziehen sich auf die folgende Ausgangssituation:

Von der *Jauch KG* liegen im Rahmen einer Kreditprolongation die folgende aufbereitete Bilanz und die GuV-Rechnung vor:

Aktiva	Bilanz zum 31.12.20(0) in Tsd. EUR		Passiva
Grundstücke und Gebäude	500	Eigenkapital	1.300
Betriebs- und Geschäftsausstattung	800	Langfristige Bankkredite	400
Warenbestand	400	Pensionsrückstellungen	30
Forderungen aus Lieferung und Leistungen	300	Verbindlichkeiten aus Lieferung und Leistungen	250
Kassenbestand	200	Kontokorrentkredit	220
	2.200		**2.200**

GuV-Rechnung vom 01.01. bis 31.12.20(0) in Tsd. EUR

Umsatzerlöse	3.100
- Bestandsminderung	- 300
= Gesamtleistung	= 2.800
- Materialaufwand	- 1.000
- Personalaufwand	- 800
- Abschreibungen auf Anlagen	- 200
- Betriebssteuern	- 150
- Zuführung zu Pensionsrückstellungen	- 10
- Zinsaufwendungen	- 150
= Betriebsergebnis	**= 490**

Aufgabe 33

Ermitteln Sie den Anlagendeckungsgrad I.

			%

Aufgabe 34

Ermitteln Sie den Anlagendeckungsgrad II.

			%

Aufgabe 35

Ermitteln Sie die Gesamtkapitalrentabilität.

		%

Aufgabe 36

Welche der folgenden Aussagen zu Kennzahlen der Bilanzanalyse der *Jauch KG* sind richtig?

1 Am Anlagendeckungsgrad I und II kann die *Nordbank AG* die fristengerechte Finanzierung des Anlagevermögens der *Jauch KG* erkennen.

2 Der Anlagendeckungsgrad I der *Jauch KG* zeigt, dass die goldene Bilanzregel nicht befolgt wurde.

3 Liegt das Debitorenziel über dem Kreditorenziel, hat das Unternehmen offensichtlich im Jahresdurchschnitt schneller die eigenen Verbindlichkeiten gegenüber Lieferanten bezahlt als die Kunden die Rechnungen der *Jauch KG*.

4 Der Anlagendeckungsgrad I sollte deutlich unter 100 % liegen, damit das Unternehmen besser auf Zinsänderungen am Kapitalmarkt reagieren kann.

5 Hat die *Nordbank AG* alle Kennziffern errechnet und bewertet, kann auf zusätzliche Maßnahmen der Kreditwürdigkeitsprüfung der *Jauch KG* verzichtet werden.

6 Die Eigenkapitalrentabilität sollte unter der Kapitalmarktrendite liegen, um die Zinskosten zu mindern.

☐ ☐

D Wirtschafts- und Sozialkunde

Bearbeitungszeit: 60 Minuten

Lösungen ab Seite 352

Situation zu den Aufgaben 1 bis 3

In der *Nordbank AG* wird am 26.03.2012 bei den Mitarbeitern der Wunsch geäußert, in der *Nordbank AG* einen Betriebsrat zu institutionalisieren. Die *Nordbank AG* beschäftigt keine Leiharbeitnehmer. In der *Nordbank AG* sind folgende Arbeitnehmer im Sinne des Betriebsverfassungsgesetzes beschäftigt:

Anzahl	**Art der Beschäftigung**	**Alter**
4	Auszubildende	unter 18 Jahren. Alle jugendlichen Auszubildenden haben ihre Ausbildung am 01.08.2010 begonnen.
16	Auszubildende	zwischen 18 und 24 Jahren. Davon: 1 Auszubildender ist im 4. Monat seiner Ausbildung, die anderen sind bereits im letzten Ausbildungsjahr.
185	Angestellte	über 18 Jahren. Davon: 4 Angestellte, die sich noch in der Probezeit befinden. 3 leitende Angestellte
3	Angestellte	Mit drei Arbeitnehmern hat die *Nordbank AG* am 13.03.2012 einen unbefristeten Arbeitsvertrag geschlossen. Die Arbeitsverhältnisse dieser drei Mitarbeiter beginnen am 01.07.2012.

Auszug aus dem Betriebsverfassungsgesetz

Zusammensetzung und Wahl des Betriebsrates

§ 5 (Arbeitnehmer)

(1) Arbeitnehmer ... im Sinne dieses Gesetzes sind Arbeiter und Angestellte einschl. der zu ihrer Berufsausbildung Beschäftigten ...

(2) Als Arbeitnehmer im Sinne dieses Gesetzes gelten nicht
1. in Betrieben einer juristischen Person die Mitglieder des Organs, das zur gesetzlichen Vertretung der juristischen Person berufen ist;
2. die Gesellschafter einer offenen Handelsgesellschaft oder die Mitglieder einer anderen Personengesamtheit ... in deren Betrieben;

(3) Dieses Gesetz findet ... keine Anwendung auf leitende Angestellte. Leitender Angestellter ist, wer nach Arbeitsvertrag und Stellung im Unternehmen oder im Betrieb
1. zur selbstständigen Einstellung und Entlassung von im Betrieb oder in der Betriebsabteilung beschäftigten Arbeitnehmern berechtigt ist oder
2. Generalvollmacht oder Prokura hat ... oder
3. regelmäßig sonstige Aufgaben wahrnimmt, die für den Bestand und die Entwicklung des Unternehmens oder eines Betriebes von Bedeutung sind ...

§ 7 (Wahlberechtigung)

Wahlberechtigt sind alle Arbeitnehmer des Betriebs, die das 18. Lebensjahr vollendet haben. Werden Arbeitnehmer eines anderen Arbeitgebers zur Arbeitsleistung überlassen, so sind diese wahlberechtigt, wenn sie länger als 3 Monate im Betrieb eingesetzt werden.

§ 8 (Wählbarkeit)
(1) Wählbar sind alle Wahlberechtigten, die 6 Monate dem Betrieb angehören ...

§ 9 (Zahl der Betriebsratsmitglieder)
Der Betriebsrat besteht in Betrieben mit in der Regel
5 bis 20 wahlberechtigten Arbeitnehmern aus einer Person,
21 bis 50 wahlberechtigten Arbeitnehmern aus 3 Mitgliedern,
51 wahlberechtigten Arbeitnehmern bis 100 Arbeitnehmern aus 5 Mitgliedern,
101 bis 200 Arbeitnehmern aus 7 Mitgliedern,
201 bis 400 Arbeitnehmern aus 9 Mitgliedern ...

Aufgabe 1

Stellen Sie fest, wie viele Arbeitnehmer in der *Nordbank AG* wahlberechtigt sind.

Aufgabe 2

Wie viele Personen können sich in der *Nordbank AG* zur Wahl stellen?

Aufgabe 3

Wie viele Betriebsratsmitglieder können in der ersten Betriebsratswahl der *Nordbank AG* gewählt werden?

Aufgabe 4

Die Vertragsfreiheit ist wesentlicher Bestandteil unser Rechts- und Wirtschaftsordnung. Ordnen Sie die Bereiche der Vertragsfreiheit den nachstehenden Sachverhalten zu.

Bereiche der Vertragsfreiheit:
1. Abschlussfreiheit
2. Inhaltsfreiheit
3. Formfreiheit
4. Keiner der Bereiche wird von dem Sachverhalt berührt.

Sachverhalte:

A Peter Mücke verzichtet auf seine Gewährleistungsansprüche, falls am gebrauchten PKW, den er von seinem Nachbarn günstig gekauft hat, ein Mangel auftreten sollte.

B Der Betriebsrat legt einen Widerspruch gegen die verhaltensbedingte Kündigung der Servicekraft Uwe Hansen bei der *Nordbank AG* ein.

C Die *Nordbank AG* lehnt eine Kontoeröffnung für Paul Brinkmann wegen negativer Schufa-Einträge ab.

D Glaserei *Meyer GmbH* übernimmt für ihre Kundin *Hohenholz KG* eine Bürgschaft. Der Bürgschaftsvertrag ist für die *Meyer GmbH* ein Handelsgeschäft.

A	B	C	D

Aufgabe 5

Birgit Baus ist seit dem 01.08.2013 Auszubildende bei der *Nordbank AG*. In der letzten Zeit haben sich ihre schulischen und praktischen Leistungen stark verschlechtert. Bei einem Gespräch zwischen der Ausbildungsleitung und Frau Baus werden eine evtl. Beendigung oder alternativ eine Verlängerung des Ausbildungsverhältnisses angedacht.

Welche der nachstehenden Aussagen ist in diesem Zusammenhang zutreffend?

A Die *Nordbank AG* hat die Möglichkeit, das Ausbildungsverhältnis mit einer vierwöchigen Frist zu kündigen.
B Aufgrund der schlechten Leistungen der Auszubildenden ist eine fristlose Kündigung durch die *Nordbank AG* ohne weiteres möglich.
C Frau Baus hat aufgrund der nicht von ihr zu vertretenen schlechten Leistungen einen Anspruch auf Verlängerung des Ausbildungsverhältnisses um ein halbes Jahr.
D Das Ausbildungsverhältnis kann beendigt werden, sofern die *Nordbank AG* sich mit Frau Baus hierüber einigt.
E Da die Probezeit bereits beendet ist, muss zunächst die Prüfung abgewartet werden, ehe die Entscheidung über eine Verlängerung der Ausbildungszeit getroffen werden kann.

Situation zu den Aufgaben 6 und 7

Birte Genersch, 31 Jahre, verheiratet, ein Kind, ist seit zwei Jahren bei der *Nordbank AG* mit monatlich 30 Stunden in einer Filiale als Servicekraft beschäftigt. Aufgrund ihrer wiederholten Unfreundlichkeit gegenüber Kunden wurden mit ihr bereits zwei Mitarbeitergespräche geführt, in denen man ihr u. a. eine Mitarbeiterschulung über den Umgang mit Kunden anbot. Dieses Angebot lehnte sie mit Verweis auf ihr Kind ab. Nach zwei erfolglosen Abmahnungen kündigt ihr die *Nordbank AG* fristgerecht. Frau Genersch vermutet, dass diese Kündigung sozial ungerechtfertigt ist.

Aufgabe 6

Welche der folgenden Aussagen sind gemäß Kündigungsschutzgesetz zutreffend?

A Die Kündigung ist sozial ungerechtfertigt, da Frau Genersch aufgrund ihres Kindes erweiterten Kündigungsschutz hat.
B Die Kündigung erfolgte aus dringenden betrieblichen Erfordernissen und ist somit sozial gerechtfertigt.
C Da es sich um eine Kündigung aus wichtigem Grund handelt, ist es nicht von Bedeutung, ob die Kündigung sozial gerechtfertigt ist oder nicht.
D Die Kündigung ist sozial gerechtfertigt, da sie im Verhalten von Frau Genersch begründet ist.
E Aufgrund des Teilzeitvertrags von Frau Genersch ist die Kündigung sozial gerechtfertigt, da das Kündigungsschutzgesetz nur für Vollzeitbeschäftigte gilt.
F Die *Nordbank AG* hatte im Vorfeld ausreichende Schritte unternommen, die bevorstehende Kündigung abzuwenden. Daher ist die Kündigung sozial gerechtfertigt.

Aufgabe 7

Frau Genersch hat sich einen Termin beim Betriebsrat geben lassen, um sich über die Rechtmäßigkeit der Kündigung zu informieren. Welche der folgenden Aussagen zur Beteiligung des Betriebsrats bei Kündigungen durch den Arbeitgeber ist nach dem Betriebsverfassungsgesetz zutreffend?

A Der Betriebsrat hat ein Anhörungsrecht, d. h. er muss nach jeder Kündigung angehört werden.
B Da der Betriebsrat ein Mitbestimmungsrecht bei sozialen Angelegenheiten hat, ist die Kündigung ohne seine Zustimmung unwirksam.
C Äußert der Betriebsrat gegen diese Kündigung Bedenken, so hat er diese unter Angabe von Gründen dem Arbeitgeber spätestens innerhalb einer Woche mitzuteilen.
D Im Falle eines erfolgreichen Widerspruchs durch den Betriebsrat müsste die *Nordbank AG* die Kündigung wieder rückgängig machen.
E Bei Kündigungen durch den Arbeitgeber hat der Betriebsrat nur ein Informationsrecht.

Aufgabe 8

Nach Abschluss ihrer Berufsausbildung erhält Frau Sabrina Nützel von ihrem Ausbildungsbetrieb ein Zeugnis. Welche der folgenden Angaben muss der Ausbildungsbetrieb nach dem Berufsbildungsgesetz (BBiG) mindestens in das Zeugnis aufnehmen?

A Angaben über eine Mitgliedschaft in der Gewerkschaft während ihrer Berufsausbildung
B Angaben über die von Frau Nützel erbrachten Leistungen im Ausbildungsbetrieb und in der Berufsschule
C Angaben über die Arbeitsweise und das Arbeitsverhalten von Frau Nützel während ihrer Berufsausbildung
D Angaben über Art, Dauer und Ziel der Berufsausbildung sowie über die von Frau Nützel erworbenen beruflichen Fertigkeiten und Kenntnisse
E Angaben über zusätzliche Ausbildungsmaßnahmen, die Frau Nützel außerhalb ihrer Berufsausbildung absolviert hat

☐

Aufgabe 9

Die *Nordbank AG* und die Gewerkschaft ver.di führen zurzeit Tarifverhandlungen, um einen Haustarifvertrag neu zu vereinbaren. Die Verhandlungen zwischen den Tarifvertragsparteien sind gescheitert. In der *Nordbank AG* soll jetzt eine Urabstimmung durchgeführt werden. Welche Arbeitnehmer der *Nordbank AG* werden zur Urabstimmung aufgerufen?

A Alle Mitarbeiter der *Nordbank AG*
B Alle volljährigen Mitarbeiter der *Nordbank AG*
C Alle volljährigen Mitarbeiter der *Nordbank AG*, jedoch keine Auszubildenden
D Alle Mitarbeiter der *Nordbank AG*, jedoch ohne leitende Angestellte
E Alle gewerkschaftlich organisierten Mitarbeiter der *Nordbank AG*

☐

Aufgabe 10

Die Gewerkschaft ver.di hat den Gehaltstarifvertrag mit der *Nordbank AG* fristgerecht gekündigt. Bringen Sie die folgenden möglichen Schritte einer Tarifauseinandersetzung durch Eintragen der Ziffern 1 bis 6 in die richtige Reihenfolge.

Schritte einer Tarifauseinandersetzung:

A *ver.di* führt eine Urabstimmung zum Streik durch.
B Die *Nordbank AG* geht auf die Forderungen der Gewerkschaft *ver.di* ein.
C Die Tarifverhandlungen verlaufen ergebnislos, da die *Nordbank AG* kein Angebot unterbreitet.
D Die Beschäftigten der *Nordbank AG* beginnen zu streiken, nachdem die Gewerkschaft *ver.di* dazu aufgefordert hat.
E Die Gewerkschaft ver.di führt eine Urabstimmung zur Beendigung des Streiks durch.
F *ver.di* erklärt das Scheitern der Verhandlungen.

A	B	C	D	E	F

Aufgabe 11

Die Höhe der Gehälter der tarifgebundenen Arbeitnehmer ist im Gehaltstarifvertrag geregelt. Welche Parteien schließen diesen ab?

A Die Betriebsräte und die Gewerkschaften
B Die Gewerkschaften und die Arbeitgeberverbände
C Die Gewerbeaufsichtsämter und die Arbeitnehmerverbände
D Die Arbeitgeber und die Betriebsräte
E Die Arbeitgeberverbände und die Industrie- und Handelskammern

☐

Aufgabe 12

In der Reinigungsbranche und bei den Pflegeberufen wurde ein gesetzlicher Mindestlohn festgelegt. Welche Aussagen zum Mindestlohn treffen zu?

A Zum Schutz der Arbeitgeber in diesen Branchen liegt der gesetzliche Mindestlohn über dem sich frei auf dem Arbeitsmarkt bildenden Lohn.
B Der gesetzliche Mindestlohn führt zu einer Zunahme der Nachfrage nach Arbeitskräften in diesen Branchen.
C Der gesetzliche Mindestlohn wird von den Tarifvertragsparteien unter Mitwirkung des Bundesarbeitsministers festgelegt.
D Der gesetzliche Mindestlohn liegt über dem sich frei auf dem Arbeitsmarkt bildenden Lohn zum Schutz der Arbeitnehmer.
E Durch die Festsetzung von gesetzlichen Mindestlöhnen kann die Verlagerung von Arbeitsplätzen in das Ausland weitgehend verhindert werden.
F Der gesetzliche Mindestlohn setzt den Preismechanismus teilweise außer Kraft und ist daher kein marktkonformer Eingriff in die Preisbildung.

☐ ☐

Aufgabe 13

Die *Nordbank AG* erhält von einem örtlichen Lieferanten für Büromaterial eine Rechnung über 1.500,00 EUR. Die Lieferung des Büromaterials erfolgte am 31.01.2013 zusammen mit der Rechnung. Im Kaufvertrag und in den AGB des Lieferanten wurden keine Vereinbarungen über den Zahlungszeitpunkt getroffen.
Wichtige Rechnungsdaten

Adressat	*Nordbank AG*
Aussteller der Rechnung	*Papierus GmbH*
Ort	Hamburg
Rechnungsdatum	28.01.2013
Eingang bei *Nordbank AG*	31.01.2013
Rechnungsnummer	313-211
Kundennummer	216
Auftrag vom	18.01.2013
Rechnungsbetrag netto	1.260,50 EUR
Umsatzsteuer 19 %	239,50 EUR
Rechnungsbetrag brutto	1.500,00 EUR
Zahlungsbedingungen	innerhalb von 7 Tagen ab Rechnungsdatum mit 3 % Skonto oder innerhalb von 14 Tagen brutto ohne Abzug

Welche der folgenden Aussagen hinsichtlich des Zahlungsverzugs ist zutreffend?

Die *Nordbank AG* kommt ...

A sieben Tage nach dem Rechnungsdatum in Zahlungsverzug.
B 14 Tage nach dem Rechnungsdatum in Zahlungsverzug.
C erst durch die Zustellung einer Mahnung in Verzug.
D 30 Tage nach der Lieferung in Zahlungsverzug.
E 30 Tage nach dem Rechnungsdatum in Zahlungsverzug.

☐

Aufgabe 14

Die *Kora GmbH* hatte am 13. März 2013 einen Fotokopierer für 1.500,00 EUR gekauft. Die Lieferung erfolgte am 20. März 2013, bezahlt wurde an diesem Tag mittels Scheck. Bestandteil des Kaufvertrags waren die Allgemeinen Geschäftsbedingungen, in denen ein Eigentumsvorbehalt enthalten war. Welche der folgenden Aussagen zum Eigentumsvorbehalt sind richtig?

A Der Eigentumsvorbehalt liegt im Interesse des Verkäufers, weil der Fotokopierer mittels Scheck zahlungshalber bezahlt wird.

B Der Fotokopierer geht mit Übergabe an die *Kora GmbH* als wesentlicher Bestandteil in die Betriebs- und Geschäftsausstattung der *Kora GmbH* über. Die Einräumung eines Eigentumsvorbehalts ist somit in diesem Fall rechtsunwirksam.

C Ein Eigentumsvorbehalt lässt sich grundsätzlich nicht durch Allgemeine Geschäftsbedingungen vereinbaren.

D Der unter Eigentumsvorbehalt gekaufte Fotokopierer kann bis zur endgültigen Bezahlung nicht von der *Kora GmbH* bilanziert werden.

E Der Eigentumsvorbehalt sichert die Ansprüche des Verkäufers auf Herausgabe der Ware, wenn der Fotokopierer nicht vollständig von der *Kora GmbH* bezahlt wird.

F Ohne Vereinbarung des Eigentumsvorbehalts wäre das Eigentum am 13. März 2013 auf die *Kora GmbH* übergegangen.

Situation zu den Aufgaben 15 bis 17

Die *Glaserei Meier OHG* ist Firmenkunde der *Nordbank AG*. Die Glaserei Meier beantragt einen Betriebsmittelkredit in Höhe von 100.000,00 EUR. Der Firmenkundenberater der *Nordbank AG* verlangt einen aktuellen Handelsregisterauszug der OHG.

Aufgabe 15

Der Handelsregisterauszug wird der *Nordbank AG* vorgelegt. Welche Angaben können Sie dem Handelsregisterauszug entnehmen?

A Handelsregister Abteilung B des Amtsgerichts Hamburg
Wiedergabe des aktuellen Registerinhalts - Abruf vom 16.08.2013 11:00
Nummer der Firma HRB 237850

B Handlungsvollmacht: Sören Welte, geb. am 15.03.1975

C Allgemeine Vertretungsregelung:
a) Jeder persönlich haftende Gesellschafter vertritt die Gesellschaft einzeln.
b) Inhaber, persönlich haftende Gesellschafter:
Karl Wandschneider, Norderstedt, geb. am 14.02.1973
Julia Meier, Pinneberg, geb. 12.10.1975

D Kommanditanlage: Karl Wandschneider, *Kommanditist Security KG*, Alarm- und Sicherheitstechnik

E Geschäftsführung: Zur Geschäftsführerin ist Julia Meier, Pinneberg, geb. 12.10.1975 bestellt.

Aufgabe 16

Der bisherige Einzelprokurist Harald Knappe wird als weiterer Gesellschafter in die *Glaserei Meier OHG* aufgenommen. Welche Aussage zur Haftung des neuen Gesellschafters Knappe trifft zu?

A Da gegenüber den Gläubigern der *Glaserei Meier OHG* nur das Gesellschaftsvermögen haftet, ist die persönliche Haftung von Herrn Knappe ausgeschlossen.

B Die Gesellschafter haften als Gesamtschuldner persönlich, es sei denn, dies wurde im Gesellschaftsvertrag eingeschränkt.

C Da Herr Knappe als letzter Gesellschafter in die *Glaserei Meier OHG* eingetreten ist, haftet er nachrangig.

D Der Umfang der gesamtschuldnerischen Haftung von Herrn Knappe kann nicht eingeschränkt werden.

E Im Handelsregister kann eine Beschränkung der Haftung von Herrn Knappe eingetragen werden.

Aufgabe 17

Welches Rechtsgeschäft darf der Handlungsbevollmächtigte Sören Welte im Rahmen der allgemeinen Handlungsvollmacht ohne besondere Befugnis laut HGB für die *Glaserei Meier OHG* rechtswirksam vornehmen?

A Durchsetzung wechselrechtlicher Ansprüche im Rahmen eines Klageverfahrens
B Abschluss eines Leasingvertrags mit der *NordLeasing GmbH* über einen Gabelstapler
C Verkauf eines firmeneigenen Grundstücks mit Lagerhalle
D Anmeldung der Änderung des Geschäftssitzes im Handelsregister
E Erteilung einer Handlungsvollmacht

Situation zu den Aufgaben 18 und 19

Zahlen zur Arbeitslosenversicherung (in Millionen EUR)

Jahr	2009	2010	2011
Einnahmen insgesamt	52.692,00	55.384,00	41.700,00
- darunter: Beiträge	46.989,00	51.176,00	32.500,00
Ausgaben insgesamt	53.089,00	44.169,00	38.500,00
- darunter: Arbeitslosengeld	27.019,00	22.899,00	19.400,00
Differenz aus Einnahmen und Ausgaben	-397,00	11.215,00	3.200,00
Beitragssätze in %	6,5	6,5	4,2

Aufgabe 18

Durch die gute Konjunktur entwickeln sich die Finanzen der Arbeitslosenversicherung deutlich besser als erwartet. Welche Aussagen sind aus der o. a. Tabelle zu entnehmen?

A Für 2009 erwirtschaftete die Bundesagentur für Arbeit (BA) einen Überschuss von 10 Milliarden EUR.
B Der Überschuss der BA in 2009 und 2010 ist auf die sinkende Zahl von Arbeitslosen und die Kürzung der Bezugsdauer beim Arbeitslosengeld von maximal 32 auf höchstens 18 Monate zurückzuführen.
C Die Beitragseinnahmen von 2011 haben sich auf Grund der Beitragssenkung auf 4,2 % im Vergleichszeitraum zu 2009 um über 36,4 % vermindert.
D Die Wirtschaftsforschungsinstitute prognostizierten in ihrer Herbstprognose ein Wachstum der Erwerbstätigkeit um 0,6 % und eine Arbeitslosenquote von 9,9 %.
E Für 2011 prognostizieren die Wirtschaftsforschungsinstitute, dass die sich die Zahl der offenen Stellen um 1,1 % erhöht und die Arbeitslosenquote unter 9 % fällt.
F Die Ausgaben der BA sind 2011 im Vergleich zu 2010 insgesamt um 5,669 Milliarden Euro und die Ausgaben für das Arbeitslosengeld um 3,499 Milliarden Euro gesunken.

Aufgabe 19

Jahr	2000	2011
Ausgaben je Versicherten in der Krankenversicherung der Rentner in EUR	2.330	3.768
Ausgaben je Versicherten in der allgemeinen Krankenversicherung der Erwerbstätigen in EUR	937	1.335
Veränderung von 2000 bis 2011 in %	Für Rentner:	Für Arbeitnehmer:

Berechnen Sie die Veränderungen der Ausgaben je Versicherten in den Krankenversicherungen für Rentner und Erwerbstätige für den Zeitraum von 2000 bis 2011 in Prozent (auf volle Prozent aufrunden!).

Aufgabe 20

Die Wirtschaftsordnung in Deutschland ist die soziale Marktwirtschaft. Welche der untenstehenden Maßnahmen sind mit dieser Wirtschaftsordnung vereinbar?

A Die Bundesregierung legt für die Tarifparteien einen Lohnerhöhungsspielraum zwischen 0,8 % und 1,8 % fest, um die Wettbewerbssituation in Deutschland für das kommende Jahr zu verbessern.

B Die Bundesregierung ordnet einen allgemeinen Mietpreisstopp für die Dauer von 2 Jahren an, um Mietwohnungen für einkommensschwache Personen wieder attraktiv zu machen.

C Das Bundeskartellamt verhängt gegen mehrere Unternehmen Bußgelder wegen unerlaubter Preisabsprachen auf dem Tankstellenmarkt.

D Die Europäische Zentralbank setzt einen Mindestzinssatz für befristete Einlagen unter zwei Jahren fest.

E Durch ein Bundesgesetz werden Rüstungsunternehmen verstaatlicht, die gegen das Außenwirtschafts- und Waffenkontrollgesetz verstoßen haben.

F Der Gesetzgeber bestimmt, dass die Prozentsätze der Einkommensteuer innerhalb bestimmter Grenzen mit der Höhe des zu versteuernden Einkommens steigen.

☐ ☐

Aufgabe 21

Ordnen Sie die folgenden Steuerempfänger den Steuerarten zu.

Steuerempfänger:

1 ausschließlich den Gemeinden
2 ausschließlich den Bundesländern
3 ausschließlich dem Bund
4 Gemeinschaftssteuern

Steuerarten:

A Tabaksteuer
B Gewerbesteuer
C Einkommensteuer
D Grundsteuer
E Kraftfahrzeugsteuer
F Grunderwerbsteuer

A	B	C	D	E	F

Situation zu den Aufgaben 22 bis 25

Die *Nordbank AG* möchte die Nachfrage nach Bausparverträgen in ihrem Hause steigern. Zu diesem Zweck soll ein neues Bausparprodukt auf den Markt gebracht werden. Es gelten folgende Daten:

Daten zum Bausparprodukt	
Marktvolumen im 1. Jahr	240.000 Verträge
Geschätztes Marktpotential	500.000 Verträge
Absatz der *Nordbank AG* im 1. Jahr	25.000 Verträge
Erlös je Vertrag	950,00 EUR
Variable Kosten je Vertrag	650,00 EUR
Fixkosten der *Nordbank AG* pro Jahr	7.850.000,00 EUR

Aufgabe 22

Ermitteln Sie den Marktanteil der *Nordbank AG*.

□□,□□ %

Aufgabe 23

Ermitteln Sie die Marktsättigung im 1. Jahr für den Gesamtmarkt.

□□,□□ %

Aufgabe 24

Wie hoch ist der gegenwärtige Betriebserfolg der *Nordbank AG*?

□□□□□□,□□ EUR

Aufgabe 25

Bei welcher Vertragszahl erreicht die *Nordbank AG* den Break-even-Point (Gewinnschwelle)?

□□□□□

Aufgabe 26

Welche der folgenden Aussagen im Zusammenhang mit der Einkommensverteilung ist richtig?

A Das Statistische Bundesamt unterscheidet bei der Entstehungsrechnung in Arbeitnehmerentgelte sowie die Unternehmens- und Vermögenseinkommen.

B Die Umverteilung der Einkommen durch den Staat erfolgt u. a. durch Steuerprogression bei den direkten Steuern.

C Eine Erhöhung der Pro-Kopf-Lohnquote kann nur bei Verringerung der Gesamtbeschäftigtenzahl erreicht werden.

D „Gerechte Einkommensverteilung" ist definiert als gleich hohe Lohn- und Gewinnquote (jeweils 50 %).

E Die staatliche Sparförderung kann die Einkommensverteilung nicht verändern, weil alle privaten Haushalte gleichmäßig betroffen sind.

□

Aufgabe 27

Der folgende Auszug aus dem Monatsbericht der Deutschen Bundesbank enthält Angaben zur Konjunkturlage. Welche der folgenden Aussagen sind im Zusammenhang mit den Angaben aus dem nachfolgenden Auszug aus dem Monatsbericht richtig?

Positionen	2012 in Mrd. EUR
In jeweiligen Preisen Bruttoinlandsprodukt	2.063,00
Verteilung des Volkseinkommens Arbeitnehmerentgelt	1.109,70
Unternehmens- und Vermögenseinkommen	421,40
Volkseinkommen	1.531,10
Bruttosozialprodukt	2.054,60

Jahr	Unternehmens- und Vermögenseinkommen in Mrd. EUR
2008	395,43
2009	411,59
2010	405,90
2011	416,60
2012	421,40

Jahr	Bruttosozialprodukt in Mrd. EUR
2010	1.962,00
2011	2.017,90
2012	2.054,60

A 2012 betrug die Lohnquote 72,5 %.
B Die Unternehmen- und Vermögenseinkommen sind im Zeitraum von 2008 bis 2012 stetig gewachsen.
C Bei der Ermittlung der nominalen Zunahme des Bruttosozialprodukts werden Preissteigerungen herausgerechnet.
D Das Bruttosozialprodukt stellt den Wert aller in einer bestimmten Periode erzeugten Waren und Dienstleistungen des Inlands dar.
E 2012 war das Bruttoinlandsprodukt 8,4 Mrd. EUR niedriger als das Bruttosozialprodukt.
F Die Preise für die Güter des Bruttosozialprodukts sind von 2010 bis 2012 um 2 % gestiegen.

Situation zu den Aufgaben 28 und 29

In der folgenden Statistik sind Konjunkturindikatoren für 4 aufeinander folgende Jahre angegeben.

Indikatoren	2003	2004	2005	2006
Kapazitätsauslastungsgrad in %	98,7	99,2	98,1	97,3
Preissteigerungsrate in %	+ 5,2	+ 6,4	+ 6,8	+ 6,2
Arbeitslosenquote in %	4,7	5,3	5,4	6,8
Wachstumsrate in %	+ 2,5	+ 3,4	+ 2,2	- 0,5
Sparquote in %	13,2	13,6	14,3	15,5

Aufgabe 28

In welcher Konjunkturphase befand sich die Wirtschaft im Jahr 2004?

A Tiefstand (Talsohle)
B Aufschwung
C Hochkonjunktur (Boom)
D Abschwung

Aufgabe 29

Welche Entwicklung der Sparquote im Jahr 2004 wäre wirtschaftspolitisch wünschenswert gewesen?

A Eine konstant niedrige Sparquote
B Eine steigende Sparquote
C Eine fallende Sparquote

Aufgabe 30

Es werden verschiedene Arten der Arbeitslosigkeit unterschieden. Welche der folgenden Aussagen sind in diesem Zusammenhang richtig?

A Die Reduzierung des Zweigstellennetzes der Kreditinstitute sowie eine steigende Tendenz zu Unternehmenszusammenschlüssen in der Bankenbranche erhöhen den Grad der strukturellen Arbeitslosigkeit.
B Die zunehmende Umsetzung des Direktbanken-Ansatzes durch das Management der Großbanken und Sparkassen erhöht stets den Anteil der konjunkturellen Arbeitslosigkeit.
C Die massiven Veränderungen in der deutschen Bevölkerungsstruktur sowie ein dauerhaft verändertes Nachfrageverhalten der Bankkunden in Deutschland erhöhen den Anteil der saisonalen Arbeitslosigkeit.

D Das deutsche Kreditgewerbe weist seit einigen Jahren einen tendenziell steigenden und über dem Bundesdurchschnitt liegenden Anteil an friktioneller Arbeitslosigkeit auf.

E Die zunehmende Tendenz zum Aufbau von Direktbanken im Retail-Banking (Massenzahlungsverkehr) erhöht den Anteil technologisch bedingter Arbeitslosigkeit im deutschen Bankgewerbe.

F Die Verbesserung der Informationsmöglichkeiten über freie Stellen im Bankgewerbe trägt zur Reduzierung der konjunkturellen Arbeitslosigkeit bei.

Aufgabe 31

Das Wirtschaftswachstum steht in Wechselwirkung zu anderen wirtschaftspolitischen Zielen. Welche der folgenden Aussagen ist in diesem Zusammenhang zutreffend?

A Hat die Bundesregierung das Ziel der Vollbeschäftigung erreicht, kann ein Wachstum der Wirtschaft nicht mehr erfolgen.

B Bundesregierung und Bundesländer können das Wirtschaftswachstum nur indirekt beeinflussen.

C Nach der Einführung der gemeinsamen europäischen Währung hat der Außenwert des EUR einen geringeren Einfluss auf das Wirtschaftswachstum in Deutschland als der Außenwert der D-Mark vor Einführung der gemeinsamen europäischen Währung.

D Ein stetig ansteigendes Wirtschaftswachstum um jährlich mehr als 2 % führt tendenziell zu einer Verringerung der Arbeitslosenquote, da mehr Waren und Dienstleistungen nur durch zusätzliche Beschäftigte erstellt bzw. erbracht werden können.

E Bei geringen Wachstumsraten des Bruttoinlandsprodukts besteht stets die Gefahr, dass es zu unerwünschten inflationären Tendenzen kommt.

Aufgabe 32

In der Zahlungsbilanz des Euro-Währungsgebietes werden für den Zeitraum Januar bis April 2013 unter der Position „Warenhandel" Einnahmen von 332,1 Milliarden EUR und Ausgaben von 302,9 Milliarden EUR ausgewiesen.

Welche der folgenden Aussagen zum Saldo der Handelsbilanz im angegebenen Zeitraum ist zutreffend?

A Der Saldo beträgt + 29,2 Milliarden EUR.

B Der Saldo beträgt - 29,2 Milliarden EUR.

C Der Saldo beträgt + 332,1 Milliarden EUR.

D Eine Aussage zum Saldo der Handelsbilanz ist aufgrund der vorliegenden Werte nicht möglich.

Aufgabe 33

Aus den Werten der Handelsbilanz und weiterer Bilanzen kann der Saldo der Leistungsbilanz ermittelt werden. Welche der folgenden Positionen ist nicht Bestandteil der Leistungsbilanz?

A Erwerbs- und Vermögenseinkommen

B Direktinvestitionen

C Laufende Übertragungen

D Dienstleistungen

Aufgabe 34

Der Europäische Zentralbankrat senkt den Mindestbietungssatz für Hauptrefinanzierungsgeschäfte. Welche Aussagen zu den angestrebten Wirkungen dieser Maßnahme treffen zu?

A Diese Maßnahme kann im Konjunkturtief die Liquidität der Kreditinstitute erhöhen und kann zur Erhöhung der Beschäftigung beitragen.

B Diese Maßnahme erfolgt in der Regel im Boom und soll die Kredite für die Unternehmen verteuern.

C Diese Maßnahme erfolgt in der Regel im Boom und soll die gesamtwirtschaftliche Nachfrage erhöhen.

D Diese Maßnahme soll im Konjunkturtief die Inflation bekämpfen.

E Diese Maßnahme führt dazu, dass die langfristigen Zinsen schneller sinken als die kurzfristigen.

F Diese Maßnahme soll die Kreditinstitute wegen günstigerer Refinanzierungsmöglichkeiten veranlassen, den Unternehmen billigere Kredite zur Verfügung zu stellen. ☐ ☐

Aufgabe 35

Welche der folgenden Aussagen zu Steuerungsmöglichkeiten im Rahmen des geldpolitischen Instrumentariums des Europäischen Systens der Zentralbanken (ESZB) sind zutreffend?

A Das Instrument der ständigen Fazilitäten steht den inländischen Kreditinstituten zur Geldanlage bzw. -aufnahme für einen Geschäftstag unbeschränkt offen.

B Die Mindestreserve-Vorschriften sehen vor, dass jedes inländische Kreditinstitut bei der Bundesbank ständig einen bestimmten Prozentsatz ihrer Einlagen als Liquiditätsreserve zu halten hat.

C Die Einlagefazilität kann von den inländischen Banken nur an den von der Bundesbank festgelegten Bankarbeitstagen im Monat in Anspruch genommen werden, um dann die hohen Liquiditätszuflüsse zinsbringend anlegen zu können.

D Im Rahmen einer expansiven Offenmarktpolitik steuert das ESZB die Geldmenge über eine Erhöhung des Hauptrefinanzierungssatzes als Feinsteuerungsinstrument.

E Offenmarktgeschäfte werden eingesetzt, um die Zinssätze und damit die Liquidität am Markt zu steuern.

F Die Mindestreserve-Pflicht benachteiligt die inländischen Banken gegenüber den ausländischen Kreditinstituten im Euroland, da die hinterlegten Liquiditätsreserven unverzinst bei der Bundesbank zu halten sind. ☐ ☐

PRÜFUNGSSATZ VI

A Bankwirtschaft Fälle

Bearbeitungszeit: 90 Minuten, 100 Punkte

Lösungen ab Seite 360

Fall 1 Auslandszahlungsverkehr *(35 Punkte)*

Sie sind Firmenkundenbetreuer/in bei der *Nordbank AG* und beraten die *Sunbeam AG*. Dieses mittelständische Unternehmen produziert Solaranlagen, die es im In- und Ausland vertreibt. Als neues Absatzgebiet sollen die Vereinigten Staaten erschlossen werden. Auf einer Messe für Umwelttechnologie in Hamburg hat das Vorstandsmitglied der *Sunbeam AG*, Heinz Rheinfeld, aussichtsreiche Vorverhandlungen mit der Bauunternehmung *M. Cooper Ltd.* über die Lieferung von Solaranlagen geführt. Zu dieser Gesellschaft aus New York bestehen bisher keine Geschäftsbeziehungen. Vor seiner geplanten Geschäftsreise nach New York sucht Herr Rheinfeld Sie zu einem Beratungsgespräch auf, um sich über das Dokumenten-Inkasso gegen Zahlung (d/p) zu informieren.

a) Worin liegt der Vorteil dieser Zahlungsform für die *Sunbeam AG* im Unterschied zu einer nichtdokumentären Zahlung? *(4 Punkte)*

b) Erläutern Sie das Risiko des Dokumenten-Inkassos für die *Sunbeam AG*. *(2 Punkte)*

c) Nennen Sie zwei Kosten, die infolge des Eintritts des o.a. Risikos für die *Sunbeam AG* entstehen können. *(3 Punkte)*

Herr Rheinfeld berichtet, dass in den Vorverhandlungen noch keine Einigkeit über die Lieferungsbedingung erzielt wurde. Die *M. Cooper Ltd.* möchte CIF New York vereinbaren, während die *Sunbeam AG* FOB Hamburg bevorzugt.

d) Beschreiben Sie die Kosten, die von der *Sunbeam AG* zu tragen sind, und nennen Sie den Ort des Gefahrenübergangs bei den zur Diskussion stehenden Lieferungsbedingungen. *(8 Punkte)*

e) Erläutern Sie drei Vorteile der Bedingung CIF New York im Unterschied zu FOB Hamburg für die *Sunbeam AG.* *(6 Punkte)*

Die *Sunbeam AG* und die *M. Cooper Ltd.* schließen einen Kaufvertrag über 25 Solaranlagen. Herr Rheinfeld sucht Sie zu einem weiteren Beratungsgespräch auf und legt Ihnen den Kaufvertrag vor.

Auszug aus dem Kaufvertrag	
Käufer:	Bauunternehmung M. Cooper, Ltd. New York
Verkäufer:	Sunbeam AG, Hamburg
Kaufgegenstand:	25 Solaranlagen, Typ AT 43589
Kaufpreis:	450.000,00 USD
Zahlungsbedingung:	Dokumente gegen Zahlung (d/p) bei Sicht Einzureichen sind u.a. folgende Dokumente: Voller Satz (3/3) reingezeichneter Bordkonnossemente, an Order ausgestellt und blanko indossiert mit dem Vermerk „Fracht bezahlt“
Lieferung:	bis zum 16. Mai 2013
Lieferungsbedingung:	CIF New York

Sie weisen den Kunden auf das Kursrisiko des Geschäftes hin.

f1) Erklären Sie zwei Maßnahmen zur Absicherung des in USD abgeschlossenen Exportgeschäfts *(2 Punkte)* f2) Im Zusammenhang mit einem Devisentermingeschäft teilen Sie Herrn Rheinfeld mit, dass der Devisenterminkurs des US-Dollar zurzeit einen Deport aufweist. Erklären Sie Herrn Rheinfeld die Ursache für den Deport. *(2 Punkte)*

Herr Rheinfeld möchte Näheres über die einzureichenden Konnossemente wissen.

g) Begründen Sie die Anforderungen *(6 Punkte)*
- voller Satz (full set),
- reingezeichnet (clean),
- Bordkonnossement.

Die *Sunbeam AG* reicht der *Nordbank AG* die Dokumente zum Inkasso ein.

h) Zu welcher Prüfung ist die *Nordbank AG* aufgrund der Richtlinien über Dokumenten-Inkassi verpflichtet? *(2 Punkte)*

Fall 2: Geld- und Vermögensanlage *(31 Punkte)*

Sie sind Kundenberater/in der *Nordbank AG*. Daniel Meyer unterhält bei Ihnen ein Wertpapierdepot im Gesamtwert von ca. 30.000,00 EUR. Davon sind ca. 25.000,00 EUR in festverzinslichen Wertpapieren und ca. 5.000,00 EUR in Investmentanteilen angelegt. Herr Meyer kommt heute zur Beratung zu Ihnen, da er einen Betrag von ca. 20.000,00 EUR in erneuerbaren Energiewerten anlegen will. Herr Meyer wurde in der *Nordbank AG* bisher noch nicht über eine Direktanlage in Aktien informiert.

a) Beschreiben Sie zwei Sachverhalte, die Sie als Berater/in der *Nordbank AG* mit Herrn Meyer im Rahmen dieser Beratung gemäß Wertpapierhandelsgesetz erörtern müssen. *(4 Punkte)*

b) Erläutern Sie, warum Sie das Beratungsgespräch mit Herrn Meyer dokumentieren müssen. *(2 Punkte)*

c) Nennen und erklären Sie Herrn Meyer zwei allgemeine Motive für eine Direktanlage in Aktien und ein Motiv für eine Direktanlage speziell in regenerativen Energieunternehmen. *(3 Punkte)*

Die Anlage in regenerativen Energiewerten ist mit Risiken verbunden.

d) Erklären Sie Herrn Meyer eine Möglichkeit, wie er seine Risiken bei einer Anlage in erneuerbaren *Energie*-Aktien begrenzen kann. *(2 Punkte)*

Herr Meyer hat zwei Kaufempfehlungen von Freunden erhalten. Er möchte evtl. in diese beiden Aktien investieren. Folgende Angaben liegen Ihnen vor:

Sunline-Aktie: Branche: Solartechnik; Streubesitz: 27,31 %; Wochenumsatz: 1.229.000; Marktkapitalisierung: 15,62 Millionen EUR

Aktueller Kurs	52-Wochen-Hoch	52-Wochen-Tief	Veränd. Aktie Vortag	Dividende 2010	Dividende 2011	Dividende 2012	Div. Rendite	KGV	Volatilität 30 Tage
8,96 EUR	10,60 EUR	4,55 EUR	-1,59 %	0,15EUR	0,12EUR	0,15 EUR	1,67 %	45,76	79,50

Phönix-Biodiesel-Aktie: Branche: Dieselkraftstoffe; Streubesitz: 77,1 %; Wochenumsatz: 128.000; Marktkapitalisierung: 59 Millionen EUR

Aktueller Kurs	52-Wochen-Hoch	52-Wochen-Tief	Veränd. Aktie Vortag	Dividende 2010	Dividende 2011	Dividende 2012	Div.Rendite	KGV	Volatilität 30 Tage
11,15 EUR	17,50 EUR	8,25 EUR	+2,23 %	0,28EUR	0,28EUR	0,28EUR	2,51 %	17,97	67,42

Als Vergleichswert ziehen Sie für Herrn Meyer noch die Fundamentaldaten des Dax-Wertes *e.on* heran.

E.ON-Aktie: Branche: Energie; Streubesitz: 87 %; Wochenumsatz: 11,5 Millionen; Marktkapitalisierung: 63 Milliarden EUR

Aktueller Kurs	52-Wochen-Hoch	52-Wochen-Tief	Veränd. Aktie Vortag	Dividende 2010	Dividende 2011	Dividende 2012	Div. Rendite	KGV	Volatilität 30 Tage
12,72 EUR	19,74 EUR	11,81 EUR	- 1,12 %	1,50 EUR	1,00 EUR	1,10 EUR	5,67 %	9,94	15,61

Herr Meyer möchte zunächst wissen, welcher der beiden Aktienwerte unter Renditegesichtspunkten der für ihn günstigere sein könnte.

e) Erklären Sie die Dividendenrendite und ihre Aussagekraft für seine Anlageentscheidung. *(2,5 Punkte)*

f) Erklären Sie das Kurs-Gewinn-Verhältnis und seine Aussagekraft für die Anlageentscheidung von Herrn Meyer. *(2,5 Punkte)*

g) Erklären Sie die Begriffe „Marktkapitalisierung", „Volatilität" und „Streubesitz". *(3 Punkte)*

Außerdem möchte Herr Meyer von Ihnen erfahren, ob Sie seine positive Einschätzung über das zukünftige Kurspotential der beiden Aktienwerte teilen.

h) Erklären Sie Herrn Meyer, was für und was gegen die Anlage in den beiden Aktienwerten spricht. (Geben Sie je Aktie einen positiven und einen negativen Aspekt an.) *(4 Punkte)*

Herr Meyer entscheidet sich auf Grund von Renditegesichtspunkten und dem Kurs-Gewinn-Verhältnis, 1.500 Stück der E.ON-Aktie im Xetra-Handel zu erwerben.

i) Erklären Sie Herrn Meyer, warum es sinnvoll ist, ein Kauflimit anzugeben. *(1 Punkt)*

Sie erklären Herrn Meyer, dass es verschiedene Formen einer Kauflimitierung gibt.

j) Beschreiben Sie Herrn Meyer den Unterschied zwischen einer limitierten Kauforder und einer Stopp-Buy-Order im Hinblick auf

j1) den Kurs, zu dem abgerechnet werden kann. *(2 Punkte)*

j2) den Zeitpunkt der Ausführung des Auftrags. *(2 Punkte)*

Herr Meyer beauftragt seinen Kundenberater, 1.500 Stück der E.ON-Aktie zum Limit von 12,80 EUR im Xetra-Handel zu erwerben. Der Kaufauftrag für die E.ON-Aktien wird am Donnerstag, den 01.08.2013 mit 12,72 EUR ausgeführt.

k) Ermitteln Sie den Belastungsbetrag auf dem Konto von Herrn Meyer. Berücksichtigen Sie dabei die nachstehenden Entgelte. *(2 Punkte)*

Provision	0,3 % vom Kurswert, mindestens 15,00 EUR
Xetra-Entgelt	3,50 EUR pro Auftrag

l) Nennen Sie die Valuta, mit der das Konto von Herrn Meyer belastet wird. *(1 Punkt)*

Fall 3: Firmenkredit *(34 Punkte)*

Die *Stahlbau Olaf Kuhn GmbH* ist ein Bauunternehmen im Hoch- und Tiefbau in Stade. Da seit der Firmengründung vor 12 Jahren zur *Nordbank AG* eine enge Geschäftsverbindung besteht, ist Ihnen als Firmenkundenberater/in der Geschäftsführer und alleinige Gesellschafter, Herr Kuhn, gut bekannt.

Das Kundenobligo der *Stahlbau Olaf Kuhn GmbH* vom heutigen Tag zeigt folgendes Bild:

ISO	Konto-Nr.	Kontoart	Eröffnung	Kredit	Saldo
EUR	897300	Kontokorrent	23.09.1998	50.000,00	13.547,58 H
EUR	489370	Annuitätendarlehen Laufzeit 25 Jahre	14.05.1999	425.000,00	310.000,00 S
EUR	987334	Avalkredit	09.01.2007	40.000,00	0,00
				Saldo Soll	310.000,00
				Saldo Haben	13.547,58

Sie wissen, dass das Firmengelände (6.500 qm, bebaut mit einem viergeschossigen Bürogebäude und einer 1200 qm-Lagerhalle) einen aktuellen Beleihungswert von 950.000,00 EUR hat. Im Rahmen der Finanzierung des Bürogebäudes im Jahre 1999 wurde zu Gunsten der *Nordbank* eine erstrangige Grundschuld über 475.000,00 EUR (425.000,00 EUR für Konto-Nr. 489370 und 50.000,00 EUR für Konto-Nr. 897300) eingetragen. Zur Vorbereitung auf das Kundengespräch haben Sie die Bilanzen der beiden letzten Geschäftsjahre ausgewertet. Sie prüfen u. a. die Liquidität der *Stahlbau Olaf Kuhn GmbH*. Die Situation stellt sich wie folgt dar:

	Vorletztes Geschäftsjahr	Letztes Geschäftsjahr	Laufendes Geschäftsjahr (erwartete Entwicklung)
Durchschnittliches Debitorenziel	7 Tage	20 Tage	35 Tage
Durchschnittliches Kreditorenziel	10 Tage	20 Tage	25 Tage
Umsatzentwicklung	+ 5 %	+ 9 %	+ 13 %

a) Welche Informationen über die Liquiditätsbeurteilung können Sie dem durchschnittlichen Kreditorenziel, durchschnittlichen Debitorenziel und der Umsatzentwicklung entnehmen? *(6 Punkte)*

b) Erläutern Sie anhand dieser Informationen, wie sich der Liquiditätsbedarf der *Stahlbau Olaf Kuhn GmbH* für das laufende Jahr entwickeln wird. *(2 Punkte)*

Herr Kuhn bespricht mit Ihnen die Anschaffung zweier fabrikneuer Multifunktionsgabelstapler (Kaufpreis je 37.000,00 EUR, gewöhnliche Nutzungsdauer 5 Jahre). Dabei stellt sich heraus, dass Herr Kuhn diese Investition über den Kontokorrentkredit finanzieren möchte.

c) Nehmen Sie zur von Herrn Kuhn beabsichtigten Art der Finanzierung Stellung. *(2 Punkte)*

d) Unterbreiten Sie Herrn Kuhn einen für die *Stahlbau Olaf Kuhn GmbH* zweckmäßigen Vorschlag zur Finanzierung der Gabelstapler. *(4 Punkte)*

e) Unterbreiten Sie Herrn Kuhn einen Vorschlag zur Sicherstellung des Kredits und zeigen Sie zwei Vorteile Ihres Vorschlags für die *Nordbank AG* auf. *(5 Punkte)*

f) Mit welcher Belastung muss die *Stahlbau Olaf Kuhn GmbH* rechnen, wenn Sie zurzeit folgende Konditionen anbieten (Bearbeitungsgebühren sind zu vernachlässigen, der Rechenweg ist anzugeben): *(5 Punkte)*

	Kontokorrent-kredit		Annuitätendarlehen		Abzahlungsdarlehen	
Sicherheiten	besichert	blanko	Grund-schuld erstrangig	Grund-schuld nachrangig	besichert	blanko
Zinssatz in %	10,75	12,00	4,50	5,25	5,00	7,50
Laufzeit in Monaten	bis 12		ab 24 (mind. 2 % Tilgung)		bis 72	
Anfängliche Tilgung in % bei einer Laufzeit von ... Monaten			7,0 %	120 Monate		
			11,2 %	84 Monate		
			17,0 %	60 Monate		
			22,0 %	48 Monate		
			31,0 %	36 Monate		

Der Investitionskredit wird der Stahlbau *Olaf Kuhn GmbH* von der *Nordbank AG* gewährt.

g) Beschreiben Sie eine Maßnahme, die Sie im Rahmen der Kreditüberwachung durchführen müssen. *(2 Punkte)*

h) Nachdem Sie im ersten Jahr der Kreditlaufzeit bei der *Stahlbau Olaf Kuhn GmbH* keine Auffälligkeiten festgestellt hatten, sind Ihnen in den letzten Monaten einige Unregelmäßigkeiten bei der Kontonutzung der *Stahlbau Olaf Kuhn GmbH* aufgefallen. Nennen Sie zwei Signale, die auf eine Gefährdung des Kreditengagements hinweisen könnten. *(4 Punkte)*

i) Beschreiben Sie zwei Maßnahmen, die Sie in dieser Situation ergreifen sollten. *(4 Punkte)*

B Bankwirtschaft programmierte Aufgaben

Bearbeitungszeit: 60 Minuten

Lösungen ab Seite 366

Aufgabe 1

Frau Tanja Schmidt (24 Jahre alt) möchte bei der *Nordbank AG* ein Kontokorrentkonto eröffnen. Gleichzeitig beantragt Frau Schmidt die Einräumung eines Dispositionskredits in Höhe von 3.000,00 EUR. Bevor sie den Kontoeröffnungsantrag unterschreibt, möchte sie von Ihnen noch einige Auskünfte über das neue Konto bzw. die Auflösung ihres bisherigen Kontos haben. Wie beraten Sie Frau Schmidt richtig?

A „Nach den Vorschriften des Handelsgesetzbuches muss für das Konto mindestens alle drei Monate ein Rechnungsabschluss erstellt werden."

B „Wenn Sie den zugesagten Kredit in Anspruch nehmen, sind wir ggf. berechtigt, Zinseszinsen zu berechnen."

C „Sie können die Geschäftsverbindung nach jedem Rechnungsabschluss mit einer Frist von 4 Wochen kündigen."

D „Wenn Sie das Kontokorrentverhältnis kündigen, wird der Saldo zum Quartalsende fällig."

E „Zinssatzänderungen für den Kontokorrentkredit werden wir mit Ihnen (gemäß unseren AGB) ausdrücklich vereinbaren."

F „Über Zinssatzänderungen beim eingeräumten Dispositionskredit und den Zeitpunkt der Wirksamkeit wird die *Nordbank AG* Sie mittels Kontoauszug in Textform informieren."

☐ ☐

Aufgabe 2

Im Zusammenhang mit der Kontoeröffnung möchte Frau Schmidt u. a. auch über das Geldwäschegesetz informiert werden. Wie informieren Sie Frau Schmidt über die Identifizierungspflicht bei Finanztransaktionen gemäß Geldwäschegesetz richtig?

A Die Einreichung von Schecks, deren Gegenwerte dem Konto von Frau Schmidt gutgeschrieben und nicht bar ausgezahlt werden, führt nicht zur Identifizierungspflicht.

B Alle Finanztransaktionen ab 15.000,00 EUR lösen eine Identifizierungspflicht seitens der *Nordbank AG* aus.

C In Ausnahmefällen kann eine Identifizierung auch durch die Vorlage eines Führerscheins erfolgen.

D Zu den Kundendaten, die bei einer Identifizierung festzuhalten sind, zählen Name, Anschrift und Beruf.

E Die Annahme und Abgabe von Edelmetallen löst keine Identifizierungspflicht aus.

☐

Aufgabe 3

Frau Schmidt beauftragt die *Nordbank AG*, einen Überweisungsauftrag zu Lasten ihres Kontos auszuführen. Bei der Ausführung dieses Überweisungsauftrags muss die *Nordbank AG* Vorschriften einhalten. Welche Vorschriften sind bei der Ausführung von Überweisungsaufträgen von der *Nordbank AG* zu beachten?

A Bei Überweisungsbeträgen von mehr als 12.500,00 EUR müssen Kreditinstitute Kontonummer und den Namen des Kontoinhabers abgleichen.

B Die Ausführungsfrist für einen beleghaften Überweisungsauftrag beginnt an dem Tag, an dem der Überweisungsauftrag der Bank zugeht.
C Die *Nordbank AG* ist berechtigt, Überweisungsaufträge ausschließlich anhand der angegebenen Kundenkennung (IBAN und BIC) auszuführen.
D Ist ein Überweisungsbetrag auf dem Konto des Kreditinstituts des Zahlungsempfängers eingegangen, so muss der Betrag mit Wertstellung des auf den Eingang folgenden Geschäftstags gutgeschrieben werden.
E Das Kreditinstitut des Zahlungspflichtigen kann in dessen Auftrag einen Überweisungsauftrag gegenüber dem Zahlungsempfänger so lange widerrufen, wie der Geldbetrag noch nicht dessen Konto gutgeschrieben worden ist.

Aufgabe 4

Frau Schmidt hat 8.000,00 EUR geerbt, die sie in Sparbriefen der *Nordbank AG* anlegen möchte. Die *Nordbank AG* gibt auf den Namen lautende Sparbriefe heraus. Wie informieren Sie Frau Schmidt über die Sparbriefe richtig?

A Da es sich um einen auf den Namen lautenden Sparbrief handelt, muss das Eigentum mittels Indossament auf Frau Schmidt übertragen werden.
B Bei einem laufend verzinsten Sparbrief werden die jährlichen Zinszahlungen thesauriert.
C Sparbriefe können jederzeit an der Börse veräußert werden.
D Bei einem abgezinsten Sparbrief erfolgen der Verkauf zum Barwert und die Rückzahlung zum Nennwert.
E Die Besteuerung der Erträge eines aufgezinsten Sparbriefs erfolgt jährlich.

Aufgabe 5

Frau Schmidt interessiert sich auch für die Zahlung mit Kreditkarte. Bisher verfügt Frau Schmidt nur über eine gültige Girocard der *Nordbank AG*. Sie informieren Frau Schmidt über den Ablauf eines Zahlungsvorgangs mit einer Kreditkarte. Bringen Sie die folgenden Vorgänge bei der Ausgabe und Verwendung der Kreditkarte in die richtige Reihenfolge. Beginnen Sie mit „Ausfüllen des Kartenantrags"!

A Ausfüllen des Kartenantrags
B Bei Zahlung: Prüfung des Kartenlimits und der Unterschrift
C Monatliche Belastung des Kundenkontos
D Erstellung der Sammelabrechnung
E Prüfung der Bonität vor Kartenbestellung

1	2	3	4	5

Aufgabe 6

Frau Schmidt plant mit ihrem Lebenspartner eine mehrwöchige Urlaubsreise durch Kanada. Als Reisezahlungsmittel will sie eine MasterCard mitnehmen, die sie jetzt bei der *Nordbank AG* beantragen will. Wie beraten Sie Frau Schmidt richtig?

A Die MasterCard kann auch auf den Lebenspartner übertragen werden.
B Die MasterCard berechtigt Frau Schmidt, im Rahmen des Bargeldauszahlungs-Service im In- und Ausland Bargeld abzuheben.
C Die Haftung der Kundin ist auch ohne Verlustanzeige auf 100,00 EUR beschränkt.
D Bei Benutzung der MasterCard ist der Leistungsbeleg von Frau Schmidt mit ihrem Namenszug und der Kartennummer zu kennzeichnen.
E Die MasterCard ist sofort bei der Antragstellung auf dem dafür vorgesehenen Unterschriftsblatt zu unterzeichnen.

Aufgabe 7

Die *Nordbank AG* senkt die Zinssätze für Einlagen und Neuemissionen eigener Schuldverschreibungen. Frau Schmidt hat inzwischen bei der *Nordbank AG* folgende Anlagen und möchte von Ihnen wissen, bei welcher ihrer bestehenden Anlagen sich dadurch die Verzinsung ändert. Wie informieren Sie Frau Schmidt richtig?

A 3,75 % Inhaber-Obligation, emittiert am 01.10.2011, Zinstermin 01.10.
B Festgeld mit einer Restlaufzeit von zwei Monaten
C 1 % Wandelschuldverschreibung, emittiert am 01.09.2011, Zinstermin 01.09.
D Abgezinster Sparbrief
E Spareinlage mit dreimonatiger Kündigungsfrist

☐

Aufgabe 8

Frau Schmidt möchte Anfang Januar 2013 von Ihnen wissen, bis zu welchem Tag des Jahres 2013 sie über die am 31. Dezember 2012 kapitalisierten Zinsen vorschussfrei verfügen kann. Geben Sie das Datum (TT.MM.JJJJ) an.

☐☐ . ☐☐ . ☐☐☐☐

Aufgabe 9

Frau Schmidt hatte bisher ihren wertvollen Schmuck, den sie von ihrer Mutter geerbt hatte, zu Hause aufbewahrt. Nach einer Einbruchserie in der Nachbarschaft möchte Frau Schmidt in Zukunft ihren Schmuck bei der *Nordbank AG* in einem Schließfach deponieren. Welchen Vertrag schließen Sie mit Frau Schmidt ab?

A Verwahrvertrag
B Kontovertrag
C Geschäftsbesorgungsvertrag
D Mietvertrag
E Dienstvertrag

☐

Aufgabe 10

Frau Schmidt hat auch Aktien in ihrem offenen Depot bei der *Nordbank AG*. Sie hat der *Nordbank AG* für ihr Depot Vollmachtstimmrecht erteilt. Bei Ausübung des Vollmachtstimmrechts muss die *Nordbank AG* mehrere Vorschriften beachten. Welche der folgenden Regelungen treffen **nicht** zu?

A Werden die Aktien im Depot der *Nordbank AG* verwahrt, kann Frau Schmidt keinen Dritten zur Wahrnehmung der Stimmrechtsvollmacht beauftragen, z. B. die Schutzgemeinschaft der Kapitalanleger e. V.
B Die Depotbank muss Frau Schmidt um Weisungen für die Ausübung des Stimmrechts zu den einzelnen Punkten der Tagesordnung bitten.
C Die Depotbank darf von den Weisungen Frau Schmidts auf keinen Fall abweichen.
D Erteilt Frau Schmidt keine Weisungen, darf die Depotbank auf keinen Fall von ihren Vorschlägen abweichen.
E In der eigenen Hauptversammlung darf die Depotbank das Vollmachtstimmrecht nur ausüben, wenn Frau Schmidt zu den einzelnen Tagesordnungspunkten ausdrückliche Weisungen erteilt.
F Die allgemeine Stimmrechtsvollmacht gilt nur für inländische Aktien im Depot von Frau Schmidt.
G Eine unbefristet erteilte Stimmrechtsvollmacht gilt bis auf Widerruf. Dabei ist Frau Schmidt einmal jährlich von der *Nordbank AG* auf die Möglichkeit des jederzeitigen Widerrufs der Vollmacht und auf andere Vertretungsmöglichkeiten hinzuweisen.

☐ ☐

Aufgabe 11

Sie sind Auszubildende der *Nordbank AG*. Ihnen wird ein Protokoll über neu eröffnete Konten vorgelegt. Welche Kontobezeichnung müssen Sie beanstanden?

A Golfclub Schloss Altendorf e.V.
B Arbeitsgemeinschaft Elbbrücken – Wibau GmbH, Beton AG, Eisen- und Stahlbau KG
C Stiftung Spendenparlament Hamburg
D Kegelclub „Alle Neune"
E Kirchengemeinde Sankt Jürgen
F Abwasserzweckverband Pinneberg

☐

Aufgabe 12

Die *Nordbank AG* zieht Schecks beleglos ein. Zwischen dem beleglosen Scheckeinzugsverfahren (BSE) und dem imagegestützten Scheckeinzugsverfahren (ISE) bestehen wesentliche Unterschiede. Welche der folgenden Aussagen ist zutreffend?

A Im Gegensatz zum BSE-Verfahren müssen beim ISE-Verfahren die zum Einzug eingereichten Schecks nicht mehr im Original aufbewahrt werden.
B Im Gegensatz zum BSE-Verfahren verliert der Scheckeinreicher beim ISE-Verfahren seine scheckrechtlichen Rückgriffsansprüche, da ohne körperliche Vorlage eines Schecks eine Nichteinlösung nicht festgestellt werden kann.
C Im Gegensatz zum BSE-Verfahren ermöglicht das ISE-Verfahren auch ohne Vorlage des Originalschecks dem bezogenen Kreditinstitut die Prüfung der Unterschrift des Scheckausstellers.
D Im Gegensatz zum BSE-Verfahren muss die 1. Inkassostelle beim ISE-Verfahren dem Scheckeinreicher den Schaden ersetzen, wenn er im Falle der Nichteinlösung des Schecks seine Ansprüche gegen den Scheckaussteller auf zivilrechtlichem Wege nicht durchsetzen kann.
E Im Gegensatz zum BSE-Verfahren werden im ISE-Verfahren nur Schecks eingezogen, deren Beträge 6.000,00 EUR nicht übersteigen.

☐

Aufgabe 13

Die Kundin Veronika Sieben beantragt bei der *Nordbank AG* ein Verbraucherdarlehen über 10.000,00 EUR. Wie klären Sie Frau Sieben vor Abschluss des Kreditvertrages über ihr Widerrufsrecht richtig auf?

A „Sie haben nur ein Widerrufsrecht, wenn es ausdrücklich im Darlehensvertrag vereinbart wurde."
B „Die Widerrufsbelehrung muss nur einmal erfolgen und gilt für jede weitere Kreditaufnahme bei der *Nordbank AG*."
C „Sobald Sie über den Darlehensbetrag verfügen, ist ein Widerruf nicht mehr möglich."
D „Sie können den Darlehensvertrag innerhalb einer Frist von zwei Wochen nach ordnungsgemäßer Widerrufsbelehrung widerrufen."
E „Sie müssen den Darlehensvertrag rechtzeitig widerrufen. Zusätzlich muss der Widerruf schriftlich erfolgen und eine stichhaltige Begründung enthalten."
F „Ihr Widerruf ist auch rechtswirksam, wenn Sie der *Nordbank AG* den Widerruf per E-Mail zusenden."

☐ ☐

Situation zu den Aufgaben 14 und 15

Sie beraten das Ehepaar Klaus und Bettina Pankow aus Appen über die staatliche Sparförderung. Herr Pankow ist Angestellter bei den Stadtwerken in Itzehoe und erhält ein Jahresbruttoeinkommen von 41.000,00 EUR (zu versteuerndes Einkommen 32.500,00 EUR); seine Ehefrau Bettina ist Hausfrau. Das Ehepaar Pankow hat eine dreijährige Tochter.

Auszug aus dem Wohnungsbauprämiengesetz (WoPG)

§ 3 (Höhe der Prämie)

(1) Die Prämie bemisst sich nach den im Sparjahr geleisteten prämienbegünstigten Aufwendungen. Sie beträgt 8,8 vom Hundert der Aufwendungen.

(2) Die Aufwendungen des Prämienberechtigten sind je Kalenderjahr bis zu einem Höchstbetrag von 512 Euro, bei Ehegatten zusammen bis zu 1.024 Euro prämienbegünstigt. Die Höchstbeträge stehen den Prämienberechtigten gemeinsam zu (Höchstbetragsgemeinschaft).

Auszug aus dem Fünften Vermögensbildungsgesetz (VermBG)

§ 13 (Anspruch auf Arbeitnehmersparzulage)

(1) Der Arbeitnehmer, der Einkünfte aus nichtselbstständiger Arbeit ... bezieht, hat Anspruch auf Sparzulage ..., wenn sein Einkommen die Einkommensgrenze nicht überschreitet. Diese beträgt 17.900 Euro oder bei einer Zusammenveranlagung von Ehegatten ... 35.800 Euro. Maßgeblich ist das zu versteuernde Einkommen ... in dem Kalenderjahr, in dem die vermögenswirksamen Leistungen angelegt worden sind.

(2) Die Arbeitnehmersparzulage beträgt 18 vom Hundert der nach § 2 Abs. 1 Nr. 1 bis 3, Abs. 2 bis 4 angelegten vermögenswirksamen Leistungen, soweit sie 400 Euro im Kalenderjahr nicht übersteigen, und 9 vom Hundert der nach § 2 Abs. 1 Nr. 4 und 5 angelegten vermögenswirksamen Leistungen, soweit sie 470 Euro im Kalenderjahr nicht übersteigen. ...

(3) Die Arbeitnehmersparzulage gilt weder als steuerpflichtige Einnahme im Sinne des Einkommensteuergesetzes noch als Einkommen, Verdienst oder Entgelt (Arbeitsentgelt) im Sinne der Sozialversicherung ...; sie gilt arbeitsrechtlich nicht als Bestandteil des Lohns oder Gehalts. Der Anspruch auf Arbeitnehmersparzulage ist nicht übertragbar.

(4) Der Anspruch auf Arbeitnehmersparzulage entsteht mit Ablauf des Kalenderjahres, in dem die vermögenswirksamen Leistungen angelegt worden sind.

(5) Der Anspruch auf Arbeitnehmersparzulage entfällt mit Wirkung für die Vergangenheit, soweit die in den §§ 4 bis 7 genannten Fristen oder bei einer Anlage nach § 2 Abs. 1 Nr. 4 die in § 2 Abs. 1 Nr. 3 und 4 und Abs. 2 Satz 1 des Wohnungsbauprämiengesetzes vorgesehenen Voraussetzungen nicht eingehalten werden. Der Anspruch entfällt nicht, wenn die Sperrfrist nicht eingehalten wird, weil

1. der Arbeitnehmer das Umtausch- oder Abfindungsangebot eines Wertpapier-Emittenten angenommen hat oder Wertpapiere dem Aussteller nach Auslosung oder Kündigung durch den Aussteller zur Einlösung vorgelegt worden sind oder
2. die mit den vermögenswirksamen Leistungen erworbenen oder begründeten Wertpapiere oder Rechte im Sinne des § 2 Abs. 1 Nr. 1, Abs. 2 bis 4 ohne Mitwirkung des Arbeitnehmers wertlos geworden sind.

Aufgabe 14

Ermitteln Sie den Gesamtbetrag, den das Ehepaar Pankow jährlich anlegen muss, um die maximale Sparförderung zu erhalten.

				,			EUR

Aufgabe 15

Das Ehepaar Pankow schließt die entsprechenden Sparverträge ab. Ermitteln Sie die Wohnungsbauprämie, die dem Ehepaar jährlich zusteht.

		,			EUR

Aufgabe 16

Ermitteln Sie die Arbeitnehmersparzulage, die dem Ehepaar jährlich zusteht.

			,			EUR

Aufgabe 17

Herr Pankow möchte ab 01.04.2013 u. a. einen Teil seiner vermögenswirksamen Leistungen in einen prämienbegünstigten Aktienfonds investieren. Ermitteln Sie jeweils das Datum, an dem die Sperrfrist für diesen Vertrag über vermögenswirksame Leistungen beginnt und endet.

☐☐☐ , ☐☐ EUR

Aufgabe 18

Nachdem der SC Pinneberg e. V. für sämtliche Vereinsmitglieder SEPA-Basis-Lastschriften bei der *Nordbank AG* zum Einzug der Vereinsbeiträge eingereicht hat, kommen in den darauffolgenden Tagen und Wochen einige SEPA-Basis-Lastschriften zurück. Welche der Aussagen ist in diesem Zusammenhang zutreffend?

A Für eine Rückgabelastschrift kann durch die betreffende Zahlstelle ein Rückgabeentgelt von höchstens 5,00 EUR berechnet werden.

B Übersteigt der Lastschriftbetrag 3.000,00 EUR, so muss die Rückgabe von der Zahlstelle gegenüber der 1. Inkassostelle durch eine sogenannte Eilnachricht avisiert werden.

C Bei SEPA-Basis-Lastschriften ist der häufigste Rückgabegrund „Widerspruch durch den Zahlungspflichtigen".

D Ein Rückgabegrund für eine SEPA-Basis-Lastschrift kann die Unanbringlichkeit der SEPA-Basis-Lastschrift sein. Eine SEPA-Basis-Lastschrift ist unanbringlich, wenn das Konto des Zahlungspflichtigen nicht genügend Deckung aufweist.

E Bei der Teileinlösung der SEPA-Basis-Lastschrift müssen Rücklastschriften grundsätzlich beleghaft erfolgen, d. h. es muss die Rückrechnung auf einer sogenannten Retourenhülle erfolgen.

☐

Aufgabe 19

Der Geschäftsführer der *Seppelfricke GmbH*, Herr Rudolf Warnholz, möchte für die *Seppelfricke GmbH* 80.000,00 EUR anlegen. Er möchte den Betrag in Anleihen mit kurzen oder mittleren Restlaufzeiten anlegen. Als Kundenberater/in der *Nordbank AG* bieten Sie ihm folgende Anleihe an:

Anleihe	Restlaufzeit	4 Jahre
	Nominalzins	4,75 % p. a.
	Aktueller Kurs	102,8 %
	Rückzahlungskurs	100 %

Ermitteln Sie die Rendite der Anleihe (das Ergebnis 2 Stellen nach dem Komma runden).

☐ , ☐☐ EUR

Situation zu den Aufgaben 20 und 21

Frau Sandra Michling ist Depotkundin der *Nordbank AG*. Frau Michling erkundigt sich nach den Kosten einer Geldanlage in Aktien. Am Beispiel der *Deutz AG*-Aktie informieren Sie Frau Michling. Der Börsenpreis der Aktie beträgt 10,80 EUR.

Konditionenübersicht	
Provision	0,75 % vom Kurswert, mindestens 20,00 EUR
Courtage	0,50 ‰ vom Kurswert

Aufgabe 20

Sie weisen Frau Michling darauf hin, dass der Wertpapierauftrag aus Kostengründen ein gewisses Mindestvolumen aufweisen sollte. Ermitteln Sie die Anzahl der Aktien, die Frau Michling mindestens ordern sollte, um eine überproportional hohe Belastung durch die Mindestprovision zu vermeiden.

☐☐☐

Aufgabe 21

Frau Michling erteilt den Kaufauftrag über 300 *Deutz AG*-Aktien zum Börsenpreis von 10,80 EUR. Sie überprüfen, ob das Kontoguthaben zur Ausführung der Order ausreicht. Mit wie viel EUR wird das Konto unter Berücksichtigung der in der Ausgangssituation genannten Konditionen belastet?

☐☐☐☐ , ☐☐ EUR

Situation zu den Aufgaben 22 bis 27

Herr Friedhelm Nelle ist Depotkunde der *Nordbank AG.* In seinem Depot werden zurzeit Pfandbriefe der *Unionbank AG* verwahrt. Zusätzlich befinden sich in seinem Depot Stammaktien der *Sonnenstrom AG*, die Herrn Nelle vor kurzem aus einer Erbschaft zugesprochen worden sind.

Aufgabe 22

Im Rahmen eines Beratungsgesprächs informieren Sie Herrn Nelle über die Anlage in Pfandbriefen. In diesem Zusammenhang teilen Sie Herrn Nelle mit, dass Hypothekenpfandbriefe und öffentliche Pfandbriefe regelmäßig als Daueremissionen begeben werden. Welche Aussage über die bei solchen Begebungen übliche Emissionsmodalität trifft zu?

A Bei der Emission von Hypothekenpfandbriefen und öffentlichen Pfandbriefen findet ein freihändiger Verkauf so lange statt, bis die Emission untergebracht ist. Es erfolgt eine tägliche Zuteilung und Abrechnung der abgeforderten Anleihebeträge.

B Öffentliche Pfandbriefe werden in der Regel mittels eines Mengentenders bei den Anlegern platziert. Die Konditionen stehen von vornherein fest. Die Anleger geben ihre Zeichnungsbeträge auf und der Emittent kann bei gutem Zeichnungserfolg über die Zuteilungshöhe das jeweilige Emissionsvolumen steuern.

C Eine zur öffentlichen Zeichnung aufgelegte Pfandbriefemission wird nicht sofort zugeteilt und abgerechnet. Der Anleger muss sich erst als Zeichner vormerken lassen. Eine Zeichnungsfrist von etwa 14 Tagen wird festgelegt. Danach wird zugeteilt und abgerechnet.

D Öffentliche Pfandbriefe werden bei institutionellen Anlegern vorwiegend börsenmäßig platziert.

E Pfandbriefe werden üblicherweise mittels eines Zinstenders emittiert. Bei diesem Verfahren kann der Emittent eine maximale Rendite über Nominalzins und Mindestkurs vergeben.

☐

Aufgabe 23

Herr Nelle ist im Aktienregister der *Sonnenstrom AG* eingetragen. Am 10.02.2013 findet die Hauptversammlung der Gesellschaft statt. Die Unterlagen zur Hauptversammlung wurden Herrn Nelle rechtzeitig zugesandt. Welche Aussagen zu seinen Aktionärsrechten sind richtig?

A Herr Nelle wird direkt von der *Sonnenstrom AG* zur Hauptversammlung eingeladen.

B Sollte Herr Nelle nicht selbst an der Hauptversammlung der *Sonnenstrom AG* teilnehmen können, kann er z. B. seine Frau bevollmächtigen, für ihn die Aktionärsrechte auf der Hauptversammlung wahrzunehmen.

C Herr Nelle muss vor der Hauptversammlung der *Sonnenstrom AG* bei der *Nordbank AG* die Eintritts- und Stimmrechtskarte beantragen.

D Spätestens auf der Hauptversammlung der *Sonnenstrom AG* muss Herrn Nelle die Tagesordnung schriftlich vorgelegt werden.

E Auf der Hauptversammlung der *Sonnenstrom AG* hat Herr Nelle ein uneingeschränktes Auskunftsrecht gegenüber dem Vorstand und dem Aufsichtsrat.

F Wenn Herr Nelle als Aktionär persönlich an der Hauptversammlung der *Sonnenstrom AG* teilnimmt, hat er neben dem Stimmrecht auch einen Anspruch auf eine Vorzugsdividende.

☐ ☐

Aufgabe 24

Herr Nelle hat von der *Sonnenstrom AG* folgendes Bezugsangebot erhalten:
Auszug aus dem Bezugsangebot für Genussscheine der *Sonnenstrom AG:*

Emittent:	*Sonnenstrom AG*
Verkaufskurs	101 %
Laufzeitbeginn	13. Mai 2013
Rückzahlung	13. Mai 2020 zum Nennwert
Mindestzeichnungssumme	1.000,00 EUR und ein Vielfaches
Ausschüttung	5 % p. a. vom Nennwert; jeweils zahlbar am 12. Mai eines Jahres, erstmals zahlbar am 13. Mai 2014; die Ausschüttung entfällt, soweit sie zu einem Bilanzverlust führt.
Nachrangigkeit	Genussrechtskapital kann im Falle der Insolvenz der *Sonnenstrom AG* erst nach Befriedigung der nicht nachrangigen Gläubiger der *Sonnenstrom AG* zurückgefordert werden.
Teilnahme am Verlust	Genussrechtskapital nimmt während der Dauer der Laufzeit bis zur vollen Höhe am Bilanzverlust der *Sonnenstrom AG* teil.

Herr Nelle möchte einen größeren Betrag in diese Genussscheine der *Sonnenstrom AG* investieren. Bisher hatte Herr Nelle noch keine Erfahrungen in der Anlage mit Genussscheinen gemacht. Welche der folgenden Aussagen über die Beratung im Rahmen des Wertpapierhandelsgesetzes sind richtig?

A Im Gegensatz zu einer Aktienanlage ist bei Genussscheinen eine Beratung gesetzlich nicht vorgeschrieben, da hier keine Risiken bestehen.

B Die Beratung muss bis spätestens 2 Börsentage vor Abschluss des Wertpapierkaufs erfolgen und dokumentiert werden.

C Herr Nelle muss seine letzten drei Einkommensbescheide vorlegen, damit sich der Berater über die finanziellen Verhältnisse von Herrn Nelle informieren kann.

D Herr Nelle muss u. a. über seine Erfahrungen und Kenntnisse hinsichtlich der geplanten Kapitalanlage befragt werden.

E Der Berater muss Herrn Nelle über Risiken der beabsichtigten Kapitalanlage nur dann informieren, wenn der Kunde danach fragt.

F Herr Nelle muss u. a. über seine Ziele, die er mit der geplanten Kapitalanlage verfolgt, befragt werden.

☐ ☐

Aufgabe 25

Wie informieren Sie Herrn Nelle über die Genussscheine der *Sonnenstrom AG* richtig?

A Die Genussscheine sind von der *Sonnenstrom AG* emittierte festverzinsliche Wertpapiere, bei denen Herrn Nelle die Rückzahlung und die jährlich nachträglich zu zahlenden Zinsen garantiert sind.

B Die Genussscheine sind aktienähnliche Wertpapiere, die Herrn Nelle neben einer festen Verzinsung auch das Teilnahmerecht an der Hauptversammlung gewähren.

C Die Genussscheine können von der *Sonnenstrom AG* nur ausgegeben werden, wenn hierzu ein Beschluss der Hauptversammlung über ein genehmigtes Kapital vorliegt.

D Die Genussscheine zählen unter bestimmten Voraussetzungen zum haftenden Eigenkapital der *Sonnenstrom AG*.

E Die Nachrangigkeit der Genussscheine bedeutet für Herrn Nelle, dass die Ausschüttungen auf die Genussscheine erst gezahlt werden, wenn die Dividendenansprüche der Aktionäre befriedigt sind.

F Die Genussscheine bieten Herrn Nelle die Aussicht auf eine höhere Rendite als Inhaberschuldverschreibungen der *Sonnenstrom AG* mit gleicher Laufzeit, bergen aber ein höheres Risiko.

☐ ☐

Aufgabe 26

In einem weiteren Beratungsgespräch teilt Ihnen Herr Nelle mit, dass er am Erwerb des nachstehenden Optionsscheins interessiert ist. Die Optionsscheine berechtigen zum Bezug von Aktien der Finanzbank AG zu folgenden Bedingungen:
Basispreis 35,00 EUR
Bezugsverhältnis 5 : 1
(je 5 Optionsscheine berechtigen zum Bezug einer Aktie der Finanzbank AG)
Restlaufzeit 12 Monate
Aktuelle Börsenpreise
Optionsschein 0,45 EUR
Aktie 31,00 EUR
Sie erläutern Herrn Nelle die Hebelwirkung dieses Optionsscheines.

Ermitteln Sie den Hebel. ☐☐,☐

Aufgabe 27

Welche der folgenden Aussagen zum Hebel sind zutreffend?

A Der Hebel wird vom Emittenten des Optionsscheins in den Emissionsbedingungen festgelegt und gilt für die gesamte Laufzeit.
B Je größer der Hebel, desto höher ist tendenziell die Gewinnchance für den Anleger.
C Der Hebel gibt die erwartete Rendite des Anlegers an.
D Der Hebel ist der Faktor, um den die absolute Änderung des Optionsscheinkurses größer ist als die absolute Änderung des Aktienkurses.
E Der Hebel ist Faktor, um den die relative Änderung des Optionsscheinkurses größer ist als die relative Änderung des Aktienkurses.
F Der Hebel kann auch negativ sein. ☐ ☐

Situation zu den Aufgaben 28 bis 31

Herr Harald Neumann, 32 Jahre alt, ledig, Angestellter bei der *Jungheinrich AG*, möchte einen gebrauchten Katamaran zum Kaufpreis von 15.000,00 EUR bei der *Nordbank AG* finanzieren.

Aufgabe 28

In dem Beratungsgespräch bietet Ihnen Herr Neumann depotverwahrte festverzinsliche Wertpapiere, die selbstschuldnerische Bürgschaft seines Vaters und alternativ den Katamaran als Sicherheit für den Kredit an. Welche der folgenden Merkmale treffen auf diese Sicherheiten zu?

Merkmale

1 Die Vereinbarung der Sicherheit muss dem Drittschuldner nicht angezeigt werden.
2 Die Übergabe kann durch die Einigung über die Entstehung der Sicherheit ersetzt werden.
3 Zur rechtswirksamen Bestellung der Sicherheit ist die Schriftform erforderlich.
4 Das Sicherungsgut bleibt im Eigentum des Sicherungsgebers.
5 Der Sicherungsgeber verpflichtet sich, das Sicherungsgut sorgfältig zu behandeln.
6 Der Sicherungsgeber hat das Recht, vor Inanspruchnahme der Sicherheit die Zwangsvollstreckung in das Vermögen des Kreditnehmers zu verlangen.
7 Die Vereinbarung der Sicherheit führt zu einem Gläubigerwechsel und muss dem Drittschuldner angezeigt werden.

Sicherheiten:

A Sicherungsübereignung des Katamarans
B Verpfändung von festverzinslichen Wertpapieren
C Selbstschuldnerische Bürgschaft des Vaters von Herrn Neumann

A	B	C

Aufgabe 29

Da Herr Neumann über eine finanziell gesicherte Stellung verfügt, verlangen Sie zur Absicherung dieses Verbraucherdarlehens eine Gehaltsabtretung auf dem banküblichen Formular. Welche der folgenden Aussagen zu dieser Gehaltsabtretung ist zutreffend?

A Die Gehaltsabtretung wird erst nach Anzeige an die *Jungheinrich AG* rechtswirksam.
B Mögliche Unterhaltsverpflichtungen von Herrn Neumann haben keinen Einfluss auf den Wert der Gehaltsabtretung.
C Aufgrund der Gehaltsabtretung wird die *Nordbank AG* treuhänderische Gläubigerin des pfändbaren Teils der Gehaltsansprüche.
D Die Gehaltsabtretung bezieht sich nicht auf zukünftige Arbeitsverhältnisse. Wechselt Herr Neumann seinen Arbeitgeber, so muss ein neuer Abtretungsvertrag abgeschlossen werden.
E Die Gehaltsabtretung ist eine akzessorische Sicherheit und bedarf daher nicht der Schriftform.

☐

Aufgabe 30

Zur Beurteilung des Sicherungswertes der Gehaltsabtretung sollen Sie für das Einkommen von Herrn Neumann den pfändbaren Betrag anhand des § 850 c ZPO ermitteln. Herr Neumann hat keine Unterhaltsverpflichtungen gegenüber anderen Personen.

Auszug aus § 850 c ZPO
Pfändungsfreigrenzen für Arbeitseinkommen
(1) Arbeitseinkommen ist unpfändbar, wenn es, je nach Zeitraum, für den es gezahlt wird, nicht mehr als 985,15 EUR monatlich ... beträgt.
(2) Übersteigt das Arbeitseinkommen den Betrag, bis zu dessen Höhe es ... nach Abs. 1 unpfändbar ist, so ist es hinsichtlich des überschießenden Betrages zu einem Teil unpfändbar, und zwar in Höhe von drei Zehnteln.

	Einkommen von Herrn Neumann
Bruttolohn:	3.180,00 EUR
Abzüge für Lohnsteuer und Sozialversicherung	1.240,00 EUR
Nettolohn	1.940,00 EUR

Ermitteln Sie den derzeit pfändbaren Betrag des Einkommens von Herrn Neumann.

☐☐☐☐ , ☐☐ EUR

Aufgabe 31

Der Darlehensvertrag wird am 08. Februar geschlossen und die Darlehenssumme noch am gleichen Tag vollständig ausgezahlt. Der jährliche Zinssatz beträgt 9,5 %, die Laufzeit 60 Monate. Herr Neumann möchte von Ihnen über die Kündigungsmöglichkeiten für das Darlehen informiert werden.
Welche Aussage zu den Kündigungsmöglichkeiten eines Verbraucherdarlehens trifft zu?

A Eine vorzeitige Rückzahlung des Kreditbetrages durch Herrn Neumann ist nicht zulässig.
B Eine vorzeitige Rückzahlung des Kreditbetrages ist nur zulässig, wenn im Kreditvertrag eine variable Verzinsung vereinbart wurde.
C Der Kreditbetrag kann erst nach Ablauf von einem Jahr unter Einhaltung einer Kündigungsfrist von sechs Monaten gekündigt werden.
D Herr Neumann hat das Recht, den Kreditbetrag jederzeit ganz oder teilweise ohne Einhaltung einer Kündigungsfrist zu tilgen. Die *Nordbank AG* kann im Falle einer vorzeitigen Rückzahlung eine angemessene Vorfälligkeitsentschädigung verlangen.
E Herr Neumann hat bei einem Verbraucherdarlehen ein außerordentliches Kündigungsrecht, wenn sich seine Vermögensverhältnisse wesentlich verschlechtert haben.

☐

Situation zu den Aufgaben 32 bis 35

Frau Gertrud Schön (45 Jahre alt, Immobilienmaklerin) möchte ein Vierfamilienhaus mit 4 Pkw-Stellplätzen kaufen, welches sie vermieten will. Für die Ermittlung des Beleihungswertes stehen Ihnen die folgenden Angaben zur Verfügung:

Wichtige Angaben zur Ertragswertberechnung des Objekts	
Alter der Wohnanlage	Baujahr 1990
Restnutzungsdauer	50 Jahre
Kaufpreis des bebauten Grundstücks	750.000,00 EUR
Wohnfläche je Wohnung	85 qm
monatliche Vergleichsmiete pro qm	8,50 EUR
monatliche Miete je Stellplatz	35,00 EUR
Bewirtschaftungskosten pauschal	25 % des Jahresrohertrages
Kapitalisierungszinssatz	5 %
Bodenwertverzinsung	3 %
Bodenwert	350.000,00 EUR

Sie führen die Beleihungswertermittlung nach dem Ertragswertverfahren durch.

Aufgabe 32

Ermitteln Sie den Jahresrohertrag. □□□□□,□□ EUR

Aufgabe 33

Ermitteln Sie Jahresreinertrag. □□□□□,□□ EUR

Aufgabe 34

Ermitteln Sie Gebäudereinertrag. □□□□□,□□ EUR

Aufgabe 35

Ermitteln Sie den Ertragswert des Gebäudes unter Berücksichtigung des betreffenden Rentenbarwertfaktors. Den Ertragswert auf volle 10.000,00 EUR abrunden. □□□□□□,□□ EUR

Rentenbarwertfaktoren	
Restnutzungsdauer	Kapitalisierungszinsfuß 5 %
40 Jahre	17,159086
45 Jahre	17,774070
50 Jahre	18,255925

Situation zu den Aufgaben 36 und 37

Sie sind Sachbearbeiter/in in der Auslandsabteilung der *Nordbank AG* in Hamburg. Die *Solarparc AG* hatte als Firmenkundin der *Nordbank AG* aufgrund eines Importgeschäfts ein unwiderrufliches Dokumenten-Akkreditiv beantragt. Ihnen liegen die folgenden Angaben aus diesem Akkreditivantrag der *Solarparc AG* vor:

Auftraggeber:	Solarparc AG
Begünstigter:	Bonito Ltd. Buenos Aires
Bank des Begünstigten:	Banco Argentinia Ltd.
Akkreditivbetrag:	275.000,00 USD
Datum und Ort des Verfalls:	20.04.2013, Hamburg
Teilverladung:	nicht gestattet
Umladung:	nicht gestattet
Verladung von Buenos Aires nach Hamburg nicht später als:	10.04.2013
Das Akkreditiv soll benutzbar sein:	durch Sichtzahlung
Lieferbedingung:	CIF Hamburg
Vom Begünstigten vorzulegende Dokumente:	Handelsrechnung 2 Originale handschriftlich unterschrieben Voller Satz reiner An-Bord-Seekonnossemente Ausgestellt an Order Blanko indossiert Mit dem Vermerk: Fracht bezahlt Zu benachrichtigen (Name und Anschrift): Solarparc AG, Wilhelmstr. 7-9, 20255 Hamburg
Versicherungspolice/-Zertifikat zuzüglich 20 % CIF-Wert, deckend folgende Risiken:	all risks
Sonstige Dokumente:	Packliste
Dokumentenvorlage:	Die Dokumente sind innerhalb von 10 Tagen nach Verladedatum vorzulegen, jedoch innerhalb der Gültigkeitsdauer des Akkreditivs.
Fremde Kosten:	zu Lasten des Begünstigten

Aufgabe 36

Welche der folgenden Aufgaben hat die *Nordbank AG* im Zusammenhang mit diesem Akkreditiv?

Die *Nordbank AG* muss

A 275.000 EUR an die *Bonito Ltd.* zahlen.
B die Dokumente an die *Bonito Ltd.* weiterleiten.
C der *Solarparc AG* das Akkreditiv bestätigen.
D gegenüber der *Bonito Ltd.* ein Zahlungsversprechen abgeben.
E die Vollständigkeit der Warenlieferung überprüfen.

☐

Aufgabe 37

Nennen Sie das Datum (TT.MM.JJJJ), bis zu dem die Akkreditivdokumente der *Nordbank AG* spätestens vorzulegen sind.

☐☐.☐☐.☐☐☐☐

C Rechnungswesen und Steuerung

Bearbeitungszeit: 60 Minuten

Lösungen ab Seite 377

Aufgabe 1

Stellen Sie fest, durch welche der folgenden Vorgänge sich der Jahresüberschuss und das Betriebsergebnis der *Nordbank AG*

1 erhöht,
2 vermindert,
3 nicht verändert.

Vorgänge:

A Die Grundsteuer auf die betrieblich genutzten Grundstücke wird an das Finanzamt überwiesen.
B Der Beitragssatz zur gesetzlichen Krankenversicherung wurde zur Jahresmitte gesenkt.
C Der Erfolg aus dem Wertpapierhandel wird zum Jahresende auf der Habenseite des Wertpapierkontos gebucht.
D Die Änderung der Sollzinssätze um 0,5 % hat zu einer Erhöhung des Sollzinsaufkommens geführt.
E Die *Nordbank AG* überweist die einbehaltene Abgeltungsteuer.

A	B	C	D	E

Aufgabe 2

Die *Nordbank AG* steht mit fünf Kreditinstituten in Kontoverbindung. Zum Jahresende schließen die von der *Nordbank AG* geführten Skontren mit folgenden Salden ab:

Loro *Westbank AG*	38.000 EUR	Habensaldo
Loro *Kreditbank eG*	22.000 EUR	Sollsaldo
Nostro *Anlagebank eG*	95.000 EUR	Habensaldo
Nostro *Beraterbank AG*	150.000 EUR	Sollsaldo
Nostro *Hypothekenbank AG*	22.000 EUR	Habensaldo

Ermitteln Sie aufgrund dieser Zahlenangaben für die *Nordbank AG* den aktuellen Bestand der Forderungen an Kreditinstitute.

						,			EUR

Aufgabe 3

Welche der unten stehenden Sachverhalte gehören in der *Nordbank AG* zum

1 Anlagevermögen
2 Umlaufvermögen
3 Eigenkapital
4 Fremdkapital
5 nicht in die Bilanz?

Tragen Sie die Ziffer vor der jeweils zutreffenden Antwort in das Kästchen ein.

Sachverhalte:

A an Kunden ausgegebene Schuldverschreibungen
B festverzinsliche Wertpapiere der Kunden
C sicherungsübereignete PKWs
D offene Risikovorsorge
E an Korrespondenzbanken ausgeliehenes Tagesgeld

A	B	C	D	E

Aufgabe 4

Ermitteln Sie den Betrag in TEUR, den die *Nordbank AG* in der veröffentlichten Bilanz unter dem Posten „Forderungen an Kunden" ausweist, wenn sie erstmals stille Vorsorgereserven nach § 340f HGB in voller Höhe bildet.

- Forderungen an Kunden, die durch Grundpfandrechte abgesichert sind	1.400 TEUR
- Forderungen an Kreditinstitute	9.500 TEUR
- Forderungen an das Land Niedersachsen	800 TEUR
- Guthaben bei der Postbank	6 TEUR
- ungesicherte Forderungen an Kunden	10.200 TEUR
- darunter Forderungen an Kunden, die uneinbringlich sind	56 TEUR
- Einzelwertberichtigungen auf Forderungen	200 TEUR
- Pauschalwertberichtigungen auf Forderungen	130 TEUR
- Rückstellungen für Bürgschaften	40 TEUR

☐☐☐☐☐ , ☐☐ Tsd. EUR

Die Aufgaben 5 bis 10 beziehen sich auf die folgende Ausgangssituation:

In der Wertpapierliquiditätsreserve der *Nordbank AG* befinden sich 5 % Bundesobligationen, Zinstermin 1.07. ganzjährig. Das Skontro zeigt für das abzuschließende Geschäftsjahr folgende Daten an:

Kauf	200.000 EUR	Kurs 97,5 %
Kauf	600.000 EUR	Kurs 98,5 %
Verkauf	300.000 EUR	Kurs 99,0 %
Bilanzstichtag		Kurs 99,4 %

Aufgabe 5

Ermitteln Sie den durchschnittlichen Anschaffungskurs für diese festverzinslichen Wertpapiere.

☐☐ , ☐☐ %

Aufgabe 6

Ermitteln Sie den Erfolg für den Verkauf dieser Wertpapiere.

Tragen Sie vor dem Betrag in das Kästchen eine
1 ein, wenn es sich um einen realisierten Gewinn bzw. eine
2 ein, wenn es sich um einen realisierten Verlust handelt.

☐ ☐☐☐☐ , ☐☐ EUR

Aufgabe 7

Ermitteln Sie am 31.12. die aufgelaufenen, noch nicht vereinnahmten Stückzinsen.

☐☐☐☐☐ , ☐☐ EUR

Aufgabe 8

Ermitteln Sie den Kurs, mit dem die Wertpapiere zum 31.12. bilanziert werden.

☐☐ , ☐☐ %

Aufgabe 9

Ermitteln Sie den Betrag, mit dem die Wertpapiere am 31.12. bilanziert werden. ☐☐☐☐☐☐,☐☐ EUR

Aufgabe 10

Welche Aussage über die ermittelten Stückzinsen ist richtig?

1 Nach dem Realisationsprinzip dürfen die Stückzinsen in der GuV-Rechnung noch nicht berücksichtigt werden, da sie noch nicht vereinnahmt wurden.
2 Die Bewertung zum Niederstwertprinzip bewirkt, dass weniger Zinsen ausgewiesen werden.
3 In der GuV-Rechnung werden die Wertpapierstückzinsen mit den Kurserfolgen zusammen ausgewiesen.
4 Die Erfassung der noch nicht vereinnahmten Zinsen erhöht sowohl den Jahresüberschuss als auch das Betriebsergebnis.
5 Die noch nicht vereinnahmten Zinsen stellen Forderungen an den Emittenten dar und sind unter sonstige Vermögensgegenstände in der Bilanz auszuweisen. ☐

Die Aufgaben 11 bis 15 beziehen sich auf die folgende Ausgangssituation:

Die Skontren der Kontokorrentkunden der *Nordbank AG* weisen folgende Kontostände auf:

	Kunden	Kontostand in EUR
Debitoren	Schmitt	350,00
	Schröder	50,00
	übrige Debitoren	7.350.000,00
Kreditoren	Huber	40,00
	Meyer	2.500,00
	übrige Kreditoren	7.780.000,00

Die *Nordbank AG* muss die folgenden Geschäftsfälle noch buchen.
Bilden Sie unter Verwendung der Konten aus dem Kontenplan in der Formelsammlung die entsprechenden Buchungssätze.
Tragen Sie die Ziffern vor den jeweils zutreffenden Konten in die Kästchen ein.

Aufgabe 11

Geschäftsfall: Bei der Korrespondenzbank geht zugunsten von Kunde *Schröder* eine Überweisung über 500,00 EUR ein. ☐☐ an ☐☐

Aufgabe 12

Geschäftsfall: Einen Überweisungsauftrag von 1.200,00 Euro unseres Kunden Meyer führen wir über die Bundesbank aus. ☐☐ an ☐☐

Aufgabe 13

Geschäftsfall: Kunde Schmitt bucht 150,00 EUR von seinem Sparkonto auf sein Kontokorrentkonto um. ☐☐ an ☐☐

Aufgabe 14

Geschäftsfall: Der Kunde Huber zahlt seine Tageseinnahme von 2.100,00 EUR auf sein Kontokorrentkonto ein.

☐☐ an ☐☐

Aufgabe 15

Ermitteln Sie nach Buchung der Geschäftsfälle die Höhe der Forderungen der *Nordbank AG* an Kontokorrentkunden.

☐☐☐☐☐☐☐ , ☐☐ EUR

Die Aufgaben 16 bis 18 beziehen sich auf die folgende Ausgangssituation:

Die *Nordbank AG* weist in der Bilanz 2012 folgende Werte in Mio. EUR aus:

Gezeichnetes Kapital	4.500
Kapitalrücklage	190
Gesetzliche Rücklage	258
Andere Gewinnrücklagen	90

Für das Geschäftsjahr 2013 wird in der Gewinn- und Verlustrechnung ein Jahresüberschuss von 200 Mio. EUR veröffentlicht. Aus dem Geschäftsjahr 2012 besteht noch ein Verlustvortrag von 20 Mio. EUR. Die Aktien haben einen Nennwert von 5,00 EUR.

§ 150 Aktiengesetz (AktG) Gesetzliche Rücklage, Kapitalrücklage

(1) in der Bilanz des nach den §§ 242, 264 des Handelsgesetzbuchs aufzustellenden Jahresabschlusses ist eine gesetzliche Rücklage zu bilden.

(2) In diese ist der zwanzigste Teil des um einen Verlustvortrag aus dem Vorjahr geminderten Jahresüberschusses einzustellen, bis die gesetzliche Rücklage und die Kapitalrücklagen nach § 272 Abs. 2 Nr. 1 bis 3 des Handelsgesetzbuchs zusammen den zehnten oder den in der Satzung bestimmten höheren Teil des Grundkapitals erreichen.

(3) Übersteigen die gesetzliche Rücklage und die Kapitalrücklagen nach § 272 Abs. 2 Nr. 1 bis 3 des Handelsgesetzbuchs zusammen nicht den zehnten oder den in der Satzung bestimmten höheren Teil des Grundkapitals, so dürfen sie nur verwandt werden

1. zum Ausgleich eines Jahresfehlbetrags, soweit er nicht durch einen Gewinnvortrag aus dem Vorjahr gedeckt ist und nicht durch Auflösung anderer Gewinnrücklagen ausgeglichen werden kann;
2. zum Ausgleich eines Verlust Vortrags aus dem Vorjahr, soweit er nicht durch einen Jahresüberschuss gedeckt ist und nicht durch Auflösung anderer Gewinnrücklagen ausgeglichen werden kann.

Aufgabe 16

Ermitteln Sie den Betrag, der in der veröffentlichten Bilanz 2013 in dem Posten „Gesetzliche Rücklage" gemäß den Bestimmungen des AktG auszuweisen ist.

☐☐☐ , ☐☐ Mio. EUR

Aufgabe 17

Der Hauptversammlung soll eine Bruttodividende von 0,13 EUR vorgeschlagen werden. Ermitteln Sie den auszuweisenden Bilanzgewinn 2013, der vollständig an die Aktionäre ausgeschüttet werden soll.

☐☐☐ , ☐☐ Mio. EUR

Aufgabe 18

Der verbleibende Rest des Jahresüberschusses soll den anderen Gewinnrücklagen zugeführt werden. Ermitteln Sie den Betrag, der in der Bilanz 2013 im Posten „Andere Gewinnrücklagen" ausgewiesen wird.

☐☐☐ , ☐☐ Mio. EUR

Aufgabe 19

Im Rahmen der Jahresabschlussarbeiten der *Nordbank AG* sind die unten stehenden Sachverhalte bei der Abgrenzung des Jahreserfolges zu berücksichtigen.

Welche der folgenden Maßnahmen sind zu ergreifen?

Maßnahmen:

Buchung der Jahresabgrenzung über das Konto

1 Aktive Rechnungsabgrenzung
2 Passive Rechnungsabgrenzung
3 Sonstige Forderungen
4 Sonstige Verbindlichkeiten
5 Kontokorrent
6 Festgeld

Sachverhalte:

A Der Bezugspreis einer Fachzeitschrift ist erst im neuen Jahr zu zahlen.
B Mieteinnahmen für dieses Jahr über 1.500,00 EUR stehen am 31.12. noch aus.
C Versicherungsprämien über 360,00 EUR wurden am 1. Nov. für 1 Jahr im Voraus bezahlt.
D 500,00 EUR Festgeldzinsen für dieses Jahr werden erst im neuen Jahr auf dem Kontokorrent gutgeschrieben.
E Wir haben unseren Kunden am 1.12. mit 720,00 EUR Kreditprovison für 6 Monate im Voraus belastet.

A	B	C	D	E

Die Aufgaben 20 bis 23 beziehen sich auf die folgende Ausgangssituation:

In der *Nordbank AG* wurden in der Finanzbuchhaltung bzw. in der Kosten- und Erlösrechnung die unten stehenden Geschäftsfälle für das aktuelle Geschäftsjahr erfasst.

Als Mitarbeiter haben Sie bei diesen Fälle zu entscheiden, ob es sich jeweils um

1 Betriebskosten
2 Wertkosten
3 Grundkosten
4 Zusatzkosten handelt.

Tragen Sie für jeden der folgenden Geschäftsfälle die jeweils zutreffenden **zwei Ziffern** in die Kästchen ein. Tragen Sie die Zahlen **5 5** in die Kästchen ein, wenn der Geschäftsfall keine Auswirkung auf die Kostenrechnung hat.

Aufgabe 20

Zinsen für Kundentagesgeldkonten ☐ ☐

Aufgabe 21

Kauf eines neuen Bank-PKWs ☐ ☐

Aufgabe 22

Zinsen für das eingesetzte Eigenkapital ☐ ☐

Aufgabe 23

Ausbildungsvergütungen für die Auszubildenden

Die Aufgaben 24 bis 27 beziehen sich auf die folgende Ausgangssituation:

Die *Nordbank AG* gewährt ihren Kunden Anschaffungsdarlehen im Umfang von 30.000,00 EUR mit 4-jähriger Zinsbindung und refinanziert sich über Festgelder mit 2 Monaten Laufzeit in gleicher Höhe.

Konditionen im Kundengeschäft:	
- für Festgeld mit 2 Monaten Laufzeit:	2,3 %
- für Kleinkredite (4 Jahre):	9,0 %
Zinssätze am Geld- und Kapitalmarkt:	
- Tagesgeld:	1,3 %
- Zweimonatsgeld:	2,9 %
- Kapitalmarktanlage (4 Jahre):	5,0 %

Aufgabe 24

Ermitteln Sie den aktiven Konditionenbeitrag in Prozent. __ , __ %

Aufgabe 25

Ermitteln Sie den passiven Konditionenbeitrag in Prozent. __ , __ %

Aufgabe 26

Ermitteln Sie den Strukturbeitrag in Prozent. __ , __ %

Aufgabe 27

Ermitteln Sie die Bruttozinsspanne in Prozent. __ , __ %

Die Aufgaben 28 bis 32 beziehen sich auf die folgende Ausgangssituation:

Es liegen folgende Aufwendungen und Erträge für die *Nordbank AG* bei einer Bilanzsumme von 5.000 Mio. EUR vor:

Aufwendungen in Mio. EUR	
Zinsaufwendungen	**200**
Provisionsaufwendungen	**3**
Personalaufwand	**140**
Abschreibungen und Wertberichtigungen auf Sachanlagen	**23**
Abschreibungen und Wertberichtigungen auf Forderungen sowie Zuführungen zu Rückstellungen im Kreditgeschäft	**15**
Sonstige betriebliche Aufwendungen	**1**
Außerordentliche Aufwendungen	**4**
Erträge in Mio. EUR	
Zinserträge aus den Bankgeschäften	**400**
Laufende Erträge aus Aktien	**8**
Provisionserträge	**45**
Nettoerträge aus Finanzgeschäften	**15**
Sonstige betriebliche Erträge	**7**
Außerordentliche Erträge	**28**

Aufgabe 28

Ermitteln Sie das Teilbetriebsergebnis in Mio. EUR. ☐☐,☐ Mio. EUR

Aufgabe 29

Ermitteln Sie die Risikospanne in Mio. EUR. ☐☐,☐ Mio. EUR

Aufgabe 30

Ermitteln Sie die Bruttoertragsspanne in % von der Bilanzsumme (Ergebnisse auf zwei Stellen nach dem Komma runden). ☐,☐☐ %

Aufgabe 31

Ermitteln Sie die Bruttobedarfsspanne in % von der Bilanzsumme (Ergebnisse auf zwei Stellen nach dem Komma runden). ☐,☐☐ %

Aufgabe 32

Ermitteln Sie die Nettogewinnspanne in % von der Bilanzsumme (Ergebnisse auf zwei Stellen nach dem Komma runden). ☐,☐☐ %

D Wirtschafts- und Sozialkunde

Bearbeitungszeit: 60 Minuten

Lösungen ab Seite 380

Lösungen ab Seite 380

Aufgabe 1

In welchen der unten stehenden Fälle handelt es sich bei den jeweiligen Willenserklärungen

1 um einen Antrag?
2 um die Annahme eines Antrags?
3 weder um einen Antrag noch um die Annahme eines Antrags?

Ordnen Sie zu!

Willenserklärungen:

A Der Geschäftsführer der *Nordsped GmbH* liest in der Beilage der Hamburger Tageszeitung die Verkaufsanzeige der *Atelco Computer GmbH* für einen PC zum Angebotspreis von 1.600,00 EUR.
B Daraufhin bestellt der Geschäftsführer der *Nordsped GmbH* drei PC für das Unternehmen.
C Bei der Anlieferung der drei PC wird bei der *Nordsped GmbH* festgestellt, dass die *Atelco Computer GmbH* ein nicht bestelltes Softwarepaket mitgeliefert und berechnet hat.
D Diese Software wird von der *Nordsped GmbH* verwendet, der Rechnungspreis wird bezahlt.
E Die *Atelco Computer GmbH* unterbreitet der *Nordsped GmbH* telefonisch ein Sonderangebot für einen Drucker.
F Der Geschäftsführer der *Nordsped GmbH* bestellt eine Woche später den Drucker per Fax.

A	B	C	D	E	F

Aufgabe 2

Carmen Wellen ist Servicekraft in der Nordbank AG. Sie erwartet im Februar 2014 ihr erstes Kind. Sie teilte ihrem Arbeitgeber die Schwangerschaft und den voraussichtlichen Tag der Entbindung rechtzeitig mit. Welche der folgenden Besonderheiten nach dem Mutterschutzgesetz gelten für Frau Wellen?

A Bis zum Eintritt in die Mutterschutzfrist hat Frau Wellen einen Anspruch auf zusätzlich 30 Minuten Pause pro Arbeitstag.

B Die Nordbank AG ist berechtigt, den Urlaubsanspruch während der Schutzfrist mit dem Jahresurlaub zu verrechnen.

C Während der Schutzfrist von sechs Wochen vor der Entbindung darf Frau Wellen nur mit ihrer ausdrücklichen Zustimmung beschäftigt werden. Innerhalb von acht Wochen nach der Entbindung darf Frau Wellen nicht beschäftigt werden, auch wenn sie einer Beschäftigung während dieser Zeit ausdrücklich zustimmt.

D Während der Schutzfrist vor und nach der Entbindung hat Frau Wellen Anspruch auf die Weiterzahlung ihres Monatsgehalts.

E Während der Schutzfrist dürfen weder die Nordbank AG noch Frau Wellen das Arbeitsverhältnis kündigen.

F Frau Wellen darf zwischen 20:00 Uhr und 06:00 Uhr nicht beschäftigt werden und kann somit bei einem Mitarbeiterauswahlverfahren nach 20:00 Uhr keine Betreuungstätigkeiten übernehmen.

Aufgabe 3

Die Nordbank AG ist tarifgebunden. Welche der nachfolgenden Vereinbarungen bzw. Maßnahmen ...

1. können nur in einem Tarifvertrag geregelt werden?
2. können auch in einer Betriebsvereinbarung geregelt werden?
3. können auch in einem Arbeitsvertrag geregelt werden?
4. werden in keinem der o. a. Verträge geregelt?

Vereinbarungen bzw. Maßnahmen

A Die Geschäftszeiten für den Kundenverkehr sollen täglich um eine Stunde verkürzt werden.

B Die Anzahl der Urlaubstage soll in Zukunft von 30 Arbeitstagen auf 29 Arbeitstage jährlich reduziert werden.

C Zwischen Weihnachten und Neujahr soll für die Nordbank AG eine generelle Urlaubssperre verhängt werden.

D Der Geldtransport soll in Zukunft von einer Fremdfirma durchgeführt werden.

E Das Urlaubsgeld soll aus Gründen der Kostenersparnis ab 2013 als Sonderzahlung wegfallen.

F Der in der Nordbank AG zum Ausgleich der verschiedenen Urlaubsansprüche der Mitarbeiter eingerichtete zusätzliche Urlaubstag, den Mitarbeiter der Nordbank erhalten, wenn sie ihren Jahresurlaub in die Herbst- oder Wintermonate legen, soll aus Kostengründen gestrichen werden. Deshalb müssen neue Urlaubsgrundsätze erstellt werden.

G Aufgrund hervorragender Leistungen soll einem Mitarbeiter ein übertarifliches Gehalt angeboten werden.

H Der Lohnzahlungstag soll vom 23. eines jeden Monats auf den 13. eines jeden Monats vorgezogen werden.

I Die wöchentliche Arbeitszeit soll von 39 Stunden auf 39,5 Stunden erhöht werden.

A	B	C	D	E	F	G	H	I

Aufgabe 4

Welche der Gerichte sind den nachstehenden Situationen zuzuordnen?

Gerichte:

1 Finanzgericht

2 Sozialgericht

3 Amtsgericht für Zivilsachen

4 Verwaltungsgericht

5 Arbeitsgericht

Situationen:

A Der Arbeitgeberverband Nordmetall ist der Auffassung, dass ein von der IG Metall ausgerufener Warnstreik unrechtmäßig ist.

B Herr Phillipsen hat in einem Teppich-Outlet einen Teppich im Sonderangebot erworben, Preis 485,00 EUR. Zu Hause angekommen, stellt er fest, dass der Teppich nach Ausrollen in der Wohnung nach Gummi und Lösungsmitteln riecht. Die Geschäftsleitung des Teppich-Outlets ist nicht bereit, den Teppich zurückzunehmen, da es sich um ein Sonderangebot handelt. Daraufhin will Herr Phillipsen den Teppich-Outlet verklagen.

C Herr Robert Spengler ist seit kurzem pensioniert worden. Mit dem Rentenbescheid, den er von der Deutschen Rentenversicherung Bund erhalten hat, ist er nicht einverstanden. Er ist der Meinung, dass er eine höhere Rente bekommen müsse.

D Frau Veronika Jakob hat vom zuständigen Finanzamt einen Steuerbescheid erhalten, gegen den sie Widerspruch eingelegt hat. Der Widerspruch wurde vom Finanzamt mit entsprechender Begründung abgelehnt. Frau Jakob möchte nun gerichtlich gegen den erhaltenen Steuerbescheid vorgehen.

E Die *Nordbank AG* hat den Mitarbeiter Klaus Erbis aus betriebsbedingten Gründen gekündigt. Der Betriebsrat wurde rechtzeitig von der Kündigung informiert. Der Betriebsrat widerspricht der Kündigung fristgerecht mit der Begründung, dass die Kündigung sozial nicht gerechtfertigt sei. Herr Erbis möchte nun gegen seinen Arbeitgeber eine Kündigungsschutzklage einreichen.

F Die Familie Mertens besitzt ein unbebautes Grundstück. Das Grundstück soll nun mit einem Einfamilienhaus bebaut werden. Das zuständige Bauamt hat die Baugenehmigung nicht erteilt. Familie Mertens will sich nun gegen die Ablehnung des Bauantrags zur Wehr setzen.

A	B	C	D	E	F

Aufgabe 5

Die *Bauspar AG* schickt Herrn Walter John das nachstehende Kreditangebot: 2,88 % p. a. Zinsen für 3 Jahre fest, Kreditsumme 10.000,00 EUR bis 30.000,00 EUR. Das Kreditangebot wird am 28. Juni 2013 zur Post gegeben. Wie lange ist die *Bauspar AG* an dieses Angebot gebunden?

A Das Angebot wird mit der Abgabe wirksam und bindet die *Bauspar AG* so lange, bis der Kunde reagiert, längstens zwei Wochen.

B Das Angebot ist hier als Werbung zu sehen und ist daher nur unverbindlich.

C Das Angebot ist so lange bindend, bis der Kunde unter normalen Umständen reagieren kann. In diesem Fall sind dies ca. zwei Wochen.

D Das Angebot muss vom Kunden innerhalb der gesetzlichen Frist angenommen werden. Diese beträgt laut AGB einen Monat. Anderenfalls verfällt die Bindungspflicht.

E Das Angebot beinhaltet eine Kreditspanne von 10.000,00 EUR bis 30.000,00 EUR. Durch diese Eingrenzung wird das Angebot für die *Bauspar AG* unverbindlich.

Aufgabe 6

Mit Abschluss des Kontovertrages erkennt der Kontoinhaber die Allgemeinen Geschäftsbedingungen (AGB) der Bank an. Welche der folgenden Aussagen zu den Regelungen des BGB über die AGB ist in diesem Zusammenhang zutreffend?

A Nach Abschluss des Kontovertrages muss die Bank ihrem Kunden die AGB aushändigen, damit sie Bestandteil des Kontovertrags werden.

B Änderungen der AGB, die dem Kunden z. B auf dem Kontoauszug mitgeteilt wurden, können vom Kunden auch stillschweigend anerkannt werden.

C Die AGB werden auch dann Bestandteil der Kontoverträge, wenn die Bank nicht ausdrücklich auf die Einbeziehung der AGB hinweist.

D Bestimmungen in den AGB sind auch dann wirksam, wenn sie den Kunden unangemessen benachteiligen.

E Zweifel bei der Auslegung der AGB gehen zu Lasten der Bank und des Kunden gleichermaßen.

Aufgabe 7

Entscheiden Sie mithilfe der nachstehenden Auszüge aus dem Sozialgesetzbuch, in welchen der folgenden Fälle ein Anspruch auf Arbeitslosengeld I vorliegt.

A Werner Finke ist arbeitslos. Er hat sich ordnungsgemäß bei seiner zuständigen Arbeitsagentur arbeitslos gemeldet. In den letzten zwei Jahren hat Herr Finke insgesamt 15 Monate versicherungspflichtig gearbeitet.

B Franziska Berger war in den zurückliegenden fünf Jahren Hausfrau. Sie möchte zukünftig wieder halbtags berufstätig sein und studiert daher die Stellenanzeigen des Hamburger Abendblatts.

C Susanne Liebig ist seit zwei Monaten arbeitslos gemeldet. Vor ihrer Arbeitslosigkeit hat sie vier Jahre als Kontoristin in einem Unternehmen gearbeitet, das Insolvenz anmelden musste.

D Claudia Blume ist arbeitslos. Bis vor fünf Monaten hat sie in den letzten zwei Jahren insgesamt zwölf Monate als Dekorateurin gearbeitet. Derzeit ist sie allerdings noch nicht an einem Beschäftigungsverhältnis interessiert, weil sie sich noch in der Elternzeit befindet.

E Sebastian Loose hat in den letzten zwei Jahren dauerhaft als Servicekraft in der *Nordbank AG* gearbeitet. Er hat gekündigt und wird direkt nach dem Ende der Kündigungsfrist zur *Reisebank AG* wechseln.

F Jens Paulsen hat nach der Beendigung des Studiums der Politikwissenschaft keine Anstellung gefunden.

Auszug aus dem Sozialgesetzbuch III.

Arbeitsförderung, 4. Kapitel: Leistungen an Arbeitnehmer

§ 118 Anspruchsvoraussetzungen bei Arbeitslosigkeit

(1) Anspruch auf Arbeitslosengeld bei Arbeitslosigkeit haben Arbeitnehmer, die
1. arbeitslos sind,
2. sich bei der Agentur für Arbeit arbeitslos gemeldet und
3. die Anwartschaftszeit erfüllt haben.
(2) ...

§ 119 Arbeitslosigkeit

(1) Arbeitslos ist ein Arbeitnehmer, der
1. nicht in einem Beschäftigungsverhältnis steht (Beschäftigungslosigkeit)
2. sich bemüht, seine Beschäftigungslosigkeit zu beenden (Eigenbemühungen) und
3. den Vermittlungsbemühungen der Agentur für Arbeit zur Verfügung steht (Verfügbarkeit).

§ 123 Anwartschaftszeit

Die Anwartschaftszeit hat erfüllt, wer in der Rahmenfrist mindestens zwölf Monate in einem Versicherungspflichtverhältnis gestanden hat. ...

§ 124 Rahmenfrist

(1) Die Rahmenfrist beträgt zwei Jahre und beginnt mit dem Tag vor der Erfüllung aller sonstigen Voraussetzungen für den Anspruch auf Arbeitslosengeld.

Situation zu den Aufgaben 8 bis 12

Klaus Müller und Peter Sydow gründen am 01. Februar 2012 durch entsprechenden Gesellschaftsvertrag eine Güterkraftverkehrsunternehmung in der Gesellschaftsform einer GmbH. Am 16. März 2012 wird die Gesellschaft in das Handelsregister eingetragen.

Aufgabe 8

Wie viele Personen sind mindestens erforderlich, um die GmbH zu gründen? ☐ Person(en)

Aufgabe 9

Welche der folgenden Regelungen gilt für die Form des Abschlusses des Gesellschaftsvertrags?

A Dieser Vertrag ist formlos rechtswirksam.
B Dieser Vertrag muss schriftlich abgefasst werden.
C Dieser Vertrag muss notariell beurkundet werden.
D Dieser Vertrag kann notariell beglaubigt werden.
E Dieser Vertrag muss mindestens in Textform verfasst werden.

Aufgabe 10

Welche der folgenden Firmierungen entspricht der gesetzlichen Vorschrift?

A Güterkraftverkehr Müller & Co.
B Güterkraftverkehr Müller & Sydow
C Güterkraftverkehr Sydow GmbH
D Müller & Sydow
E Güterkraftverkehr

Aufgabe 11

Frau Sarah Schultz ist Sachbearbeiterin in der Buchhaltung der GmbH. Frau Schultz bestellt bei der Firma *Atelco KG* per E-Mail einen neuen Scanner für die GmbH. Wann ist der Kaufvertrag rechtswirksam zustande gekommen?

A 19.08.2013: Bestellung des Scanners bei der Firma *Atelco KG* durch Frau Schultz per E-Mail
B 19.08.2013: Versand einer Empfangsbestätigung durch die *Atelco KG* an Frau Schultz mit dem Hinweis, dass der Scanner zum Preis von 186,50 EUR per DHL-Versand sofort geliefert wird.
C 19.08.2013: Versand des Scanners durch die *Atelco KG* an die GmbH
D 21.08.2013: Abbuchung des Rechnungsbetrags vom Konto der GmbH
E 22.08.2013: Zustellung des Scanners durch den Paketservice der DHL an die GmbH

Aufgabe 12

Welche der folgenden Aussagen über die Haftung für Verbindlichkeiten der Gesellschaft trifft zu?

A Die Gesellschafter Müller und Sydow haften persönlich bis zum Betrag ihrer jeweiligen Stammeinlage.
B Die Gesellschafter Müller und Sydow haften neben ihrer jeweiligen Stammeinlage auch mit ihrem Privatvermögen.
C Die Gesellschaft haftet mit dem Gesellschaftsvermögen.
D Nur der vollhaftende Gesellschafter Müller haftet mit seiner Gesellschaftseinlage und mit seinem Privatvermögen.
E Die Geschäftsführung der GmbH haftet gesamtschuldnerisch.

Aufgabe 13

Welche der folgenden Aussagen über die soziale Marktwirtschaft sind richtig?

A Dem Staat kommt u. a. die Aufgabe zu, die Funktionsfähigkeit des Wettbewerbs zu sichern sowie Wachstums- und Strukturpolitik zu betreiben.
B Es erfolgt eine zentrale Planung und Lenkung der Wirtschaft auf der Grundlage von mittelfristigen 5-Jahres-Plänen und kurzfristigen 1-Jahres-Plänen.
C Der Staat überlässt die Wirtschaft dem freien Spiel der Marktkräfte (Laissez-faire-Prinzip).
D Der Staat kann jederzeit die Preise für Güter und Dienstleistungen sowie Löhne und Zinsen festsetzen.
E Die über den Markt erfolgte Einkommensverteilung (Primärverteilung) wird durch einen progressiv aufgebauten Einkommensteuertarif und Steuerfreibeträge sowie Transferzahlungen korrigiert. Der Staat kann jederzeit die Preise für Güter und Dienstleistungen sowie Löhne und Zinsen festsetzen.
F Der Staat setzt aus Gründen der Existenzsicherung von Arbeitnehmern für alle Tarifgebiete einen Mindestlohn von 7,50 EUR pro Stunde gesetzlich fest.

Aufgabe 14

Im Bereich des strategischen Marketings gibt es verschiedene Instrumente. Auf welche der folgenden Instrumente treffen die nachstehenden Erklärungen zu?

Instrumente:
1 Produkt- und Sortimentspolitik
2 Preis- und Konditionenpolitik
3 Distributionspolitik
4 Kommunikationspolitik

Erklärungen:

A Alle Entscheidungen, die sich auf die Festlegung marktgerechter Preise für Zinsen, Provisionen und Gebühren sowie sonstige Dienstleistungen beziehen.

B Alle Entscheidungen über die Wahl der Vertriebswege, die Organisation des Vertriebs sowie die Festlegung von Vertriebsstrategien.

C Alle Maßnahmen, die dem Ziel dienen, die Öffentlichkeit über Bankleistungen zu informieren, damit die Wettbewerbssituation des Kreditinstituts positiv beeinflusst wird.

D Alle Maßnahmen und Entscheidungen, die der marktgerechten Gestaltung der Angebotspalette dienen.

A	B	C	D

Aufgabe 15

Die Marktforschung bildet die Grundlage für die Entscheidung, welche Produkte zu welchen Konditionen den Kunden angeboten werden. Welche der folgenden Aussagen zu Teilbereichen der Marktforschung ist zutreffend?

A Im Rahmen der Demoskopie werden nur objektive Sachverhalte im Verbraucherverhalten, z. B. Modeaspekte, ermittelt.

B Objektive Sachverhalte in der Verbraucherstruktur, z. B. Einkommensverhältnisse von Kunden, spielen im Rahmen der Marktforschung eine untergeordnete Rolle.

C Die Käufermarktsituation im Bereich der Kartenzahlungen erspart eine gezielte Untersuchung und Ansprache der potenziellen Kreditkartennutzer.

D Mit Hilfe von Imageprofilen soll die subjektive Einstellung der Bankkunden gegenüber den Kreditinstituten systematisch erforscht werden.

E Im Rahmen der Primärforschung spielt der Vergleich von Marktanteilen der Bankengruppen eine zunehmend wichtige Rolle im Marketing-Mix.

☐

Aufgabe 16

Die *Nordbank AG* will für ihre Kunden die Preise für Schließfächer ändern. Eine Analyse des Verhaltens von Kunden, die Schließfächer angemietet haben, ergab eine Nachfrage-Elastizität von 0,2. Mit welcher der folgenden Auswirkungen muss die *Nordbank AG* rechnen?

A Die Anhebung der Schließfachmieten führt zu einer überproportionalen Abwanderung von Kunden mit Schließfächern.

B Die Senkung der Schließfachmieten ermöglicht der *Nordbank AG* die überproportionale Ausweitung ihres Bestands an Kunden mit Schließfächern.

C Kunden reagieren auf die Änderung der Mieten für Schließfächer sehr preisbewusst, was sich unmittelbar auf den Bestand der Kunden mit Schließfächern auswirkt.

D Die Erhöhung der Schließfachmieten führt für die *Nordbank AG* zu einer unterproportionalen Abwanderung von Kunden mit Schließfächern.

E Die Erhöhung der Schließfachmieten führt für die *Nordbank AG* zu einer proportionalen Erhöhung der Entgelte für Schließfächer.

☐

Aufgabe 17

Welche der folgenden Aussagen trifft auf Kartelle zu?

A Die zusammengeschlossenen Unternehmen geben ihre wirtschaftliche Selbstständigkeit vollständig auf, bleiben aber rechtlich selbstständig.
B Ein Unternehmen übernimmt aufgrund von Kapitalbeteiligungsvereinbarungen die einheitliche Leitung über die zusammengeschlossenen Unternehmen.
C Die zusammengeschlossenen Unternehmen verfolgen das Ziel, gemeinsame Beschaffungs- oder Absatzmärkte zu beeinflussen oder zu beherrschen.
D Mehrere Unternehmen schließen sich zur Abwicklung eines einzelnen Auftrags, z. B. zur Erstellung einer Produktionsanlage, zusammen.
E Die Unternehmen geben ihre rechtliche Selbstständigkeit auf, handeln aber weiterhin wirtschaftlich selbstständig.

Aufgabe 18

Welche der Stellen 1 bis 5 in der folgenden Grafik kennzeichnen

A den Trend?
B den Abschwung?
C die Hochkonjunktur?

Ordnen Sie zu.

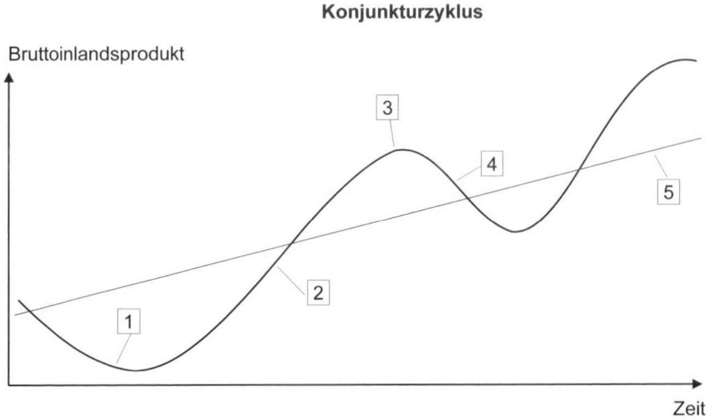

A	B	C

Aufgabe 19

Welche der unten stehenden staatlichen Maßnahmen sind in der modellhaften Betrachtung

1 im Abschwung zur Konjunkturbelebung geeignet?
2 in der Hochkonjunktur zur Konjunkturdämpfung geeignet?
3 nicht konjunkturbeeinflussend?

Ordnen Sie zu!

Maßnahmen

A Der Mehrwertsteuersatz wird angehoben.
B Die Auszahlung des Arbeitslosengeldes II (Arbeitslosenhilfe + Sozialhilfe) wird auf die Bundesagentur für Arbeit übertragen.
C Der Höchstsatz für die degressive Abschreibung wird gesenkt.
D Die Anzahl der Aufträge der öffentlichen Haushalte wird erhöht.

A	B	C	D

Aufgabe 20

Ordnen Sie den folgenden wirtschaftspolitischen Zielen die entsprechenden Indikatoren (Messgrößen) zu.

Wirtschaftspolitische Zielsetzungen:

A Hoher Beschäftigungsstand
B Stetiges und angemessenes Wirtschaftswachstum
C Außenwirtschaftliche Gleichgewicht
D Preisniveaustabilität
E Gerechte Einkommensverteilung

Indikatoren:

1 Entwicklung des Lebenshaltungskostenindexes gegenüber der Vorperiode
2 Reale Veränderung des Bruttoinlandsprodukts gegenüber dem Vorjahr
3 Prozentualer Anteil der registrierten Arbeitslosen an den abhängigen Erwerbspersonen bzw. Erwerbspersonen (Arbeitslosenquote)
4 Saldo der Handels- und Dienstleistungsbilanz sowie der Saldo der Erwerbs- und Vermögenseinkommen mit dem Ausland
5 Saldo der Kapitalbilanz
6 Prozentualer Anteil des Arbeitnehmerentgelts am Volkseinkommen (Lohnquote)
7 Prozentualer Anteil der Unternehmens- und Vermögenseinkommen am Volkseinkommen (Gewinnquote)

A	B	C	D	E

Situation zu den Aufgaben 21 und 22

Auf einem vollkommenen Markt für Betriebsmittelkredite besteht die folgende Angebots- und Nachfragesituation:

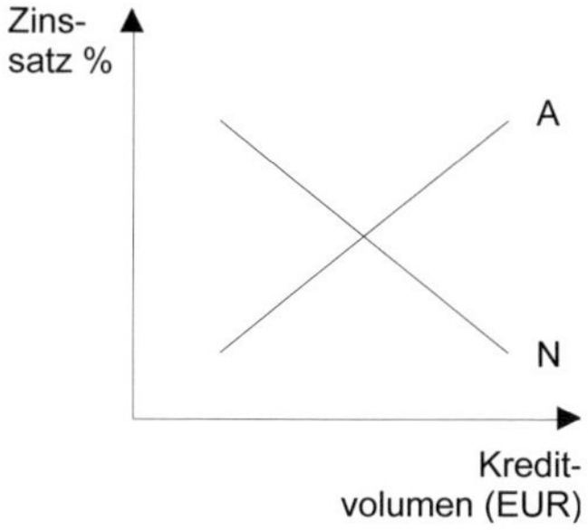

Aufgabe 21

Welche der unten stehenden Maßnahmen können dazu führen, die Nachfrage nach Konsumgütern unmittelbar auszudehnen?

A Erhöhung von Lohnsteuerfreibeträgen
B Lockerung der Umweltschutzauflagen
C Erhöhung der Körperschaftsteuer
D Kürzung des Arbeitslosengeldes
E Erhöhung des Kindergeldes
F Senkung der Mineralölsteuer
G Erhöhung der Wochenarbeitszeit ohne Lohnausgleich
H Kürzung der Entfernungspauschale im Rahmen der Einkommensteuererklärung

Aufgabe 22

Stellen Sie in den folgenden Situationen jeweils fest, welche Auswirkungen auf das Angebot und die Nachfrage sich tendenziell ergeben. Die Fälle sind unabhängig voneinander zu lösen. Nicht genannte Einflussfaktoren bleiben unberücksichtigt.

1. Die Angebotskurve verschiebt sich nach rechts.
2. Die Angebotskurve verschiebt sich nach links.
3. Die Nachfragekurve verschiebt sich nach rechts.
4. Die Nachfragekurve verschiebt sich nach links.

Situationen:

A Die EZB senkt den Hauptrefinanzierungssatz.
B Die Auftragslage der Unternehmen verbessert sich.
C Die Kreditinstitute verlagern ihre liquide Mittel in Wertpapieranlagen.
D Die EZB erhöht die Mindestreservesätze.
E Die Lagerbestände der Unternehmen an fertigen Erzeugnissen steigen aufgrund fehlender Nachfrage an.

A	B	C	D	E

Aufgabe 23

Stellen Sie fest, welche Auswirkung eine Rechtsverschiebung der Nachfragekurve bei konstantem Angebotsverhalten nach sich zieht.

A Der Gleichgewichtszinssatz steigt, das Kreditvolumen zum Gleichgewichtszinssatz sinkt.
B Der Gleichgewichtszinssatz sinkt, das Kreditvolumen zum Gleichgewichtszinssatz steigt.
C Gleichgewichtszinssatz und Kreditvolumen zum Gleichgewichtszinssatz steigen.
D Gleichgewichtszinssatz und Kreditvolumen zum Gleichgewichtszinssatz sinken.

☐

Situation zu den Aufgaben 24 und 25

Die folgende Übersicht zeigt die Entwicklung der Verschuldung öffentlicher Haushalte von 2006 bis 2009 sowie die Entwicklung des realen Bruttoinlandsprodukts (BIP) von 2007 bis 2010 an.

Verschuldung		**Reales BIP in Mrd. EUR**			
Jahr	in 1.000 Mio. EUR				
2006	1.165.824				
2007	1.199.975				
2008	1.211.439				
2009	1.223.929				
Entstehung des Inlandsprodukts		**2007**	**2008**	**2009**	**2010**
Produzierendes Gewerbe (ohne Baugewerbe)		429.4	445,6	447,3	446,5
Baugewerbe		105,5	102,6	96,0	90,4
Handel, Gastgewerbe und Verkehr		335,3	352,9	361,8	366,1
Finanzierung, Vermietung, Unternehmensdienstleister		548,3	572,6	585,2	595,4
Öffentliche und private Dienstleister		380,6	387,3	391,6	395,5
Alle Wirtschaftsbereiche		1.823,3	1.885,3	1.906,5	1.919,0
Nachr.: Unternehmenssektor		1.595,6	1.656,7	1.679,3	1.692,7
Wirtschaftsbereiche bereinigt		1.730,3	1.785,5	1.801,4	1.809,6
Bruttoinlandsprodukt		1.914,8	1.969,5	1.980,8	1.984,3

Aufgabe 24

Ermitteln Sie den prozentualen Anteil der Verschuldung öffentlicher Haushalte am realen Bruttoinlandsprodukt im Jahr 2009 (Ergebnis auf eine Stelle nach dem Komma runden).

☐☐,☐ %

Aufgabe 25

Welche der folgenden Aussagen zur Entwicklung der Verschuldung öffentlicher Haushalte im dargestellten Zeitraum ist zutreffend?
Die Verschuldung der öffentlichen Haushalte im dargestellten Zeitraum

A stieg kontinuierlich an.
B sank zunächst, dann stieg sie.
C stieg zunächst, dann sank sie.
D sank kontinuierlich.

☐

Aufgabe 26

Der Preisindex für die Lebenshaltungskosten aller privaten Haushalte basiert auf dem sogenannten Warenkorb. Welche der nachstehenden Aussagen über den Warenkorb sind richtig?

A Der Warenkorb enthält nur Güter aber keine Dienstleistungen.
B Die Preise für die Waren im Warenkorb werden jährlich dem aktuellen Preisniveau angepasst.
C Der Inhalt eines Warenkorbes orientiert sich am Verbrauch eines Durchschnittshaushalts in Deutschland.
D Die Waren im Warenkorb werden jährlich entsprechend der technischen Entwicklung aktualisiert.
E Im Warenkorb sind alle Waren und Dienstleistungen gleich gewichtet.
F Der Warenkorb wird im Abstand von einigen Jahren immer wieder neu zusammengestellt.

☐ ☐

Aufgabe 27

Welche der folgenden Aussagen zur Zahlungsbilanz sind richtig?

A Die Zahlungsbilanz ist die systematische Aufzeichnung der ökonomischen Transaktionen, die zu einem bestimmten Zeitpunkt zwischen Gebietsansässigen und Gebietsfremden stattgefunden haben.
B Die Zahlungsbilanz ist der Gesamtwert aller Güter und Dienstleistungen, die während eines Jahres zwischen Gebietsansässigen und Gebietsfremden ausgetauscht werden.
C Die Zahlungsbilanz eines Landes ist die Gegenüberstellung aller Forderungen und Verbindlichkeiten zu einem bestimmten Zeitpunkt gegenüber dem Ausland.
D Die Zahlungsbilanz ist die systematische Aufzeichnung der ökonomischen Transaktionen, die während eines bestimmten Zeitraums zwischen Gebietsansässigen und Gebietsfremden stattgefunden haben.
E Eine Abwertung der Inlandswertung trägt tendenziell zur Verringerung eines bereits bestehenden Leistungsbilanzüberschusses bei.
F Eine Abwertung der Inlandswährung trägt tendenziell zur Erhöhung eines bereits bestehenden Leistungsbilanzüberschusses bei.

☐ ☐

Aufgabe 28

Welche in der Zahlungsbilanz erfasste Transaktion führt zu einem Devisenangebot im Inland?

A Kurzfristige Kreditaufnahmen von Inländern im Ausland
B Überweisungen der ausländischen Arbeitnehmer an ihre Familien im Ausland
C Zahlungen des Inlands an internationale Organisationen
D Wertpapierkäufe von Inländern an der Börse in Tokio
E Zinszahlungen für Kapitalanlagen von Ausländern im Inland

☐

Aufgabe 29

Auf dem Bildschirm des Geldhändlers der *Nordbank AG* erscheinen folgende Zinssätze:

1 Euribor
2 Eonia

3 Hauptrefinanzierungssatz
4 längerfristiger Refinanzierungssatz
5 Spitzenrefinanzierungssatz
6 Einlagefazilität

A Welcher Zinssatz bezieht sich auf Tagesgelder im Interbankenhandel?
B Welcher Zinssatz bezieht sich auf Termingelder im Interbankenhandel?
C Welcher Zinssatz bezieht sich auf Overnight-Geldanlagen bei der EZB?
D Welcher Zinssatz bezieht sich auf Overnight-Refinanzierungen bei der EZB?
E Welche beiden Zinssätze werden unter dem Begriff „Ständige Fazilitäten" zusammengefasst?
F Welche zwei Zinssätze gehören zu den sog. „Offenmarktgeschäften"?

A	B	C	D	E		F	

Situation zu den Aufgaben 30 bis 32

Zu Beginn des Jahres 2013 wurde in der Hamburger Tageszeitung folgende Information veröffentlicht: Im abgelaufenen Jahr 2012 hat Frankreich bei einer Einwohnerzahl von 59,4 Millionen ein nominales Bruttoinlandsprodukt (BIP) von insgesamt 1.650 Milliarden EUR erwirtschaftet. Die Deutschen erreichten mit einer Einwohnerzahl von 82,5 Millionen ein nominales BIP von 25.650 EUR je Einwohner.

Aufgabe 30

Ermitteln Sie die Höhe des nominalen BIP in Deutschland (in Mrd. EUR, Ergebnis auf eine Stelle nach dem Komma runden).

☐ . ☐☐☐ , ☐ Mrd. EUR

Aufgabe 31

Welche der folgenden Aussagen zum Vergleich der Bruttoinlandsprodukte je Einwohner ist zutreffend?

A Das nominale BIP je Einwohner ist in beiden Ländern etwa gleich groß.
B Das nominale BIP je Einwohner ist in Deutschland um 2.000 EUR größer als in Frankreich.
C Das nominale BIP je Einwohner ist in Deutschland um 2.000 EUR kleiner als in Frankreich.
D Das nominale BIP je Einwohner ist in Deutschland um mehr als 2.000 EUR größer als in Frankreich.
E Das nominale BIP je Einwohner ist in Deutschland um mehr 2.000 EUR kleiner als in Frankreich.

☐

Aufgabe 32

Welche der folgenden Aussagen zur Interpretation der genannten Werte ist zutreffend?

A Bei den Angaben zum BIP handelt es sich um preisbereinigte Werte.
B Die vorliegenden Werte lassen Schlussfolgerungen hinsichtlich des Einkommensgefälles innerhalb der Bevölkerung zu.
C Die unterschiedliche Kaufkraftentwicklung in Deutschland und Frankreich wird bei den genannten Werten nicht berücksichtigt.

☐

Aufgabe 33

Im Mai 20.. senkte die Europäische Zentralbank (EZB) den Leitzins für Hauptrefinanzierungsgeschäfte von 1 % auf 0,75 %. Welche der folgenden Aussagen zur Politik der EZB ist richtig?

A Der wichtigste Leitzins ist der Satz für die Einlagenfazilität.
B Die EZB orientiert ihre Zinspolitik vorrangig an der Entwicklung des Euro-Kurses zum US-Dollar.
C Die Höhe der europäischen Leitzinsen hat für die Entwicklung des Euro-Kurses zum US-Dollar keine Bedeutung.
D Mit der Festsetzung der Leitzinsen will die EZB auf die Kreditvergabe der Kreditinstitute Einfluss nehmen.
E Die EZB orientiert ihre kreditpolitischen Entscheidungen ausschließlich an der Preisentwicklung im „Euro-Land".

☐

Situation zu den Aufgaben 34 und 35

Das Tenderverfahren ist ein wesentliches währungspolitisches Instrument der Europäischen Zentralbank (EZB). Die EZB beschließt, dem Markt Liquidität über eine befristete Transaktion in Form eines Zinstenders zuzuführen. Drei Geschäftspartner geben folgende Gebote (in Mio. EUR) ab:

Zinssatz in %	*Nordbank AG*	*Fördebank AG*	*Realbank AG*
1,40	10	10	
1,39		10	10
1,38		10	10
1,37	10	10	15
1,36	10	15	20
1,35	15	15	20
1,34	10	10	10
1,33	10		15

Die EZB beschließt, 113 Mio. EUR zuzuteilen.

Aufgabe 34

Ermitteln Sie den marginalen Zinssatz.

☐ , ☐ %

Aufgabe 35

Ermitteln Sie den Betrag in Mio. EUR, den die drei Banken bei Anwendung des aktuellen Zuteilungsverfahrens erhalten.

Nordbank AG	*Fördebank AG*	*Realbank AG*

Aufgabe 36

Die folgenden Angaben sind der Zahlungsbilanz der EWU entnommen. Welche der folgenden Aussagen ist aus der Tabelle zu entnehmen?

	Leistungsbilanz	**darunter Außenbeitrag**
	Saldo in Mio. EUR	Saldo in Mio. EUR
Januar	- 14.743	- 7.358
Februar	- 6.158	+ 5.109
März	+ 1.257	+ 6.092

A Der Export war im Januar erheblich höher als der Import.
B Im Februar überstiegen die Exporte die Importe.
C Im März hatte der Warenverkehr mit dem Ausland einen Wert von 1.257 Mio. EUR.
D Der Leistungsbilanzsaldo ist im März aufgrund erhöhter Importtätigkeit stark zurückgegangen.
E Die Handelsbilanz zeigte im Januar einen hohen Exportüberschuss.

PRÜFUNGSSATZ VII

A Bankwirtschaft Fälle

Bearbeitungszeit: 90 Minuten, 100 Punkte

Lösungen ab Seite 251

Fall 1: Auslandszahlungen *(34 Punkte)*

Die *Jungheinrich AG* in Hamburg produziert Gabelstapler, die weltweit vertrieben werden. Die *Jungheinrich AG* schließt mit der *M. Rustle Ltd.* in Sao Paulo (Brasilien) den ausschnittsweise abgebildeten Kontrakt ab. Die Unternehmen unterhalten bereits seit einigen Jahren intensive Geschäftsbeziehungen. Sie haben schon mehrere Großprojekte zur gegenseitigen Zufriedenheit abgewickelt.

Kaufvertrag (Ausschnitt des übersetzten Textes)
Kaufvertrag Nr. 458974 über 10 Gabelstapler
Artikelnummer XY 789 1234 555

Verkäufer	Käufer
Jungheinrich AG	*M. Rustle Ltd.*
Hafenstr. 11-13	P. O. Box 23 4567
20259 Hamburg / Deutschland	1234567 Sao Paulo / Brasilien
Produktbeschreibung	siehe Anlage
Gesamtpreis	475.000,00 USD
Lieferbedingung	FOB Hamburg
Liefertermin	frühestens 15. April 20.., spätestens 30. Mai 20..
Zahlungsbedingung	250.000,00 USD, spätestens bis 15.03.20.. 225.000,00 USD, 30 Tage nach Erhalt der Lieferung am Bestimmungsort Sao Paulo

a) Beschreiben Sie vier Risiken, die der Export von Waren grundsätzlich mit sich bringt. *(4 Punkte)*

b) Welche Möglichkeiten würden Sie der *Jungheinrich AG* empfehlen, um die von Ihnen beschriebenen Risiken abzusichern? *(4 Punkte)*

c) Im Außenhandel spielen die Incoterms eine besondere Rolle. Erklären Sie, welche Sachverhalte mit den Incoterms geregelt werden! *(2 Punkte)*

Im Kaufvertrag wurde die Lieferungsbedingung FOB Hamburg vereinbart.

d) Nennen Sie zwei Pflichten der *Jungheinrich AG* in Hinblick auf die Lieferbedingung. *(3 Punkte)*

e) Nennen Sie jeweils die Fachbezeichnungen für die im Kontrakt aufgeführten Zahlungen:

1. Zahlung von 250.000,00 USD *(1,5 Punkte)*
2. Zahlung von 225.000,00 USD *(1,5 Punkte)*

Die *M. Rustle Ltd.* steht in Geschäftsverbindung mit der *Banco Comercial* in Sao Paulo. Die *Jungheinrich AG* unterhält eine Kontoverbindung mit der *Nordbank AG* in Hamburg. Der Kundenberater für den Auslandszahlungsverkehr ist Herr Ralf Wilkens. Beide Banken sind A-Korrespondenten der *Bank of America* in New York, bei der sie USD-Konten unterhalten. Die genannten Bankverbindungen sollen wie bisher für die Abwicklung der sich aus dem Kontrakt ergebenden Zahlungen eingesetzt werden.

Die *Jungheinrich AG* erhält am 13.03.20.. aus Sao Paulo einen Banken-Orderscheck über 250.000,00 USD wegen des Kontraktes 458974.

f) Nennen Sie den
   1. Aussteller, *(1 Punkt)*
   2. Bezogenen des Bankenorderschecks. *(1 Punkt)*

g) Der Scheck hat auf der Vorderseite als Vermerk eine Kreuzung. Erklären Sie die Bedeutung der Kreuzung auf dem Scheck. *(2 Punkte)*

Die *Jungheinrich AG* reicht den Scheck am 14.03.20.. bei der *Nordbank AG* zur Gutschrift des Gegenwertes ein.

h) Beschreiben Sie zwei Prüfungen, die die *Nordbank AG* bei der Hereinnahme des Orderschecks durchzuführen hat. *(2 Punkte)*

Herr Wilkens bietet der *Jungheinrich AG* die Gutschrift des Scheckgegenwertes e.V. mit Wertstellung 18.03.20.. an.

i) Erläutern Sie ein Risiko, das die *Nordbank AG* bei dieser Form der Abwicklung eingeht und beurteilen Sie das Risiko. *(2 Punkte)*

j) Berechnen Sie mit Hilfe der nachstehenden Informationen
   1. den Umrechnungskurs, *(1 Punkt)*
   2. den Gutschriftsbetrag in EUR. *(1 Punkt)*

Konditionen der *Nordbank AG* am 18.03.20..	
Devisenkurse	
1 EUR	1,3040 / 1,3100 USD
Scheckankaufskurs	halbe Geld-Briefspanne auf den EUR-Verkaufskurs
Provision bei Scheckankäufen	0,25 % vom EUR-Gegenwert, mindestens 100,00 EUR

k) Prüfen und begründen Sie, ob im vorliegenden Fall eine Meldung an die Deutsche Bundesbank erfolgen muss. *(2 Punkte)*

§ 59 (Meldung von Zahlungen) Außenwirtschaftsverordnung (AWV)

(1) Gebietsansässige haben Zahlungen, die sie
   1. von Gebietsfremden oder für deren Rechnung von Gebietsansässigen entgegennehmen (eingehende Zahlungen) oder
   2. an Gebietsfremde oder für deren Rechnung an Gebietsansässige leisten (ausgehende Zahlungen),

zu melden.

(2) Absatz 1 findet keine Anwendung auf
   1. Zahlungen, die den Betrag von 12.500,00 EUR oder den Gegenwert in anderer Währung nicht übersteigen,
   2. Zahlungen für die Wareneinfuhr und die Warenausfuhr,
   3. Zahlungen, die die Gewährung, Aufnahme oder Rückzahlung von Krediten (einschl. der Begründung und Rückzahlung von Guthaben) mit einer ursprünglich vereinbarten Laufzeit oder Kündigungsfrist von nicht mehr als 12 Monaten zum Gegenstand haben.

(3) Zahlungen im Sinne dieses Kapitels sind auch die Aufrechnung und die Verrechnung sowie Zahlungen, die mittels Lastschriftverfahren abgewickelt werden. Als Zahlung gilt ferner das Einbringen von Sachen und Rechten in Unternehmen, Zweigniederlassungen und Betriebsstätten.

Die *Jungheinrich AG* rechnet in 6 Monaten mit der Zahlung der Restsumme von 225.000,00 USD. Sie möchte sich auf der Kursbasis vom 18.03.20.. mit einem Kurssicherungsgeschäft vor dem Kursrisiko schützen.

l) Beschreiben Sie aus der Sicht der *Jungheinrich AG* die Sicherungswirkung eines Devisentermingeschäfts. *(2 Punkte)*

Die *Nordbank AG* berücksichtigt bei der Kalkulation des Terminkurses den aktuellen Kassakurs vom 18.03.20.. sowie die Zinssätze für 6-Monatsgelder in den USA von 3,00 % p. a. und in Euroland von 2,00 % p. a.

m) Berechnen Sie für das Termingeschäft mit der *Jungheinrich AG* den
   1. Terminkurs (auf 4 Stellen nach dem Komma runden), *(2 Punkte)*
   2. Gutschriftsbetrag in EUR (ohne Spesen). *(2 Punkte)*

Fall 2: Geld- und Vermögensanlage *(34 Punkte)*

Frau Birgit Müller kommt zu Ihnen an den Beratungstisch. Sie teilt Ihnen mit, dass sie auf ihrem Girokonto 15.000,00 EUR frei habe, die sie in festverzinslichen Wertpapieren für 3 bis 4 Jahre anlegen möchte. Sie bieten Frau Müller in einem Beratungsgespräch die Inhaberschuldverschreibung der E.ON Aktiengesellschaft SE zu folgenden Bedingungen an:

Jährliche Nominalverzinsung	3,75 % p. a.
Fälligkeit	15.08.2017
Zinstermin	15.08. gzj.
Kurs	98,10 %
Börsennotierung	ja

Zunächst informieren Sie sich über die Risikobereitschaft von Frau Müller. Außerdem befragen Sie Frau Müller über ihre Vorkenntnisse und Erfahrungen, die sie bisher mit Geldanlagen gemacht hat.

a) Aus welchem Grund müssen Sie die Befragung von Frau Müller vornehmen? *(1 Punkt)*

b) Nennen und beschreiben Sie 2 Risiken, die für Frau Müller mit dem Erwerb dieser Inhaberschuldverschreibung verbunden sind! *(4 Punkte)*

c) Wie sind diese Risiken zu beurteilen? *(3 Punkte)*

d) Frau Müller ist der Begriff „Nominalverzinsung" unklar. Erklären Sie Frau Müller den Unterschied zwischen der Nominalverzinsung und der Rendite beim Erwerb von Inhaberschuldverschreibungen. *(3 Punkte)*

e) Ermitteln Sie die Rendite dieser Inhaberschuldverschreibung für Frau Müller unter der Voraussetzung, dass sie die Inhaberschuldverschreibung bis zum Ende der Laufzeit nicht veräußert (auf zwei Stellen nach dem Komma runden!). Gehen Sie bei der Berechnung von einer Restlaufzeit von genau vier Jahren aus! Kosten bleiben unberücksichtigt. *(4 Punkte)*

f) Frau Müller entschließt sich zum Kauf der E.ON Inhaberschuldverschreibung im Nennwert von 10.000,00 EUR und erteilt am Freitag, den 07.06.2013 eine Kauforder, Limit 98,30 %. Erklären Sie Frau Müller die Bedeutung des angegebenen Limits. *(2 Punkte)*

g) Bei der Auftragserteilung hat sich Frau Müller nicht über die Gültigkeitsdauer geäußert. Sie empfehlen Frau Müller, den Auftrag tagesgültig ausführen zu lassen. Welche Bedeutung hat diese Gültigkeitsdauer des Auftrages für Frau Müller? *(2 Punkte)*

h) Frau Müller möchte von Ihnen wissen, mit welcher Kontobelastung sie rechnen muss, wenn ihr Wertpapierauftrag am 07.06.2013 ausgeführt worden ist. Erstellen Sie für Frau Müller die Wertpapierabrechnung. Unterstellen Sie dabei, dass die Order am 07.06.2013 zu 98,12 % ausgeführt wird (Stückzinsberechnung: act/act). *(6 Punkte)*
   Folgende Kosten sind zu berücksichtigen:
   - 0,5 % Provision vom Kurswert, mindestens aber vom Nennwert
   - 0,75 ‰ Courtage vom Nennwert

i) Wann wird das Konto von Frau Müller valuta belastet? *(1 Punkt)*

j) Beim Kauf der Inhaberschuldverschreibungen sind Stückzinsen angefallen. Erläutern Sie Frau Müller, wie sich gezahlte Stückzinsen im Verlustverrechnungstopf auswirken. *(2 Punkte)*

Am Ende des Beratungsgesprächs teilt Ihnen Frau Müller mit, dass sie mit dem neuen Tarifvertragsabschluss von ihrem Arbeitgeber vermögenswirksame Leistungen in monatlicher Höhe von 40,00 EUR erhält. Sie schlagen Frau Müller vor, diesen Betrag in ein staatlich gefördertes Anlageprodukt zu investieren, z. B. Bausparen oder Anlage in einen Aktienfonds.

k) Erklären Sie Frau Müller zwei Vorteile und einen Nachteil dieser vorgeschlagenen Anlageprodukte im Unterschied zu einem herkömmlichen Sparvertrag. *(6 Punkte)*

Fall 3: Verbraucherdarlehen *(32 Punkte)*

Herr Sebastian Brinkmann kommt heute wegen einer Finanzierung eines neuen Pkw in die *Nordbank AG*. Der Neuwagen soll 15.149,00 EUR kosten. Für seinen alten Pkw erhält Herr Brinkmann noch 3.650,00 EUR.

Ermitteln Sie ...

a) den Kreditbetrag. Runden Sie das Ergebnis auf volle TEUR ab. *(2 Punkte)*

b) mithilfe der beigefügten Tabelle die Höhe der monatlichen Raten. *(4 Punkte)*

Nordbank AG

Auszug aus dem Konditionentableau für Verbraucherdarlehen

Laufzeit: 48 Monate

Sollzinssatz p. a.: 3,90 %

Bearbeitungsprovision: 1,50 %

Kreditbetrag	Zinsen	Bearb.Prov.	Gesamtbetrag	Höhe der Raten 1-47	letzte Rate
8.500,00	692,94	127,50	9.320,44	196,96	63,32
9.000,00	733,76	135,00	9.868,76	208,53	67,85
10.000,00	815,31	150,00	10.965,31	231,70	75,41
11.000,00	896,83	165,00	12.061,83	254,88	82,47
12.000,00	978,35	180,00	13.158,35	278,05	90,00
13.000,00	1.059,90	195,00	14.254,90	301,22	97,56
14.000,00	1.141,46	210,00	15.351,46	324,39	105,13
15.000,00	1.222,96	225,00	16.447,96	347,55	113,11

c) Berechnen Sie das monatlich frei verfügbare Einkommen von Herrn Brinkmann. *(5 Punkte)*

d) Entscheiden Sie, ob Herr Brinkmann den Kredit von der *Nordbank AG* erhalten kann, und begründen Sie Ihre Entscheidung. *(2 Punkte)*

Sebastian Brinkmann	geb. am 23.07.1990, ledig
Beruf:	Speditionskaufmann
Gehalt:	1.443,00 EUR netto mtl.
Girokonto:	Saldo H 864,19 EUR
Sparkonto:	3-monatige Kündigungsfrist, Saldo 340,00 EUR
Miete (Wohnung 65 m^2):	357,50 EUR/mtl.

Tabelle der Haushaltspauschalen der *Nordbank AG* – Auszug –
Bei den aufgeführten Haushaltspauschalen handelt es sich um Mindestbeträge.

Mtl. Haushaltsnettoein kommen des Antrag- bzw. Mitantragstellers	**1 Person**	**2 Personen**
EUR	**EUR**	**EUR**
ab 1.250,00	400,00	620,00
ab 1.500,00	460,00	680,00
ab 1.750,00	520,00	740,00
ab 2.000,00	580,00	800,00
ab 2.250,00	690,00	910,00

Hinweise:
Folgende Positionen sind in den Haushaltspauschalen nicht inbegriffen:
- Miete
- Nebenkosten (Gas, Strom, Wasser, Grundabgaben etc.); mindestens 2,00 EUR je Monat je m^2 Wohnfläche
- Kfz-Kosten pauschal 200,00 EUR je Monat je Pkw
- Finanzierungskosten
- Unterhaltszahlungen an haushaltsfremde Personen
- Vermögensbildung, Lebensversicherung, Sparraten etc.

Im Rahmen des Beratungsgesprächs weisen Sie Herrn Brinkmann auf sein Widerrufsrecht hin. Herr Brinkmann möchte daraufhin wissen, wie er sein Widerrufsrecht ausüben kann, wenn der Kaufvertrag mit dem Händler wider Erwarten nicht zustande kommen sollte.

e) Nennen Sie Herrn Brinkmann 3 Aspekte, die er bei der Ausübung seines Widerrufsrechts beachten muss. *(3 Punkte)*

Sie erläutern Herrn Brinkmann, dass vor der Kreditgewährung die *Nordbank AG* die Vorschriften für Verbraucherdarlehen zu beachten hat.

f) Welche vorvertraglichen Informationen sind gesetzlich vorgeschrieben, die die *Nordbank AG* bei der Gewährung von Verbraucherdarlehen zu beachten hat? Nennen Sie Herrn Brinkmann neben der Widerrufsbelehrung fünf weitere Informationen, die für das Zustandekommen des Kreditvertrages bedeutsam sind. *(5 Punkte)*

g) Herr Brinkmann ist auch Depotkunde der *Nordbank AG*. In seinem Depot befinden sich Schuldverschreibungen der *E.ON AG* von derzeit 9.000,00 EUR Nennwert, Kurs 101,50 % sowie Investmentfondsanteile im Gesamtwert von derzeit 13.000,00 EUR. Sie schlagen Herrn Brinkmann vor, die im Depot befindlichen Wertpapiere zur Sicherung des Kredits zu verpfänden.

g1) Wie kommt die Verpfändung mit der *Nordbank AG* rechtswirksam zustande? *(2 Punkte)*

g2) Prüfen Sie, ob das AGB-Pfandrecht als Sicherheit für diesen Kredit aus der Sicht der *Nordbank AG* ausreicht. *(3 Punkte)*

g3) Berechnen Sie, welche Beleihungsgrenze die Wertpapiere im Depot haben, wenn die *Nordbank AG* inländische Unternehmensanleihen guter Bonität mit 70 % vom Kurswert, max. vom Nennwert, und Fondsanteile mit 45 % beleiht! (Ergebnis auf volle 100,00 EUR abrunden!) *(4 Punkte)*

h) Welche Maßnahme muss die *Nordbank AG* ergreifen, um einen Verkauf der Wertpapiere von Herrn Brinkmann zu verhindern? *(2 Punkte)*

INFOPOOL

1 Formelsammlung

Formelsammlung für die schriftlichen Abschlussprüfungen im Ausbildungsberuf „Bankkaufmann/Bankkauffrau" in den Prüfungsfächern

- Bankwirtschaft
- Rechnungswesen und Steuerung
- Wirtschafts- und Sozialkunde

1. Kalkulation

Der Kalkulation im Betriebsbereich liegt die Teilkostenrechnung (prozessorientierte Standardeinzelkostenrechnung) zu Grunde.

1.1 Produktkalkulation im Aktivgeschäft

Ermittlung der **Preisuntergrenze** eines Produktes:

  Alternativzinssatz für Anlagen am GKM
+ Mindestkonditionenmarge, bestehend aus:
  direkt zurechenbare Betriebskosten in %
  Risikokosten in %
  Eigenkapitalkosten in %
= Preisuntergrenze Aktivprodukt in %

Ermittlung des **Deckungsbeitrags**:

  Zinserlöse
- Alternativzinsen für Anlage am GKM
= **Deckungsbeitrag I** (Zinsüberschuss, Zins-Konditionenbeitrag)
+ direkt zurechenbare Provisionserlöse
- direkt zurechenbare Betriebskosten
= **Deckungsbeitrag II** (Netto-Konditionenbeitrag)
- Risikokosten
- Eigenkapitalkosten
= **Deckungsbeitrag III** (Beitrag zum Betriebsergebnis)

Deckungsbeitrag III ohne Berücksichtigung der Overhead-Kosten.
Die Kosten für die Unterlegung mit Eigenkapital werden angegeben.

1.2 Produktkalkulation im Passivgeschäft

Ermittlung der **Preisobergrenze** eines Produktes:

  Alternativzinssatz für Beschaffung am GKM
- direkt zurechenbare Betriebskosten in %
= Preisobergrenze Passivprodukt in %

Ermittlung des **Deckungsbeitrags**:

  Alternativzinsen für Beschaffung am GKM
- Zinskosten
= **Deckungsbeitrag I** (Zinsüberschuss, Zins-Konditionenbeitrag)
+ direkt zurechenbare Provisionserlöse
- direkt zurechenbare Betriebskosten
= **Deckungsbeitrag II** (Netto-Konditionenbeitrag)
= **Deckungsbeitrag III** (Beitrag zum Betriebsergebnis)

Deckungsbeitrag II und III ohne Berücksichtigung der Overhead-Kosten

1.3 Kundenkalkulation

  Konditionenbeiträge der Aktivgeschäfte
+ Konditionenbeiträge der Passivgeschäfte

= **Deckungsbeitrag I** (Zinsüberschuss, Zins-Konditionenbeitrag)
+ direkt zurechenbare Provisionserlöse
- direkt zurechenbare Betriebskosten

= **Deckungsbeitrag II** (Netto-Konditionenbeitrag)
- direkt zurechenbare Risikokosten
- direkt zurechenbare Eigenkapitalkosten

= **Deckungsbeitrag III** (Deckungsbeitrag der Kunden)

2. Kennziffern

Der Bilanzgewinn ist – sofern nicht etwas anderes angegeben wird – als kurzfristiges Fremdkapital anzusehen.

$$\text{Eigenkapitalquote} = \frac{\text{Eigenkapital} \times 100}{\text{Bilanzsumme}}$$

$$\text{Anlagendeckung I} = \frac{\text{Eigenkapital} \times 100}{\text{Anlagevermögen}}$$

$$\text{Anlagendeckungsgrad II} = \frac{(\text{Eigenkapital} + \text{langfristiges Fremdkapital}) \times 100}{\text{Anlagevermögen}}$$

Cash-Flow = Betriebsergebnis
+ ordentliche Abschreibungen
+ Zuführungen zu den langfristigen Rückstellungen

$$\text{Cash-Flow-Rate} = \frac{\text{Cash-Flow} \times 100}{\text{Gesamtleistung}}$$

$$\text{Eigenkapitalrentabilität} = \frac{\text{Betriebsergebnis} \times 100}{\text{Eigenkapital}}$$

$$\text{Gesamtkapitalrentabilität} = \frac{(\text{Betriebsergebnis} + \text{Zinsaufwand}) \times 100}{\text{Bilanzsumme (zum Jahresende)}}$$

$$\text{Umsatzrentabilität} = \frac{\text{Betriebsergebnis} \times 100}{\text{Gesamtleistung}}$$

$$\text{Debitorenziel (Kundenziel)} = \frac{\text{Forderungen aus Lieferungen und Leistungen (zum Jahresende)} \times 365}{\text{Umsatzerlöse}}$$

$$\text{Kreditorenziel (Lieferantenziel)} = \frac{\text{Verbindlichkeiten aus Lieferungen und Leistungen (zum Jahresende)} \times 365}{\text{Materialaufwand bzw. Wareneinsatz}}$$

$$\text{KGV} = \frac{\text{Börsenkurs}}{\text{erwarteter Gewinn pro Aktie}}$$

$$\text{Dividendenrendite} = \frac{\text{Veröffentlichte Dividende} \times 100}{\text{Kapitaleinsatz}}$$

3. Definition des Betriebsergebnisses

Umsatzerlöse (netto)
+/- Bestandsveränderungen
+ andere aktivierte Eigenleistungen

= Gesamtleistung
- Materialaufwand
- Personalaufwand
- planmäßige Abschreibungen auf Sachanlagen
- Betriebssteuern
- sonstige ordentliche Aufwendungen
+ sonstige ordentliche Erträge

=	Teil-Betriebsergebnis
+	Zinserträge
-	Zinsaufwendungen
=	Betriebsergebnis

4. Ermittlung des Teilbetriebsergebnisses und des Betriebsergebnisses
(Quelle: Deutsche Bundesbank, Monatsbericht September 2000)

	Mio. EUR	Prozentuale Auswertungen am Beispiel einer durchschnittlichen Bilanzsumme von 2.200 Mio. EUR:	
Zinserträge	235,0		
+ lfd. Erträge aus Aktien und Beteiligungen	0,0		
+ Erträge aus Gewinngemeinschaften, Gewinnabführungs- oder Teilgewinnabführungsverträgen	0,0	Zinserträge	10,68 %
- Zinsaufwendungen	175,0	Zinsaufwendungen	7,95 %
= Zinsüberschuss (1)	**60,0**	**Bruttozinsspanne**	**2,73 %**
Provisionserträge	80,0		
- Provisionsaufwendungen	30,0		
= Provisionsüberschuss (2)	**50,0**	**Provisionsspanne**	**2,27 %**
Personalaufwand	45,0	Personalaufwandspanne	2,05 %
+ andere Verwaltungsaufwendungen	30,0		
+ Abschreibungen und Wertberichtigungen auf immaterielle Anlagewerte und Sachanlagen	16,0	Sachaufwandsspanne	2,09 %
= Verwaltungsaufwand (3)	**91,0**	**Bruttobedarfsspanne**	**4,14 %**
Teilbetriebsergebnis (1) + (2) – (3)	**19,0**		
Erträge aus Finanzgeschäften	8,0		0,36 %
Aufwendungen aus Finanzgeschäften	5,0		0,22 %
Nettoergebnis aus Finanzgeschäften (4)	**3,0**	**Handelsergebnis**	**0,14 %**
Sonstige betriebliche Erträge	20,0		
- Sonstige betriebliche Aufwendungen	5,0		
= Saldo der sonstigen betrieblichen Aufwendungen und Erträge (5)	**15,0**	**Sonstige Ertragsspanne**	**0,68 %**
Abschreibungen und Wertberichtigungen auf Forderungen und bestimmte Wertpapiere sowie Zuführungen zu Rückstellungen im Kreditgeschäft	21,0		0,95 %
- Erträge aus Zuschreibungen zu Forderungen und bestimmten Wertpapieren sowie aus der Auflösung von Rückstellungen im Kreditgeschäft	2,0		0,09 %
= Bewertungsergebnis (Risikovorsorge) (6)	**19,0**	**Risikospanne**	**0,86 %**

	Mio. EUR	Prozentuale Auswertungen am Beispiel einer durchschnittlichen Bilanzsumme von 2.200 Mio. EUR:	
Betriebsergebnis aus normaler Geschäftstätigkeit (1) bis (6)	**18,0**	**Nettogewinnspanne**	**0,82 %**

Bruttozinsspanne (1)	**2,73 %**
+ Provisionsspanne (2)	**2,27 %**
+ Handelsergebnis (4)	**0,14 %**
+ sonstige Ertragsspanne (5)	**0,68 %**
= Bruttoertragsspanne	**5,82 %**
Personalaufwandspanne	**2,05 %**
+ Sachaufwandsspanne	**2,09 %**
= Bruttobedarfsspanne (3)	**4,14 %**
Bruttoertragsspanne	**5,82 %**
- Bruttobedarfsspanne (3)	**- 4,14 %**
= Bruttogewinnspanne	**1,68 %**
- Risikospanne (6)	**- 0,86 %**
= Netto(rein)gewinnspanne	**0,82 %**

5. Zinstageermittlung

5.1 Verzinsung

Es werden auch Bruchteile von EUR (Cent) verzinst.

5.1 Spareinlagen

- Die Verzinsung beginnt mit dem Tag der Einzahlung und endet mit dem der Rückzahlung vorhergehenden Kalendertag.
- Die Berechnung der Kündigungsfrist beginnt mit dem auf den Tag der Kündigung folgenden Tag.
- Die Berechnung der Vorschusszinsen erfolgt nach der 90-Tage-Methode berechnet.

5.2 Termineinlagen

- Privatkunden: Deutsche Methode der Zinsrechnung (30/360)
- Firmenkunden und Interbankenanlagen: Eurozinsmethode (act/360)

5.3 Bundeswertpapiere

- Bundesschatzbriefe: act/act
- Finanzierungsschätze: act/act
- Bundesobligationen: act/act
- Bundesanleihen: act/act
- Floater: act/360
- Bundesschatzanweisungen: act/act
- U-Schätze: act/360

5.4 Rentenwerte

- Euro-Renten: act/act
- Floater und Anleihen mit einer Gesamtlaufzeit unter zwei Jahren: act/360

5.5 In allen anderen Fällen ist die deutsche Methode der Zinstageberechnung (30/360) anzuwenden.

6. Gewinnausschüttung

6.1 Aus Sicht der Aktiengesellschaft

Gewinn vor Steuern je Aktie
- Körperschaftsteuer
- Solidaritätszuschlag

= **Bruttodividende** (veröffentlichte Dividende)

6.2 Aus Sicht des Aktionärs

Bruttodividende (veröffentlichte Dividende)
- Kapitalertragsteuer
- Solidaritätszuschlag

= **Nettodividende**

2 Kontenplan der *Nordbank AG*

Klasse 1

10 Kasse

11 Bundesbank

12 Eigene Wertpapiere

Klasse 2

20 Banken-KK

21 Kunden-KK

22 Spareinlagen

23 Termineinlagen

24 Begebene Schuldverschreibungen

Klasse 3

30 Betriebs- und Geschäftsausstattung

31 Grundstücke und Gebäude

32 Sammelposten (GWG)

33 Geringwertige Wirtschaftsgüter (GWG)

Klasse 4

40 Umsatzsteuer

41 Vorsteuer

Klasse 5

50 Zinserträge aus Kreditgeschäften

51 Zinserträge aus Wertpapieren

52 Provisionserträge

53 Kursgewinne aus Wertpapieren

54 Erträge aus Zuschreibungen zu Wertpapieren

55 Erträge aus Zuschreibungen zu Forderungen

56 Sonstige betriebliche Erträge

Klasse 6

60 Zinsaufwendungen

61 Provisionsaufwendungen

62 Kursverluste aus Wertpapieren

63 Andere Verwaltungsaufwendungen

64 Einstellungen in den Fonds für allgemeine Bankrisiken

65 Kostensteuern

66 Abschreibungen auf Sachanlagen

67 Abschreibungen auf Wertpapiere

68 Abschreibungen auf Forderungen

69 Sonstige betriebliche Aufwendungen

Klasse 7

70 Gezeichnetes Kapital

71 Kapitalrücklage

72 Gesetzliche Gewinnrücklagen

73 Andere Gewinnrücklagen

74 Rückstellungen

75 Einzelwertberichtigungen auf Forderungen

76 Pauschalwertberichtigungen auf Forderungen

77 Fonds für allgemeine Bankrisiken

78 Gewinn- und Verlustkonto

79 Bilanzgewinn/-verlust

3 Aktuelle Eurobeträge, Freigrenzen und Freibeträge

	EUR-Betrag
Meldung an die Erbschaftsteuerstelle im Todesfall eines Kontoinhabers	Kontoguthaben über 5.000,00 EUR
Pfändungsschutz auf dem P-Konto	1.028,89 EUR im Kalendermonat pro Person
Identifizierungspflicht des Kunden nach dem GwG	bei der Annahme oder Abgabe von Bargeld, Wertpapieren oder Edelmetallen im Wert von 15.000,00 EUR oder mehr
Verfügung über Spareinlagen ohne vorherige Kündigungsfrist nach der Rechnungslegungsverordnung	2.000,00 EUR
Belegloser Scheckeinzug im GSE-Verfahren	Schecks bis 6.000,00 EUR
Scheckeinzug nach dem ISE-Verfahren	Schecks ab 6.000,00 EUR
Sparen nach dem Vermögensbildungsgesetz	
Bausparen	
Sparhöchstbetrag für Bausparen u. ä.	470,00 EUR jährlich pro Arbeitnehmer
Arbeitnehmersparzulage für Arbeitnehmer in % pro Jahr	9 % höchstens 43,00 EUR
Einkommensgrenzen	17.900,00 EUR / 35.800,00 EUR jährlich für Ledige / Verheiratete
Mindestsparleistung	13,00 EUR monatlich regelmäßig bzw. 39,00 EUR im Kalenderjahr
Sperrfrist	7 Jahre ab Vertragsschluss
Beteiligungssparen	
Arbeitnehmersparzulage für Beteiligungssparen pro Jahr	20 %
Sparhöchstbetrag für Beteiligungssparen u. ä.	400,00 EUR jährlich je Arbeitnehmer
Einkommensgrenzen	20.000,00 EUR / 40.000,00 EUR jährlich für Ledige/Verheiratete
Sperrfrist	Ansparzeit 6 Jahre, 7 Jahre ab 01.01. des Jahres der ersten Einzahlung
Mindestsparleistung	13,00 EUR monatlich regelmäßig bzw. 39,00 EUR im Kalenderjahr
Sparen nach dem Wohnungsbauprämiengesetz	
Jährlicher Sparhöchstbetrag	512,00 EUR pro Person
Wohnungsbauprämie	8,8 % jährlich

Einkommensgrenzen	25.600,00 EUR / 51.200,00 EUR jährlich für Ledige / Verheiratete
Sperrfristen	Bei Bausparverträgen: 7 Jahre beginnend mit dem Tag des Vertragsabschlusses Bei Wertpapiersparverträgen: 7 Jahre beginnend mit dem 01.01. des Jahres der ersten Einzahlung
Mindestsparleistung	50,00 EUR je Person
Freibeträge bei Einkünften aus Kapitalerträgen nach dem EStG	
Sparer-Pauschbetrag für Ledige/Verheiratete pro Jahr	801,00 EUR / 1.602,00 EUR
Werbungskostenpauschbetrag	1.000,00 EUR jährlich pro Arbeitnehmer
Sonderausgaben-Pauschbetrag **Kinderfreibetrag (nur alternativ zum Kindergeld)** **Ausbildungsfreibetrag (auswärtige Unterbringung)**	36,00 EUR / 72,00 EUR Ledige/Verheiratete 1.824,00 EUR / 3.648,00 EUR Ledige/Verheiratete 924,00 EUR
Eingangssteuersatz **Spitzensteuersatz**	14 % 45 %
Abgeltungsteuer **Körperschaftsteuer**	25 % 15 %
Grundfreibetrag 2013 **2014**	8.130,00 / 16.260,00 EUR Ledige / Verheiratete 8.354,00 / 16.708,00 EUR Ledige / Verheiratete
Bewertung von Sachanlagen	bis 150,00 EUR als Aufwand bis 410,00 EUR Sofortabschreibung möglich 150,01 EUR bis 1.000,00 EUR lineare AfA für 5 Jahre
Offenlegungspflicht nach § 18 KWG	ab 750.000,00 EUR
Internationaler Zahlungsverkehr	
EU-Überweisung	Gemäß der EU-Preisverordnung darf ein Kreditinstitut für grenzüberschreitende Überweisungen in EUR bis zu einem Betrag von 50.000 EUR, die mit S.W.I.F.T.-BIC und IBAN und Kontonummer versehen sind, keine höheren Entgelte erheben, als für entsprechende Inlandsüberweisungen.
Meldepflichten im Außenwirtschaftsverkehr: Geleistete und empfangene Zahlungen aus Transithandel, sonstigem Warenverkehr, Dienstleistungen, Übertragungen, Kapitalverkehr	ab 12.500,00 EUR
Beitragsbemessungsgrenzen der Sozialversicherungen für 2013 pro Monat / Jahr	
Ges. Krankenversicherung	3.937,50 EUR / 47.250,00 EUR (Ost und West)
Ges. Pflegeversicherung	3.937,50 EUR / 47.250,00 EUR (Ost und West)
Ges. Rentenversicherung	5.800,00 EUR / 69.600,00 EUR (West) 4.900,00 EUR / 58.800,00 EUR (Ost)
Ges. Arbeitslosenversicherung	5.800,00 EUR / 69.600,00 EUR (West) 4.900,00 EUR / 58.800,00 EUR (Ost)

Versicherungspflichtgrenze in der gesetzlichen Krankenkasse und Pflegeversicherung pro Monat	4.350,00 EUR / 52.200,00 EUR (Ost und West)
Beitragssätze der Sozialversicherungen für 2013	
Ges. Krankenversicherung	15,5 % einschließlich 0,9 % für den Arbeitnehmer allein
Ges. Pflegeversicherung	2,05 % + 0,25 % für kinderlose Arbeitnehmer über 23 Jahre Arbeitnehmeranteil 1,025 % oder 1,275 %
Ges. Rentenversicherung	18,9 %
Ges. Arbeitslosenversicherung	3,0 %
Weitere wichtige Beträge	
Mindestgrundkapital bei der Rechtsform der AG	50.000,00 EUR
Mindeststammkapital bei der Rechtsform der GmbH	25.000,00 EUR

LÖSUNGEN

Prüfungssatz I

A Bankwirtschaft Fälle

Fall 1: Gemeinschaftskonto

a)

Erste Möglichkeit:

- Es werden zwei Einzelkonten eingerichtet mit jeweiliger Kontovollmacht für den anderen Lebensgefährten.
- Der Umfang der Verfügungsberechtigung des Bevollmächtigten kann im Kontovertrag festgelegt werden.

Dies gilt besonders für die Kreditaufnahme.

Für Kontoverbindlichkeiten haften allein Herr Wirth bzw. Frau Peters als alleinige Kontoinhaber.

- Allerdings fallen Kosten für die Führung von zwei Konten an.

Zweite Möglichkeit:

Es wird ein Gemeinschaftskonto angelegt. Verfügungsmöglichkeiten:

- Oder-Konto: Im Fall der Einzelverfügungsberechtigung (Oder-Konto) kann jeder Lebensgefährte allein über das Kontoguthaben verfügen.
- Bei gemeinschaftlicher Verfügungsberechtigung (Und-Konto) können nur beide Kontoinhaber gemeinsam verfügen.
- Bei beiden Verfügungsvereinbarungen können Kreditverträge nur gemeinsam abgeschlossen werden. Allerdings kann im Fall der Einzelverfügungsberechtigung jeder allein über einen eingeräumten Kredit verfügen, sowie von der Möglichkeit vorübergehender Kontoüberziehungen im banküblichen Rahmen Gebrauch machen.
- Für die Kontoverbindlichkeiten haften unabhängig davon, wer sie verursacht hat, beide Kontoinhaber, also Herr Wirth und Frau Peters als Gesamtschuldner, vgl. § 421 BGB.
- Die Kontoführungsgebühr fällt nur einmal an.

(1,5 Punkte je Aspekt und Kontoart, max. 12 Punkte)

b)

Die Ausgabe einer Girocard ist bei einem Gemeinschaftskonto mit Einzelverfügungsberechtigung möglich, bei einem Gemeinschaftskonto mit gemeinschaftlicher Verfügung nicht.

(2 Punkte)

c)

- Beim Oder-Konto bleiben nach dem Tod eines Kontoinhabers die Befugnisse des anderen Kontoinhabers unverändert bestehen. Er kann auch ohne Mitwirkung der Erben das Gemeinschaftskonto auflösen oder auf seinen Namen umschreiben lassen.
- Beim Und-Konto kann der überlebende Kontoinhaber nur zusammen mit den Erben über das Konto verfügen oder es auflösen.

(2 Punkte für jede Verfügungsmöglichkeit Und-Konto/Oder-Konto, max. 4 Punkte)

d)

- Sie erkennen die AGB der *Nordbank AG* an.
- Sie erteilen die Erlaubnis, ihre persönlichen Daten der Schufa zu melden.
- Sie geben die Erklärung ab, ob sie für eigene oder für fremde Rechnung handeln.

(1 Punkte für jeden Aspekt, max. 3 Punkte)

e)

Private Banken sind nach dem Einlagensicherungs- und Anlegerentschädigungsgesetz verpflichtet, die Einlagen der Kunden und die Verbindlichkeiten aus Wertpapiergeschäften durch die Zugehörigkeit zu einer Entschädigungseinrichtung zu sichern. Vor der Kontoeröffnung sind die Kunden in Textform leicht verständlich über die für die Sicherung von Kundeneinlagen geltenden Bestimmungen zu informieren.

Die Sicherungseinrichtungen der privaten Banken:

Entschädigungseinrichtung deutscher Banken GmbH: Alle privaten Banken und Bausparkassen gehören kraft Gesetz dieser Entschädigungseinrichtung an, die alle Einlagen bis zu einem Höchstbetrag von 100.000,00 EUR gewährleistet. Nicht gesichert sind Verbindlichkeiten aus ausgegebenen Schuldverschreibungen. Dies bedeutet, dass Sparguthaben auf Giro-, Tages- und Festgeldkonten, Sparbüchern, Banksparplänen und Sparbriefen gesichert sind.

Einlagensicherungsfonds des Bundesverbandes deutscher Banken e.V.: Gesichert werden die Einlagen von Nichtbanken bis zur Höhe von 30 % des haftenden Eigenkapitals der jeweiligen Bank pro Einleger. Nicht gesichert sind Verbindlichkeiten aus ausgegebenen Inhaberschuldverschreibungen.
(3 Punkte)
f)
Frau Peters muss die Belastungsbuchung hinnehmen, da die *Nordbank AG* von ihrem Recht Gebrauch gemacht hat, Fehlbuchungen durch Stornobuchungen rückgängig zu machen, wenn die Vorgänge vor dem Rechnungsabschluss liegen, vgl. Ziffer 8 AGB der Banken (Storno- und Berichtigungsbuchungen der Bank).
(2 Punkte)
g)
Es ist denkbar, dass der Umsatz von Herrn Wirth im Rahmen eines Wochenendbesuches getätigt wurde. In diesem Fall muss sie den Vorgang mit ihrem Lebensgefährten klären.
Es ist allerdings auch denkbar, dass ihre Girocard oder die des Lebensgefährten missbräuchlich verwendet wurde. In diesem Fall kann sie die Kontobelastung widerrufen, da es sich um einen POZ-Umsatz im Einmallastschriftverfahren (ELV) handelt. Die *Nordbank AG* wird mit gleicher Valuta den Betrag zurückbuchen. Der *Kaufhof* wird sich um die weitere Klärung der Angelegenheit kümmern.
(2 Punkte je Aspekt, max. 4 Punkte)
h1)
- Bank Identifier Code (BIC)
- Name des Empfängers bzw. Begünstigten
- International Bank Account Number (IBAN) des Empfängers bzw. Begünstigten
- Betragsangabe
- IBAN des Auftraggebers bzw. Kontonummer plus Bankleitzahl
- Name des Auftraggebers

(0,5 Punkte für jeden Aspekt, max. 2 Punkte)
h2)
- BIC ist eine standardisierte internationale Bankkontonummer
- Bei nationalen und grenzüberschreitenden SEPA-Überweisungen werden die Kreditinstitute der Begünstigten und der Überweisenden durch die BIC identifiziert.

Sepa (Single Euro Payment Area): Bezeichnet einen einheitlichen Euro-Zahlungsverkehrsraum innerhalb der EU sowie der Länder Island, Liechtenstein, Norwegen und der Schweiz. In diesem Gebiet gelten einheitliche Sepa-Zahlungsinstrumente für inländische und grenzüberschreitende Zahlungen. Kreditinstitute dürfen für Sepa-Auslandszahlungen keine höheren Provisionen in Rechnung stellen als für Inlandszahlungen. Langfristig sollen die Sepa-Zahlungen die nationalen Zahlungsinstrumente (Sepa-Überweisung, Sepa-Lastschrift, Sepa-Kartenzahlungen) ersetzen. Für die Sepa-Zahlungen sind als Kundenkennung die IBAN und als Bankkennung die BIC bei den Zahlungsaufträgen anzugeben.
(1 Punkt)
i)
Das Konto kann nur von beiden Lebenspartnern gemeinsam aufgelöst werden. Sie benötigt demnach die Zustimmung von Herrn Wirth.
Sie kann allerdings auch ohne Zustimmung ihres Lebensgefährten die Umwandlung in ein Gemeinschaftskonto mit gemeinsamer Verfügungsberechtigung verlangen.
(2 Punkte für jeden Aspekt, max. 4 Punkte)

Fall 2: Geld- und Vermögensanlage

a)
- Wandelanleihen können u. U. aufgrund der Marktsituation besser abgesetzt werden.
- Zinsen sind Steuer mindernder Aufwand (Fremdkapitalzinsen).
- Spätere Eigenkapitalerhöhung durch Ausübung des Umtauschrechts möglich
- Verzinsung niedriger als bei normalen Anleihen, weil mit der Wandelanleihe ein Sonderrecht verbunden ist.

(je Motiv 3 Punkte, max. 6 Punkte)

b)
- Herr Schmitt hat Anspruch auf feste Verzinsung und auf Rückzahlung des Anleihebetrages, solange er nicht gewandelt hat.
- Der Börsenkurs der Wandelanleihe wird vom Börsenkurs der Aktie bestimmt. Kurssteigerungen der Aktie führen auch zu steigenden Notierungen der Wandelanleihe. Kursverluste sind durch den Rückzahlungsanspruch begrenzt.
- Herr Schmitt kann die Vorteile des Eigentümers bei Wertzuwächsen mit den Rechten des Gläubigers auf Kapitalrückzahlung zum Nennwert und auf laufende feste Verzinsung verbinden.

(2 Punkte pro Argument, max. 6 Punkte)

c)
- Der prozentuale Anteil von Herrn Schmitt an der Pfeiffer Vacuum Technology AG würde ohne ein Bezugsrecht sinken.
- Der Aktienkurs der Pfeiffer Vacuum Technology AG wird rechnerisch sinken, so dass das Bezugsrecht den rechnerischen Verlust ausgleichen muss.

(je Grund 3 Punkte, max. 6 Punkte)

da)
500 Aktien berechtigen zum Bezug von 1.000,00 EUR nominal Wandelschuldverschreibungen.
Herr Schmitt besitzt 2.500 Aktien, also kann er 5.000,00 nominal Wandelanleihen beziehen.
(4 Punkte)

db)
5 x 120 % von 1.000,00 EUR nominal = 6.000,00 EUR
(4 Punkte)

dc)

Aktientausch 5 x 15,9128 = 79,564	79 Aktien	*(4 Punkte)*
Barausgleich 91,59 x 0,564 = 51,66 EUR	51,66 EUR	*(2 Punkte)*

(max. 6 Punkte)

e)
Dividendenabrechnung:

2.500 Aktien für je 0,50 EUR	1.250,00 EUR	*(1 Punkt)*
./. 500,00 EUR FSA	500,00 EUR	*(1 Punkt)*
Zwischensumme	750,00 EUR	*(1 Punkt)*
./. 25 % Abgeltungsteuer	187,50 EUR	*(1 Punkt)*
./. 5,5 % SolZ	10,31 EUR	*(1 Punkt)*
Zwischensumme	552,19 EUR	*(1 Punkt)*
+ FSA 500,00 EUR	500,00 EUR	*(1 Punkt)*
Gutschrift	**1.052,19 EUR**	*(1 Punkt)*

(max. 8 Punkte)

Fall 3: Baufinanzierung

a)
- Grunderwerbskosten
- Notarkosten
- Gerichtskosten
- Kreditkosten

(1 Punkt je Kostenart, max. 3 Punkte)

b)
Vorkaufsrecht: Sobald Gerhard Rosenau (Verpflichteter) mit den Eheleuten Leidig (Dritten) einen Kaufvertrag abgeschlossen hat, kann Maria Rosenau (Berechtigte) das Vorkaufsrecht ausüben, d. h. anstelle der Eheleute Leidig in den Vertrag eintreten.
Reallast: Maria Rosenau hat das Recht, eine lebenslange monatliche Zahlung von 400,00 EUR zu erhalten.
(2 Punkte je Erklärung, max. 4 Punkte)

c)
- Tilgung der Restschuld (durch Herrn Rosenau oder Verrechnung mit dem Kaufpreis im Rahmen der notariellen Abwicklung)
- Löschungsbewilligung/löschungsfähige Quittung der Hamburger Sparkasse
- Antrag auf Löschung der Grundschuld
- Löschung im Grundbuch

(0,5 Punkte je Aspekt, max. 2 Punkte)

d)
- Freihalten einer Rangstelle für eine spätere Abtretung im Rahmen einer Darlehensgewährung
- Kostenersparnis, da die Eigentümergrundschuld ohne zusätzliche Eintragungen in das Grundbuch abgetreten werden kann.

(2 Punkte je Aspekt, max. 4 Punkte)

e)
- Schriftliche Abtretung des dinglichen Anspruchs
- Briefübergabe
- Alternative: mündliche Abtretung, Briefübergabe, Bewilligung, Eintragung der Umschreibung

(2 Punkte)

f)

345.000,00 EUR	Gesamtaufwand
./. 110.000,00 EUR	Freie Eigenmittel
./. 40.000,00 EUR	Bausparsumme
195.000,00 EUR	Darlehen der *Nordbank AG*

(2 Punkte für die Ermittlung der Darlehenssumme)

g)

Beleihungswert 285.000,00 EUR
60 % des Beleihungswertes = 171.000,00 EUR erstrangiges Darlehen
80 % des Beleihungswertes = 228.000,00 EUR nachrangiges Darlehen
(2 Punkte)

	Darlehensbetrag	Annuität	Monatl. Belastung
Erstrangiges Darlehen der NB	171.000,00 EUR	11.115,00 EUR	926,25 EUR
Nachrangiges Darlehen der NB	24.000,00 EUR	1.644,00 EUR	137,00 EUR
Bauspardarlehen	24.000,00 EUR		240,00 EUR
Monatliche Belastung			1.303,25 EUR

Die monatliche Belastung ist tragbar, da sie das frei verfügbare Resteinkommen nicht übersteigt (1.303,25 EUR sind geringer als 1.790,00 EUR).
(4 Punkte für Berechnung der monatlichen Annuitäten und die Entscheidung) (max. 6 Punkte)

B Bankwirtschaft programmierte Aufgaben

Aufgabe 1

29.07.1999

Aufgabe 2

1

Der Jahresabschluss ist vom Kaufmann unter Angabe des Datums zu unterzeichnen. Sind mehrere persönlich haftende Gesellschafter vorhanden, so haben sie alle zu unterzeichnen, vgl. § 245 HGB.

Aufgabe 3

1

Die Gesellschaft wird durch die Geschäftsführer gerichtlich und außergerichtlich vertreten. Dieselben haben in der durch den Gesellschaftsvertrag bestimmten Form ihre Willenserklärungen kundzugeben und für die Gesellschaft zu zeichnen, vgl. § 35 GmbH-Gesetz. Nach § 49 HGB kann die Prokuristin Frau Schmieding die GmbH gerichtlich und außergerichtlich rechtsgeschäftlich vertreten.

Aufgabe 4

C, vgl. § 154 AO sowie § 347 HGB (Sorgfaltspflicht: Wer aus einem Geschäfte, das auf seiner Seite ein Handelsgeschäft ist, einem anderen zur Sorgfalt verpflichtet ist, hat für die Sorgfalt eines ordentlichen Kaufmanns einzustehen.)

Aufgabe 5

A und **D**, vgl. §§ 2, 7 GwG: Identifizierung durch Vorlage des Personalausweises oder Reisepasses. Die zur Identitätsfeststellung vorgelegten Dokumente werden fotokopiert. Ist die Person der Bank bekannt, kann von der Identifizierung abgesehen werden, wenn eine Legitimationsprüfung schon früher (z. B. bei der Kontoeröffnung) durchgeführt wurde (Ausnahmen: Regelmäßige Bareinzahlungen von Unternehmungen; Einzahlungen über den Nachttresor; Mitarbeiter von Geldbeförderungsunternehmen) und vgl. §§ 11, 14 GwG: Verdachtsfälle meldet der Bankmitarbeiter zunächst dem Geldwäschebeauftragten der *Nordbank AG*, der dann entscheidet, ob eine Verdachtsanzeige beim zuständigen Landeskriminalamt erstattet wird. Die Anzeige hat unverzüglich zu erfolgen. Eine angetragene Finanztransaktion darf frühestens durchgeführt werden, wenn der *Nordbank AG* die Zustimmung der Staatsanwaltschaft übermittelt ist oder wenn der 2. Werktag nach der Anzeige verstrichen ist, ohne dass die Durchführung der Transaktion untersagt wurde. Die Mitteilungen und Aufzeichnungen der Bank dürfen nur zur Verfolgung der Drogen- und Bandenkriminalität verwendet werden.

Zu C: Das GwG dient der Bekämpfung von Terrorismus, Drogenkriminalität und der organisierten Kriminalität.

Zu F: Bei der Annahme von Bargeld, Wertpapieren oder Edelmetallen im Wert ab 15.000,00 EUR, bei Sortenan- und -erkauf im Wert von 2.500,00 EUR, wenn das Geschäft nicht über ein Kundenkonto abgewickelt wird, bei Bareinzahlung auf ein Fremdkonto ab 1.000,00 EUR und bei offensichtlicher Verbindung mehrerer kleiner Finanztransaktionen, die zusammen mindestens 15.000,00 EUR ausmachen, besteht für die Bank eine Identifizierungs- und Aufzeichnungspflicht.

Aufgabe 6

A	B	C	D	E
1	1	3	1	3

Mit der SEPA-Lastschrift können Euro-Einzüge grenzüberschreitend in einem einheitlichen Verfahren, mit einheitlichem Datenformat vorgenommen werden. Gesetzliche Grundlage ist die EU-Zahlungsdiensterichtlinie.

Es gibt zwei Verfahren
- SEPA-Basis-Lastschriftverfahren für Verbraucher
- SEPA-Firmen-Lastschriftverfahren für Firmenkunden

Kriterien	**SEPA-Basis-Lastschriftverfahren**	**SEPA-Firmen-Lastschriftverfahren**
Zahlungsraum	Zahlungen in EUR innerhalb der EU und des EWR sowie Schweiz und Monaco - Zahlungen im Inland	
Meldepflichten	Meldepflichten nach dem Außenwirtschaftsgesetz: ab 12.500,00 EUR	
Teilnehmer	Privatkunden	Firmenkunden
Teilnahme-voraussetzungen	- Beitrittserklärung vom Zahlungsempfänger und Kreditinstitut - Zahlungspflichtiger erteilt dem Zahlungsempfänger das SEPA-Lastschriftmandat.	- Beitrittserklärung vom Zahlungsempfänger und Kreditinstitut - Zahlungspflichtiger erteilt dem Zahlungsempfänger das SEPA-Lastschriftmandat. - Zahlungspflichtiger muss der Zahlstelle das SEPA-Lastschriftmandat bestätigen.
Erteilung des SEPA-Lastschrift-mandats	Zahlungsautorisierung mittels Lastschriftmandat Weisung des Zahlungspflichtigen: - Einzugsermächtigung des Zahlungspflichtigen an den Zahlungsempfänger	Zahlungsautorisierung mittels Lastschriftmandat Bestätigung der Erteilung eines SEPA-Lastschriftmandats gegenüber der Zahlstelle

Kriterien	SEPA-Basis-Lastschriftverfahren	SEPA-Firmen-Lastschriftverfahren
	- Zahlungsauftrag an die Zahlstelle, vom Zahlungsempfänger eingereichte SEPA-Lastschriften einzulösen. Verfall des Mandats: Nach 36 Monaten, wenn innerhalb dieses Zeitraums keine Folgelastschriften eingereicht wurden. Ansonsten: Das Mandat gilt unbefristet bis zum Widerruf. Informationspflicht: Der Zahlungsempfänger muss den Zahlungspflichtigen über jeden bevorstehenden Lastschrifteinzug informieren (Pre-Notification). In der Lastschrift muss der Zahlungsempfänger ein Fälligkeitsdatum angeben, an dem das Konto des Zahlungspflichtigen belastet werden soll. Lastschriftmandat bleibt beim Zahlungsempfänger; Verwahrung 14 Monate nach dem letzten Lastschrifteinzug	Weisung des Zahlungspflichtigen: - Einzugsermächtigung des Zahlungspflichtigen an den Zahlungsempfänger - Zahlungsauftrag an die Zahlstelle, vom Zahlungsempfänger eingereichte SEPA-Lastschriften einzulösen. Verfall des Mandats: nach 36 Monaten, wenn innerhalb dieses Zeitraums keine Folgelastschriften eingereicht wurden. Lastschriftmandat bleibt beim Zahlungsempfänger; Verwahrung 14 Monate nach dem letzten Lastschrifteinzug
Erledigung des SEPA-Lastschriftmandats	Zahlungsempfänger teilt der Zahlstelle die Erledigung des Lastschriftmandats mit Einzug der letzten Lastschrift mit.	
Widerruf des SEPA-Lastschriftmandats	- jederzeit vom Kunden durch Erklärung gegenüber seinem Kreditinstitut - Widerruf gegenüber dem Zahlungsempfänger	- jederzeit vom Kunden durch Erklärung gegenüber seinem Kreditinstitut - Widerruf gegenüber dem Zahlungsempfänger
Voraussetzungen für die Einlösung der SEPA-Lastschrift	- Kein Widerruf liegt vor. - ausreichendes Guthaben - keine Teileinlösungen - Die IBAN des Zahlungspflichtigen ist zuzuordnen. - Benachrichtigung des Zahlungspflichtigen bei Nichteinlösung einer SEPA-Lastschrift	
Vorlagefristen bei Einreichung von SEPA-Lastschriften	bei Erst- und Einmallastschriften: 5 Tage vor Fälligkeit Folgelastschriften: spätestens 2 Tage vor Fälligkeit	einheitlich 1 Tag vor Fälligkeit
Zurückweisung	Der Kunde kann dem Kreditinstitut gesondert die Weisung erteilen, bestimmte Lastschriften nicht einzulösen.	
Widerspruch gegen Belastungsbuchungen mit gültigem Lastschriftmandat	- Rückerstattungsanspruch 8 Wochen ab Belastungsbuchung ohne Grundangabe - Erlöschen des Erstattungsanspruchs nach Genehmigung der Lastschriftbuchung	kein Erstattungsanspruch nach erfolgter Einlösung
Widerspruch gegen Belastungsbuchungen mit ungültigem Lastschriftmandat	- unverzügliche Erstattung des Lastschriftbetrages - Ausschluss der Ansprüche des Kunden nach Ablauf von 13 Monaten ab Belastungsbuchung	

Kriterien	SEPA-Basis-Lastschriftverfahren	SEPA-Firmen-Lastschriftverfahren
Lastschriftrückgabe durch Zahlstelle	bis 5 Tage nach Belastungsbuchung	bis 2 Tage nach Belastungsbuchung

Aufgabe 7

A	B	C	D	E
3	1	2	1	3

Merkmale	Girocard	Kreditkarte
Legitimation und Prüfungen bei der Zahlung	- Eingabe der PIN - Online-Prüfung der PIN, der Sperrdatei und des Verfügungsrahmens	- Unterschrift auf Leistungsbeleg - Online-Prüfung der Sperrdatei und des Verfügungsrahmens
Zahlungsgarantie für den Händler	Zahlung ist garantiert	Zahlung ist garantiert.
Belastung des Karteninhabers	nach jeder Zahlung	einmal im Monat
Risiko für den Karteninhaber	- Unrechtmäßige Verfügungen sind nur möglich, wenn der Vorleger die PIN kennt. - Vor der Verlustanzeige ist die Haftung abhängig vom Verschulden des Kunden. - Nach der Verlustanzeige haftet die Bank für alle Schäden.	- Für Schäden vor der Verlustanzeige haftet der Karteninhaber mit maximal 50,00 EUR. - Nach der Verlustanzeige keine Haftung mehr für den Karteninhaber.
Kosten für den Händler	- Kosten für das Terminal - Kosten für die Online-Verbindung - Provision des Kartenausstellers	- Kosten für das Terminal - Kosten für die Online-Verbindung - Disagio vom Rechnungsbetrag

Aufgabe 8

A	B	C
4	1	3

Aufgabe 9: E

Globalzession:
- sicherungsweise Abtretung von Forderungen
- gesetzliche Grundlage § 398 BGB
- Die Forderungen müssen im Sicherungsvertrag hinreichend indiviudalisiert sein, z. B. Forderungen von Kunden aus Hamburg von A bis M.
- Folgende Vereinbarungen müssen im Sicherungsvertrag vereinbart werden: Sicherungszweck, Deckungsgrenze, Freigabeklausel.
- Der Kreditnehmer bleibt wirtschaftlicher Gläubiger. Die Bank wird rechtlicher, fiduziarischer Gläubiger und erwirbt ein bedingtes Verwertungsrecht.
- Nach außen ist die Bank Dritten gegenüber uneingeschränkter Gläubiger.
- Im Innenverhältnis darf die Bank von ihrem Gläubigerrecht nur im Rahmen des Sicherungszwecks Gebrauch machen.
- Die Sicherungsabtretung wird in der Bankpraxis als stille Zession vereinbart.

Zu A: Entspricht der Sicherungsübereignung
Zu B: Die Forderungen gehen bereits mit Entstehen auf die Bank über.
Zu C: Die Zession ist in stiller und offener Form rechtswirksam. Banküblich ist die stille Zession.
Zu D: Um die Handlungsfähigkeit der Unternehmung zu erhalten, werden nur Teile der Forderung abgetreten.

Aufgabe 10

B (vgl. auch die Vorschriften zur Abtretung in den §§ 398 ff. BGB)

Risiken der Globalzession aus der Sicht der Bank:
- Die Forderung wurde bereits im Rahmen eines verlängerten Eigentumsvorbehalts abgetreten.
- Die abgetretene Forderung besteht nicht mehr bzw. nicht mehr in der angegebenen Höhe.
- Der Kreditnehmer leitet die eingehenden Zahlungen der Drittschuldner nicht an die Bank weiter.
- Die Drittschuldner zahlen nicht mehr.
- Die Forderung wurde bereits an einen anderen Gläubiger abgetreten.
- Die Abtretung der Forderung wurde vertraglich ausgeschlossen.
- Der Drittschuldner kann alle Einreden auch gegen die Bank, z. B. Gewährleistungsansprüche, geltend machen.

Aufgabe 11

Girokonto	Haben 2.450,00 EUR
Sparkonto einschließlich Zinsen	37.005,00 EUR
Wertpapierdepot Tageswert	145.400,00 EUR
Zu meldender Gesamtbetrag	**184.855,00 EUR**

Aufgabe 12

04.06.2012, nach der Erbschaftsteuerdurchführungsverordnung muss die Meldung spätestens einen Monat nach Bekanntwerden des Todes eines Kontoinhabers an das zuständige Finanzamt (Erbschaftsteuerstelle) erfolgen.

Aufgabe 13

C, vgl. §§ 167 ff. BGB (Erteilung der Vollmacht)

Aufgabe 14

D

Bei Alleinerben ist folgende Verfügungsberechtigung vorgesehen:
- Rechtsgrundlage ist das Testament oder die gesetzliche Erbfolge nach dem BGB.
- Die Bank kann bei Verfügungen die Vorlage eines Erbscheins oder einer beglaubigten Abschrift des Testaments nebst zugehöriger Eröffnungsniederschrift verlangen, um dann Auszahlungen zu leisten oder Konten zu löschen.

Aufgabe 15

D

Entscheidend für Anlageentscheidungen bei festverzinslichen Wertpapieren ist die Erwartung über die Entwicklung der Geldmarktzinsen.

Zinserwartung	**Anlageempfehlung**
Steigende Zinsen führen zu sinkenden Anleihekursen bei gleich bleibendem Nominalzinssatz.	- Festgeldanlage - Anleihen mit kurzen Restlaufzeiten - Floating Rate Notes - Bundesschatzbriefe - Geldmarktfonds
Sinkende Zinsen führen zu steigenden Anleihekursen bei gleich bleibendem Nominalzinssatz.	- Anleihen mit fester Verzinsung und langer Restlaufzeit (vgl. Anleihen in Aufgabentabelle) - Zerobonds

Aufgabe 16

E

Die Depotbank ermittelt börsentäglich nach Börsenschluss einen Ausgabe- und Rücknahmepreis. Grundlage für die Berechnung ist der Inventarwert. Der Ausgabepreis für einen Anteil muss dem Wert des Anteils am Sondervermögen entsprechen. Anteilwert = Fondsvermögen : umlaufende Anteile
Zu D: Offene Immobilienfonds sind begünstigt, da die zehnjährige Spekulationsfrist hier weiter gilt. D. h. Verkaufserlöse auf der Ebene der Fonds nach Ablauf der zehnjährigen Haltefrist sind steuerfrei.

Aufgabe 17

B

Werden regelmäßige gleichbleibende Geldbeträge in Investmentanteilen angelegt, kann ein Anleger den Vorteil der Durchschnittseinstandspreise nutzen.

Aufgabe 18

B

Beim Bookbuilding-Verfahren werden die Anleger in die Preisfindung und Preisbildung einbezogen. Im Verkaufsprospekt wird eine Preisspanne für die Zeichnungsangebote angegeben. Die Anleger werden aufgefordert, ihre Zeichnungsgebote mit Betrag bzw. Stückzahl und Preisvorstellung abzugeben. Der endgültige Zeichnungspreis wird anhand der vorliegenden Gebote ermittelt. Über die Zuteilungsquote für die jeweiligen Gebote entscheidet der Bookrunner.
Zu D:

Aspekte	**Regulierter Markt**	**Open Market (Freiverkehr)**
Zulassungs-voraussetzungen	- Antrag durch Emittenten und Finanzdienstleistungsunternehmen - Emissionsprospekt mit Unternehmens- und Emissionsbeschreibung - Prospekthaftung des Emittenten und des Finanzdienstleistungsunternehmens für die Richtigkeit der Angaben	- Antrag auf Zulassung von Finanzdienstleistungsunternehmen - keine weiteren gesetzlichen Zulassungsvoraussetzungen
Handel	Reglementierung des Handels durch die Bestimmungen des Börsengesetzes	Geschäftsführung der Börse erlässt Handelsrichtlinien
Publizitäts-vorschriften	Die Geschäftsführung kann verlangen, dass der Emittent Auskünfte veröffentlicht, wenn dies zum Schutz des Publikums oder für einen ordnungsgemäßen Börsenhandel erforderlich ist.	keine gesetzlichen Publizitätsvorschriften
Teilbereiche des Marktsegments	**Prime Standard:** Die in diesem Segment gelisteten Unternehmen verpflichten sich zu hoher Transparenz, die internationalen Anforderungen enspricht (Quartalsberichte, Jahresabschluss nach IFRS oder US-GAAP, Analystenkonferenzen, Unternehmenskalender, Ad-hoc-Mitteilungen)	keine weitere Differenzierung
Teilbereiche des Marktsegments	**General Standard:** Es gelten die gesetzlichen Mindestanforderungen (Jahres-/Halbjahresbericht; Ad-hoc-Mitteilungen in deutscher Sprache usw.) Relativ niedrige Kosten in diesem Marktsegment.	

Zu E: Bei dieser Aussage handelt es sich um das sog. Festpreisverfahren: Es findet bei Kapitalerhöhungen gegen Einlagen Anwendung, bei denen die Aktionäre ein Bezugsrecht besitzen und die Aktien schon an der Börse notieren. Der Emittent legt in Absprache mit dem Konsortium einen verbindlichen Emissionspreis fest, der meist unter dem aktuellen Börsenkurs der Aktie liegt, da in diesem Fall das Bezugsrecht einen inneren Wert besitzt. Die Anleger haben keinen Einfluss auf den Ausgabepreis.

Aufgabe 19

100 x 0,60 EUR	60,00 EUR
./. 24,45 % Abgeltungsteuer	14,67 EUR
./. 5,5 % Solidaritätszuschlag von 14,67 EUR	0,80 EUR
./. 9 % Kirchensteuer von 14,67 EUR	1,32 EUR
Gutschrift	**43,21 EUR**

Da die Kirchensteuer grundsätzlich als Sonderausgabe abzugsfähig ist, ermäßigt sich die Abgeltungssteuer bei einem Kirchensteuersatz von 9 % auf 24,45 %.

Aufgabe 20
42 Monate

Aufgabe 21
3.355,00 EUR Gesamtzinsen

Aufgabe 22
400,00 EUR Bearbeitungskosten

Aufgabe 23

Gesamtkosten des Darlehens für 42 Monate	3.755,00 EUR
Darlehenskosten pro Jahr	1.072,86 EUR
Kreditbetrag, der dem Darlehensnehmer durchschnittlich zur Verfügung steht über die Laufzeit von 42 Monaten Berechnung: (20.000,00 + 476,19) : 2 476,19 = letzter Tilgungsbetrag	10.238,10 EUR
Effektivverzinsung (1.072,86 x 100 : 10.238,10)	**10,48 %**

Aufgabe 24
D und **F**

Vorvertragliche Angaben im Kreditantrag nach Art. 247 §§ 3 und 4 EGBGB:
- Name und Anschrift des Darlehensgebers
- Art des Darlehens
- effektiver Jahreszins
- Nettodarlehensbetrag
- Sollzinssatz
- Vertragslaufzeit
- Betrag, Zahl und Fälligkeit der einzelnen Teilzahlungen
- Gesamtbetrag
- Auszahlungsbedingungen
- alle sonstigen Kosten, insbesondere im Zusammenhang mit der Auszahlung sowie die Bedingungen, unter die Kosten angepasst werden können
- Verzugszinssatz und die Art und Weise seiner etwaigen Anpassung sowie ggf. anfallende Verzugskosten
- Warnhinweis zu den Folgen ausbleibender Zahlungen
- Bestehen oder Nichtbestehen eines Widerrufsrechts
- Recht des Darlehensnehmers, das Darlehen vorzeitig zurückzuzahlen
- Sicherheiten, die der Darlehensgeber verlangt
- Anspruch auf Vorfälligkeitsentschädigung und dessen Berechnungsmethode, soweit der Darlehensgeber diesen Anspruch geltend macht, falls der Darlehensnehmer das Darlehen vorzeitig zurückzahlt.

Aufgabe 25

D

Herr Kremer hat das Recht, seine Verbindlichkeiten aus dem Verbraucherdarlehensvertrag jederzeit ganz oder teilweise zu erfüllen (§ 500 Abs. 2 BGB). Soweit Herr Kremer seine Verbindlichkeiten vorzeitig erfüllt, vermindern sich die gesamten Kreditkosten um die Zinsen und die sonstigen laufzeitabhängigen Kosten, die in der Zeit nach der vorzeitigen Rückzahlung angefallen wären (§ 501 BGB).
Die *Nordbank AG* kann im Falle einer vorzeitigen Rückzahlung eine angemessene Vorfälligkeitsentschädigung (§ 502 BGB) für den unmittelbar mit der Rückzahlung zusammenhängenden Schaden (z. B. Bearbeitungskosten) verlangen.

Aufgabe 26

A	B	C
3	2	4

Reallast: Es sind wiederkehrende Leistungen aus dem Grundstück an eine bestimmte Person oder an den jeweiligen Eigentümer eines anderen Grundstücks zu entrichten. Der Eigentümer haftet persönlich für die Erbringung der Leistung.
Grunddienstbarkeit: Dem jeweiligen Eigentümer eines anderen Grundstücks (= herrschendes Grundstück) werden einzelne Rechte am dienenden Grundstück eingeräumt. Auf Antrag erfolgt eine Eintragung als Recht in das Bestandsverzeichnis des herrschenden Grundstücks.
Auflassungsvormerkung: Es ist eine Maßnahme zur Sicherung des schuldrechtlichen Anspruchs auf Übertragung des Eigentums an einem Grundstück. Sie kann z. B. angewendet werden bei Grundstücksverkäufen, wenn der Verkäufer bereits frühzeitig eine Zahlung verlangt, obwohl der Käufer erst nach Erlangung der verschiedenen Formalitäten als Eigentümer in das Grundbuch eingetragen wird.
Nießbrauch: Der Nießbraucher kann alle Nutzungen aus diesem Grundstück ziehen. Der Nießbrauch kann durch den Ausschluss einzelner Nutzungen beschränkt werden. Der Nießbraucher hat für die Erhaltung der Sache zu sorgen. Das Recht ist nicht vererbbar und nicht übertragbar.
Vorkaufsrecht: Der Vorkaufsberechtigte kann bei einem Grundstücksverkauf vom Eigentümer die Überlassung des Grundstücks zu den in dem Kaufvertrag mit einem Dritten vereinbarten Bedingungen fordern. Ein Vorkaufsrecht kann auch kraft Gesetzes bestehen.

Aufgabe 27

E, vgl. § 873 BGB (Erwerb durch Einigung und Übertragung)

(1) Zur Übertragung des Eigentums an einem Grundstücke, zur Belastung eines Grundstücks mit einem Rechte sowie zur Übertragung oder Belastung eines solchen Rechtes ist die Einigung des Berechtigten und des anderen Teiles über den Eintritt der Rechtsänderung und die Eintragung der Rechtsänderung in das Grundbuch erforderlich ...

(2) Vor der Eintragung sind die Beteiligten an die Eintragung nur gebunden, wenn die Erklärungen notariell beurkundet oder vor dem Grundbuchamt abgegeben oder bei diesem eingereicht sind oder wenn der Berechtigte dem anderen Teile eine den Vorschriften der Grundbuchordnung entsprechende Eintragungsbewilligung ausgehändigt hat.

Aufgabe 28

450.000 : 1,2880	349.378,88 EUR
./. 80,00 EUR Gebühren	80,00 EUR
Gutschriftsbetrag	**349.298,88 EUR**

Aufgabe 29

E

Der Terminkurs ist abhängig vom Kassakurs der Währung, z. B. hier des US-Dollars. Weiterhin ist er abhängig von der Laufzeit des Geschäfts und von der Zinsdifferenz zwischen den Währungen. Der Swapsatz ist die Differenz zwischen Kassa- und Terminkurs. Der Swapsatz kann ein Report oder ein Deport sein. Der Terminkurs ist höher als der Kassakurs, wenn die Zinsen im Inland niedriger sind als die ausländischen Zinsen. Den Aufschlag bezeichnet man als Report. Der Terminkurs ist niedriger als der Kassakurs, wenn die Zinsen im Ausland niedriger sind als die inländischen Zinsen. Den Abschlag bezeichnet man als Deport.

Aufgabe 30

A	B	C	D	E	F
2	4	5	3	1	6

zu B: TARGET2 (Trans-European Automated Realtime Gross Settlement Express Transfer System) ist seit 19. November 2007 das gemeinsame Echtzeit-Brutto-Clearingsystem (RTGS) des Eurosystems (ESZB). Brutto-Clearingsysteme dienen dem taggleichen Transfer von Geldern zwischen den angeschlossenen Banken und sind somit eine Voraussetzung für den modernen bargeldlosen Zahlungsverkehr. „Brutto" bedeutet in diesem Zusammenhang, dass jede einzelne Zahlung aus dem Zentralbank-Guthaben der auftraggebenden Bank ausgeführt wird.

zu F: SEPA (Single Euro Payments Area) ist ein einheitlicher Euro-Zahlungsverkehrsraum, in dem alle Zahlungen wie inländische Zahlungen behandelt werden. Mit SEPA wird nicht mehr – wie derzeit – zwischen nationalen und grenzüberschreitenden Zahlungen unterschieden. Nutzer von Zahlungsverkehrsdienstleistungen können mit SEPA bargeldlose Euro-Zahlungen von einem einzigen Konto vornehmen und hierbei einheitliche Zahlungsinstrumente (SEPA-Überweisung, SEPA-Lastschrift und SEPA-Kartenzahlungen) ebenso einfach, effizient und sicher einsetzen wie die heutigen Zahlungsverkehrsinstrumente auf nationaler Ebene. SEPA betrifft seit dem 1. Januar 2008 jedes Kreditinstitut, jedes Wirtschaftsunternehmen und jeden Verbraucher in allen Ländern der Europäischen Union (schwerpunktmäßig in den 16 Euroländern) sowie in Island, Liechtenstein, Norwegen und in der Schweiz. Über 4.300 Kreditinstitute bieten die SEPA-Überweisung zurzeit an. Arbeitstäglich werden im Euroraum 210 Millionen unbare Zahlungstransaktionen getätigt. Davon entfallen über 90 % auf Überweisung, Lastschrift und Kartenzahlung.

C Rechnungswesen und Steuerung

Aufgabe 1

21 an **11**

Aufgabe 2

21 an 20

Aufgabe 3

22 an 23

Aufgabe 4

60 an 21 (Zinsgutschrift für Kunden)

Aufgabe 5

„(4) Aktiv-Mehrung-Passiv-Minderung" und „(6) Aktiv-Minderung-Passiv-Mehrung" gibt es nicht und fallen damit als Lösung weg!

3 Aktiv-Passiv-Minderung

A Bilanzänderung	P
Bundesbank – Debitoren +	Kreditoren –

Aufgabe 6
Debitoren nehmen nicht um so viel zu, wie die Bundesbank abnimmt.

1 Aktivtausch

A	Bilanzänderung P
Debitoren +	
BKK –	

Guthaben bei anderen Banken = Forderung gegen KI, nimmt ab, der debitorische Kundenkontostand nimmt durch die Belastung zu.

Aufgabe 7

2 Passivtausch

A	Bilanzänderung P
	Spar –
	Termin +

Aufgabe 8

2 Passivtausch

A	Bilanzänderung P
	Kreditoren +
	Eigenkapital –

Durch die Zinsgutschrift bei den Kreditoren verringert der Aufwand das Eigenkapital.

Aufgabe 9

A **3**
B **4**
C **5** (stille Risikovorsorge ist im Jahresabschluss nicht zu erkennen)
D **4**
E **2**
F **5** (der Wert einzelner Gegenstände der Position Sachanlagen wäre nur im Inventar zu erkennen)

Aufgabe 10
540.000,00 EUR

S	Bankenkontokorrent		H
Anfangsbestand und Umsätze	5.450.000	Anfangsbestand und Umsätze	5.320.000
1)	300.000	2)	100.000
3)	200.000	Endbestand Ford.	930.000
4)	40.000		-
Endbestand Verb.	360.000		-
	6.350.000		6.350.000

Buchungssätze:

1) BKK an DBB 300.000 EUR Dem Wunsch der *Ostbank eG* kommt die *Nordbank AG* nach, indem sie von ihrem Bundesbank-Konto auf das Bundesbank-Konto der *Ostbank eG* überweist. Dadurch entsteht eine Forderung gegenüber der *Ostbank eG*.
2) DBB an BKK 100.000 EUR Die Mindestreservehaltung erfolgt auf dem Konto der Deutschen Bundesbank, dessen Kontostand sich in diesem Fall erhöht. Die Forderung gegenüber der Korrespondenzbank erlischt durch die Tagesgeldauflösung.
3) BKK an DBB 200.000,00 EUR Durch die Überweisung wird der Kontostand bei der Deutschen Bundesbank geringer. Die Forderungen gegenüber der *Westbank eG* erhöhen sich durch die Überweisung dorthin.
4) BKK an Schecks 40.000,00 EUR Der Scheckbestand wird geringer, die Forderungen an die *Südbank AG* steigen.

Aufgabe 11
930.000,00 EUR

Aufgabe 12

24.600,00 EUR

Da der Pkw vor fast drei Jahren im März gekauft wurde, sind 34 (10+12+12) Monate abgeschrieben worden, 26 (5*12-34) Monate sind noch abzuschreiben.

10.660,00 EUR Restwert für 26 Monate Restlaufzeit ergibt einen Abschreibungsbetrag von 10.660/26 = 410,00 EUR pro Monat. Für die gesamte Nutzungsdauer: 410,00 EUR * 60 Monate = 24.600,00 EUR. Die Kreditabteilung gehört zum umsatzsteuerfreien Bereich. Daher ist die gezahlte Umsatzsteuer nicht vom Finanzamt als Vorsteuer erstattet, sondern von der Bank aktiviert und abgeschrieben worden. Sie ist also in den 24.600,00 EUR enthalten.

Aufgabe 13

A **3**

B **2** passive Rechnungsabgrenzung

C **3** Die Buchung des Zinsaufwands für das ablaufende Jahr muss vorgezogen werden.

D **5** Aufwand für das nächste Jahr wird nächstes Jahr gebucht: kein Handlungsbedarf im alten Jahr.

E **5** Umsatzsteuer ist kein Aufwand/Ertrag der Bank, zum anderen wäre sie ja bereits erfasst, nur noch nicht überwiesen.

F **4** Wertpapierzinsen werden nachträglich gezahlt, daher muss die Buchung des Ertrags des abgelaufenen Geschäftsjahres vorgezogen werden.

Aufgabe 14

4 6

Schuldverschreibungen stellen als Gläubigerpapiere keine Beteiligung dar, bei Aktien des Anlagevermögens nur, wenn der Anteil am Grundkapital entsprechend hoch ist.

Festverzinsliche Wertpapiere müssen mit aufgelaufenen, noch nicht vereinnahmten Zinsen bilanziert werden.

Aufgabe 15

30,0 % 3.150 * 100 / 10.500

Aufgabe 16

1.032.348 EUR siehe unten (einzelwertberichtigte Forderungen und sichere Forderungen wie Forderungen an die öffentliche Hand werden nicht pauschalwertberichtigt.

Debitoren vor Abschreibung	240.200.000 EUR
- direkte Abschreibung	30.400 EUR
= Debitoren nach Abschreibung	240.169.600 EUR
- einzelwertberichtigte Forderungen	10.500.000 EUR
- Forderungen an öffentlich-rechtliche Körperschaften	23.200.000 EUR
= restliche risikobehaftete Forderungen	206.469.600 EUR
* 0,5 % Pauschalwertberichtigung	1.032.348 EUR

Aufgabe 17

240.169.600 EUR

Forderungen an KI: zählt nicht zu Forderungen an Kunden	
Forderungen an Privatkunden:	63,0000 Mio.
+ Ford. an Firmenkunden	154,0000 Mio.
+ Ford. an öffentl.-rechtl. Hand:	23,2000 Mio.
- direkte Abschreibungen: 95 % von 0,032 Mio. = 0,0304 Mio.	
ergibt 240,1696 Mio. bzw. 240.169.600 EUR	

Aufgabe 18

235.987.252 EUR Debitoren nach Abschreibung 240.169.600 EUR abzüglich Einzelwertberichtigungen 3.150.000 EUR abzüglich Pauschalwertberichtigungen 1.032.348 EUR, die beide nicht in der Bilanz passiviert, sondern von der Aktivposition Forderungen an Kunden abgezogen werden.

Aufgabe 19

1 Die Bildung von Gewinnrücklagen mindert nicht den zu versteuernden Gewinn, da sie aus dem versteuerten Jahresüberschuss gebildet werden (2). Eine bessere Eigenkapitalbasis wird von Gläubigern positiv gesehen (3). Aktionäre verzichten zunächst auf Dividende. Wie sich die Dividende in der Zukunft entwickelt, hängt von vielen Faktoren ab (4). Rücklagenbildung ist eine Form der Selbst- bzw. Innenfinanzierung (5).

Aufgabe 20

A **2**
B **6** außergewöhnlicher Ertrag
C **1**
D **7** Tilgungsbeiträge beinhalten keine Zinsen!
E **6** außergewöhnlicher Ertrag
F **7** der Kauf ist noch erfolgsneutral, erst die spätere Abschreibung ist erfolgswirksam!

Aufgabe 21

4,5 %

Die Lösung nach der IHK-Formelsammlung Punkt 1.1

Ermittlung der Preisuntergrenze eines Produktes:	
Alternativzinssatz für Anlagen am GKM	2,50%
+ Mindestkonditionenmarge, bestehend aus:	
direkt zurechenbare Betriebskosten in %	0,45%
Risikokosten in %	0,65%
Eigenkapitalkosten in %	0,90%
= Preisuntergrenze Aktivprodukt in %	4,50%

Berechnung der Betriebskosten in Prozent: p = Z * 100 / K / i = 900 * 100 / 100.000 / 2 Jahre = 0,45% p. a.
Die Gewinnmarge wird nach der IHK-Formelsammlung nicht mit in die Preisgrenze eingerechnet! (im Gegensatz zu manchen Büchern)

Aufgabe 22

1 6

Aussagen (2) und (4) sind falsch, da Aktiv- und Passivgeschäft bei der Marktzinsmethode getrennt voneinander betrachtet werden. Preisuntergrenzen gibt es im Aktivgeschäft (3). Der Konditionsbeitrag wird dem Sachbearbeiter als Erfolgsbeitrag zugerechnet (5).

Aufgabe 23

4,24 % Kundenzinssatz 7,99 % - Marktzinssatz 3,75 %

Aufgabe 24

4,39 % 4,24 % Konditionenbeitrag Aktiva (siehe Aufgabe 23) + 0,15 % Konditionenbeitrag Passiva (Marktzinssatz 2,50 % - Kundenzinssatz 2,35 %)

Aufgabe 25

2,00 % Marktzinssatz 3,75 % - Tagesgeld 1,75 %

Aufgabe 26

1,25 % 2 % Strukturbeitrag Aktiva (siehe Aufgabe 25) + (-0,75) % Strukturbeitrag Passiva (Tagesgeld 1,75 % - Marktzinssatz 2,50 %) oder Marktzinssatz Aktiva 3,75 % - Marktzinssatz Passiva 2,50 %

Aufgabe 27

73,8 % (Eigenkapital * 100 /Anlagevermögen) = 13.570 * 100 / 18.389

Aufgabe 28

170,0 % [(Eigenkapital + langfristiges Fremdkapital) * 100 / Anlagevermögen] = (13.570 + 6097 + 40 % von 28.825)* 100 / 18.389

Aufgabe 29

26,55 % (Eigenkapital * 100) / Gesamtkapital) = 13.570 * 100 / 51.105

Aufgabe 30

12,0 % (Betriebsergebnis * 100 / Eigenkapital) = 1.628.370 * 100 / 13.570.000

Aufgabe 31

1 Die Eigenkapitalrentabilität gibt Aufschluss über die Verzinsung des im Unternehmen eingesetzten Eigenkapitals. Zur Abdeckung von Unternehmensrisiken sollte die Eigenkapitalrendite langfristig deutlich über dem Kapitalmarktzins liegen. Der im Unternehmen erwirtschaftete höhere Zins wird auch Risikoprämie genannt, die dem Unternehmer zusteht. Wäre die Rentabilität des Eigenkapitals so hoch wie eine Geldanlage bei Kreditinstituten, würde wohl kaum jemand die risikoreichere Geldanlage wählen. Um den Cash-flow (2), den Umsatz (3) oder die Kapitalbindung (4) geht es bei der Eigenkapitalrentabilität nicht, in (5) ist die Eigenkapitalquote angesprochen.

D Wirtschafts- und Sozialkunde

Aufgabe 1

A	B	C	D	E
3	3	1	3	2

zu B: Zunächst prüft die Deutsche Rentenversicherung Bund die Kostenübernahme für die Nachbehandlung. Hier kommt es darauf an, ob der Versicherte erwerbstätig oder bereits im Ruhestand ist. Ferner muss die Dauer der Erwerbstätigkeit geprüft werden, ob ggf. Wartezeiten bereits erfüllt wurden. Übernimmt die Deutsche Rentenversicherung Bund die Kosten nicht, dann tritt die gesetzliche Krankenversicherung an die Stelle der Deutsche Rentenversicherung Bund und übernimmt die Nachbehandlung. Bei Bankauszubildenden kann davon ausgegangen werden, dass noch keine Wartezeiten erfüllt wurden, sodass die gesetzliche Krankenversicherung die Kostenübernahme vornimmt.

Aufgabe 2

E, vgl. § 87 Abs. 1 Ziffer 2 Betriebsverfassungsgesetz (Mitbestimmung bei der Festlegung des Beginns und des Endes der täglichen Arbeitszeit einschl. der Pausen sowie der Verteilung der Arbeitszeit auf die einzelnen Wochentage) und **F**, vgl. §§ 94, 95 und 102 BetrVG

Zu A: Da sich bei der Änderung der Geschäftszeiten die Arbeitzeit der Mitarbeiter nicht ändert, hat der Betriebsrat bei dieser Änderung kein Mitbestimmungsrecht nach § 87 Betriebsverfassungsgesetz.

Aufgabe 3

1	2	3	4	5
D	B	C	E	A

Vgl. §§ 60 ff. Betriebsverfassungsgesetz

§ 80 Betriebsverfassungsgesetz: (Allgemeine Aufgaben)

(1) Der Betriebsrat hat folgende allgemeine Aufgaben:

1. darüber zu wachen, dass die zugunsten der Arbeitnehmer geltenden Gesetze, Verordnungen, Unfallverhütungsvorschriften, Tarifverträge und Betriebsvereinbarungen durchgeführt werden;
2. Maßnahmen, die dem Betrieb und der Belegschaft dienen, beim Arbeitgeber zu beantragen; ...
3. Anregungen von Arbeitnehmern und der Jugend- und Auszubildendenvertretung entgegenzunehmen und ... durch Verhandlungen mit dem Arbeitgeber auf eine Erledigung hinzuwirken; ...
4. die Eingliederung Schwerbehinderter ... zu fördern;
5. die Wahl einer Jugend- und Auszubildendenvertretung vorzubereiten und durchzuführen ...; er kann von der Jugend- und Auszubildendenvertretung Vorschläge und Stellungnahmen anfordern;

Aufgabe 4

B

Auszug aus dem Gesetz zum Schutze der arbeitenden Jugend (JArbSchG)

§ 10 Prüfungen und außerbetriebliche Ausbildungsmaßnahmen

(1) Der Arbeitgeber hat den Jugendlichen

1. für die Teilnahme an Prüfungen und Ausbildungsmaßnahmen, die auf Grund öffentlich-rechtlicher oder vertraglicher Bestimmungen außerhalb der Ausbildungsstätte durchzuführen sind,
2. an dem Arbeitstag, der der schriftlichen Abschlussprüfung unmittelbar vorangeht, freizustellen.

(...)

§ 11 Ruhepausen, Aufenthaltsräume

(1) Jugendlichen müssen im Voraus feststehende Ruhepausen von angemessener Dauer gewährt werden. Die Ruhepausen müssen mindestens betragen

1. 30 Minuten bei einer Arbeitszeit von mehr als viereinhalb bis zu sechs Stunden,
2. 60 Minuten bei einer Arbeitszeit von mehr als sechs Stunden.

Als Ruhepause gilt nur eine Arbeitsunterbrechung von mindestens 15 Minuten.

(2) Die Ruhepausen müssen in angemessener zeitlicher Lage gewährt werden, frühestens eine Stunde nach Beginn und spätestens eine Stunde vor Ende der Arbeitszeit. Länger als viereinhalb Stunden hintereinander dürfen Jugendliche nicht ohne Ruhepause beschäftigt werden.

(...)

§ 13 Tägliche Freizeit

Nach Beendigung der täglichen Arbeitszeit dürfen Jugendliche nicht vor Ablauf einer ununterbrochenen Freizeit von mindestens 12 Stunden beschäftigt werden. (...)

§ 15 Fünf-Tage-Woche

Jugendliche dürfen nur an fünf Tagen in der Woche beschäftigt werden. Die beiden wöchentlichen Ruhetage sollen nach Möglichkeit aufeinander folgen. (...)

Aufgabe 5

A, vgl. § 438 Abs. 1 und § 476 BGB (Beweislastumkehr in den ersten 6 Monaten) und **F**, vgl. § 439 Abs. 1 BGB (Wahlrecht bei Nacherfüllung durch den Verbraucher)

Zu E: Nach § 439 BGB hat der Käufer das Wahlrecht zwischen Neulieferung und Nachbesserung. Dieses Wahlrecht kann durch die AGB des Kaufhauses ausgeschlossen werden. Nachrangige Rechte des Käufers werden aber dadurch nicht berührt.

Aufgabe 6

A	B	C	D	E	F	G	H
4 § 107 BGB	3 § 118 BGB	1	4 § 107 BGB	3 § 123 BGB	1	2 § 138 BGB	1

D: Rechtswirksam nach § 110 BGB ist der Vertrag nicht, da die Zustimmung der gesetzlichen Vertreter über die freien Mittel, die die Auszubildende von der Patentante bekommen hat, fehlt.

Aufgabe 7

A	B	C	D
2	4	1	3

Aufbau der Gerichtsbarkeit

Im modernen Staat ist die Rechtssprechung vielfältig gegliedert. In Aufbau und Zuständigkeit der Gerichte spiegeln sich der Umfang des modernen Rechts und das rechtsstaatliche Bedürfnis nach umfassendem Rechtsschutz wieder. In der BRD ist die rechtsprechende Gewalt in 5 selbstständige Gerichtszweige aufgegliedert. Neben der Ordentlichen Gerichtsbarkeit gibt es die Verwaltungs-, Sozial-, Finanz- und Arbeitsgerichtsbarkeit. Der Begriff der Ordentlichen Gerichtsbarkeit erklärt sich aus der geschichtlichen Entwicklung und bedeutet keine Hervorhebung gegenüber den anderen Gerichtszweigen. Sie ist der geschichtliche Stamm, aus dem sich die übrigen Zweige der Gerichtsbarkeit entwickelt haben. Im Folgenden soll ein knapper Überblick über die Gliederung der Rechtssprechungsorgane gegeben werden.

Strafgerichte und Zivilgerichte
Die Ordentliche Gerichtsbarkeit umfasst Strafgerichte und Zivilgerichte. Den Strafgerichten obliegt die Anwendung des Strafrechts. Sie führen Prozesse durch, denen die Staatsanwaltschaft eine Verletzung strafrechtlicher Normen vorwirft. Die Zivilgerichte sind für die Entscheidung bürgerlicher (ziviler) Rechtsstreitigkeiten zuständig, also immer dann, wenn sich der Streitgegenstand zwischen einzelnen Bürgern (Kläger und Beklagtem) auf Vorschriften des Privatrechts bezieht (z.B. bei Streitigkeiten um die Rechte und Pflichten aus einem Mietverhältnis oder einem Kaufvertrag). Aus der Zuständigkeit der Zivilgerichte herausgenommen ist jedoch das Arbeitsrecht als ein heute besonders wichtiges Sondergebiet des Privatrechts.

Verwaltungsgerichte
Die Verwaltungsgerichtsbarkeit ist ein Gerichtszweig, der zuständig für Streitigkeiten zwischen den Bürgern und der Staatsgewalt ist. Die Verwaltungsgerichtsbarkeit bietet den Bürgern Rechtsschutz, wenn er sich durch eine Maßnahme der öffentlichen Verwaltung in seinen Rechten verletzt glaubt. Der Vielgestaltigkeit des Verwaltungsrechts entsprechend sind die Zuständigkeiten der Verwaltungsgerichte breit aufgefächert. Verwaltungsgerichte entscheiden, wenn der Bürger bei Alltagskonflikten mit den Verwaltungsbehörden gerichtlichen Schutz begehrt (wenn z. B. die Ablehnung einer Baugenehmigung oder die Nichtversetzung eines Schülers angefochten werden). Die Verwaltungsgerichte haben zunehmend aber auch über wichtige Konflikte der politisch-gesellschaftlichen Entwicklung zu entscheiden, z. B. bei Streitigkeiten um die Genehmigung des Baus von Kernkraftwerken.

Finanzgerichte und Sondergerichte
Aus der allgemeinen Verwaltungsgerichtsbarkeit sind die Finanzgerichtsbarkeit und die Sozialgerichtsbarkeit ausgegliedert. Die Finanzgerichte sind bei Streitigkeiten um Verwaltungsakte der Finanzbehörden (Steuerbescheide) zuständig. Da das moderne Steuerrecht außerordentlich kompliziert ist, ist die Möglichkeit, ein Finanzgericht anzurufen, ein wichtiger Rechtsbehelf für den Bürger, der die rechtmäßige Anwendung bestimmter steuerrechtlicher Vorschriften durch das Finanzamt in seinem Fall bezweifelt. Sehr bedeutsam ist auch die Sozialgerichtsbarkeit, die bei Streitigkeiten in Angelegenheiten der Sozialversicherung (z. B. Kranken-, Renten- und Unfallversicherung) zu entscheiden hat.

Arbeitsgerichte
Die Errichtung einer besonderen Arbeitsgerichtsbarkeit entspricht der herausragenden Bedeutung des Arbeitslebens in der modernen Gesellschaft. In die Zuständigkeit der Arbeitsgerichte fallen Streitigkeiten zwischen Arbeitnehmern und Arbeitgebern, die sich auf Rechte und Pflichten aus dem einzelnen Arbeitsverhältnis beziehen (z. B. Konflikte um die Lohnzahlung oder die Rechtmäßigkeit von Kündigungen). Die Arbeitsgerichte sind auch zuständig für Rechtsstreitigkeiten zwischen den Tarifvertragsparteien, also zwischen Gewerkschaften und Arbeitgeberverbänden (z. B. bei Konflikten um die Rechtmäßigkeit eines Streiks) und bei Konflikten um die betriebliche Mitbestimmung.

Instanzen
Die verschiedenen Gerichtszweige sind also Einrichtungen der Rechtsprechung für die einzelnen Gebiete des Rechts. Innerhalb der einzelnen Gerichtszweige gibt es jeweils mehrere Instanzen, die einander über- bzw. untergeordnet sind. Die Instanzen der Ordentlichen Gerichtsbarkeit sind – von unten nach oben – die Amtsgerichte, die Landgerichte, die Oberlandesgerichte und der Bundesgerichtshof. Die übrigen Gerichtszweige sind dreistufig aufgebaut, mit Ausnahme der Finanzgerichtsbarkeit, die nur zwei Instanzen hat. Besondere Verfahrensordnungen für die einzelnen Gerichtszweige regeln im Einzelnen, welche Instanz zuständig ist, wenn eine bestimmte Rechtsangelegenheit vor Gericht gebracht werden soll. Diese Regelungen richten sich nach der Art und Bedeutung der betreffenden Angelegenheit und sind im Einzelnen sehr kompliziert. Die Instanzen der einzelnen Gerichtszweige unterscheiden sich auch hinsichtlich der personellen Zusammensetzung der Gerichte (Zahl der Richter, Mitwirkung von Laienrichtern).
Das Verfahrensrecht ist deshalb so kompliziert, weil es auf die Besonderheiten der jeweils anhängigen Rechtsstreitigkeit abstellen muss. Es ist sehr wichtig, weil es der Rechtssicherheit dient und Willkür ausschließt. Die Verfahrensgesetze regeln die Einleitung des Gerichtsverfahrens, den Ablauf des Prozesses und die Beweiserhebung, das Zustandekommen des Urteils und die Voraussetzungen für die Anrufung eines übergeordneten Gerichts (einer übergeordneten Instanz) nach ergangenem Urteil.
Der letztgenannte Punkt ist für die Rechtsprechung im Rechtsstaat besonders wichtig. Die an einem Prozess Beteiligten haben grundsätzlich die Möglichkeit, ein gerichtliches Urteil anzufechten, um es durch ein

Gericht der höheren Instanz nachprüfen zu lassen. Der Fall wird dann von einer bzw. zwei weiteren Instanzen überprüft.

Aufgabe 8

C und **F**

Zu den Einkünften aus nichtselbstständiger Arbeit gehören:

- Gehälter,
- Löhne,
- Gratifikationen,
- Tantiemen, aber auch andere Bezüge und Vorteile, die ein Arbeitnehmer im Rahmen seines Beschäftigungsverhältnisses erhält. Hierzu gehören insbesondere Sachbezüge, wie Mahlzeiten oder Waren. Auch das Urlaubsgeld, das Weihnachtsgeld sowie die vermögenswirksamen Leistungen zählen zu den Einkünften aus unselbstständiger Arbeit und sind lohnsteuerpflichtig.

Eine nichtselbstständige Arbeit liegt vor, wenn der Steuerpflichtige in einem Beschäftigungsverhältnis (Arbeitsvertrag) steht und gegenüber seinem Arbeitgeber weisungsgebunden ist. Mit seinen Einkünften aus nichtselbstständiger Arbeit unterliegt der Arbeitnehmer der Lohnsteuer. Diese Steuer wird bereits vom Arbeitgeber einbehalten und direkt an das Finanzamt abgeführt. Erst im Rahmen der jährlichen Einkommensteuerklärung kann der Arbeitnehmer die bereits gezahlte Lohnsteuer zum Teil zurückerhalten, wenn er zum Beispiel Werbungskosten, Sonderausgaben sowie außergewöhnliche Belastungen nachweist oder er im Rahmen anderer Einkunftsarten Verluste erzielt hat.

Aufgabe 9

D und **F**

Bestimmte Ausgaben können bei der Einkommensteuer als Sonderausgaben vom Gesamtbetrag der Einkünfte abgezogen werden, wenn sie weder Betriebsausgaben noch Werbungskosten sind. Sonderausgaben sind entweder unbeschränkt (z. B. gezahlte Kirchensteuer) oder im Rahmen von gestaffelten Höchstbeträgen beschränkt (Vorsorgeaufwendungen = Versicherungsbeiträge mit Vorsorgecharakter) oder bis zu einem festen Höchstbetrag (z. B. Aufwendungen für die eigene Berufsausbildung, Aufwendungen für die zusätzliche Altersvorsorge) abziehbar.

Werden keine höheren unbeschränkt abziehbaren Sonderausgaben nachgewiesen, so wird für diese ein Pauschbetrag von 36,00 Euro / 72,00 Euro (Alleinstehende / Verheiratete) abgezogen (Sonderausgaben-Pauschbetrag).

Bei den Vorsorgeaufwendungen wird unterschieden zwischen Beiträgen zugunsten einer Basisversorgung im Alter und den sonstigen Vorsorgeaufwendungen.

Beiträge zugunsten einer Basisversorgung im Alter sind z. B. Beiträge zu den gesetzlichen Rentenversicherungen.

Für die Sozialversicherungsbeiträge (Kranken-, Pflege- und Arbeitslosenversicherung) und andere Vorsorgeaufwendungen (z. B. private Haftpflicht- und Risikoversicherungen) gibt es einen separaten Höchstbetrag.

Unterhaltszahlungen an den geschiedenen oder dauernd getrennt lebenden Ehegatten können vom Geber bis zur Höhe von 13.805,00 Euro jährlich als Sonderausgaben abgezogen werden.

Auch Ausgaben zur Förderung mildtätiger, kirchlicher, religiöser, wissenschaftlicher und gemeinnütziger Zwecke sowie Zuwendungen an politische Parteien können als Sonderausgaben berücksichtigt werden. Als gemeinnützige Zwecke anerkannt sind neben vielen anderen Zwecken z. B. die Förderung des Sports, der Erziehung, des Naturschutzes oder der Entwicklungshilfe.

Abziehbar sind Zuwendungen grundsätzlich bis zur Höhe von 20 Prozent des Gesamtbetrags der Einkünfte des Zuwendenden.

Zu A, B und E: Ausgaben zählen zu den Werbungskosten.

Zu C: Sofern der Anzug keine von der Bank gestellte Berufskleidung ist, sind die Reinigungskosten nicht als Werbungskosten absetzbar.

Werbungskosten sind alle Aufwendungen zur Erwerbung, Sicherung und Erhaltung der Einnahmen, z. B. Aufwendungen eines Arbeitnehmers, die durch seinen Beruf veranlasst sind. Grundsätzlich müssen im Rahmen der Überschusseinkünfte die Werbungskosten einzeln nachgewiesen oder zumindest glaubhaft gemacht werden. Damit nicht wegen geringfügiger Beträge ein Nachweis geführt werden muss, regelt der § 9a EStG zur Vereinfachung des Besteuerungsverfahrens Werbungskosten-Pauschbeträge, zurzeit 920,00 EUR, die ohne jeglichen Kostennachweis berücksichtigt werden.

Aufgabe 10

E

Für die Durchführung des Lohnsteuerabzugs werden unbeschränkt einkommensteuerpflichtige Arbeitnehmer Lohnsteuerklassen zugewiesen. Ehepartner können zwischen einzelnen Lohnsteuerklassen wählen. Im Einzelnen gilt Folgendes:

Lohnsteuerklasse I: In die Steuerklasse I gehören Arbeitnehmer, die ledig, verheiratet, verwitwet oder geschieden sind und bei denen die Voraussetzungen für die Steuerklasse III oder IV nicht erfüllt sind.

Lohnsteuerklasse II: Hierzu gehören die Arbeitnehmer, die ledig, verheiratet, verwitwet oder geschieden sind, wenn bei ihnen der Haushaltsfreibetrag zu berücksichtigen ist.

Lohnsteuerklasse III: In diese Steuerklasse gehören Arbeitnehmer:

1. die verheiratet sind, wenn beide Ehegatten unbeschränkt einkommensteuerpflichtig sind und nicht dauernd getrennt leben und der Ehegatte des Arbeitnehmers keinen Arbeitslohn bezieht oder der Ehegatte des Arbeitnehmers auf Antrag beider Ehegatten in die Steuerklasse V eingereiht wird,
2. die verwitwet sind, wenn sie und ihr verstorbener Ehegatte im Zeitpunkt seines Todes unbeschränkt einkommensteuerpflichtig waren und in diesem Zeitpunkt nicht dauernd getrennt gelebt haben, für das Kalenderjahr. Dies gilt für das Kalenderjahr, in dem der Ehegatte verstorben ist.

Lohnsteuerklasse IV: In die Steuerklasse IV gehören Arbeitnehmer, die verheiratet sind, wenn beide Ehegatten unbeschränkt einkommensteuerpflichtig sind und nicht dauernd getrennt leben und der Ehegatte ebenfalls Arbeitslohn bezieht.

Lohnsteuerklasse V: Diese ist einzutragen, wenn beide Ehepartner berufstätig sind und einer von beiden die Steuerklasse III gewählt hat.

Lohnsteuerklasse VI: Diese gilt bei Arbeitnehmern, die nebeneinander von mehreren Arbeitgebern Arbeitslohn beziehen.

Bis zum 30.11. eines Jahres können Ehegatten einmal im Jahr bei der Gemeinde einen Steuerklassenwechsel vornehmen lassen.

Aufgabe 11

A	B	C	D	E
2	2	1	3	5

Wirkungen der Eintragungen ins Handelsregister:

Deklaratorisch: Die Eintragung bekundet einen bestehenden Rechtszustand, z. B. Erteilung und Widerruf der Prokura.

Konstitutiv: Die Eintragung erzeugt einen neuen Rechtszustand, z. B. Erlangung der Rechtsfähigkeit bei einer GmbH.

Aufgabe 12

A	B	C	D	E	F	G
2	2	3	2	3	1	1

Umfang der Handlungsbefugnis eines Prokuristen: Die Prokura ermächtigt zu allen Arten von gerichtlichen und außergerichtlichen Geschäften und Rechtshandlungen, die der Betrieb eines Handelsgewerbes mit sich bringt. Zur Veräußerung und Belastung von Grundstücken ist der Prokurist nur ermächtigt, wenn ihm diese Befugnis besonders erteilt ist (§ 49 HGB).

Umfang der Befugnis einer Handlungsvollmacht: Die Handlungsvollmacht erstreckt sich auf alle Geschäfte und Rechtshandlungen, die der Betrieb eines derartigen Handelsgewerbes oder die Vornahme derartiger Geschäfte gewöhnlich mit sich bringt. (§ 54 HGB).

Umfang der Befugnis eines Komplementärs: Zur Vertretung der Gesellschaft ist jeder voll haftender Gesellschafter (Komplementär) ermächtigt (§ 125 HGB). Die Vertretungsmacht der Komplementäre erstreckt sich auf alle gerichtlichen und außergerichtlichen Geschäfte und Rechtshandlungen einschließlich der Veräußerung und Belastung von Grundstücken sowie der Erteilung und des Widerrufs einer Prokura (§ 126 HGB).

Aufgabe 13

A	B	C	D	E	F
2	1	4	2	2	3

Preiselastizität: Bei nicht so dringlich benötigten Gütern, z. B. MP3-Player, reagieren die Verbraucher preisempfindlicher als bei Gütern des täglichen Bedarfs, z. B. Brot. Bei einer hohen Preiselastizität führen daher bereits kleine Preisänderungen zu einer großen Veränderung der nachgefragten Menge. Ist die Nachfrage nach einem Gut unabhängig von seinem Preis, z. B. der Preis eines Porsche, spricht man von einer preisunelastischen Nachfrage.

Aufgabe 14

B Die Produktpolitik befasst sich mit einer Auswahl der am Markt anzubietenden Bankleistungen. Die Produktpolitik umfasst die Aufgabenbereiche Produktinnovation, Produktdifferenzierung, Produktvariation, Produktgestaltung und Produkteliminierung.

Aufgabe 15

A	B	C	D	E	F
2	4	1	2	2	3

B: Linksverschiebung der Angebotskurve, daher Bewegung auf der Nachfragekurve nach links
F: Rechtsverschiebung der Angebotskurve, daher Bewegung auf der Nachfragekurve nach rechts

Aufgabe 16

4.050,00 EUR (4.500 - 10 % von 4.500 = 4.500 - 450)

Aufgabe 17

10 (100 : 10)
Der Geldschöpfungsmultikator ist der reziproke Liquiditätsreservesatz.

Aufgabe 18

40.500,00 EUR (4.050,00 x 10)

Aufgabe 19

A	B	C	D	E	F	G
2	3	1	2	3	2	1

Angebotsorientierte Wirtschaftspolitik: Sie bedeutet, dass der Staat die Antriebskräfte der Wirtschaft stärken und die Anreize zu investieren, zu Innovationen, zur Anpassung an neue Umweltbedingungen verbessern möchte. Dabei geht man davon aus, dass die Beschäftigungslage und die Höhe des Volkseinkommens durch die Rentabilität der Produktion bestimmt werden. Beispiele für Maßnahmen: Privatisierung öffentlicher Unternehmen, Senkung der Lohnnebenkosten usw.
Nachfrageorientierte Wirtschaftspolitik: Sie bedeutet, dass der Staat in den Wirtschaftsprozess eingreift, um Arbeitsplätze zu schaffen, Investitionen zu fördern und die Preise zu stabilisieren. Zum Beispiel wird in der Hochkonjunktur wird durch eine Steuererhöhung eine Verringerung der gesamtwirtschaftlichen Nachfrage angestrebt.

Aufgabe 20

Die Leistungsbilanz besteht aus den Unterbilanzen
- Außenhandel,
- Ergänzungen zum Warenverkehr,
- Dienstleistungsbilanz,
- Erwerbs- und Vermögenseinkommen sowie
- laufende Übertragungen.

Dienstleistungen - Saldo	- 3,4
Laufende Übertragungen - Saldo	- 2,4
Außenhandel - Saldo	+ 10,1
Summe in Mrd. EUR	**+ 4,30**

Aufgabe 21

A	B	C	D
1	2	2	3

Die Handelsbilanz umfasst alle Warenausfuhren (FOB) und alle Wareneinfuhren (CIF). Übersteigen die Exporte die Importe, wird von einer aktiven Handelsbilanz gesprochen. Die Handelsbilanz ist passiv, wenn die Importe größer sind. Der Dienstleistungssektor ist im Außenhandel sehr wichtig. Er umfasst Dienstleistungsein- und -ausfuhren, z. B. Finanzdienstleistungen, Transportdienstleistungen, Reiseverkehrsdienstleistungen.
Die laufenden Übertragungen umfassen Leistungen, denen keine unmittelbaren Gegenleistungen gegenüberstehen, z. B. Zuwendungen an Entwicklungsländer, Beiträge zum Haushalt der UNO sowie Überweisungen der Gastarbeiter.

Aufgabe 22
E und **G**
Bruttoinlandsprodukt: Es schließt nur die innerhalb des eigenen Wirtschaftsraumes erwirtschafteten Leistungen ein. Dabei spielt es keine Rolle ob es von Inländern oder Ausländern erzielt wurden.
Bruttonationaleinkommen: Man kommt zum Bruttonationaleinkommen, wenn man zum Bruttoinlandsprodukt den Saldo der Primäreinkommen aus der übrigen Welt addiert.

Aufgabe 23
2,58 % Wachstumsrate des BIP (51 : 1974)

Aufgabe 24
36 Mrd. EUR realer Außenbeitrag (BIP - inländische Verwendung). Der Außenbeitrag ist die Differenz zwischen Exporten und Importen von Waren und Dienstleistungen. Der Außenbeitrag kann aber auch aus der Differenz zwischen Bruttoinlandsprodukt und inländischer Verwendung berechnet werden bzw. die Summe von inländischer Verwendung und dem Außenbeitrag ergibt das BIP.

Aufgabe 25
1,75 Mio. EUR Sollreserve

Ermittlung der Sollreserve für den 31.01.2013	
Mindestreserve-Basis	185.000.000,00 EUR
1 % Mindestreserve-Satz auf die Mindestreserve-Basis	1.850.000,00 EUR
- Freibetrag	100.000,00 EUR
= Reserve-Soll	1.750.000,00 EUR

Aufgabe 26
6 Tage; die Erfüllungsperiode läuft über 35 Tage.

Aufgabe 27

3 Mio. EUR = ((1,75 Mio. EUR x 35) – (29 x 1,5 Mio. EUR)) : 6

Aufgabe 28

1.701,39 EUR = (1,75 Mio. EUR x 35 x 1) : (100 x 360)

Aufgabe 29
D
Eine Fusion ist im weiteren Sinne ein Zusammenschluss von mindestens zwei rechtlich unabhängigen, selbstständigen Unternehmen zu einer wirtschaftlichen und rechtlichen Einheit, wobei im Zuge dieses Verschmelzungsvorganges zumindest eine Unternehmung ihre rechtliche Selbstständigkeit verliert. Die Fusion im engeren Sinne bezieht sich auf die Verschmelzung nach Aktienrecht und setzt bestimmte Rechtsformen der an der Verschmelzung beteiligten Unternehmungen sowie eine liquidationslose Übertragung des Vermögens im Wege der Gesamtrechtsnachfolge voraus. Das Aktienrecht regelt zwei Formen der Fusion, zum einen die Verschmelzung durch Aufnahme (§ 339 Abs. 1 Ziff. 1 AktG). Diese Fusionsart sieht die Übertragung des Vermögens der Gesellschaft als Ganzes auf eine bereits bestehende Gesellschaft vor. Die andere Form der Fusion ist die Verschmelzung durch Neubildung (§ 339 Abs. 1 Ziff. 2 AktG). Sie regelt die Bildung einer neuen Gesellschaft, auf welche das Vermögen jeder der sich vereinigenden Gesellschaften als Ganzes übergeht.

Aufgabe 30

A

Ein Exportüberschuss gegenüber den USA führt tendenziell zu einer Verschlechterung des US-Wechselkurses gegenüber dem Euro.

Der Außenwert einer Währung (auch: Geldwertstabilität, neben dem inneren Wert) gibt an, wie viele Einheiten ausländischer Währung(en) auf dem Devisenmarkt für eine Einheit des inländischen Geldes gezahlt werden (Mengennotierung). Der bilaterale Außenwert ist demnach der Kehrwert des – in Preisnotierung ermittelten – Wechselkurses, z. B. des Preises für einen Dollar in Euro.

Prüfungssatz II

A Bankwirtschaft Fälle

Fall 1: Anderkonto

a)

Der durch Gesetz angeordnete Formzwang erfüllt verschiedene Zwecke:

- Der Formzwang kann auch dazu dienen, die Erklärenden auf die rechtliche Bedeutung ihres Verhaltens hinzuweisen und vor Übereilung zu warnen (Warnfunktion).
- Die vorgeschriebene Beurkundung durch einen Notar gewährleistet, dass ein sachkundiger und neutraler Dritter mitwirkt, der die Beteiligten beraten und rechtlich belehren kann (Beratungsfunktion).
- Schließlich kann auch Formzwang geschaffen sein, um eine Kontrolle des Rechtsgeschäfts zum Schutz übergeordneter öffentlicher Interessen zu ermöglichen (Kontrollfunktion).

(2 Punkte je Grund, max. 6 Punkte)

b)

Das fremde Vermögen, das der Notar auf dem Anderkonto verwaltet, soll vom eigenen Vermögen der Kanzlei getrennt werden. Bei Anderkonten verzichten Kreditinstitute auf ihr Pfand- und Zurückbehaltungsrecht nach dem AGB.

Im Insolvenzfall der Kanzlei fallen die Guthaben auf Anderkonten nicht in die Verwertungsmasse.

(2 Punkte je Grund, max. 4 Punkte)

c)

Notar Jürgen Eichhorn mit dem Zusatz „Anderkonto". Zusätzlich kann der Name der wirtschaftlich Berechtigten Paulsen angegeben werden.

(2 Punkte)

d)

Erst mit der Löschung der Auflassungsvormerkung kann Herr Nölle als Eigentümer wieder frei über sein Grundeigentum verfügen und das Grundstück einem anderen Käufer zum Kauf anbieten.

(2 Punkte)

e)

Antrag und Bewilligung der Löschung der Auflassungsvormerkung müssen vom Ehepaar Paulsen vor einem Notar erklärt werden. Der Antrag kann auch formlos von Herrn Nölle gestellt werden. Die notarielle Erklärung der Bewilligung ist Grundlage des Grundbuchamtes für die Eintragung der Löschung der Auflassungsvormerkung im Grundbuch. Die Löschung wird dann im Grundbuchblatt rot unterstrichen und somit ausgetragen.

(2 Punkte)

f)

Über Anderkonten kann nur der Notar selbst verfügen bzw. sein Stellvertreter mit entsprechender Verfügungsmacht. Die Vertragspartner müssen sich an den Notar wenden, um den Grundstückskaufvertrag zurück abzuwickeln und die 50.000,00 EUR auf dem Anderkonto zurückzuerhalten.

(2 Punkte)

g)

Die von Frau Lampert verlangte Verfügungsbeschränkung wird die *Nordbank AG* nicht akzeptieren. Sie ist nur dem Kontoinhaber gegenüber berechtigt und verpflichtet.

(2 Punkte)

h)
Dem Wunsch nach Erteilung einer Vollmacht an die Kanzleiangestellte kann nicht entsprochen werden. Eine weitere Verfügungsberechtigung über ein Notar-Anderkonto hat nur der amtlich bestellte Vertreter des Notars Eichhorn.
(3 Punkte)

i)

Geschäftsgirokonto	13.560,90 EUR
Sparkonto	25.600,90 EUR
Sparzinsen bis zum Todestag	250,80 EUR
Depot	87.300,00 EUR
Summe	126.712,60 EUR

Die Summe der an die Erbschaftsteuerstelle gemeldeten Positionen beträgt 126.712,60 EUR.
(0,5 Punkte für jede Position = 2 Punkte, 1 Punkt für die Summenbildung, max. 3 Punkte)

j)
Verfügungsberechtigt ist der vom Landesjustizminister bestellte Notariatsverweser.
(2 Punkte)

k)
Steuerpflichtig ist der jeweilige Treugeber.
(2 Punkte)

Fall 2: Geld- und Vermögensanlage

a)
Risiken bei Rentenfonds:
- Sinkender Anteilswert bei Kursverlusten der Anleihen, z. B. durch
- steigende Kapitalmarktzinsen (Zinsänderungsrisiko)
- Verschlechterung der Bonität der Emittenten der Schuldverschreibungen, die im Fonds angelegt sind (Bonitätsrisiko)

Risiken bei Aktienfonds:
- Sinkender Anteilswert bei Kursverlust der im Fonds enthaltenen Aktien, z. B. durch
- Verschlechterung der Unternehmensaussichten (Gewinnerwartungen)
- Verschlechterung der Börsenstimmung (psychologische Einflüsse)
- Verschlechterung der Bonität (Rating) der im Fonds enthaltenen Aktiengesellschaften (Bonitätsrisiko)

(2 Punkte für je zwei Risiken für Renten- und Aktienfonds, max. 8 Punkte)

b)
Erträge aus Rentenfonds:
Ausschüttungen und steigender Anteilswert, z. B. durch
- Erträge durch laufende Verzinsung der Anleihen
- Kursgewinne bei sinkenden Kapitalmarktzinsen und eine Verbesserung der Bonität der Emittenten der Anleihen

Erträge bei Aktienfonds:
Ausschüttungen und steigender Anteilswert, z. B. durch
- Dividendenerträge
- Kursgewinne bei den Aktien

(1 Punkt je Ertragsfaktor, max. 4 Punkte)

c)
Der *WEKANord* schüttet die Erträge (Dividenden, realisierte Kursgewinne etc.) jährlich aus. Der *NordGlobal* schüttet die Erträge nicht aus, d. h. sie verbleiben im Sondervermögen.
Beim Fonds *WEKANord* fällt ein Ausgabeaufschlag (5 % des Rücknahmepreises) an. Berechnung: 98,74 EUR – 93,80 EUR = 4,94 EUR. Ausgabeaufschlag = 4,94 : 98,74 x 100 = 5 % gerundet. Beim Fonds NordGlobal fällt kein Ausgabeaufschlag an. Hier sind Rücknahme- und Ausgabepreis identisch.
Die Verwaltungsvergütung ist beim *WEKANord* (1,00 % p. a.) deutlich niedriger als beim *NordGlobal* (2,25 % p. a.).
(2 Punkte je Vergleich, max. 6 Punkte)

d)
- Die *Nordbank AG* unterliegt der Informations- und Aufklärungspflicht nach dem Wertpapierhandelsgesetz.
- Nach § 355 HGB ist die *Nordbank AG* ebenfalls zur sorgfältigen Beratung und Aufklärung gegenüber ihren Kunden verpflichtet.

(2 Punkte je Aspekt, max. 4 Punkte)

e)
Dachfonds investieren ihre Mittel nicht wie Aktien- und Rentenfonds direkt in Aktien und Anleihen, sondern in Anteilen anderer Fonds. Damit wird eine sehr große Risikostreuung erreicht. *(3 Punkte)*

f)
Der Kundin ist der *WEKANord* zu empfehlen. Dieser Fonds hat zwar einen einmaligen Ausgabeaufschlag von 5 %, dafür hat er jedoch mit 1 % p. a. bedeutend niedrigere Verwaltungskosten als der *NordGlobal*. Bei einer langfristigen Anlage ist deshalb der Fonds mit Ausgabeaufschlag zu empfehlen.
Die günstigste Alternative ist der Rentenfonds *NordRenta* mit Verwaltungskosten von jährlich 0,75 % p. a. Das angelegte Kapital ist jederzeit verfügbar.
Bei der ersten Alternative *WEKANord* geht man davon aus, dass sich Frau Bergmann für einen Aktienfonds entscheidet. In diesem Fall müssen Ausgabeaufschlag und Verwaltungskosten der beiden Aktienfonds miteinander verglichen werden. Bei mittel- bis langfristiger Anlage, z. B. 5 Jahre, ergeben sich für den *WEKANord* 5 % Ausgabeaufschlag und 5 % (5 x 1 %) Verwaltungsgebühren, also insgesamt 10 % Kosten. Beim *NordGlobal* fallen für die 5 Jahre Anlagezeitraum 5 x 2,25 % Verwaltungsgebühren an, also insgesamt 11,25 % Gebühren an. Der *WEKANord* ist in diesem Fall dem *NordGlobal* vorzuziehen.
(3 Punkte)

g)
Kauf einer Verkaufsoption (Long PUT)
11 Kontrakte auf 1.100 Aktien der Energie AG (48.000 : 43,85 = 1094,64)
Laufzeit bis September 20..
Basispreis 44,00 EUR
Begründung: Investitionsausgaben 48.000,00 EUR : 1.100 Aktien = 43,64 EUR/Aktie
Standardisierter Basispreis laut Kurstabelle = **44,00 EUR**
(2 Punkte für die Berechnung der Kontrakte, 1 Punkt für Festlegung des Basispreises, max. 3 Punkte)

h)
Steigende Kurse der *Energie AG* in der Zeit bis September 20..:
- Aktie der *Energie AG* kann mit Gewinn verkauft werden.
- Option wird wertlos und verfällt.
- Verlust in Höhe des Optionspreises mindert den Gewinn aus der Aktie („Versicherungsprämie").

(2 Punkte)

i)
Fallende Kurse der *Energie AG* in der Zeit bis September 20..:
- Aktie der *Energie AG* kann nur mit Verlust verkauft werden.
- Option gewinnt an Wert und kann mit Gewinn glatt gestellt werden.
- Gewinn aus der Option deckt Verluste aus der Aktie.
- Alternative: Frau Bergmann übt die Option aus und verkauft die Aktien zum vereinbarten Basispreis.

(2 Punkte)

Fall 3: Firmenkredit

a) **120.000 EUR** (84.000 + 36.000)
(1 Punkt je Investitionsbetrag, max. 2 Punkte)

b)

84.000 x 45 %	37.800,00 EUR
36.000,00 x 60 %	21.600,00 EUR
Beleihungswert insgesamt	59.400,00 EUR
Auf 1.000 EUR abgerundet	**59.000,00 EUR**

(1 Punkt für jede Beleihungswertermittlung = 2 Punkte,
je 1 Punkt für Summierung und Abrundung, max. 4 Punkte)

c)
- Aufnahme neuer Gesellschafter in die GmbH, verbunden mit einer Erhöhung des Stammkapitals
- Erhöhung des Stammkapitals durch Zuführung eigener Mittel von Herrn Buschmann

(2 Punkte je Möglichkeit der Kapitalbeschaffung, max. 4 Punkte)

d)
Die Beleihungssätze stehen im Zusammenhang mit der erwarteten Verwertbarkeit der Betriebsausstattung im Falle der Kreditstörung. Die *Nordbank AG* sieht in der Verwertungsmöglichkeit der Gabelstapler das geringere Risiko. Daher genügt ein geringerer Sicherungsabschlag. Gabelstapler sind in vielen Branchen einsetzbar und haben somit einen breiteren Markt als eine Druckmaschine. *(2 Punkte)*

e)
Es wird das Tilgungsdarlehen mit einer Laufzeit von 4 Jahren empfohlen. Die Laufzeit entspricht der Nutzungsdauer der Druckmaschinen/Gabelstapler. Die durch die Tilgung jährlich kleiner werdende Kreditsumme entspricht in etwa der Abnutzung der Druckmaschinen/Gabelstapler. Das Festdarlehen kommt nicht in Frage, weil die Laufzeit weit über die Nutzungsdauer der Investitionsobjekte hinausgeht. Die *Lumoprint GmbH* müsste demnach den Kredit noch zu einer Zeit bedienen, wo die Investitionsobjekte bereits nicht mehr benutzt werden. Ein Kontokorrentkredit wird nur kurzfristig gewährt, er ist daher nicht für die Finanzierung der Investitionsobjekte geeignet, da hierfür Mittel benötigt werden, die langfristig zur Verfügung stehen. Außerdem wäre ein Kontokorrentkredit zu teuer.

(2 Punkte für jede Beurteilung, max. 6 Punkte)

f)
Sicherungsübereignungen der Druckmaschinen und der Gabelstapler: Die Sicherungsübereignung bietet den Vorteil, dass die *Lumoprint GmbH* im Besitz der Investitionsobjekte bleibt und sie für den Produktionsprozess weiter nutzen kann. Die GmbH kann somit die für die Bedienung des Kredits notwendigen Mittel erwirtschaften.

(3 Punkte mit ausführlicher Erläuterung)

g)
- Genaue Bestimmung der Sicherungsgüter
- Einigung über den Eigentumsübergang
- Errichtung eines Besitzkonstituts mittels eines Vertrages, der den Aufenthalt und die Nutzung der übereigneten Gegenstände bei der *Lumoprint GmbH* gestattet, z. B. Leihvertrag

(1 Punkt je Erklärung, max. 3 Punkt)

h)
- Aufnahme von an den Druckmaschinen befindlichen Fabrikationsnummern in den Sicherungsvertrag
- Anfertigen einer Standortskizze
- Markierung der Druckmaschinen mit einem Aufkleber oder einer Plakette

(2 Punkte je Möglichkeit, max. 4 Punkte)

i)
Eigentümer ist zu diesem Zeitpunkt der Lieferant der Gabelstapler. Er hat sie unter Eigentumsvorbehalt geliefert, der Vorbehalt besteht noch, da die Rechnung noch nicht bezahlt ist.

(2 Punkte)

j)
Eigentümer ist jetzt die *Nordbank AG*. Da der *Nordbank AG* im Sicherungsübereignungsvertrag von der *Lumoprint GmbH* ein Anwartschaftsrecht auf Eigentumserwerb an den Gabelstaplern eingeräumt wurde, geht das Eigentum mit Bezahlung der Rechnung der Gabelstapler auf die *Nordbank AG* und nicht auf die *Lumoprint GmbH* über. *(2 Punkte)*

k)

Rechnungsbetrag 2 Gabelstapler	36.000,00 EUR
- 3 % Skonto	1.080,00 EUR
Neuer Rechnungsbetrag	34.920,00 EUR
Kreditkosten für 80 Tage zu 10 % auf 34.920,00 EUR (3.492 x 80 : 360)	776,00 EUR
Vorteil des Kredits	304,00 EUR

(1 Punkt für Skontoberechnung, 1 Punkt für Kreditkostenberechnung, 1 Punkt für Berechnung des Vorteils, max. 3 Punkte)

B Bankwirtschaft programmierte Aufgaben

Aufgabe 1

D

§ 2 Partnerschaftsgesetz (Name der Partnerschaft)

(1) Der Name der Partnerschaft muss den Namen mindestens eines Partners, den Zusatz „und Partner“ oder „Partnerschaft“ sowie die Berufsbezeichnungen aller in der Partnerschaft vertretenen Berufe enthalten. Die Beifügung von Vornamen ist nicht erforderlich. Die Namen anderer Personen als der Partner dürfen nicht in den Namen der Partnerschaft aufgenommen werden.

Aufgabe 2

B und **F**

Die **Partnerschaft** ist nach § 1 Partnerschaftsgesellschaftsgesetz (PartGG) eine Gesellschaft, in der sich Angehörige Freier Berufe zur Ausübung ihrer Berufe zusammenschließen. Sie übt kein Handelsgewerbe aus. Angehörige einer Partnerschaft können nur natürliche Personen sein. Bloße Kapitalbeteiligung ist nicht zulässig.

Der Partnerschaftsvertrag bedarf gemäß § 3 Abs. 1 PartGG der Schriftform. Der Partnerschaftsvertrag muss nach § 3 Abs. 2 PartGG enthalten:

- den Namen und den Sitz der Partnerschaft;
- den Namen und den Vornamen sowie den in der Partnerschaft ausgeübten Beruf und den Wohnort jedes Partners;
- den Gegenstand der Partnerschaft.

Eine bestimmte Mindestkapitaleinlage ist gesetzlich nicht vorgeschrieben. Die Gesellschafter der Partnerschaft müssen nach § 4 Abs. 1 PartGG die Partnerschaft im Partnerschaftsregister eintragen lassen.

Es gilt das Partnerschaftsgesellschaftsgesetz (PartGG). Soweit dort nichts anderes bestimmt ist, finden die Vorschriften des Bürgerlichen Gesetzbuches (§§ 705-740) und des Handelsgesetzbuchs (§§ 105-160) über die Gesellschaft Anwendung.

Zur Führung der Geschäfte sind grundsätzlich alle Partner berechtigt und verpflichtet, es sei denn, im Partnerschaftsvertrag ist etwas anderes vereinbart. Einzelne Partner können im Partnerschaftsvertrag nur von der Führung der sonstigen Geschäfte ausgeschlossen werden. Im Übrigen richtet sich das Rechtsverhältnis der Partner untereinander nach dem Partnerschaftsvertrag.

Die Aufteilung von Gewinn und Verlust auf die Partner ist gewöhnlich im Partnerschaftsvertrag geregelt.

Eine Partnerschaft kann unter ihrem Namen Rechte erwerben und Verbindlichkeiten eingehen; sie kann Eigentum und andere dingliche Rechte an Grundstücken erwerben und vor Gericht klagen und verklagt werden.

Die Partner einer Partnerschaft haften - im Unterschied zu einer bloßen Bürogemeinschaft – für die Verbindlichkeiten der Partnerschaft den Gläubigern als Gesamtschuldner persönlich. Waren nur einzelne Partner mit der Bearbeitung eines Auftrags befasst, so haften – im Unterschied z. B. zu einer Sozietät – nur sie für berufliche Fehler. Scheidet ein Partner aus, haftet er für die bis dahin begründeten Verbindlichkeiten weiter. Für Verbindlichkeiten, die nicht mit der Ausführung eines Auftrages in Verbindung stehen (beispielsweise die Bestellung von Büromaterial) haften demnach die Partner wie in einer GbR immer als Gesamtschuldner.

Eine Partnerschaft wird aufgelöst

- wenn sie für eine bestimmte Zeit eingegangen worden ist, durch Zeitablauf,
- wenn die Partner ihre Auflösung beschließen,
- wenn das Insolvenzverfahren über das Vermögen der Partnerschaft eröffnet wird,
- durch gerichtliche Entscheidung.

Ein Partner scheidet aus der Partnerschaft aus,

- durch Tod des Partners (Der Partnerschaftsvertrag kann jedoch bestimmen, dass die Partnerschaft an Dritte vererblich ist, die Partner sein können.),
- durch Eröffnung des Insolvenzverfahrens über sein Vermögen,
- durch Kündigung des Partners,
- durch Kündigung durch einen Privatgläubiger des Partners,
- durch Beschluss der Partnerversammlung,
- durch Eintritt der im Partnerschaftsvertrag vereinbarten Ausscheidungsgründe.

Nach BGB hat der Rechnungsabschluss bei einer Gesellschaft und die Gewinnverteilung im Zweifel am Schluss jedes Geschäftsjahrs zu erfolgen. Diese Rechnungslegungspflicht ist auch im steuerlichen Interesse zu befolgen. Partnerschaften können als Gewinn den Überschuss der Betriebseinnahmen über die Betriebsausgaben ansetzen.

Aufgabe 3

A und **E**, vgl. § 104 ff. BGB

zu F: Personen, die unter Betreuung stehen, sind beschränkt geschäftsfähig, obwohl sie älter als 18 Jahre sein können.

Aufgabe 4

D und **F**

Schufa-Meldungen

	Daten über Giro- und Kreditkartenkonten	Daten über Konsumentenkredite
Positiv-merkmale	Kontoantrag, Kontoeröffnung, Beendigung der Kontoverbindung	Kreditantrag, Kreditgewährung (Kreditnehmer, Mitschuldner, Kreditbetrag, Laufzeit, Ratenbeginn), vereinbarungsgemäße Abwicklung (Rückzahlung, auch Laufzeitverlängerung)
Negativ-merkmale	Kündigung wegen missbräuchlicher Nutzung, Wechselprotest, Scheckrückgabe mangels Deckung, Bankkartenmissbrauch durch den rechtmäßigen Inhaber, beantragter Mahnbescheid bei unbestrittener Forderung, Zwangsvollstreckungsmaßnahmen	Kündigung wegen Verzugs mit mindestens zwei Raten bei Zahlungsunfähigkeit, Inanspruchnahme einer vereinbarten Lohnabtretung, beantragter Mahnbescheid bei unbestrittener Forderung, Zwangsvollstreckungsmaßnahmen

Aufgabe 5

B und **D**

Kreditinstitute, die Mitglieder der Schufa sind, melden der Schufa Daten aus dem Privatkundengeschäft sowie aus dem Geschäft mit Freiberuflern. Die Tätigkeit der Schufa muss sich im Rahmen der Regelung des § 29 Bundesdatenschutzgesetz bewegen. Kreditinstitute sind verpflichtet, vor der Weitergabe personenbezogener Daten die Einwilligung des Betroffenen einzuholen. Sie lassen sich daher bei der Eröffnung eines Girokontos, bei Abschluss eines Kreditvertrages und bei Bürgschaftsübernahmen von ihren Kunden die Schufa-Klausel unterschreiben.

Aufgabe 6

C, vgl. §§ 169 ff. BGB (Vollmachterteilung)

Als Vollmacht wird eine durch Rechtsgeschäft erteilte Vertretungsmacht bezeichnet. Die Vollmacht entsteht durch eine einseitige Willenserklärung. Die Vollmacht betrifft dabei die Ermächtigung zum Handeln im fremden Namen. Voraussetzung der Vollmacht ist eine Vollmachtserteilung. Möglich ist eine ausdrückliche oder konkludente Willenserklärung gegenüber dem Bevollmächtigten (sog. Innenvollmacht) oder gegenüber dem Geschäftsgegner (sog. Außenvollmacht).

Aufgabe 7

C, vgl. § 2 VermBG

Übersicht über die staatliche Sparförderung

Sparformen	**Einkommens-grenzen**	**Sparhöchstbetrag**	**Arbeitnehmer-sparzulage/ Wohnungsbau-prämie**	**Sperrfristen**	**Arbeitnehmer-sparzulage**
Bausparen nach dem 5. VermBG	17.900,00 EUR 35.800,00 EUR	470,00 EUR	9 %	7 Jahre ab Vertragsschluss	43,00 EUR
Beteiligungssparen	20.000,00 EUR 40.000,00 EUR	400,00 EUR	20 %	7 Jahre, ab 01.01. des Jahres der ersten Einzahlung.	80,00 EUR

Bausparen nach dem WoPG	25.600,00 EUR 51.200,00 EUR	512,00 EUR 1.024,00 EUR	8,8 %	7 Jahre ab Vertragsabschluss, wenn der Bausparer bei Vertragsabschluss das 25. Lebensjahr noch nicht vollendet hatte.	45,06 EUR 90,11 EUR

Aufgabe 8

C, vgl. § 13 VermBG (Anspruch auf Arbeitnehmersparzulage)

Aufgabe 9

B, vgl. § 14 Abs. 4 VermBG (Festsetzung der Arbeitnehmersparzulage auf Antrag des Arbeitnehmers)

Festsetzung der Arbeitnehmersparzulage und der Wohnungsbauprämie	
Arbeitnehmersparzulage	Wohnungsbauprämie
Die Investmentgesellschaft bzw. Bausparkasse erteilt jedes Jahr eine Bescheinigung über die gezahlten vermögenswirksamen Leistungen. Der Arbeitnehmer reicht die Bescheinigung im Rahmen seiner Steuererklärung bei seinem Finanzamt ein und beantragt die Festsetzung der Arbeitnehmersparzulage. Nach Ablauf der Sperrfrist bzw. bei Zuteilung des Bausparvertrags überweist das Finanzamt die gesamte Arbeitnehmersparzulage.	Der Bausparer beantragt die Wohnungsbauprämie bei der Bausparkasse mit der Erklärung, dass die Einkommensgrenze von 25.600,00/51.200,00 EUR nicht überschritten wurde. Bei Zuteilung des Bausparvertrags bzw. bei Ablauf der Bindungsfrist (Bausparer bei Vertragsabschluss unter 25 Jahre alt) wird die gesamte ermittelte Prämie von der Bausparkasse beim Finanzamt angefordert und dem Bausparkonto gutgeschrieben bzw. ausgezahlt.

Aufgabe 10

B und **E**

B: Aufgrund der Scheckbedingungen sind Streichungen auf einem Scheck nicht zulässig.

E: Verrechnungsschecks werden dem Konto des Zahlungsempfängers gutgeschrieben. Aus einem Verrechnungsscheck kann kein Barscheck gemacht werden.

Aufgabe 11

A	B	C	D	E
1	2	6	3	5

Überblick über die Kartenzahlungen

Aspekte	Geldkarte	EC-Cash/Maestro-System	Kreditkarte
Legitimation	keine Prüfung der Legitimation des Vorlegers	Eingabe der PIN und Online-Prüfung der PIN, der Sperrdatei und des Verfügungsrahmens	Unterschrift auf Leistungsbeleg und Online-Prüfung der Sperrdatei und des Verfügungsrahmens
Zahlungsgarantie für den Händler	Zahlungsgarantie	Zahlungsgarantie	Zahlungsgarantie
Belastung des Karteninhabers	beim Aufladen der Karte maximal 200,00 EUR	Belastung nach jeder Zahlung	einmal im Monat

Aspekte	Geldkarte	EC-Cash/Maestro-System	Kreditkarte
Sicherheit für den Karteninhaber	Bei Verlust der Karte trägt Karteninhaber das volle Risiko.	- unrechtmäßige Verfügungen nur bei Kenntnis der PIN - Vor der Verlustanzeige ist die Haftung abhängig vom Verschulden des Kunden, nach der Verlustanzeige trägt die Bank alle Schäden.	- Schäden vor der Verlustanzeige: Haftung des Karteninhabers maximal 50,00 EUR - Schäden nach der Verlustanzeige: keine Haftung des Karteninhabers
Kosten für Händler	- Terminalkosten - geringe Provision an das Karten ausgebende Kreditinstitut	- Terminalkosten - Kosten für die Online-Verbindung - Provision des Karten ausgebenden Kreditinstituts	- Terminalkosten - Kosten für die Online-Verbindung - Disagio vom Rechnungsbetrag

Aufgabe 12

C und **F**

Pfändungsschutzkonto (P-Konto): Ab 2012 werden sogenannte P-Konten (Pfändungsschutzkonten) eingeführt: Guthaben von 1.028,89 Euro ist auf einem solchen Konto vor Pfändungen geschützt. Damit macht der Gesetzgeber den bislang nötigen Gerichtsbeschluss auf Pfändungsschutz unnötig. Das bedeutet im Umkehrschluss: Guthaben auf gängigen Girokonten kann nicht mehr vor Pfändung geschützt werden! Schuldner müssen ab 2012 ihr Girokonto in ein P-Konto umwandeln, um ihr Existenzminimum schützen zu können.

Der oben erwähnte Schutzbetrag bezieht sich immer auf einen Kalendermonat und gilt jeden Monat neu. Der Betrag erhöht sich, wenn der Kontoinhaber den Betrag oder Teile davon im Vormonat nicht angetastet hat (Beispiel: Der Schuldner hat im Januar vom Schutzbetrag 200,00 Euro nicht gebraucht, also beträgt der Schutzbetrag im Februar 1.228,89 Euro). Weiter erhöht sich dieser Schutzbetrag für Unterhaltspflichtige um 387,22 Euro auf 1.416,11 Euro für Ehegatten oder ein Kind, für jeden weiteren, für den Unterhalt zu leisten ist, um weitere 215,73 Euro. Dafür sind der Bank die Unterhaltsverpflichtungen nachzuweisen. Mit einem Bescheid der Familiengeldkasse ist es außerdem möglich, das Kindergeld vor Pfändungen zu schützen, werden Sozialleistungen empfangen, kann sich der Schutzbetrag ebenfalls erhöhen.

Das P-Konto kann von jedem Schuldner eingerichtet werden und Banken sind verpflichtet, das Girokonto binnen vier Geschäftstagen umzuwandeln. Schuldner stellen dafür einen Antrag bei der Bank; das Umwandeln des Girokontos verursacht keine Kosten. Gemeinschaftskonten sind ausgeschlossen. Schuldner haben Anspruch darauf, bestehende Girokonten in ein P-Konto umwandeln zu lassen, nicht aber darauf, ein P-Konto einrichten zu lassen (was das Eröffnen eines Girokontos voraussetzt, da P-Konten nur auf Antrag umgewandelt werden können). Die Kontoführung verursacht Kosten, die nicht zu knapp bemessen sind: 10,00 Euro und mehr verlangen die Banken pro Monat.

Aufgabe 13

B

Der Dax-Future ist ein unbedingtes Termingeschäft auf den Deutschen Aktienindex (Dax 30), der die Kursentwicklung der umsatzstärksten deutschen Standardaktien widerspiegelt.

Cash Settlement: Da der Basiswert nicht effektiv lieferbar ist, werden erzielte Gewinne oder Verluste am Liefertag bar ausgeglichen.

Short-Position des Verkäufers: Fällt der Dax wie erwartet, stellt der Anleger glatt, d. h. er kauft die gleichen Kontrakte zum aktuellen Terminpreis. Liegt der aktuelle Terminpreis im Vergleich zum früher vereinbarten Futurepreis niedriger, erzielt er einen Gewinn, liegt er darüber, macht er einen Verlust.

Aufgabe 14

Verlust: **4.250,00 EUR** (25 x 170)

Aufgabe 15
B und **F**
Geldmarktfonds: Geldmarktfonds legen ihre Mittel kurzfristig am Geldmarkt in Geldmarktpapieren und in Floating Rate Notes an. Da der Fonds die Gelder nur kurzfristig anlegt, besteht nur ein geringes Kursrisiko im Hinblick auf eine Veränderung der Marktzinsen. Der Ertrag ist abhängig von der Entwicklung der Geldmarktzinsen. Eine Anlage in Geldmarktfonds empfiehlt sich, wenn der Anleger sein Geld sicher anlegen möchte oder steigende Zinsen erwartet. Da bei Geldmarktfonds normalerweise kein Ausgabeaufschlag anfällt, eignen sie sich auch für kurzfristige Geldanlagen.
Tagesgeldkonten: Kontoführung nur auf Guthabenbasis; Oft sind Mindestguthaben erforderlich, z. B. 5.000,00 EUR; Tagesgelder werden variabel verzinst, die Zinsen werden jeweils an die Geldmarktzinsen angepasst; Die Zinssätze sind oftmals nach der Guthabenhöhe gestaffelt; Es werden keine Kosten in Rechnung gestellt; Verfügungen können täglich auf ein angegebenes Referenzkonto überwiesen werden; die Zinsgutschrift erfolgt vierteljährlich, monatlich oder jährlich; Tagesgelder werden häufig kurzfristig bis mittelfristig angelegt.

Aufgabe 16
A und **F**
F: Öffentliche Pfandbriefe sind durch Forderungen aus Darlehen an staatliche Stellen gedeckt. Pfandbriefe sind Anleihen, die einen Anspruch auf Zinszahlungen und Rückzahlung aus einer Darlehensgewährung an den Emittenten verbriefen. Zur Deckung der Zahlung dienen Vermögenswerte. Im Falle der Zahlungsunfähigkeit des Emittenten dient die Deckungsmasse zur Erfüllung der Ansprüche der Pfandbriefinhaber.
Zu B: Merkmale von Bundesanleihen: Nennwert 0,01 EUR; Laufzeit ca. 10 Jahre bis 30 Jahre; fester Nominalzins, in einigen Fällen auch variable Verzinsung; jährliche Zinszahlung bei Anleihen mit festem Zinssatz; bei Floating Rate Notes mehrere Zinszahlungen im Jahr; Rückzahlung zum Nennwert.
Zu C und D: Merkmale von Bundesobligationen: Nennwert 0,01 EUR; Laufzeit ca. 5 Jahre; fester Nominalzins; jährliche Zinszahlung; Rückzahlung zum Nennwert.
Zu E: Unternehmensanleihen sind börsenfähige festverzinsliche Wertpapiere.

Aufgabe 17
07.05.2012 (Montag)

Aufgabe 18

Anlagebetrag	20.000,00 EUR
Stückzinsen für 96 Tage (20.0000 x 3,25 x 96) : 36.600	**170,49 EUR**

Aufgabe 19

Bruttozinsen	650,00 EUR
- FSA	100,00 EUR
Zwischensumme	550,00 EUR
- 25 % Abgeltungsteuer	137,50 EUR
- 5,5 % SolZ	7,56 EUR
Zwischensumme	404,94 EUR
+ FSA	100,00 EUR
Gutschrift der Zinsen am 01.02.2013	**504,94 EUR**

Aufgabe 20

Anlagebetrag Kurswert 100,50 %	20.100,00 EUR
+ 0,5 % Provision	100,50 EUR
+ 0,075 % Maklergebühr	15,00 EUR
Zwischensumme	20.215,50 EUR
+ Stückzinsen	170,49 EUR
Belastungsbetrag	**20.385,99 EUR**

Aufgabe 21

A	B	C	D
2	1	3	4

Bookbuilding: Platzierungsverfahren bei für Wertpapiere bei einem Börsengang. Im Bookbuilding werden – anders als beim Festpreisverfahren – die Interessen von Großinvestoren bei der Ermittlung des Emissionspreises mit einbezogen. Vor Beginn des Bookbuilding sprechen die Konsortialbanken potenzielle Großanleger auf ihre Investitionsbereitschaft an. Auf Grundlage dieser Gespräche einigt sich das Konsortium mit dem Emittenten auf eine Bandbreite für den Emissionspreis, die 10 bis 15 % betragen kann. Die Dauer der Bookbuilding-Phase hängt vom Emissionsvolumen, der Marktsituation und der Branche des Emittenten ab. Es folgt eine Zeichnungsperiode, die normalerweise 8 bis 10 Tage dauert. Während dieser Zeit vermerken die Konsortialbanken eingehende Zeichnungswünsche und geben sie an die konsortialführende Bank (Bookrunner) weiter. Der Bookrunner legt in Abstimmung mit dem emittierenden Unternehmen einen einheitlichen Platzierungspreis fest.
Freihändiger Verkauf: Platzierungsverfahren für Wertpapiere, bei dem der Emittent die Wertpapiere selbst verkauft. Ein freihändiger Verkauf von Wertpapieren durch den Emittenten findet vor allem bei Eigenemissionen oder beim Verkauf von Emissions-Restbeständen der Konsortialbank statt.

Aufgabe 22

B und **E**

Gesamtkapitalrentabilität = (Betriebsergebnis + Fremdkapitalzinsen) : Gesamtkapital x 100
Diese Kennzahl Gesamtkapitalrentabilität gibt die Verzinsung des gesamten Kapitaleinsatzes im Unternehmen an. Da die Gesamtkapitalrentabilität die Verzinsung des gesamten im Unternehmen, also inkl. Fremdkapital, investierten Kapitals angibt, ist sie aussagefähiger als die Eigenkapitalrentabilität. Es wird hier die Effizienz des gesamten eingesetzten Kapitals, unabhängig von seiner Finanzierung, betrachtet. Die Fremdkapitalzinsen müssen dem Gewinn hinzugerechnet werden, da sie in der gleichen Periode erwirtschaftet wurden, jedoch den Gewinn schmälern.

Aufgabe 23

C

Im Rahmen einer Fahrzeugfinanzierung lässt sich die Bank grundsätzlich die Zulassungsbescheinigung 2 aushändigen. Die Übergabe der Zulassungsbescheinigung 2 hat zwar für den Rechtserwerb keine Bedeutung, jedoch zerstört eine fehlende Zulassungsbescheinigung 2 den guten Glauben des Erwerbers an das Eigentum des Veräußerers. Es gilt die Vermutung, dass demjenigen, der die Zulassungsbescheinigung 2 nicht besitzt, auch das Fahrzeug nicht gehört.

Aufgabe 24

A	B	C	D	E	F	G	H
3	2	4	6	5	6	5	2

Das Grundbuch gibt Auskunft über die Rechtsverhältnisse von Grundstücken.
Das Grundbuchblatt für ein Grundstück enthält:
- Aufschrift
- Bestandsverzeichnis
- Die Abteilungen 1 bis 3

Aufgabe 25

E

Zu den Eigenmitteln zählen: Bargeld, Sparguthaben, Festgeld, Wertpapiere, Bausparguthaben, vorhandenes Grundstück und Eigenleistungen.

Aufgabe 26

D

Beleihungswert: Vom jeweiligen Finanzierungsinstitut festgelegte Größe zur Beleihung einer Immobilie. Der Beleihungswert entspricht i. d. R. dem Wert, der bei einem späteren freihändigen Verkauf unter normalen Umständen jederzeit erzielt werden kann. Es werden nur die dauernden und zukunftssicheren Eigenschaften der Grundstücke und der Erträge berücksichtigt, die jeder Besitzer bei ordnungsgemäßer Bewirtschaftung nachhaltig erzielen kann. Dieser Wert ist maßgeblich für die Bestimmung des Sicherheitenwertes und der Beleihungsgrenze.

Der Verkehrswert ist der aktuell erzielbare Verkaufserlös eines Grundstücks, der im Zeitablauf Schwankungen unterliegt.
Der Sachwert ist die Summe aus dem Bodenwert und dem Wert der baulichen Anlagen (Bauwert). Der Bodenwert errechnet sich aus dem Grundstückspreis pro Quadratmeter multipliziert mit der Grundstücksfläche. Ertragswert = ((Jahresreinertrag - Bodenwertverzinsung) x Barwertrentenfaktor) + Bodenwert

Aufgabe 27

530 qm Grundstücksfläche x 50 EUR/qm = **26.500,00 EUR**

Aufgabe 28

Grunderwerbsteuer **2.411,50 EUR**

Aufgabe 29

Festdarlehen **60.000,00 EUR**

Aufgabe 30

Berechnung des Hypothekardarlehens	
Erwerbskosten Grundstück	68.900,00 EUR
+ Erschließungskosten	26.500,00 EUR
+ Grunderwerbsteuer	2.411,50 EUR
+ Notariats- und Gerichtskosten	1.500,00 EUR
+ Baukosten	200.000,00 EUR
Zwischensumme Gesamtfinanzierungsbedarf	299.311,50 EUR
./. Sparguthaben	50.000,00 EUR
./. Zwischenfinanzierung	60.000,00 EUR
Hypothekardarlehen	**189.311,50 EUR**

Aufgabe 31

1.084,58 EUR (6,85 x 1900 : 12)

Aufgabe 32

A	B
2 und 6	3 und 8

Bauwert: Ermittelter Verkehrswert eines Objekts. Es ist der Betrag anzusetzen, mit dem ein gleichartiges Gebäude unter Berücksichtigung der örtlichen Verhältnisse errichtet werden kann. Je nach Alter ist ein entsprechender Abschlag zu machen. Ausschlaggebend ist der Zeitwert. Für die Berechnung bedient man sich entweder des Sachwertverfahrens oder des Ertragswertverfahrens.
Bodenwert: Der Verkehrswert eines jeden Grundstücks wird durch den Preis bestimmt, der in dem Zeitpunkt, auf den sich die Ermittlung bezieht, zu erzielen wäre. Bei der Ermittlung sind alle wertbeeinflussenden Faktoren wie z. B. Abstandszahlungen, Ersatzleistungen, Steuern, Gebühren usw. mit zu berücksichtigen.
Bodenrichtwertkarte: Aufgrund der Kaufpreissammlungen werden jährlich vom Gutachterausschuss für das Gemeindegebiet durchschnittliche Lagewerte für Boden unter Berücksichtigung des unterschiedlichen Entwicklungsstandes ermittelt.
Bauzeichnung: Maßgerechte Zeichnung eines Bauwerks, d. h. aller Geschosse und Außenansichten sowie eines Schnitts durchs Treppenhaus.
Erschließungskosten: Kosten, die durch die Erschließung im öffentlichen und privaten Bereich entstehen, z. B. Versorgung und Entsorgung, Wasser, Strom, Gas usw.

Aufgabe 33 und 34

	Grundstückskosten	68.900,00 EUR
	+ Erschließungskosten	26.500,00 EUR
	Bodenwert	95.400,00 EUR
	+ Baukosten	200.000,00 EUR
33	Gesamtsumme = Beleihungswert	**295.400,00 EUR**
	davon 65 %	192.010,00 EUR
34	abgerundet auf volle 10.000,00 EUR = Beleihungsgrenze	**190.000,00 EUR**

Aufgabe 35
D
Zwangsvollstreckungsklausel mit notarieller Beurkundung (§ 800 ZPO):
Der Schuldner unterwirft sich in der notariellen Urkunde der sofortigen Zwangsvollstreckung. Mit dieser vollstreckbaren Urkunde kann der Gläubiger jederzeit Zwangsvollstreckungsmaßnahmen (Zwangsversteigerung, Zwangsverwaltung) einleiten.

Aufgabe 36
1,5610 USD (1,5690 - 0,0080)
Der Terminkurs ist abhängig vom Kassakurs der Währung, von der Laufzeit des Geschäfts und von der Zinsdifferenz zwischen den Währungen. Der Swapsatz ist die Differenz zwischen Kassa- und Terminkurs. Der Swapsatz kann ein Deport oder ein Report sein. Der Terminkurs ist höher als der Kassakurs, wenn die Zinsen im Inland niedriger sind als die ausländischen Zinsen: den Aufschlag bezeichnet man als Report. Der Terminkurs ist niedriger als der Kassakurs, wenn die Zinsen im Ausland niedriger sind als die inländischen Zinsen: den Abschlag bezeichnet man als Deport.

Aufgabe 37
E
CIF: Bei dieser klassischen Seefrachtklausel muss der Verkäufer neben dem Frachtvertrag bis zum Bestimmungshafen auf seine Kosten, aber zugunsten des Käufers eine Transportversicherung abschließen, die den Käufer zur Geltendmachung von Ansprüchen ermächtigt. Der Verkäufer ist zum Abschluss einer Mindestdeckung verpflichtet, deren Summe den Kaufpreis um 10 % übersteigt. Im Einzelnen verpflichtet sich der Verkäufer über die allgemeinen Vertragspflichten hinaus zum Abschluss des Transportvertrages auf eigene Rechnung bis zum vereinbarten Bestimmungshafen sowie zur Übernahme der Fracht- und Ausladungskosten im Bestimmungshafen, zur Beschaffung der für die Ausfuhr und Verladung notwendigen amtlichen Bescheinigungen und Übernahme der einschl. der Verladung anfallenden Abgaben, Gebühren und Steuern, zur Verladung der Ware auf eigene Kosten im Verschiffungshafen, zur Beschaffung einer übertragbaren Seeversicherungspolice gegen die Beförderungsgefahren auf eigene Kosten, zur unverzüglichen Beschaffung eines Konnossements, einer Handelsrechnung über die verschiffte Ware sowie eines Versicherungszertifikats, zur Verpackung der Ware auf eigene Kosten.
Der Käufer verpflichtet sich zur Übernahme der Kosten für Löschung und Verbringung an Land im Bestimmungshafen, zur Übernahme des Risikos von dem Zeitpunkt an, in dem die Ware an Bord des Schiffes im Verschiffungshafen verbracht worden ist.
FOB: Der Gefahrenübergang an den Käufer tritt erst in dem Moment ein, in dem die Ware an Bord des Seeschiffes im Verschiffungshafen verbracht worden ist. Bis einschließlich der Verladung an Bord des Seeschiffes im Verschiffungshafen trägt der Verkäufer die Kosten.

C Rechnungswesen und Steuerung

Aufgabe 1
2 5
Es sind Aktiv-Passiv-Mehrungen, (4) und (6) waren jeweils ein Aktiv-, (1) und (3) jeweils ein Passivtausch.

Aufgabe 2

A **2** Handelsbestand ist kurzfristiges Vermögen
B **3** einbehaltener Jahresüberschuss, gehört zum Eigenkapital
C **1** Beteiligung ist langfristig
D **3** bildet das gezeichnete Kapital der *Nordbank AG*
E **5** diese Wertpapiere gehören nicht der Bank

Aufgabe 3

A **1** Bei Erfolgskonten handelt es sich nicht um einen Schlussbestand, bei gemischten Konten ist der Schlussbestand nicht durch Saldieren zu ermitteln, da sich beim Abschluss zwei Positionen (Schlussbestand und Erfolg) ergeben.
B **3** Erfolgskonten sind die Nicht-Bestandskonten
C **5** Beide haben aktive Anfangsbestände
D **6** KK und BKK haben zwei Endbestände, gemischte Konten haben nicht zwei Endbestände, sondern Endbestand und Erfolg.
E **2** Endsaldo im Soll ist ein Habensaldo wie bei den Kreditoren.
F **3** Erfolgskonten werden über GuV wieder auf dem Eigenkapitalkonto abgeschlossen.

Aufgabe 4

818,00 EUR

Das einzelne Handy ist ein Wirtschaftsgut, das netto 145,00 EUR kostet. Damit kann der Betrag sofort als Aufwand gebucht werden. Da die Immobilienabteilung zum umsatzsteuerpflichtigen Bereich der Bank gehört (Vorsteuer wird erstattet) wird ein Handy im Jahr der Anschaffung mit dem Nettobetrag von 145,00 EUR als Aufwand gebucht, alle 4 Handys folglich mit 580,00 EUR.
Die Anlageberatung gehört zum umsatzsteuerfreien Bereich der Bank, daher muss der Bruttobetrag in Höhe von 1.190,00 EUR abgeschrieben werden. Der Schreibtisch kostet 1.000,00 EUR netto. Damit gehört er zur Gruppe der Anlagegüter (über 150,00 EUR bis 1.000,00 EUR netto), die 5 Jahre lang mit jährlich 1/5 ihres Wertes abgeschrieben werden können: 1.190,00 EUR / 5 Jahre = 238,00 EUR

Aufgabe 5

100,75 % Käufe zu 507.500,00 EUR und 1.507.500,00 EUR, insgesamt 2.015.000,00 EUR / 2.000.000,00 EUR Nennwert * 100

Aufgabe 6

15.386,30 EUR Stückzinsen = 1.200.000,00 Nennwert Bestand am 31.12. * 6 % * 78 Tage (15.10. bis 31.12. jeweils einschließlich) / 365 = 15.386,30

Aufgabe 7

1.205.400,00 EUR Kurswert: 1.200.000,00 EUR * 100,45 % = 1.205.400,00 EUR
Wertpapiere des Handelsbestandes werden zum Zeitwert (Fair Value) bewertet. Es gilt der Kurs am Bilanzstichtag abzüglich eines Risikoabschlages. Der Kurs am Bilanzstichtag beträgt 102,5 % abzüglich 2 % vom Kurs (102,5 % * 0,02 = 2,05 %) ergibt einen Bewertungskurs von 100,45 %

Aufgabe 8

1.220.786,30 EUR Kurswert: 1.200.000,00 EUR zu 100,45 % = 1.205.400,00 EUR plus Stückzinsen für 78 Tage = 15.386,30 EUR

Aufgabe 9

1 2.000,00 EUR durchschnittlicher Anschaffungskurs 100,75 %, verkauft zu 101,0 %, ergibt einen Gewinn von 0,25 %: 0,25 % von 800.000,00 EUR Nennwert = 2.000,00 EUR

Aufgabe 10

2 3.600,00 EUR durchschnittlicher Anschaffungskurs 100,75 %, aber Bewertung zum Bilanzstichtagskurs 100,45 % ergibt einen nicht realisierten Verlust von 0,30 % vom Nennwert, für den Schlussbestand von 1.200.000,00 EUR Nennwert also 1.200.000,00 * 0,30 % = 3.600,00 EUR

Aufgabe 11

3,3 Mio. EUR Der durchschnittliche Forderungsausfall ist um 40 % zu kürzen, maximal um die Höhe der am Bilanzstichtag vorhandenen Einzelwertberichtigungen. Da die Pauschalwertberichtigung nur die latenten

Ausfallrisiken betrifft, sollen durch die Kürzung die akuten Ausfallrisiken pauschal herausgerechnet werden.

Aufgabe 12

0,76 % 3,3 * 100 / 434

Aufgabe 13

2 0,1 Mio. EUR 0,76 % von (457,4 - 10) – 3,5

Aufgabe 14

76 an **55**

Aufgabe 15

448,7 Mio. EUR Forderungen an Kunden 457,4 abzüglich Ewb 5,3 abzüglich Pwb 3,4

Aufgabe 16

18.200 Tsd. EUR 4 % von 455.000.000 (Forderungen an Kreditinstitute 125 Mio. EUR und Forderungen an Kunden 290 Mio. EUR, Wertpapiere der Liquiditätsreserve 40 Mo. EUR)

Aufgabe 17

1.540 Tsd. EUR 950 Tsd. EUR Festgeldzinsen + 500 Tsd. EUR Mietwert + 90 Tsd. EUR Abschreibung

Aufgabe 18

1.680 Tsd. EUR 100 Tsd. EUR Debitorenzinsen + 80 Tsd. EUR Provisionserträge + 1.500 Tsd. EUR Kreditzinsen

Zu den Aufgaben 19 bis 24

Ermittlung des Teilbetriebsergebnisses und des Betriebsergebnisses:

(Quelle: Deutsche Bundesbank, Monatsbericht September 2000) siehe auch Formelsammlung der IHK

	Mio. EUR	Prozentuale Auswertungen zur durchschnittlichen Bilanzsumme: 2.000 Mio. EUR	
Zinserträge	250	Zinserträge	12,5 %
+ lfd. Erträge aus Aktien und Beteiligungen	30		
+ Erträge aus Gewinngemeinschaften, Gewinnabführung- od. Teilgewinnabführungsverträgen	12		
- Zinsaufwendungen	150	Zinsaufwendungen	7,5 %
= Zinsüberschuss (1)	**142**	**Bruttozinsspanne**	**7,1 %**
Provisionserträge	90		
- Provisionsaufwendungen	40		
= Provisionsüberschuss (2)	**50**	**Provisionsspanne**	**2,5 %**
Personalaufwand	50	Personalaufwandsspanne	2,5 %
+ andere Verwaltungsaufwendungen			
+ Abschreibungen und Wertberichtigungen auf immaterielle Anlagewerte und Sachanlagen	25	Sachaufwandsspanne	1,25 %
	15		
= Verwaltungsaufwand (3)	**90**	**Bruttobedarfsspanne**	**4,5 %**
Teilbetriebsergebnis (1) + (2) – (3)	**102**		
Nettoergebnis aus Finanzgeschäften (4)	**4**	**Handelsergebnis**	**0,2 %**
Sonstige betriebliche Erträge	15		
- Sonstige betriebliche Aufwendungen	3		
= Saldo der sonstigen betrieblichen Aufwendungen und Erträge (5)	**12**	**Sonstige Ertragsspanne**	**0,6 %**

Abschreibungen und Wertberichtungen auf Forderungen und bestimmte Wertpapiere sowie Zuführungen zu Rückstellungen im Kreditgeschäft	12		
- Erträge aus Zuschreibungen zu Forderungen und bestimmten Wertpapieren sowie aus der Auflösung von Rückstellungen im Kreditgeschäft	0		
Bewertungsergebnis (= Risikovorsorge) (6)	**12**	**Risikospanne**	**0,6 %**
Betriebsergebnis aus normaler Geschäftstätigkeit (1) bis (6)	**106**	**Nettogewinnspanne**	**5,3 %**

Aufgabe 19
7,1 %

Aufgabe 20
4,5 %

Aufgabe 21
102 Mio. EUR

Aufgabe 22
0,2 %

Aufgabe 23
0,6 %

Aufgabe 24
5,3 %

Aufgabe 25
A **6** betriebsfremde Erträge
B **2**
C **2**
D **2** für das Eigenkapital werden wie für das Fremdkapital Zinskosten angesetzt (Opportunitätskosten)
E **4** sind Zinsen
F **3**

Aufgabe 26
5,2 %
Die Lösung nach der IHK-Formelsammlung Punkt 1.2

Ermittlung der **Preisobergrenze** eines Produktes:

Alternativzinssatz für Beschaffung am GKM	5,5 %
- direkt zurechenbare Betriebskosten in %	0,3 %
= Preisobergrenze Passivprodukt in %	5,2 %

Berechnung der Betriebskosten in Prozent: p = Z * 100 / K / i = 300 * 100 / 5 / 20.000 = 0,3 % p. a.

Aufgabe 27
140,00 EUR
Ermittlung des Deckungsbeitrags:

Alternativzinsen für Beschaffung am GKM	5,5 %
- Zinskosten	4,5 %
= Deckungsbeitrag I (Zinsüberschuss, Zins-Konditionenbeitrag)	1,0 %
+ direkt zurechenbare Provisionserlöse	- - -
- direkt zurechenbare Betriebskosten	0,3 %
= Deckungsbeitrag II (Netto-Konditionenbeitrag)	0,7 %

0,7 % p. a. von 20.000,- EUR = 140,00 EUR
Die Gewinnmarge wird nach der IHK-Formelsammlung nicht mit in die Preisgrenze eingerechnet! (im Gegensatz zu manchen Büchern)

Aufgabe 28
20,00 % (Eigenkapital * 100) / Gesamtkapital): (100 * 100) / 500

Aufgabe 29
13,04 % Sie nahm um 13,04 % ab (3 * 100 / 23)

Aufgabe 30
82 Tage (Verbindlichkeiten aus Lieferungen und Leistungen * 365 / Wareneinsatz): 90 * 365 / 400, kaufmännisch (ab)gerundet, die IHK ließ auch aufgerundete Tage als richtiges Ergebnis zu!

Aufgabe 31
21,0 % (Betriebsergebnis * 100 / Eigenkapital): 21 * 100 / 100

Aufgabe 32
115,4 % [(Eigenkapital + langfristiges Fremdkapital) * 100 / Anlagevermögen]: (100 + 200) * 100 / 260

Aufgabe 33
2 Verluste können vom Eigenkapital aufgefangen werden. Die Eigenkapitalquote ist je nach Branche unterschiedlich (1), hat nichts mit der Liquidität (5) oder dem Anlagevermögen (3) zu tun, ihre Größe kann 100 % nicht überschreiten (4)!

D Wirtschafts- und Sozialkunde

Aufgabe 1

A	B	C	D	E	F
2	1	1	1	2	1

Rechtsnormen können privatrechtlicher oder öffentlich-rechtlicher Natur sein.
Um öffentliches Recht handelt es sich, wenn der Staat (oder auch eine Gemeinde) als Inhaber hoheitlicher Gewalt dem einzelnen Bürger gegenübersteht. Von einer Instanz der öffentlichen Gewalt wird etwas „angeordnet“, „genehmigt“ oder „verboten“, wird beispielsweise Sozialhilfe „bewilligt“, eine Steuer „erhoben“ oder zur Bundeswehr „einberufen“. Öffentliches Recht liegt darüber hinaus auch dann vor, wenn das rechtliche Verhältnis zwischen verschiedenen Trägern der öffentlichen Gewalt (z. B. zwischen Bund und Ländern) betroffen ist.
Das Privatrecht regelt auf der Basis der Gleichberechtigung die rechtlichen Beziehungen der Privatpersonen und privaten Einrichtungen untereinander. Die Rechtsgrundlage ist das BGB.

Aufgabe 2
B, vgl. § 113 BGB: Ermächtigt der gesetzliche Vertreter den Minderjährigen, in Dienst oder in Arbeit zu treten, so ist der Minderjährige für solche Rechtsgeschäfte unbeschränkt geschäftsfähig, welche die Eingehung oder Aufhebung eines Dienst- oder Arbeitsverhältnisses der gestatteten Art oder die Erfüllung der sich aus einem solchen Verhältnis ergebenden Verpflichtungen betreffen. Ausgenommen sind Verträge, zu denen der Vertreter der Genehmigung des Vormundschaftsgerichts bedarf.

Aufgabe 3
E
Da die Übergabe bei Abschluss des Kaufvertrages nicht erfolgte, bleibt die *Supernius GmbH* Eigentümerin und Besitzerin des Gefrierschranks. Herr Bergmann hat gegenüber der GmbH nur eine Geldforderung, die er aufgrund der Insolvenz beim Insolvenzverwalter anmelden muss (vgl. § 929 BGB).

Aufgabe 4
B und **F** (vgl. § 2 Tarifvertragsgesetz: Tarifvertragsparteien sind Gewerkschaften, einzelne Arbeitgeber sowie Vereinigungen von Arbeitgebern.)

Aufgabe 5

A	B	C	D	E
4	2	3	1	3

Zu A: vgl. § 29 GmbH-Gesetz

Zu B: vgl. § 159 HGB: Die Ansprüche gegen einen Gesellschafter aus Verbindlichkeiten der Gesellschaft verjähren in fünf Jahren nach der Auflösung der Gesellschaft.
Zu C und E:
Nach der gesetzlichen Definition in § 1 Genossenschaftsgesetz (GenG) sind Genossenschaften Gesellschaften, die die Förderung ihrer Mitglieder mittels eines gemeinschaftlichen Geschäftsbetriebes bezwecken. Die Förderung ist dabei auf bestimmte Zwecke eingegrenzt. Beispiele für Genossenschaften sind Kreditgenossenschaften (dazu gehören z. B. die Volks- und Raiffeisenbanken).
Die Genossenschaft ist eine juristische Person des Privatrechts (Körperschaft) und Kaufmann, aber keine Handelsgesellschaft.
Die Genossenschaft zeichnet sich aus durch:
- Förderung der Mitglieder
- offene Mitgliederzahl (d. h. der Bestand der Genosssenschaft ist unabhängig von dem Ausscheiden oder dem Beitritt der Mitglieder)
- grundsätzlich kein festes Stammkapital

Genossenschaften sind körperschaftsteuerpflichtig.
Der in der Satzung vereinbarte Zweck einer Genossenschaft muss sich gemäß § 1 GenG darauf richten, den Erwerb oder die Wirtschaft ihrer Mitglieder (wirtschaftliche Zwecke) oder deren soziale oder kulturelle Belange (ideelle Zwecke) durch einen gemeinschaftlichen Geschäftsbetrieb zu fördern.
Die Errichtung einer Genossenschaft erfolgt durch die Aufstellung einer Satzung (Bezeichnung für den Gesellschaftsvertrag), Wahl des Vorstands und des Aufsichtsrats sowie die Eintragung der Gesellschaft im Genossenschaftsregister. Die Satzung muss in schriftlicher Form abgefasst werden.
Die Mindestanzahl der Gründungsmitglieder beträgt drei Mitglieder.
Die Mitglieder müssen dann den Vorstand und den Aufsichtsrat wählen, die beide Mitglieder der Genossenschaft sein müssen, und die Genossenschaft dann gemäß § 11 GenG in das Genossenschaftsregister eintragen.
Gemäß § 8a GenG besteht die Möglichkeit, ein Mindestkapital der Genossenschaft durch eine Regelung in der Satzung festzusetzen.
Organe der Genossenschaft sind der Vorstand, der Aufsichtsrat und die Mitgliederversammlung. Sowohl der Vorstand als auch der Aufsichtsrat werden durch die Mitgliederversammlung gewählt.
Die Genossenschaft wird gerichtlich und außergerichtlich durch den Vorstand vertreten. Ihm obliegt gleichzeitig die Geschäftsführung.
Es ist möglich, dass bei Genossenschaften mit nicht mehr als 20 Mitgliedern der Vorstand nach einer entsprechenden Bestimmung der Satzung auch aus nur einer Person bestehen kann.
In § 24 Abs. 2 GenG ist ausdrücklich festgehalten, dass der Vorstand durch die Generalversammlung auch abberufen wird.
Gemäß § 9 GenG muss die Genossenschaft einen Vorstand und einen Aufsichtsrat haben, die jeweils Mitglieder der Genossenschaft sein müssen. Der Aufsichtsrat muss gemäß § 36 f. GenG aus mindestens drei Mitgliedern bestehen, die von der Generalversammlung gewählt werden und nicht auch gleichzeitig dem Vorstand angehören dürfen.
Die Mitglieder besitzen einen Geschäftsanteil. Als Geschäftsanteil wird gemäß der gesetzlichen Definition in § 7 GenG der Betrag bezeichnet, bis zu dem sich das Mitglied mit Einlagen beteiligen kann. Die Höhe des Geschäftsanteils ist in der Satzung festzulegen.
In der Satzung ist auch die Höhe der auf den Geschäftsanteil zwingend zu zahlenden Einzahlung festzusetzen. Daneben kann bestimmt werden, dass sich ein Mitglied mit mehr als einem Geschäftsanteil beteiligen darf.
Die Haftung der Mitglieder ist grundsätzlich auf die Geschäftsanteile beschränkt, sie haften nicht mit ihrem Privatvermögen. Es ist aber zulässig, im Falle der Insolvenz der Genossenschaft den Mitgliedern eine Nachschusspflicht aufzuerlegen.
Die Satzung muss eine Regelung darüber enthalten, ob bzw. in welcher Höhe eine Nachschusspflicht vereinbart worden ist.
Zu D: vgl. § 179 Aktiengesetz: Jede Satzungsänderung bedarf eines Beschlusses der Hauptversammlung.

Aufgabe 6

	A	B	C	D
I	3.	1.	1.	2.
II	d)	a)	b)	e)

Vgl. Besitz in §§ 854 ff. und Eigentum §§ 903 ff. BGB

Besitz: Der Besitz einer Sache wird durch die Erlangung der tatsächlichen Gewalt über die Sache erworben.

Eigentum: Der Eigentümer einer Sache kann mit der Sache nach Belieben verfahren und andere von jeder Einwirkung ausschließen.

Aufgabe 7

D und **E**, vgl. § 128 HGB (Persönliche Haftung der Gesellschafter)

Haftung der Gesellschafter der OHG: Die Gesellschafter haften für die Verbindlichkeiten der Gesellschaft den Gläubigern als Gesamtschuldner persönlich.

Aufgabe 8

D

Aufgabe 9

50.000,00 EUR (5.000 x (500 – 490))

Produzentenrente: Es ist die Differenz zwischen dem Preis, zu dem ein Anbieter aufgrund seiner Kostensituation noch bereit wäre, ein Gut herauszustellen und anzubieten, und dem Marktpreis. Im Gegensatz zu der psychologischen Größe der Konsumentenrente ist die Produzentenrente im Rahmen der Mikroökonomik ein Ausdruck für die anfallenden Differenzialgewinne (polypolistische Preisbildung) der intra-marginalen Marktanbieter.

Im Unterschied zur Produzentenrente ist die Konsumentenrente die Differenz zwischen dem Geldbetrag, den die Konsumenten für ein Gut äußerstenfalls zu bezahlen bereit wären (maximale Zahlungsbereitschaft) und dem Marktpreis. Die Konsumentenrente ist im Schaubild die Fläche des Dreiecks, das durch die Nachfragekurve, die Ordinate (y-Achse) und die Marktpreisgerade gebildet wird. Die Konsumentenrente ist volkswirtschaftlich am größten, wenn die Bedingungen der vollkommenen Konkurrenz auf allen Märkten gegeben sind und die Preise gleich den Grenzkosten der Produzenten sind.

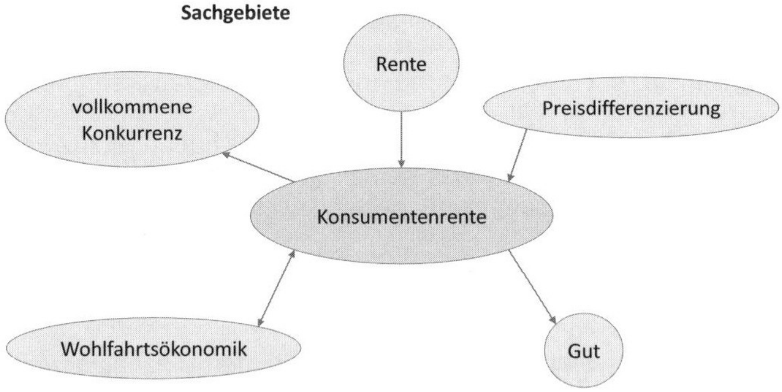

Aufgabe 10

D und **F**

Vor Antritt einer neuen Arbeitsstelle kann der Arbeitnehmer einen Lohnsteuernachweis bei seinem zuständigen Finanzamt erhalten, den er dann seinem Arbeitgeber übergeben kann.

Änderungen im Lohnsteuernachweis können beim zuständigen Finanzamt des Arbeitnehmers beantragt werden. Der Arbeitnehmer erhält dann eine entsprechende Bescheinigung vom Finanzamt, die er seinem Arbeitgeber weiterleiten kann.

Lohnsteuerklassenwechsel können bis zum 30. November eines Jahres vorgenommen werden. Die Lohnsteuerklassen oder Klassenkombinationen können jederzeit gewechselt werden. Generell ist eine

Änderung pro Jahr zulässig. Ausnahmen werden gemacht bei Geburt, Tod des Partners, Eheschließung, Arbeitslosigkeit und Beendigung der Arbeitslosigkeit: Hier sind häufigere Wechsel möglich.

Aufgabe 11

A (ist aus der Steuerklasse IV abzuleiten) und **D** (ist aus dem Lohnsteuernachweis abzulesen)

B: Der Steuerpflichtige zahlt keine Kirchensteuer, trotzdem kann er aber einer Religionsgemeinschaft angehören!

Aufgabe 12

A

Die Preiselastizität misst das Verhältnis der relativen Nachfrageveränderung und der sie auslösenden relativen Veränderung des Preises. Je höher der Preis eines Gutes, desto geringer wird im Normalfall die Nachfrage nach diesem Gut sein. Umgekehrt wird bei sinkendem Preis die Nachfrage zunehmen. Wenn die Nachfrager in dieser Weise auf Preisveränderungen reagieren, spricht man von einer preiselastischen Nachfrage.

Aufgabe 13

640 Mrd. EUR (60 + 700 - 120) (120 = Private Haushalte an Staat)

Aufgabe 14

120 Mrd. EUR (Banken an Unternehmen)

Aufgabe 15

520 Mrd. EUR (Konsumausgaben = Verfügbares Einkommen - Sparaufkommen 520 = 640 - 120)

Aufgabe 16

200 Mrd. EUR (Transferzahlungen an Haushalte + Subventionen an Unternehmen)

Aufgabe 17

80 Mrd. EUR

1. Rechenweg:

80 = 200 (Transferzahlungen an Haushalte plus Subventionen an Unternehmen) - 120

2. Rechenweg:

80 = 520 (Verfügbares Einkommen abzüglich Sparaufkommen Konsumausgaben) - 440

Aufgabe 18

1	**2**	**3**	**4**	**5**	**6**
D	A	C	E	B	F

Konjunkturzyklus: Er ist eine Bezeichnung für den Zeitabschnitt zwischen Beginn der ersten und Ende der letzten Konjunkturphase. Der Konjunkturzyklus wird meistens von einem oberen (unteren) Wendepunkt zum nächsten oberen (unteren) Wendepunkt gemessen.

Aufgabe 19

Anteil der direkten Steuern und Sozialabgaben der Arbeitnehmer an den Bruttolöhnen/-gehältern: (1.565,3 - 1.030,3) : 1.565,3 x 100 = **34,2 %**

Aufgabe 20

287,6 : 2.382,7 x 100 = **12,1 %**

Aufgabe 21

D

	Bruttoinlandsprodukt
+	Primäreinkommen der Inländer aus der übrigen Welt
-	Primäreinkommen der Ausländer aus dem Inland
=	**Bruttonationaleinkommen**
-	Abschreibungen
=	**Nettonationaleinkommen (Primäreinkommen)**
-	Produktions- und Importabgaben

+	Subventionen an Unternehmen
=	**Volkseinkommen** setzt sich zusammen aus: Arbeitnehmerentgelt und Unternehmens- und Vermögenseinkommen
-	direkte Steuern der privaten Haushalte
-	Sozialabgaben
+	Transferzahlungen an private Haushalte
=	**Verfügbares Einkommen** wird verwendet für: privater Verbrauch und private Ersparnis

Aufgabe 22

A	B	C	D
3	2	4	1

Saisonale Arbeitslosigkeit: Sie entsteht, wenn Produktion und Nachfrage stark von der Jahreszeit abhängen.
Friktionelle Arbeitslosigkeit: Sie hängt von zwei Faktoren ab. Erstens von Arbeitsplatzwechselvorgängen (Fluktuation), wenn Beendigung der alten und Beginn der neuen Arbeitslosigkeit zeitlich auseinander fallen. Zweitens erfordern Suchdauer, Information über den neuen Arbeitsplatz, Bewerbungen, Vorstellungen, Eignungstests Zeit und führen dadurch zu einer sog. Sucharbeitslosigkeit.
Strukturelle Arbeitslosigkeit: Sie liegt vor, wenn Angebot und Nachfrage auf dem Arbeitsmarkt deshalb nicht zusammenpassen, weil beide Seiten des Arbeitsmarktes bezüglich vermittlungsrelevanter Merkmale wie z. B. Alter, Qualifikation, Gesundheit unterschiedlich zusammengesetzt (strukturiert) sind.

Aufgabe 23

A	B	C	D	E	F
3	1	2	1	2	3

Konjunkturindikatoren sind ökonomische Zeitreihen und aus ihnen abgeleitete Messgrößen, die den Konjunkturverlauf anzeigen. Eine Konjunkturdiagnose kann mit verschiedenen Methoden durchgeführt werden, z. B. Befragungen zahlreicher Unternehmen über den gegenwärtigen Konjunkturzustand, die in der BRD vom ifo-Institut für Wirtschaftsforschung durchgeführt werden. Den Konjunkturverlauf kann auch durch den Vergleich von Produktionspotenzial und tatsächlicher Produktion eruiert werden.

Aufgabe 24

E

Das Stabilitätsgesetz enthält fiskalpolitische Instrumente, um den Wirtschaftsablauf zur bestmöglichen Verwirklichung des „Magischen Vielecks" zu beeinflussen. Die Maßnahmen und Instrumente des Stabilitätsgesetzes, z. B. Steuererhöhungen/Steuersenkungen gehören zur nachfrageorientierten Wirtschaftspolitik.

Aufgabe 25

A und **C**

Offenmarktpolitik: Es ist die Gestaltung des Kaufs oder Verkaufs von Wertpapieren durch die Zentralbank am sog. offenen Markt. Zu den auf die Initiative der Zentralbank durchgeführten Transaktionen gehören:
- definitive An- oder Verkauf von Vermögenswerten
- Kauf oder Verkauf von Vermögenswerten mit einer Rückkaufsvereinbarung
- Kreditgewährung oder Kreditaufnahme gegen Sicherheiten
- Emissionen von Zentralbankschuldverschreibungen
- Hereinnahme von Einlagen
- Devisenswaps zwischen in- und ausländischer Währung

Aufgabe 26

Kreditinstitut	A	B	C	D	E	F
Zuteilungsvolumen in Mio. EUR	**--**	**275**	**105**	**10**	**100**	**--**
Zinssatz	**1,011 %**	**1,015 %**	**1,014 %**	**1,012 %**	**1,013 %**	**1,009 %**

Tenderverfahren: Verfahren zur Erstplatzierung von Wertpapieren, bei dem diese dem Meistbietenden unter Beachtung eines Mindestpreises verkauft werden. Die Gebote der Interessenten müssen entweder unter Angabe von Kaufpreis (bzw. Zinssatz) und -menge (Zinstender) oder bei vom Emittenten vorgegebenem Preis bzw. Zins lediglich unter Angabe der Kaufmenge (Mengentender) schriftlich abgegeben werden. Das gesamte Emissionsgeschäft wird dann so untergebracht, dass beginnend mit dem Höchstgebot abwärts zugeteilt wird. Im Rahmen des holländischen Verfahrens erfolgt die Zuteilung zu Einheitskonditionen, im Rahmen des amerikanischen Verfahrens zu den Konditionen gemäß den Geboten. Die Deutsche Bundesbank verwendet dieses Verfahren im Rahmen der Offenmarktpolitik.

Aufgabe 27

A	B	C	D	E	F
2	4	1	7	6	2

Die deutsche Zahlungsbilanz ist eine systematische Darstellung aller wirtschaftlichen Transaktionen zwischen dem Inland und dem Ausland in einer Periode. Die Saisonbereinigung zielt darauf ab, aus den Bewegungen innerhalb der Leistungsbilanz (Leistungsbilanztransaktionen) die üblichen Saisonausschläge herauszufiltern.
Die Kapitalbilanz ist Teil der Zahlungsbilanz. Sie erfasst alle grenzüberschreitenden Kapitalbewegungen (Veränderungen der Forderungs- und Verbindlichkeitsbestände von Gebietsansässigen gegenüber Gebietsfremden). Eine Ausnahme stellen die Transaktionen der jeweiligen Zentralbank dar. Sie werden in der Bilanz der Veränderung der Währungsreserven erfasst. Die Kapitalbilanz wird von der Deutschen Bundesbank wegen der sehr unterschiedlichen Transaktionen in weitere Teilbilanzen unterteilt.
Die Kapitalbilanz zeigt Direktinvestitionen und Geldanlagen zwischen dem In- und Ausland.
Die Leistungsbilanz setzt sich aus vier Teilbilanzen zusammen: der Handelsbilanz (mit den Ergänzungen zum Warenverkehr), der Dienstleistungsbilanz, der Bilanz der Erwerbs- und Vermögenseinkommen sowie der Bilanz der laufenden Übertragungen. Sie zeigt die Veränderung des Nettoauslandsvermögens eines Staates an und stellt damit den Kernbereich der Zahlungsbilanzanalyse dar. Wenn von Zahlungsbilanzüberschüssen oder -defiziten gesprochen wird, bezieht sich dies i. d. R. nur auf die Leistungsbilanz. In Deutschland stehen mit der Dienstleistungsbilanz und der Bilanz der laufenden Übertragungen zwei Aggregate mit einem hohen strukturellen Defizit einem Handelsbilanzüberschuss gegenüber, sodass sich in der Vergangenheit sowohl Phasen von Leistungsüberschüssen als auch -defiziten ergaben. Bei einem Leistungsbilanzdefizit erwirtschaftet eine Volkswirtschaft aus dem Verkauf von Gütern nicht mehr ausreichend finanzielle Mittel, um ihren ausländischen Zahlungsverpflichtungen und grenzüberschreitenden Aktivitäten nachzukommen. Diese Lücke muss durch den Zustrom von Kapital geschlossen werden.

Aufgabe 28

9,3 %

Arbeitslose Personen = Zivile Erwerbspersonen – zivile Erwerbstätige = 47.615 Personen

Arbeitslosenquote = 47.615 . 511.865 x 100 – 9,3 %

Aufgabe 29

D

Bilanz der laufenden Übertragungen

Zahlungsbilanz. Teil der Leistungsbilanz, in dem die regelmäßig wiederkehrenden einseitigen Übertragungen zwischen Inländern und Ausländern erfasst werden.
Die frühere Übertragungsbilanz (Transferbilanz), die alle unentgeltlichen Zahlungen enthielt, wurde aufgeteilt: Laufende Übertragungen (z. B. an den EU-Haushalt, an den IWF oder die UN, Überweisungen ausländischer Gastarbeiter in ihre Heimat, Renten und Pensionen aus dem oder ins Ausland, öffentliche Entwicklungshilfe (sofern nicht als Kredit) werden als laufende Übertragungen erfasst, in Abgrenzung zu Vermögensübertragungen (Erbschaften, Schuldenerlasse, Steuererstattungen etc.).
Zu A: Der Vorgang betrifft die Kapitalbilanz.
Zu B: Der Vorgang betrifft die Teilbilanz Erwerbs- und Vermögenseinkommen.
Zu C: Der Vorgang betrifft die Kapitalbilanz. Die Kapitalbilanz ist derjenige Teil der Zahlungsbilanz, der den Kapitalverkehr mit dem Ausland erfasst. Sie zeigt die grenzüberschreitenden Transaktionen aufgegliedert nach Direktinvestitionen, Wertpapieren, Finanzderivaten, übrigem Kapitalverkehr sowie der Veränderung von Währungsreserven zu Transaktionswerten.
Zu E: Es handelt sich hierbei um Dienstleistungsexporte. Dienstleistungsbilanz: Teilbilanz der Zahlungsbilanz, die den Austausch von Dienstleistungen mit dem Ausland (z. B. Tourismus, Zinsen für Auslandsschulden und -guthaben etc.) erfasst. Die Dienstleistungsbilanz ist sehr heterogen zusammengesetzt. Darin finden sich u. a. Zahlen zu Transportleistungen, Patent- und Lizenzgebühren, Werbe- und Messekosten und zu bestimmten Versicherungsdienstleistungen

Aufgabe 30

C

Der Verbraucherpreisindex wird anhand eines Verbrauchsschemas, des sogenannten Warenkorbs, berechnet, der alle Güter und Dienstleistungen enthält, die den typischen Verbrauchsgewohnheiten eines Durchschnittshaushalts entsprechen. Dazu gehören Güter des täglichen Bedarfs wie Lebensmittel, Bekleidung oder Mieten und langlebige Gebrauchsgüter wie Kraftfahrzeuge oder Möbel genauso wie Dienstleistungen (z. B. Friseurbesuche oder Versicherungen). In der Regel wird der Warenkorb ungefähr alle fünf Jahre neu festgesetzt, weil sich die Konsumgewohnheiten der Verbraucher verändern oder neue Waren und Dienstleistungen angeboten werden. Die Berechnung der Preisveränderung für die Lebenshaltung erfolgt durch die Ermittlung der Preise für die einzelnen Güter des Warenkorbes. Diese Preise werden dann als Indexzahl, bezogen auf ein Basisjahr (derzeit Preisbasis 2005 = 100), ausgedrückt.
Zur Ermittlung der Preise für die Güter des Warenkorbs erheben das Statistische Bundesamt und die Statistischen Landesämter monatlich in 188 Berichtsgemeinden im gesamten Bundesgebiet für ungefähr 700 Waren und Dienstleistungen etwa 300.000 Einzelpreise. Seit 2004 bezieht das Statistische Bundesamt auch Qualitätsverbesserungen einzelner Güter in die Berechnungen ein. So wirkt sich z. B. der Qualitätsvorsprung eines heute gekauften Computers gegenüber dem gleich teuren Modell vor einigen Jahren als effektive Preissenkung aus. Für die Europäische Union wird der harmonisierte Verbraucherpreisindex ermittelt.

Prüfungssatz III

A Bankwirtschaft Fälle

Fall 1: Nationaler Zahlungsverkehr

a)

334,25 EUR Rechenweg: 500 : 1,4959

(2 Punkte)

b)
- Da die Sorten als Bargeld von der *Nordbank AG* im Tresor verwahrt werden müssen, fallen keine Zinserträge an. Devisen (Buchgeld) können von der *Nordbank AG* zinsbringend bei anderen Kreditinstituten angelegt werden.
- Die Verwahrung von Sorten bedeutet für die *Nordbank AG* ein höheres Kursrisiko.
- Bei Sorten fallen höhere Kosten als bei Devisen an, z. B. Lagerkosten, Versicherungskosten, Transportkosten und Verwaltungskosten.

(1 Punkt je Begründung, max. 2 Punkte)

c)
- Frau Schäfer kann sich Bargeld in Dollar an Geldausgabeautomaten verschaffen.
- Frau Schäfer kann an Electronic-Cash-Kassen bargeldlos bezahlen.

(1 Punkt für jeden Aspekt, max. 2 Punkte)

d)
z. B.:
- Bei Zahlungen mit Kreditkarte erfolgt die Kontobelastung in der Regel erst einige Tage nach Zahlung.
- Bei Kreditkarten gibt es u. U. einen höheren Verfügungsrahmen als bei einer Bankkarte.
- Mit Kreditkarten sind oft Zusatzleistungen, z. B. Versicherungsleistungen, keine Kautionsstellung beim Anmieten von Pkw, verbunden.
- Größere Akzeptanz der Kreditkarte im Ausland als bei einer Bankkarte.

(1 Punkt je Begründung, max. 3 Punkte)

e)
- Die Währungsumrechnung beim Erwerb von Reiseschecks erfolgt direkt beim Kauf. Frau Schäfer kennt somit den Preis der Reiseschecks, mit dem ihr Konto belastet wird.
- Reiseschecks bieten Frau Schäfer Sicherheit bei Verlust der Reiseschecks: Bei Verlust der Reiseschecks oder Diebstahl wird Frau Schäfer kostenfreier Ersatz i. d. R. binnen 24 Stunden weltweit geleistet, wenn sie nicht grob fahrlässig gehandelt hat und ihren Abrechnungsbeleg vorweisen kann.
- Frau Schäfer hat nun mehrere unterschiedliche Reisezahlungsmittel. Dieses gewährleistet zusätzliche Sicherheit und Liquidität während der Reise, falls eines der Reisezahlungsmittel aus irgendwelchen Gründen ausfällt.

(1 Punkt je Aspekt, max. 2 Punkte)

f)
- Das Konto von Frau Schäfer wird beim Kauf von Reiseschecks im Voraus belastet.
- Bei der Einlösung von Reiseschecks entstehen ggf. Entgeltkosten.
- Wenn sich der Reisescheckvorleger bei der Einlösung nicht legitimieren kann, wird der Reisescheck ggf. nicht eingelöst.
- Weniger Akzeptanzstellen für Reiseschecks als bei der Verwendung von Kreditkarten.

(je Aspekt 1 Punkt, max. 2 Punkte)

g)
- Frau Schäfer darf sich bei der Aufbewahrung der Reiseschecks nicht grob fahrlässig verhalten haben.
- Der Verlust der Reiseschecks muss dem Reisescheck-Emittenten unverzüglich angezeigt worden sein.
- Frau Schäfer muss die beim Kauf erhaltene Abrechnung vorlegen.
- Die Reiseschecks dürfen nicht ein zweites Mal unterschrieben worden sein.

(je Aspekt 1 Punkt, max. 3 Punkte)

h)
Reiseschecks sind unbegrenzt gültig.
(1 Punkt)

i1)

Electronic Cash	**Kreditkarte**	**ELV**
Kein Zahlungsrisiko, da Zahlungsgarantie durch Autorisierung	Kein Zahlungsrisiko, da Garantie durch Karten ausgebendes Institut	Volles Zahlungsrisiko, da Rückgabe der Lastschrift möglich

(je Aspekt 1 Punkt, max. 2 Punkte)

i2)

Abrechnung von EC-Umsätzen aus Händlersicht:

Nachdem der Kassierer den Rechnungsbetrag in die Kasse eingegeben hat, schiebt der Kunde seine Karte in die entsprechende Vorrichtung des EC-Terminals. Die PIN wird eingegeben und die Transaktion durch Knopfdruck bestätigt. Damit wird gleichzeitig die Autorisierungsanfrage bei der Autorisierungszentrale veranlasst. Mit dem Hinweis „Zahlung erfolgt" gibt das Karten ausgebende Kreditinstitut eine Zahlungsgarantie gegenüber der Tankstelle ab. Die Tankstelle übermittelt die Beträge aus den EC-Zahlungen beleglos über den jeweiligen Terminal-Netzbetreiber an ihr Kreditinstitut und erhält den Gesamtbetrag unter Abzug von 0,3 % Provision, mindestens 0,08 EUR pro Umsatz, gutgeschrieben.

Abrechnung von Kreditkarten-Umsätzen aus Händlersicht:

Der Händler schließt einen Kreditkarten-Servicevertrag mit dem Karten ausgebenden Unternehmen ab.
Der Karteninhaber legt die Kreditkarte vor. Der Händler prüft die Kreditkarte und die Unterschrift des Kunden und fertigt den Leistungsbeleg aus.
Der Händler lässt von der Autorisierungstelle online die Zahlung autorisieren. Dabei werden Sperrdatei und Verfügungsrahmen geprüft. Nach positiver Autorisierung erscheint im Display des Händlerterminals eine Autorisierungsnummer und die Angabe „Genehmigung erteilt". Die übermittelte Autorisierungsnummer ist für den Händler die Zahlungsgarantie.
Der Karteninhaber unterschreibt den Leistungsbeleg beim Händler.
Der Händler leitet die autorisierten Kartenumsätze über das Kartenterminal elektronisch an den Kreditkartenprozessor weiter. Dieser wickelt Kartenzahlungen im Auftrag des Kartenherausgebers ab. Der Kartenprozessor zieht mittels Lastschrift, der nicht widersprochen werden kann, den gesamten Rechnungsbetrag in einer Summe vom Girokonto des Karteninhabers ein. Danach schreibt der Kartenprozessor dem Händler den Gegenwert der angefallenen Kartenumsätze unter Abzug von ca. 2 % bis 4 % des Kartenumsatzes auf dem Konto der Händlerbank gut. Der Kartenprozessor überweist das einbehaltene Disagio an die Karten ausgebenden Kreditinstitute.
(je Aspekt 1 Punkt, max. 2 Punkte)

j)
- Vertrag über Online-Banking
- Online-Banking-Software
- Kartenleser oder Programmdiskette
- PIN
- Transaktionsnummer (TAN)
- PC und Modem bzw. ISDN-Anschluss

(1 Punkt je Voraussetzung, max. 4 Punkte)

k)
- Überweisungspreise sind günstiger als bei beleghaften Überweisungen.
- Zahlungsverkehrsgeschäfte (auch Wertpapierorders) sowie Konto- und Depotabfragen können rund um die Uhr getätigt werden.
- Zeitraubende Wege zum Kreditinstitut entfallen.

(1 Punkt je Vorteil, max. 2 Punkte)

l)
- Die Identifizierung des Kontoinhabers bei HBCI erfolgt über eine elektronische Unterschrift/Signatur.
- Die von der *Nordbank AG* ihren Kunden zur Verfügung gestellte Diskette oder Chipkarte enthält verschlüsselt persönliche Zugangsdaten des Kunden.
- Im Falle eines Auftrags durch den Kontoinhaber werden die Daten bei der *Nordbank AG* entschlüsselt: Identität des Auftraggebers sowie der Aufträge

(1 Punkt je Aspekt, max. 3 Punkte)

m)		
	Vorteile:	- Das HBCI-Verfahren ist sehr sicher, da es ein aufwendiges Verschlüsselungsverfahren ist. - Eine TAN-Eingabe ist nicht erforderlich. - Das HBCI-Verfahren ist ein multibankfähiger Standard.
	Nachteile:	- Die Anschaffungskosten für den Kontoinhaber sind höher, es muss ggf. ein Chipkartenlesegerät angeschafft werden. - Das HBCI-Verfahren ist weniger flexibel als das PIN/TAN-Verfahren. Z. B. kann der Kontoinhaber auf einer Urlaubsreise mit dem HBCI-Verfahren nur Bankgeschäfte tätigen, wenn er das Chipkartenlesegerät mit sich führt. - Für die Anwendung ist eine spezielle Bankensoftware erforderlich.

(2 Punkte für 2 Vorteile = 1 Punkt für einen Nachteil, max. 3 Punkte)

Fall 2: Anlage auf einem Bausparvertrag

a)
- sichere Anlagemöglichkeit
- Anspruch auf ein zinsgünstiges/zinsgarantiertes Bauspardarlehen

Die nachfolgenden Vorteile beziehen sich auf den Abschluss eines neuen Bausparvertrages. Herr Schulte übernimmt im Fall den bereits angesparten Bausparvertrag seiner Eltern.
- individuelle Besparung des Bausparvertrages möglich
- freie Tarifwahl mit der Möglichkeit einer individuellen Anpassung an die Kundenbedürfnisse
- Nutzung der staatlichen Förderung

(1,5 Punkte je Aspekt, max. 3 Punkte)

b)

Die *Bauspar AG* stellt Herrn Schulte mit der Zuteilung die Bausparsumme, also das Bausparguthaben und das Bauspardarlehen zur Verfügung.

(2 Punkte)

c)
- Herr Schulte muss bei der *Bauspar AG* einen Antrag auf Zuteilung der Bausparsumme stellen.
- Das Bauspardarlehen darf nur für wohnwirtschaftliche Zwecke verwendet werden.
- Das Bauspardarlehen wird durch eine zweitrangige Grundschuld zugunsten der *Bauspar AG* abgesichert.
- Es muss eine personelle und materielle Kreditwürdigkeitsprüfung des Kunden durchgeführt werden.

(0,5 Punkte je Voraussetzung, max. 2 Punkte)

d)

Guthaben am 30.09.2013	23.900,00 EUR
+ 2 % Zinsen für 3 Monate	119,50 EUR
= Guthaben am 31.12.2013	24.019,50 EUR

Nein, da durch die Zuschreibung der Zinsen zum Jahresende die Mindestsparsumme bereits erreicht wird.

(1 Punkt für jeden Berechnungsschritt, 2 Punkte für die Erklärung, max. 4 Punkte)

e)
- Die bisherige Kontoführung bei der *Nordbank AG* ist ohne Beanstandungen.
- Die Schufa-Auskunft zeigt keine negativen Merkmale.
- Der Kapitaldienst aus der Finanzierung ist tragbar.
- Die Eigentumswohnung ist als Sicherheit werthaltig.
- Herr Schulte stellt weitere werthaltige Sicherheiten.

(je Aspekt 1 Punkt, max. 3 Punkte)

f)
- Kaufvertrag: Prüfung der Höhe des Kaufpreises und der Zahlungsmodalitäten
- Grundbuchauszug: Nachweis der Eigentumsverhältnisse und Vorlasten
- Baupläne: Einblick in Größe und Aufteilung der Wohnung

(je Unterlage mit Begründung 1 Punkt, max. 3 Punkte)

g)

6 ‰ von 60.000,00 EUR = 360,00 EUR

(1 Punkt)

h)
- Herr Schulte sollte zum 30.06.2014 die Zuteilung bei der *Bauspar AG* beantragen, Bausparsumme 60.000,00 EUR.
- Die Finanzierungslücke kann durch ein erstrangiges Baudarlehen der *Nordbank AG* in Höhe von 120.000,00 EUR geschlossen werden.

(2 Punkte für jede Finanzierungsart, max. 4 Punkte)

i)
- Das Baudarlehen der *Nordbank AG* wird durch eine erstrangige Grundschuld gesichert.
- Zugunsten der *Bauspar AG* wird eine zweitrangige Grundschuld in Höhe von 36.000,00 EUR in das Grundbuch eingetragen.

(1 Punkt je Sicherheit, max. 2 Punkte)

j)
Sondereigentum: Herr Schulte erwirbt Sondereigentum an den Räumen der eigenen Wohnung bzw. alleinige Nutzung der Eigentumswohnung durch Herrn Schulte.
Miteigentum: Miteigentum bedeutet, dass Herr Schulte ein Miteigentum nach Bruchteilen an dem gemeinschaftlichen Eigentum (Grundstück, Treppenhaus, Gemeinschaftsräume, Dachboden) erwirbt, das gemeinschaftlich genutzt werden kann.

(2 Punkte je Erklärung, max. 4 Punkte)

k)
Kaufvertrag über den Erwerb einer Eigentumswohnung (schuldrechtlicher Anspruch): Am 28.03.2014 war der rechtswirksame Abschluss des Kaufvertrages über die Eigentumswohnung sowie der Anspruch auf Eigentumsübertragung (Auflassung) durch notarielle Beurkundung.

(2 Punkte)

l)
Durch die Eintragung einer Auflassungsvormerkung wird der schuldrechtliche Anspruch auf Übertragung des Eigentums grundbuchlich abgesichert. Verfügungen über die Eigentumswohnung durch den Eigentümer sind nach Eintragung der Auflassungsvormerkung dem Vormerkungsberechtigten gegenüber unwirksam.

(2 Punkte)

m)
Eigentumsübertragung (dinglicher Anspruch): Mit der Eintragung im Grundbuch am 18.06.2014 wurde Herr Schulte neuer Eigentümer der Eigentumswohnung.

(1 Punkt)

n)
11.06.2014, mit Übergabe der Wohnungsschlüssel und Inbesitznahme der Eigentumswohnung.

(1 Punkt)

Fall 3: Firmenkredit

a)
- Die Glaserei kann den Zinsaufwand reduzieren. Die Kreditinanspruchnahme ist zinsgünstiger als die Kreditüberziehung.
- Mit einer Erhöhung des Betriebsmittelkredits kann der finanzielle Spielraum für die Glaserei erweitert werden.

(2 Punkte je Aspekt, max. 4 Punkte)

b)
- Durch die Erhöhung der Kreditlinie erhöht sich das Risiko für die *Nordbank AG*.
- Durch die Sicherheitenbestellung kann sich die *Nordbank AG* vor möglichen Ausfällen schützen oder diese minimieren.

(2 Punkte)

c)
- Grundlage der Globalzession ist ein Rahmenvertrag.
- Gegenwärtige und künftig entstehende Forderungen werden von der *Glaserei Meier GmbH* an die *Nordbank AG* abgetreten.
- Gegenwärtige Forderungen gehen mit Abschluss des Globalzessionsvertrags, zukünftige Forderungen mit ihrer Entstehung auf die *Nordbank AG* über.

- Um das Knebelungsverbot zu vermeiden, wird nur ein Teil der des Forderungsbestandes an die *Nordbank AG* abgetreten. Praxisüblich werden Forderungsgruppen abgetreten, z. B. Debitoren mit den Anfangsbuchstaben A - K.

(je Aspekt 2 Punkte, max. 6 Punkte)

d)

- Die Drittschuldner der *Glaserei Meier GmbH* werden über die Abtretung nicht informiert.
- Die Drittschuldner können mit schuldbefreiender Wirkung an die *Glaserei Meier GmbH* ihre Rechnungen bezahlen.

(2 Punkte je Aspekt, max. 4 Punkte)

e)

- Die *Nordbank AG* vereinbart mit der *Glaserei Meier GmbH* einen Offenlegungsvorbehalt, d. h. im Falle der Zahlungsunfähigkeit der *Glaserei Meier GmbH* z. B. kann die *Nordbank AG* die Forderungen gegenüber den Drittschuldnern offenlegen.
- Zu diesem Zweck muss die *Glaserei Meier GmbH* Blankobenachrichtigungsschreiben unterzeichnen und sie der *Nordbank AG* übersenden.

(2 Punkte je Aspekt, max. 4 Punkte)

f)

- Überprüfung der Höhe des Forderungsvolumens
- Identifizierung bonitätsmäßig zweifelhafter Drittschuldner
- Ältere Forderungen können identifiziert werden.

(2 Punkte je Aspekt, max. 4 Punkte)

g)

Die *Nordbank AG* prüft die wirtschaftlichen Verhältnisse der Kreditnehmer und damit deren Bonität.

(2 Punkte)

h)

Zahlung des vereinbarten Avalbetrages an den Investor bei Vorliegen der Avalbedingungen

(2 Punkte)

i)

- Zahlung der vereinbarten Avalprovision
- Aufwendungsersatzpflicht, wenn die *Nordbank AG* gezahlt hat

(2 Punkte je Aspekt, max. 4 Punkte)

B Bankwirtschaft programmierte Aufgaben

Aufgabe 1

C (vgl. § 154 Abgabenordnung)

Aufgabe 2

D (vgl. § 1643 BGB: Zu Rechtsgeschäften für das Kind bedürfen die Eltern der Genehmigung des Familiengerichts in den Fällen, in denen nach § 1821 und § 1822 Nr. 1, 3, 5, 8 bis 11 ein Vormund der Genehmigung bedarf.

in Verbindung mit § 1822 BGB: Der Vormund bedarf der Genehmigung des Vormundschaftsgerichts:

1. zu einem Rechtsgeschäfte, durch das der Mündel zu einer Verfügung über sein Vermögen im Ganzen oder über eine ihm angefallene Erbschaft oder über seinen künftigen gesetzlichen Erbteil ... verpflichtet wird ...
5. zu einem Miet- oder Pachtvertrag oder einem anderen Vertrag, durch den der Mündel zu wiederkehrenden Leistungen verpflichtet wird, wenn das Vertragsverhältnis länger als ein Jahr nach dem Eintritt der Volljährigkeit des Mündels fortdauern soll,
8. zur Aufnahme von Geld auf den Kredit des Mündels,
10. zur Übernahme einer fremden Verbindlichkeit, insbesondere zur Eingehung einer Bürgschaft ...)

Aufgabe 3
B (vgl. § 107 BGB Einwilligung des gesetzlichen Vertreters: Frau Zabel geht mit dem Vertragsabschluss eine Verpflichtung ein, sodass die Zustimmung der gesetzlichen Vertreter erforderlich ist.)

Aufgabe 4
A (vgl. § 111 BGB: „Ein einseitiges Rechtsgeschäft, das der Minderjährige ohne die erforderliche Einwilligung des gesetzlichen Vertreters vornimmt, ist unwirksam.")

Aufgabe 5
D und **F**

Zahlung mit Geldkarte

Vorteile für den Kunden	Vorteile für den Händler
- Verringerung der Bargeldhaltung - Unabhängigkeit vom Kleingeld - Möglichkeit des Wiederaufladens der Geldkarte - Bezahlung im Internet möglich, wenn ein Chipkartenleser verwendet wird.	- Zahlungsgarantie bei Kartenzahlung mit Geldkarte - gleichtägige Gutschrift aller zur Verrechnung eingereichten Umsätze - Fehler bei der Herausgabe von Wechselgeld entfallen. - Kostengünstiges System, da nur Anschaffungskosten für Terminal, keine Telekommunikationskosten für Autorisierungen sowie geringes Händlerentgelt

Aufgabe 6
25 % von 28, 30 EUR = **7,08 EUR**

Aufgabe 7
5,5 % von 7,08 EUR = **0,38 EUR**

Aufgabe 8
2.200,00 EUR + 28,30 EUR - 0,82 EUR - 7,08 EUR - 0,38 EUR = **2.220,02 EUR**

Aufgabe 9
B

SEPA-Basis-Lastschriftverfahren
- Der Zahlungspflichtige erteilt dem Zahlungsempfänger ein SEPA-Lastschriftmandat, das ihn ermächtigt, Forderungen vom Konto des Zahlungspflichtigen einzuziehen.
- Weiterhin wird die Bank des Zahlungspflichtigen mit dem Einzug der Lastschrift beauftragt.
- Das Mandat gilt unbefristet bis zum Widerruf.
- Werden innerhalb von 36 Monaten keine Lastschriften vorgelegt, muss ein neues Mandat erteilt werden.
- Informationspflicht des Zahlungsempfängers vor jedem Lastschrifteinzug an den Zahlungspflichtige, z. B. durch Rechnung
- Bei jeder Lastschrift ist die Mandatsnummer anzugeben.
- Widerspruchsrecht des Zahlungspflichtigen innerhalb von 8 Wochen ab Belastungsbuchung ohne Angabe von Gründen
- Bei einer nicht autorisierten Lastschrift beträgt die Widerspruchsfrist 13 Monate ab Belastungsbuchung.
- Angabe des Fälligkeitsdatums in der Lastschrift
- Die Lastschriften müssen der Zahlstelle bei Erst- und Einmallastschriften mindestens 5 Tage und bei wiederkehrenden Lastschriften mindestens zwei Tage vor Fälligkeit vorliegen.

Aufgabe 10
978,00 EUR (154,00 + 154,00 + 300,00 + 185,00 + 185,00)

Aufgabe 11
Eigenbeitrag von Frau Sellhorn:
4 % von 20.000,00 EUR = 800,00 EUR
800,00 EUR - 154,00 EUR - 300,00 EUR - 370,00 EUR = **- 24,00 EUR**
Frau Sellhorn muss 2012 den Sockelbetrag (Mindesteigenbeitrag) von jährlich **60,00 EUR** in den Riester-Vertrag einzahlen.
Eigenbeitrag von Herrn Sellhorn:
4 % von 32.000,00 EUR = 1.280,00 EUR
1.280,00 EUR - 154,00 EUR = 1.126,00 EUR
Herr Sellhorn muss 2012 **1.126,00 EUR** in den Riester-Vertrag einzahlen.

Aufgabe 12
C

Riester-Rente	
Voraussetzungen für die staatliche Förderung	- Der Anleger gehört zum förderungsfähigen Personenkreis. - Die Anlage erfolgt in einem zertifizierten Altersvorsorgevertrag. - Der Anleger erbringt einen einkommensabhängigen Eigenbeitrag.
Geförderter Personenkreis	- Arbeitnehmer, die in der gesetzlichen Rentenversicherung pflichtversichert sind. - Bezieher von Lohnersatzleistungen, z. B. Arbeitslosengeld I und II. - Beamte - nicht erwerbstätige Eltern in den Kindererziehungszeiten - Wehr- und Zivildienstleistende - Bezieher von Vorruhestandsgeld
Nicht geförderter Personenkreis	- Selbstständige, die nicht in der gesetzlichen Rentenversicherung pflichtversichert sind. - geringfügig Beschäftigte - Rentner und Pensionäre
Besonderheiten bei Eheleuten	Jeder Ehegatte kann unabhängig vom Partner einen eigenen Altersvorsorgevertrag mit dem Anspruch auf staatliche Förderung abschließen. Auch wenn nur ein Ehegatte zum förderfähigen Personenkreis gehört, erhält der eigentlich nicht förderberechtigte Ehegatte ebenfalls die staatliche Förderung, sofern er einen Altersvorsorgevertrag auf seinen Namen abschließt (abgeleiteter Zulagenanspruch).
Anlageformen	Private Altersvorsorge: Banksparplan, Investmentsparplan, Rentenversicherung Betriebliche Altersvorsorge Direktversicherungen, Pensionskassen, Pensionsfonds Beachte: Förderungsfähig sind nur Anlageformen, die im Alter durch lebenslange Zahlungen die gesetzliche Rente ergänzen.
Zertifizierung der geförderten Anlageformen durch BaFin	Merkmale: - Die Auszahlungen dürfen nicht vor dem 60 Lebensjahr beginnen, bei Verträgen ab 2012 nicht vor dem 62. Lebensjahr. Das Risiko Erwerbsunfähigkeit und die Hinterbliebenen können zusätzlich abgesichert werden. - Zu Beginn der Auszahlungsphase muss mindestens das eingezahlte Kapital zur Verfügung stehen (Kapitalgarantie). - Die Auszahlung erfolgt grundsätzlich als lebenslange Leibrente (Kapitalverrentung). Bis zu 30 % des bei Rentenbeginn zur Verfügung stehenden Kapitals kann sich der Anleger jedoch zu Beginn der Auszahlungsphase direkt auszahlen lassen. - Die Abschluss- und Vertriebskosten sind auf 5 Jahre zu verteilen. - Der Anleger hat das Recht, den Vertrag ruhen zu lassen, zu kündigen und zu wechseln sowie vorübergehend Mittel zum Wohnungsbau zu entnehmen. Der Anleger ist bei Vertragsabschluss zu informieren über: - die Anlage des Geldes, - die kalkulierte Rendite, - das mit der Anlage verbundene Risiko, - die Höhe und Verteilung der Abschluss- und Vertriebskosten, - die Kosten für die Verwaltung der Geldanlage sowie die Kosten beim Wechsel zu einem anderen Produkt.

	Der Anleger ist jährlich zu informieren über: - die Beitragsverwendung, - die Kapitalverwendung, - die Kosten und Erträge, - ob der Anbieter ethische, soziale oder ökologische Belange bei der Geldanlage berücksichtigen will.
Beiträge und staatliche Förderung	Die Einzahlungen auf den Altersvorsorgevertrag (Gesamtbeitrag) setzen sich zusammen aus dem Eigenbeitrag des Anlegers und der staatlichen Altersvorsorgezulage, die aus einer Grundzulage und einer Kinderzulage besteht. Zum Erhalt der vollen staatlichen Förderung ist ein jährlicher Gesamtbeitrag (Eigenbeitrag) zu leisten. Bei einem niedrigeren Eigenbeitrag verringert sich die staatliche Förderung anteilig.
Gesamtbeitrag pro Jahr (in % des sozialversicherungspflichtigen Vorjahreseinkommens)	4 %, max. aber 2.100,00 EUR
maximale jährliche Grundzulage	154,00 EUR
maximale jährliche Kinderzulage je Kind	185,00 EUR Kinder, die nach dem 01.01.2008 geboren sind, erhalten eine Kinderzulage von 300,00 EUR. Eine Kinderzulage gibt es für jedes Kind, für das Kindergeld gezahlt wird. Bei Eheleuten wird die Kinderzulage grundsätzlich der Mutter zugeordnet, auf Antrag beider Eltern dem Vater. Bei Alleinerziehenden steht die Kinderzulage dem Elternteil zu, in dessen Haushalt das Kind lebt.
	Wenn beide Eheleute zum geförderten Personenkreis gehören, ist der Mindestgesamtbeitrag für jeden Ehegatten getrennt zu ermitteln. Das Einkommen des Ehegatten ist dabei nicht zu berücksichtigen. Ein Ehegatte mit abgeleitetem Zulagenanspruch muss auf seinen Vertrag keine eigenen Mittel einzahlen. Der Mindesteigenbeitrag ist nur für den förderfähigen Ehegatten zu ermitteln. Dabei mindern die beiden Eheleuten zustehenden Zulagen seine selbst aufzubringenden Eigenleistungen.
Sockelbetrag von 60,00 EUR	Der Gesamtbeitrag besteht aus der Summe von Eigenbeitrag des Anlegers und der staatlichen Förderung. Dies würde bei einem niedrigen Einkommen dazu führen, dass der Anleger selbst nur sehr niedrige oder gar keine eigenen Zahlungen leisten müsste. Deshalb verlangt der Staat vom Anleger zumindest die Zahlung eines Sockelbetrages von 60,00 EUR. Bei Eheleuten ist der Sockelbetrag getrennt festzustellen. Bei nicht berufstätigen Ehegatten mit abgeleitetem Zulagenanspruch entfällt der Sockelbetrag (Ausnahme: Erziehungsurlaub).
Übertragbarkeit von Ansprüchen aus dem Riester-Vertrag	Die Ansprüche aus einem Riester-Vertrag sind übertragbar und vererbbar.
Sonderausgabenabzug und Günstigerprüfung	Altervorsorgeaufwendungen (Eigenbeitrag des Anlegers plus staatliche Zulagen) sind grundsätzlich bis zu einem bestimmten Höchstbetrag als Sonderausgaben bei der Einkommensteuer abzugsfähig. Die Gewährung einer Zulage schließt jedoch den Sonderausgabenabzug aus. Im Rahmen einer sog. Günstigerprüfung prüft das Finanzamt von Amts wegen, ob die Steuerersparnis höher als die Zulagen ist. Ggf. erstattet das Finanzamt die Differenz im Rahmen der Einkommensteuerveranlagung.

Zulagenantrag	Die staatlichen Zulagen sind beim Anbieter des Altersvorsorgesparplanes zu beantragen, der den Antrag an die Zulagenstelle für Altersvermögen (ZfA) weiterleitet. Diese überweist die Zulage auf das Anlagekonto des Anlegers. Bei einem Dauerzulagenantrag bevollmächtigt der Anleger den Anbieter zur jährlichen Antragstellung, sodass der Anleger selbst keinen Antrag stellen muss. Der Anleger ist jedoch verpflichtet, alle Änderungen, die sich auf die Höhe der Zulage auswirken können, z. B. Streichung des Kindergeldes, unverzüglich dem Anbieter mitzuteilen. Zur Feststellung des auf den Vertrag einzuzahlenden Gesamtbeitrages fragt die ZfA direkt beim Rentenversicherungsträger das sozialversicherungspflichtige Einkommen des Anlegers ab.
Zulagenschädliche Verwendung des angesparten Kapitals	Bei förderschädlichen Verfügungen sind alle Zulagen und Steuervorteile zurückzuzahlen. Zudem sind die die im Auszahlungsbetrag enthaltenen Erträge zu versteuern.

Aufgabe 13

D

Aufgabe 14

B und **C**

Verfügungen ohne Erbschein oder eine beglaubigte Abschrift des Testamtents nebst zugehöriger Eröffnungsniederschrift sind zulässig, wenn der Bank z. B. eine gültige Kontovollmacht des Erblassers über den Tod hinaus vorliegt.

Aufgabe 15

A und **E**, vgl. Ziffer 2 Abs. 2, 3 und 4 AGB der Banken (Eine Bankauskunft enthält allgemein gehaltene Feststellungenund Bemerkungen über die wirtschaftlichen Verhältnisse des Kunden, seine Kreditwürdigkeit und Zahlungsfähigkeit. Betragsmäßige Angaben über Kontostände, Sparguthaben, Depot- oder sonstige der Bank anvertraute Vermögenswerte sowie Angaben über die Höhe von Kreditinanspruchnahmen werden nicht gemacht. Bankauskünfte über Privatkunden erteilt die Bank nur, wenn diese generell oder im Einzelfall ausdrücklich zugestimmt haben. Eine Bankauskunft wird nur erteilt, wenn der Anfragende ein berechtigtes Interesse an der gewünschten Auskunft glaubhaft dargelegt hat.)

Bankgeheimnis

Kreditinstitute sind zur Verschwiegenheit über alle kundenbezogene Daten verpflichtet. Schutzbedürftige Interessen des Kunden dürfen aus Datenschutzgründen nicht verletzt werden.

Ausnahmen von der Verschwiegenheitspflicht	
Auskünfte an Finanzbehörden	- Weitergabe der Freistellungsaufträge an das Bundeszentralamt für Steuern: tatsächlich freigestellten Kapitalerträge - Erbschaftsmeldung: Weitergabe der Konten- und Depotguthaben einschl. aufgelaufener Zinsen ab 2.500,00 EUR an die Erbschaftssteuerstelle des Finanzamts; Schließfächer und Verwahrstücke müssen stets gemeldet werden. - Online-Kontoabfrage: Banken sind verpflichtet, dem Bundeszentralamt für Steuern (BZSt) den jederzeitigen Online-Abruf von Kontostammdaten zu ermöglichen (§ 93 AO). Abrufbar sind folgende Daten: Vor- und Nachname, Geburtsdatum, Anschrift, Anzahl aller Konten und Depots, Verfügungsberechtigte, Einrichtungs- und Auflösungstag - Einzelauskunftsersuchen: Ist im Verdachtsfall durch das Finanzamt möglich, wenn Auskünfte beim Steuerpflichtigen ergebnislos verlaufen sind. Abfrage aller Kontostammdaten, Kontostände und Kontobewegungen eines Kunden

Sozialbehörden	Arbeitsagenturen, Arbeitsämter, BAföG-Stellen, Familienkassen verlangen von Leistungsempfängern eine Einverständniserklärung darüber, dass die Behörde berechtigt ist, Bankauskünfte über das Einkommen und Vermögen einzuholen (§ 60 SGB I). Zudem dürfen sie beim Bundeszentralamt für Steuern eine Online-Kontoabfrage anfordern und die Daten der Freistellungsaufträge prüfen.
Ermittlungsbehörden	Ermittlungsbehörden, z. B. Staatsanwaltschaft, Strafgerichte, Zoll- und Steuerfahndung können auf der Grundlage einer richterlichen Anordnung Durchsuchungen und Beschlagnahmen zu Kundenunterlagen vornehmen.
Deutsche Bundesbank und Bundesamt für Finanzdienstleistungsaufsicht (BaFin)	Der Bundesbank sind Groß- und Millionenkredite anzuzeigen (§ 32 Bundesbankgesetz). Der BaFin sind auf Verlangen Auskünfte über alle Geschäftsangelegenheiten zu erteilen (§ 9 ff. KWG).
Gläubiger	Bei Zwangsvollstreckungen, z. B. bei Pfändungsbeschlüssen muss die Bank dem Gläubiger Auskunft über Konten, Depots und sonstige Vermögenswerte erteilen (§ 840 ZPO).

Aufgabe 16

A, vgl. Ziffer 2 Abs. 3 AGB der Banken (Die Bank ist befugt, über juristische Personen und im Handelsregister eingetragene Kaufleute Bankauskünfte zu erteilen, sofern sich die Anfrage auf ihre geschäftliche Tätigkeit bezieht. Die Bank erteilt jedoch keine Auskünfte, wenn ihre eine anderslautende Weisung des Kunden vorliegt.)

Aufgabe 17

A	B	C
5	1	4

Auflassungsvormerkung: Maßnahme zur Sicherung des schuldrechtlichen Anspruchs auf Übertragung des Eigentums an einem Grundstück. Kann z. B. angewendet werden bei Grundstücksverkäufen, wenn der Verkäufer bereits frühzeitig eine Zahlung verlangt, obwohl der Käufer erst nach Erlangung der verschiedenen Formalitäten als Eigentümer in das Grundbuch eingetragen wird.
Grunddienstbarkeit: Grundstücksbelastungen zugunsten des jeweiligen Eigentümers eines anderen Grundstücks, wonach dieser das Grundstück in einzelnen Beziehungen nutzen darf oder wonach auf dem Grundstück gewisse Handlungen nicht vorgenommen werden dürfen. Der jeweilige Eigentümer des herrschenden Grundstücks erhält also das Recht oder Befugnisse am dienenden Grundstück. Die Grunddienstbarkeit entsteht wie jedes andere dingliche Recht an Grundstücken durch Einigung und Eintragung.
Reallast: Dingliche Belastung eines Grundstücks in der Weise, dass an den Berechtigten wiederkehrende Leistungen aus dem Grundstück zu entrichten sind. Die Leistungen können in Naturalien, Geld oder in Handlungen bestehen. Sie können zeitlich unbeschränkt oder auf eine gewisse Zeit, z. B. Lebenszeit des Berechtigten, bestellt werden. Dem Umfang nach können sie fest bestimmt oder verschieden groß sein.

Aufgabe 18

1. Rang	2. Rang	3. Rang	4. Rang	5. Rang	6. Rang
1	2	6	3	4	5

Vgl. BGB:

§ 879 (Rangverhältnis mehrerer Rechte)

(1) Das Rangverhältnis unter mehreren Rechten, mit denen ein Grundstück belastet ist, bestimmt sich, wenn die Rechte in derselben Abteilung des Grundbuchs eingetragen sind, nach der Reihenfolge der Eintragungen. Sind die Rechte in verschiedenen Abteilungen eingetragen, so hat das unter Angabe eines früheren Tages eingetragenen Rechts den Vorrang; Rechte, die unter Angabe desselben Tages eingetragen sind, haben gleichen Rang.

§ 880 (Rangänderung)

(1) Das Rangverhältnis kann nachträglich verändert werden.

(2) Zu der Rangänderung ist die Eintragung des zurücktretenden und des vortretenden Berechtigten und die Eintragung der Änderung in das Grundbuch erforderlich ....

§ 881 (Rangvorbehalt)

(1) Der Eigentümer kann sich bei der Belastung des Grundstücks mit einem Rechte die Befugnis vorbehalten, ein anderes, dem Umfange nach bestimmtes Recht mit dem Range vor jenem Rechte eingetragen zu lassen.

(2) Der Vorbehalt bedarf der Eintragung in das Grundbuch; die Eintragung muss bei dem Rechte erfolgen, das zurücktreten soll.

Aufgabe 19

C

Put (Verkaufsoption): Option, die den Käufer berechtigt, einen bestimmten Basiswert in einer bestimmten Menge zu einem im Voraus festgelegten Ausübungspreis bis oder zu einem bestimmten Termin zu verkaufen. Käufer eines Puts erwarten, dass der Preis des Basiswertes während der Laufzeit der Option fällt.
Call (Kaufoption): Standardisiertes, an einer Terminbörse gehandeltes Kaufrecht auf einen Basiswert. Ein Call ist ein verbrieftes Recht, aber nicht die Pflicht, eine bestimmte Menge eines Basiswertes zu einem vereinbarten Preis (Basispreis) innerhalb eines festgelegten Zeitraums zu erwerben.

Aufgabe 20

A

§ 1221 BGB (Freihändiger Verkauf): Hat das Pfand einen Börsen- oder Marktpreis, so kann der Pfandgläubiger den Verkauf aus freier Hand durch einen zu solchen Verkäufen öffentlich ermächtigten Makler zum laufenden Preis bewirken.
§ 1234 BGB (Verkaufsandrohung; Wartefrist): Der Pfandgläubiger hat dem Eigentümer den Verkauf vorher anzudrohen und dabei den Geldbetrag zu bezeichnen, wegen dessen der Verkauf stattfinden soll. Der Verkauf darf nicht vor dem Ablauf eines Monats nach der Androhung erfolgen.

Aufgabe 21

A, vgl. §§ 1252 und 1253 BGB (Erlöschen mit der Forderung bzw. durch Rückgabe)
Zu D: Diese Aussage ist falsch, da die *Nordbank AG* das Pfandrecht erst erwirbt, wenn das Darlehen ausgezahlt wurde. Das Pfandrecht ist eine akzessorische Sicherheit, d. h. die Sicherheit wird erst bei Auszahlung des Darlehens wirksam. Nach § 1205 BGB entsteht das Pfandrecht, wenn sich beide Vertragspartner darüber einig sind, dass dem Gläubiger das Pfandrecht unmittelbar zustehen soll. Die Übergabe der Wertpapiere kann entfallen, da die Wertpapiere bereits im unmittelbaren Besitz der *Nordbank AG* sind.

Aufgabe 22

C

§ 1221 BGB (Freihändiger Verkauf): Hat das Pfand einen Börsen- oder Marktpreis, so kann der Pfandgläubiger den Verkauf aus freier Hand durch einen zu solchen Verkäufen öffentlich ermächtigten Makler zum laufenden Preis bewirken.
§ 1234 BGB (Verkaufsandrohung; Wartefrist): Der Pfandgläubiger hat dem Eigentümer den Verkauf vorher anzudrohen und dabei den Geldbetrag zu bezeichnen, wegen dessen der Verkauf stattfinden soll. Der Verkauf darf nicht vor dem Ablauf eines Monats nach der Androhung erfolgen.

Aufgabe 23

D, vgl. § 154 Abgabenordnung

Aufgabe 24

B und **F** (vgl. § 347 HGB, Sorgfaltspflicht)

Aufgabe 25

E, vgl. § 18 (Kreditunterlagen) Kreditwesengesetz:
Ein Kreditinstitut darf einen Kredit, der insgesamt 750.000,000 Euro oder 10 vom Hundert des haftenden Eigenkapitals des Instituts überschreitet, nur gewähren, wenn es sich von dem Kreditnehmer die wirtschaftlichen Verhältnisse, insbesondere durch Vorlage der Jahresabschlüsse, offen legen lässt. Das Kreditinstitut kann hiervon absehen, wenn das Verlangen nach Offenlegung im Hinblick auf die gestellten Sicherheiten oder auf die Mitverpflichteten offensichtlich unbegründet wäre. ...

Aufgabe 26

Jahr	2010	2011	2012
Gesamtkapital	57,0 Mio. EUR	61,5 Mio. EUR	63,75 Mio. EUR
Haftendes Eigenkapital	15,872 Mio. EUR	20,515 Mio. EUR	23,397 Mio. EUR
Eigenkapitalquote	27,85 %	33,36 %	36,70 %

Aufgabe 27

B

Die Eigenkapitalquote ist eine Kennzahl, die das Eigen- zum Gesamtkapital ins Verhältnis setzt. Sie dient zur Beurteilung der finanziellen Stabilität und Unabhängigkeit eines Unternehmens, da allgemein davon ausgegangen wird, dass bei einem größeren Eigenkapitalanteil die finanzielle Stabilität und Unabhängigkeit eines Unternehmens höher sind. Dies impliziert, dass bei einem höheren Ertragsrisiko auch der Eigenkapitalanteil höher sein sollte (Sicherheitsaspekt). Ziel einer Unternehmung ist es, die Eigenkapitalquote unter Berücksichtigung des Sicherheitsaspektes zu optimieren, um weitgehend von Gläubigern unabhängig zu sein. Zudem wird durch eine höhere Eigenkapitalquote die Kreditwürdigkeit verbessert und damit die Möglichkeit, zusätzliches Fremdkapital aufzunehmen, erhöht (verbesserte Möglichkeit von Anschlussfinanzierungen), zukünftige mögliche Verluste besser aufgefangen und die Belastung des Unternehmens mit Zins- und Tilgungszahlungen reduziert.

Aufgabe 28

E

Der Sicherheitsabschlag definiert im Bankgeschäft alle Berücksichtigungen allfälliger Wertänderungen von Instrumenten, die der Kreditsicherung dienen. Zu diesen Instrumenten gehören zum Beispiel Aktien, Verträge von Lebensversicherungen oder Wertpapiere, aber auch Gegenstände oder Sachen, die der Bank sicherungsübereignet wurden. Wenn die Bank Kredite an Unternehmen vergibt, muss sie sich entsprechend absichern. Um bei der Kreditvergabe das Risiko für Sicherheiten zu vermindern, ist der Sicherheitsabschlag das geeignete Instrument. Zu diesem Zweck berechnen die Banken grundsätzlich den Wert der Sicherheit als Marktwert und ziehen davon einen bestimmten Prozentsatz als Sicherheitsabschlag ab.

Aufgabe 29

A und **F**, vgl. §§ 765 ff. BGB (Bürgschaft)

Der Bürge der selbstschuldnerischen Bürgschaft wird bei Zahlungsverzug des Schuldners lt. Vertrag so behandelt, als sei er selbst Schuldner. Die selbstschuldnerische Bürgschaft wird durch einen einseitig verpflichtenden Vertrag geschlossen. Der Bürge besiegelt durch seine Unterschrift, dass er dem Gläubiger eines Dritten (des so genannten Hauptschuldners) für die Erfüllung der Verbindlichkeiten des Dritten zur Verfügung steht. Durch diesen Vertrag sichert sich der Gläubiger gegen eine mögliche Zahlungsunfähigkeit seines Schuldners ab. Das übliche Dreiecksverhältnis bei selbstschuldnerischer Bürgschaft besteht aus einem Darlehensnehmer, der die Rolle des Hauptschuldners einnimmt, einer Bank, die das Darlehen gewährt und dem selbstschuldnerischen Bürgen, der für Fehler in der Darlehensrückführung mit seinem privaten Vermögen geradesteht.

Die selbstschuldnerische Bürgschaft ist strenger als die herkömmliche oder gewöhnliche Bürgschaft. Bei der gewöhnlichen Bürgschaft kann der Bürge die Zahlung verweigern, bis alle Mittel ausgeschöpft sind, das bewegliche Vermögen des Hauptschuldners ganz oder teilweise heranzuziehen. Erst dann darf der Bürge verpflichtet werden. Bei der selbstschuldnerischen Bürgschaft hingegen darf sofort auf den Bürgen zugegangen werden. Das ist möglich, weil der Bürge gemäß § 773 Abs. 1 Nr. 1 BGB auf die Einrede der Vorausklage verzichtet hat. Die Zwangsvollstreckung gegen den Hauptschuldner ist demnach sofort möglich. Der Bürge haftet somit genauso wie der Hauptschuldner.

Die Höchstbetragbürgschaft begrenzt die Haftung auf einen gewissen Höchstbetrag, während sie bei der Zeitbürgschaft nur für einen bestimmten Zeitabschnitt übernommen wird. Bei der selbstschuldnerischen Bürgschaft kann darüber hinaus auch eine Mitbürgschaft eingetragen werden, bei der sämtliche Bürgen als Gesamtschuldner haften. Auch die Teilbürgschaft macht Sinn, wobei mehrere Bürgen für bestimmte Teile der Gesamtschuld haften. Der einzelne Bürge kann hierbei nur für den von ihm verbürgten Betrag in Anspruch genommen werden.

Ein Vertrag über eine selbstschuldnerische Bürgschaft beinhaltet folgende Punkte:
- Er bezeichnet den Bürgen und den Bürgschaftsgläubiger.
- Der Gegenstand der Bürgschaft wird benannt, also die Ansprüche, die der Bürgschaftsgläubiger gesichert wissen will.
- der Verzicht des Bürgen auf die Einrede der Vorausklage (§ 773 BGB)
- Verzicht des Bürgen auf die Einrede der Anfechtbarkeit und der Aufrechenbarkeit (§ 770 BGB)
- eventuell der Höchstbetrag der Bürgschaft
- eventuell eine zeitliche Begrenzung

Aufgabe 30

Finanz AG **12,05** (61,80 : 5,13 = 12,0467; gerundet 12,05)
Energie AG **13,10** (41,80 : 3,19 = 13,1034; gerundet 13,10)

Kurs-Gewinn-Verhältnis: Wichtige Kennzahl zur Beurteilung der Ertragskraft und -entwicklung eines Unternehmens im Vergleich zu einem oder mehreren anderen, auch Price-Earning-Ratio (PER) genannt. Es stellt das Verhältnis zwischen dem Gesamtgewinn, bezogen auf eine einzige **Aktie**, und dem **Kurs** dieser Aktie her. Beispiel: Der **Kurswert** einer Aktie liegt bei 200 EUR. Das Unternehmen erwirtschaftet zehn EUR **Gewinn** pro Aktie. 200 durch 10 macht 20 – also beträgt das Kurs-Gewinn-Verhältnis (KGV) 20. Je niedriger das KGV, umso besser.

Aufgabe 31

A Aktien der *Finanz AG* soll Frau Paul wegen des niedrigeren Kurs-Gewinn-Verhältnisses erwerben.

Aufgabe 32

A	B	C	D	E	F
4	2	5	1	3	6

Stammaktie: Aktie, die dem Inhaber die normalen Aktionärsrechte laut Aktiengesetz gewährt.
Namensaktie: Auf den Namen des Inhabers ausgestellte Aktien. Name, Wohnort und Beruf des Inhabers müssen im Aktienregister der Gesellschaft eingetragen werden. Namensaktien sind kraft Gesetzes Orderpapiere und können daher nur durch Indossament übertragen werden. Namensaktien bieten Gesellschaften die Möglichkeit, ihren Aktionärskreis besser zu kennen und einfacher mit den Aktionären direkt in Kontakt zu treten.
Vinkulierte Namensaktie: Sonderform der Namensaktie. Eine vinkulierte Namensaktie kann nur mit Zustimmung der AG an einen neuen Eigentümer übertragen werden. Die Vinkulierung von Namensaktien ist möglich, wenn die Satzung der Gesellschaft dieses vorsieht, so z. B. bei Versicherungsgesellschaften, deren Grundkapital nicht voll eingezahlt ist, oder bei Gesellschaften, die sich vor Überfremdung schützen wollen.
Vorzugsaktie: Aktiengattung, der im Gegensatz zur Stammaktie das Stimmrecht fehlt. Als Ausgleich dafür sind i. d. R. Vorrechte bei der Gewinnverteilung und Abwicklung einer AG verbrieft. Eine AG kann neben Stammaktien auch Vorzugsaktien emittieren, allerdings darf deren Anteil am Grundkapital nicht höher sein als der Anteil der Stammaktien. Zu den Sonderrechten von Vorzugsaktionären gehört meist eine höhere Dividende.
Berichtigungsaktie (Gratisaktie): Aktie, die durch die Umwandlung von offenen Rücklagen in Grundkapital entsteht und an die Aktionäre ohne Gegenleistung ausgegeben wird (§§ 207 bis 220 AktG). Die Bezeichnung „Gratisaktien" ist irreführend, weil der Aktionär bereits vor dem reinen Passivtausch an den Rücklagen durch seinen Aktienbesitz beteiligt war. Für den Aktionär ändert sich daher der Wert seiner Beteiligung nicht, obwohl die Aktie um den Berichtigungsabschlag leichter wird.

Aufgabe 33

B

Das Aktienregister ist ein Register, das von Aktiengesellschaften geführt wird, die Namensaktien oder Zwischenscheine emittieren. Während Inhaberaktien formlos durch bloße Einigung und Übergabe übertragen werden können (§§ 929 ff. BGB), gehören Namensaktien und Zwischenscheine zu den geborenen Orderpapieren, die zwecks Übertragung noch eines Indossaments bedürfen. Die Sonderform der vinkulierten Namensaktien macht deren Übertragung von der Zustimmung der AG abhängig, wodurch zur Übertragung eine Zession erforderlich wird. Namensaktien und Zwischenscheine erfordern die Füh-

rung eines Aktienregisters durch die AG, sodass neben Indossament/Zession auch das Aktienregister die Verkehrsfähigkeit dieser Aktienarten behindert.
In § 67 Abs. 1 AktG wird bestimmt, dass die Inhaber von Namensaktien zur Eintragung ins Aktienregister Namen, Geburtsdatum und Adresse sowie die Stückzahl oder die Aktiennummer (bei Nennbetragsaktien den Betrag) mitzuteilen haben. Die Eintragung ins Aktienregister ist für den konstitutiven Rechtserwerb der Aktionärsrechte jedoch nicht notwendig, sondern dient lediglich der Legitimation gegenüber der Gesellschaft.
Das Aktienregister dient der Gesellschaft zur sicheren Identifikation des Aktionärs und dazu, den Mitteilungspflichten gegenüber den Aktionären nachkommen zu können. Das Aktienregister gibt die aktuelle Aktionärsstruktur und deren Veränderungen wieder. Aktienregisterführer kann sowohl die Gesellschaft sein oder eine von ihr hiermit beauftragte Registrargesellschaft. Der Inhalt eines Aktienregisters ist in § 67 Abs. 1 Aktiengesetz abschließend aufgezählt.

Aufgabe 34

B

Aktienrechte:

- Recht auf Gewinnbeteiligung
- Teilnahme an der Hauptversammlung
- Stimmrecht in der Hauptversammlung
- Auskunftsrecht in der Hauptversammlung
- Angabe der Bezüge des Vorstands
- Bezugsrecht zum Bezug z. B. junger Aktien im Rahmen einer Kapitalerhöhung
- Anspruch auf Teilnahme am Liquidationserlös

Aufgabe 35

E und **F**

Stammaktie: Aktie, die dem Inhaber die normalen Aktionärsrechte laut Aktiengesetz gewährt.
Vinkulierte Namensaktie: Sonderform der Namensaktie. Eine vinkulierte Namensaktie kann nur mit Zustimmung der AG an einen neuen Eigentümer übertragen werden. Die Vinkulierung von Namensaktien ist möglich, wenn die Satzung der Gesellschaft dieses vorsieht, so z. B. bei Versicherungsgesellschaften, deren Grundkapital nicht voll eingezahlt ist, oder bei Gesellschaften, die sich vor Überfremdung schützen wollen.
Vorzugsaktie: Aktiengattung, der im Gegensatz zur Stammaktie das Stimmrecht fehlt. Als Ausgleich dafür sind i. d. R. Vorrechte bei der Gewinnverteilung und Abwicklung einer AG verbrieft. Eine AG kann neben Stammaktien auch Vorzugsaktien emittieren, allerdings darf deren Anteil am Grundkapital nicht höher sein als der Anteil der Stammaktien. Stamm- und Vorzugsaktien eines Unternehmens werden an einer Börse getrennt gehandelt. Zu den Sonderrechten von Vorzugsaktionären gehört meist eine höhere Dividende.
Berichtigungsaktie (Gratisaktie): Aktie, die durch die Umwandlung von offenen Rücklagen in Grundkapital entsteht und an die Aktionäre ohne Gegenleistung ausgegeben wird (§§ 207 bis 220 AktG). Die Bezeichnung „Gratisaktien“ ist irreführend, weil der Aktionär bereits vor dem reinen Passivtausch an den Rücklagen durch seinen Aktienbesitz beteiligt war. Für den Aktionär ändert sich daher der Wert seiner Beteiligung nicht, obwohl die Aktie um den Berichtigungsabschlag leichter wird.
Optionsschuldverschreibung: Festverzinsliche Schuldverschreibung mit zusätzlichen Optionsscheinen. Optionsanleihen unterscheiden sich von normalen Anleihen durch die Zugabe von Optionsscheinen. Diese berechtigen den Inhaber, Aktien des Emittenten in der Regel nach einer bestimmten Frist zu einem festgelegten Kurs zu beziehen. Mit Beginn der Optionsfrist kann der Anleger über die Optionsscheine getrennt verfügen und diese an der Börse verkaufen. Die Anleihen notieren anschließend mit dem Kurszusatz „ex“.
Wandelschuldverschreibung: Die Wandelanleihe verbindet Elemente der Anleihe mit Elementen der Aktie. Wandelanleihen verbriefen ein Wandlungsrecht: Eine Wandelanleihe ist eine Unternehmensanleihe, die innerhalb einer vorher festgelegten Frist zu einem vorab festgelegten Kurs in Aktien des Unternehmens umgetauscht werden kann. Eine Wandelanleihe ist demnach eine Anleihe mit einer Kaufoption auf Aktien. Anleger haben auch die Möglichkeit, die Wandelanleihe – wie bei einer klassischen Anleihe – bis zur Endfälligkeit zu halten. In diesem Fall erhalten sie jährliche Zinszahlungen vom Schuldner, der am

Ende der Laufzeit die Anleihe zurückzahlt. Der Anleiheninhaber wird also vom Gläubiger zum Unternehmensteilhaber. Aufgrund dieses Rechts hat eine Wandelanleihe eine niedrigere Verzinsung als andere Anleihen. Die Hauptversammlung muss der Begebung einer Wandelanleihe und der damit verbundenen bedingten Kapitalerhöhung mit einer Dreiviertel-Mehrheit zustimmen. Wandelanleihen können sich in verschiedenen Details unterscheiden, z. B. vorzeitige Kündigungsrechte des Schuldners oder Einschränkungen für Anleger bei der Möglichkeit, die Anleihe in Aktien zu tauschen.

Aufgabe 36

A	B	C	D	E	F
2	1	3	3	3	2

Inkasso	**Akkreditiv**
Ein Dokumenten-Inkasso ist eine Zahlungsabwicklungs- und Zahlungssicherungsform, bei der dem Zahlungspflichtigen unter Mitwirkung von Kreditinstituten Dokumente ausgehändigt werden gegen Zahlung des Gegenwerts (Dokumente gegen Kasse) oder Akzeptierung eines Wechsels (Dokumente gegen Akzept). Mit einem Dokumenten-Inkasso können Warengeschäfte Zug um Zug erfüllt werden. Grundlage für die Abwicklung eines Inkassos sind die Einheitlichen Richtlinien für Inkassi (ERI 522) der Internationalen Handelskammer Paris.	Ein Dokumenten-Akkreditiv ist eine vertragliche Verpflichtung eines Kreditinstituts, im Auftrag, für Rechnung und nach Weisungen eines Kunden gegen Übergabe bestimmter Dokumente und bei Erfüllung bestimmter Bedingungen eine bestimmte Geldzahlung oder eine andere finanzielle Leistung zu erbringen. Nach den Einheitlichen Richtlinien und Gebräuchen für Dokumenten-Akkreditive (ERA 500) liegt ein Dokumenten-Akkreditiv vor, wenn vereinbart ist, dass eine im Auftrag und nach den Weisungen eines Kunden handelnde Bank gegen Übergabe vorgeschriebener Dokumente z. B. eine Zahlung an einen Dritten (Begünstigten) oder dessen Order zu leisten hat, sofern die Akkreditivbedingungen erfüllt sind. Ein Dokumenten-Akkreditiv ist von dem Kaufvertrag völlig getrennt. Kreditinstitute, die Akkreditive abwickeln, haben nichts mit diesen Verträgen zu tun und sind nicht durch diese Verträge gebunden. Alle Beteiligten im Akkreditivgeschäft befassen sich mit Dokumenten und nicht mit Waren. Ein Kreditinstitut, das eine Akkreditivverpflichtung eingeht, gibt ein abstraktes Schuldversprechen im Sinne von § 780 BGB ab.

C Rechnungswesen und Steuerung

Aufgabe 1

63 an **11** (auch in dieser Höhe bleibt Fotokopierpapier Verbrauchsmaterial, das nicht aktiviert wird). Die Anlageberatung gehört zum umsatzsteuerfreien Bereich der Bank, daher ist die bezahlte Umsatzsteuer nicht als Vorsteuer zu buchen.

Aufgabe 2

11 an **30.** Die Anlageberatung gehört zum umsatzsteuerfreien Bereich der Bank, daher muss beim Verkauf des gebrauchten Firmenwagens keine Umsatzsteuer berechnet werden.

Aufgabe 3

20 an **56**

Aufgabe 4

21 an **10**

Aufgabe 5

Der Verlust wird …

A **1** erhöht, da ein Provisionsaufwand vorliegt.
B **1** erhöht, da ein Zinsaufwand vorliegt.
C **3** nicht verändert, da diese Abzüge der Sparer trägt.

D **1** erhöht, da ein Zinsaufwand vorliegt.

E **3** nicht verändert, da der Kauf ein Vermögenszuwachs darstellt. Erst die später folgende Abschreibung ist erfolgswirksam.

Aufgabe 6

A **2**
B **1**
C **4**
D **9** (beschrieben wird die Inventur)
E **5**
F **1** (im Skontro sind auch die Umsätze enthalten)

Aufgabe 7

168.590,00 EUR

S		KK	H
Umsatz	1.739.530	Umsatz	1.675.300
Schecks	15.430	Schecks	15.430
	-	Schecks	11.500
	-	DBB	20.750
SBK (Verbindl. gegen Kd.)	168.590	SBK (Ford. an Kd.)	200.570
	1.923.550		1.923.550

Aufgabe 8

6,25 % (100 % : 16 Jahre)

Aufgabe 9

137.200,00 EUR Der Anlagegegenstand stammt aus dem umsatzsteuerpflichtigen Bereich, daher wird die Vorsteuer erstattet und ist nicht abzuschreiben. Skonto mindert den Anschaffungswert. (140.000,00 - 2 %)

Aufgabe 10

20.722,92 EUR Der jährliche Abschreibungsbetrag beträgt 137.200,00 : 16 Jahre = 8.575,00 EUR. Im ersten Jahr 8.575,00 : 12 Monate * 5 Monate = 3.572,92 EUR, für die folgenden 2 Jahre je 8.575,00 EUR, ergibt kumuliert (= aufaddiert): 20.722,92 EUR

Aufgabe 11

30.725,00 EUR direkt abgeschrieben wird die Forderung gegen die *Fertigbau KG* mit 28.500,00 EUR und indirekt die Forderung an Kunden *Beyer* mit 2.000,00 EUR. Die PWB wird um 225,00 EUR erhöht.

Aufgabe 12

2.000,00 EUR Die Forderung an Kunden *Beyer* wird mit 2.000,00 EUR neu einzelwertberichtigt (siehe a), in der Bewertung der Forderung an Kunden *Schneider* hat sich nichts geändert, also bleibt seine Einzelwertberichtigung aus dem vergangenen Jahr bestehen.

Aufgabe 13

7.225,00 EUR 1 % von 722.500 EUR (775.000 EUR abzüglich der direkten Abschreibung von 28.500,00 EUR abzüglich der einzelwertberichtigten Forderungen von *Beyer* 20.000,00 EUR und *Schneider* 4.000,00 EUR)

Aufgabe 14

475.000,00 EUR

S		KK	H
AB und Umsätze	18.700.000	AB und Umsätze	18.400.000
SBK (Verb.)	475.000	Abschr. auf Ford.	28.500
	-	SBK (Ford.)	746.500
	19.175.000		19.175.000

Aufgabe 15

4 **6**

(1) ist nicht richtig, da es auch Forderungen gibt, für die keine Pauschalwertberichtigung gebildet werden dürfen (z. Bsp. Forderungen gegen die öffentliche Hand), für erkennbare Risiken ist eine Einzelwertberichtigung zu bilden (2), (3). Wertberichtigungen dürfen in der Bilanz nicht ausgewiesen werden (5).

Aufgabe 16

7,37 Mio. EUR 6,3 Mio. EUR + 5 % von 21,4 Mio. EUR, da die gesetzliche Rücklage und Kapitalrücklage zusammen weniger als 15 Mio. EUR (10 % vom gezeichneten Kapital) betragen.

Aufgabe 17

9,33 Mio. EUR 21,4 Mio. EUR Jahresüberschuss - 1,07 Mio. EUR Zuführung zu gesetzlichen Rücklagen - 11,0 Mio. EUR Bilanzgewinn zur Dividendenausschüttung

Aufgabe 18

25,18 Mio. EUR 21,4 Mio. EUR / (100 % - 15 %) (Körperschaftssteuer 15 %)

Aufgabe 19

1 3

Andere Gewinnrücklagen dürfen maximal in Höhe von 50 % des um einen Verlustvortrag und die Zuführung zur gesetzlichen Rücklage verminderten Jahresüberschusses gebildet werden (2). Die Position Rücklagen zeigt die Kapitalherkunft (Passivseite), nicht die Kapitalverwendung. Rücklagen eignen sich hervorragend für langfristige Investitionen (4)! Die Kapitalrücklage entsteht nicht aus dem Jahresüberschuss (5). Die Erhöhung stiller Rücklagen senkt die Ertragssteuern, da durch beispielsweise zu hohe Abschreibungen der Jahresüberschuss gemindert wird (6).

Aufgabe 20

4 5

Für Außenstehende ist die Kostenrechnung nicht gedacht (1), was nicht heißt, dass Banken zur Kreditwürdigkeitsprüfung um diese Unterlagen bitten können. Für Termineinlagen werden Preisobergrenzen festgesetzt (2). Die Kostenrechnung gibt keine Auskunft über entstandene Erträge, sondern Erlöse (3), ebenso wenig wie über außergewöhnliche Erfolge, die nur aus der Buchführung ersichtlich sind (6).

Aufgabe 21

1

Der Konditionsbeitrag ist vom Kundenberater durch die Festlegung der Kundenkonditionen beeinflussbar (3). Die Bruttozinsspanne wird in (2) beschrieben, der Strukturbeitrag in (4) und (5).

Zu den Aufgaben 22 bis 26

Die Lösung nach der IHK-Formelsammlung Punkt 1.3: Kundenkalkulation

Konditionenbeiträge der Aktivgeschäfte	7,0 % - 1,5 % = 5,5 % p. a. von 1000,- / 4 (Quartal)	13,75
+ Konditionenbeiträge der Passivgeschäfte	1,5 % - 0,0 % = 1,5 % p. a. von 1200,- / 4 (Quartal)	4,50
= Deckungsbeitrag I (Zinsüberschuss, Zins-Konditionenbeitrag)		18,25
+ direkt zurechenbare Provisionserlöse	Kontoführungsgebühr	22,50
- direkt zurechenbare Betriebskosten	60,- halbjährlich / 2 = 30,- pro Quartal	30,00
= Deckungsbeitrag II (Netto-Konditionenbeitrag)		10,75
- direkt zurechenbare Risikokosten	0,7 % p. a. von 1000,- / 4 (Quartal)	1,75
- direkt zurechenbare Eigenkapitalkosten	0,4 % p. a. von 1000,- / 4 (Quartal)	1,00
= Deckungsbeitrag III (Deckungsbeitrag der Kunden)		8,00

Aufgabe 22

13,75 EUR (siehe oben)

Aufgabe 23

4,50 EUR (siehe oben)

Aufgabe 24

18,25 EUR (siehe oben)

Aufgabe 25

10,75 EUR (siehe oben)

Aufgabe 26

8,00 EUR (siehe oben)

Aufgabe 27
A **2**
B **1**
C **5**
D **4**
E **6** betriebsfremd
F **2**

Aufgabe 28
330 Mio. EUR 290 Mio. EUR (Betriebsergebnis) + 40 Mio. EUR (ordentliche Abschreibungen) + 0 Mio. EUR (Zuführung zu langfristigen Rückstellungen: Aufgabentext: „Die Pensionsrückstellungen sind gegenüber dem Vorjahr unverändert.")

Aufgabe 29
84,6 % 330 (Cash-flow) x 100 / 390 (Gesamtleistung)

Aufgabe 30
1 je höher die Zahl desto besser ist sie: Die Cash-flow-Rate gibt an, in welchem Umfang das Unternehmen in der Lage ist, liquide Mittel aus eigener Kraft am Markt zu erwirtschaften.

Aufgabe 31
82,2 % 830 (Eigenkapital ohne kurzfristigen Bilanzgewinn) + 50 (langfristiges Fremdkapital) x 100 / 1.070 (Anlagevermögen). Anmerkung in der IHK-Formelsammlung unter „2. Kennziffern": „Der Bilanzgewinn ist – sofern nicht etwas anderes angegeben wird – als kurzfristiges Fremdkapital anzusehen."!

Aufgabe 32
3 82,2 % heißt: Das langfristig angelegte Kapital wurde zu einem erheblichen Teil (17,8 %) kurzfristig finanziert!

D Wirtschafts- und Sozialkunde

Aufgabe 1
5 Mitglieder der Jugend- und Auszubildendenvertretung

Aufgabe 2
C, vgl. aktives und passives Wahlrecht der JAV in §§ 60 und 61 Betriebsverfassungsgesetz: Wahlberechtigt sind alle Arbeitnehmer, die das 18. Lebensjahr noch nicht vollendet haben (Jugendliche), oder Auszubildende, die das 25. Lebensjahr noch nicht vollendet haben. Wählbar sind alle Arbeitnehmer und Auszubildende des Betriebs, die das 25. Lebensjahr noch nicht vollendet haben.

Aufgabe 3
B und **D,** vgl. §§ 67 bis 71 BetrVG
Die Jugend- und Auszubildendenvertretung kann zu allen Betriebsratssitzungen einen Vertreter entsenden. Der Betriebsrat hat die Jugend- und Auszubildendenvertretung zu Besprechungen zwischen Arbeitgeber und Betriebsrat beizuziehen, wenn Angelegenheiten behandelt werden, die besonders die Auszubildenden betreffen.
Die Jugend- und Auszubildendenvertretung hat folgende allgemeine Aufgaben:
- Maßnahmen, die den in § 60 Abs. 1 genannten Arbeitnehmern dienen, insbesondere in Fragen der Berufsbildung und der Übernahme der zu ihrer Berufsausbildung Beschäftigten in ein Arbeitsverhältnis, beim Betriebsrat zu beantragen;
- Anregungen insbesondere in Fragen der Berufsbildung, entgegenzunehmen und, falls sie berechtigt erscheinen, beim Betriebsrat auf eine Erledigung hinzuwirken. Die Jugend- und Auszubildendenvertretung hat die betroffenen Arbeitnehmer über den Stand und das Ergebnis der Verhandlungen zu informieren.

Zur Durchführung ihrer Aufgaben ist die Jugend- und Auszubildendenvertretung durch den Betriebsrat rechtzeitig und umfassend zu unterrichten. Die Jugend- und Auszubildendenvertretung kann verlangen, dass ihr der Betriebsrat die zur Durchführung ihrer Aufgaben erforderlichen Unterlagen zur Verfügung stellt.

Die Jugend- und Auszubildendenvertretung kann vor oder nach jeder Betriebsversammlung im Einvernehmen mit dem Betriebsrat eine betriebliche Jugend- und Auszubildendenversammlung einberufen.

Aufgabe 4

D, vgl. § 29 HGB: Jeder Kaufmann ist verpflichtet, seine Firma und den Ort seiner Handelsniederlassung bei dem Gericht, in dessen Bezirke sich die Niederlassung befindet, zur Eintragung in das Handelsregister anzumelden; er hat seine Namensunterschrift unter Angabe der Firma zur Aufbewahrung bei dem Gericht zu zeichnen.

Aufgabe 5

C und **E**

C: Die Entscheidung, ob ein in kaufmännischer Weise eingerichteter Geschäftsbetrieb notwendig ist, trifft das zuständige Amtsgericht in Verbindung mit der Handwerkskammer. Die pflichtgemäße Eintragung in das Handelsregister hat nur rechtsbekundende Wirkung.

E: Vgl. § 48 HGB: Die Prokura kann nur von dem Inhaber des Handelsgeschäfts oder seinem gesetzlichen Vertreter und nur mittels ausdrücklicher Erklärung erteilt werden.

Zu A: Herr Betrand haftet als eingetragener Kaufmann mit seinem Privat- und Geschäftsvermögen.

Aufgabe 6

A	B	C	D	E
3	2, vgl. § 11 GmbH-Gesetz	5 (Partnerschaftsregister)	3	4

Zu C: Partnerschaftsgesellschaft

Gründung: Schriftlicher Gesellschaftsvertrag

Wesen: Angehörige freier Berufe z. B. Rechtsanwälte schließen sich zur Ausübung ihrer Berufe zusammen. Die Partner können nur natürliche Personen sein.

Name: Name wenigstens eines Partners mit dem Zusatz „und Partner" oder „Partnerschaft" sowie die Berufsbezeichnungen aller in der Partnerschaft vertretenen Berufe

Eintragung: Partnerschaftsregister (konstitutive Wirkung)

Geschäftsführung: Das Rechtsverhältnis der Partner richtet sich nach dem Partnerschaftsvertrag unter Beachtung des für sie geltenden Berufsrechts.

Vertretung:

Gesetzliche Vertretung: Einzelvertretung, d. h. jeder allein

Vertragliche Regelung: Gesamtvertretung oder Ausschluss einzelner Partner, Eintragung in das Partnerschaftsregister

Haftung der Partner: Gesetzliche Regelung: Gesamtschuldnerisch und unbeschränkt mit dem Partnerschafts- und Privatvermögen.

Aufgabe 7

17.06.20.. (Verlängerte Kündigungsfristen gelten nur für den Arbeitgeber!)

Aufgabe 8

A, B, D

A: Der Ausbildungsvertrag läuft nur über den Zeitraum von 1 ½ Jahren und nicht wie vereinbart über 2 ½ Jahre.

B: Nach § 20 BBiG beträgt die Probezeit im Ausbildungsverhältnis mindestens einen Monat.

D: Nach § 17 BBiG muss die Ausbildungsvergütung jährlich mindestens ansteigen.

Aufgabe 9

C und **F**

Fernabsatzverträge sind Verträge über die Lieferung von Waren oder die Erbringung von Dienstleistungen, die zwischen einem Unternehmer und einem Verbraucher unter ausschließlicher Verwendung von Fernkommunikationsmitteln abgeschlossen werden. Nicht hierunter zählen die Fälle, bei denen der Vertragsschluss nicht im Rahmen eines für den Fernabsatz organisierten Vertriebs- oder Dienstleistungssystems erfolgt.

Fernkommunikationsmittel sind Kommunikationsmittel, die zur Anbahnung oder zum Abschluss eines Vertrages zwischen einem Verbraucher und einem Unternehmer ohne gleichzeitige körperliche Anwesenheit der Vertragsparteien eingesetzt werden können. Hierunter fallen insbesondere Briefe, Kataloge, Telefonanrufe, Telekopien, E-Mails, sowie Rundfunk, Tele- und Mediendienste.
Die Vorschriften über Fernabsatzverträge erfahren in ihrer Anwendung zahlreiche Ausnahmen. Sie finden keine Anwendung auf Verträge z. B. über Fernunterricht (§ 1 Fernunterrichtsschutzgesetz), über Finanzgeschäfte, insbesondere Bankgeschäfte, Finanz- und Wertpapierdienstleistungen und Versicherungen sowie deren Vermittlung sowie über die Lieferung von Lebensmitteln, Getränken oder sonstigen Haushaltsgegenständen des täglichen Bedarfs, die am Wohnsitz, am Aufenthaltsort oder am Arbeitsplatz eines Verbrauchers von Unternehmern im Rahmen häufiger und regelmäßiger Fahrten geliefert werden und über die Erbringung von Dienstleistungen in den Bereichen Unterbringung, Beförderung, Lieferung von Speisen und Getränken sowie Freizeitgestaltung, wenn sich der Unternehmer bei Vertragsabschluss verpflichtet, die Dienstleistungen zu einem bestimmten Zeitpunkt oder innerhalb eines genau angegebenen Zeitraums zu erbringen.
Auch wenn der abgeschlossene Vertrag von den Vorschriften über Fernabsatzverträge erfasst wird, besteht kein Widerrufsrecht des Verbrauchers, bei Verträgen zur Lieferung von Waren, die nach Kundenspezifikation angefertigt werden oder eindeutig auf die persönlichen Bedürfnisse zugeschnitten sind oder die aufgrund ihrer Beschaffenheit nicht für eine Rücksendung geeignet sind oder schnell verderben können oder deren Verfalldatum überschritten würde.
Dem Verbraucher steht bei einem Fernabsatzvertrag ein Widerrufsrecht nach § 355 BGB zu. Anstelle des Widerrufsrechts kann dem Verbraucher bei Verträgen über die Lieferung von Waren ein Rückgaberecht nach § 356 BGB eingeräumt werden. Wichtig: Der Verbraucher benötigt für den Widerruf bzw. die Rückgabe keinen Grund.

Aufgabe 10

A	B	C	D
4	2	1	2

Zu A: vgl. § 931 BGB (Abtretung des Herausgabeanspruchs)
Zu B und D: vgl. § 929 BGB (Ist der Erwerber im Besitz der Sache, so genügt die Einigung über den Übergang des Eigentums)
Zu C: Vgl. § 929 BGB (Einigung und Übergabe)

Aufgabe 11

A	B	C	D	E	F
1	3	1	2	1	3

Zu A: Preiskartell
Zu C: Gebietskartell
Zu D: z. B. Unterordnungskonzern, d. h. ein Unternehmen kauft die Kapitalmehrheit an einem Unternehmen auf. Durch die Kapitalverflechtung entsteht ein sog. Mutter-Tochter-Verhältnis, das oft mit einem Beherrschungs- oder Gewinnabführungsvertrag verbunden ist.
Zu E: Submissionskartell
Ein Kartell ist der vertragliche Zusammenschluss von Unternehmen gleicher Produktions- oder Handelsstufe, die rechtlich selbstständig bleiben, ihre wirtschaftliche Selbstständigkeit jedoch ganz oder zum Teil aufgeben, um daraus einen Wettbewerbsvorteil zu erzielen. Die am Kartell beteiligten Unternehmen verpflichten sich in der Regel zu gemeinsamem wirtschaftlichen Handeln und zur Zahlung von Vertragsstrafen, sofern gegen Regelungen des Kartellvertrages verstoßen wird.
Unterschieden werden z. B. Preiskartelle, Gebietskartelle, die Vereinbarungen über festgelegte Absatzgebiete treffen, Quotenkartelle, Rabattkartelle, Rationalisierungskartelle oder Krisenkartelle, die dauerhafte oder vorübergehende Absatzrückgänge und deren wirtschaftliche Schäden als Folge von Konjunktur- oder Strukturkrisen durch gemeinsames Vorgehen mildern wollen.
Nach dem Gesetz gegen Wettbewerbsbeschränkungen (Kartellgesetz) sind Kartelle grundsätzlich verboten. Allerdings nennt das Gesetz verschiedene Ausnahmen. So können bestimmte Kartelle vom Bundeskartellamt genehmigt werden wie die Erlaubniskartelle. Bei den Widerspruchskartellen muss die Kartellbehörde der Anmeldung des Kartells widersprechen. Auch die legalisierten Kartelle unterliegen der Miss-

brauchsaufsicht. Wegen des Kartellverbots versuchen Unternehmen, durch abgestimmtes Verhalten (Frühstückskartelle) den Wettbewerb zu beschränken.

Aufgabe 12

B

B: Vgl. HGB § 53: Anmeldung der Eintragung der Erteilung der Prokura in das Handelsregister; in Verbindung mit § 12 HGB: Die Anmeldungen zur Eintragung in das Handelsregister ... sind in öffentlich beglaubigter Form einzureichen.
Zu A: Schriftform (vgl. Berufbildungsgesetz § 15)
Zu C: Keine Formvorschrift
Zu D: Notarielle Beurkundung (vgl. § 23 Aktiengesetz: Die Satzung muss durch notarielle Beurkundung festgestellt werden.)
Zu E: Keine Formvorschriften

Aufgabe 13

C, vgl. § 35 GmbH-Gesetz: Die Gesellschaft wird durch die Geschäftsführer gerichtlich und außergerichtlich vertreten.

Aufgabe 14

09.04.2013, Vgl. §§ 269, 930 BGB

Aufgabe 15

A, vgl. §§ 269, 446 BGB: Ist ein Ort für die Leistung weder bestimmt noch aus den Umständen zu entnehmen, so hat die Leistung an dem Orte zu erfolgen, an welchem der Schuldner zur Zeit der Entstehung des Schuldverhältnisses seinen Wohnsitz hatte. Mit der Übergabe der verkauften Sache geht die Gefahr des zufälligen Untergangs und der zufälligen Verschlechterung auf den Käufer über.

Aufgabe 16

Investitionen der Unternehmen
90 Geldeinheiten (entspricht der Spartätigkeit der privaten Haushalte)

Aufgabe 17

Inländischer Konsum der privaten Haushalte
280 Geldeinheiten (Faktoreinkommen 500 GE + Transferzahlungen 20 GE - Steuern von den privaten Haushalten an Staat 110 GE - Dienstleistungen im Ausland 40 GE - Sparen der privaten Haushalte 90 GE)

Aufgabe 18

Saldo der Handelsbilanz
70 Geldeinheiten (Exporte 100 GE - Importe 30 GE)

Aufgabe 19

Saldo der Kapitalbilanz
0 Geldeinheiten (Exporte 100 GE - Importe 30 GE - Beiträge an UNO 30 GE - Dienstleistungen im Ausland 40 GE) Die Kapitalbilanz ist ausgeglichen.

Aufgabe 20

A	B	C	D
1	2	4	3

Die Preiselastizität der Nachfrage gibt an, wie stark die Nachfrage nach einem Produkt auf eine Preisänderung reagiert. Sie ist definiert als die prozentuale Veränderung der nachgefragten Menge eines Produktes im Verhältnis zur prozentualen Veränderung des Preises dieses Produktes:

$$PE = \frac{(Q_1 - Q_2)/Q_1}{(P_1 - P_2)/P_1}$$

Q_1 Q_2 = Menge vor bzw. nach der Preisänderung
P_1 P_2 = Preis vor bzw. nach der Preisänderung
Ist der Absolutbetrag der Preiselastizität

- **> 1**, so ist die Nachfrage elastisch – eine 1-prozentige Preisänderung bewirkt eine mehr als 1-prozentige Mengenänderung

= 1, so ist die Nachfrage isoelastisch – eine 1-prozentige Preisänderung bewirkt eine 1-prozentige Mengenänderung

< 1, so ist die Nachfrage unelastisch – eine 1-prozentige Preisänderung bewirkt eine weniger als 1-prozentige Mengenänderung

Aufgabe 21

52,00 EUR ((1.063.000 - 985.000) : 1.500)

Während die Fixkosten von dem Kapazitätsausnutzungsgrad unabhängig sind, nehmen die variablen Kosten mit der Zunahme der Kapazitätsauslastung bzw. Abnahme der Kapazitätsauslastung zu bzw. ab.

Aufgabe 22

153.000,00 EUR (Gesamtkosten für 16.000 Taschenrechner - variable Kosten)

Aufgabe 23

8.500 Taschenrechner

(Monatliche Fixkosten : (Verkaufspreis pro Taschenrechner - variable Kosten pro Taschenrechner))

Aufgabe 24

Betriebserlöse beim Verkauf von 15.000 Taschenrechnern	
Verkaufspreis 70,00 EUR x 15.000	1.050.000,00 EUR
./. variable Kosten	780.000,00 EUR
./. Fixkosten	153.000,00 EUR
Betriebserlös	**117.000,00 EUR**

Aufgabe 25

A	B	C	D	E	F
1	4	4	2	3	2

Direkte Steuern: Die direkten Steuern sind Veranlagungssteuern, z. B. Einkommen und Körperschaftssteuer.

Indirekte Steuern: Indirekte Steuern werden beim Hersteller von Waren erhoben, wobei eine Überwälzung der Steuerlast auf die Verbraucher unterstellt wird.

Transferzahlungen: Tatsächliche und bestimmte unterstellte Zahlungen bzw. Einnahmen der Sektoren der Volkswirtschaft (z. B. private Haushalte, Unternehmen, Staat), die ohne spezielle Gegenleistung an andere Sektoren geleistet oder von diesen empfangen werden. Sofern Transfers Zahlungen der öffentlichen Hand an private Haushalte darstellen, erhöhen sie deren verfügbares Einkommen.

Aufgabe 26

A	B	C	D	E
1	2	2	3	1

Polypol: Es handelt sich hierbei um einen unvollkommenen Markt. Die angebotenen Güter stimmen in Art, Aufmachung und Qualität nicht völlig überein. Die Käufer haben Präferenzen räumlicher, zeitlicher und persönlicher Art. Die Marktteilnehmer reagieren auf Veränderungen mit zeitlichen Verzögerungen.

Oligopol: Im Angebotsoligopol stehen wenigen Anbietern mit großen Marktanteilen und entsprechender Marktmacht viele Nachfrager mit nur geringer Marktmacht gegenüber.

Monopol: Beim Angebotsmonopol steht ein Anbieter einer Vielzahl von Nachfragern gegenüber. Da der Monopolist den gesamten Markt beherrscht, kann er die Höhe des Preises oder die Verkaufsmenge so bestimmen, dass er einen größtmöglichen Gewinn erzielt.

Aufgabe 27

D und **F**

Eine Steigerung des Preisniveaus führt zu einer Abnahme der Kaufkraft, da sich die Konsumenten weniger als zuvor für ihr Geld kaufen können. Bei einer Reallohnsteigerung können sich die Konsumenten mehr als zuvor für ihr Geld kaufen.

Aufgabe 28

70,21 % (Arbeitsentgelte : Volkseinkommen)

Aufgabe 29

71,23 % Lohnquote für 2011, Verschlechterung von 2011 zu 2012 um 1,02 %

Aufgabe 30

B Die EZB fußt ihre Geldpolitik auf der sog. Zwei-Säulen-Strategie. In der ersten Säule analysiert die Notenbank die Entwicklung der Geldmenge, vor allem das weite Geldmengenaggregat M3 und das Kreditwachstum. Dahinter steht die Überlegung, dass Inflation auf mittlere bis lange Sicht immer ein monetäres Phänomen ist. Nur wenn zu viel Geld auf zu wenige Güter trifft, können die Preise auf breiter Front und anhaltend steigen. In der zweiten Säule ihrer Strategie analysiert die EZB eine große Zahl nichtmonetärer Faktoren, die auf kurze Sicht die Inflationsrate beeinflussen können. Dazu zählen das Wirtschaftswachstum, die Arbeitslosigkeit, Lohnabschlüsse, die staatlichen Haushaltsdefizite und anderes.

Aufgabe 31

A	B	C	D
3	1	2	3

Inflation bezeichnet in der Volkswirtschaftslehre einen andauernden, signifikanten Anstieg des Preisniveaus infolge längerfristiger Ausweitung der Geldmenge durch Staaten oder Zentralbanken. Es verändert sich also das Austauschverhältnis von Geld zu allen anderen Gütern zu Lasten des Geldes: für eine Geldeinheit gibt es weniger Güter, oder umgekehrt: für Güter muss mehr Geld gezahlt werden, das heißt sie werden teurer. Daher kann man unter Inflation auch eine Geldentwertung verstehen. Unter Deflation versteht man den volkswirtschaftlichen Zustand eines allgemeinen und anhaltenden Rückgangs des Preisniveaus für Waren und Dienstleistungen.

Aufgabe 32

A	B
1	3

Tenderverfahren: Verfahren zur Erstplatzierung von Wertpapieren, bei dem diese dem Meistbietenden unter Beachtung eines Mindestpreises verkauft werden. Die Gebote der Interessenten müssen entweder unter Angabe von Kaufpreis (bzw. Zinssatz) und -menge (Zinstender) oder bei vom Emittenten vorgegebenem Preis bzw. Zins lediglich unter Angabe der Kaufmenge (Mengentender) schriftlich abgegeben werden. Das gesamte Emissionsgeschäft wird dann so untergebracht, dass beginnend mit dem Höchstgebot abwärts zugeteilt wird. Im Rahmen des holländischen Verfahrens erfolgt die Zuteilung zu Einheitskonditionen, im Rahmen des amerikanischen Verfahrens zu den Konditionen gemäß den Geboten. Die Deutsche Bundesbank verwendet dieses Verfahren im Rahmen der Offenmarktpolitik.

Aufgabe 33

18 % (54 x 100 : 300)

Aufgabe 34

4,5 Mio. EUR (18 % von 25 Mio. EUR)

Aufgabe 35

38 Mrd. EUR (92 Mrd. EUR - 54 Mrd. EUR)

Prüfungssatz IV

A Bankwirtschaft Fälle

Fall 1: Firmenkonto

a)

Die Legitimationsprüfung

- erhöht die Rechtssicherheit, da sich die *Nordbank AG* Gewissheit über ihre Kundin verschafft (Sorgfaltspflicht).
- dient der Feststellung der Rechtsfähigkeit.
- dient der Feststellung der Geschäftsfähigkeit.
- ist laut Abgabenordnung gesetzlich vorgeschrieben (§ 154 AO).

(2 Punkte für je eine Erläuterung, max. 6 Punkte)

b)
Verpflichtung aufgrund des Geldwäschegesetzes. *(2 Punkte)*
c1)
- wegen der künftigen Korrespondenz mit der GmbH
- eindeutige Identifizierung der GmbH/des Kontoinhabers
c2)
- wichtig für eine optimale Betreuung der GmbH
- um in der Zukunft Cross-Selling-Chancen zu nutzen
- wichtiger Aspekt für eine spätere mögliche Kreditvergabe an die GmbH
c3)
- wichtig, um die GmbH näher kennenzulernen
- Die *Nordbank AG* möchte die mögliche Zukunftsentwicklung der Kontoverbindung abschätzen.
- Die *Nordbank AG* hat die Möglichkeit, Bankauskünfte einzuholen.

(je Grund pro Fragestellung 1 Punkt, max. 3 Punkte)
d)
Beim Firmenkonto ist nicht Frau Weber, sondern die *Kora GmbH* Kontoinhaber, daher muss die GmbH – vertreten durch Frau Weber – die AGB anerkennen.
(1 Punkt)
e)
- Wenn auf das Konto der *Kora GmbH* nur eigene Mittel der Gesellschaft eingezahlt werden sollen, handelt die GmbH, vertreten durch Frau Weber als Geschäftsführerin, für eigene Rechnung.
- Wenn auf das Konto der *Kora GmbH* nur Mittel im Auftrag und für Rechnung eines Dritten eingezahlt werden, handelt sie für fremde Rechnung.

(1,5 Punkte für jeden Aspekt, max. 3 Punkte)
f)

Vertretungs-berechtigter	Vertretungsberechtigung „E" bei Einzelvertretungsberechtigung „G" bei gemeinschaftlicher Vertretungsberechtigung mit einer anderen Person
Claudia Weber	E
Nadine Nassar	G
Florian Brinkhaus	G
Klaus Harke	G
Rainer Bittermann	G

(1 Punkt für jede Vertretungsberechtigung, max. 5 Punkte)
g)
Herr Harke (Prokurist) darf alle gewöhnlichen Geschäfte (z. B. Verfügungen über Kontoguthaben, Erteilung von Inkassoaufträgen, Entgegennahme und Anerkennung von Abrechnungen, Kontoauszügen) und außergewöhnlichen Geschäfte – insbesondere Aufnahme von Darlehen, Bestellung von Sicherheiten (mit Ausnahme von Grundpfandrechten) – tätigen.
Herr Bittermann darf nur die gewöhnlichen Geschäfte (z. B. Verfügungen über Kontoguthaben, Erteilung von Inkassoaufträgen, Entgegennahme und Anerkennung von Abrechnungen, Kontoauszügen) tätigen.
(3 Punkte für Arten der Geschäfte und Beispiele für Prokurist, 2 Punkte für Art der Geschäfte und Beispiel für Handlungsbevollmächtigten, max. 5 Punkte)
h)
- Erteilung eines Zahlungsauftrags im Außenwirtschaftsverkehr („Z 1") durch den Kunden
- Prüfung der Unterschrift und der Kontodeckung
- Belastung des Kontos in EUR
- Übermittlung der Daten des Zahlungsauftrags per S.W.I.F.T. an die Korrespondenzbank der *Nordbank AG* in den USA.

(1 Punkt für jeden Aspekt, max. 4 Punkte)

i)

Kaufpreis 45.800,00 USD zu 1,4520 USD je EUR =	31.542,70 EUR
+ Grundprovision	20,00 EUR
+ 0,6 ‰ Provision	18,93 EUR
Belastung	31.581,63 EUR

(1 Punkt je Rechenschritt, max. 4 Punkte)

Fall 2: Geld- und Vermögensanlage

a)

- Die Eintrittskarte wird bei der Hinterlegungsstelle der AG angefordert.
- Es wird eine Aktiensperre eingerichtet.

(2 x 1 Punkt, max. 2 Punkte)

b)

- Durch die Einstellung eines Teils des Gewinns in die „anderen Rücklagen" erhöht die AG ihr haftendes Eigenkapital.
- Die AG trifft Vorsorge für Risiken in der Zukunft.
- Ein Teil des Gewinns soll im Unternehmen für künftige anstehende Investitionen, die die AG z.T. aus eigenen Mittel selbst finanzieren möchte, verbleiben.
- Ein Teil des Gewinns soll im Unternehmen verbleiben, um die Verbesserung bestimmter Kennzahlen, z. B. die Eigenkapitalquote oder die Eigenkapitalrentabilität zu erreichen und somit zur evtl. Steigerung des Aktienkurses bei verbesserten Analysteneinschätzungen beizutragen.
- Ein Teil des Gewinns soll im Unternehmen verbleiben, um auch in Zukunft eine Dividendenkontinuität zu gewährleisten.

(3 x 1 Punkt, max. 3 Punkte)

c)

Vorteil:

- Durch die Rücklagenbildung wird die Substanz der AG verstärkt und daraus können sich evtl. Kurssteigerungen der Aktie der *Aurubis AG* in der Zukunft ergeben.
- Steuervorteil durch geringere Einkünfte aus Kapitalvermögen

(1 x 1,5 Punkte)

Nachteil:

- Der Betrag, der für Dividendenzahlungen von der AG bereitgestellt wird, ist reduziert.

(1 x 1,5 Punkte) (gesamt max. 3 Punkte)

d)

- Ein Rückkauf der Aktien führt über steigende Nachfrage am Markt tendenziell zu steigenden Börsenkursen und damit zu Kursgewinnen für Frau Haag.
- Eine stabilisierende Kurspflege durch antizyklische Käufe und Verkäufe reduziert die Volatilität und damit das Verlustrisiko durch Kursschwankungen für Frau Haag.
- Die Stimmrechtsmacht steigt, da die AG kein Stimmrecht aus eigenen Aktien hat.

(2 x 2 Punkte, max. 4 Punkte)

e)

Die Erwartungen in diesen Wert sind positiv:
KGV (15; 66 und 19);
Ergebnis je Aktie (3,47; 0,80 und 2,80).
Auch die anderen Zahlen, z. B. verkaufte Flugtickets, sind ansteigend.
Bei guten Nachrichten sollte Frau Haag jetzt verkaufen.

(2 x 1,5 Punkte je Vorteil, 1 Punkt für Entscheidung, max. 4 Punkte)

f)

Zu 1.: Kurs-Gewinn-Verhältnis: Die Ertragskraft einer Unternehmung vermag die wichtigsten Aussagen über die bisherige und zukünftige Kursentwicklung zu liefern.
PER (Preis-Earning-Ratio) = Börsenkurs der Aktie : Gewinn pro Aktie
Zu 2.: Free Float: Das frei am Markt handelbare Börsenkapital der betreffenden AG.
Zu 3.: Dividendenrendite: Berücksichtigung insbesondere der zu erwartenden, zukünftigen Dividende; in der Regel bemühen sich die Gesellschaften um gleichbleibende Dividendenausschüttungen.

Dividendenrendite = Dividendensatz (mit/ohne Steuergutschrift) x 100 : Anschaffungskurs (bzw. aktueller Kurs)
(1 Punkt je Erklärung, max. 3 Punkte)
g)
Nominalverzinsung: Die Nominalverzinsung bezieht sich auf den jährlichen Zinsertrag der Kundin, bezogen auf den erworbenen Nominalwert der Anleihe.
Rendite: Es handelt sich um den durchschnittlichen jährlichen Kapitalertrag unter Berücksichtigung von Zinsertrag und Rückzahlungsgewinn bzw. -verlust einer Anleihe im Verhältnis zum eingesetzten Kapital.
(2 Punkte)
h)
Die Bonität der *Energie AG* als Anleiheschuldnerin ist schlechter als die Bonität der BRD als Anleiheschuldnerin, dies geht aus dem unterschiedlichen Rating hervor. Der höhere Nominalzins beinhaltet einen Risikoaufschlag.
(2 Punkte)
i)
Emittentenrisiko: Es ist das Risiko, dass der Emittent einer Schuldverschreibung die Zinszahlungen und/oder die Rückzahlung der Anleihe nicht oder nicht vollständig erbringt.
Kursrisiko: Risiko, dass der Kurs der Anleihe bei steigendem Marktzinsniveau für vergleichbare Papiere sinkt.
(2 Punkte je Erklärung, max. 4 Punkte)
j)
Emittentenrisiko: Das Emittentenrisiko ist gering, da Verbindlichkeiten aus den ausgegebenen Pfandbriefen durch Kredite an die öffentliche Hand gedeckt sind (Deckungsmasse).
Kursrisiko: Das Kursrisiko ist gering, da die Nominalverzinsung dieses Pfandbriefes alle drei Monate an das aktuelle Geldmarktzinsniveau für 3-Monats-Anlagen angepasst wird.
(1,5 Punkte je Erklärung, max. 3 Punkte)
k)
Zinssatz: 1,16 % + 0,5 % = 1,66 %
Zinszahlung am 15.06.2012 (vom 15.03. bis 14.06.2012 = 91 Tage):
20.000,00 x 1,66 x 91 : (100 x 366) = **82,55 EUR**
(2 Punkte)

Fall 3: Anschaffungsdarlehen
a)
- Gehaltsnachweise der letzten drei Monate
- Arbeitsvertrag
- Einkommensteuererklärung
- Selbstauskunft über Ausgaben und Einnahmen, evtl. Überschussrechnung
- Schufa-Auskunft
- Vermögensnachweise wie Sparguthaben, Depotauszüge

(1 Punkt je Aspekt, max. 3 Punkte)
b)
Die Restschuldversicherung ist eine Sonderform der Risikolebensversicherung. Im Falle der Invalidität oder des Ablebens des Schuldners, ggf. auch bei seiner Arbeitslosigkeit, übernimmt die Versicherung die noch ausstehenden Raten. Versicherungsbegünstigter ist die Bank, Beitragszahler ist der Kunde.
(2 Punkte)
c)
Die Bank vermittelt den Versicherungsabschluss mit ihrem Kooperationspartner aus der Versicherungswirtschaft, sodass mit Abschluss des Kreditvertrags auch der Versicherungsvertrag abgeschlossen werden kann.
(2 Punkte)
d)
36 Monate Laufzeit, 485,00 EUR Ratenhöhe *(2 Punkte)*

e)
Uniformmethode: ((Zinsen + Provision) x 100 x 12) : (Nettokreditbetrag x mittlere Laufzeit in Monaten) = Effektivverzinsung
((2.160 + 300) x 100 x 12) : (15.000 x 18,5) = 2.952.000 : 277.500 = 10,63783784
Effektivzinssatz = **10,64 %** (3 Punkte)

f)

Monatliches Nettoeinkommen	1.943,65 EUR	*(max. 4 Punkte)*
Miete	480,00 EUR	
Nebenkosten (2,50 EUR x 50 qm)	125,00 EUR	1 Punkt
Haushaltspauschale	520,00 EUR	0,5 Punkte
Kraftfahrzeugkosten	200,00 EUR	0,5 Punkte
Gesamtkosten	1.325,00 EUR	1 Punkt
frei verfügbares Einkommen	618,65 EUR	1 Punkt

g)
Entscheidung: ja
Begründung: Herr Schramm kann die monatlichen Raten in Höhe von 485,00 EUR aus seinem frei verfügbaren Einkommen tragen.
(2 Punkte)

h)
Die Wohnungseinrichtung kommt als Sicherheit nicht in Frage, da sie vermutlich unpfändbar ist. Außerdem ist bei gebrauchten Möbeln eine wirtschaftliche Veräußerung sehr schwierig.

Sicherheit	Risiko	Maßnahme
Bürgschaft	Bürge hat nicht genügend freies Vermögen am Tag der Inanspruchnahme	Kreditwürdigkeitsprüfung des Bürgen
Gehaltsabtretung	Abtretungsverbot des Arbeitgebers	Einsichtnahme in den Arbeitsvertrag
Verpfändung von Wertpapieren	Gefahr von Kursverlusten	Beleihungssatz vorsichtig wählen

(2 Punkte für 3 genannte Sicherheiten; jeweils 3 Punkte für Risiko und Maßnahme, max. 8 Punkte)

i)
Herr Schramm kann den Kreditvertrag innerhalb von zwei Wochen schriftlich widerrufen. Der Widerruf ist rechtzeitig erfolgt, wenn er am 14. Tag abgesandt wurde.
Voraussetzung ist jedoch, dass spätestens vor Abschluss des Kreditvertrages Herrn Schramm eine Widerrufsbelehrung in Textform erteilt wurde. Wurde Herrn Schramm die Widerrufsbelehrung erst nach Vertragsabschluss übermittelt, beträgt die Widerrufsfrist einen Monat.
Der Beginn der Widerrufsfrist setzt neben dem Erhalt der Widerrufsbelehrung voraus, dass Herr Schramm eine Abschrift des Kreditvertrages oder des Kreditantrags erhalten hat.
Wenn das Darlehen schon an Herrn Schramm ausgezahlt wurde, muss er binnen 30 Tagen nach Absendung des Widerrufs den Betrag zurückzahlen.
(2 Punkte für eine Erläuterung)

j)
1) Herr Schramm schuldet nur den gesetzlichen Zinssatz.
2) Herr Schramm braucht keine Kosten zu übernehmen, die im Kreditvertrag nicht angegeben sind.
3) Bei Krediten mit einem Nettodarlehensvertrag von 75.000,00 EUR und weniger kann keine nachträgliche Besicherung verlangt werden. Falls eine ursprünglich vereinbarte Sicherheit ihren Sicherungswert verliert, kann eine Erhöhung der Besicherung auf den alten Wert verlangt werden.

(1 Punkt für jede Rechtsfolge, max. 3 Punkte)

k)
- Gesprächsangebot über einverständliche Regelung
- Verzug mit mindestens zwei aufeinander folgenden Raten (ganz oder teilweise) in Höhe von mindestens 10 % der Kreditsumme bei einer Laufzeit bis drei Jahre

- Frist von zwei Wochen zur Zahlung des rückständigen Betrags
- Erklärung, dass bei Nichtzahlung die gesamte Restschuld fällig ist.

(2 Punkte)

l)

- Die *Nordbank AG* stellt Antrag auf Erlass eines Mahnbescheids.
- Das Amtsgericht erlässt einen Mahnbescheid und stellt ihn zu.
- Die *Nordbank AG* stellt Antrag auf Erlass eines Vollstreckungsbescheids.
- Das Amtsgericht erlässt einen Vollstreckungsbescheid und stellt ihn zu.

(2 Punkte)

B Bankwirtschaft programmierte Aufgaben

Aufgabe 1

A	B	C	D	E
3	1	4	2	3

Aufgabe 2

A, vgl. § 49 HGB (Umfang der Prokura)

Als Vollmacht wird eine durch Rechtsgeschäft erteilte Vertretungsmacht bezeichnet. Die Vollmacht entsteht durch eine einseitige Willenserklärung. Die Vollmacht betrifft dabei die Ermächtigung zum Handeln im fremden Namen. Voraussetzung der Vollmacht ist eine Vollmachtserteilung. Möglich ist eine ausdrückliche oder konkludente Willenserklärung gegenüber dem Bevollmächtigten (sog. Innenvollmacht) oder gegenüber dem Geschäftsgegner (sog. Außenvollmacht).

	Handlungsvollmacht (§ 54 HGB)	Prokura (§§ 48-53 HGB)
Umfang der Vertretungsmacht	Handlungsvollmacht berechtigt zu allen Geschäften und Rechtshandlungen, die der Betrieb eines derartigen (bestimmten) Handelsgewerbes gewöhnlich mit sich bringt. Beispiele ohne Befugnis nach § 54 Abs. 2 HGB: - Eröffnung von Firmenkonten - Verfügungen über Kontoguthaben und eingeräumte Kredite - An- und Verkauf von Wertpapieren - Vornahme von Kündigungen - Anerkennung von Salden und Abrechnungen Beispiele mit Befugnis (Sondervollmacht) nach § 54 Abs. 2 HGB: - Abwicklung aller gewöhnlichen Rechtshandlungen im Geschäftsverkehr mit der Bank - Eingehen von Wechselverbindlichkeiten - Aufnahme von Krediten - Belastung oder Veräußerung von Grundstücken	Prokura berechtigt zu allen gerichtlichen und außergerichtlichen Geschäften und Rechtshandlungen, die der Betrieb (irgend)eines Handelsgewerbes mit sich bringt. Beispiele: - Abwicklung sämtlicher Bankgeschäfte, insbesondere: Kontoeröffnung für die Unternehmung, Aufnahme von Krediten, Stellung von Sicherheiten, Erteilung einer Handlungsvollmacht - Für die Veräußerung von Firmengrundstücken sowie die Bestellung von Grundpfandrechten ist eine besondere Vollmacht notwendig.

	Handlungsvollmacht (§ 54 HGB)	Prokura (§§ 48-53 HGB)
Arten	Die **allgemeine Handlungsvollmacht** ermächtigt zur Vornahme aller gewöhnlichen Rechtsgeschäfte einer Unternehmung, z. B. Filialleiter. Die **Art(handlungs)vollmacht** berechtigt zur Durchführung einer bestimmten Art von Rechtsgeschäften, die laufend im Geschäftsbetrieb vorkommen, z. B. Kassierer. Eine **Einzel(handlungs)vollmacht** berechtigt zur Ausübung eines einzelnen Rechtsgeschäftes, z. B. Auszubildender kauft Briefmarken für die Bank.	**Einzelprokura:** Eine Person wird dazu ermächtigt, alleine die Unternehmung zu vertreten. **Gesamtprokura:** Die Vertretungsmacht kann nur zusammen mit einer anderen Person ausgeübt werden. **Filialprokura:** Vertretungsmacht einer einzelnen Person, beschränkt auf den Betrieb einer Niederlassung
Erteilung	- ausdrücklich (schriftlich/mündlich) oder stillschweigend durch Kaufmann nach HGB, den gesetzlichen Vertreter einer Handelsgesellschaft bzw. einen Prokuristen - sofortige Gültigkeit nach Erteilung	- nur ausdrücklich (schriftlich/mündlich) durch Kaufmann nach HGB bzw. den gesetzlichen Vertreter einer Handelsgesellschaft - sofortige Gültigkeit nach Erteilung
Beschränkung	Beschränkungen muss ein Dritter nur dann gegen sich gelten lassen, wenn er sie kannte oder kennen musste.	Beschränkungen sind nur im Innenverhältnis gültig. Nach außen hin ist die Prokura nicht beschränkbar.
Handelsregistereintragung	NEIN: nicht eintragungsfähig	JA: eintragungspflichtig (deklaratorisch)
Nicht erlaubte Geschäfte	nur mit besonderer Befugnis (Sondervollmacht): - Veräußerung oder Belastung von Grundstücken, Eingehung von Wechselverbindlichkeiten, Aufnahme von Darlehen und Prozessführung. - bei Firmenkontoeröffnungen Verfügungen nur durch besondere Vollmacht durch den gesetzlichen Vertreter verboten: alle Rechtsgeschäfte, die dem Prokuristen nicht erlaubt sind	nur mit besonderer Befugnis (Sondervollmacht): - Veräußerung oder Belastung von Grundstücken - bei Firmenkontoeröffnungen Verfügungen nur durch besondere Vollmacht durch den gesetzlichen Vertreter verboten: dem Geschäftsinhaber bzw. dem gesetzlichen Vertreter einer Handelsgesellschaft höchstpersönlich vorbehaltene Geschäfte, z. B. Anmeldung zur Eintragung ins Handelsregister, Unterzeichnung der Bilanz, Steuererklärung etc.
Unterzeichnung	i. V. bzw. i. A.	ppa.
Erlöschen	nur bei Handlungsvollmacht: Fristablauf	
	für beide geltend: - Widerruf - Beendigung des Dienstverhältnisses - Tod des Bevollmächtigten - Liquidation oder Insolvenz - Umwandlung der Rechtsform - kein Erlöschen bei Tod des Geschäftsinhabers	

Aufgabe 3
B und **D**
Identifizierung des Vertragspartners
Nach § 4 GwG sind der Vertragspartner und ggf. ein abweichender wirtschaftlicher Berechtigter grundsätzlich bereits vor Begründung der Geschäftsbeziehung oder Durchführung der Transaktion zu identifizieren.
Zur Feststellung der Identität sind folgende Daten festzustellen:
- Bei natürlichen Personen: Name, Geburtsort, Geburtsdatum, Staatsangehörigkeit und Anschrift. Die Identifizierung erfolgt anhand eines gültigen amtlichen Ausweises (Personalausweis, Reisepass).
- Bei juristischen Personen und Personengesellschaften: Firma, Rechtsform, Registernummer, Anschrift und Namen der Mitglieder des Vertretungsorgans (z. B. Vorstand einer AG). Die Identifizierung erfolgt durch Vorlage eines Auszugs aus dem Handels- oder Genossenschaftsregister und der amtlichen Ausweise der Vertretungsberechtigten.

Die Unterlagen werden fotokopiert und zu den Kontounterlagen genommen.
Die Legitimationsprüfung bei einer Kontoeröffnung kann auch durch das Post-Ident-Verfahren erfolgen, bei dem sich der Kunde am Postschalter oder beim Postzustellungsdienst identifiziert.
Regelmäßige Einzahlungen
Eine erneute Identifizierungspflicht entfällt nach § 2 GwG, wenn Inhaber oder Mitarbeiter eines Unternehmens auf ein Konto des Unternehmens regelmäßig Gelder bar einzahlen oder von ihm abheben.
Bei Nachttresoreinzahlungen wird Bargeld bei einem Kreditinstitut deponiert, in dem die Geldbombe in den Nachttresor eingeworfen wird. Auch hier entfällt nach § 2 GwG die Identifizierungspflicht.
Aufgabe 4
C
Kreditfähigkeit und Kreditwürdigkeit

Kreditfähigkeit	- Die Kreditfähigkeit ist die Fähigkeit, rechtswirksam eine Kreditverpflichtung einzugehen. Sie ist gegeben, wenn der Kreditnehmer volljährig und somit voll geschäftsfähig ist. - Eingetragene Unternehmen können über ihre handelnden Personen, z. B. Geschäftsführung, Vorstand, Prokuristen Kreditverpflichtungen übernehmen.
Unterlagen zur Feststellung der Kreditfähigkeit	- Natürliche Personen: gültiger Lichtbildausweis - Unternehmen: aktueller Handelsregisterauszug bzw. Gesellschaftsverträge
Kreditwürdigkeit	Wichtigste Voraussetzung für die Gewährung eines Kredits ist die persönliche und materielle Kreditwürdigkeit des Kunden.
Persönliche Kreditwürdigkeit	Die persönliche Kreditwürdigkeit von Unternehmen wird festgestellt über ihre handelnden Personen, z. B. Vollhaftende Gesellschafter, Geschäftsführer, Prokuristen usw. Sie müssen zuverlässig und kompetent sein sowie einen einwandfreien Ruf haben.
Unterlagen zur Prüfung der persönlichen Kreditwürdigkeit	- Auskünfte über Unternehmen von Auskunfteien - Bankauskunft: Sie gibt Auskunft über das Verhalten des Kunden im Zusammenhang mit Bankgeschäften in der Vergangenheit. - Auskünfte der Kontoführung, sofern der Kreditnehmer bereits Kunde des Kreditinstituts ist, insbesondere die Überprüfung und Abwicklung früherer Kredite
Materielle Kreditwürdigkeit	Der Kunde sollte vor allem in der Lage sein, seine finanziellen Möglichkeiten selbst realistisch einzuschätzen und genau zu prüfen, ob er die finanziellen Verpflichtungen, die er mit einem Kreditvertrag eingeht, erfüllen kann. Die materielle Kreditwürdigkeit des Kunden ist gegeben, wenn dessen Einkommens- und Vermögensverhältnisse zeigen, dass er in der Lage ist, den Kredit vertragsgemäß zurückzuzahlen.

Unterlagen zur Prüfung der materiellen Kreditwürdigkeit	- Steuerbescheide der vollhaftenden Gesellschafter informieren über die gesamten Einkommensverhältnisse des letzten Jahres. - Die Selbstauskunft des Kunden gibt Einblick in die Vermögenssituation, weitere Einnahmen und die finanziellen Belastungen des Kreditnehmers. - Bei Unternehmen Bankauskünfte und Auskünfte der Kontoführung, sofern die Firma bereits Kunde des Kreditinstituts ist, z. B. Umsatzentwicklung - Bilanzen und Gewinn- und Verlustrechnungen - Grundbuchauszüge informieren über die Eigentumsverhältnisse am Grundstück und über Belastungen des Grundstücks.

Zu A: Prüfung der materiellen Kreditwürdigkeit
Zu B: Die KG ist nur über die für sie handelnden Personen geschäftsfähig.
Zu C: Aussage ist falsch.
Zu D: Bankauskunft über die *Meyers Mühle KG* und nicht über Herrn Leopold

Aufgabe 5

D, vgl. Ziffer 2 Abs. bis 4 AGB (Bankauskunft)

Merkmale von Bankauskünften	Firmenkunden (juristische Personen und Kaufleute)	Privatkunden
Einwilligung	Die Bankauskunft wird erteilt, sofern sich die Anfrage auf die Geschäftstätigkeit bezieht und keine gegenteilige Kundenweisung vorliegt.	Der Kunde muss der Bankauskunft ausdrücklich zustimmen.
Anfragegrund	Ein berechtigtes Interesse des Anfragenden muss glaubhaft gemacht werden.	
Empfänger von Bankauskünften	- eigene Kunden - andere Kreditinstitute bzw. deren Kunden	
Form	schriftlich	

Aufgabe 6

B und **D**

B: Der Kunde erteilt der KG ein SEPA-Firmen-Lastschriftmandat. Die Erteilung des Mandats bestätigt er zudem seiner Bank (Zahlstelle) durch Mitteilung der Daten oder durch Zusendung einer Kopie des Mandats. Die Mitteilung ist zu unterschreiben.
D: Bei einer autorisierten Lastschrift gibt es keinen Erstattungsanspruch nach Einlösung zum Fälligkeitstag.
Zu A: vgl. Erläuterung zu D
Zu C: Die KG (Zahlungsempfänger) hat dem Kunden (Zahlungspflichtigen) spätestens 14 Tage vor Fälligkeit der 1. Zahlung den Lastschrifteinzug mit Betrag und Datum anzukündigen, z. B. im Rahmen der Rechnungsstellung. Die KG muss im Lastschriftdatensatz ein bestimmtes Fälligkeitsdatum (Belastungsdatum) angeben. Die KG übermittelt den Datensatz zur Einziehung der Lastschrift elektronisch über die Nordbank an die Bank des Kunden (Zahlungspflichtigen).
Zu E: Teileinlösungen sind in beiden Verfahren nicht zulässig.
Zu F: Aussage ist falsch, Einlösung erfolgt nur, wenn ausreichendes Guthaben oder ausreichender Kreditrahmen vorhanden ist.

Aufgabe 7

A und **D**

A: Der Kunde erteilt der KG ein SEPA-Basis-Lastschriftmandat. Die Erteilung des Mandats bestätigt er zudem seiner Bank (Zahlstelle) durch Mitteilung der Daten oder durch Zusendung einer Kopie des Mandats. Die Mitteilung ist zu unterschreiben.
D: Teilnahmevoraussetzungen am SEPA-Lastschriftverfahren: Beitrittserklärung der *Nordbank AG* mit zum SEPA-Lastschriftabkommen sowie Abschluss einer Inkassovereinbarung zwischen 1. Inkassostelle (*Nordbank AG*) und der KG (Zahlungsempfänger).

Zu B: Der Kunde kann binnen einer Frist von acht Wochen ab Belastungsbuchung ohne Angabe von Gründen Erstattung des Lastschriftbetrags verlangen. Bei nicht autorisierten Lastschriften verlängert sich die Frist sogar bis zu 13 Monaten nach erfolgter Abbuchung.
Zu C: Aussage ist falsch, Einlösung erfolgt nur, wenn ausreichendes Guthaben oder ausreichender Kreditrahmen vorhanden ist.
Zu E: Aussage ist falsch. Die KG muss im Lastschriftdatensatz ein Fälligkeitsdatum angeben.
Zu F: Bei nicht autorisierten Lastschriften können Schadensersatzansprüche vom Kunden geltend gemacht werden. Der Erstattungsanspruch des Kunden kann bis 13 Monate nach Belastungsbuchung durchgesetzt werden.

Aufgabe 8

25.03.2013 (Montag). Da der 23.03.2013 ein Sonnabend ist, endet die Vorlegungsfrist am nächsten Geschäftstag, also am 25.03.2013. Vgl. Artikel 29 Scheckgesetz (Vorlegungsfristen): (1) Ein Scheck, der in dem Lande der Ausstellung zahlbar ist, muss binnen 8 Tagen zur Auszahlung vorgelegt werden. ... (4) Die vorstehend erwähnten Fristen beginnen an dem Tage zu laufen, der in dem Scheck als Ausstellungstag angegeben ist.

Aufgabe 9

D und **F**

Die Banken beschaffen ihren Kunden bestätigte Bundesbank-Schecks, indem sie auf ihr eigenes Bundesbank-Girokonto Schecks ziehen, sie bestätigen lassen und anschließend an die Kunden aushändigen. Provisionskosten werden dem Kunden von den Banken für diese Dienstleistung in Rechnung gestellt. Die Bundesbank belastet das Bundesbank-Girokonto der Bank zuzüglich einer Bestätigungsprovision und schreibt den Scheckbetrag einem Deckungskonto gut. 8 Tage nach Scheckausstellung erlischt die Verpflichtung der Bundesbank aus der Bestätigung. Danach wird der Bundesbank-Scheck wie ein gewöhnlicher Scheck behandelt.

Aufgabe 10

E Zu den Termineinlagen gehören Festgelder mit einer vereinbarten Laufzeit. Bei einer Festgeldanlage werden folgende Vereinbarungen getroffen:
- Höhe des Festgeldes, z. B. Mindestanlagebetrag 5.000,00 EUR
- Laufzeit, mindestens einen Monat
- Prolongation von Festgeldern, d. h. das Festgeld wird um die gleiche Laufzeit zu den dann gültigen Marktkonditionen verlängert, wenn der Anleger sich nicht gegenteilig äußert.
- Zinssatz: Die Zinsen werden stets am Ende der Laufzeit vergütet.

Aufgabe 11

Termingeld	20.000,00 EUR
Zinsen für 90 Tage 1,8 %	**90,00 EUR**

Aufgabe 12

D

Kontovollmachten, die der Kontoinhaber zu seinen Lebzeiten erteilt hat, erlöschen nicht mit seinem Tode. Sie bleiben als Vollmachten über den Tod hinaus bis zum Widerruf durch die Erben in Kraft.

Aufgabe 13

19.515,00 EUR (3.767,24 + 15.748,56)

Maßgeblich ist das Guthaben zu Beginn des Todestages, also der Tagesendsaldo des Vortodestages. Guthaben und Darlehen dürfen nicht miteinander verrechnet werden. Bei Gemeinschaftskonten ist das gesamte Guthaben zu melden.

Aufgabe 14

Nennwert 50.000 x Kurs 99,5	49.750,00 EUR
zuzüglich 4,175 % Zinsen für 242/366 Tage	1.380,26 EUR
Summe	51.130,26 EUR
abgerundet	**51.130,00 EUR**

Die bis zum Todestag aufgelaufenen Zinsen auf Kontoguthaben und Wertpapieren sind an die Erbschaftsteuerstelle zu melden. Maßgeblich ist bei Wertpapieren das Guthaben zu Beginn des Todestages.

Aufgabe 15

110 x 17,56	1.931,60 EUR
200 x 16,29	3.258,00 EUR
Summe	5.189,60 EUR
abgerundet	**5.189,00 EUR**

Wertpapiere werden zum Kurswert des Todestages bewertet.

Aufgabe 16

02.06.

Innerhalb eines Monats nach Bekanntwerden des Todes muss die Bank der Erbschaftsteuerstelle des zuständigen Finanzamtes Meldung erstatten, sofern Guthaben oder andere Werte zu Beginn des Todestages mehr als 2.500,00 EUR betragen und/oder ein Schließfach vorhanden ist.

Aufgabe 17

B, vgl. § 1903 BGB und **E,** vgl. §§ 1806, 1807 BGB

Aspekte der Betreuung	
Gründe	Ein Volljähriger kann aufgrund einer psychischen Krankheit oder einer körperlichen oder geistigen Behinderung seine Angelegenheiten ganz oder teilweise nicht mehr besorgen. Das Vormundschaftsgericht bestellt auf seinen Antrag oder von Amts wegen für ihn einen Betreuer.
Umfang	- Vermögenssorge - Gesundheitssorge
Vertretung	- Betreuer vertritt den Betreuten gerichtlich und außergerichtlich. - Vormundschaftsgericht kann einen Einwilligungsvorbehalt anordnen.
Durch das Vormundschaftsgericht genehmigungspflichtige Geschäfte	- Grundstücksgeschäfte - Verfügungen über das Vermögen im Ganzen - Kreditaufnahme
Geldanlage	- Mündelsichere verzinsliche Anlagen, z. B. Bundesanleihen

Aufgabe 18

Lebenshaltungskosten **1.000,00 EUR** (gemäß den Vorschriften der *Nordbank AG*: 2 x 400,00 EUR + 2 x 100,00 EUR)

Aufgabe 19

Lebenshaltungskosten gemäß a)	1.000,00 EUR
+ Gesamtmiete (einschl. Nebenkosten)	1.000,00 EUR
+ Gesamtkosten für zwei Pkw (Benzin, Steuer, Versicherung)	450,00 EUR
+ Prämie Kapitallebensversicherung	250,00 EUR
+ Bausparen	100,00 EUR
+ Leasingrate für einen Pkw (Restlaufzeit 2 Jahre)	225,00 EUR
= Summe der monatlichen Verpflichtungen	3.025,00 EUR

Aufgabe 20

Nettoeinkommen	3.500,00 EUR
- Summe der monatlichen Verpflichtungen	3.025,00 EUR
= frei verfügbares Einkommen	475,00 EUR
- 30 % Abschlag	142,50 EUR
= frei verfügbares Resteinkommen	332,50 EUR

Aufgabe 21

B und **F**

Bei der Restschuldversicherung handelt es sich um eine Risikoversicherung mit fallender Versicherungssumme zur Sicherung der Restschuld von Darlehen bei Tod, Erwerbsunfähigkeit oder Arbeitsunfähigkeit und Arbeitslosigkeit der Kreditnehmer. Im Versicherungsfall zahlt die Versicherung bei Erwerbsunfähigkeit oder Arbeitslosigkeit die Raten für eine vereinbarte Zeitdauer bzw. im Todesfall umgehend die Restschuld. Bei Ratenkrediten wird die Prämie einmalig im Voraus bei Abschluss des Kreditvertrags gezahlt.

Aufgabe 22

A und **E** (vgl. § 495 BGB (Widerrufsrecht) in Verbindung mit § 355 BGB = zwei Wochen Widerrufsfrist) Der Verbraucher ist an seine auf den Abschluss des Vertrages gerichtete Willenserklärung nicht mehr gebunden, wenn er sie fristgerecht widerrufen hat. Der Widerruf muss keine Begründung enthalten und ist in Textform oder durch Rückzahlung des Darlehens innerhalb von zwei Wochen gegenüber der Bank zu erklären. Zur Fristwahrung genügt die rechtzeitige Absendung. Die Frist beginnt mit dem Zeitpunkt, zu dem der Verbraucher über sein Widerrufsrecht in Textform belehrt wurde. Beim Verbraucherdarlehensvertrag beginnt die Frist nicht zu laufen, bevor dem Verbraucher eine Vertragsurkunde, der schriftliche Antrag des Verbrauchers oder eine Abschrift der Vertragsurkunde zur Verfügung gestellt werden.

Aufgabe 23

D

Wertpapierart	Beleihungswert
Bundesanleihe 20.710,00 EUR 90 % Beleihungssatz	18.639 EUR
Chemie Aktien 6.650,00 EUR 60 % Beleihungssatz	3.990 EUR
Touristik Aktien 4.450,00 EUR 60 % Beleihungssatz	2.670 EUR
Beleihungswert	25.299 EUR
Beleihungswert gerundet	25.000 EUR

Aufgabe 24

C

Abtretung von Lohn- und Gehaltsansprüchen:

Es können Ansprüche gegen derzeitige und zukünftige Arbeitgeber abgetreten werden. Dabei muss geprüft werden, ob die Abtretung vom Arbeitgeber vertraglich ausgeschlossen wurde. Weiterhin gibt es ein gesetzliches Abtretungsverbot für unpfändbare Forderungen, z. B. Waisenrenten oder Erziehungsbeihilfen. Außerdem muss die Abtretung auf einen Höchstbetrag begrenzt werden, i. d. R. der Gesamtrückzahlungsbetrag des Darlehens. Die Abtretung der Gehaltsansprüche ist auf den pfändbaren Teil des Gehalts begrenzt.

Aufgabe 25

A

Verwertung von beweglichen Sachen und Wertpapieren:

Grundsatz der öffentlichen Versteigerung

Ausnahme freihändiger Verkauf, vorausgesetzt, das Pfand hat einen Börsen- oder Marktpreis, z. B. bei Verkauf von Effekten an der Börse. Rechtsgrundlage sind §§ 1221, 1235, 1293, 1295 BGB.

Aufgabe 26

A und **F**, vgl. Ausführungen zum gerichtlichen Mahnverfahren in §§ 688 ff. Zivilprozessordnung (ZPO)

Das gerichtliche Mahnverfahren ist ein formularmäßig durchgeführter, abgekürzter Zivilprozess, der dem Gläubiger (Antragsteller) schnell und kostengünstig einen Vollstreckungstitel verschafft. Der Vollstreckungstitel berechtigt den Gläubiger zur Zwangsvollstreckung in das Vermögen des Schuldners (Antragsgegner). Grundsätzlich ist das Amtsgericht des Gläubigers für das Mahnverfahren zuständig. Anträge auf Erlass eines Mahnbescheids können auch im Wege des Datenträgeraustauschs eingereicht werden. Bei einem streitigen Verfahren (Widerspruch, Einspruch) ist das Gericht, bei dem der Antragsgegner seinen allgemeinen Gerichtsstand hat, örtlich zuständig. Dies ist i. d. R. das Gericht, in dessen Bezirk der Antragsgegner (Schuldner) wohnt oder seinen Geschäftssitz hat.

Rechnet der Gläubiger beim Mahnverfahren mit Einwendungen des Schuldners (Widerspruch) wird er zur Durchsetzung seiner Forderungen direkt das Klageverfahren einleiten.

Aufgabe 27

Kursgewinn pro Aktie 30,70 - 24,48 =	6,22 EUR
Kursgewinn für 400 Aktien	2.488,00 EUR
./. Abgeltungsteuer 25 %	622,00 EUR
./. SolZ 5,5 %	34,21 EUR
Kursgewinn nach Steuern	**1.831,79 EUR**

Aufgabe 28

E

A Kurszusatz bG
B Kurszusatz G
C Kurszusatz b
D Kurszusatz bB

Aufgabe 29

C und **F**

Bedingte Kapitalerhöhung: Die Hauptversammlung kann eine Erhöhung des Grundkapitals beschließen, die nur insoweit durchgeführt werden soll, wie von einem Umtausch- oder Bezugsrecht Gebrauch gemacht wird, das die Gesellschaft auf die neuen Aktien einräumt (§§ 192 bis 201 Aktiengesetz).

Gründe für die bedingte Kapitalerhöhung: Zur Gewährung von Umtausch- oder Bezugsrechten an die Gläubiger von Wandel- und Optionsanleihen oder zur Vorbereitung des Zusammenschlusses der Gesellschaft mit anderen Unternehmen.

Bezugsrecht: Bei der Ausgabe z. B. neuer Aktien steht den Aktionären ein Bezugsrecht zu. Jedem Aktionär muss auf sein Verlangen ein seinem Anteil am bisherigen Grundkapital entsprechender Teil der Emission zugeteilt werden.

Wandelanleihe: Unternehmensanleihe, die innerhalb einer bestimmten Frist gegen Stammaktien eines Unternehmens getauscht werden kann. Wandelanleihen verbriefen ein Wandlungsrecht: Inhaber von Wandelanleihen können (müssen aber nicht) diese innerhalb einer bestimmten Frist zu einem festgelegten Preis in Aktien des Unternehmens tauschen, das die Anleihe emittiert hat. Anleger haben auch die Möglichkeit, die Wandelanleihe – wie bei einer klassischen Anleihe – bis zur Endfälligkeit zu halten. In diesem Fall erhalten sie jährliche Zinszahlungen vom Schuldner, der am Ende der Laufzeit die Anleihe zurückzahlt. Der Anleiheninhaber wird also vom Gläubiger zum Unternehmensteilhaber. Aufgrund dieses Rechts hat eine Wandelanleihe eine niedrigere Verzinsung als andere Anleihen. Die Hauptversammlung muss der Begebung einer Wandelanleihe und der damit verbundenen Kapitalerhöhung mit einer Dreiviertel-Mehrheit zustimmen.

Aufgabe 30

A

Die Hauptversammlung kann eine Erhöhung des Grundkapitals durch Ausgabe neuer Aktien gegen Bezahlung des Ausgabepreises (ordentliche Kapitalerhöhung gegen Bareinlagen) beschließen. Bei Gesellschaften mit Stückaktien muss sich die Zahl der Aktien in demselben Verhältnis wie das Grundkapital erhöhen (vgl. §§ 182 ff. Aktiengesetz).

Aufgabe 31

4 : 1

(52 Mio. EUR : 13 Mio. EUR = 4 : 1)

Aufgabe 32

0,48 EUR

((23,00 - 20,00 - 0,60) : 5 = 0,48 EUR)

Aufgabe 33
07.05.2012
Vgl. § 33 Börsenordnung der Frankfurter Wertpapierbörse, II Hinweise: ex BR = nach Bezugsrecht: Erste Notiz unter Abschlag eines Bezugsrechts

Aufgabe 34
E
Ein unwiderrufliches Akkreditiv begründet eine feststehende Verpflichtung (abstraktes bedingtes Zahlungsversprechen) der eröffnenden Bank. Die eröffnende Bank ist bei Vorlage der vorgeschriebenen Dokumente und der Erfüllung der Akkreditivbedingungen verpflichtet, z. B. an dem nach den Akkreditivbedingungen bestimmbaren Datum an den Begünstigten zu zahlen.

C Rechnungswesen und Steuerung

Aufgabe 1
3
11.500,00 EUR

A	Bilanzänderung		P
Deb.	+ 7.000		
DBB	- 7.000		
		Spar	-15.000
Deb.	-11.500	Kred.	+3.500
	-11.500		- 11.500

Aufgabe 2
Die Aufbewahrungsfrist beginnt jeweils am Ende des Kalenderjahres (§ 257 HGB).
31.12.2023: Der Jahresabschluss muss 10 Jahre aufbewahrt werden.

Aufgabe 3
A **1** muss unverzüglich nach dem Geschäftsfall gebucht werden.
B **2** da der Ausfall noch nicht feststeht, muss am Jahresende für den wahrscheinlichen Ausfall eine Einzelwertberichtigung gebildet werden.
C **0** da gebührenfrei
D **3** Alle Buchungen, die das GuV-Konto oder das SBK-Konto beinhalten, gelten als Abschlussbuchungen.
E **2** gehört zur Abgrenzung des Jahreserfolges, um den Aufwand des alten Jahres noch in der GuV-Rechnung durch die Bildung einer Rückstellung zu erfassen.
F **2** gehört zur Abgrenzung des Jahreserfolges, um den Zinsanteil des alten Jahres noch in der GuV-Rechnung zu erfassen.

Aufgabe 4
3 (die Forderung ist mehr wert als angenommen)
6 (wenn die Rückstellung höher als der spätere Aufwand ist)
Die anderen Antworten treffen nicht zu, weil stille Reserven durch Überbewertung von Passiva entstehen (1). Werden Aktien über Nennwert ausgegeben, wird das Agio der Kapitalrücklage zugeführt und ausgewiesen (2). Stille Reserven sind weder in der Bilanz noch in der GuV-Rechnung zu erkennen (4). Verschweigen von Verbindlichkeiten ist unzulässig (5).

Aufgabe 5
1 4
Anlagegegenstände, die bis 178,50 brutto = 150,00 EUR netto kosten, können sofort als Aufwand gebucht werden, Anlagegegenstände, die mehr als 150,00 EUR (netto) bis 1.000,00 EUR (netto) kosten, können jährlich unabhängig von ihrer Nutzungsdauer mit einem Fünftel ihres Wertes abgeschrieben werden (1, 5). Geringwertige Wirtschaftsgüter bis 410,00 EUR netto können im Anschaffungsjahr voll abgeschrieben werden (5). In diesen Fällen spielt der Anschaffungsmonat keine Rolle (2).
Eine Beschränkung der linearen Abschreibung auf 20 % gibt es nicht (3). Die lineare Abschreibung verteilt die Wertminderung gleichmäßig auf die Nutzungsdauer (6).

Aufgabe 6

103 % (630.000 + 297.000) : 900.000 Nennwert * 100

Aufgabe 7

1 14.200,00 EUR realisierter Gewinn: Verkaufserlöse 208.000,00 + 424.200,00 = 632.200,00 - Anschaffungskosten 618.000,00 (103 % von 600.000,00 Nennwert)

Aufgabe 8

10.964,38 EUR 7,25 % für 184 Tage (1.7. bis 31.12. einschließlich act/act) vom Nennwert des Endbestandes 300.000,00 / 365

Aufgabe 9

317.864,38 EUR Wertpapiere der Liquiditätsreserve sind zum strengen Niederstwertprinzip zu bewerten. Der durchschnittliche Anschaffungskurs beträgt 103 %, der Kurs am Bilanzstichtag 102,3 %. Der niedrigere Kurs (102,3 %) ist für die Bilanzierung zu nehmen. 102,3 % von 300.000,00 Nennwert = 306.900,00 EUR + aufgelaufenen Stückzinsen 10.964,38 EUR

Aufgabe 10

2 2.100,00 EUR nicht realisierter Verlust: durchschnittlicher Anschaffungskurs 103 % - Bewertungskurs 102,3 % = 0,7 % von 300.000,00 (Endbestand zum Nennwert)

Aufgabe 11

70.000,00 EUR Kunde *Aust* 60.000,00 EUR (40 % von 150.000,00 EUR), Kunde *Beyer* 10.000,00 EUR (5 % von 200.000,00 EUR)

Aufgabe 12

00.000,00 EUR, fest steht der Ausfall vom Kunden *Drost*. Für diesen Ausfall wurde aber bereits eine Abschreibung durch Bildung einer Einzelwertberichtigung in mehr als ausreichender Höhe vorgenommen, so dass keine Abschreibung mehr erfolgt.

Aufgabe 13

230.000,00 EUR Die wahrscheinlichen Ausfälle erhöhten sich bei Kunde *Aust* um 40.000,00 EUR, beim Kunden *Beyer* um 190.000,00 EUR.

Aufgabe 14

151.000,00 EUR Beim Kunden *Cast* entfällt durch die Eigentümergrundschuld das vermutete Ausfallrisiko, beim Kunden *Drost* gehen 1.000,00 EUR mehr ein als abgeschrieben wurden.

Aufgabe 15

280.000,00 EUR Beim Kunden *Aust* beträgt das wahrscheinliche Ausfallrisiko 90.000,00 EUR, beim Kunden *Beyer* 190.000,00 EUR.

Aufgabe 16

269.650 Tsd. EUR 270 Mio. EUR Debitoren vor Abschreibung -350.000,00 EUR direkte Abschreibung. Das Konto vom Kunden *Drost* ist nach dem feststehenden Ausfall aufgelöst.

Aufgabe 17

A **6** Für mögliche Ausfälle bei Bürgschaftsverpflichtungen müssen Rückstellungen gebildet werden.

B **1** Als die Beteiligung unter dem wirklichen Marktpreis in den Büchern stand, existierte eine stille Rücklage (stille Reserve), die durch den Verkauf aufgelöst wird.

C **6** Bildung von Pensionsrückstellungen

D **4** Erhöhung der Gewinnrücklagen

E **2** Der Buchwert wird geringer als der wirkliche Wert, den man bei einem Verkauf erzielen könnte.

F **5** Im vorigen Jahr musste eine Rückstellung gebildet werden, die nun aufgelöst wird, da die geschätzte Steuernachzahlung nun feststeht und überwiesen wird.

Aufgabe 18

1 6

Fixe Gesamtkosten sind unabhängig vom Beschäftigungsgrad gleich und fallen daher bei steigenden Stückeinheiten je Stückeinheit (2). Ein anderer Anteil an den Gesamtkosten ändert die Gesamtkosten nicht (3). Auch variable Kosten können Gemeinkosten sein, wie beispielsweise Briefumschläge (4). Außerplanmäßige Abschreibungen sind keine Kosten (5).

Aufgabe 19

2 755,30 EUR Die Immobilienabteilung gehört zum umsatzsteuerpflichtigen Geschäft der Banken, daher bekommt das Finanzamt den Umsatzsteueranteil. Die außergewöhnlichen, betriebsfremden Erträge betragen 900,00 EUR Brutto-Verkaufspreis - 143,70 EUR Umsatzsteuer - 1,00 EUR Restwert.

Aufgabe 20

5 58,00 EUR In der Finanzbuchhaltung ist der Fotokopierer im Vorjahr mit dem gesamten Betrag als Aufwand gebucht worden (da netto nicht über 150,00 EUR), im Controlling wird der Kopierer über 3 Jahre abgeschrieben (174,00 EUR / 3 Jahre, es wird vom Bruttobetrag abgeschrieben, da die Anschaffung für den umsatzsteuerfreier Bereich war: keine Vorsteuererstattung)

Aufgabe 21

4 40.000,00 EUR Die Bardividende ist der Erlös (steuerrechtlich: Einnahme aus Kapitalvermögen), die einbehaltenen 25 % Abgeltungsteuer und 5,5 % Solidaritätszuschlag auf die Abgeltungsteuer (insgesamt 26,375 %) gelten als Steuervorauszahlung auf die Bardividende. Beim Betriebsvermögen hat die Abgeltungsteuer keine Abgeltungswirkung.

Aufgabe 22

5,25 % Zinserlöse (2,7 Mio. EUR Überziehungskredite + 2,4 Mio. EUR Darlehen + 0,3 Mio. EUR Tagesgelder) - Zinskosten (0,2 Mio. EUR Spareinlagen + 0,0 Mio. EUR Sichteinlagen + 1,0 Mio. EUR Termingelder) = Zinsüberschuss 4,2 Mio. EUR, 4,2 * 100 / 80 Mio. EUR Bilanzsumme = 5,25 %

Aufgabe 23

0,8 % 10 % von 8 %

Aufgabe 24

7,8 %

Die Lösung nach der IHK-Formelsammlung Punkt 1.1

Ermittlung der Preisuntergrenze eines Produktes:

Alternativzinssatz für Anlagen am GKM	6,50 %
+ Mindestkonditionenmarge, bestehend aus:	
direkt zurechenbare Betriebskosten in %	0,07 %
Risikokosten in %	0,80 %
Eigenkapitalkosten in %	0,40 %
= Preisuntergrenze Aktivprodukt in %	7,77 %

Berechnung der Betriebskosten in Prozent: p = Z * 100 / K / i = 1400 * 100 / 250.000 / 8 = 0,7 % p. a.

Aufgabe 25

3,2 %

Die Lösung nach der IHK-Formelsammlung Punkt 1.2

Ermittlung der **Preisobergrenze** eines Produktes:

Alternativzinssatz für Beschaffung am GKM	3,5 %
- direkt zurechenbare Betriebskosten in %	0,3 %
= Preisobergrenze Passivprodukt in %	3,2 %

Aufgabe 26

169,1 % [(Eigenkapital + langfristiges Fremdkapital) * 100 / Anlagevermögen]= (2.900 + 700 + 1.450 + 2.900) * 100 / (3.900 + 800,5) Anmerkung in der IHK-Formelsammlung unter 2. Kennziffern: „Der Bilanzgewinn ist - sofern nicht etwas anderes angegeben wird - als kurzfristiges Fremdkapital anzusehen." !!!

Aufgabe 27

970 Tsd. EUR (Betriebsergebnis + ordentliche Abschreibungen + Zuführung zu langfristigen Rückstellungen) = 565 + 400 + 5

Aufgabe 28

88 Tage (Forderungen aus Lieferungen und Leistungen * 365 / Umsatzerlöse) = 3.800 * 365 / 15.740 (kaufmännisch gerundet)

Aufgabe 29

34,0 % (Eigenkapital * 100) / Gesamtkapital) = 3.600 * 100 / 10.596,4 siehe Anmerkung 14 a)

Aufgabe 30

8,4 % [(Betriebsergebnis + Zinsaufwand) * 100 / Bilanzsumme)] = (565 + 330) * 100 / 10.596,4

Aufgabe 31

3,5 % (Betriebsergebnis * 100 / Gesamtleistung) = 565 * 100 / (15.740 + 190)

Aufgabe 32

2

Die Umsatzrentabilität gibt an, welcher Gewinn je 100 EUR Umsatz erzielt wurde (1), sie hat nichts mit dem Kapital (3, 4) oder mit der Bilanzsumme zu tun (5).

D Wirtschafts- und Sozialkunde

Aufgabe 1

Arbeitgeberanteil Rentenversicherung für 23 Mitarbeiter (18,9 x 23 x 4.900) : (2 x 100)	**10.650,15 EUR**

Aufgabe 2

322,88 EUR = 8,2 x 3.937,50 : 100

Aufgabe 3

C

Den Gesamtsozialversicherungsbeitrag für seine Beschäftigten zahlt der Arbeitgeber wie bisher an die Krankenkassen. Diese leiten die Krankenversicherungsbeiträge arbeitstäglich an den Fonds weiter.

Für geringfügig Beschäftigte zieht weiterhin die Minijob-Zentrale die Beiträge ein und leitet sie ebenfalls an den Gesundheitsfonds weiter.

Freiwillig Versicherte und andere Selbstzahler (z. B. Studenten) entrichten ihre Beiträge weiterhin an die jeweilige Krankenkasse, die die Beiträge an den Fonds abführt.

Aufgabe 4

6,73 %

8,2 x 3.937,50 : 100 = 322,88 EUR

322,88 : 4.800,00 x 100 = 6,7266

Aufgabe 5

A und **F**

Zu B) Frau Simon zahlt die Beiträge nur bis zur Höhe der Beitragsbemessungsgrenze.

Zu C) Die Belastung steigt in diesem Fall.

Zu D) Die Belastung für Frau Simon steigt in diesem Fall.

Zu E) Die Versicherungspflichtgrenze ist hier maßgeblich.

Aufgabe 6

D

Die Versicherungspflichtgrenze legt fest, bis zu welcher Höhe des jährlichen Bruttoarbeitsentgelts Arbeitnehmerinnen und Arbeitnehmer der Versicherungspflicht in der gesetzlichen Krankenversicherung unterliegen.

Arbeitnehmerinnen und Arbeitnehmer, deren Bruttoarbeitsentgelt oberhalb der für sie maßgeblichen Grenze liegt, haben die Wahl: Sie können als freiwilliges Mitglied in der GKV bleiben oder sich bei einem privaten Krankenversicherungsunternehmen versichern. Ein Wechsel sollte allerdings gut überlegt und der eigenen Lebenssituation und -planung angemessen sein. So stehen etwa den vergleichsweise günstigeren Tarifen in der privaten Krankenversicherung (PKV) für junge, gesunde Personen zusätzliche Belastungen gegenüber, wenn sich die familiäre Situation ändert: Während nicht erwerbstätige Familienmitglieder und Kinder in der GKV beitragsfrei mitversichert sind, werden in der PKV pro Kopf separate Prämien fällig.

Wer sich für einen Wechsel entscheidet, kann zudem nur unter speziellen Bedingungen zurück in die GKV. Ab 2009 ist aber jeder Arbeitnehmer krankenversicherungspflichtig.

Aufgabe 7

A	B	C	D	E
1	3	1	3	2

C: Beispiel für eine Tarifgruppe im Manteltarifvertrag für das private Bankgewerbe:
Tarifgruppe 4: Tätigkeiten, die Kenntnisse und/oder Fertigkeiten erfordern, wie sie in der Regel durch eine abgeschlossene Berufsausbildung oder durch eine um entsprechende Berufserfahrung ergänzte Zweckausbildung oder längere Einarbeitung erworben werden, z. B. Kontoführer/Disponenten, Schalterangestellte mit Bedienungstätigkeit oder Arbeitnehmer in der EDV-Arbeitsnachbereitung mit Kontrolltätigkeit.

Aufgabe 8

C

Bei der Einstellung eines Geschäftsführers hat der Betriebsrat kein Mitbestimmungsrecht. Vgl. § 6 GmbH-Gesetz: Zu Geschäftsführern können Gesellschafter oder andere Personen bestellt werden. Die Bestellung wird i. d. R. durch den Gesellschaftsvertrag festgelegt.
Zu A: vgl. § 87 Abs. 1 Nr. 5 Betriebsverfassungsgesetz, Aufstellung allgemeiner Urlaubsgrundsätze
Zu B: vgl. § 87 Abs. 1 Nr. 1 Betriebsverfassungsgesetz, Fragen der Ordnung des Betriebs
Zu D: vgl. § 94 Betriebsverfassungsgesetz, Beurteilungsgrundsätze und Personalfragebogen
Zu E: vgl. § 102 Betriebsverfassungsgesetz, Mitbestimmung bei Kündigung

Aufgabe 9

B, vgl. § 48 HGB: Die Prokura kann nur von dem Inhaber des Handelsgeschäft oder seinem gesetzlichen Vertreter und nur mittels ausdrücklicher Erklärung erteilt werden und § 53 HGB: Die Erteilung der Prokura ist von dem Inhaber des Handelsgeschäfts zur Eintragung in das Handelsregister anzumelden.

Aufgabe 10

B und **F**, vgl. §§ 49 HGB (Umfang der Prokura): Zur Veräußerung und Belastung von Grundstücken ist der Prokurist nur ermächtigt, wenn ihm diese Befugnis besonders erteilt ist.

Aufgabe 11

A	B	C	D	E	
3	1	1	1	1	2

Zu A: vgl. §§ 10 und 11 GmbH-Gesetz
Zu B: vgl. § 128 HGB
Zu C: vgl. § 114 HGB
Zu D: vgl. § 125 HGB

Aufgabe 12

B und **D**, vgl. §§ 171, 172 HGB.
Zu A und F: vgl. § 13 Abs. 2 GmbH-Gesetz: Für die Verbindlichkeiten der Gesellschaft haftet den Gläubigern derselben nur das Gesellschaftsvermögen.

Aufgabe 13

B und **E**

AGB: Es sind alle für eine Vielzahl von Verträgen vorformulierten Vertragsbedingungen, die ein Unternehmen vom Kunden einseitig verlangt, ohne dass die Klauseln im Einzeln vereinbart worden sind. AGB vereinfachen den Abschluss von Massengeschäften und begrenzen das Risiko des Unternehmers durch die Einschränkung seiner Vertragspflichten. Vorschriften des BGB, die den Verbraucher schützen, können nicht durch Bestimmungen der AGB umgangen werden, z. B. Verzicht auf Neulieferung der Ware bei Verbrauchsgütern im Falle der Schlechtleistung. Das Unternehmen muss ausdrücklich auf die Einbeziehung der AGB z. B. in den Kaufvertrag hinweisen. Der Kunde muss die AGB leicht erreichen und mühelos lesen können und muss den AGB zustimmen. Individuelle Absprachen haben Vorrang vor abweichenden AGB. Überraschende und mehrdeutige Klauseln werden nicht Vertragsbestandteil. Eine AGB-Klausel ist z. B. unwirksam, wenn der Unternehmer in den AGB bestimmt, dass kurzfristige Preiserhöhungen für Waren oder Dienstleistungen möglich sind, die innerhalb von 4 Monaten nach Vertragsschluss geliefert oder erbracht werden sollen.

Aufgabe 14
C, vgl. § 935 BGB: Kein gutgläubiger Erwerb von abhanden gekommenen Sachen.

Aufgabe 15

A	B	C	D	E	F	G
5	4	2	3	2	2	1

Produktpolitik: Sie befasst sich mit einer Auswahl der am Markt anzubietenden Bankleistungen, z. B. Produktgestaltung.
Preis- und Konditionenpolitik: Sie befasst sich mit allen vertraglichen Vereinbarungen über die Kosten des Bankleistungsangebots, z. B. Zinsen für Festgeldanlagen.
Sortimentspolitik: Die Sortimentspolitik bezieht sich auf die Gesamtheit aller Produkte.
Distributionspolitik: Es sollen die Bankprodukte am richtigen Ort und zur rechten Zeit angeboten werden. Als Vertriebswege kommen in Frage: stationärer und mobiler Vertrieb sowie der Vertrieb über technische Medien, z. B. Telefonbanking.
Kommunikationspolitik: Sie sorgt dafür, dass im Bewusstsein der Bevölkerung ein positives Bild von der Leistungsfähigkeit des Kreditinstituts geschaffen wird.

Aufgabe 16
20,7 % = 75 : 362 x 100
Bei der Analyse der Marktgegebenheiten spielen Marktgrößen eine wichtige Rolle. Das Marktpotenzial gibt an, welche und wie viele Bankleistungen am Markt abgesetzt werden können, wenn alle denkbaren Kunden mittels des Marketinginstrumentariums angesprochen würden. Das Markvolumen kennzeichnet die realisierten Absatzmengen eines Leistungsangebots innerhalb eines Zeitraums. Der Marktanteil ist der prozentuale Anteil der in Mengen oder Wertgrößen gemessenen Absatzleistung am gesamten Marktvolumen.

Aufgabe 17
68,3 % = 362 : 530 x 100

Aufgabe 18
A
Die Marktanalyse ist im Gegensatz zur Marktbeobachtung nur eine punktuelle Darstellung der Marktsituation, weshalb man auch von einer Zeitpunktbetrachtung spricht. Hierbei werden nur die Daten erhoben, die gerade aktuell sind und so für Entscheidungen herangezogen werden können.

Aufgabe 19
B und **D**
Der unvollkommene Markt ist im Gegensatz zum vollkommenen Markt dadurch gekennzeichnet, dass die Güter nicht homogen sind und/oder die Markttransparenz unvollkommen ist.
Mit der personellen Einkommensverteilung wird dargestellt, wie das Einkommen einer Volkswirtschaft auf einzelne Personen oder Gruppen (z. B. Haushalte) verteilt wird. Dabei können zwei Arten der Einkommensverteilung voneinander unterschieden werden:
- Primäre Einkommensverteilung: Verteilung der Markteinkommen im Wettbewerb.
- Sekundäre Einkommensverteilung: Verteilung der verfügbaren Einkommen. Das ist das personelle Primäreinkommen zuzüglich der empfangenen Sozialbeiträge, Renten und anderer Transfers (z. B. Kindergeld) abzüglich der geleisteten Einkommensteuern und Vermögenssteuern, Sozialbeiträge, monetären Sozialleistungen und anderer sonstigen laufenden Transfers (z. B. Solidaritätszuschlag).

Aufgabe 20

Kombination	A	B	C	D	E
Arbeit (in EUR)	400	350	300	250	200
Kapital (in EUR)	30	90	120	150	210
Gesamtkosten (in EUR)	430	440	420	400	410

Die Kombination **D** ist mit 400,00 EUR am günstigsten.

Aufgabe 21

Kombination	A	B	C	D	E
Arbeit (in EUR)	400,00	350,00	300,00	250,00	200,00
Kapital (in EUR)	7,50	22,50	30,00	37,50	52,50
Gesamtkosten (in EUR)	407,50	372,50	330,00	287,50	252,50

Die kostengünstigste Kombination ist **E** mit 252,50 EUR.

Aufgabe 22

1,46 %

(1908,3 - 1880,8 = 27,5
27,5 : 1880,8 x 100 = 1,46214)

Aufgabe 23

E

Aufschwung: Eine abwartend positive Grundhaltung setzt sich durch. Die gesamtwirtschaftliche Produktion wird ausgeweitet und bei langsam zunehmender Kapazitätsauslastung steigen die Gewinne, obwohl die Preise zunächst noch stabil bleiben. Die Wachstumsrate des BIP steigt. Erst im späteren Aufschwung führen notwendige Erweiterungsinvestitionen zu Kostensteigerungen, die über die Preise abgewälzt werden. Falls der Staat nicht regulierend eingreift, kommt es gegen Ende der Aufschwungphase zu einer weiteren Steigerung der Nachfrage und zur Überhitzung.

Abschwung: Die auf den Beschäftigungsrückgang in der Investitionsgüterindustrie folgenden Einkommensrückgänge machen sich in der Nachfrage nach Konsumgütern bemerkbar. Eine rückläufige Kapazitätsauslastung zwingt die Unternehmen zur Kostensenkung. Die Wachstumsrate des BIP bleibt unter Vorjahresniveau. Die Arbeitslosenquote steigt. Schrumpfende Gewinne, Absatzprobleme, niedrige Lohnzuwächse und Preisdisziplin sind weitere Kennzeichen der Abschwungphase.

Aufgabe 24

A

Die Folge von Arbeitslosigkeit sind große Löcher in der Kasse der Bundesagentur für Arbeit (BA). Auf bis zu 50 Milliarden Euro könnte sich der Schuldenberg der BA bis 2013 türmen. Die Bundesregierung muss deshalb entweder den Beitrag zur Arbeitslosenversicherung wieder deutlich erhöhen. Oder der Finanzminister, der ohnehin auf eine Rekordverschuldung zusteuert, muss mehr Geld aus Steuermitteln für die Arbeitslosen ausgeben.

Aufgabe 25

B

Die Aufnahme in die Währungsunion ist abhängig von der Einhaltung der Konvergenzkriterien:

- Preisstabilität, d. h. der Anstieg der Verbraucherpreise darf den Durchschnitt der drei preisstabilsten Länder um nicht mehr als 1,5 Prozentpunkte übersteigen.
- Wechselkursstabilität, d. h. die Währung eines Mitgliedslandes muss dem Europäischen Währungssystem angehören und darf in den letzten beiden Jahren nicht abgewertet worden sein.
- Kapitalmarktzinsniveau, d. h. die durchschnittliche Rendite langfristiger Staatsanleihen darf höchstens zwei Prozentpunkte über dem Durchschnitt der entsprechenden Zinsen in den drei Ländern mit der niedrigsten Inflationsrate liegen.
- Haushaltsdisziplin, d. h. das jährliche Budgetdefizit, die Neuverschuldung der öffentlichen Haushalte, darf höchstens 3 % des BIP betragen.
- Staatsverschuldung, d. h. die Gesamtverschuldung der öffentlichen Haushalte darf nicht mehr als 60 % des BIP betragen.

Aufgabe 26

E

Die Offenmarktgeschäfte des ESZB werden eingesetzt, um die Zinsen und die Liquidität am Markt zu steuern. Die Offenmarktgeschäfte werden i. d. R. durch die EZB in Form von befristeten Transaktionen, z. B. im Rahmen von Zins- und Mengentendern, durchgeführt.

Aufgabe 27

A	B	C	D	E	F
2	3	1	2	1	3

Aufgabe 28

A	B	C	D	E	F
1	4	5	1	2	3

Aufgabe 29

A	B	C	D	E
3	2	4	4	1

Spitzenrefinanzierungsfazilität: Zum Instrumentarium des Eurosystems gehören zwei ständige Fazilitäten. Dabei handelt es sich zum einen um eine Spitzenrefinanzierungsfazilität, die dazu dient, Übernachtliquidität zu einem vorgegebenen Zinssatz bereitzustellen und so ein Ausbrechen des Tagesgeldsatzes nach oben zu begrenzen. Die Banken können darauf bei den nationalen Zentralbanken von sich aus und – sofern sie entsprechende Sicherheiten haben – praktisch unbegrenzt über Nacht für Liquidität sorgen. Am nächsten Tag müssen sie den Kredit dann wieder zurückzahlen. Auch dieser Kredit wird auf Pfandbasis abgewickelt. Der Zinssatz für diesen Kredit ist höher als der Satz im Hauptrefinanzierungsgeschäft. Er bildet im Allgemeinen die Obergrenze für den Tagesgeldsatz, da keine Bank, die ausreichend Sicherheiten hat, am Geldmarkt mehr zahlen wird, als sie bei der Notenbank für einen Übernachtkredit bezahlen muss.

Hauptrefinanzierungsgeschäft: Das Eurosystem stellt Zentralbankgeld vornehmlich über befristete Transaktionen zur Verfügung. Dabei handelt es sich entweder um Wertpapierpensionsgeschäfte oder um eine mit Wertpapieren besicherte Kreditvergabe der Notenbank an die Kreditinstitute, bei der die Zentralbank notenbankfähige Aktiva zum Pfand hereinnimmt, anstatt sie anzukaufen. Mit Hilfe der befristeten Transaktionen steuert das Eurosystem die Zinsen und die Liquidität am Geldmarkt und gibt Signale über seinen geldpolitischen Kurs. Üblicherweise stehen die wöchentlich im Ausschreibungswege durchgeführten siebentägigen Hauptrefinanzierungsgeschäfte im Mittelpunkt.

Aufgabe 30

Ermittlung des Saldos der Leistungsbilanz in Mio. EUR	
Außenhandel	+ 99.900,00
Ergänzungen zum Warenverkehr	- -
Dienstleistungsbilanz	- 58.000,00
Erwerbs- und Vermögenseinkommen	- 12.600,00
Laufende Übertragungen	- 26.700,00
= Saldo der Leistungsbilanz	**+ 2.600,00**

Aufgabe 31

Ermittlung des Saldos der Kapitalbilanz in Mio. EUR	
Direktinvestitionen	- 12.800,00
Kreditverkehr und sonstige Kapitalanlagen	- 24.300,00
Wertpapieranlagen und Finanzderivate	- 9.100,00
= Saldo der Kapitalbilanz	**- 46.200,00**

Aufgabe 32

C und **F**

Handelsbilanz

In ihr werden Export und Import von Waren erfasst. Ist die Ausfuhr von Waren größer als die Einfuhr, spricht man von einer aktiven Handelsbilanz oder einem Aktivsaldo der Handelsbilanz. Ist die Einfuhr größer als die Ausfuhr, spricht man von einer passiven Handelsbilanz oder einem Passivsaldo der Handelsbilanz. Die Ausfuhr wird durchgängig zu fob-Preisen nachgewiesen. Die Einfuhr wird im laufenden monatlichen Zahlungsbilanzausweis mit ihrem cif-Wert ausgewiesen. Um in das Zahlungsbilanzschema zu passen, sind

einige Korrekturen an der Handelsbilanz erforderlich. Diese werden unter „Ergänzungen zum Warenhandel“ verbucht. Hierbei handelt es sich um Waren, die zunächst in einem Freihandels- oder Zolllager deponiert und nicht verbraucht, gebraucht oder verarbeitet werden. Zum anderen geht es um Waren, die nur durch Deutschland transportiert und in einem anderen Land verwendet werden.
Die in der Zahlungsbilanz erfassten Vorgänge werden prinzipiell zweiseitig verbucht, d. h. man geht also von der Annahme aus, dass einem Wertstrom vom Inland ins Ausland stets ein gleich großer Wertstrom vom Ausland ins Inland entspricht. Beide Ströme werden in der Statistik gesondert ausgewiesen (Bruttoprinzip). So muss bei einem Verkauf von Waren an das Ausland, der in der Leistungsbilanz verbucht wird, eine Buchung in der Kapitalbilanz zum formalen Ausgleich der Gesamtbilanz gegenüberstehen. Exportüberschüsse erhalten in der Leistungsbilanz ein Plusvorzeichen, die Einfuhren von Waren und Dienstleistungen sowie die Ausgaben aus Erwerbs- und Vermögenseinkommen werden mit einem Minusvorzeichen versehen. Soweit in Höhe der Ausfuhr oder der empfangenen Erwerbs- und Vermögenseinkommen eine Zunahme der Forderungen Deutschlands gegenüber dem Ausland stattfindet, geht sie in den Saldo der Kapitalbilanz mit einem Minuszeichen ein. In Höhe der Einfuhr können die Verbindlichkeiten gegenüber dem Ausland zunehmen. Dieses wird mit einem Pluszeichen in der Kapitalbilanz verbucht.

Prüfungssatz V

A Bankwirtschaft Fälle

Fall 1: Mietkaution

a)
Die *Nordbank AG* ist Drittschuldner.
Die *Wohnungsgesellschaft Schaum mbH* ist Vermieter und Pfandgläubiger.
Herr Brandt ist Mieter und Verpfänder sowie Gläubiger der Einlage.
(2 Punkte je Rechtsbeziehung erklärt, max. 6 Punkte)

b)
Die *Wohnungsgesellschaft Schaum mbH* hat im Störungsfall das Recht, das Sparguthaben zu kündigen und den Betrag einzuziehen.
(2 Punkte)

c)
Die Zinserträge stehen Herrn Brandt steuerlich zu, da er bis zur Pfandverwertung Gläubiger der Einlage ist.
(2 Punkte)

d)
Nordbank AG: Bürge und Avalkreditgeber
Herr Brandt: Mieter, Hauptschuldner aus dem Mietvertrag und Avalkreditnehmer
Wohnungsgesellschaft Schaum mbH: Vermieter und Begünstigter des Avals
(2 Punkte je Rechtsbeziehung, max. 6 Punkte)

e)
Die *Wohnungsgesellschaft Schaum mbH* kann von der *Nordbank AG* gegen Vorlage der Bürgschaftsurkunde den verbürgten Betrag verlangen. Die *Nordbank AG* wird ohne Prüfung der Berechtigung zahlen.
(2 Punkte)

f)
Die *Nordbank AG* berechnet Herrn Brandt eine Avalprovision von ca. 2 bis 3 % p. a. sowie eine einmalige Verwaltungsgebühr von i. d. R. 25,00 EUR.
(0,5 Punkte je Kostenart, max. 1 Punkt)

g)
Vorteil: Herr Brandt (Mieter) schont seine eigene Liquidität.
Nachteil:
- Herr Brandt ist vor einer missbräuchlichen Nutzung der Bürgschaft durch die *Wohnungsgesellschaft Schaum mbH* nicht geschützt.
- Brandt muss regelmäßig die Avalprovision entrichten.

(2 Punkte je Vor- und Nachteil, max. 4 Punkte)

h)
Nein, da die *Nordbank AG* in der Verpfändungserklärung zu Gunsten der *Wohnungsgesellschaft Schaum mbH* mit ihrem AGB-Pfandrecht zurückgetreten ist. Ihr Pfandrecht lebt erst wieder auf, wenn die GmbH eine Pfandfreigabe erteilt hat.
(3 Punkte mit Erläuterung)
i)
Vor Auszahlung des Sparguthabens an die *Wohnungsgesellschaft Schaum mbH* wird die *Nordbank AG* Herrn Brandt informieren und ihm einen Monat Zeit geben, sich mit der *Wohnungsgesellschaft Schaum mbH* als Vermieter zu einigen oder gerichtliche Schritte zur Abwendung der Pfandverwertung einzuleiten. Zur Wartefrist von einem Monat kommen noch bankübliche Bearbeitungstage für die Erstellung der Mitteilungen an den Mieter.
(2 Punkte mit Ausführung)

j)

Wert	Vorgang	Betrag in EUR	Tage	Zinsen in EUR
31.03.20..	Einzahlung	1.900,00	270	17,81
15.04.20..	Zinsänderung auf 1,5 %	1.900,00	255	3,36
16.12.20..	Auszahlung	1.900,00	14	1,19
	Barauszahlung am 16.12.20..	**1.914,72**		17,81 + 3,36 – 1,19 = 19,98 ./. 25 % Abgeltungsteuer 4,99 EUR ./. 5,5 % Solidaritätszuschlag 0,27 EUR = **14,72 EUR**

(1 Punkt je Rechenschritt, max. 4 Punkte)

Fall 2: Anlage in Wertpapieren

a)
Versorgungslücke:
- Rentenversicherung kann in Zukunft nur noch Grundsicherung gewährleisten.
- private Vorsorge als eine Maßnahme zur Sicherung eines angestrebten Alterseinkommens

Demografischer Wandel:
- rückläufige Geburtenrate
- In Zukunft müssen immer weniger sozialversicherungspflichtige Arbeitnehmer für immer mehr Rentner aufkommen.

(2 Punkte je Erklärung, max. 4 Punkte)
b)
- Bevölkerungsstruktur entwickelt sich ungünstig, längere Lebenserwartung.
- Geburtenrückgang, sodass immer weniger Erwerbstätige mehr Rentner finanzieren.
- Beitragssätze für Erwerbstätige müssen steigen, oder zukünftige Renten müssen sinken (Vergrößerung der Versorgungslücke).

(2 Punkte für eine ausführliche Begründung, max. 2 Punkte)

c)

Basisversorgung	- gesetzlicher Rentenanspruch - Versorgungsleistungen der berufsständischen Versorgungseinrichtungen - kapitalgedeckte private Leibrenten (Rürup-Rente)
Kapitalgedeckte Zusatzversorgung	- Riester-Verträge im Rahmen der privaten Altersvorsorge - betriebliche Zusatzversorgung in Form von Pensionszusagen - Direktversicherungen
Sonstige Kapitalanlagen und Versicherungsprodukte	- Kapitalanlageprodukte, die der Altersvorsorge, aber auch anderen Zwecken dienen können

(1,5 Punkte für die Beschreibung des Schichtenmodells, 1,5 Punkte für die Beispiele, max. 3 Punkte)

d)
- Herr und Frau Schmidt gehören zum geförderten Personenkreis.
- Sie sind sozialversicherungspflichtige/r Arbeitnehmer bzw. Angestellte im öffentlichen Dienst.

(je 1 Punkt für die Prüfung der Förderung, max. 2 Punkte)

e)

Eigenbeitrag Frau Schmidt 2013	**EUR**
4 % von 25.000,00 EUR	1.000,00
- Grundzulage	154,00
- Kinderzulagen	600,00
= Eigenleistung	**246,00**

Eigenbeitrag Herr Schmidt 2013	**EUR**
4 % von 38.000,00 EUR	1.520,00
- Grundzulage	154,00
= Eigenleistung	**1.366,00**

(je 2 Punkte für eine Berechnung, max. 4 Punkte)

f)
- Banksparpläne
- Investmentfondssparpläne
- private Rentenversicherungen
- fondsgebundene Lebensversicherungen
- Wohn-Riester gefördertes Bausparen

(1 Punkt für ein Beispiel, max. 2 Punkte)

g) Z. B.

Altersvorsorgefonds

Der Ertrag ist abhängig
- von der Zusammensetzung des Fonds.
- von der Zinsentwicklung am Kapitalmarkt.
- von der Qualität des Fondsmanagements.
- von der Kursentwicklung am Aktienmarkt.

Rentenversicherung

Der Ertrag ist abhängig
- von der Höhe der Grundverzinsung.
- von der erwirtschafteten Überschussbeteiligung.
- von der Laufzeit.
- vom Kostenanteil.

Bausparen

Der Ertrag ist abhängig
- vom vereinbarten Ansparzinssatz mit der Bausparkasse.

Banksparplan

Der Ertrag ist abhängig
- vom gewährten Zinssatz.
- von der Zinsentwicklung am Kapitalmarkt.

(je Erklärung 2 Punkte, max. 4 Punkte)

h)
- Zugehörigkeit zum geförderten Personenkreis
- Einzahlungen in einen zertifizierten Vertrag
- mindestens Leistung des Sockelbetrags
- Antrag auf Zulage beim Anbieter des Vertrags

(1 Punkt je Aspekt, max. 4 Punkte)

i)
- Beiträge für die Altersvorsorge mindern in der Ansparphase das zu versteuernde Einkommen.
- Die daraus entstehenden Renten unterliegen in der Auszahlphase (Rentenphase) der Besteuerung.
(2 Punkte für eine ausführliche Beschreibung)
j)
- verzinsliches Ansparen von Guthaben zum Bau eines Hauses
- bedingter Anspruch auf ein zinsgünstiges Darlehen für den Wohnungsbau
- staatliche Förderung während der Anspar- und der Tilgungsphase möglich
- von Anfang an festgelegte Darlehenszinsen

(1 Punkt für einen Aspekt, max. 3 Punkte)
k)
Beitrag 1000,00 EUR/Jahr : 12 = 83,33 EUR/Monat = 4 ‰
83,33 : 4 x 1000 = 20.832,50 EUR
aufgerundet auf volle 1000 EUR = **21.000,00 EUR**
(2 Punkte je Rechenschritt, max. 4 Punkte)
l)
Sparleistung = 300,00 EUR x 12 = 3.600,00 EUR
max. geförderter Betrag = 1.024,00 EUR
davon 8,8 % = **90,11 EUR pro Jahr**
Das zu versteuernde Einkommen des Ehepaars von 50.400 EUR liegt unter der Einkommensgrenze von zusammen 51.200 EUR. Damit ist das Ehepaar prämienberechtigt.
(1 Punkt für Förderungsbetrag, 1 Punkt für Prüfung, max. 2 Punkte)
m)
- jährlicher Antrag
- Dauerantrag

(1 Punkt für eine Möglichkeit, max. 2 Punkte)
n)
Auszahlung des Altersvorsorgevermögens ...
- vor Rentenbeginn ganz oder teilweise
- im Todesfall an die Erben (nicht Ehegatte)
- nach Rentenbeginn außerhalb der Rentenzahlung ganz oder teilweise

(1 Punkt je Beispiel, max. 2 Punkte)
o)
- Rückzahlung der Zulagen bzw. Steuererstattungen
- Besteuerung von Ertragsanteilen zum Zeitpunkt der Auszahlung und nicht erst im Rentenalter

(2 Punkte je Folgewirkung, max. 4 Punkte)

Fall 3: Baufinanzierung
a)
Grundbuchauszug: Feststellung der rechtlichen Verhältnisse des Grundstücks (Eigentümer, Vorlasten); wird voraussichtlich noch den alten Eigentümer ausweisen.
Auszug aus der Flurkarte: Beschreibung der Lage und des Zuschnitts des Grundstücks.
Bauzeichnung: Zeigt die Umrisse des Gebäudes und dient der Ermittlung des umbauten Raums und der Marktgängigkeit des Objekts.
Baubeschreibung: Gibt Auskunft über die Bauqualität
Kostenvoranschlag: Ermittlung der vom Architekten veranschlagten Baukosten
(1 Punkt je Begründung, max. 5 Punkte)

b)

600 qm x 150,00 EUR (Bodenwert)	90.000,00 EUR
1100 cbm x 300 EUR (Bauwert)	330.000,00 EUR
Nebenkosten	23.000,00 EUR
Summe	**443.000,00 EUR**

(3 Punkte für die Berechnung)

c)
Die Beleihung darf gemäß den Vorschriften des Hypothekenbankgesetzes 60 % des Sachwertes nicht übersteigen: 60 % von 420.000,00 EUR = 252.000,00 EUR
Die Nebenkosten in Höhe von 23.000,00 EUR gehören nicht in den Beleihungswert. Der Beleihungswert ist demnach 420.000,00 EUR. Die Summe aus Bau- und Bodenwert entsprechend der Lösung b).
(2 Punkte für die Berechnung)
d)
26,19 %
110.000 : 420.000 x 100
Die Ermittlung des Eigenkapitalanteils kann auch durch das Verhältnis Eigenmittel : Gesamtkosten des Objekts ermittelt werden, also 110.000 x 100 : 443.000 = 24,83 %
(2 Punkte für die Berechnung)
e)
443.000,00 EUR - 110.000,00 EUR Eigenmittel = **333.000,00 EUR Fremdmittel**
(1 Punkt für die Berechnung des Fremdmittelbedarfs)

252.000,00 EUR zu 5,91 %	14.893,20 EUR
81.000,00 EUR zu 7,0 %	5.670,00 EUR
Summe	20.563,20 EUR
Belastung im Monat	1.713,60 EUR

(1 Punkt für jeden Belastungsbetrag = 4 Punkte)

	Einnahme-/Ausgabesituation vor Einzug	Einnahme-/Ausgabesituation nach Einzug
Nettoeinkommen	3.500,00 EUR	3.500,00 EUR
Monatliche Mieteinnahme	(erst nach Einzug wirksam)	330,00 EUR
Gesamteinkommen	3.500,00 EUR	3.830,00 EUR
- monatliche Belastung	1.713,60 EUR	1.713,60 EUR
- derzeitige Miete	750,00 EUR	
- Haushaltsausgaben	800,00 EUR	800,00 EUR
Noch verfügbares Einkommen	236,40 EUR	1.316,40 EUR

(1,5 Punkte für jede Einnahme/Ausgabesituation = 3 Punkte)

Die Summe von 1.316,40 EUR ist das monatlich noch frei verfügbare Einkommen. Die Miete von 750,00 EUR wird in Zukunft nach Einzug ins neue Haus entfallen und damit das frei verfügbare Einkommen des Ehepaares noch erhöhen. Sie befinden sich in gesicherten Arbeitsverhältnissen.
(1 Punkt für die Entscheidung)
(max. 9 Punkte)
f)
Mit dem dinglichen Zinssatz von 15 % p. a. verschafft sich die *Nordbank AG* für den Fall einer späteren Zinserhöhung einen entsprechenden Sicherungsrahmen.
Die *Nordbank AG* muss im Verwertungsfall die Grundschuld nicht erst kündigen, um aus ihr einen sofortigen Zahlungsanspruch ableiten zu können.
Mit der dinglichen Zwangsvollstreckungsklausel verschafft sich die *Nordbank AG* den zu einer Zwangsvollstreckung erforderlichen Titel. Die *Nordbank AG* kann im Verwertungsfall die sofortige Zwangsvollstreckung in den Grundbesitz betreiben.
(1 Punkte für jeden Aspekt, max. 3 Punkte)

B Bankwirtschaft programmierte Aufgaben

Aufgabe 1

B Die Partner einer Partnerschaft haften – im Unterschied zu einer bloßen Bürogemeinschaft – für die Verbindlichkeiten der Partnerschaft den Gläubigern als Gesamtschuldner persönlich. Waren nur einzelne Partner mit der Bearbeitung eines Auftrags befasst, so haften – im Unterschied z. B. zu einer Sozietät – nur sie für berufliche Fehler. Scheidet ein Partner aus, haftet er für die bis dahin begründeten Verbindlichkeiten weiter. Für Verbindlichkeiten, die nicht mit der Ausführung eines Auftrages in Verbindung stehen (beispielsweise die Bestellung von Büromaterial) haften demnach die Partner wie in einer GbR immer als Gesamtschuldner.

Aufgabe 2

B, vgl. §§ 2, 7 GwG: Identifizierung durch Vorlage des Personalausweises oder Reisepasses. Die zur Identitätsfeststellung vorgelegten Dokumente werden fotokopiert. Ist die Person der Bank bekannt, kann von der Identifizierung abgesehen werden, wenn eine Legitimationsprüfung schon früher (z. B. bei der Kontoeröffnung) durchgeführt wurde (Ausnahmen: Regelmäßige Bareinzahlungen von Unternehmungen; Einzahlungen über den Nachttresor; Mitarbeiter von Geldbeförderungsunternehmen) und vgl. §§ 11, 14 GwG: Verdachtsfälle meldet der Bankmitarbeiter zunächst dem Geldwäschebeauftragten der *Nordbank AG*, der dann entscheidet, ob eine Verdachtsanzeige beim zuständigen Landeskriminalamt erstattet wird. Die Anzeige hat unverzüglich zu erfolgen. Eine angetragene Finanztransaktion darf frühestens durchgeführt werden, wenn der *Nordbank AG* die Zustimmung der Staatsanwaltschaft übermittelt ist oder wenn der 2. Werktag nach der Anzeige verstrichen ist, ohne dass die Durchführung der Transaktion untersagt wurde. Die Mitteilungen und Aufzeichnungen der Bank dürfen nur zur Verfolgung der Drogen- und Bandenkriminalität verwendet werden.

Aufgabe 3

C

Oder-Konto

Verfügungsberechtigung	Jeder Kontoinhaber ist allein verfügungsberechtigt.
Kontovollmachten	nur von allen Kontoinhabern gemeinsam; Widerruf durch jeden Kontoinhaber möglich
Freistellungsauftrag	ist bei Ehepartnern möglich.
Kreditaufnahme	Kreditverträge können nur gemeinschaftlich geschlossen werden. Die Kontoinhaber haften dann als Gesamtschuldner.
Kurzfristige Kontoüberziehungen	sind im banküblichen Rahmen durch jeden Kontoinhaber zulässig.

Aufgabe 4

B, vgl. § 347 HGB (Wer aus einem Geschäfte, das auf seiner Seite ein Handelsgeschäft ist, einem anderen zur Sorgfalt verpflichtet ist, hat für die Sorgfalt eines ordentlichen Kaufmanns einzustehen) und **F**, vgl. § 154 AO

Aufgabe 5

B und **D**, vgl. Lösungserläuterung in Lösung der Aufgabe 2

Aufgabe 6

A

Möglichkeit 1: Mietkaution auf den Namen des Vermieters

Der Vermieter muss die Mietkaution getrennt von seinem Vermögen bei einer Bank zu dem für Spareinlagen mit dreimonatiger Kündigungsfrist üblichen Zinssatz anlegen. Das Konto ist als offenes Treuhandkonto mit dem Zusatz „wegen Mietkaution" anzulegen. Der Name des wirtschaftlich berechtigten Mieters ist der Bank mitzuteilen. Der Vermieter hat jederzeit Zugriff auf das Sparguthaben. Die Zinsen stehen dem Mieter zu und erhöhen die Sicherheit. Die Erteilung eines Freistellungsauftrags ist nicht möglich.

Möglichkeit 2: Mietkautionskonto auf den Namen des Mieters

Der Mieter eröffnet ein Sparkonto auf seinen Namen mit dem Zusatz „wegen Mietkaution" und verpfändet das Mietguthaben an den Vermieter. Die Verpfändung muss der kontoführenden Bank angezeigt werden. Das Sparbuch wird dem Vermieter übergeben. Der Vermieter ist der Bank gegenüber allein verfügungsberechtigt. Vor einer Auszahlung wird die Bank i. d. R. den Mieter informieren und die Auszahlung erst nach Ablauf von 4 Wochen nach dem Auszahlungsverlangen des Vermieters vornehmen. Die Zinsen stehen dem Mieter zu und erhöhen die Sicherheit. Die Erteilung eines Freistellungsauftrags ist möglich.

Möglichkeit 3: Mietaval
Bei einem Mietaval verpflichtet sich die Bank im Auftrag des Mieters gegenüber dem Vermieter, für die Erfüllung der vertraglichen Pflichten des Mieters bis zur Höhe des vereinbarten Mietkautionsbetrages einzustehen.

Aufgabe 7

A

Wiederaufladbare elektronische Geldbörsen können jederzeit erneut bis zum Höchstbetrag von 200,00 EUR innerhalb des individuellen Verfügungsrahmens des Kontoinhabers aufgeladen werden. Die Aufladung erfolgt an entsprechenden Ladeterminals, die das Geldkarten-Logo aufweisen.

Aufgabe 8

B

Beim Scheckinkasso übernimmt das Kreditinstitut den Auftrag, den eingereichten Scheck an das bezogene Kreditinstitut zur Einlösung weiterzuleiten und den Gegenwert dem Einreicher gutzuschreiben.
Scheckbearbeitung: Prüfung der formellen Ordnungsmäßigkeit; Prüfung der Berechtigung des Einreichers; Buchung und Valutierung; Einlesen der Scheckdaten und Einscannen des Schecks. Die Scheckdaten werden per Datenfernübertragung an die Bundesbank weitergeleitet.

Scheckeinzug und Scheckeinlösung

BSE-Verfahren	ISE-Verfahren
Das beleglose Scheckeinzugsverfahren gilt für Schecks, die auf inländische Kreditinstitute bezogen sind und auf einen Betrag unter 6.000,00 EUR lauten. Die 1. Inkassostelle prüft die Schecks auf formelle Ordnungsmäßigkeit, erfasst die Scheckdaten und wandelt sie in elektronische Clearingdatensätze um. Der Originalscheck bleibt bei der 1. Inkassostelle als Schecklagerstelle. Die Scheckgegenwerte werden beleglos über die Deutsche Bundesbank eingezogen. Bearbeitung von Rückschecks Nach dem BSE-Verfahren sind Scheckgegenwerte von nicht eingelösten Schecks spätestens an dem auf den Eingangstag der Scheckdaten folgenden Bankarbeitstag an die 1. Inkassostelle zurückzurechnen. Bei Schecks im Betrag von 6.000,00 EUR und darüber ist eine Eilnachricht an die 1. Inkassostelle erforderlich.	Beim imagegestützten Scheckeinzugsverfahren übermittelt die 1. Inkassostelle der Deutschen Bundesbank ein eingescanntes Bild der bei ihr zum Inkasso eingereichten Schecks zur Vorlage beim bezogenen Kreditinstitut. Auf diese Weise entfällt der zeit- und kostenintensive Transport der Originalsschecks. - Das ISE-Verfahren gilt für Schecks ab 6.000,00 EUR. - Die Schecks werden 3 Kalenderjahre lang bei der 1. Inkassostelle gelagert. - Die 1. Inkassostelle prüft die eingereichten Schecks auf ihre formelle Ordnungsmäßigkeit. - Sie erstellt die Image- und Clearingdatensätze und reicht sie an die Bundesbank als Abrechnungsstelle weiter. - Die Bundesbank leitet verrechnet die Scheckgegenwerte und leitet die Datensätze an die bezogene Bank weiter. - Die bezogene Bank prüft anhand des Scheckabbildes die Einlösung und verrechnet die Scheckgutschrift. Vorteile des ISE-Verfahrens: - Kosten- und Zeitersparnisse - Die Führung eines Scheckprozesses ist trotz Nichtvorlage beim bezogenen Institut durch den Schecknehmer möglich. Bearbeitung von Rückschecks Nach dem ISE-Verfahren eingezogene Scheckgegenwerte sind spätestens an dem auf den Tag der Vorlage des Scheckbildes folgenden Bankarbeitstag über die Deutsche Bundesbank an die 1. Inkassostelle zurückzurechnen. Bei Schecks im Betrag von 6.000,00 EUR und darüber ist eine Eilnachricht an die 1. Inkassostelle erforderlich.

Aufgabe 9

D

Reise-schecks	- Instrument zur Bargeldbeschaffung und bargeldlosen Bezahlung im internationalen Reiseverkehr - Euro-Reiseschecks, Fremdwährungsreiseschecks - Stückelung bei Euro-Reiseschecks: 50, 100, 200, 500 EUR - Stückelung bei USD-Reiseschecks: 10, 20, 50, 100, 500 USD - Verkauf von Reiseschecks bei Kreditinstituten: bei EUR-Reiseschecks zum Nennwert, bei Fremdwährungs-Reiseschecks Euro-Gegenwert zum Devisengeldkurs - Beispiel für Reiseschecks: Amexco-Schecks - Der Gegenwert von Reiseschecks zuzüglich einer Provision muss bei Erwerb bezahlt werden. - Der Käufer leistet in Gegenwart eines Mitarbeiters des Kreditinstituts auf jedem Reisescheck eine erste Unterschrift. - Bei Auszahlung des Reiseschecks muss eine Kontrollunterschrift auf dem Scheck erfolgen. - Reiseschecks können im Ausland bei ausländischen Kreditinstituten und Handelsunternehmen sowie Hotels und Restaurants eingesetzt werden. - Sie sind zeitlich unbegrenzt gültig. - Nicht verbrauchte Reiseschecks können zurückgegeben werden. - Bei Verlust von Reiseschecks wird Ersatz geleistet, wenn der Kaufnachweis vorliegt und weitere Voraussetzungen für die Erstattung erfüllt sind: Die Kunden dürfen sich bei der Aufbewahrung der Reiseschecks nicht grob fahrlässig verhalten haben; Der Verlust muss dem Reisescheck-Emittenten unverzüglich angezeigt worden sein; Die Reiseschecks dürfen nicht ein zweites Mal unterschrieben worden sein.

Zu B): Nur die Akzeptanzstellen lösen USD-Reiseschecks ein. Mit USD-Bargeld (Sorten) kann überall in den USA bezahlt werden.
Zu C): Der Scheckbetrag ist fest vorgegeben, z. B. Reisescheck über 50,00 USD.
Zu E): Reiseschecks sind unbegrenzt gültig.

Aufgabe 10

Kurswert der Pfandbriefe bei einer Darlehenshöhe von 40.000,00 EUR:
40.000,00 : 70 x 100 = 57.142,86 EUR
102 % = 57.142,86 EUR
100 % = 57.142,86 EUR : 102 x 100 = 56.022,41 EUR
Nennwert der Pfandbriefe aufgerundet auf 100,00 EUR = **56.100,00 EUR**

Aufgabe 11

Gesicherter Teil des Darlehens:
60.000,00 x 75 % = 45.000,00 EUR
70 % von 45.000,00 EUR = 31.500,00 EUR
Ungesicherter Teil des Darlehens:
34.000,00 EUR - 31.500,00 EUR = **2.500,00 EUR**

Aufgabe 12

D und **F**

D: Optionsanleihen sind Schuldverschreibungen, die von AG emittiert werden und neben den gewöhnlichen Gläubigerrechten das Recht zum Bezug von Aktien der betreffenden AG beinhalten. Eine Optionsanleihe besteht aus zwei voneinander unabhängigen Wertpapieren. Der eigentlichen Optionsanleihe sind Optionsscheine beigefügt, die das Recht verbriefen, innerhalb einer bestimmten Optionsfrist eine bestimmte Anzahl von Aktien der AG zu einem bestimmten Basispreis zu beziehen.
F: Der Wert des Optionsscheins orientiert sich am jeweiligen Kurs der Aktie. Mit steigendem bzw. fallendem Aktienkurs wird auch der Kurs des Optionsscheins steigen bzw. fallen.

Aufgabe 13

Zinsertrag p. a. für 100,00 EUR nom.	3,625 EUR
Rückzahlungsgewinn 4,35 EUR für 3 ½ Jahre	
Rückzahlungsgewinn p. a.	1,2429 EUR
Gesamtertrag p. a.	4,8679 EUR
Rendite: 4,8679 : 95,65 x 100	5,0893 %
Rendite gerundet	**5,09 %**

Aufgabe 14
E
Zinsänderungsrisiko: Bei einer vorzeitigen Veräußerung von festverzinslichen Wertpapieren an der Börse besteht ein Kursrisiko. Bei steigenden Marktzinsen fällt der Kurs der Anleihe, bei sinkenden Marktzinsen steigt der Börsenkurs der Anleihe.

Aufgabe 15
D
Zinsen aus dem Erwerb von Optionsanleihen zählen zu den Einkünften aus Kapitalvermögen und sind daher ab dem 01.01.20.. abgeltungsteuerpflichtig, sofern kein Freistellungsauftrag in entsprechender Höhe vorliegt bzw. keine Nichtveranlagungsbescheinigung vorgelegt wurde.
Durch die Erteilung eines Freistellungsauftrags kann der Anleger Kapitalerträge bis zur Höhe des Sparer-Pauschbetrages von 801 EUR/1.602 EUR (Ledige/Verheiratete) vom Steuerabzug (KESt, SolZ, und ggf. Kirchensteuer) freistellen. Der Freistellungsauftrag kann nur für private Kapitalerträge (Einkünfte aus Kapitalvermögen) erteilt werden. Sind die Kapitalerträge einer anderen Einkunftsart zuzurechnen, kann kein Freistellungsauftrag erteilt werden.
Auch bei Vorlage einer NV-Bescheinigung zahlt das Kreditinstitut die Kapitalerträge ohne Steuerabzug aus. Eine NV-Bescheinigung stellt das Finanzamt auf Antrag des Steuerpflichtigen aus, wenn seine Kapitalerträge voraussichtlich nicht einkommensteuerpflichtig sind. Die betraglich nicht begrenzte NV-Bescheinigung gilt für maximal drei Jahre und muss nach Fristablauf neu beim Finanzamt beantragt werden. Eine NV-Bescheinigung ist für Personen interessant, die nicht zur Einkommensteuer veranlagt werden und Kapitalerträge über den Sparer-Pauschbetrag hinaus erzielen.
Zinsen aus dem Erwerb von Optionsanleihen zählen zu den Einkünften aus Kapitalvermögen und müssen versteuert werden. Liegt kein FSA vor, werden die Zinsen von der depotführenden Bank vor Auszahlung um die Abgeltungsteuer von 25 %, den Solidaritätszuschlag von 5,5 % und ggf. die Kirchensteuer von 8 oder 9 % vermindert.

Aufgabe 16

A-Aktien Kurswert	504.000,00 EUR
+ B-Aktien Kurswert	602.000,00 EUR
+ C-Aktien Kurswert	405.000,00 EUR
+ Weitere Aktien	5.841.000,00 EUR
+ Bankguthaben	300.000,00 EUR
= Summe Sondervermögen (= 200.000 Fondsanteile)	7.652.000,00 EUR
1 Fondsanteil =	**38,26 EUR**

Aufgabe 17
39,50 EUR (38,26 x 1,03, aufgerundet auf volle 0,10 EUR)

Aufgabe 18
38,10 EUR (38,26 x 0,997, abgerundet auf volle 0,10 EUR)

Aufgabe 19
B und **F**

Kapitalerhöhungen auf der Grundlage des Aktiengesetzes		
Arten	**Rechtsgrundlage**	**Kennzeichnung**
Kapitalerhöhungen gegen Einlagen	Die Hauptversammlung beschließt eine konkrete Kapitalerhöhung bzw. sie ermächtigt den Vorstand, das Grundkapital in einem Zeitraum von maximal fünf Jahren bis zu maximal 50 % des bisherigen Grundkapitals zu erhöhen.	Die Hauptversammlung kann die Erhöhung des Grundkapitals durch Ausgabe neuer Aktien gegen Bezahlung des Ausgabepreises (ordentliche Kapitalerhöhung) beschließen. Mit der Eintragung ihrer Durchführung in das Handelsregister ist das Grundkapital erhöht. Da der Ausgabepreis der neuen Aktien in der Regel niedriger ist als der Börsenkurs der alten Aktien, wird deren Wert nach der Aktienausgabe sinken (Verwässerungseffekt). Der Kursverlust der alten Aktie (Bezugsrechtsabschlag) entspricht dem Wert des Bezugsrechts.
Bedingte Kapitalerhöhung	Die Hauptversammlung beschließt eine konkrete Kapitalerhöhung bzw. sie ermächtigt den Vorstand, das Grundkapital in einem Zeitraum von maximal fünf Jahren bis zu maximal 50 % des bisherigen Grundkapitals zu erhöhen.	Die Hauptversammlung kann eine Erhöhung des Grundkapitals beschließen, die nur insoweit durchgeführt werden soll, wie von einem Umtausch- oder Bezugsrecht (Wandelanleihen, Optionsanleihen) Gebrauch gemacht wird, das die Gesellschaft auf die neuen Aktien einräumt. Die bedingte Kapitalerhöhung soll nur zu folgenden Zwecken beschlossen werden: - Gewährung von Umtausch- oder Bezugsrechten an die Gläubiger von Wandel-/Optionsanleihen - Vorbereitung des Zusammenschlusses der Gesellschaft mit anderen Unternehmen - Ausgabe von Belegschaftsaktien Der Nennbetrag des bedingten Kapitals darf 50 % des bisherigen Grundkapitals nicht übersteigen.
Kapitalerhöhungen aus Gesellschaftsmitteln und Aktiensplitt	Die Hauptversammlung beschließt eine konkrete Kapitalerhöhung bzw. sie ermächtigt den Vorstand, das Grundkapital in einem Zeitraum von maximal fünf Jahren bis zu maximal 50 % des bisherigen Grundkapitals zu erhöhen.	Die Hauptversammlung kann die Erhöhung des Grundkapitals durch Umwandlung von Kapital- und Gewinnrücklagen in Grundkapital beschließen. Mit der Eintragung des Beschlusses über die Erhöhung des Grundkapitals in das Handelsregister ist das Grundkapital erhöht. Die neuen Aktien (Berichtigungsaktien) gelten als voll eingezahlt. Sie stehen den Aktionären im Verhältnis ihrer Anteile am bisherigen Grundkapital zu. Die Hauptversammlung kann eine Neueinteilung des Grundkapitals durch die Ausgabe neuer Aktien (Aktiensplitt) beschließen. Der auf die einzelne Aktie entfallende anteilige Betrag des Grundkapitals (Nennbetrag) sinkt dadurch. Die neuen Aktien stehen den Aktionären der Gesellschaft entsprechend ihrer bisherigen Beteiligung zu. Ziel von Aktiensplitts ist die Verringerung des Aktienkurses, um die Verkehrsfähigkeit der Aktie zu erhöhen.

Aufgabe 20

A und **E**, vgl. § 349 HGB (Sorgfaltspflicht eines ordentlichen Kaufmanns)

Aufgabe 21

1.000,00 EUR Tilgungsanteil (60.000,00 EUR : 60 Monate)

Aufgabe 22

262,50 EUR Zinsanteil (600 x 5,25 : 12)

Aufgabe 23

C, vgl. Grundbuchordnung und **D**, vgl. § 800 Zivilprozessordnung

Aufgabe 24

A

Zu C: vgl. § 355 HGB: Der Rechnungsabschluss geschieht einmal jährlich.

Aufgabe 25

E Bei der Globalzession tritt der Kreditnehmer alle gegenwärtigen und künftig entstehenden Forderungen gegen bestimmte Drittschuldner ab. Die Forderungen gegen bereits im Augenblick ihrer Entstehung auf die Bank über. Die Übergabe von Bestandsmeldungen hat nur deklaratorische Bedeutung. Die Forderungen müssen genügend bestimmbar sein, z. B. Abtretung sämtlicher Forderungen gegen Kunden mit dem Anfangsbuchstaben A bis D.

Aufgabe 26

D und **F**

Verpfändung von Wertpapieren	
Aspekte	Inhalte
Entstehung des Pfandrechts	Einigung über die Entstehung des Pfandrechts zwischen Verpfänder und Pfandgläubiger
Erwerb des Pfandrechts	Für die Pfandrechtsbestellung an Inhaberpapieren gelten die Vorschriften über das Pfandrecht an beweglichen Sachen. Übergabe des Pfandes (entfällt hier, da die Wertpapiere bereits im Depot der *Nordbank AG* verwahrt werden) und Auszahlung des Darlehens.
Rechtsstellung	Der Verpfänder (*Olaf Lange & Co. KG*) bleibt Eigentümer der Wertpapiere und mittelbarer Besitzer. Der Pfandgläubiger (*Nordbank AG*) erwirbt den unmittelbaren Besitz und ein bedingtes Verwertungsrecht.

Aufgabe 27

B und **D** Eine Forderung kann mit oder ohne Wissen des Drittschuldners rechtswirksam abgetreten werden. Forderungen werden in der Bankpraxis still abgetreten. Bei der stillen Zession wird der Drittschuldner nicht von der Abtretung benachrichtigt. Der Drittschuldner zahlt mit schuldbefreiender Wirkung an den Zedenten (§ 407 BGB). Der Zedent ist verpflichtet, den Zahlungseingang an den Zessionar abzuführen. Der Vorteil für den Kreditnehmer besteht darin, dass sein Schuldner keine Kenntnis von der Kreditaufnahme erhält.

Aufgabe 28

B und **F** Ein Dokumenteninkasso liegt vor, wenn zwischen Exporteur und Importeur die Zahlungsbedingung z. B. Dokumente gegen Kasse vereinbart wurde. Der Inkassoauftrag enthält die Weisung, dass die Dokumente gegen Zahlung des Gegenwerts ausgehändigt werden müssen.

Aufgabe 29

1	2	3	4	5	6
E	B	D	F	C	A

Aufgabe 30

B

Zu A): Der Bankenorderscheck ist bereits an die Order des amerikanischen Lieferanten gestellt (Schecknehmer). Der amerikanische Lieferant (Exporteur) muss sich bei der Einreichung des Orderschecks zur Gutschrift auf seinem Konto bei seiner Bank legitimieren und seine Bank mittels eines Inkassoindossaments oder eines Blankoindossaments beauftragen, den Gegenwert des Schecks von der Korrespondenzbank einzuziehen.
Zu C): Aussage ist falsch, denn die *Nordbank AG* zieht einen Bankenorderscheck auf ihre Korrespondenzbank.
Zu C): Aussage ist falsch; richtig: Die *Nordbank AG* stellt der *Draegerwerke AG* den USD-Scheckbetrag mit dem Devisensichtkurs in Rechnung. Der Devisensichtkurs ist die halbe Spanne zwischen Devisengeld- und Devisenbriefkurs und wird vom Devisengeldkurs abgezogen.
Zu E): Aussage ist falsch, da der amerikanische Lieferant (Exporteur) Schecknehmer ist.

C Rechnungswesen und Steuerung

Aufgabe 1

21 an **52** (Eine Schecksperre kann nur vor der Einlösung der Schecks erfolgen)

Aufgabe 2

11 an **21**

Aufgabe 3

08 an **08** (Die Zusage ist noch nicht die Inanspruchnahme)

Aufgabe 4

20 an **22** (Das Wertpapierkonto betrifft nur die bankeigenen Wertpapiere)

Aufgabe 5

2

Der aktive Debitorenbestand erhöht sich, das passive Eigenkapital durch den Zinsertrag ebenfalls. Beim 1. und 2. Geschäftsfall handelt es sich um eine Aktiv-Passiv-Minderung, beim 4. und 5. um einen Aktivtausch.

Aufgabe 6

S 200.000 EUR Saldo auf der Sollseite: Verbindlichkeit gegenüber der *Westfalenbank*

S	BKK		H
Anfangsbestand Ford.	448.000,00	Anfangsbestand Verb.	758.000,00
Umsätze	1.335.000,00	Umsätze	1.125.000,00
Endbestand *Sparkasse*	400.000,00	Endbestand *Westbank*	500.000,00
Endbestand *Westfalenbank*	200.000,00		
	2.383.000,00		2.383.000,00

Aufgabe 7

500.000 EUR Endbestände auf der Haben-Seite (siehe oben).

Aufgabe 8

3 Es ist durchgehend linear abzuschreiben.

Anschaffungsnebenkosten erhöhen die Anschaffungskosten, von denen abgeschrieben wird (1). Für gebrauchte Anlagegüter gilt das gleiche wie für neue, die Einschätzung der Nutzungsdauer wird vom Steuerpflichtigen lediglich niedriger sein als bei neuen (2). Die Depotabteilung gehört zu dem umsatzsteuerpflichtigen Bereich der Bank, daher wird die Umsatzsteuer als Vorsteuer erstattet (4). Anlagegütern über 1.000,00 EUR (netto) werden auf jeden Fall monatsgenau über die Nutzungsdauer abgeschrieben (5).

Aufgabe 9

53,50 EUR/Aktie (60.830 + 25.810 + 20.360) : 2.000 Aktien

Aufgabe 10

33.060 EUR Wertpapiere des Handelsbestandes werden zum Zeitwert (Fair Value) bewertet. Es gilt der Kurs am Bilanzstichtag abzüglich eines Risikoabschlages. Der Kurs am Bilanzstichtag beträgt 58,00 Euro abzüglich 5 % vom Kurs (58,00 Euro * 0,05 = 2,90 Euro) ergibt einen Bewertungskurs von 55,10 Euro. 600 Aktien zu 55,10 EUR = 33.060 Euro

Aufgabe 11

1 700,00 EUR Verkaufskurs 54,00 EUR – durchschnittlicher Anschaffungskurs 53,50 EUR = 0,50 EUR/Aktie Gewinn für 1.400 verkaufte Aktien

Aufgabe 12

1 960,00 EUR Bewertung zum Bilanzstichtag 55,10 EUR – durchschnittlicher Anschaffungskurs 53,50 EUR = 1,60 EUR/Aktie nicht realisierter Kursgewinn für 600 Aktien im Bestand.

Aufgabe 13

1 1.660,00 EUR Nettoertrag und Nettoaufwand aus Finanzgeschäften betreffen nur die Wertpapiere des Handelsbestandes. In ihm werden realisierte und nicht realisierte Kursgewinne und -verluste saldiert in einem Betrag ausgewiesen. Der realisierte Kursgewinn von 700,00 EUR und der nicht realisierte Kursgewinn von 960,00 EUR ergeben zusammen einen Nettoertrag aus Finanzgeschäften von 1.660,00 EUR

Aufgabe 14

5 6

Der drohende Ausfall über 22.387,20 EUR ist indirekt, nicht direkt (4) über Einzelwertberichtigung abzuschreiben, daher trifft (1) und (2) nicht zu. Eine Rückstellung ist nicht zu bilden (3). Nach Abschluss des Insolvenzverfahrens ist die *Flora KG* erloschen und das Konto wird gelöscht, nicht schon mit der Eröffnung des Verfahrens (4).

Aufgabe 15

10,75 Mio. EUR In die gesetzliche Rücklage müssen 5 % des um einen Verlustvortrag geminderten Jahresüberschusses eingestellt werden bis die gesetzliche und die Kapitalrücklage zusammen 10 % des Grundkapitals erreicht haben: 1.540 Mio. EUR Erträge - 1320 Mio. EUR Aufwendungen - 5 Mio. EUR Verlustvortrag = 215 Mio. EUR * 5 % = 10,75 Mio. EUR, da 8 Mio. EUR gesetzliche Rücklage + 20 Mio. EUR Kapitalrücklage < 10 % von 630 Mio. EUR gezeichnetes Kapital.

Aufgabe 16

102,125 Mio. EUR 215 Mio. EUR - 10,75 Mio. EUR = 204,25 Mio. EUR *50 %

Aufgabe 17

0,85 EUR 630 Mio. EUR Grundkapital / 5 EUR Nennwert = 126 Mio. Aktien. Aktien im eigenen Besitz sind nicht dividendenberechtigt! Es waren 60 Mio. Kurswert / 10 EUR Kurswert/Aktie = 6 Mio. eigene Aktien. Daher sind 126 - 6 = 120 Mio. Aktien dividendenberechtigt. 102,125 Mio Bilanzgewinn (215 - 10,75 - 102,125) / 120 Mio. = 0,8510 EUR

Aufgabe 18

2.503,25 EUR 4.000 Aktien * 0,85 EUR = 3.400 EUR Bruttodividende abzüglich 850,00 EUR für 25 % Abgeltungsteuer abzüglich 46,75 EUR für 5,5 % Solidaritätszuschlag

Aufgabe 19

125.000,00 EUR Gewinnvortrag: 102,125 Mio. EUR Bilanzgewinn - (120 Mio. * 0,85 EUR) Ausschüttung

Zu den Aufgaben 20 bis 22

Die Depotabteilung gehört zum umsatzsteuerpflichtigen Geschäft. Daher wird die gezahlte Umsatzsteuer als Vorsteuer erstattet und wird daher nicht mit abgeschrieben.

In den Jahren, in denen auch die degressive Abschriebung erlaubt ist, ist bei 3-jähriger Abschreibung in der Finanzbuchhaltung die lineare Abschreibung mit 33 $^{1}/_{3}$ % die steuerlich höchstmögliche Abschreibung. Ansonsten ist die lineare Abschreibung die einzige, die erlaubt ist.

In der Kostenrechnung kann man von den Wiederbeschaffungskosten ausgehen, schließlich muss man in der Nutzungsdauer durch die am Markt verlangten, kalkulierten Produktpreise den Wiederbeschaffungspreis hereingekommen, um die Ersatzbeschaffung tätigen zu können.

23.800,00 EUR brutto = 20.000,00 EUR netto bei 19 % Mwst.

Jahr	Finanzbuchhaltung			Controlling		
	Buchwert am Jahres-anfang	Abschreibung	Buchwert am Jahresende	Buchwert am Jahresanfang	Abschrei-bung	Buchwert am Jahresende
1	21.000,00	**7.000,00**	14.000,00	20.000,00	**5.000,00**	15.000,00
2	14.000,00	**7.000,00**	7.000,00	15.000,00	**5.000,00**	10.000,00
3	7.000,00	**7.000,00**	0,00	10.000,00	**5.000,00**	5.000,00
4				5.000,00	**5.000,00**	0,00

Aufgabe 20
5.000,00 EUR (siehe oben)

Aufgabe 21
7.000,00 EUR (siehe oben)

Aufgabe 22
3 **5.000,00** EUR (siehe oben)

Aufgabe 23
A **1**
B **5** ist außergewöhnlich
C **3**
D **4** sind Zinsen
E **3**

Zu den Aufgaben 24 bis 27
Die Lösung nach der IHK-Formelsammlung Punkt 1.3 Kundenkalkulation

Konditionenbeiträge der Aktivgeschäfte	# 125.000 * (8,8 - 2,3) / 360	2.256,94
+ Konditionenbeiträge der Passivgeschäfte		
= Deckungsbeitrag I (Zinsüberschuss, Zins-Konditionenbeitrag)		2.256,94
+ direkt zurechenbare Provisionserlöse	[370 - (3 *8)] Posten * 0,20 + 3 Monate * 7,50	91,70
- direkt zurechenbare Betriebskosten	370 Posten * 0,35	129,50
= Deckungsbeitrag II (Netto-Konditionenbeitrag)		2.219,14
- direkt zurechenbare Risikokosten	#125.000 * 0,6 / 360	208,33
- direkt zurechenbare Eigenkapitalkosten	#125.000 * 0,7 / 360	243,06
= Deckungsbeitrag III (Deckungsbeitrag der Kunden)		1.767,75

Die Zinsformel lautet: $\frac{K \times p \times t}{100 \times 360} = Zinsen$

Sie wird bei der Methode Zinszahl / Zinsteiler in zwei Teile gespalten:

$$\frac{K \times t \times p}{100 \times 360} = Zinsen$$

$$\frac{K \times t}{100} = Zinszahl(\#) \quad \frac{p}{360} = Zinsteiler\ oder\ Zinsdivisor$$

Ist also die Zinszahl angegeben, muss noch mit dem Zinssatz multipliziert und durch 360 geteilt werden.

Aufgabe 24
2.256,94 EUR (siehe oben)

Aufgabe 25
2.219,14 EUR (siehe oben)

Aufgabe 26
1.767,75 EUR (siehe oben)

Aufgabe 27
205,25 EUR 1.767,75 EUR - # 125.000 * 4,5 / 360

Aufgabe 28
973,00 Tsd. EUR Kontoführungsgebühren 30 Tsd. EUR + Zinsen von Debitoren 400 Tsd. EUR + Wertpapierzinsen 43 Tsd. EUR (für dieses Jahr) + Zinsen für ausgeliehene Kredite 500 Tsd. EUR

Aufgabe 29
0,60 Tsd. EUR Eingang von im Vorjahr abgeschriebenen Krediten 0,5 Tsd. EUR + Verkauf bereits abgeschriebener PCs 0,1 Tsd. EUR
Tilgung von Darlehen (ohne Zinsen) ist nicht erfolgswirksam, Zinsen des Vorjahres gehören nicht zu diesem Jahr.

Aufgabe 30
5,2 % Kundenzins Aktiv 8 % - Kundenzins Passiv 2,8 %

Aufgabe 31
3,2 % Kundenzins Aktiv 8 % - GKM-Satz 4,8 %

Aufgabe 32
1,3 %
Zur Berechnung des Strukturbeitrages gibt es hier 3 Möglichkeiten:
1. Möglichkeit: Bruttozinsspanne 5,2 % - Konditionsbeitrag 3,9 % (= 3,2 % + 0,7 %)
2. Möglichkeit: GKM-Satz Aktivgeschäft 4,8 % - GKM-Satz Passiv 3,5 %
3. Möglichkeit: Strukturbeitrag Aktiv 1,8 % (= GKM-Satz Aktivgeschäft 4,8 % - GKM-Satz für Tagesgeld 3,0 %) + Strukturbeitrag Passivgeschäft - 0,5 % (= GKM-Satz für Tagesgeld 3,0 % - GKM-Satz Passivgeschäft 3,5 %)

Aufgabe 33
100 % (Eigenkapital * 100 / Anlagevermögen) = 1.300 * 100 / (500 + 800)

Aufgabe 34
133 % [(Eigenkapital + langfristiges Fremdkapital) * 100 / Anlagevermögen] = (1.300 + 400 + 30) * 100 / (500 + 800)

Aufgabe 35
29 % [(Betriebsergebnis + Zinsaufwand) * 100 / Bilanzsumme] = (490 + 150) * 100 / 2.200

Aufgabe 36
1 3
Der Anlagendeckungsgrad I gilt mit 100 %, der Anlagendeckungsgrad II mit 133 % als ideal (1). Kunden bezahlten nach längerer Zeit als der Unternehmer (3).
100 % Anlagendeckungsgrad I zeigt, dass das Anlagevermögen mit Eigenkapital finanziert ist (2), damit muss der Unternehmer weniger Kredite aufnehmen als wenn der Wert unter 100 % wäre (4)! In jedem Fall müssen zusätzlich zu der vergangenheitsorientierten Bilanzanalyse weitere Quellen zur Kreditwürdigkeitsprüfung herangezogen werden, wie Auftragsbücher, Investitionspläne, Betriebsbesichtigung etc. (5). Liegt die Eigenkapitalrentabilität unter der Kapitalmarktrendite dürfte kaum ein Unternehmer bereit sein, sein Geld im Unternehmen zu investieren (6).

D Wirtschafts- und Sozialkunde

Aufgabe 1
198
Wahlberechtigt sind 198 Arbeitnehmer der *Nordbank AG*: 16 Auszubildende zwischen 18 und 24 Jahren + 182 Angestellte ohne die leitenden Angestellten.

Aufgabe 2
193
Wählbar sind 193 Arbeitnehmer der *Nordbank AG*: 15 Auszubildende ohne den Auszubildenden, der erst vier Monate beschäftigt ist + 178 Angestellte, ohne die leitenden Angestellten und ohne die 4 Angestellten, die in der Probezeit sind.

Aufgabe 3
7
Es können 7 Betriebsratsmitglieder gewählt werden, da in der *Nordbank AG* nur 198 wahlberechtigte Angestellte beschäftigt sind.

Aufgabe 4

A	B	C	D
2	4	1	3

Zu D: Das BGB kennt eine Reihe von Formvorschriften, die die an dem jeweiligen Rechtsgeschäft Beteiligten vor übereilten Entschlüssen schützen sollen. Da Kaufleute aufgrund ihres geschäftlichen Know-hows diesen Schutz nicht benötigten, sieht das HGB zur Erleichterung des handelsrechtlichen Rechtsverkehrs bei einigen dieser Rechtsgeschäfte von Formerfordernissen ab. So finden gemäß § 350 HGB die §§ 766, 780, 781 BGB, die für eine Bürgschaftserklärung, ein Schuldversprechen oder ein Schuldanerkenntnis die Einhaltung der Schriftform verlangen, keine Anwendung, sofern ein Kaufmann diese Rechtsgeschäfte als Handelsgeschäft vornimmt. Eine Bank z. B. kann also eine Bürgschaftserklärung mündlich wirksam abgeben.

Aufgabe 5
D
Zu A: Nach der Probezeit kann nur der Auszubildende das Ausbildungsverhältnis mit einer Kündigungsfrist von 4 Wochen kündigen. Eine außerordentliche Kündigung von beiden Seiten aus wichtigem Grund ist von beiden Vertragspartnern möglich. In diesem Fall liegt allerdings kein außerordentlicher Kündigungsgrund vor.

Aufgabe 6
D und **F**, vgl. **Kündigungsschutzgesetz § 1 (Sozial ungerechtfertigte Kündigungen)**

(1) Die Kündigung des Arbeitsverhältnisses gegenüber einem Arbeitnehmer, dessen Arbeitsverhältnis in demselben Betrieb oder Unternehmen ohne Unterbrechung länger als 6 Monate bestanden hat, ist rechtsunwirksam, wenn sie sozial ungerechtfertigt ist.

(2) Sozial ungerechtfertigt ist die Kündigung, wenn sie nicht durch Gründe, die in der Person oder in dem Verhalten des Arbeitnehmers liegen, oder durch dringende betriebliche Erfordernisse, die einer Weiterbeschäftigung des Arbeitnehmers in diesem Betrieb entgegenstehen, bedingt ist. Die Kündigung ist auch sozial ungerechtfertigt, wenn

1. in Betrieben des privaten Rechts
   a) die Kündigung gegen eine Richtlinie nach § 95 des Betriebsverfassungsgesetzes verstößt,
   b) der Arbeitnehmer an einem anderen Arbeitsplatz in demselben Betrieb oder in einem anderen Betrieb des Unternehmens weiterbeschäftigt werden kann und der Betriebsrat ... aus einem dieser Gründe der Kündigung innerhalb der Frist des § 102 Abs. 2 Satz 1. des Betriebsverfassungsgesetzes schriftlich widersprochen hat,
2. in Betrieben und Verwaltungen des öffentlichen Rechts
   a) die Kündigung gegen eine Richtlinie über die personelle Auswahl bei Kündigungen verstößt,
   b) der Arbeitnehmer an einem anderen Arbeitsplatz in derselben Dienststelle oder in einer anderen Dienststelle desselben Verwaltungszweiges an demselben Dienstort einschließlich seines Einzugsgebietes weiterbeschäftigt werden kannund die zuständige Personalvertretung aus einem dieser Gründe fristgerecht gegen die Kündigung Einwendungen erhoben hat ...

Satz 2 gilt entsprechend, wenn die Weiterbeschäftigung des Arbeitnehmers nach zumutbaren Umschulungs- oder Fortbildungsmaßnahmen oder eine Weiterbeschäftigung des Arbeitnehmers unter geänderten Arbeitsbedingungen möglich ist und der Arbeitnehmer sein Einverständnis hiermit erklärt hat. Der Arbeitgeber hat die Tatsachen zu beweisen, die die Kündigung bedingen.

(3) Ist einem Arbeitnehmer aus dringenden betrieblichen Erfordernissen im Sinne des Absatzes 2 gekündigt worden, so ist die Kündigung trotzdem sozial ungerechtfertigt, wenn der Arbeitgeber bei der Auswahl des Arbeitnehmers die Dauer der Betriebszugehörigkeit, das Lebensalter, die Unterhaltspflichten und die Schwerbehinderung des Arbeitnehmers nicht oder nicht ausreichend berücksichtigt hat; auf Verlangen des Arbeitnehmers hat der Arbeitgeber dem Arbeitnehmer die Gründe anzugeben, die zu der getroffenen sozialen Auswahl geführt haben. In die soziale Auswahl nach Satz 1 sind Arbeitnehmer sind nicht einzubeziehen, deren Weiterbeschäftigung, insbesondere wegen ihrer Kenntnisse, Fähigkeiten und Leistungen oder zur Sicherung einer ausgewogenen Personalstruktur des Betriebes, im berechtigten betrieblichen Interesse liegt. Der Arbeitnehmer hat die Tatsachen zu beweisen, die die Kündigung als sozial ungerechtfertigt im Sinne des Satzes 1 erscheinen lassen.

Aufgabe 7

C, vgl. **Betriebsverfassungsgesetz § 102 (Mitbestimmung bei Kündigungen)**

(1) Der Betriebsrat ist vor jeder Kündigung zu hören. Der Arbeitgeber hat ihm die Gründe für die Kündigung mitzuteilen. Eine ohne Anhörung des Betriebsrats ausgesprochene Kündigung ist unwirksam.

(2) Hat der Betriebsrat gegen eine ordentliche Kündigung Bedenken, so hat er diese unter Angabe der Gründe dem Arbeitgeber spätestens innerhalb einer Woche schriftlich mitzuteilen. Äußert er sich innerhalb dieser Frist nicht, gilt seine Zustimmung zur Kündigung als erteilt. Hat der Betriebsrat gegen eine außerordentliche Kündigung Bedenken, so hat er diese unter Angabe der Gründe dem Arbeitgeber unverzüglich, spätestens jedoch innerhalb von drei Tagen, schriftlich mitzuteilen. ...

(3) Der Betriebsrat kann innerhalb der Frist des Abs. 2 Satz 1 der ordentlichen Kündigung widersprechen, wenn

1. der Arbeitgeber bei der Auswahl des zu kündigenden Arbeitnehmers soziale Gesichtspunkte nicht oder nicht ausreichend berücksichtigt hat, ...
3. der zu kündigende Arbeitnehmer an einen anderen Arbeitsplatz im selben Betrieb oder in einem anderen Betrieb des Unternehmens weiterbeschäftigt werden kann,
4. die Weiterbeschäftigung des Arbeitnehmers nach zumutbaren Umschulungs- oder Fortbildungsmaßnahmen möglich ist oder
5. eine Weiterbeschäftigung des Arbeitnehmers unter geänderten Vertragsbedingungen möglich ist und der Arbeitnehmer sein Einverständnis hiermit erklärt hat.

(2) Kündigt der Arbeitgeber, obwohl der Betriebsrat nach Abs. 3 der Kündigung widersprochen hat, so hat er dem Arbeitnehmer mit der Kündigung eine Abschrift der Stellungnahme des Betriebsrats zuzuleiten.

(3) Hat der Betriebsrat einer ordentlichen Kündigung frist- und ordnungsgemäß widersprochen und hat der Arbeitnehmer nach dem Kündigungsschutzgesetz Klage auf Feststellung erhoben, dass das Arbeitsverhältnis durch die Kündigung nicht aufgelöst ist, so muss der Arbeitgeber auf Verlangen des Arbeitnehmers diesen nach Ablauf der Kündigungsfrist bis zum rechtskräftigen Abschluss des Rechtsstreits bei unveränderten Arbeitsbedingungen weiterbeschäftigen. Auf Antrag des Arbeitgebers kann das Gericht ihn durch einstweilige Verfügung von der Verpflichtung zur Weiterbeschäftigung nach Satz 1 entbinden, wenn

1. die Klage des Arbeitnehmers keine hinreichende Aussicht auf Erfolg bietet oder mutwillig erscheint oder
2. die Weiterbeschäftigung des Arbeitnehmers zu einer unzumutbaren wirtschaftlichen Belastung des Arbeitgebers führen würde oder
3. der Widerspruch des Betriebsrats offensichtlich unbegründet war.

(4) Arbeitgeber und Betriebsrat können vereinbaren, dass Kündigungen der Zustimmung des Betriebsrats bedürfen und dass bei Meinungsverschiedenheiten über die Berechtigung der Nichterteilung der Zustimmung die Einigungsstelle entscheidet.

(5) Die Vorschriften über die Beteiligung des Betriebsrats nach dem Kündigungsschutzgesetz bleiben unberührt.

Aufgabe 8

D

§ 16 Berufsbildungsgesetz (Zeugnis)

(1) Ausbildende haben den Auszubildenden bei Beendigung des Berufsausbildungsverhältnisses ein Zeugnis auszustellen. Haben Ausbildende die Berufsausbildung nicht selbst durchgeführt, so soll auch der Ausbilder oder die Ausbilderin das Zeugnis unterschreiben.

(2) Das Zeugnis muss Angaben enthalten über Art, Dauer und Ziel der Berufsausbildung sowie über die erworbenen beruflichen Fertigkeiten, Kenntnisse und Fähigkeiten der Auszubildenden. Auf Verlangen Auszubildender sind auch Angaben über Verhalten und Leistung aufzunehmen.

Aufgabe 9

E

Aufgabe 10

A	B	C	D	E	F
3	5	1	4	6	2

Aufgabe 11

B, vgl. § 2 Tarifvertragsgesetz (Tarifvertragsparteien)

Tarifverhandlungen:

- Die Gewerkschaften erheben eine Forderung (mehr Lohn, mehr Urlaub, kürzere Arbeitszeiten etc.), die sie mit den Arbeitgebern bzw. Arbeitgebervereinigungen verhandeln.
- Einigt man sich, wird ein neuer Tarifvertrag abgeschlossen, der für eine bestimmte Zeit – z. B. 1 Jahr - Gültigkeit besitzt. Während dieser Zeit sind die Tarifpartner zum Arbeitsfrieden verpflichtet, dürfen also keine Kampfmaßnahmen wie etwa Streik oder Aussperrung ergreifen.
- Einigt man sich nicht, werden die Verhandlungen für gescheitert erklärt. Man kann dann mit Hilfe eines unbeteiligten Dritten (z. B. Richter, Politiker), der kein Vertreter der Bundesregierung sein soll, versuchen, einen Kompromiss zu finden. Wird dieser erreicht, kommt es zum Abschluss eines neuen Tarifvertrages.
- Scheitert die Schlichtung, setzt die Gewerkschaft eine Urabstimmung an, bei der die Arbeitnehmer entscheiden müssen, ob sie streiken wollen. Das Quorum liegt i. d. R. bei 75 % der organisierten Mitglieder.
- Auf einen Streik können die Arbeitgeber mit Aussperrung reagieren; d. h., auch die Arbeitnehmer, die nicht streiken wollen, dürfen während der Arbeitszeit nicht arbeiten.
- Der Streik endet, wenn in neuen Verhandlungen ein Kompromiss gefunden worden ist und 25 % der Arbeitnehmer plus eine Stimme in einer zweiten Urabstimmung dem Kompromiss zustimmen. Ein neuer Tarifvertrag kann dann in Kraft treten.

Aufgabe 12

D und **F**

Gesetzliche Mindestlöhne gefährden Arbeitsplätze. Die Arbeitgeber wenden sich gegen jede Form gesetzlich verordneter Mindestlöhne. Die Festlegung von Mindestarbeitsbedingungen muss im Rahmen der verfassungsrechtlich geschützten Tarifautonomie in erster Linie den Tarifvertragsparteien überlassen bleiben.

Ein gesetzlicher Mindestlohn führt nicht zur sozialen Gerechtigkeit. Gesetzliche Mindestlöhne können Arbeitsplätze gefährden und verhindern, dass neue Arbeitsplätze entstehen. Gesetzliche Mindestlöhne ignorieren Gesetze, Preise und Bedingungen des Marktes und lassen die Arbeitskosten steigen. Das erzwingt Rationalisierungen in den Betrieben. Vor allem Arbeitsplätze für gering qualifizierte Menschen werden durch Maschinen ersetzt, wandern ins kostengünstigere Ausland ab oder werden in die Schwarzarbeit verdrängt. Bei ortsgebundenen Dienstleistungen würde der zu erwartende Nachfragerückgang ebenfalls zum Abbau von Arbeitsplätzen führen.

Aufgabe 13

B

Vgl. § 286 BGB Abs. 3: Wenn der Zahltag kalendermäßig feststeht oder sich feststellen lässt, z. B. 14 Tage nach Rechnungsdatum oder 14 Tage nach Ostern, dann kommt die *Nordbank AG* nach Ablauf dieses Tages in Zahlungsverzug.

Aufgabe 14

A und **E**, vgl. § 49 BGB (Eigentumsvorbehalt)

Aufgabe 15

C

Beispiel für Informationen, die aus einem Handelsregisterauszug Abteilung A einer OHG zu entnehmen sind:

Amtsgericht Hamburg | Zehn-Tausender | Tausender | Hunderter | Zehner 13579 | [redacted] | **HR A 85648** | Blatt 1

Nr. der Eintragung	a) Firma b) Ort der Niederlassung (Sitz der Gesellschaft) c) Gegenstand des Unternehmens (bei juristischen Personen)	Geschäftsinhaber Persönlich haftende Gesellschafter Vorstand Abwickler	Prokura	Rechtsverhältnisse	a) Tag der Eintragu[ng] und Unterschrift b) Bemerkungen
1	2	3	4	5	6
1	a) FINNBERG & CO., Alarm- und Sicherheitsdienste OHG b) H a m b u r g	Ingrid Finnberg, Kauffrau, Hamburg, Eggert Finnberg, Kaufmann, Hamburg.		Offene Handelsgesellschaft. Beginn: 15. Oktober 1991.	a)15.Oktober 19
2			Einzelprokuristin: Sigrid Brand geb. Korff, Hamburg		a) 19. Juni 19

Aufgabe 16

D

Personengesellschaften

Die Organisation der Personengesellschaften beruht auf einem schuldrechtlichen Vertrag, der individuelle Beziehungen zwischen den einzelnen beteiligten Gesellschaftern zur Erreichung des Gesellschaftszwecks begründet.

Für die Personengesellschaften, z. B. BGB-Gesellschaft und offene Handelsgesellschaft sowie die Kommanditgesellschaft gelten folgende Grundsätze:

- Personengesellschaften haben keine eigene Rechtspersönlichkeit. Träger von Rechten und Pflichten sind die einzelnen Gesellschafter.
- Grundsätzlich sind Personengesellschaften vom Bestand ihrer ursprünglichen Gesellschafter abhängig, d. h. nach der gesetzlichen Regelung wird die Gesellschaft aufgelöst durch Tod oder Kündigung eines Gesellschafters, sofern der Gesellschaftsvertrag nicht etwas anderes bestimmt.
- Geschäftsführung und Vertretung der Personengesellschaften werden regelmäßig von den Gesellschaftern persönlich vorgenommen, entweder von allen gemeinsam oder von den vertraglich davon bestimmten Gesellschaftern.
- Für Verbindlichkeiten der Personengesellschaft haften die Gesellschafter als Gesamtschuldner, wobei grundsätzlich jeder Gesellschafter mit seinem ganzen persönlichen Vermögen haftet.
- Die Personengesellschaft tritt im Rechtsverkehr unter dem Namen der Gesellschafter auf. Handelt es sich um eine Handelsgesellschaft, so führt sie eine Firma (vgl. § 19 Handelsgesetzbuch).

Aufgabe 17

B

Handlungsvollmacht	
Aspekte	**Inhalte**
Erteilung	**Berechtigte:** - Prokurist **Art der Erteilung:** ausdrücklich oder stillschweigend (konkludent) nach § 167 BGB **Adressat:** natürliche, nicht juristische Person **Eintragung ins Handelsregister:** nicht eintragungsfähig, da gesetzlich nicht vorgesehen

Umfang	**Grundsatz:** Liegt im Ermessen des Vollmachtgebers Gesetzlicher Mindestinhalt gemäß § 54 Abs. 1 HGB: Die Handlungsvollmacht erstreckt sich auf alle Geschäfte und Rechtshandlungen, die der Betrieb eines derartigen Handelsgewerbes oder die Vornahme derartiger Geschäfte gewöhnlich mit sich bringt. **Arten, Typen:** - General-Handlungsvollmacht: Sie umfasst alle zum Betrieb des Handelsgewerbes gehörenden Geschäfte, außer gesetzlichen Beschränkungen. - Art-Handlungsvollmacht: Sie umfasst nur eine bestimmte Art von Geschäften. - Spezial-Handlungsvollmacht: Sie umfasst einzelne spezielle Geschäfte. **Beschränkungen:** - Veräußerung und Belastung von Grundstücken, Wechselverbindlichkeiten, Darlehen und Prozessführung (§ 54 Abs. 2 HGB) - Rechtsgeschäftliche Beschränkungen, wenn sie Dritten bekannt sind (§ 54 Abs. 3 HGB) - Nach § 55 Abs. 2 und 3 HGB bevollmächtigt die Handlungsvollmacht nicht, abgeschlossene Verträge zu ändern und insbesondere Zahlungsfristen zu gewähren. Zur Annahme von Zahlungen sind Handlungsbevollmächtigte nur berechtigt, wenn sie dazu bevollmächtigt sind. Sonderregelung für Außendienst: Die Vollmacht kann nach § 55 Abs. 4 HGB erweitert werden: Sie gelten als ermächtigt, die Anzeige von Mängeln einer Ware, die Erklärung, dass eine Ware zur Verfügung gestellt werde, sowie ähnliche Erklärungen, durch die ein Dritter seine Rechte aus mangelhafter Leistung geltend macht oder sie vorbehält, entgegenzunehmen. Sie können die dem Unternehmer zustehenden Rechte auf Sicherung des Beweises geltend machen.
Erlöschen	- Widerruf: Nach §§ 167 und 168 BGB kann die Vollmacht vom Vollmachtgeber widerrufen werden. - Beendigung des zugrunde liegenden Arbeitsverhältnisses

Aufgabe 18

C und **F**

Rechenwege

zu C: 51,176 Mrd. - 32,5 Mrd. = 18,676 Mrd. EUR 18,676 : 51,176 x 100 = 36,49366891

zu F: 44,169 Mrd. - 38,5 Mrd. = 5,669 Mrd. EUR Kostenreduktion insgesamt
22,899 Mrd. - 19,4 Mrd. = 3,499 Mrd. EUR Kostenreduktion Arbeitslosengeld

Aufgabe 19

Jahr	2000	2011
Ausgaben je Versicherten in der Krankenversicherung der Rentner in EUR	2.330,00	3.768,00
Ausgaben je Versicherten in der allgemeinen Krankenversicherung der Erwerbstätigen in EUR	937,00	1.335,00
Veränderung von 2000 bis 2011 in %	Für Rentner: **62**	Für Arbeitnehmer: **43**

Rechenwege:

Rentner: 3.768 - 2.330 = 1.438 1.438 : 2.330 x 100 = 61,71 aufgerundet 62 %

Arbeitnehmer: 1.335 - 937 = 398 398 : 937 x 100 = 42,47 aufgerundet 43 %

Aufgabe 20

C und **F**

C: Vgl. Gesetz gegen Wettbewerbsbeschränkungen

F: Besteuerung nach der Leistungsfähigkeit ist ein Kennzeichen der sozialen Marktwirtschaft.

zu A: Die Festlegung eines gesetzlichen Mindestlohnes setzt den Preismechanismus auf dem Arbeitsmarkt außer Kraft.
zu B: Der Preismechanismus auf dem Wohnungsmarkt wird außer Kraft gesetzt.
zu D: Mit dieser Maßnahme wird der Wettbewerb auf dem Geldmarkt zwischen den Kreditinstituten eingeschränkt.
zu E: Verstaatlichung von Unternehmen schränkt den Wettbewerb zwischen den Unternehmen ein.

Aufgabe 21

A	B	C	D	E	F
3	1	4	1	2	2

Grundgesetz Artikel 106:
Verbrauchsteuern stehen dem Bund zu.
Das Aufkommen der Einkommensteuer der Körperschaftsteuer und der Umsatzsteuer steht dem Bund und den Ländern gemeinsam zu (Gemeinschaftsteuern), soweit das Aufkommen der Einkommensteuer nicht den Gemeinden zugewiesen wird. Das Aufkommen der Grundsteuer und Gewerbesteuer steht den Gemeinden, das Aufkommen der örtlichen Verbrauch- und Aufwandsteuern steht ebenfalls den Gemeinden zu. Den Gemeinden ist das Recht einzuräumen, die Hebesätze der Grund- und Gewerbesteuer im Rahmen der Gesetze festzusetzen. Bund und Länder können durch eine Umlage an dem Aufkommen der Gewerbesteuer beteiligt werden.

Aufgabe 22

10,42 % (25.000 : 240.000 x 100)

Aufgabe 23

48,00 % (240.000 : 500.000 x 100)

Aufgabe 24

Erlöse 25.000 x 950	23.750.000,00 EUR
./. Variable Kosten 25.000 x 650	16.250.000,00 EUR
./. Fixkosten	7.850.000,00 EUR
Betriebsverlust	**350.000,00 EUR**

Aufgabe 25

Break-even-Point = Fixkosten : (Erlös je Vertrag - Variable Kosten je Vertrag)
7.850.000,00 : (950 - 650) = 26.167 Verträge
Die *Nordbank AG* braucht **26.167 Verträge**, um in die Gewinnzone zu kommen.

Aufgabe 26

B

Mit der personellen Einkommensverteilung wird dargestellt, wie das Einkommen einer Volkswirtschaft auf einzelne Personen oder Gruppen (z. B. Haushalte) verteilt wird. Dabei können zwei Arten der Einkommensverteilung voneinander unterschieden werden:
- Primäre Einkommensverteilung: Verteilung der Markteinkommen im Wettbewerb.
- Sekundäre Einkommensverteilung: Verteilung der verfügbaren Einkommen. Das ist das personelle Primäreinkommen zuzüglich der empfangenen Sozialbeiträge, Renten und anderer Transfers (z. B. Kindergeld) abzüglich der geleisteten Einkommensteuern und Vermögenssteuern, Sozialbeiträge, monetären Sozialleistungen und anderer sonstigen laufenden Transfers (z. B. Solidaritätszuschlag).

Aufgabe 27

A und **E**

Zu A: Lohnquote = Arbeitnehmerentgelte x 100 : Volkseinkommen (72,5 % = 1.109,70 x 100 : 1.531,10)
Zu B: 2010 gab es einen Rückgang der Unternehmens- und Vermögenseinkommen. Die Aussage ist falsch.
Zu C: Bei der Ermittlung der nominalen Zunahme des BSP werden Preissteigerungen nicht berücksichtigt.
Zu D: Die Aussage trifft auf das BIP zu. BSP: Das Bruttonationaleinkommen BSP umfasst die wirtschaftlichen Leistungen aller Inländer, einerlei ob diese im Inland oder im Ausland erzielt werden.
Zu E: (2063 Mrd. EUR - 2054,60 Mrd. EUR = 8,4 Mrd. EUR

Zu F: (2.054,60 - 1.962,00) x 100 : 1.962,00 = **4,7 %**

Aufgabe 28

C

Aufgabe 29

B

Die Sparquote ist der prozentuale Anteil der Ersparnisse am Bruttosozialprodukt, Volkseinkommen oder verfügbaren Einkommen der privaten Haushalte (durchschnittliche Sparquote). Die marginale Sparquote ist die Sparquote, bezogen auf eine Einkommensänderung, sie dokumentiert eine eventuelle Veränderung des Sparverhaltens aufgrund der Einkommensänderung. Die durchschnittliche Sparquote in der Bundesrepublik liegt bei ca. 13 %, was bedeutet, dass jeder Haushalt von 100,00 Euro verfügbaren Einkommens 13,00 Euro spart. Üblicherweise steigt die Sparquote in Krisenzeiten (Angstsparen) und sinkt in Boomzeiten bzw. bei allgemein positiven Zukunftserwartungen.

Aufgabe 30

A und **E**

Strukturelle Arbeitslosigkeit: Sie liegt vor, wenn Angebot und Nachfrage auf dem Arbeitsmarkt deshalb nicht zusammenpassen, weil beide Seiten des Arbeitsmarktes bezüglich vermittlungsrelevanter Merkmale wie z. B. Alter, Qualifikation, Gesundheit unterschiedlich zusammengesetzt (strukturiert) sind. Für die Höhe der strukturellen Arbeitslosigkeit ist demnach maßgebend, wodurch und in welchem Tempo sich die Struktur der Arbeitskräftenachfrage und das Arbeitskräfteangebots auseinander entwickeln. Ursache für diese Arbeitslosigkeit resultiert aus der Globalisierung der Wirtschaft und der zunehmender internationaler Arbeitsteilung. Ferner ändert der technische Fortschritt die Nachfrage nach Arbeitskräften.

Konjunkturelle Arbeitslosigkeit: Sie entsteht durch die Differenz im Niveau von Angebot und Nachfrage auf dem Arbeitsmarkt und ist auf einen Mangel an Arbeitsplätzen im technischen Sinn oder einen Mangel an Beschäftigungsmöglichkeiten zurückzuführen. Sie verteilt sich weitgehend gleichmäßig auf die verschiedenen Sektoren, Regionen und Berufsgruppen. Diese Arbeitslosigkeit kann konjunkturell oder wachstumsdefizitär bedingt sein. Eine andere Auffassung ist, dass diese Arbeitslosigkeit durch ein zu hohes und unflexibles Lohnniveau bzw. durch zu ungünstige Produktions- und Investitionsbedingungen verursacht wird.

Saisonale Arbeitslosigkeit: Sie entsteht, wenn Produktion und Nachfrage stark von der Jahreszeit abhängen. Dabei können sowohl biologische, klimatische, verhaltens- oder institutionell bedingte Faktoren Unstetigkeiten in der Produktion und der Nachfrage verursachen. Beispiele: Wetter für Baugewerbe, Weihnachtsgeschäft bei bestimmten Dienstleistungen usw.

Friktionelle Arbeitslosigkeit: Sie hängt im Wesentlichen von zwei Faktoren ab: 1. Arbeitsplatzwechselvorgängen (Fluktuationen), wenn Beendigung der alten und Beginn der neuen Tätigkeit zeitlich auseinander fallen. 2. Suchdauer: Informationen über den neuen Arbeitsplatz, Bewerbungen, Vorstellungen, Eignungstests und ggf. Wohnortwechsel erfordern Zeit und führen dadurch zu einer sog. Sucharbeitslosigkeit.

Aufgabe 31

D

vgl. § 1 Stabilitätsgesetz (Bund und Länder haben bei ihren wirtschafts- und finanzpolitischen Maßnahmen die Erfordernisse des gesamtwirtschaftlichen Gleichgewichts zu beachten. Die Maßnahmen sind so zu treffen, dass sie im Rahmen der marktwirtschaftlichen Ordnung gleichzeitig zur Stabilität des Preisniveaus, zu einem hohen Beschäftigungsstand und außenwirtschaftlichem Gleichgewicht bei stetigem und angemessenem Wirtschaftswachstum beitragen.)

Aufgabe 32

A

Aufgabe 33

B

Die Handelsbilanz umfasst alle Warenausfuhren (FOB) und alle Wareneinfuhren (CIF).

Die Leistungsbilanz besteht aus den Unterbilanzen Außenhandel, Ergänzungen zum Warenverkehr, Dienstleistungsbilanz, Erwerbs- und Vermögenseinkommen sowie laufende Übertragungen.

Aufgabe 34

A und **F**

Über die Beeinflussung des Zinsniveaus steuert die EZB die Geldmenge im Euro-Währungssystem. Damit werden die Euroland-Volkswirtschaften mit Liquidität ausgestattet. Die geldmengenerhöhenden bzw. zinssenkenden Maßnahmen der EZB sollen die Kreditnachfrage und die Investitionsgüternachfrage erhöhen und damit die wirtschaftspolitischen Ziele des Eurowährungssystems zu unterstützen.
Mit den geldmengenbeschränkenden bzw. zinserhöhenden Maßnahmen sollen die Kreditnachfrage bzw. Investitionsgüternachfrage eingedämmt werden.

Aufgabe 35

A und **E**

Ständige Fazilitäten: Hierzu zählen die Einlagenfazilität und die Spitzenrefinanzierungsfazilität. Die Geschäftspartner der EZB können diese Liquiditätsinstrumente nutzen, um bis zum Beginn des nächsten Geschäftstages überschüssige Liquidität bei den nationalen Zentralbanken anzulegen bzw. über Nacht gegen refinanzierungsfähige Sicherheiten Liquidität zu beschaffen.
Offenmarktgeschäfte: Sie werden eingesetzt, um die Zinsen und die Liquidität am Markt zu steuern. Hauptsächlich führt das ESZB seine Offenmarktgeschäfte in Form von befristeten Transaktionen durch. Es sind Geschäfte, bei denen das ESZB refinanzierungsfähige Sicherheiten im Rahmen von Rückkaufsvereinbarungen kauft oder verkauft oder Kreditgeschäfte gegen Verpfändung refinanzierungsfähiger Sicherheiten durchführt. Die Geschäfte haben i. d. R. eine Laufzeit von 7 Tagen bzw. 90 Tagen.

Prüfungssatz VI

A Bankwirtschaft Fälle

Fall 1: Auslandsgeschäft

a)

- Beim Dokumenten-Inkasso handelt es sich um ein Zug-um-Zug-Geschäft, beim Clean Payment dagegen tritt einer der Beteiligten (Exporteur oder Importeur) in Vorleistung.
- Die Aushändigung der Dokumente beim Dokumenten-Inkasso an die *M. Cooper Ltd.* erfolgt nur gegen Zahlung des Kaufpreises in Höhe von 450.000,00 USD.
- Die *Sunbeam AG* verliert mit Übergabe der Dokumente die Verfügungsgewalt über die Solaranlagen, die Bezahlung erfolgt mit Aufnahme der Dokumente.
- Beim Clean Payment verliert die *Sunbeam AG* die Verfügungsgewalt über die Ware, die Bezahlung der Solaranlagen erfolgt zu einem späteren Zeitpunkt.

(1 Punkt je Aspekt, max. 4 Punkte)

b)

Die *M. Cooper Ltd.* nimmt die Dokumente nach erfolgter Verschiffung nicht auf, die Solaranlagen werden vom Importeur also nicht abgenommen.

(2 Punkte)

c)

Kosten, die aufgrund der Nichtaufnahme der Dokumente für die *Sunbeam AG* entstehen können:

- Lagerung der Solaranlagen im Hafen von New York
- Suche eines neuen Käufers in den USA
- Organisation des Rücktransports der Solaranlagen
- Anwalts- und Gerichtskosten wegen einer Klage auf Abnahme

(1,5 Punkte je Kostenart, max. 3 Punkte)

d)

	FOB Hamburg	CIF New York
Kosten, die von der *Sunbeam AG* zu tragen sind	Alle Kosten, bis die Ware an Bord des Schiffes im Hamburg (Verschiffungshafen) verbracht worden ist (Verladung)	Alle Kosten bis zum Erreichen des Hafens in New York einschließlich Seefrachtversicherung
Ort des Gefahrenübergangs	Verladung der Ware an Bord des Seeschiffes in Hamburg	Verladung der Ware an Bord des Seeschiffes in Hamburg

(2 Punkte je Aspekt, max. 8 Punkte)

e)

Vorteile für die *Sunbeam AG* bei Vereinbarung von CIF New York:

- Bei Nichtabnahme ist die Ware auch beim Seetransport versichert.
- Die *Sunbeam AG* kann die Reederei und das Schiff wählen.
- Die *Sunbeam AG* kann die Seefracht und Seefracht-Versicherung günstiger beschaffen, es entsteht für sie ein zusätzlicher Ertrag.

(2 Punkte je Aspekt, max. 6 Punkte)

f1)

Abschluss eines Devisentermingeschäfts: Die *Sunbeam AG* verkauft die USD per Termin zu einem fest vereinbarten Kurs.

Abschluss eines Devisenoptionsgeschäfts: Die *Sunbeam AG* erwirbt das Recht, innerhalb einer vereinbarten Laufzeit die USD zum vereinbarten Basiskurs gegen Zahlung des Optionspreises zu verkaufen.

(1 Punkte je Absicherung, max. 2 Punkte)

f2)

Ursache für den Deport ist ein niedrigeres Zinsniveau in den USA im Vergleich zum EUR-Währungsraum.

(2 Punkte)

g)

Voller Satz: Um Verfügungen durch andere Personen auszuschließen, verlangt die *M. Cooper Ltd.* die Vorlage aller 3 Originale.

Reingezeichnet: Das Konnossement enthält keine Mängelhinweise des Reeders über sichtbare Beschädigungen an der Ware bzw. der Transportverpackung.

Bordkonnossement: In dem Konnossement wird bestätigt, dass die Ware sich an Bord eines namentlich benannten Schiffs befindet.

(2 Punkte je Aspekt, max. 6 Punkte)

h)

Die *Nordbank AG* muss prüfen, ob die erhaltenen Dokumente vollständig sind und den im Inkassoauftrag aufgelisteten Dokumenten zu entsprechen scheinen.

(2 Punkte)

Fall 2: Geld- und Vermögensanlage

a)

Sie müssen Herrn Meyer über die Risiken von Aktien allgemein und speziell in regenerativen Energiewerten informieren, z. B. Kursrisiken, Branchenrisiken, Unternehmensrisiken.

Sie müssen feststellen, welche Kenntnisse und Erfahrungen Herr Meyer mit der Anlage in Aktien hat, um ihn gezielt über eine Direktanlage zu informieren, bzw. ihn über die Risiken aufklären zu können.

Sie müssen sich über die Vermögenssituation von Herrn Meyer informieren wegen einer gezielten Anlagestruktur seines Vermögens, z. B. ob die gewünschte Direktanlage mit seiner bisherigen Vermögensstruktur zusammenpasst.

Sie müssen Herrn Meyer über die im Zusammenhang mit der Direktanlage entstehenden Kosten informieren, z. B. Erwerbskosten, evtl. zukünftige Verkaufskosten, Auswirkungen eines Aktienerwerbs auf zukünftig anfallende Depotgebühren usw.

(2 Punkte je Sachverhalt, max. 4 Punkte)

b)

Nach dem Beratungsgespräch müssen Sie das Gespräch mit Herrn Meyer aus Nachweisgründen dokumentieren. Diese Dokumentation ist notwendig, da die Gesprächsaufzeichnungen im Falle einer späteren Reklamation herangezogen werden können. Die Dokumentation muss von Herrn Meyer unterschrieben werden.

Mit der Dokumentation soll sichergestellt werden, dass Anlageziel und Anlageentscheidung übereinstimmen.

(2 Punkte für einen Aspekt, max. 2 Punkte)

c)
Spekulationsmotiv: Herr Meyer kann Chancen auf überdurchschnittliche Kurssteigerungen infolge hoher erwarteter Wachstumsmargen im in- und ausländischen Markt nutzen. Dies gilt insbesondere für regenerative Aktienwerte, da ihnen in der Zukunft ein starkes Wachstum vorhergesagt wird.
Ertragsmotiv: Durch Beteiligung an einer Aktiengesellschaft kann Herr Meyer Dividendenerträge erzielen, die in der Rendite ggf. höher sind als bei z. B. festverzinslichen Wertpapieren.
Steuerliches Motiv: Herr Meyer muss die Dividenden, Kursgewinne beim Verkauf der Aktien und ggf. Bezugsrechtserlöse versteuern. Herr Meyer kann die Erträge mit seinem Freistellungsbetrag verrechnen.
Sachwertmotiv: Durch Investition in eine Sachanlage kann sich Herr Meyer vor Geldwertverlusten (Inflation) schützen.
Mitbestimmungsmotiv: Herr Meyer kann sich regelmäßig in der Hauptversammlung über die vergangene Entwicklung des Unternehmens informieren und sein Stimmrecht direkt oder indirekt über das Vollmachtstimmrecht wahrnehmen.
(1 Punkt je allgemeiner Aspekt, 1 Punkt für speziellen Aspekt, max. 3 Punkte)
d)
- Herr Meyer sollte in umsatzstarke Energiewerte mit einer hohen Marktkapitalisierung und großem Streubesitz investieren. Dadurch können diese Aktien leicht wieder veräußert werden.
- Herr Meyer sollte in Standardwerten investieren, da bei diesen strengere Zulassungsbestimmungen den Anlegerschutz erhöhen.
- Herr Meyer sollte in unterschiedliche Energiewerte investieren.
- Herr Meyer sollte sich laufend über den regenerativen Energiemarkt informieren. Auf diese Weise kann Herr Meyer schnell auf Entwicklungen durch Zu- bzw. Verkauf von Aktien reagieren.
- Herr Meyer sollte nur Beträge in Aktien anlegen, die er für seinen laufenden Lebensunterhalt nicht benötigt. Damit verhindert er, dass er in ungünstiger Börsensituation Aktien verkaufen muss.

(2 Punkte)
e)
Dividendenrendite: Die Dividendenrendite ist eine Kennzahl zur Bewertung und zum Vergleich von Aktien. Die Dividendenrendite setzt die vom Unternehmen gezahlte Dividende mit dem Kurs der Aktien ins Verhältnis. Diese Kennzahl kann sowohl auf Basis der momentan gezahlten Dividende, als auch auf Basis von erwarteten künftigen Dividenden berechnet werden.
Bei der *Sunline*-Aktie beträgt die Rendite nur 1,67 %, das eingesetzte Kapital verzinst sich niedriger gegenüber 2,51 % bei der Phönix-Aktie.
Diese Kennziffer hat nur eine begrenzte Aussagekraft, da nur die Dividendenausschüttung in der Vergangenheit betrachtet wird.
(1 Punkt für Erklärung, 1,5 Punkt für Aussagekraft, max. 2,5 Punkt)
f)
Kurs-Gewinn-Verhältnis (KGV, engl.: Price-Earnings-Ratio/PER): Bei dem KGV handelt es sich um eine Rentabilitätskennziffer, die im Rahmen der Aktienanalyse errechnet wird. Mit dem KGV wird zum Ausdruck gebracht, mit welchem Vielfachen des Jahresgewinns eine Aktie an der Börse bewertet wird, d. h. wie oft der Gewinn im Aktienkurs enthalten ist.
Mit dieser Kennziffer können andere Unternehmen aus dieser Branche, eines Teilmarktes oder des gesamten Börsenmarktes verglichen werden.
Das KGV der *Phönix*-Aktie ist bislang günstiger (17,97) im Vergleich zur Sunline-Aktie mit einem KGV von 45,76.
Ein niedrigeres KGV verspricht tendenziell ein höheres Kurspotential.
(1 Punkt für Erklärung, 1,5 Punkt für Aussagekraft, max. 2,5 Punkt)
g)
Marktkapitalisierung: Die Marktkapitalisierung gibt den aktuellen Börsenwert des Unternehmens an. Sie berechnet sich aus der Gesamtzahl der umlaufenden Aktien multipliziert mit dem aktuellen Kurs der Aktie. Interessant ist diese Kennzahl zum Beispiel bei Spekulationen über eine mögliche Übernahme einer Aktiengesellschaft, da die Marktkapitalisierung angibt, welchen Betrag das übernehmende Unternehmen mindestens aufzubringen hat.
Streubesitz (Freefloat): Der Streubesitz ist ein prozentualer Wert, der den nicht in fester Hand befindlichen Aktienanteil einer Gesellschaft ausdrückt. Ein geringer Streubesitz kann zur Folge haben, dass

kursrelevante Informationen einer Gesellschaft eine deutlich größere Auswirkung auf den Kurs der Aktie haben als bei Gesellschaften mit relativ hohem Streubesitz. Da nur relativ wenige Stücke an Aktien umlaufen, ist somit mit größeren Schwankungen zu rechnen. Die Information „Streubesitz" sollte in Kombination mit der Marktkapitalisierung beim Vergleich mit anderen Werten herangezogen werden.
Volatilität: Die Volatilität kennzeichnet das Risiko einer Aktie. Sie ist ein Maß für die Schwankungen eines Kursverlaufs, da sie angibt, in welcher Bandbreite um einen gewissen Trend sich der tatsächliche Kurs in der Vergangenheit bewegt hat. Je höher die Volatilität, umso risikoreicher gilt eine Aktie. Die Volatilität wird für einen Zeitraum von 30 und 250 Tagen berechnet.
(1 Punkt je Begriffserklärung, max. 3 Punkte)
h)
Sunline-Aktie:
Pro:
Niedrigerer Einstiegskurs als bei der Phönix-Aktie
Hoher Wochenumsatz, d. h. der Markt in dieser Aktie ist relativ liquide.
Der geringe Streubesitz deutet auf hohe Kursschwankungen bei kursrelevanten Informationen hin. Bei guten Nachrichten können hohe Spekulationsgewinne erwartet werden.
Contra:
Die hohe Volatilität deutet auf ein hohes Risiko hin.
Regenerative Aktien sind noch stark von staatlichen Subventionen abhängig. Eine Verschlechterung der steuerlichen Subvention in regenerativen Werten kann bei niedrigem Streubesitz zu starken Kursrückgängen führen.
Sunline wird im Freiverkehr gehandelt. Die Zulassungsbedingungen zum Freiverkehrsmarkt sind nicht so streng wie die Zulassungsbedingungen von Dax-Werten. Dieser Sachverhalt deutet ebenfalls auf ein erhöhtes Risiko hin.
Die Marktkapitalisierung ist bei der Sunline-Aktie gering. Dieser Sachverhalt deutet in Verbindung mit dem niedrigen Streubesitz auf ein erhöhtes Kursrisiko hin.
Phönix-Aktie:
Pro:
Das Kurs-Gewinn-Verhältnis ist im Vergleich zur Sunline-Aktie günstiger. (17,97/45,76)
Die Marktchancen für Biodiesel werden wie bei Solarwerten günstig eingeschätzt. Biodiesel kann ersatzweise für herkömmlichen Dieselkraftstoff eingesetzt werden.
Die Phönix-Aktie ist eine attraktive Aktie, da Biodiesel im Vergleich zum herkömmlichen Dieselkraftstoff steuerlich begünstigt wird. Dadurch ergeben sich gute zukünftige Kurschancen.
Der hohe Streubesitz bei relativ hoher Marktkapitalisierung deutet auf geringere Kursschwankungen hin als bei der Sunline-Aktie.
Außerdem ist die Dividendenrendite höher als bei der Sunline-Aktie.
Contra:
Steuerliche Begünstigung kann je nach Regierungssituation entfallen. Folge: Kursrückgänge möglich
Die Volatilität ist im Vergleich zu Dax-Werten mit einer Volatilität z. B. bei der E.ON AG von 17,81 relativ hoch. Dieser Sachverhalt deutet auch bei diesem Wert auf ein erhöhtes Risiko hin.
(1 Punkt je Aspekt, max. 4 Punkte)
i)
Die Angabe eines Kauflimits begrenzt den Kaufpreis nach oben.
(1 Punkt)
j1)
Limitierte Order: Es wird nur zum angegebenen oder einem niedrigeren Kurs abgewickelt.
Stop-Buy-Order: Der Ausführungskurs ist der erste nach Erreichung oder Unterschreitung des Limits entstehende Kurs und kann damit auch über dem Limit liegen.
(2 Punkte)
j2)
Limitierte Order:
- Kursfeststellung unter dem Limit: Auftrag wird ausgeführt.
- Kursfeststellung zum Limit: Auftrag wird ausgeführt bei ausreichenden Verkaufsorders.

Stop-Buy-Order: Es wird erst ausgeführt, wenn das Limit erstmals erreicht oder unterschritten wird.

(2 Punkte)

k)

1.500 Stück zu 12,72 EUR	19.080,00 EUR
+ 0,3 % Provision vom Kurswert	57,24 EUR
+ Xetra-Entgelt	3,50 EUR
Belastungsbetrag	**19.140,74 EUR**

(2 Punkte)

l)

05.08.2013

(1 Punkt)

Fall 3: Firmenkredit

a)

Durchschnittliches Debitorenziel:

sagt aus, wie viele Tage die Kunden der *Stahlbau Olaf Kuhn GmbH* durchschnittlich das eingeräumte Zahlungsziel in Anspruch genommen haben.

Entwicklung der Kennziffer (7-20-35 Tage): Die Kunden begleichen die Rechnung der *Stahlbau Olaf Kuhn GmbH* später als im Vorjahr; erhöhter Liquiditätsbedarf.

Durchschnittliches Kreditorenziel:

sagt aus, an wie vielen Tagen die *Stahlbau Olaf Kuhn GmbH* durchschnittlich die von ihren Lieferanten eingeräumten Lieferantenkredite in Anspruch genommen hat.

Entwicklung der Kennziffer (10-20-25 Tage): Die *Stahlbau Olaf Kuhn GmbH* begleicht die Rechnungen ihrer Lieferanten später als im Vorjahr; Liquiditätsbedarf.

Umsatzentwicklung:

sagt aus, um wie viel % sich der Umsatz zum vorangegangenen Geschäftsjahr erhöht oder vermindert hat. Hier Umsatzsteigerung: 5 %, 9 %, 13 %

(Je Aspekt 2 Punkte, max. 6 Punkte)

b)

Entwicklung des Liquiditätsbedarfs:

Debitorenziel ist größer als Kreditorenziel.

Kunden der *Stahlbau Olaf Kuhn GmbH* kommen ihren Zahlungsverpflichtungen langsamer nach als die *Stahlbau Olaf Kuhn GmbH* gegenüber ihren Lieferanten. Daraus ergibt sich ein erhöhter Liquiditätsbedarf.

(2 Punkte)

c)

Aspekte zur Finanzierung einer Investition über einen Kontokorrentkredit:

- Ein Kontokorrentkredit wird in der Regel nur kurzfristig gewährt.
- Der jetzige Kontokorrentkredit reicht nicht aus, eine Krediterhöhung ist notwendig.
- Der Kontokorrentkredit ist ein kurzfristiger Kredit, die gewöhnliche Nutzungsdauer der Gabelstapler ist mit 5 Jahren mittelfristig. Eine wichtige Finanzierungsregel wurde nicht beachtet.

(2 Punkte)

d)

Finanzierungsvorschlag der *Nordbank AG*:

Kreditbetrag 74.000,00 EUR als Investitionskredit

Mögliche Kreditbesicherung:

1. Ausnutzung des freien Teils der Grundschuld, zurzeit 115.000,00 EUR (425.000 - 310.000) aus Annuitätendarlehen mit Nr. 489370
2. Sicherungsübereignung der anzuschaffenden Gabelstapler

Laufzeit: bis maximal 5 Jahre; die gewöhnliche Nutzungsdauer beträgt 5 Jahre.

Rückzahlung: monatliche Rückführung in gleich bleibenden Raten (Annuitätendarlehen) oder in fallenden Raten (Abzahlungsdarlehen)

(je Aspekt (Kredithöhe, Laufzeit, Tilgung, Besicherung) 1 Punkte, max. 4 Punkte)

e)
Besicherungsvorschläge:
1. Besicherung durch eine Grundschuld:
Die Grundschuld ist abstrakt und somit vom Bestehen einer Forderung losgelöst.
Der freie Teil der bestehenden Grundschuld kann in diesem Fall genutzt werden. Eine zusätzliche Grundschuldbestellung ist nicht mehr erforderlich. Allerdings ist eine Änderung der Sicherungsabrede/Zweckerklärung notwendig.
Nach Rückführung des Investitionskredits kann die Grundschuld bei späteren Kreditaufnahmen wieder als Sicherheit herangezogen werden.
2. Besicherung durch eine Sicherungsübereignung der Gabelstapler:
Die Sicherungsübereignung der Gabelstapler ist zweckmäßig, da das Besitzkonstitut die Übergabe des Sicherungsgutes ersetzt. Die Sicherungsübereignung erfolgt durch Einigung und Vereinbarung eines Besitzkonstituts.
Der Sicherungsgeber *Stahlbau Olaf Kuhn GmbH* kann dadurch das Sicherungsgut (Gabelstapler) weiterhin nutzen; der freie Teil der Grundschuld bleibt so für weitere Kreditaufnahmen verfügbar.
(1 Punkt für die Besicherung; je 2 Punkte für einen Vorteil, max. 5 Punkte)
f)
Belastung:
1. Annuitätendarlehen gegen erstrangige Grundschuld:
Monatliche Rate = Kreditbetrag x (Zinssatz + anfängliche Tilgung) : (100 x 12)
Beispielrechnung: 1.325,83 EUR bei 5 Jahren Laufzeit (74.000 x (4,5 + 17) : (100 x 12)
2. Abzahlungsdarlehen gegen Sicherungsübereignung:
Anfängliche monatliche Rate = Kreditbetrag x Zinssatz x 100 % : 12 + Kreditbetrag : Laufzeit in Monaten
Beispielrechnung:
1.541,66 EUR bei 5 Jahren Laufzeit (74.000 x 5 : (100 x 12) + 74.000 : 60 = 308,33 + 1.233,33 = 1.541,66 EUR)
(2 Punkte für die Zusammenstellung der Kreditkonditionen und 3 Punkte für Erstellung der Beispielrechnung, max. 5 Punkte)
g)
- Die *Nordbank AG* muss sich laufende Informationen über die Geschäftsentwicklung durch Jahresabschlüsse und aufgrund von Informationen durch Zwischenbilanzen einholen.
- Die Gabelstapler müssen regelmäßig auf ihren technischen Zustand überprüft werden.
- Weiterhin müssen die Entwicklung der Liquidität und die Kontoführung auf dem Kontokorrentkonto überprüft werden.

(1 Aspekt 2 Punkte, max. 2 Punkte)
h)
- Sie stellen auf dem Kontokorrentkonto nicht genehmigte Überschreitungen des Kreditlimits fest.
- Das Kreditlimit wird zunehmend häufig überschritten.
- Sie beobachten, dass andere Kreditinstitute und Lieferanten der *Stahlbau Olaf Kuhn GmbH* häufig Auskunftsanfragen an die *Nordbank AG* stellen.
- Sie stellen aufgrund der Informationen über die *Stahlbau Olaf Kuhn GmbH* Umsatzrückgänge fest. Der Kontokorrentkredit wird seit Monaten bis zum Limit ausgenutzt.

(je Signal 2 Punkte, max. 4 Punkte)
i)
- Sie sollten ein Gespräch mit der *Stahlbau Olaf Kuhn GmbH* führen über das Kreditengagement und die weitere Entwicklung des Unternehmens.
- Das Kreditlimit muss eventuell erhöht werden.
- Die Laufzeit des Investitionskredits muss ggf. verlängert werden.
- Es müssen laufende Informationen über die Geschäftsentwicklung angefordert werden.

(je Maßnahme 2 Punkte, max. 4 Punkte)

B Bankwirtschaft programmierte Aufgaben

Aufgabe 1

B und **F**

Der Dispositionskredit ist ein Kontokorrentkredit an einen Privatkunden, bei dem der Kreditnehmer frei über eine festgesetzte Kreditlinie verfügen kann. Die Inanspruchnahme der Kreditlinie wird durch laufende Zahlungseingänge automatisch zurückgeführt. Für die tatsächliche Inanspruchnahme werden Sollzinsen in Rechnung gestellt. Die Zinsbelastung erfolgt bei der Quartalsabrechnung.

Aufgabe 2

A

Verhinderung von Geldwäsche

Identifizierung des Vertragspartners	Nach § 4 GwG sind der Vertragspartner und ggf. ein abweichender wirtschaftlicher Berechtigter grundsätzlich bereits vor Begründung der Geschäftsbeziehung oder Durchführung der Transaktion zu identifizieren. Zur Feststellung der Identität sind folgende Daten festzustellen: - Bei natürlichen Personen: Name, Geburtsort, Geburtsdatum, Staatsangehörigkeit und Anschrift Identifizierung: gültiger amtlicher Ausweis (Personalausweis, Reisepass) - Bei juristischen Personen und Personengesellschaften: Firma, Rechtsform, Registernummer, Anschrift und Namen der Mitglieder des Vertretungsorgans (z. B. Vorstand einer AG). Die Identifizierung erfolgt durch Vorlage eines Auszugs aus dem Handels- oder Genossenschaftsregister und der amtlichen Ausweise der Vertretungsberechtigten. Die Legitimationsprüfung bei einer Kontoeröffnung kann auch durch das Post-Ident-Verfahren erfolgen, bei dem sich der Kunde am Postschalter oder beim Postzustellungsdienst identifiziert.
Regelmäßige Einzahlungen	Eine erneute Identifizierungspflicht entfällt nach § 2 GwG, wenn Inhaber oder Mitarbeiter eines Unternehmens auf ein Konto des Unternehmens regelmäßig Gelder bar einzahlen oder von ihm abheben. Bei Nachttresoreinzahlungen wird Bargeld bei einem Kreditinstitut deponiert. Auch hier entfällt nach § 2 GwG die Identifizierungspflicht.
Lebensversicherung	Beim Abschluss eines Lebensversicherungsvertrags oder eines Unfallversicherungsvertrags mit Prämienrückgewähr besteht nach § 4 GwG eine Identifizierungspflicht, wenn die Höhe der im Laufe des Jahres zu zahlenden periodischen Prämien 1.000,00 EUR übersteigt, wenn bei Zahlung einer einmaligen Prämie diese mehr als 2.500,00 EUR beträgt oder wenn mehr als 2.500,00 EUR auf ein Beitragsdepot gezahlt werden.
Feststellung des wirtschaftlich Berechtigten	Bei der Kontoeröffnung ist der wirtschaftlich Berechtigte festzustellen. Nach dem GwG ist der wirtschaftlich Berechtigte die natürliche Person, der die Vermögenswerte gehören oder unter deren Kontrolle sie stehen (§ 1 Abs. 6 GwG). Bei Anderkonten genügt es, wenn der Kontoinhaber (z. B. Notar) den Namen des wirtschaftlich Berechtigten der Bank mitteilt (§ 5 GwG). Wenn der wirtschaftlich Berechtigte eine juristische Person oder Personengesellschaft ist, muss die Bank die Eigentums- und Kontrollstruktur des Vertragspartners mit angemessenen Mitteln in Erfahrung bringen (§ 3 Abs. 1 Nr. 3 GwG).
Fortlaufende Überwachung von Konten und Transaktionen	Die Bank muss im Rahmen der allgemeinen Sorgfaltspflichten die Geschäftsbeziehung risikoorientiert kontinuierlich überwachen, einschließlich aller durchgeführten Transaktionen, um zu prüfen, ob die Geschäfte zum Kundenprofil passen und mit den vorhandenen Informationen über die Herkunft der Vermögenswerte übereinstimmen. Die Daten sind laufend zu aktualisieren.
Vereinfachte Sorgfaltspflichten	Ein geringes Risiko von Geldwäsche und Terrorismusfinanzierung besteht in folgenden Fällen:

	- Abschluss von staatlich geförderten Altersvorsorgeverträgen, Anlage der vermögenswirksamen Leistungen, sofern die Zahlungen nicht insgesamt 15.000,00 EUR übersteigen. - Sparverträge, wenn die Einzahlungen nicht 1.000,00 EUR pro Kalenderjahr oder einmalig 2.500,00 EUR übersteigen. - Verbraucherdarlehen, die 15.000,00 EUR im Kalenderjahr nicht übersteigen.
Verstärkte Sorgfaltspflichten	- Bei einem Sortenbarumtausch ist die Legitimation des Kunden ab einem Schwellenbetrag von 2.500,00 EUR zu prüfen. - Bei Bareinzahlungen zur Barauszahlung an Dritte (Finanztransfergeschäft) ist immer eine Identifizierung vorzunehmen; bei Bareinzahlungen zur Gutschrift auf Konten bei anderen deutschen Kreditinstituten ab 1.000,00 EUR. - Bei dem Kunden handelt es sich um eine nicht im Inland ansässige natürliche Person, die ein wichtiges öffentliches Amt (politisch exponierte Person) ausübt oder ausgeübt hat, oder um ein Familienmitglied dieser Person. - Der Kunde überweist Gelder in Drittländer ohne anerkannte Bankenaufsicht.
Aufzeichnungs- und Aufbewahrungspflicht bestimmter Geschäfte	- Alle Informationen über den Vertragspartner, wirtschaftlich Berechtigte, Geschäftsbeziehungen und Transaktionen sind aufzuzeichnen. Es ist die Art des Ausweises, die Nummer und die ausstellende Behörde zu dokumentieren. - Aufbewahrungsfrist: 5 Jahre, beginnend mit dem Schluss eines Kalenderjahres
Interne Sicherungsmaßnahmen	- angemessene geschäfts- und kundenbezogene Sicherungsmaßnahmen und Kontrollen - Bestellung eines Geldwäschebeauftragten - gezielte Kundenüberwachung (Monitoring) und Konten-Screening, d. h. durch eine Rasterfahndung sollen verdächtige Transaktionen entdeckt werden.
Verdachtsanzeigen	- Meldung von Verdachtsfällen an den Geldwäschebeauftragten - Verdachtsanzeige beim jeweiligen Landeskriminalamt durch den Geldwäschebeauftragten - Bei Verdacht auf Geldwäsche darf eine angetragene Transaktion nur mit Zustimmung der Staatsanwaltschaft ausgeführt werden oder wenn der zweite Werktag nach dem Tag der Anzeige verstrichen ist, ohne dass die Durchführung der Transaktion von der Staatsanwaltschaft untersagt wurde (Anhaltefrist).
Automatisierter Abruf von Kontodaten	Nach § 24 c KWG müssen Kreditinstitute der BaFin einen automatisierten Abruf von Kontoinformationen ermöglichen. Die BaFin darf diese Daten abrufen und an die Strafverfolgungsbehörden weiterleiten, sofern diese Informationen auf schwere Straftaten hindeuten.
Folgende Daten können elektronisch abgerufen werden:	- Konto- bzw. Depotnummer, Tag der Errichtung und Tag der Auflösung - Name und Geburtsname des Kontoinhabers und der Verfügungsberechtigten sowie Name und Anschrift eines abweichend wirtschaftlich Berechtigten

Aufgabe 3
C

Wichtige Regelungen bei der Ausführung von Überweisungen		
Aspekte	**aus der Sicht des Zahlungsdienstleisters**	**aus der Sicht des Zahlers**
Informationspflichten	Vor Ausführung eines Zahlungsauftrags: - Bekanntgabe von Ausführungsfrist für den Zahlungsauftrag - Information über Entgelte für diesen Zahlungsauftrag	

	Informationen nach Belastung des Kontos des Zahlers: - Kennung zur Identifizierung des betreffenden Zahlungsvorgangs - Angaben über den Zahlungsempfänger - Zahlungsbetrag und Währung Informationen an den Zahlungsempfänger: - Kennung zur Identifizierung des betreffenden Zahlungsvorgangs - Angaben über den Zahlungsempfänger - Zahlungsbetrag und Währung - durch Unterschrift auf dem Zahlungsauftrag	
Autorisierung des Zahlungsvorgangs	- Eingabe einer TAN - Eingabe einer PIN - Eingabe von Betragsgrenzen sind möglich	- alle Vorkehrungen treffen, um die personalisierten Sicherheitsmerkmale vor unbefugtem Zugriff zu schützen - unverzügliche Anzeige bei Verlust und Diebstahl bzw. missbräuchlicher Verwendung
Wirksamwerden eines Zahlungsauftrags	- nach Zugang beim Zahlungsdienstleister an einem Geschäftstag - Rechtzeitiger Zugang kann vom Zahlungsdienstleister vorgegeben werden, z. B. eines Zahlungsauftrags bis 15:00 Uhr. - Zahlungsauftrag kann vom Zahler zeitlich terminiert werden - Benachrichtigung des Zahlers bei Ablehnung des Zahlungsauftrags durch den Zahlungsdienstleister - Unwiderruflichkeit eines Zahlungsauftrags nach dessen Zugang beim Zahlungsdienstleister	
Ausführungsfrist für Zahlungsvorgänge	- Der Zahlungsdienstleister des Zahlers muss sicherstellen, dass der Zahlungsbetrag spätestens am Ende des auf den Zugangszeitpunkt des Zahlungsauftrags folgenden Geschäftstags beim Zahlungsdienstleister des Zahlungsempfängers eingeht. - Für Zahlungsvorgänge innerhalb des Europäischen Wirtschaftsraums, die nicht in Euro erfolgen, kann eine Frist von 4 Geschäftstagen vereinbart werden.	
Wertstellung und Verfügbarkeit von Geldbeträgen	Der Zahlungsdienstleister des Zahlungsempfängers ist verpflichtet, dem Zahlungsempfänger den Zahlungsbetrag unverzüglich verfügbar zu machen,	

	spätestens an dem Geschäftstag, an dem der Zahlungsbetrag auf dem Konto des Zahlungsdienstleisters des Zahlungs-empfängers eingegangen ist.	
Haftung	Bei nicht erfolgter oder fehlerhafter Ausführung eines Zahlungsauftrags haftet der Zahlungsdienstleister.	- Bei missbräuchlicher Verwendung eines abhanden gekommenen Zahlungsinstruments haftet der Zahler für einen Schaden bis zur Höhe von 150,00 EUR. - Bei Vorsatz sowie grober Fahrlässigkeit hat der Zahler den gesamten Schaden zu tragen.

Ausführungsfristen im nationalen und internationalen Überweisungsverkehr

Überweisungsraum	Überweisungsart	Währung	Ausführungsfrist
Deutschland und Europäischer Wirtschafts-raum	elektronisch	Euro	ab 01.01.2012 maximal 1 Geschäftstag
	beleghaft	Euro	ab 01.01.2012 maximal 2 Geschäftstage
	elektronisch oder beleghaft	andere EWR-Währung als Euro, z. B. Zloty	maximal 4 Geschäftstage
	elektronisch oder beleghaft	Drittstaatenwährung, z. B. US-Dollar	baldmöglichst

Aufgabe 4

D

Sparbriefe	
Merkmale	**Inhalte**
Rechtsnatur	Namensschuldverschreibungen
Laufzeit	1 bis 6 Jahre
Verzinsung	Festzins für die gesamte Laufzeit
Arten	Normalverzinsliche Sparbriefe: - Ausgabe zum Nennwert - laufende Zinszahlung jährlich nachträglich - Rückzahlung bei Fälligkeit zum Nennwert Abgezinste Sparbriefe: - Ausgabe zum Nennwert abzüglich Zinsen und Zinseszinsen für die gesamte Laufzeit - keine laufenden Zinszahlungen - Rückzahlung bei Fälligkeit zum Nennwert Aufgezinste Sparbriefe: - Ausgabe zum Nennwert - keine laufenden Zinszahlungen - Rückzahlung zum Nennwert zuzüglich Zinsen und Zinseszinsen für die gesamte Laufzeit
Rückgabe vor Fälligkeit der Sparbriefe	I. d. R. ausgeschlossen Alternative: Verkauf an Dritte oder Beleihung beim Kreditinstitut
Übertragung auf Dritte	Übertragung durch Abtretung

Aufgabe 5

1	2	3	4	5
A	E	B	D	C

Überblick über die Kartenzahlungen			
Aspekte	Geldkarte	EC-cash/Maestro-System	Kreditkarte
Legitimation	keine Prüfung der Legitimation des Vorlegers	Eingabe der PIN und Online-Prüfung der PIN, der Sperrdatei und des Verfügungsrahmens	Unterschrift auf Leistungsbeleg und Online-Prüfung der Sperrdatei und des Verfügungsrahmens
Zahlungsgarantie für den Händler	Zahlungsgarantie	Zahlungsgarantie	Zahlungsgarantie
Belastung des Karteninhabers	beim Aufladen der Karte maximal 200,00 EUR	Belastung nach jeder Zahlung	einmal im Monat
Sicherheit für den Karteninhaber	Bei Verlust der Karte trägt Karteninhaber das volle Risiko.	- unrechtmäßige Verfügungen nur bei Kenntnis der PIN - Vor der Verlustanzeige ist die Haftung abhängig vom Verschulden des Kunden, nach der Verlustanzeige trägt die Bank alle Schäden.	- Schäden vor der Verlustanzeige: Haftung des Karteninhabers maximal 50,00 EUR - Schäden nach der Verlustanzeige: keine Haftung des Karteninhabers
Kosten für Händler	- Terminalkosten - geringe Provision an das Karten ausgebende Kreditinstitut	- Terminalkosten - Kosten für die Online-Verbindung - Provision des Karten ausgebenden Kreditinstituts	- Terminalkosten - Kosten für die Online-Verbindung - Disagio vom Rechnungsbetrag

Aufgabe 6

B

Nutzungsmöglichkeiten der Kreditkarte:

Zahlungsmittel: Der Karteninhaber kann unter Vorlage der Kreditkarte bargeldlos in Geschäften, Hotels usw. zahlen.

Liquiditätsmittel: Der Karteninhaber kann im Rahmen eines Bargeldservice bei Banken und an Geldautomaten Bargeld abfordern.

Kreditmittel: Der Rechnungsausgleich durch den Karteninhaber erfolgt mit einem Zeitverzug von bis zu 4 Wochen nach Inanspruchnahme der Leistung.

Je nach Ausstattung bietet die Kreditkarte zusätzlich speziellen Reiseversicherungsschutz und sonstige Leistungen.

Aufgabe 7

E

Die Höhe des Zinses von Spareinlagen richtet sich nach der Marktsituation. Die Banken wenden i. d. R. den durch Aushang im Kassenraum und im Preisaushang bekannt gegebenen Zinssatz für Spareinlagen an. Für bestehende Spareinlagen tritt eine Änderung des Zinssatzes, unabhängig von der Kündigungsfrist, mit Änderung des Aushangs in Kraft.

Zu A bis D: Bei den übrigen Wertpapieren bzw. beim Festgeld ist der Zinssatz für die gesamte Laufzeit fest.

Aufgabe 8
28.02.2013
Die Bedingungen für den Sparverkehr legen fest, dass die Zinsen zum Ende des Kalenderjahres abgerechnet und gutgeschrieben und mit dem Kapital zusammen vom Beginn des neuen Jahres an verzinst werden. Über gutgeschriebene Zinsen kann der Kunde innerhalb von zwei Monaten nach Gutschrift ohne Einhaltung von Kündigungsfristen verfügen. Danach unterliegen die gutgeschriebenen Zinsen der für die Spareinlagen vereinbarten Kündigungsfrist.

Aufgabe 9
D, vgl. § 535 BGB (Inhalt und Hauptpflichten des Mietvertrags)

Aufgabe 10
A und **D**

Ausübung des Stimmrechts auf einer Hauptversammlung
Banken sind nicht verpflichtet, die Ausübung von Stimmrechten aus Kundendepots zu übernehmen. Sofern Banken das Stimmrecht für Aktionäre ausüben wollen, müssen sie vom Kunden mit der Wahrnehmung der Stimmrechte aus den hinterlegten Aktien beauftragt werden.

Arten von Stimmrechtsvollmachten
Der Kunde kann eine Einzelstimmrechtsvollmacht oder eine allgemeine Stimmrechtsvollmacht der Bank erteilen. Die Einzelstimmrechtsvollmacht gilt nur für eine Hauptversammlung. Die allgemeine Stimmrechtsvollmacht gilt für alle Hauptversammlungen inländischer Aktien im Depot des Kunden. Bei einer unbefristeten Erteilung muss die Bank einmal jährlich den Kunden auf die Möglichkeit des jederzeitigen Widerrufs der Vollmacht und auf andere Vertretungsmöglichkeiten hinweisen. Sie ist jederzeit widerruflich.
Beispiele für Vertretungsmöglichkeiten:
- Kreditinstitute
- Schutzgemeinschaft der Kleinaktionäre (SdK)
- Deutsche Schutzvereinigung für Wertpapierbesitz e.V. (DSW)

Depotkunden können sich für einzelne Hauptversammlungen Eintrittskarten von ihrer Bank besorgen lassen, um selbst das Stimmrecht auszuüben oder ausüben zu lassen.
Vorschriften für die Ausübung von Vollmachten durch Kreditinstitute:
- Kreditinstitut ist im Aktienregister anstelle des Depotkunden eingetragen: Mitteilung eigener Vorschläge zur Ausübung des Stimmrechts zu den einzelnen Tagesordnungspunkten an den Depotkunden durch das Kreditinstitut.
- Aktionär ist im Aktienregister der AG eingetragen: Kreditinstitut muss dem Aktionär die eigenen Vorschläge z. B. auf der Homepage zugänglich machen.
- Bei den eigenen Vorschlägen muss sich die Bank vom Interesse des Aktionärs leiten lassen.
- Kreditinstitut verpflichtet sich zur Einhaltung der Pflichten sowie zur ordnungsgemäßen Ausübung der Stimmrechte.
- Kreditinstitut muss den Depotkunden um Weisung für die Erteilung der Stimmrechtsausübung bitten.
- Kreditinstitut stimmt entsprechend den eigenen Vorschlägen ab, falls Aktionär nicht andere Weisungen erteilt.
- Hinweis auf personelle oder kapitalmäßige Verbindungen zwischen der Gesellschaft und dem Kreditinstitut
- Besondere Vorschriften bei eigenen Hauptversammlungen und Hauptversammlungen bei AG, bei denen das Kreditinstitut mit mehr als 5 % beteiligt ist: Depotkunde muss ausdrücklich Weisungen zu den einzelnen Punkten der Hauptversammlungen erteilen.

Schutzgemeinschaft der Kapitalanleger (SdK) e.V.

Gründung	1959
Organisation	- ca. 12.000 Mitglieder - Geschäftsstellen in München und Berlin
Schwerpunkt der Arbeit	Schutz der Minderheitsaktionäre sowie Engagement für eine Fortentwicklung der Aktienkultur und des Anlegerschutzes.
Besonderes Kennzeichen des SdK	Unabhängigkeit, gewährleistet durch die weitgehende Ehrenamtlichkeit aller aktiven Personen
Tätigkeitsbereiche	- Mitgliederberatung u. a. mit einer Rechtshotline - Stimmrechtsvertretung auf Hauptversammlungen - Rechtsfindung in grundsätzlichen aktienrechtlichen Fragen durch das Führen gerichtlicher Verfahren - Klagen gegen eklatante Verletzungen der Interessen des Streubesitzes - Unterstützung von Anlegern in Schadensersatz- oder Prospekthaftungsfällen (z. B. bei „US-Sammelklagen") - Mitwirkung bei der Gestaltung von Gesetzesvorhaben auf dem Gebiet des Aktienwesens und Anlegerschutzes - Herausgabe des „Schwarzbuch Börse", der jährlichen Veröffentlichung von Skandalen und Betrügereien von Unternehmen

Aufgabe 11

D, vgl. § 154 AO

Aufgabe 12

C

Scheckeinzug und Scheckeinlösung

BSE-Verfahren	ISE-Verfahren
Das beleglose Scheckeinzugsverfahren gilt für Schecks, die auf inländische Kreditinstitute bezogen sind und auf einen Betrag unter 6.000 EUR lauten. Die 1. Inkassostelle prüft die Schecks auf formelle Ordnungsmäßigkeit, erfasst die Scheckdaten und wandelt sie in elektronische Clearingdatensätze um. Der Originalscheck bleibt bei der 1. Inkassostelle als Schecklagerstelle. Die Scheckgegenwerte werden beleglos über die Deutsche Bundesbank eingezogen. Bearbeitung von Rückschecks Nach dem BSE-Verfahren sind Scheckgegenwerte von nicht eingelösten Schecks spätestens an dem auf den Eingangstag der Scheckdaten folgenden Bankarbeitstag an die 1. Inkassostelle zurückzurechnen. Bei Schecks im Betrag von 6.000,00 EUR und darüber ist eine Eilnachricht an die 1. Inkassostelle erforderlich.	Beim imagegestützten Scheckeinzugsverfahren übermittelt die 1. Inkassostelle der Deutschen Bundesbank ein eingescanntes Bild der bei ihr zum Inkasso eingereichten Schecks zur Vorlage beim bezogenen Kreditinstitut. Auf diese Weise entfällt der zeit- und kostenintensive Transport der Originalsschecks. - Das ISE-Verfahren gilt für Schecks ab 6.000,00 EUR. - Die Schecks werden 3 Kalenderjahre lang bei der 1. Inkassostelle gelagert. - Die 1. Inkassostelle prüft die eingereichten Schecks auf ihre formelle Ordnungsmäßigkeit. - Sie erstellt die Image- und Clearingdatensätze und reicht sie an die Bundesbank als Abrechnungsstelle weiter. - Die Bundesbank leitet verrechnet die Scheckgegenwerte und leitet die Datensätze an die bezogene Bank weiter. - Die bezogene Bank prüft anhand des Scheckabbildes die Einlösung und verrechnet die Scheckgutschrift. Vorteile des ISE-Verfahrens: - Kosten- und Zeitersparnisse - Die Führung eines Scheckprozesses ist trotz

	Nichtvorlage beim bezogenen Institut durch den Schecknehmer möglich. Bearbeitung von Rückschecks: Nach dem ISE-Verfahren eingezogene Scheckgegenwerte sind spätestens an dem auf den Tag der Vorlage des Scheckbildes folgenden Bankarbeitstag über die Deutsche Bundesbank an die 1. Inkassostelle zurückzurechnen. Bei Schecks im Betrag von 6.000,00 EUR und darüber ist eine Eilnachricht an die 1. Inkassostelle erforderlich.

Aufgabe 13

D und **F**

Frau Sieben ist über ihr Widerrufsrecht in Textform zu belehren. Bei einer Belehrung vor Vertragsabschluss beträgt die Widerrufsfrist zwei Wochen. Frau Sieben ist an ihre auf den Abschluss gerichtete Willenserklärung nicht mehr gebunden, wenn sie sie fristgerecht widerrufen hat. Der Widerruf muss keine Begründung enthalten und ist in Textform oder durch Rückzahlung des Darlehens innerhalb von zwei Wochen gegenüber der *Nordbank AG* zu erklären. Zur Fristwahrung genügt die rechtzeitige Absendung. Die Frist beginnt mit dem Zeitpunkt, zu dem der Verbraucher über sein Widerrufsrecht in Textform belehrt wurde. Die Belehrung muss auch den Namen und die Anschrift der *Nordbank AG* und einen Hinweis auf den Fristbeginn enthalten. Wird die Belehrung nach Vertragsschluss mitgeteilt, beträgt die Frist einen Monat. Beim Verbraucherdarlehensvertrag beginnt die Frist nicht zu laufen, bevor dem Verbraucher eine Vertragsurkunde, der schriftliche Antrag des Verbrauchers oder eine Abschrift der Vertragsurkunde oder des Antrags zur Verfügung gestellt werden.

Aufgabe 14

Jährliche Anlage auf einen Bausparvertrag nach dem VermBG	470,00 EUR
Jährliche Anlage auf einen Wertpapiersparvertrag nach dem VermBG	400,00 EUR
Jährliche Anlage auf einen Bausparvertrag nach WoPG für zwei Personen	1.024,00 EUR
Staatlich geförderter Höchstbetrag für Familie Pankow	**1.894,00 EUR**

Bemessungsgrundlage für die Gewährung der staatlichen Sparförderung ist das zu versteuernde Einkommen des Ehepaares. Das Ehepaar liegt in allen Fällen unterhalb der entsprechenden Einkommensgrenzen:

Bausparen nach dem Vermögensbildungsgesetz: 35.800,00 EUR jährlich
Beteiligungssparen nach dem Vermögensbildungsgesetz: 40.000,00 EUR jährlich
Bausparen nach dem Wohnungsbauprämiengesetz: 51.200,00 EUR jährlich

Aufgabe 15

90,11 EUR (8,8 % von 1.024,00 EUR)

Aufgabe 16

123,00 EUR (20 % von 400,00 EUR = 80,00 EUR sowie 9 % von 470,00 EUR = aufgerundet 43,00 EUR)

Aufgabe 17

Beginn der Sperrfrist: **01.01.2013**
Ende der Sperrfrist: **31.12.2018**

Bei Wertpapier-Kaufverträgen und Beteiligungsverträgen beträgt die Sperrfrist 6 Jahre. Sie beginnt am 1. Januar des Jahres, in dem die Wertpapiere bzw. Beteiligungsrechte erworben werden.
Bei Bausparverträgen beträgt die Sperrfirst 7 Jahre. Sie beginnt mit dem Datum des Vertragsabschlusses.

Aufgabe 18

C

Beim SEPA-Basis-Lastschriftverfahren kann der Zahlungspflichtige einer Belastung innerhalb von 8 Wochen nach der Kontobelastung ohne Angabe von Gründen widersprechen. Bei einer nicht autorisierten Kontobelastung (ungültiges oder fehlendes Lastschriftmandat) beträgt die Widerspruchsfrist 13 Monate nach dem Tag der Belastung.

Aufgabe 19

3,94 %

Rendite = (Zinsertrag pro Jahr +/- Rückzahlungsgewinn/-Verlust pro Jahr) x 100 : Erwerbskurs
Rendite = (4,75 – (2,8 : 4) x 100 : 102,8 = 4,05 x 100 : 102,8 = **3,94 %**

Aufgabe 20

0,75 % von 10,80 EUR = 0,081
20 EUR: 0,081 = 246,9136 = **247 Aktien**
247 x 10,80 = 2.667,60 EUR
0,75 % von 2.667,60 EUR = 20,007 EUR

Aufgabe 21

Kurswert = 300 x 10,80	3.240,00 EUR
+ 0,75 % vom Kurswert	24,30 EUR
+ 0,50 ‰ vom Kurswert	1,62 EUR
Belastungsbetrag	**3.265,92 EUR**

Aufgabe 22

A

Beim freihändigen Verkauf der Pfandbriefemission werden die Pfandbriefe fortlaufend verkauft. Statt einer Zeichnungsfrist wird der erste Verkaufstag angegeben. Der im Verkaufsprospekt angegebene Preis ist freibleibend. Er kann im Verlauf des Verkaufs jederzeit verändert und der Kapitalmarktlage angepasst werden.

Pfandbriefe

Wesen	Pfandbriefe sind von Pfandbriefbanken ausgegebene, gedeckte Schuldverschreibungen.
Arten	- Hypothekenpfandbriefe - Öffentliche Pfandbriefe - Schiffspfandbriefe
Rechte des Anlegers	- Zinsertrag - Rückzahlung - Insolvenzvorrecht
Sicherheitsmerkmale	- Deckungsregister: Die zur Deckung der Pfandbriefe verwendeten Deckungswerte sind in das jeweilige Deckungsregister einzutragen. - Deckungskongruenz: Der Gesamtbetrag der umlaufenden Pfandbriefe einer Gattung muss in Höhe des Nennwerts jederzeit durch Werte von mindestens gleicher Höhe und mindestens gleichem Zinsertrag gedeckt sein. Treuhänder: Die BaFin bestellt einen Treuhänder, der darauf zu achten hat, dass jederzeit die vorschriftsmäßige Deckung vorhanden und im Deckungsregister eingetragen ist. Der Treuhänder verwahrt die in den Deckungsregistern eingetragenen Werte und Urkunden unter dem Mitverschluss der Pfandbriefbank. Risikomanagement: Die Pfandbriefbank muss über ein geeignetes Risikomanagementsystem verfügen. Transparenzvorschriften: Die Pfandbriefbank muss in Quartalsberichten alle wesentlichen Daten (z. B. Umlauf der Pfandbriefe, Deckungsmasse) veröffentlichen. Insolvenzvorrecht: Im Falle der Insolvenz der Pfandbriefbank fallen die in den Deckungsregistern eingetragenen Werte nicht in die Insolvenzmasse. Die Pfandbriefgläubiger sind aus den im Deckungsregister eingetragenen Werten voll zu befriedigen.

Aufgabe 23

A und **B**

Aktionärsrechte:
- Teilnahmerecht an der Hauptversammlung
- Stimmrecht in der Hauptversammlung
- Auskunft durch den Vorstand
- Dividendenrecht
- Bezug junger Aktien
- Anteil am Liquidationserlös

Aufgabe 24

D und **F**

Anlageberatung nach dem Wertpapierhandelsgesetz

Nach § 2 WpHG ist die Anlageberatung die Abgabe von persönlichen Empfehlungen an Kunden, die sich auf Geschäfte mit bestimmten Finanzinstrumenten beziehen, sofern die Empfehlung auf eine Prüfung der persönlichen Umstände des Anlegers gestützt oder als für ihn als geeignet dargestellt wird.

Beratungsprotokoll: Über jede Anlageberatung ist nach § 34 WpHG ein schriftliches Beratungsprotokoll anzufertigen und vom Berater zu unterzeichnen. Dem Kunden ist vor einem Geschäftsabschluss das Protokoll auszuhändigen bzw. zuzusenden. Sollte sich das Beratungsprotokoll als unrichtig erweisen, kann der Kunde innerhalb einer Woche nach Zugang des Protokolls vom Vertrag zurücktreten. Der Kunde muss über das Rücktrittsrecht informiert werden.

Das Protokoll muss vollständige Angaben enthalten:
- Anlass und die Dauer des Beratungsgesprächs
- die der Beratung zugrunde liegenden Informationen über die persönliche und wirtschaftliche Situation des Kunden
- Anlageziele und Kenntnisse sowie Erfahrungen des Kunden
- die Finanzinstrumente und Wertpapierdienstleistungen, die Gegenstand der Anlageberatung sind
- die vom Kunden geäußerten wesentlichen Anliegen und deren Gewichtung
- die erteilten Empfehlungen und die für diese Empfehlungen maßgeblichen Gründe

Aufgabe 25

D und **F**

Genussscheine verbriefen Genussrechte. Sie verbriefen Gläubigerrechte mit Teilrechten, die nur Eigentümern des Unternehmens zustehen, z. B. Beteiligung am Gewinn oder Einräumung von Bezugsrechten oder Umtauschrechten. Die Ausgestaltung von Genussrechten ist unterschiedlich. Die umlaufenden Genussscheine sind meistens mit einer festen Grundverzinsung und einem Rückzahlungsversprechen ausgestattet.

Genussscheine

Wesen	Genussscheine sind Wertpapiere, die Genussrechte verbriefen. Darunter versteht man das Recht, dem Inhaber einen Anteil am Reingewinn der betreffenden Unternehmung zufließen zu lassen, meistens verbunden mit dem Recht auf eine Mindestverzinsung (Basisrendite). Der Inhaber der Genussrechte hat kein Recht auf einen festen Ertrag und keine Stimmberechtigung auf einer Hauptversammlung. Die Kursentwicklung der Genussscheine entspricht je nach Ausstattung mehr den Aktien oder mehr den Schuldverschreibungen. Für Kreditinstitute ist die Ausgabe von Genussrechten interessant, da diese z. T. als haftendes Eigenkapital anerkannt werden.
Arten von Genussrechten	- Genussscheine, die eine Beteiligung am Gewinn und Liquidationserlös beinhalten. - Genussrechte, die eine feste oder variable Verzinsung ohne Beteiligung am Liquidationserlös beinhalten.
Steuerliche Behandlung	Die laufenden Kapitalerträge unterliegen der Abgeltungsteuer von 25 %. Die Veräußerungsgewinne unterliegen ohne Einhaltung einer Haltefrist ebenfalls der Abgeltungsteuer.

Aufgabe 26

Hebel = Aktienkurs : (Optionskurs x Bezugsverhältnis) = 31 : (0,45 x 5) = 13,7777, gerundet **13,8**

Aufgabe 27

B und **E**

Der Hebel ist ein Faktor, der angibt, wie stark der Preis eines Derivats auf eine Kursänderung des Basiswertes reagiert. Der einfache oder klassische Hebel drückt aus, um wie viel der Wert eines Investments in Finanzderivate (z. B. Optionen, Optionsscheine) stärker steigt bzw. fällt als der gleiche Investmentbetrag im Basiswert, wenn der Kurs des Basiswertes um eine Einheit steigt bzw. fällt. Der einfache Hebel entspricht dem Quotienten aus dem aktuellen Optionspreis und dem Preis des Basiswertes, wobei das Bezugsverhältnis berücksichtigt werden muss. Der einfache Hebel besitzt nur eine sehr beschränkte Aussagekraft, da die Preissensitivität nicht berücksichtigt wird. Ein besseres Maß für die Hebelwirkung ist die Kennzahl Omega.

Aufgabe 28

A	B	C
5	4	3

Aufgabe 29

C, vgl. § 398 BGB ff. (Abtretung von Forderungen)

Aufgabe 30

1.940 - 985,15 = 954,85 EUR

3/10 davon sind unpfändbar, also 286,46 EUR. Der Restbetrag von **668,39 EUR** ist pfändbar.

Aufgabe 31

D

Herr Neumann hat das Recht, seine Verbindlichkeiten aus dem Verbraucherdarlehensvertrag jederzeit ganz oder teilweise zu erfüllen (§ 500 Abs. 2 BGB). Soweit Herr Neumann seine Verbindlichkeiten vorzeitig erfüllt, vermindern sich die gesamten Kreditkosten um die Zinsen und die sonstigen laufzeitabhängigen Kosten, die in der Zeit nach der vorzeitigen Rückzahlung angefallen wären (§ 501 BGB).
Die *Nordbank AG* kann im Falle einer vorzeitigen Rückzahlung eine angemessene Vorfälligkeitsentschädigung (§ 502 BGB) für den unmittelbar mit der Rückzahlung zusammenhängenden Schaden (z. B. Bearbeitungskoten) verlangen.

Aufgabe 32

4 x Miete (85 x 8,50)	2.890,00 EUR
Jahresmiete	34.680,00 EUR
4 Stellplatzmieten jährlich (35 x 4 x 12)	1.680,00 EUR
Jahresrohertrag	**36.360,00 EUR**

Aufgabe 33

Jahresrohertrag	36.360,00 EUR
./. 25 % Bewirtschaftungskosten	9.090,00 EUR
Jahresreinertrag	**27.270,00 EUR**

Aufgabe 34

Jahresreinertrag	27.270,00 EUR
./. 3 % Bodenwertverzinsung von 350.000,00 EUR	10.500,00 EUR
Gebäudereinertrag	**16.770,00 EUR**

Aufgabe 35

Rentenbarwert des Objekts (18,255925 x 16.770)	306.151,86 EUR
+ Bodenwert	350.000,00 EUR
= Ertragswert	656.151,86 EUR
abgerundet auf volle 10.000,00 EUR	**650.000,00 EUR**

Ermittlung des Ertragswertes
Für Renditeobjekte ist der Ertragswert die wertbestimmende Größe. Der Wert des Objekts ist in erster Linie von dem erwarteten Ertrag und dem mit der Anlage verbundenen Risiko abhängig. Die Berechnung des Ertragswertes erfolgt bei Kreditinstituten mit Hilfe von Rentenbarwertfaktoren. Mietobjekte haben i. d. R. nur eine begrenzte Nutzungsdauer. Je niedriger die Restnutzungsdauer des Gebäudes ist, desto niedriger ist auch der Rentenbarwertfaktor.

Beispiel für eine Restnutzungsdauer eines Objektes

Rentenbarwertfaktoren				
Restnutzungsdauer der Gebäude	Kapitalisierungszinssatz			
	5 %	6 %	7 %	8 %
15 Jahre	10,379658	9,712249	9,107914	8,559479
19 Jahre	12,085321	11,158116	10,335595	9,603599

Ermittlung des Ertragswertes:
Jahresrohertrag - Bewirtschaftungskosten = Jahresreinertrag
Jahresreinertrag - Bodenwertverzinsung = Gebäudereinertrag
Kapitalisierung des Gebäudereinertrags + Bodenwert = Ertragswert der Immobilie
Die Verzinsung des Bodenwerts richtet sich nach dem Kapitalmarktzins. Er wird häufig mit 5 % angesetzt.

Aufgabe 36
D
Das Dokumenten-Akkreditiv ist ein unwiderrufliches, bedingtes abstraktes Schuldversprechen des eröffnenden Kreditinstituts, im Auftrag und nach den Weisungen eines Kunden z. B. gegen Übergabe vorgeschriebener Dokumente eine Zahlung an einen Dritten (Begünstigten) zu leisten.

Aufgabe 37
20.04.2013
Beurteilung des Dokumenten-Akkreditivs: Die Zahlung des Akkreditivbetrages erfolgt erst nach Vorlage akkreditivgerechter Dokumente, die den Warenversand ausweisen. Durch die zeitliche Festlegung der Verladung und der Gültigkeitsdauer des Akkreditivs wird eine termingerechte Erfüllung des Kontraktes gewährleistet.

C Rechnungswesen und Steuerung

Aufgabe 1
A **2** (Grundsteuer ist Aufwand/Kostensteuer)
B **1** (Personalkosten sinken durch Verringerung des Arbeitsgeberanteils)
C **2** (GuV an Wertpapiere: Aufwand/Kosten)
D **1** (Erhöhung der Sollzinsen: Zinsertrag/-erlös)
E **3** (Abgeltungsteuer zahlen die Kunden, nicht die Bank)

Aufgabe 2
172.000 EUR
Das sind die Kreditbank mit 22.000,00 EUR und die Beraterbank mit 150.000,00 EUR.
Wie bei den Kunden hat die *Nordbank AG* gegenüber den Kontoinhabern Forderungen, die bei ihr im Soll stehen. Denn es sind die Salden aus der Buchführung der *Nordbank AG* („die von der *Nordbank AG* geführten Skontren"). Ob es sich in diesem Fall um Loro- oder Nostrokonten handelt, ist unerheblich.

Aufgabe 3
A **4** (Bank ist Emittent - Schuldner)
B **5** (Kundenwertpapiere gehören nicht zum Vermögen der Bank)
C **5** (sicherungsübereignete PKWs gehören nicht zum wirtschaftlichen Vermögen der Bank)
D **3** (gehören zum Kernkapital laut KWG)
E **2** (kurzfristige Forderung an die Korrespondenzbank)

Aufgabe 4

11.533,44 Tsd. EUR

1.400 + 800 + 10.200 - 56 - 200 - 130 = 12.014 abzüglich 4 % stille Risikovorsorge

Die Bankbilanz unterscheidet Forderungen an Kunden und Forderungen an Banken. Daher gehören die Bankforderungen nicht zu den Kundenforderungen. Uneinbringliche Forderungen dürfen nicht bilanziert werden, die gebildeten Wertberichtigungen sind von den Forderungen abzuziehen. Rückstellungen gehören als Fremdkapital (ungewisse Verbindlichkeiten) auf die Passivseite.

Aufgabe 5

98,25 % Käufe zu 195.000 EUR und 591.000 EUR, insgesamt 786.000 EUR / 800.000 EUR Nennwert

Aufgabe 6

1 2.250 EUR durchschnittlicher Anschaffungskurs 98,25 %, verkauft zu 99,00 %, ergibt einen Gewinn von 0,75 %: 0,75 % von 300.000 EUR Nennwert = 2.250 EUR

Aufgabe 7

12.602,74 EUR Endbestand 500.000 EUR Nennwert zu 5 % für 184 Tage, Zinsberechnung act/act (siehe Formelsammlung)

Aufgabe 8

98,25 % Wertpapiere der Liquiditätsreserve werden nach dem strengen Niederstwertprinzip bewertet: Vergleich zwischen dem durchschnittlichen Anschaffungskurs 98,25 % und dem Kurs am Bilanzstichtag 99,40 %. Der niedrigere Kurs wird für die Bewertung genommen.

Aufgabe 9

503.852,74 EUR Kurswert: 500.000 EUR zu 98,25 % = 491.250 EUR plus Stückzinsen 12.602,74 = 503.852,74 EUR

Aufgabe 10

4 Das Realisationsprinzip (ein Grundsatz ordnungsgemäßer Buchführung und Bilanzierung, nach dem Gewinne erst dann ausgewiesen werden dürfen, wenn sie durch Umsätze verwirklicht/realisiert worden sind) gilt nicht für diesen Fall (1). Das Niederstwertprinzip gilt für die Bewertung des Wertpapierbestandes, nicht für die noch nicht vereinnahmten Wertpapierzinsen (2). In der GuV-Rechnung werden die Wertpapierzinsen unter den Zinserträgen 1b ausgewiesen, nicht jedoch der Kurserfolg (3). Die noch nicht vereinnahmten Zinsen werden in der Bilanz mit den Wertpapieren bilanziert (5).

Aufgabe 11

20 an 21

Aufgabe 12

21 an 11

Aufgabe 13

22 an 21

Aufgabe 14

10 an 21

Aufgabe 15

7.350.200,00 EUR 200,00 + 7.350.000,00

Die Kontenstände der Kunden haben sich geändert:

Kunden	Kontostand und -bewegungen in EUR
Schmitt	S 350,00 + H 150,00 = S 200,00
übrige Debitoren	S 7.350.000,00
Schröder	S 50,00 + H 500,00 = H 450,00
Huber	H 40,00 + H 2.100,00 = H 2.140,00
Meyer	H 2.500,00 + S 1.200,00 = H 1.300,00
übrige Kreditoren	H 7.780.000,00

Aufgabe 16

260,00 Mio. EUR In die gesetzlichen Rücklage müssen 5 % des um einen Verlustvortrag geminderten Jahresüberschusses (5 % von 180 = 9) eingestellt werden bis die gesetzliche Rücklage und die Kapitalrücklage zusammen (= 448) 10 % des Grundkapitals (= 450) erreicht haben. Daher sind nur noch 2 Mio. EUR zu dem bestehenden Bestand von 258 neu hinzuzufügen.

Aufgabe 17

117,00 Mio. EUR 4500 Mio. EUR Grundkapital / 5 EUR Nennwert = 900 Mio. dividendenberechtigte Aktien. 900 Mio. * 0,13 EUR = 117 Mio. EUR

Aufgabe 18

151,00 Mio. EUR 200 Mio. EUR Jahresüberschuss - 20 Mio. EUR Verlustvortrag - 2 Mio. EUR Zuführung in die gesetzlichen Rücklagen - 117 Mio. EUR Bilanzgewinn = 61 Mio. EUR Zuführung in die anderen Gewinnrücklagen + 90 Mio. EUR alter Bestand = 151 Mio. EUR neuer Bestand „andere Gewinnrücklagen“

Aufgabe 19

A **4** (antizipativer Aufwand: allgemeine Verwaltungsaufwendungen an sonst. Verbindlichkeiten)
B **3** (antizipativer Ertrag: sonstige Forderungen an sonstige betriebliche Erträge)
C **1** (transitorischer Aufwand: Aktive Rechnungsabgrenzung an allgemeine Verwaltungsaufwendungen)
D **6** (antizipativer Zinsaufwand: Zinsaufwand an Festgeld, auch wenn bei der Zinszahlung im neuen Jahr auf dem Kontokorrent gutgeschrieben wird; der ausstehende Zinsaufwand für dieses Jahr ist mit dem Festgeld in der Bilanz auszuweisen!)
E **2** (transitorischer Ertrag: Zinsertrag (!) an Passive Rechnungsabgrenzung)

Aufgabe 20

Betriebskosten können keine Wertkosten sein, Grundkosten keine Zusatzkosten, da diese Begriffe Gegensatzpaare sind. Daher ist ein Lösung 1 2 und 3 4 von vornherein ausgeschlossen.

2 3

Aufgabe 21

5 5 Der Kauf ist zunächst ein Vermögenstausch, erst der Wertverlust bringt Kosten, die durch die Abschreibung erfasst werden.

Aufgabe 22

2 4 Für das eingesetzte Eigenkapital werden in der Kostenrechnung Zinskosten angesetzt.

Aufgabe 23

1 3

Aufgabe 24

4,0 % Kundenzins Aktiv 9,0 % - GKM-Satz (4 J.) 5,0 %

Aufgabe 25

0,6 % GKM-Satz (2 Mo.) 2,9 % - Kundenzins Passiv 2,3 %

Aufgabe 26

2,1 % GKM-Satz Aktivgeschäft 5,0 % - GKM-Satz Passiv 2,9 % oder
Strukturbeitrag Aktiv 3,7 % (= GKM-Satz Aktivgeschäft 5,0 % - GKM-Satz für Tagesgeld 1,3 %) +/– Strukturbeitrag Passivgeschäft – 1,6 % (= GKM-Satz für Tagesgeld 1,3 % - GKM-Satz Passivgeschäft 2,9 %)

Zu den unterschiedlichen Möglichkeiten zur Berechnung des Strukturbeitrages siehe auch Lösungen Prüfungssatz V, Aufgabe 32.

Aufgabe 27

6,7 % Kundenzins Aktiv 9,0 % – Kundenzins Passiv 2,3 %
oder Konditionsbeitrag + Strukturbeitrag (4,0 % + 0,6 %) + 2,1 %

Aufgabe 28

87,0 Mio. EUR

Zinserträge aus den Bankgeschäften
\+ Laufende Erträge aus Aktien
\- Zinsaufwendungen
\+ Provisionserträge
\- Provisionsaufwendungen
\- Personalaufwand
\- Abschreibungen und Wertberichtigungen auf Sachanlagen

Aufgabe 29

15,0 Mio. EUR Abschreibungen und Wertberichtigungen auf Forderungen sowie Zuführungen zu Rückstellungen im Kreditgeschäft

Aufgabe 30

5,42 % [(Zinserträge aus den Bankgeschäften + Laufende Erträge aus Aktien - Zinsaufwendungen) + (Provisionserträge - Provisionsaufwendungen) + Nettoerträge aus Finanzgeschäften + (Sonstige betriebliche Erträge - Sonstige betriebliche Aufwendungen)]

$$\frac{271 \times 100}{5000}$$

Aufgabe 31

3,26 % Personalaufwand + Abschreibungen und Wertberichtigungen auf Sachanlagen

$$\frac{163 \times 100}{5000}$$

Aufgabe 32

1,86 % Betriebsergebnis (alle Erträge und Aufwendungen außer den außergewöhnlichen)

$$\frac{93 \times 100}{5000}$$

D Wirtschafts- und Sozialkunde

Aufgabe 1

A	B	C	D	E	F
3	1	1	2	1	1

Vgl. die §§ 145 und 147 BGB (Antrag und Annahme von Verträgen)
Bindung an den Antrag: Wer einem anderen die Schließung eines Vertrags anträgt, ist an den Antrag gebunden.
Annahmefrist: Der einem Anwesenden gemachte Antrag kann nur sofort angenommen werden. Der einem Abwesenden gemachte Antrag kann nur bis zu dem Zeitpunkt angenommen werden, in welchem der Antragende den Eingang der Antwort unter regelmäßigen Umständen erwarten darf.

Aufgabe 2

C und **F**

Auszug aus dem Mutterschutzgesetz

§ 3 (Beschäftigungsverbote für werdende Mütter)

(1) Werdende Mütter dürfen nicht beschäftigt werden, soweit nach ärztlichem Zeugnis Leben oder Gesundheit von Mutter oder Kind bei Fortdauer der Beschäftigung gefährdet ist.

(2) Werdende Mütter dürfen in den letzten 6 Wochen vor der Entbindung nicht beschäftigt werden, es sei denn, dass sie sich zur Arbeitsleistung ausdrücklich bereit erklären; die Erklärung kann jederzeit widerrufen werden.

§ 6 (Beschäftigungsverbote nach der Entbindung)

(1) Wöchnerinnen dürfen bis zum Ablauf von 8 Wochen … nach der Entbindung nicht beschäftigt werden. ...

§ 8 (Mehrarbeit, Nacht- und Sonntagsarbeit)

(1) Werdende und stillende Mütter dürfen nicht mit Mehrarbeit, nicht in der Nacht zwischen 20 und 6 Uhr und nicht an Sonn- und Feiertagen beschäftigt werden.

§ 9 (Kündigungsverbot)

(1) Die Kündigung gegenüber einer Frau während der Schwangerschaft und bis zum Ablauf von 4 Monaten nach der Entbindung ist unzulässig, wenn dem Arbeitgeber zur Zeit der Kündigung die Schwangerschaft oder Entbindung bekannt war oder innerhalb zweier Wochen nach Zugang der Kündigung mitgeteilt wird; das Überschreiten dieser Frist ist unschädlich, wenn es auf einem von der Frau nicht zu vertretenden Grund beruht und die Mitteilung unverzüglich nachgeholt wird...

§ 11 (Arbeitsentgelt bei Beschäftigungsverboten)

(1) Den unter den Geltungsbereich des § 1 fallenden Frauen ist, soweit sie nicht Mutterschaftsgeld ... beziehen können, vom Arbeitgeber mindestens der Durchschnittsverdienst der letzten 13 Wochen oder der letzten 3 Monate vor Beginn des Monats, in dem die Schwangerschaft eingetreten ist, weiter zu gewähren, wenn sie wegen eines Beschäftigungsverbots ... teilweise oder völlig mit der Arbeit aussetzen...

§ 13 (Mutterschaftsgeld)

(1) Frauen, die Mitglied einer Krankenkasse sind, erhalten für die Zeit der Schutzfristen ... sowie für den Entbindungstag Mutterschaftsgeld ...

Aufgabe 3

A	B	C	D	E	F	G	H	I
4	1	2	4	2	2	3	2	1

Betriebsvereinbarungen

Sie sind in § 77 Abs. 2 bis 6 Betriebsverfassungsgesetz geregelt. Die Betriebsvereinbarung ist die Einigung zwischen Arbeitgeber und Betriebsrat. Sie vermeidet durch textliche Festlegung Unklarheiten. Sie sind schriftlich abzufassen, von beiden Seiten zu unterzeichnen und im Betrieb an geeigneter Stelle öffentlich zugänglich zu machen. In den Betriebsvereinbarungen können neben den notwendigen Einigungen in Mitbestimmungsfällen (z. B. betriebliche Ordnung, Arbeitszeitregelung) auch andere nicht mitbestimmungspflichtige Fragen geregelt werden (sog. freiwillige Betriebsvereinbarungen: u. a. Errichtung von Sozialeinrichtungen oder Vereinbarungen über Gratifikationen oder andere Leistungen des Arbeitgebers).

Betriebsvereinbarungen können wie Tarifverträge schuldrechtliche und normative Bestimmungen enthalten. Die schuldrechtlichen Bestimmungen begründen Rechte und Pflichten nur zwischen den Betriebspartnern. Die normativen Bestimmungen können den Inhalt der Arbeitsverhältnisse der im Betrieb beschäftigten Arbeitnehmer (auch in Form von Verboten, etwa dem Verbot von Arbeit auf Abruf), den Abschluss und die Beendigung der Arbeitsverhältnisse, das betriebliche Rechtsverhältnis zwischen Arbeitgeber und Belegschaft (Betriebsnormen, z. B. Bestimmungen über zusätzliche Schutzvorrichtungen an Maschinen) und betriebsverfassungsrechtliche Fragen regeln. Die Rechtsnormen der Betriebsvereinbarungen gelten unmittelbar (also ohne besondere vertragsrechtliche Umsetzung) und zwingend. Dabei werden abweichende Vertragsabreden durch günstigere Betriebsvereinbarungen für die Dauer ihrer Wirkung verdrängt und es kann von den Normen der Betriebsvereinbarungen zugunsten des einzelnen Arbeitnehmers oder der Belegschaft abgewichen werden (Günstigkeitsprinzip).

Tarifvertragliche Vereinbarungen

Der Tarifvertrag ist ein schriftlicher Vertrag, der von einer Gewerkschaft mit einem Arbeitgeberverband oder einem einzelnen Arbeitgeber abgeschlossen wird. Er enthält nach § 1 Tarifvertragsgesetz Rechtsnormen, die den Inhalt, den Abschluss und die Beendigung von Arbeitsverhältnissen sowie betriebliche und betriebsverfassungsrechtliche Fragen ordnen (normativer Teil) und regelt die Rechte und Pflichten der Tarifvertragsparteien (schuldrechtlicher Teil).

Die Besonderheit des Tarifvertrags wird durch seinen normativen Teil geprägt, der bei Tarifgebundenheit eine normative Wirkung auf die Arbeitsverhältnisse entfaltet. Zur Rechtsverbindlichkeit gehört, ohne dass es einer ausdrücklichen Vereinbarung bedarf, die sog. Friedenspflicht, die den Tarifvertragsparteien gebietet, die von ihnen vereinbarten Regelungen als rechtsverbindlich anzuerkennen, und ihnen daher verbietet, sie während der Dauer des Vertrags durch Kampfmaßnahmen zu ändern. Hinzu kommt die sog. Durchführungspflicht, die die Tarifvertragsparteien verpflichtet, darauf einzuwirken, dass die von ihnen vereinbarten Regelungen durchgeführt werden.

Aufgabe 4

A	B	C	D	E	F
5	3	2	1	5	4

Im modernen Staat ist die Rechtssprechung vielfältig gegliedert. In Aufbau und Zuständigkeit der Gerichte spiegeln sich der Umfang des modernen Rechts und das rechtsstaatliche Bedürfnis nach umfassendem Rechtsschutz wieder. In der BRD ist die rechtsprechende Gewalt in 5 selbstständige Gerichtszweige aufgegliedert. Neben der Ordentlichen Gerichtsbarkeit gibt es die Verwaltungs-, Sozial-, Finanz- und Arbeitsgerichtsbarkeit. Der Begriff der Ordentlichen Gerichtsbarkeit erklärt sich aus der geschichtlichen Entwicklung und bedeutet keine Hervorhebung gegenüber den anderen Gerichtszweigen. Sie ist der geschichtliche Stamm, aus dem sich die übrigen Zweige der Gerichtsbarkeit entwickelt haben.
Die **Zivilgerichte** sind für die Entscheidung bürgerlicher (ziviler) Rechtsstreitigkeiten zuständig, also immer dann, wenn sich der Streitgegenstand zwischen einzelnen Bürgern (Kläger und Beklagtem) auf Vorschriften des Privatrechts bezieht (z. B. bei Streitigkeiten um die Rechte und Pflichten aus einem Mietverhältnis oder einem Kaufvertrag).
Die **Verwaltungsgerichtsbarkeit** ist ein Gerichtszweig, der zuständig für Streitigkeiten zwischen den Bürgern und der Staatsgewalt ist. Die Verwaltungsgerichtsbarkeit bietet dem Bürger Rechtsschutz, wenn er sich durch eine Maßnahme der öffentlichen Verwaltung in seinen Rechten verletzt glaubt. Der Vielgestaltigkeit des Verwaltungsrechts entsprechend sind die Zuständigkeiten der Verwaltungsgerichte breit aufgefächert. Verwaltungsgerichte entscheiden, wenn der Bürger bei Alltagskonflikten mit den Verwaltungsbehörden gerichtlichen Schutz begehrt (wenn z. B. die Ablehnung einer Baugenehmigung oder die Nichtversetzung eines Schülers angefochten werden). Die Verwaltungsgerichte haben zunehmend aber auch über wichtige Konflikte der politisch-gesellschaftlichen Entwicklung zu entscheiden, z. B. bei Streitigkeiten um die Genehmigung des Baus von Kernkraftwerken.
Aus der allgemeinen Verwaltungsgerichtsbarkeit sind die Finanzgerichtsbarkeit und die Sozialgerichtsbarkeit ausgegliedert. Die Finanzgerichte sind bei Streitigkeiten um Verwaltungsakte der Finanzbehörden (Steuerbescheide) zuständig. Da das moderne Steuerrecht außerordentlich kompliziert ist, ist die Möglichkeit, ein Finanzgericht anzurufen, ein wichtiger Rechtsbehelf für den Bürger, der die rechtmäßige Anwendung bestimmter steuerrechtlicher Vorschriften durch das Finanzamt in seinem Fall bezweifelt. Sehr bedeutsam ist auch die Sozialgerichtsbarkeit, die bei Streitigkeiten in Angelegenheiten der Sozialversicherung (z. B. Kranken-, Renten- und Unfallversicherung) zu entscheiden hat.
Die Errichtung einer besonderen Arbeitsgerichtsbarkeit entspricht der herausragenden Bedeutung des Arbeitslebens in der modernen Gesellschaft. In die Zuständigkeit der **Arbeitsgerichte** fallen Streitigkeiten zwischen Arbeitnehmern und Arbeitgebern, die sich auf Rechte und Pflichten aus dem einzelnen Arbeitsverhältnis beziehen (z. B. Konflikte um die Lohnzahlung oder die Rechtmäßigkeit von Kündigungen). Die Arbeitsgerichte sind auch zuständig für Rechtsstreitigkeiten zwischen den Tarifvertragsparteien, also zwischen Gewerkschaften und Arbeitgeberverbänden (z. B. bei Konflikten um die Rechtmäßigkeit eines Streiks) und bei Konflikten um die betriebliche Mitbestimmung.

Aufgabe 5

C, vgl. § 147 Abs. 2 BGB (Der einem Abwesenden gemachte Antrag kann nur bis zu dem Zeitpunkt angenommen werden, in welchem der Antragende den Eingang der Antwort unter regelmäßigen Umständen erwarten darf.)

Aufgabe 6

B

Die Vorschriften zur inhaltlichen Ausgestaltung der Allgemeinen Geschäftsbedingungen sind im Bürgerlichen Gesetzbuch (BGB) geregelt. Im heutigen Wirtschaftsleben spielen vorformulierte Vertragsbedingungen eine besondere Rolle, die eine Vertragspartei (Verwender) der anderen Vertragspartei beim Abschluss eines Vertrages stellt, ohne dass über den Inhalt dieser Bedingungen zwischen den Vertragsparteien verhandelt worden ist. Der Grund für die Verwendung solcher AGB besteht darin, dass die Vorschriften des BGB über die einzelnen Vertragstypen die Interessen der Vertragsschließenden nur recht allgemein berücksichtigen können und dass häufig Sonderregeln im Hinblick auf die speziellen Interessen der Vertragspartner erforderlich sind. Die AGB enthalten diese Sonderregeln und werden formuliert, damit nicht jedes Mal von neuem bei gleichen Verträgen umfangreiche und komplizierte Regelungen gesucht und ausgehandelt werden müssen. Neben diesem Rationalisierungseffekt kann der Aussteller und Verwender von AGB eigene Interessen durch für ihn vorteilhafte Bestimmungen besonders schützen.

Hierin liegt aber dann auch die Gefahr, dass AGB einseitig zum Vorteil des Verwenders formuliert sind und der andere Vertragspartner nicht in der Lage ist, ihre Änderung durchzusetzen, etwa wenn eine ganze Branche Leistungen nur nach gleichen AGB anbietet oder wenn es sich um ein marktbeherrschendes Unternehmen handelt. Die Rechtsprechung hat versucht, dieser Gefahr des Missbrauchs von AGB dadurch entgegenzuwirken, dass sie unangemessene Regelungen für nichtig erklärte und die Einbeziehung der AGB in den Einzelvertrag von bestimmten Voraussetzungen abhängig machte.

Die Bestimmungen der Allgemeinen Geschäftsbedingungen können durch einzelvertragliche Abreden ersetzt werden.

Einbeziehung der AGB in den einzelnen Vertrag

Nach § 305 Abs. 2 BGB werden die AGB nur dann Bestandteil eines Vertrages, wenn der Verwender bei Vertragsschluss die andere Vertragspartei ausdrücklich oder durch deutlich sichtbaren Aushang am Ort des Vertragsschlusses auf die AGB hingewiesen und dem anderen Vertragspartner die Möglichkeit verschafft hat, in zumutbarer Weise von ihrem Inhalt Kenntnis zu nehmen, wobei auch eine für den Verwender erkennbare körperliche Behinderung, z. B. eine Sehschwäche, angemessen berücksichtigt werden muss. Außerdem muss die andere Vertragspartei mit der Geltung der AGB einverstanden sein. § 305 Abs. 2 BGB schafft also gegenüber der nach dem BGB geltenden Regelung zusätzliche Voraussetzungen. So genügt es z. B. nicht, dass sich der andere Vertragspartner mit der Geltung der ihm unbekannten AGB einverstanden erklärt, wenn er nicht in zumutbarer Weise Kenntnis nehmen konnte. § 305 Abs. 2 BGB gilt nach § 310 Abs. 1 Satz 1 BGB nicht, wenn die AGB gegenüber einem Unternehmer verwendet werden. Auch ohne Einhaltung der in § 305 Abs. 2 Nr. 1 und 2 BGB bezeichneten Erfordernisse werden AGB in den im § 305 a BGB genannten Fällen Vertragsbestandteil, wenn der Vertragspartner des Verwenders mit ihrer Geltung einverstanden ist.

AGB als Vertragsbestandteil: In § 305 Abs. 2 und 3 BGB wird geregelt, wie AGB Bestandteil des einzelnen Vertrages werden können.

Überraschungsklauseln: § 305 c Abs. 1 BGB verbietet sog. überraschende Klauseln, d. h. Bestimmungen, die so ungewöhnlich sind, dass der Vertragspartner des Verwenders mit ihnen nicht zu rechnen braucht.

Beispiel: In einen Kaufvertrag werden AGB einbezogen, die den Käufer verpflichten, den wartungsbedürftigen Kaufgegenstand nur von dem Verkäufer entgeltlich warten zu lassen.

Unklarheitenregelung: Bedeutsam ist auch die Unklarheitenregel des § 305 c Abs. 2 BGB, wonach Zweifel bei der Auslegung von AGB zu Lasten des Verwenders gehen. Sind AGB ganz oder teilweise entgegen den Erwartungen der Parteien nicht Vertragsbestandteil geworden, so bleibt der Vertrag im Übrigen wirksam, wenn nicht ein Festhalten an dem Vertrag eine unzumutbare Härte für eine Vertragspartei darstellen würde. In den §§ 307 bis 309 BGB werden die Voraussetzungen genannt, die zur Unwirksamkeit von AGB führen.

Schutz des Verbrauchers gegen unangemessene Benachteiligung: In § 307 Abs. 2 AGBG wird näher beschrieben, wann eine unangemessene Benachteiligung angenommen werden muss. § 310 Abs. 3 Nr. 3 BGB ordnet an, dass bei Verträgen zwischen einem Unternehmer und einem Verbraucher die Beurteilung der unangemessenen Benachteiligung unter Einschluss der den Vertragsschluss begleitenden Umstände vorzunehmen ist. Als solche Umstände, die für oder gegen eine unangemessene Benachteiligung sprechen können, sind z. B. die geschäftliche Erfahrenheit oder Unerfahrenheit des Verbrauchers, die Ausnutzung einer Überrumplungssituation durch den Unternehmer u. Ä. Anzusehen

Aufgabe 7

A und **C**

Arbeitslosengeld 1, auch ALG I genannt, ist im Gegensatz zu Hartz IV keine Sozialleistung, sondern ein sozialversicherungsrechtlicher Anspruch. Die Hauptvoraussetzung für den Bezug von Arbeitslosengeld ist die folgende: in einer Rahmenfrist, die vor der der Arbeitslosigkeit liegt und die 2 Jahre beträgt, muss min-

destens 360 Tage beitragspflichtig gearbeitet worden sein, d. h. Beiträge zur Arbeitslosenversicherung gezahlt worden sein. Arbeitslosengeld können nur diejenigen beziehen, die in einem beitragspflichtigen Beschäftigungsverhältnis gearbeitet haben. Arbeitslose Beamte oder Freiberufler können dies nicht. Arbeitslosengeld wird nicht sofort nach Beendigung des Beschäftigungsverhältnisses, wenn zu diesem Zeitpunkt die maßgeblichen Kündigungsfristen nicht eingehalten werden, gezahlt. Es wird dann zu einem späteren Zeitpunkt gezahlt.
Ein Anspruch auf Arbeitslosengeld besteht, wenn folgende Voraussetzungen gemeinsam erfüllt sind: Man muss arbeitslos sein, man muss die Anwartschaftszeit erfüllt haben und man muss sich persönlich arbeitslos gemeldet haben.

Aufgabe 8

1 Person, vgl. § 1 GmbH-Gesetz: Eine GmbH kann zu jedem gesetzlich zulässigen Zweck durch eine oder mehrere Personen errichtet werden.

Aufgabe 9

C, vgl. § 2 GmbH-Gesetz: Der Gesellschaftsvertrag bedarf notarieller Form.

Aufgabe 10

C, vgl. § 4 GmbH-Gesetz: Die Firma der Gesellschaft muss die Bezeichnung „Gesellschaft mit beschränkter Haftung“ oder eine allgemein verständliche Abkürzung dieser Bezeichnung enthalten.

Aufgabe 11

B, vgl. §§ 145 und 147 BGB
§ 145 (Bindung an den Antrag)
Wer einem anderen die Schließung eines Antrags anträgt, ist an den Antrag gebunden ...
§ 147 (Annahmefrist)
Der einem Anwesenden gemachte Antrag kann nur sofort angenommen werden. Dies gilt auch von einem mittels Fernsprecher oder einer sonstigen technischen Einrichtung von Person zu Person gemachten Antrag.
Der einem Abwesenden gemachte Antrag kann nur bis zu dem Zeitpunkt angenommen werden, in welchem der Antragende den Eingang der Antwort unter regelmäßigen Umständen erwarten darf.
Zu A: Bestellung per E-Mail = Antrag. Der Antrag bedarf keiner besonderen Formvorschrift.
Zu C: Der Versand des Scanners entspricht dem Eigentumsübergang am Scanner. Erfüllungsort des Verpflichtungsgeschäfts ist die Übergabe des Scanners an die DHL.
Zu D: Mit der Abbuchung des Betrages vom Konto der GmbH erfüllt die GmbH ihr Verpflichtungsgeschäft, die Bezahlung der Ware.
Zu E: Mit der Zustellung des Scanners erfüllt die DHL ihre Verpflichtung aus dem Beförderungsvertrag.

Aufgabe 12

C, vgl. § 13 Abs. 2 GmbH-Gesetz: Für die Verbindlichkeiten der Gesellschaft haftet den Gläubigern derselben nur das Gesellschaftsvermögen.

Aufgabe 13

A und **E**
Die soziale Marktwirtschaft gewährleistet eine funktionsfähige und freiheitliche Wettbewerbsordnung, ergänzt jedoch den Katalog wirtschaftspolitischer Staatsaufgaben unter Betonung sozialpolitischer Ziele. Die soziale Ausrichtung der staatlichen Wirtschaftspolitik bezieht sich auf eine sozialpolitisch motivierte Verteilung der Einkommenszuwächse sowie eine sozial orientierte Beeinflussung der Marktprozesse bei Gewährleistung der Marktkonformität der Instrumente, z. B. Steuerprogression ab einer bestimmten Einkommenshöhe oder Wohngeldzahlungen an Bezieher niedriger Einkommen.

Aufgabe 14

A	B	C	D
2	3	4	1

Politik	Eigenschaften
Produktpolitik	Sie befasst sich mit einer Auswahl der am Markt anzubietenden Bank-

Politik	Eigenschaften
	leistungen. Das Sortiment ist die Gesamtheit aller Produkte.
Preis- und Konditionenpolitik	Sie befasst sich mit allen vertraglichen Vereinbarungen über die Kosten des Bankleistungsangebots.
Distributionspolitik	Dabei geht es darum, Bankleistungen am richtigen Ort und zur rechten Zeit anzubieten.
Kommunikationspolitik	Ziel ist es, die Öffentlichkeit über Bankleistungen so zu informieren, dass im Bewusstsein der Bevölkerung ein positives Bild von der Leistungsfähigkeit des jeweiligen Kreditinstituts geschaffen wird.

Aufgabe 15

D

Unter Marktforschung wird je nach Sichtweise verstanden:
- die systematische Sammlung, Aufarbeitung, Analyse und Interpretation von Daten über Märkte und Marktbeeinflussungsmöglichkeiten zum Zweck der Informationsgewinnung für Marketing-Entscheidungen oder
- der komplette Prozess der Lösung marktbezogener betriebswirtschaftlicher Probleme durch Analyse von Informationen über den entsprechenden Markt oder
- ein kontinuierlicher, systematischer, auf wissenschaftlichen Methoden basierender und objektiver Prozess, der das Marktgeschehen sowie das Unternehmensumfeld beobachtet, um Informationen zu gewinnen und zu analysieren. Dies erfolgt zum Zwecke der Findung oder Absicherung von Marketing-Entscheidungen.

Marketingmaßnahmen greifen ineinander. Ziel des Marketing-Mix ist es, Instrumente des Marketings so zu einem Bündel von Maßnahmen zusammenzustellen, dass sich ein an dem Hauptziel, der Befriedigung von Kundenbedürfnissen orientiertes Bild ergibt.

Aufgabe 16

D

Eine Nachfrageelastizität gibt an, wie stark die Nachfrage nach einem Produkt bzw. einer Dienstleistung (oder einem Aggregat von Produkten bzw. Dienstleistungen) auf Veränderungen einer anderen Größe reagiert. Insbesondere betrachtet man in der Regel die (direkte) Preiselastizität der Nachfrage, die Kreuzpreiselastizität der Nachfrage und die Einkommenselastizität der Nachfrage. Die (direkte) Preiselastizität der Nachfrage gibt an, wie stark die Nachfrage nach einem Produkt bzw. einer Dienstleistung auf Veränderungen des eigenen Preises reagiert.

Aufgabe 17

C

Kartelle sind eine Vereinbarung von Unternehmen oder Vereinigungen von Unternehmen und aufeinander abgestimmte Verhaltensweisen, die eine spürbare Verhinderung, Einschränkung oder Verfälschung des Wettbewerbs bezwecken oder bewirken. Kartelle unterliegen dem Gesetz gegen Wettbewerbsbeschränkungen.

Aufgabe 18

A	B	C
5	4	3

Aufgabe 19

A	B	C	D
2	3	2	1

Der Konjunkturzyklus verläuft über die Phasen Aufschwung, Hochkonjunktur, Abschwung und Talsohle.
Hochkonjunkktur: Es kommt zu einer Überhitzung an den Märkten. Die Nachfrage trifft auf ein unelstisches Angebot und ruft weitere Preissteigerungen hervor. Hohe Lohnforderungen reichen nicht aus, um den Kaufkraftverlust auszugleichen.

Abschwung: Der Beschäftigungsabbau in der Investitionsgüterindustrie macht sich im Rückgang der Nachfrage nach Konsumgütern bermerkbar. Nicht ausgenutzte Kapazitäten zwingen die Unternehmen zur Kostensenkung. Das BIP geht zurück.

Konjunkturbeeinflussende Maßnahmen nach dem Stabilitätsgesetz

§ 1 (Beachtung der Erfordernisse des gesamtwirtschaftlichen Gleichgewichts)

Bund und Länder haben bei ihren wirtschafts- und finanzpolitischen Maßnahmen die Erfordernisse des gesamtwirtschaftlichen Gleichgewichts zu beachten. Die Maßnahmen sind so zu treffen, dass sie im Rahmen der marktwirtschaftlichen Ordnung gleichzeitig zur Stabilität des Preisniveaus, zu einem hohen Beschäftigungsstand und außenwirtschaftlichem Gleichgewicht bei stetigem und angemessenen Wirtschaftswachstum beitragen.

§ 5 (Ausgabenbemessung – Konjunkturausgleichsrücklage)

(1) Bei einer die volkswirtschaftliche Leistungsfähigkeit übersteigenden Nachfrageausweitung sollen Mittel zur zusätzlichen Tilgung von Schulden bei der Deutschen Bundesbank oder zur Zuführung an eine Konjunkturausgleichsrücklage veranschlagt werden.

(2) Bei einer die Ziele des § 1 gefährdenden Abschwächung der allgemeinen Wirtschaftstätigkeit sollen zusätzlich erforderliche Deckungsmittel zunächst der Konjunkturausgleichsrücklage entnommen werden.

§ 6 (Ausgabeneinschränkung – Zusätzliche Ausgaben – Zusätzliche Kreditaufnahme)

(1) Bei der Ausführung des Bundeshaushaltsplanes kann im Falle einer die volkswirtschaftliche Leistungsfähigkeit übersteigenden Nachfrageausweitung die Bundesregierung dem Bundesminister der Finanzen ermächtigen, zur Erreichung der Ziele des § 1 die Verfügung über bestimmte Ausgabemittel, dem Beginn von Baumaßnahmen und das Eingehen von Verpflichtungen zu Lasten künftiger Rechnungsjahre von dessen Einwilligung abhängig zu machen. Die Bundesminister der Finanzen und für Wirtschaft schlagen die erforderlichen Maßnahmen vor. Der Bundesminister der Finanzen hat die dadurch nach Ablauf des Rechnungsjahres freigewordenen Mittel zur zusätzlichen Tilgung von Schulden bei der Deutschen Bundesbank zu verwenden oder der Konjunkturausgleichsrücklage zuzuführen.

(2) Die Bundesregierung kann bestimmen, dass bei einer die Ziele des § 1 gefährdenden Abschwächung der allgemeinen Wirtschaftstätigkeit zusätzliche Ausgaben geleistet werden; ... Die zusätzlichen Mittel dürfen nur für im Finanzplan ... vorgesehene Zwecke oder als Finanzhilfe für besonders bedeutsame Investitionen der Länder und Gemeinden ... zur Abwehr einer Störung des gesamtwirtschaftlichen Gleichgewichts (Art. 104 a Abs. 4 Satz 1 GG) verwendet werden. Zu ihrer Deckung sollen die notwendigen Mittel zunächst der Konjunkturausgleichsrücklage entnommen werden.

(3) Der Bundesminister der Finanzen wird ermächtigt, zu dem in Abs. 2 bezeichneten Zweck Kredite über die im Haushaltsgesetz erteilten Kreditermächtigungen hinaus bis zur Höhe von fünf Milliarden Deutsche Mark, ggf. mit Hilfe von Geldmarktpapieren, aufzunehmen. ...

Aufgabe 20

A	B	C	D	E
3	2	4	1	6

Indikatoren sind die Grundlage für die Einleitung konjunkturpolitischer Steuerungsmaßnahmen durch die Bundesregierung und die Zentralbank.

Frühindikatoren: Sie zeigen die zukünftige Wirtschaftsentwicklung. Indizes der Auftragseingänge, wertmäßige Erfassung eingegangener und akzeptierter Bestellungen bei Unternehmen der Industrie mit mehr als 20 Beschäftigten. Neben einem Gesamtindikator werden Indizes für einzelne Wirtschaftszweige sowie für den Außenhandel erstellt. Auftragseingänge, Entwicklung der Aktienkurse, Geldmengenentwicklung, Offene Stellen, Zukunftserwartungen der Unternehmen, Baugenehmigungen, Zinsniveau, Wechselkurse.

Präsenzindikatoren: Sie zeigen die aktuelle Konjunkturphase, informieren zeitnah über gesamtwirtschaftliches Angebot und gesamtwirtschaftliche Nachfrage. Weitere Präsenzindikatoren sind: reales BIP, Industrieproduktion, Kapazitätsauslastungsgrad, Im- und Export, Steuereinnahmen.

Spätindikatoren: Sie beschreiben zeitverzögert die Konjunkturentwicklung. Ein weiterer Spätindikator sind die Preise. Für das Nachhinken der Preise sind die time lags auf den verschiedenen Produktions- und Handelsstufen verantwortlich. Vom Anstieg der industriellen Erzeugerpreise bis zu einem Anstieg des Preisindex für die privaten Lebenshaltungskosten ist mit einer Verzögerung von 1,5 bis 2 Jahren zu rechnen.

Die Tariflöhne reagieren erst mit einer Anpassungsdauer von einem halben bis 1 Jahr. Durch Kündigungsschutzregelungen kommt es auch bei der Beschäftigung zu zeitverzögerten Reaktionen.

Aufgabe 21

A, E, F

Aufgabe 22

A	B	C	D	E
1	3	2	2	4

Aufgabe 23

C

Vollkommener Markt: Das Marktgeschehen spielt sich auf einem Markt ab, der frei von jeglichen Wettbewerbsbeschränkungen ist. Voraussetzungen für einen vollkommenen Markt sind rationale Verhaltensweisen der Marktteilnehmer, polypolistische Konkurrenz, Homogenität der Güter, keine persönlichen und räumlichen Präferenzen usw.

Aufgabe 24

61,8 % (1.223,929 : 1.980,8 x 100)

Aufgabe 25

A

Aufgabe 26

C und **F**

Der Warenkorb aller privaten Haushalte enthält derzeit rund 750 Güter und Dienstleistungen, die sowohl den gesamten Verbrauch als auch die Preisentwicklung der von den privaten Haushalten nachgefragten Güter relativ genau repräsentieren. Der deutsche Warenkorb wird etwa alle 5 Jahr neu bestückt. Im Warenkorb wird berücksichtigt, welchen Anteil die einzelnen Ausgabepositionen an den gesamten Verbrauchsausgaben haben (Wägungsschema).

Aufgabe 27

D und **F**

D: Die Zahlungsbilanz ist stets zeitraumbezogen.

F: Die tendenzielle Abwertung einer Währung fördert den Export des betreffenden Abwertungslandes und führt daher zu kann daher Leistungsbilanzüberschüsse vergrößern.

Aufgabe 28

A

Bei den übrigen Aussagen nimmt das Devisenangebot ab.

Aufgabe 29

A	B	C	D	E		F	
2	1	6	5	5	6	3	4

EURIBOR (Euro Interbank Offered Rate): Durchschnittszinssatz, der von insgesamt 57 Referenzbanken (47 aus Euro-Ländern, 4 aus übrigen EU-Ländern, 6 aus Nicht-Euro-Ländern) täglich ermittelt wird. Hierzu übermitteln die EURIBOR-Referenzbanken täglich um 11 Uhr MEZ ihre Briefsätze für Ein- bis Zwölfmonatsgelder im Interbankenhandel im Euroraum an einen Bildschirmdienst.

EONIA (European Overnight Index Average): Offizieller Referenzsatz der EZB für ungesichertes Tagesgeld. Wird täglich auf zwei Nachkommastellen genau festgestellt.

Hauptrefinanzierungssatz: Es ist der Zinssatz für das zentrale geldpolitische Instrument des ESZB im Rahmen der Offenmarktgeschäfte des ESZB. Über die Hauptrefinanzierungsgeschäfte wird dem Finanzsektor der größte Teil des Zentralbankgeldes zur Verfügung gestellt. Es werden befristete Transaktionen eingesetzt, die im wöchentlichen Abstand durchgeführt werden und jeweils eine Laufzeit von einer Woche aufweisen.

Längerfristiger Refinanzierungssatz: Es ist der Zinssatz für längerfristige Refinanzierungsgeschäfte des ESZB. Dem Finanzsektor wird mit diesem geldpolitischen Instrument für einen größeren Zeitraum Liquidität zugeführt. Die längerfristigen Refinanzierungsgeschäfte werden nur im monatlichen Abstand durchge-

führt und haben eine Laufzeit von drei Monaten. Die Abwicklung erfolgt über die nationalen Zentralbanken im Standardtenderverfahren.
Spitzenrefinanzierungssatz: Es ist ein Zinssatz des ESZB, mit dem Geschäftspartner sich von den nationalen Zentralbanken über Nacht Liquidität zu einem vorgegebenen Zinssatz gegen zentralbankfähige Sicherheiten beschaffen können. Diese Kreditlinie ist zur Deckung eines vorübergehenden Liquiditätsbedarfs der Geschäftspartner bestimmt. Der Zinssatz dieser Fazilität bildet im Allgemeinen die Obergrenze des Tagesgeldsatzes.
Einlagefazilität: Es ist ein geldpolitisches Instrument des ESZB in Form von unbesicherten Einlagen der Geschäftspartner bei den nationalen Zentralbanken. Die Geschäftspartner können die Einlagefazilität in Anspruch nehmen, in dem sie der betreffenden NZB zu einem beliebigen Zeitpunkt während des Geschäftstages einen Antrag zusenden. In dem Antrag ist die Höhe der Einlage im Rahmen dieser Fazilität anzugeben. Einlagen im Rahmen der Fazilität sind bis zum nächsten Geschäftstag befristet. Sie werden zu Beginn des folgenden Geschäftstages fällig. Der Zinssatz für die Einlagen im Rahmen der Fazilität stellt einen offiziellen ESZB-Leitzins dar. Er wird von der EZB im Voraus festgelegt und als einfacher Zins nach der Euro-Zinsmethode (act/360) berechnet.

Aufgabe 30

2.116,3 Mrd. EUR (25.650 x 82,5 Mio. = 2.116.125 Mio. entsprechen 2.116,25 Mrd. EUR)

Aufgabe 31

E

BIP je Einwohner in Deutschland 25.650 EUR
BIP je Einwohner in Frankreich: 1.650 Mrd. EUR : 0,0594 Mrd. Einwohner = ca. 27.800 EUR

Aufgabe 32

C (Erläuterung: Hier liegen keine realen Werte sondern nur nominale Werte vor.)

Aufgabe 33

D

Hauptrefinanzierungsgeschäfte und Hauptrefinanzierungssatz (Leitzinssatz): Es ist der Zinssatz für das zentrale geldpolitische Instrument des ESZB im Rahmen der Offenmarktgeschäfte des ESZB. Über die Hauptrefinanzierungsgeschäfte wird dem Finanzsektor der größte Teil des Zentralbankgeldes zur Verfügung gestellt. Es werden befristete Transaktionen eingesetzt, die im wöchentlichen Abstand durchgeführt werden und jeweils eine Laufzeit von einer Woche aufweisen.
Die Senkung eines Leitzinses weist auf eine ausweitende Geldpolitik hin. Diese hat den Zweck, Kredite zu verbilligen und die Konjunktur zu beleben.
Für Unternehmen wird demnach die Finanzierung von Investitionen günstiger, wodurch insgesamt mehr investiert und die Wirtschaft angekurbelt wird. Auch für Verbraucher verbilligen sich die Kredite, was wiederum das Konsumverhalten belebt. Der Aktienhandel erlebt in der Regel ebenfalls einen Aufschwung. Im Gegenzug lohnen sich Spareinlagen aufgrund der fallenden Zinsen jedoch weniger.
Da sich mit einer Änderung des Leitzinses auch die Differenz zu dem Zins anderer Länder verändert, die Zinsschere also größer oder kleiner wird, werden auch die jeweiligen Landeswährungen beeinflusst. So wirkt sich eine Zinssenkung in den USA negativ auf den Dollar und positiv auf den Euro aus. Zinsniveauänderungen haben damit auch einen Einfluss auf Im- und Export.
Die Erhöhung des Leitzinses deutet auf eine einschränkende Geldpolitik hin. Diese dient dazu, bei einem robusten Wirtschaftswachstum, die damit wachsende Inflationsgefahr einzudämmen.
Bei einer Zinsanhebung geben Kreditinstitute ihre damit verbundenen gestiegenen Kosten an ihre Kunden weiter. Dies schlägt sich in gestiegenen Kredit- und Guthabenzinsen nieder. Demzufolge müssen Kreditnehmer für Geldleihen mehr aufwenden und Sparer können mit höheren Zinsen rechnen. Letztlich wird das Investitionsvolumen der Unternehmen eingeschränkt und Verbraucher sparen mehr, als dass sie Kredite aufnehmen. Außerdem werden Anleihen aufgrund der besseren Verzinsung gegenüber Aktien interessanter, da deren Kurse langsamer fallen beziehungsweise steigen. Den positiven Folgen einer Leitzinserhöhung steht somit eine Einschränkung des Wirtschaftswachstums gegenüber.

Aufgabe 34

1,36 %

Aufgabe 35

Nordbank AG	*Fördebank AG*	*Realbank AG*
24 Mio. EUR (20 + 0,4 x 10)	**46 Mio. EUR** (40 + 15 x 0,4)	**43 Mio. EUR** (35 + 0,4 x 20)

Unter einem Zinstender versteht man ein Versteigerungsverfahren zur Ausschreibung meist regelmäßig verzinslicher oder abgezinster Wertpapiere. Das bietende Kreditinstitut nennt sowohl den Zinssatz als auch das Volumen, das es übernehmen möchte. Hierbei wird zwischen dem amerikanischen und dem holländischen Verfahren unterschieden:

- Das amerikanische Zinstenderverfahren charakterisiert sich dadurch, dass die Zuteilung nach dem gebotenen Zinssatz erfolgt.
- Beim holländischen Zinstender wird hingegen ein einheitlicher Zinssatz zu Grunde gelegt.

Aufgabe 36

B

Im Februar überstiegen die Exporte die Importe, der Außenbeitrag betrug + 5.109 Mio. EUR. Der Außenbeitrag besteht aus der Differenz zwischen der Handelsbilanz (Warenexporte minus Warenimporte) und der Dienstleistungsbilanz (Dienstleistungsexporte minus Dienstleistungsimporte).

Zu A: Der Import war im Januar erheblich höher als der Export.

Zu C: Die Leistungsbilanz enthält die Exporte und Importe von Waren und Dienstleistungen sowie die Erwerbs- und Vermögenseinkommen und die unentgeltlichen laufenden Übertragungen. Die Aussage ist demnach falsch.

Zu D: Die Leistungsbilanz ist in den drei Monaten stark angestiegen.

Zu E: Der Handelsbilanzsaldo ist aus der Leistungsbilanz und aus dem Außenbeitrag ohne Weiteres nicht zu erkennen. Hier allerdings gibt es ein Defizit sowohl in der Leistungsbilanz als auch im Außenbeitrag.

Prüfungssatz VII

A Bankwirtschaft Fälle

Fall 1: Auslandsgeschäft

a) und b)

Aspekte	**Risiken**	**Absicherung**
Wirtschaftliche Risiken	1. Abnahmerisiko: Der Importeur verweigert die Abnahme der Ware.	1. Akkreditiv
	2. Zahlungs- und Kreditrisiko: Der Importeur verweigert die Zahlung	2. Akkreditiv
	3. Lieferrisiko: Der Exporteur verweigert die Lieferung.	3. Liefer- und Leistungsgarantie
	4. Qualitätsrisiko: Der Exporteur liefert Waren minderer Qualität.	4. SGS-Zertifikat, Qualitätszertifikat
	5. Kursrisiko: Ex- oder Importeur tragen das Risiko von Kursschwankungen der Währung, in der die Rechnung fakturiert wurde.	5. In eigener Währung zahlen Devisenoptionsgeschäft Devisentermingeschäft
	6. Transportrisiko: Ex- oder Importeur tragen das Risiko der Beschädigung oder des Verlustes der Ware auf dem Transportweg.	6. Transportversicherung
	7. Anzahlungsrisiko	7. Anzahlungsgarantie
Politische Risiken	8. Politisches Risiko: Ex- oder Importeur tragen das Risiko eines politischen Umsturzes im Land des Vertragspartners	8. Hermes-Bürgschaft
	9. Transfer- bzw. Konvertierungsrisiko: Ex-	9. In eigener Währung zahlen

	oder Importeur tragen das Risiko, dass eine Währung auf dem Devisenmarkt nicht transferiert bzw. umgetauscht werden kann.	

a) (je Risiko 1 Punkt, max. 4 Punkte)
b) (je Absicherung 1 Punkt, max. 4 Punkte)
c)
- Verpflichtungen von Verkäufer und Käufer bei internationalen Warenlieferungen
- Verteilung von Kosten und Risiko auf Exporteur und Importeur

(eine Erklärung 2 Punkte)
d)
Bei FOB Hamburg hat die *Jungheinrich AG* die ordnungsgemäß verpackte Ware im Hamburger Hafen auf das von der *M. Rustle Ltd.* benannte Schiff zu bringen sowie alle Kosten und Gefahren zu tragen, bis die Ware an Bord des Seeschiffes im Verschiffungshafen verbracht worden ist.
(1,5 Punkte je Pflicht, max. 3 Punkte)
e)
e1) Anzahlung *(1,5 Punkte)*
e2) Offenes Zahlungsziel *(1,5 Punkte)*
f)
f1) Aussteller ist die Banco Comercial. *(1 Punkt)*
f2) Bezogene Bank ist die Bank of America. *(1 Punkt)*
g)
Der Vermerk stellt eine einfache Kreuzung des Bankenorderschecks dar. Hiermit wird die bezogene Bank angewiesen, den Scheck nur einer anderen Bank oder einem anderen Kunden gutzuschreiben. In Deutschland wird die Kreuzung wie ein Verrechnungsvermerk behandelt, d. h. die bezogene Bank darf den Scheck nicht bar einlösen.
(2 Punkte)
h)
Prüfung
- der Urkunde auf Vollständigkeit und Echtheit,
- des Vorlagedatums (Vorlegungsfrist 70 Tage ab Ausstellungsdatum),
- der Indossamentenkette auf Lückenlosigkeit.

Das letzte Indossament muss von einem zu scheckrechtlichen Erklärungen Berechtigten der *Jungheinrich AG* zu Gunsten der *Nordbank AG* sein.
(1 Punkt je Prüfung, max. 2 Punkte)
i)
Die *Nordbank AG* trägt ein Kursrisiko, da bis zum Eingang des Scheckgegenwertes der Wert des USD sinken kann. Aufgrund der relativ kurzen Zeitspanne schätzt die *Nordbank AG* das Kursrisiko vermutlich als gering ein.
Falls der Scheck unbezahlt zurückkommt, trägt die *Nordbank AG* ein Rückbelastungsrisiko für den Fall, dass die *Jungheinrich AG* bereits über den Gegenwert verfügt hat. Das Risiko ist allerdings gering, da eine Bank mit erstklassiger Bonität der Scheckschuldner ist.
(1 Punkt für Nennung des Risikos, 1 Punkt für die Beurteilung des Risikos, max. 2 Punkte)
j)
j1) **1,3130** (Briefkurs + 0,0030) (1Punkt)

j2)	250.000 USD : 1,3130	190.403,65 EUR
	./. 0,25 % Provision	476,01 EUR
	Gutschrift	**189.927,64 EUR**
		(1 Punkt)

k) Der Zahlungseingang ist nicht zu melden, da ihm eine Warenausfuhr zugrunde liegt.
(2 Punkte)
l)
Die *Jungheinrich AG* erhält für die in 6 Monaten zu liefernde Devise heute bereits von der *Nordbank AG* einen Umrechnungskurs zugesichert. Damit hat die *Jungheinrich AG* Gewissheit über den EUR-Wert ihres Exporterlöses.

(2 Punkte)
m)
m1) 1,3166 (1,3100 + 1,3100 x 0,01 x 6 : 12)
(2 Punkte)
m2) 170.894,72 EUR (225.000 : 1,3166)
Report: Bei Devisenterminkursen wird von einem Report gesprochen, wenn der Terminkurs über dem Kassakurs liegt. Ist das Zinsniveau im Ausland, z. B. in den USA, höher als im Euroland, dann erhält der Kassakurs z. B. des USD einen Report.
Deport: Bei Devisenterminkursen wird von einem Deport gesprochen, wenn der Kassakurs über dem Terminkurs liegt. Ist das Zinsniveau im Ausland niedriger als im Euroland, erhält der Kassakurs der ausländischen Währung einen Deport.
(2 Punkte)

Fall 2: Geld- und Vermögensanlage
a)
Das Wertpapierhandelsgesetz verpflichtet den Berater zu dieser ausführlichen Befragung von Frau Müller. Aufgrund der Befragung schätzen Sie Frau Müller als eine risikoscheue Kundin ein.
(1 Punkt)
b)
- Zinsänderungsrisiko: Bei steigendem Kapitalmarktzins fällt der Kurs der Inhaberschuldverschreibung.
- Bonitätsrisiko (Emittentenrisiko): Die Zahlungsfähigkeit der *E.ON AG* ist für Zinsen und/oder Rückzahlung in Frage gestellt.

(je Risiko 2 Punkte, max. 4 Punkte)
c)
- Das Kursrisiko besteht dann, wenn Frau Müller die Inhaberschuldverschreibung vorzeitig verkauft.
- Bonitätsrisiko ist immer vorhanden, da die wirtschaftliche Entwicklung der *E.ON AG* nicht vorhersehbar ist, insbesondere infolge der Energiewende in der BRD.

(je Beurteilung 1,5 Punkte, max. 3 Punkte)
d)
- Die Nominalverzinsung stellt den verbrieften jährlichen Zinsanspruch, bezogen auf den Nennwert, dar.
- Die Rendite drückt den durchschnittlichen jährlichen Kapitalertrag einer Kapitalanlage, unter Berücksichtigung der Rückzahlungsgewinne bzw. Rückzahlungsverluste, im Verhältnis zum tatsächlich eingesetzten Kapital aus.

(je Erklärung 1,5 Punkte, max. 3 Punkte)
e)

Zinsen pro Jahr: Für 100,00 EUR Inhaberschuldverschreibung erhält Frau Müller jährlich	3,75 EUR
Aktueller Kurs der Schuldverschreibung 98,10 %	
Das bedeutet einen Rückzahlungsgewinn für 4 Jahre von 1,9 %.	
Bei 100,00 EUR Anleihebetrag ergibt sich für 4 Jahre ein Rückzahlungsgewinn von	1,90 EUR
Rückzahlungsgewinn pro Jahr 1,90 : 4 =	0,48 EUR
Ertrag pro Jahr 3,75 + 0,48 =	4,23 EUR
Renditeberechnung: 4,23 x 100 : 98,10 = 4,31192	**4,31 %**

(je Rechenschritt 0,5 Punkte, Renditeberechnung 2 Punkte, max. 4 Punkte)
f)
Das Limit „98,30" ist der Höchstpreis, den Frau Müller zu zahlen bereit ist.
(2 Punkte)
g)
- Der Auftrag ist bis zum Börsenschluss am 07.06.2013 gültig.
- Bleibt der Kurs unter dem gesetzten Limit von 98,30 %, dann wird der Auftrag am gleichen Tag ausgeführt.
- Steht der Kurs bis zum Börsenschluss über dem Limit von 98,30 %, dann wird der Auftrag am Ende des Börsentages gelöscht.

(eine ausführliche Erklärung 2 Punkte)

h)

Kurswert 98,12 x 15.000 : 100 =	14.718,00 EUR
+ Stückzinsen für 300 Tage	
(15.08.2012 einschließlich bis Montag, 10.06.2013 einschl.)	
3,75 % von 15.000,00 EUR für 300 Tage	462,33 EUR
+ 0,5 % Provision vom Nennwert von 15.000,00 EUR	75,00 EUR
+ 0,75 ‰ vom Nennwert von 15.000,00 EUR	11,25 EUR
Belastung	15.266,58 EUR

(Stückzinsberechnung 2 Punkte, jeder andere Rechenschritt 1 Punkt, max. 6 Punkte)

i)

Das angegebene Konto wird am 11.06.2013 belastet.

(1 Punkt)

j)

Die gezahlten Stückzinsen von Frau Müller werden in den Verlustverrechnungstopf eingestellt und vermindern einen steuerpflichtigen Kapitalertrag.

(eine ausführliche Erklärung 2 Punkte)

k)

Bausparen

Vorteile:

- abhängig vom zu versteuernden Einkommen evtl. Arbeitnehmer-Sparzulage auf die vermögenswirksame Leistungen (vL)
- Förderung der finanziellen Eigenleistungen (evtl. inkl. der vL) mit Wohnungsbau-Prämie
- bessere Verzinsung als Sparvertrag mit einer Verzinsung von derzeit unter 1 % p. a.
- Anspruch auf zinsgünstiges Darlehen bei Zuteilung

Nachteil: Abschlussgebühr

Aktienfonds mit mindestens 60% Aktienanteil

Vorteile:

- deutlich höhere Rendite möglich
- evtl. noch Arbeitnehmer-Sparzulage bei einem zu versteuernden Einkommen von derzeit 17.900 EUR / 35.800,00 EUR bei Ledigen/Verheirateten
- Sachwertanlage

Nachteile:

- Risiko durch evtl. Kursverluste
- höhere Kosten als bei Sparverträgen, z. B. Depotgebühren, Verwaltungskosten

(je Anlagevorschlag 2 Vorteile 2 Punkte und 1 Nachteil 1 Punkt, max. 6 Punkte)

Fall 3: Verbraucherdarlehen

a)

Preis des Neuwagens	15.149,00 EUR
- Preis des Altwagens	3.650,00 EUR
= Kreditbetrag	11.499,00 EUR
auf volle 1.000 EUR aufgerundet	12.000,00 EUR

(2 Punkte)

b)

47 Raten zu 278,05 EUR, Schlussrate 90,00 EUR

(Ratenhöhe 2 Punkte, Schlussrate 2 Punkte, max. 4 Punkte)

c)

Miete	357,50 EUR
Nebenkosten 65 qm x 2 EUR	130,00 EUR

Haushaltspauschale	400,00 EUR
Kfz-Kosten	20,00 EUR
Gesamtkosten	1.087,50 EUR
monatliches Nettoeinkommen	1.443,00 EUR
frei verfügbares Einkommen	355,50 EUR

(je Einzelposten 0,5 Punkte, also 2 Punkte, Ermittlung des Gesamtkosten 1 Punkt, Ermittlung des Nettoeinkommens 1 Punkt, Ermittlung des frei verfügbaren Einkommens 1 Punkt, max. 5 Punkte)

d) Aus dem frei verfügbaren Einkommen können die monatlichen Raten von 278,05 EUR gezahlt werden.

(2 Punkte)

e)

- Die Widerrufsfrist beträgt in der Regel 14 Tage.
- Der Widerruf muss mindestens in Textform verfasst werden.
- Die Absendung des Widerrufs reicht zur Fristwahrung aus.
- Ein Widerruf muss nicht begründet werden.
- Sollte der Darlehensbetrag bereits ausgezahlt worden sein, muss Herr Brinkmann den Darlehensbetrag an die *Nordbank AG* zurückzahlen.

(je Aspekt 1 Punkt, max. 3 Punkte)

f) Das Verbraucherkreditgesetz im BGB schreibt folgende Vertragsinformationen zwingend vor:

- Darlehensart, z. B. Ratenkredit
- Sollzinssatz
- effektiver Jahreszins
- Nettodarlehensbetrag
- Gesamtbetrag
- Vertragslaufzeit
- Sicherheiten, die verlangt werden

(je Information 1 Punkt, max. 5 Punkte)

g1)

Einigung zwischen Herrn Brinkmann und der *Nordbank AG* über die Verpfändung der Wertpapiere als Kreditsicherheit. Da die Wertpapiere bereits im Depot der *Nordbank AG* sind, entfällt eine Pfandanzeige.

(2 Punkte)

g2)

Das AGB-Pfandrecht ermöglicht es Herrn Brinkmann, weiterhin über sein Depot (Kauf bzw. Verkauf von Wertpapieren) zu verfügen. Mit einem Pfandvertrag über das Wertpapierdepot verliert Herr Brinkmann das Verfügungsrecht über sein Depot. Erst mit vollständiger Tilgung des Darlehens erwirbt Herr Brinkmann sein Verfügungsrecht über sein Depot zurück.

(ausführliche Erklärung 3 Punkte)

g3)

70 % von 9.000,00 EUR	6.300,00 EUR
45 % von 13.000,00 EUR	5.850,00 EUR
Beleihungsgrenze der Wertpapiere	12.150,000 EUR
abgerundet	12.000,00 EUR

(je Berechnungsschritt 1 Punkt, max. 4 Punkte)

h)

Das Wertpapierdepot von Herrn Brinkmann erhält einen Sperrvermerk.

(2 Punkte)

Prüfungstraining für Bankkaufleute

Die Bücher der Reihe Prüfungstraining für Bankkaufleute richten sich an auszubildende Bankkaufleute, die sich auf die Prüfung vorbereiten. Die Bücher helfen Verständnislücken auf prüfungsrelevanten Gebieten zu schließen, bieten eigene Kontrollmöglichkeiten an und geben somit die erforderliche Sicherheit für das erfolgreiche Bestehen der Prüfung.

Bisher sind erschienen:

Abschlussprüfungen
von Wolfgang Grundmann und Rudolf Rathner

Zwischenprüfungstraining Bankfachklasse
von Wolfgang Grundmann und Rudolf Rathner

Kundenberatung
von Achim Schütz

Bankwirtschaft Teil 1 und 2
von Wolfgang Grundmann

Wirtschaft, Arbeit und Soziales Teil 1 und 2
von Wolfgang Grundmann und Klaus Schüttel

Rechnungswesen, Controlling, Bankrechnen
von Wolfgang Grundmann und Rudolf Rathner

Prüfungskartei Abschluss Bankfachklasse
von Wolfgang Grundmann und Rudolf Rathner

Bankwirtschaft, Rechnungswesen und Steuerung, Wirtschafts- und Sozialkunde - Prüfungswissen in Übersichten
von Wolfgang Grundmann und Rudolf Rathner